国家社科基金重点项目
"中国人文社科学术成果的国际影响力综合评价研究"（17ATQ009）

中国人文社科成果的国际影响力研究

On International Impact of China's Humanities and Social Sciences Outputs

杨思洛　于永浩　郑梦雪　著

中国社会科学出版社

图书在版编目(CIP)数据

中国人文社科成果的国际影响力研究/杨思洛,于永浩,郑梦雪著.—北京:中国社会科学出版社,2022.11
ISBN 978-7-5227-0726-6

Ⅰ.①中… Ⅱ.①杨…②于…③郑… Ⅲ.①社会科学—科技成果—研究—中国 Ⅳ.①C12

中国版本图书馆 CIP 数据核字(2022)第 142968 号

出 版 人	赵剑英
责任编辑	刘 艳
责任校对	陈 晨
责任印制	戴 宽

出 版	中国社会科学出版社
社 址	北京鼓楼西大街甲 158 号
邮 编	100720
网 址	http://www.csspw.cn
发行部	010-84083685
门市部	010-84029450
经 销	新华书店及其他书店

印 刷	北京明恒达印务有限公司
装 订	廊坊市广阳区广增装订厂
版 次	2022 年 11 月第 1 版
印 次	2022 年 11 月第 1 次印刷

开 本	710×1000 1/16
印 张	31.5
字 数	505 千字
定 价	168.00 元

凡购买中国社会科学出版社图书,如有质量问题请与本社营销中心联系调换
电话:010-84083683
版权所有 侵权必究

前　言

"当前中国处于近代以来最好的发展时期，世界处于百年未有之大变局，两者同步交织、相互激荡。"（习近平，2018）在新环境和新技术条件下，全球格局深刻变化，国际形势风云变幻，各国学者竞相发表、分享和交流科研成果，提高国家地位和影响力。我国每年投入大量人力、财力和物力，科学研究的国际影响力显著提高：我国的国际科技论文量已位列全球第一（NSB，2020）；SCI论文量已连续多年位居世界第二；高被引论文量和热点论文量均已排在世界第2位（中国科技信息研究所，2021）。但是，相比自然科学的国际化水平，中国人文社科成果的国际影响力有待提高、全面综合评价亟须加强（黄长著，2015；苏新宁，2011）。

学术成果是知识创新的主要载体和表现形式，也是创新驱动发展的桥梁和重要抓手；而学术成果评价则是完善、激发创新创造活力的关键环节，历来受到各国政府和社会各界的广泛关注（De Bellis，2009；叶继元，2019）。近年来，人文社科评价成为国外学者的研究热点（RESSH，2017，2019）。人文社科成果结构和内容的特殊性、载体和受众的多样性，使得利用传统文献计量方法和引文索引库对其评价存在一定缺陷（Hammarfelt，2014）。特别是社交媒体环境下，随着大数据技术的兴起、数字出版的流行、开放获取的普及，学术交流和知识创新的诸多方面深受影响，人文社科成果的国际影响力更具复杂性、多样性和动态性（Ding等，2014），在此背景下，中国人文社科学术成果的国际影响力如何评价、有何优势与差距、怎样提升成为摆在我们面前重要而又紧迫的研究任务。

本书坚持"继承与创新结合"、"理论与实践结合"的原则，按照国

前　言

家科教兴国战略、创新驱动发展战略的要求，面向新技术环境和国际新形势，针对不同类型的中国人文社科学术成果：首先是理论研究，从理论角度分析人文社科成果的国际发表态势、国际影响力形成的影响因素与动力、形成过程和机制，构建综合评价模型；然后实证评价我国人文社科期刊论文、学术图书、会议论文3种类型成果的国际影响力总览，进行中外、学科、载体对比，并获取相关结论，总结发展问题并提出对策，为哲学社会科学成果评价体系的完善以及人文社科的发展提供科学依据和实例。

本书包括从生命周期角度研究人文社科成果的国际影响力；新兴环境下中国人文社科成果国际影响力形成机理的深入分析；新型中国人文社科成果国际影响力综合评价模型的构建；中国人文社科成果国际影响力综合评价实证与对策分析。通过自行编程、云平台等多种方式结合，收集处理1000多万条学术成果记录，形成较大规模评价数据集；综合运用调查问卷、结构方程模型、回归分析、AHP等多种方法实证评价分析并提出对策建议。具体从对象维度（成果和国家层面）、载体维度（期刊论文、会议论文和图书等）、学科维度（人文社科分支学科）、影响力维度展开。按照"理论分析（宏观阐述）—实证研究（微观统计）—综合策略"的研究路线，研究新环境下中国人文社科成果国际影响力现状和提升策略。

第一，对人文社科成果国际影响力系统的理论分析。（1）人文社科学术成果国际发表的格局与态势分析。从国际视角审视我国人文社科的发展，选择期刊论文、学术图书和会议论文，从年份、语种、领域、机构、被引等方面呈现和对比，阐释目前国际发表情况及其背后的原因。（2）人文社科期刊论文的国际影响力分析。对国际发表概况、国际学术影响力、国际社会影响力进行总体分析，探索期刊论文的评价指标分布和评价维度；运用相关分析法和问卷调查法对期刊论文质量和影响力认知进行深入分析。（3）人文社科图书的国际影响力分析。总体上，系统研究六大学科图书的学术影响力、社会影响力；对图书评价指标的年份变化、学科差异、分布模式进行论证。（4）人文社科会议论文的国际影响力分析。简述人文社科会议论文影响力评价的相关理论；从发表情况、学术影响力、社会影响力等不同角度对我国人文社科会议论文的国际影

◇ 前 言 ◇

响力进行综合对比;从评价指标层面,对六大学科会议论文的影响力差异、指标维度进行研究。

第二,中国人文社科成果的国际影响力形成机理分析与评价模型构建。(1)机理分析。从学术成果的利用与知识演化全过程,构建中国人文社科成果国际影响力的形成机理 PFMD 模型,具体从形成过程、影响因素、产生机制和产生动力等方面展开。从主体、客体、环境、技术 4 个角度对其国际影响力形成的影响因素进行阐述,阐明学术成果国际影响力形成的 4 种机制和成果各阶段国际影响力的产生动力,并利用结构方程模型实证分析学术图书影响力的影响因素。(2)模型构建。首先,对国内外综合评价模型进行理论探讨;然后,从"Why(为什么)"、"How(怎么办)"、"What(是什么)"3 个角度构建人文社科成果影响力综合评价的 OACU 理论模型;之后,从评价流程、评价指标体系、评价数据、评价方法 4 个方面构建 PIDM 应用模型;最后,以心理学期刊论文为对象进行实证,验证所构建综合评价模型的有效性。

第三,中国人文社科成果国际影响力实证分析与对策建议。(1)实证分析。多源数据融合、手工和编程结合,全面收集清洗和分析处理较大规模数据集。应用构建的综合评价模型分析人文社科期刊论文、会议论文和学术图书的国际影响力。首先,从产出影响力、学术影响力、社会影响力 3 个角度分别进行人文社科成果国际情况比较分析;然后,结合产出—影响力分布,对中国人文社科期刊论文、学术图书、会议论文的 16 个学科成果进行影响力总体评价;最后,基于总评结果,分学科展示中国人文社科各成果载体的国际影响力情况。发现不同类型学术成果的表现存在较大差异;中国人文社科成果总体上呈现期刊论文影响力较高、图书和会议论文国际影响力不足的特征;认为仅通过传统引文分析,低估了中国人文社科成果国际影响力差距。(2)对策建议。首先,提出人文社科成果国际影响力评价的问题:人文社科成果国际化亟须加强、人文社科成果特征的挑战、传统计量评价的缺陷、国际文献数据库的不足、相关政策与伦理问题等。然后,提出人文社科成果国际影响力评价对策:改善科学评价体系、改进综合全面评价、增加多维数据来源、公开透明评价过程、提高智能精准评价。最后,提出人文社科成果国际影响力提升对策:学科层面——加强学科和人才队伍建设;学者层面——

提升成果质量多形式全面发展；机构层面——建立综合的出版平台；其他层面——加强国际交流与合作。

本书分为"理论篇"和"应用篇"两大部分，共9章。理论篇：第一章绪论；第二章人文社科期刊论文的国际影响力分析；第三章人文社科学术图书的国际影响力分析；第四章人文社科会议论文的国际影响力分析；第五章中国人文社科成果的国际影响力形成机理分析；第六章中国人文社科成果的国际影响力综合评价模型构建。应用篇：第七章中国人文社科成果国际影响力的综合评价；第八章中国人文社科成果国际影响力评价与提升对策；第九章结论与展望。

目 录

理论篇

第一章 绪论 …………………………………………………… （3）
 第一节 新时期人文社科国际影响力研究背景 ………… （4）
 第二节 人文社科国际影响力研究进展 ………………… （8）
 第三节 研究目标、内容和方法 ………………………… （14）

第二章 人文社科期刊论文的国际影响力分析 ………………… （36）
 第一节 人文社科期刊论文国际发表格局与态势 ……… （37）
 第二节 相关理论与研究问题 …………………………… （55）
 第三节 研究数据 ………………………………………… （60）
 第四节 六大学科视角下期刊论文国际发表概况分析 … （61）
 第五节 六大学科视角下期刊论文国际学术影响力分析 … （65）
 第六节 六大学科视角下期刊论文国际社会影响力分析 … （69）
 第七节 人文社科期刊论文影响力评价指标分析 ……… （78）
 第八节 中国人文社科国际期刊论文影响力认知分析 … （85）
 第九节 本章小结 ………………………………………… （96）

第三章 人文社科学术图书的国际影响力分析 ………………… （98）
 第一节 人文社科学术图书国际发表格局与态势 ……… （99）
 第二节 相关理论与研究问题 …………………………… （105）
 第三节 研究数据 ………………………………………… （118）
 第四节 六大学科视角下图书国际发表概况分析 ……… （119）

1

第五节　六大学科视角下图书国际学术影响力分析 …………（123）
第六节　六大学科视角下图书国际社会影响力分析 …………（129）
第七节　人文社科学术图书影响力评价指标分析 ……………（138）
第八节　本章小结 ………………………………………………（150）

第四章　人文社科会议论文的国际影响力分析 …………………（153）
第一节　人文社科会议论文国际发表格局与态势 ……………（153）
第二节　相关理论与研究问题 …………………………………（161）
第三节　研究数据 ………………………………………………（163）
第四节　六大学科视角下会议论文国际发表概况分析 ………（165）
第五节　六大学科视角下会议论文国际学术影响力分析 ……（166）
第六节　六大学科视角下会议论文国际社会影响力分析 ……（171）
第七节　人文社科会议论文影响力评价指标分析 ……………（176）
第八节　本章小结 ………………………………………………（180）

第五章　中国人文社科成果的国际影响力形成机理分析 ………（182）
第一节　学术成果影响力形成机理概述 ………………………（183）
第二节　人文社科成果的国际影响力现状分析 ………………（187）
第三节　人文社科成果的国际影响力形成机理模型 …………（195）
第四节　人文社科成果的国际影响力形成影响因素 …………（201）
第五节　人文社科成果的国际影响力形成机制和动力 ………（211）
第六节　学术图书影响力的影响因素实证分析 ………………（218）
第七节　本章小结 ………………………………………………（252）

第六章　中国人文社科成果的国际影响力综合评价模型构建 ……（253）
第一节　国内外学术成果评价模型 ……………………………（254）
第二节　人文社科成果国际影响力综合评价理论模型 ………（267）
第三节　人文社科成果国际影响力综合评价应用模型 ………（286）
第四节　人文社科成果国际影响力综合评价模型应用 ………（296）
第五节　本章小结 ………………………………………………（309）

目 录

应用篇

第七章 中国人文社科成果的国际影响力综合评价实证 …………（313）
  第一节 评价方法与数据 ………………………………（313）
  第二节 人文社科成果国际影响力综合分析 ……………（320）
  第三节 中国人文社科成果国际影响力总况 ……………（332）
  第四节 人文社科期刊论文分学科影响力分析 …………（338）
  第五节 人文社科学术图书分学科影响力分析 …………（368）
  第六节 人文社科会议论文分学科影响力分析 …………（404）

第八章 中国人文社科成果国际影响力评价与提升对策 …………（426）
  第一节 人文社科成果国际影响力的评价问题 …………（426）
  第二节 人文社科成果国际影响力的评价对策 …………（434）
  第三节 人文社科成果国际影响力的提升对策 …………（441）

第九章 结论与展望 ……………………………………………（448）
  第一节 主要研究结论 ……………………………………（448）
  第二节 研究的局限与不足 ………………………………（451）
  第三节 研究的未来展望 …………………………………（453）

参考文献 ………………………………………………………（456）

附表Ⅰ WoS学科分类与六大学科映射表 ……………………（484）

附表Ⅱ 中国人文社科学科与WoS学科分类映射表 …………（490）

后　记 …………………………………………………………（493）

理 论 篇

第一章　绪论

哲学社会科学是人们认识世界、改造世界的重要工具，是推动历史发展和社会进步的重要力量，其发展水平反映了一个民族的思维能力、精神品格、文明素质，体现了一个国家的综合国力和国际竞争力。[①]

学术成果是知识创新的主要载体和表现形式，也是创新驱动发展的桥梁和重要抓手；而学术成果评价则是完善科技管理体系、激发创新创造活力的关键环节，历来受到各国政府和社会各界的广泛关注。全球化进程中各国学者竞相发表、分享和交流科研成果，提高国家地位和影响力。我国每年投入大量人力、财力和物力，科学研究的国际影响力显著提高[②]。例如，SCI论文量已连续多年位居世界第二，高被引论文量和热点论文量均已排在世界第2位[③]。但是，相比自然科学的国际化水平，中国人文社科成果的国际影响力有待提高、全面综合评价亟须加强。人文社科成果结构和内容的特殊性、载体和受众的多样性，使利用传统文献计量方法和引文数据库对其评价存在一定缺陷。特别是在社交媒体环境下，随着大数据技术的兴起、数字出版的流行、开放获取的普及，学术交流和知识创新的诸多方面深受影响，人文社科成果的国际影响力更具复杂性、多样性和动态性。在此背景下，中国人文社科成果国际影响力的评价问题成为摆在我们面前的重要而又紧迫的研究任务。

[①] 习近平：《在哲学社会科学工作座谈会上的讲话》，人民出版社2016年版，第2页。
[②] 张蕾：《我国科技论文国际影响力持续上升》，《光明日报》2020年12月30日第7版。
[③] 柯进：《中国国际科技论文向高质量转型》，《中国教育报》2019年11月20日第1版。

◇◇ 理论篇 ◇◇

第一节 新时期人文社科国际
影响力研究背景

一 人文社科评价的政策和指标变化

21世纪，全球化的加深推动着各国在政治、文化和科技等方面的相互交流与互相影响，国际力量对比正在发生复杂深刻的变化。学术成果作为知识创新的主要载体和表现形式，是国际上进行科技和文化交流的重要一环；国家学术成果的发表和交流，关系着该国的国际地位和影响力的提升。当今国际局势风云变幻，各国学者竞相发表、分享和交流科研成果，提高国际影响力。根据美国国家科学基金会（NSF）每两年发表一次的《科学与工程指标》报告，2016年中国发表国际论文42.6万篇，首次超越美国，成为全球科研成果发表量第一的国家，占爱思唯尔Scopus数据库收录总量的18.6%；但在科研质量与国际影响力上，我国仍然存在较大的进步空间[1]。在此背景下，构建具有中国特色的学术体系、学科体系和话语体系，科学评价我国科研成果的国际影响力，并形成正面反馈，是时代向中国学者们提出的具有必要性和紧迫性的重点课题。

2019年6月，中共中央办公厅、国务院办公厅印发《关于进一步弘扬科学家精神 加强作风和学风建设的意见》；随后科技部、教育部、财政部等部委配套措施陆续出台，落实"除四唯"、"破五唯"，如《关于破除科技评价中"唯论文"不良导向的若干措施（试行）》《关于规范高等学校SCI论文相关指标使用 树立正确评价导向的若干意见》等。这些文件体现了国家对学术研究和科学评价的重视，符合各界的实际诉求，契合科研现状，与我国经济社会发展和国际变化形势紧密相关，有较强的现实意义。建立科学的学术评价体系成了新时代教育改革发展、建设教育强国和科技强国的必然要求。

人文社会科学是相对于自然科学而言的知识体系，在科学体系中占有重要地位。随着人类文明的不断进步和全球文化的多元发展，大力发

---

[1] Jeff Tollefson, "China Declared World's Largest Producer of Scientific Articles", *Nature*, Vol. 553, No. 7689, January 2018.

◈ 第一章 绪论 ◈

展人文社科研究,并提高其国际化程度,是弘扬中华文化、提升中国话语权的迫切需求。加强人文社科研究的评价体系建设,也是规范和促进人文社科健康、有序发展必不可少的重要措施。我国 SCI 论文量已连续多年位居世界第二。但是,相比自然科学的国际化水平,中国人文社科成果的国际影响力有待提高。为此,我国继"走出去"战略之后,针对人文社科领域的发展出台了一系列政策。2004 年,中共中央办公厅发布《关于进一步繁荣发展哲学社会科学的意见》,强调必须进一步提高对哲学社会科学重要性的认识,大力繁荣发展哲学社会科学[1]。2011 年,教育部和财政部推出"高等学校哲学社会科学繁荣计划(2011—2020)"[2]。同年,教育部制定了《高等学校哲学社会科学"走出去"计划》,推动高等学校哲学社会科学优秀成果和优秀人才走向世界[3]。2016 年,习近平总书记在哲学社会科学工作座谈会上指出,要"增强我国哲学社会科学研究的国际影响力","要建立科学权威、公开透明的哲学社会科学成果评价体系"。以上充分体现了党和国家对人文社科成果影响力评价的重视。

整个科学体系可以被视为一个不断扩大和演化的思想、学者和论文组成的网络;科学问题、研究范式、数据间的差异,一般是与领域相关联,科学评价会因"学科特色"而产生相应的变化[4]。人文社科评价在国外受到重视,例如欧洲人文社科评价研究组织"Research Evaluation, Innovation and Impact Analysis for the Social Sciences and Humanities"(EvalHum)、"European Network for Research Evaluation in Social Sciences and Humanities"(ENRESSH)和两年一次的会议"Research Evaluation in the Social Sciences and Humanities"(RESSH)都具有较大影响。我国的人文

---

[1] 中共中央:《关于进一步繁荣发展哲学社会科学的意见》,2004 年 3 月,中国政府网(http://www.gov.cn/test/2005-07/06/content_12421.htm)。

[2] 中华人民共和国教育部、中华人民共和国财政部:《教育部 财政部关于印发〈高等学校哲学社会科学繁荣计划(2011—2020 年)〉的通知》,2011 年 11 月,中华人民共和国教育部(http://www.moe.gov.cn/srcsite/A13/s7061/201111/t20111107_126304.html)。

[3] Jason Priem and Bradely M. Hemminger, "Scientometrics 2.0: Toward New Metrics of Scholarly Impact on the Social Web", *First Monday*, Vol. 15, No. 7, July 2010.

[4] Santo Fortunato, Carl T. Bergstrom, Katy Börner, et al., "Science of Science", *Science*, Vol. 359, No. 6379, March 2018.

◇◇ 理论篇 ◇◇

社科研究具有全局性和基础性、复杂性和艰巨性，是国家文化软实力和中华文化影响力的重要体现，是社会主义精神文明建设的重要组成部分，具有深远意义。为实现中国特色、世界一流，构建"中国话语权"，习总书记为中国特色哲学社会科学"定性"：要体现继承性、民族性、原创性、时代性、系统性、专业性①。而由于人文社科成果结构和内容的特殊性、载体和受众的多样性，以及国内外学术环境日新月异的发展变化，人文社科成果国际影响力的全面综合评价亟须加强。

进入 Web 2.0 时代，大数据技术逐渐兴起，数字出版开始流行起来，学术界开放获取运动日益盛行，使学术交流突破了时间和空间的限制，同时也为科学评价提供了新的思路。由于社交媒体在学术界的应用，Digitometrics、Influmetrics、Entitymetrics、Usage Metrics、Article-level Metrics 等计量概念相继产生②。2010 年，Jason Priem 提出 Altmetrics，国内译为"替代计量学"、"补充计量学"等，旨在对学术成果利用过程的全面衡量③。相对传统引文指标，Altmetrics 属于在线新型计量指标的集合，具有应用的特点，为在学术成果传统影响力环境中处于劣势的发展中国家学者及其科研提供新的平台④。对于构建中国人文社科成果国际影响力的综合评价体系，Altmetrics 具有重要意义。本书正是力图针对新型社交媒体环境下不同类型的中国人文社科成果，从生命周期角度分析其国际影响力形成机理（影响因素、形成过程和机制），构建综合评价模型，开展相关实证研究，提出系列对策建议，为科学评价提供理论参考，为提升我国国际影响力提供依据。

二 人文社科国际影响力研究的意义

在国际局势变化、我国高度重视国际话语权的提升，以及新技术为学

---

① 张贺：《加快构建中国特色哲学社会科学》，《人民日报》2017 年 5 月 31 日第 9 版。
② 余厚强、任全娥、张洋、刘春丽：《Altmetrics 的译名分歧：困扰、影响及其辨析》，《中国图书馆学报》2019 年第 1 期。
③ Jason Priem and Bradely H. Hemminger, "Scientometrics 2.0: New Metrics of Scholarly Impact on the Social Web", *First Monday*, Vol. 15, No. 7, July 2010.
④ Juan Pablo Alperin, "Ask Not What Altmetrics Can Do for You, but What Altmetrics Can Do for Developing Countries", *Bulletin of the American Society for Information Science and Technology*, Vol. 39, No. 4, April 2013.

第一章 绪论

术界带来变革与发展的新环境下,我国人文社科的"走出去"战略势在必行。人文社科的发展态势和国际化程度,事关一个国家软实力及综合国力的强弱。而我国优秀人文社科成果的国际化传播,对促进世界范围内的领域学术交流和研究进程有着重要作用。本书以中国人文社科成果为研究对象,研究其国际影响力的形成机理及综合评价问题,以便充分了解我国人文社科研究的发展态势,同时发现其中存在的问题,依据评价结果对提升其国际影响力提出有针对性的建议与对策,具有较重要的理论意义和现实价值。具体来说,本书的研究意义主要表现在以下几个方面。

(一) 完善人文社科综合评价体系

科学评价制度的建立和发展,是科学制度化的过程,对于科学事业和科学活动而言,具有决策、激励、导向、规范四大功能。而人文社科成果结构和内容的复杂性和抽象性、载体和受众的多样性等特点,致使难以对其进行科学评价。本书从成果利用与知识演化全过程,分析不同类型的中国人文社科成果国际影响力的形成机理,构建其综合评价模型并探索其应用机制。一方面,通过对其利用动机、影响因素和形成过程的探索,加深了对学术成果国际影响力本质的认识,完善了文献计量学的理论研究框架;另一方面,丰富了评价学的研究内容,推进文献计量学与评价学的协同发展,既弥补了评价科学长期以来"实践超前、理论滞后"的弱势,又使文献计量学的价值和意义在实践中得到了升华。

(二) 为科学评价、科学管理与科学决策等实践活动提供依据

科学评价是科学管理与科学决策的基础、依据和重要环节。本书构建的人文社科国际影响力形成机理模型及其综合评价模型,有助于对我国人文社科相关领域在国际学术界的地位和贡献有清醒的认识,为中国人文社科成果国际影响力评价实践提供理论依据与方法支持,为我国人文社科成果"走出去"的有序发展提供了规范和管理依据,从而进一步提升其国际影响力,协同带动我国科学文化事业的均衡全面发展。完善人文社科成果综合评价体系,也是重视和尊重人文社科的具体体现,有利于加深对人文社科的理解和认识,为国家制定科研政策、配置科研资源提供参考,为检验和印证人文社科管理绩效、决策方案优劣与决策方案执行效果提供有效度量。此外,也对各高等教育和科研机构制定长远发展规划大有裨益。

（三）提升我国的国际话语权和国际影响力

在各国学术交流过程中，主体的话语权强弱及影响力高低已经引起了学术界的广泛关注。中国作为新兴经济体，在科学文化方面的国际影响力和话语权也应相应提升。本书通过对中国人文社科成果国际影响力综合评价模型系统地实证分析，深化对我国人文社科成果国际影响力现状的认知，并有针对性地提出提升人文社科国际影响力的政策建议，以及人文社科国际影响力评价模型的优化策略。有利于增进国际社会对我国的了解和认识，将我国优秀的人文社科成果传播到全世界，不仅提高我国在研究领域的学术地位，同时也提升我国国际影响力及综合国力，增强国际话语权。

第二节 人文社科国际影响力研究进展

一 传统学术成果影响力评价研究

文献计量分析具有较客观和公正、快捷与高效等优点，成为学术成果影响力评价的主要方法[1]。从最初的发文量、被引量、影响因子等指标，到综合发文与被引的 h 指数和 20 余种 h 类衍生指数，再到网络分析评价方法迭出，相关研究在不断改进，但远未完善[2]。（1）相关评价指标主要包括以均值测度、以高影响特征测度和以整体综合测度。例如，基于 PageRank 算法的特征因子（eigenfactor）、基于 Scopus 数据库的 SJR 指数、修正的源标准化论文影响力指数（SNIP）、标准化影响因子（NIF）、新的 Cite Score 等。此外，Web of Science 增加了 5 年影响因子，也在改进 Incites 数据库，增加基于单篇论文的评价指标[3]；

---

[1] Jeppe Nicolaisen, "Citation Analysis", *Annual Review of Information Science and Technology*, Vol. 41, No. 1, January 2008；苏新宁：《文献计量学与科学评价中有关问题思考》，《图书与情报》2013 年第 1 期。

[2] Ying Ding, Ronald Rousseau & Dietmar Wolfram, *Measuring Scholarly Impact: Methods and Practice*, Cham, Switzerland: Springer, 2014; Ludo Waltman, "A Review of the Literature on Citation Impact Indicators", *Journal of Informetrics*, Vol. 10, No. 2, May 2016.

[3] Lutz Bornmann and Loet Leydesdorff, "Statistical Tests and Research Assessments: A Comment on Schneider (2012)", *Journal of the American Society for Information Science and Technology*, Vol. 64, No. 6, June 2013.

Rousseau 等[①]和 Bornmann[②]分别提出了相对度量指数 RMI 和 P100。（2）相关评价模型。Moed 和 Halevi[③]归纳出成果影响力评价理论模型，包括基本区分模型、项目评估—使能评测、特定领域测度—贝克模型等。王茜等[④]总结出论文社会影响力评价基础模型：多维评估模型、逻辑模型、收益评估模型、SIAMPI 模型、沟通模型。（3）另外，定量指标与同行评价的比较与互补应用[⑤]、相关指标的对比分析和优选组合等也是学者关注的重点[⑥]；也有一些专家研究引文分析和论文数据库对人文社科评价的局限性[⑦]。

二 新型学术成果影响力评价研究

传统的影响力分析在理论和实践中均遭受质疑，新型社交媒体视域下，学界已经达成了共识：学术成果影响力的评价不能仅仅依赖于发表量和被引量等传统文献计量指标，多源、多维计量指标的综合评价是大势所趋[⑧]。众多学者在寻求学术成果评价的新出路或改进策略：（1）相关指标。为计量社交网络中学术成果的影响，Digitometrics、Influmetrics、

[①] Ronald Rousseau, Yuxian Liu & Raf Guns, "Mathematical Properties of Q-Measures", *Journal of Informetrics*, Vol. 7, No. 3, July 2013.

[②] Lutz Bornmann, "What Is Societal Impact of Research and How Can It Be Assessed? A Literature Survey", *Journal of the American Society for Information Science and Technology*, Vol. 64, No. 2, February 2013.

[③] Henk F. Moed and Gali Halevi, "A Bibliometric Approach to Tracking International Scientific Migration", *Scientometrics*, Vol. 101, No. 3, December 2014.

[④] 王茜、谭宗颖、钱力：《科学研究社会影响力评价综述》，《图书情报工作》2015 年第 14 期。

[⑤] Primož Južnic, Stojan Peclin, Matjaž Žaucer, et al., "Scientometric Indicators: Peer-review, Bibliometric Methods and Conflict of Interests", *Scientometrics*, Vol. 85, No. 2, November 2010.

[⑥] 杜建、张玢、刘晓婷：《期刊影响因子、h 指数、相对 h 指数及特征因子的相关性分析》，《情报杂志》2011 年第 2 期；Ana Paula dos Santos Rubem, Ariane Lima de Moura & Joao Carlos Correia Baptista Soares de Mello, "Comparative Analysis of Some Individual Bibliometric Indices When Applied to Groups of Researchers", *Scientometrics*, Vol. 102, No. 1, January 2015.

[⑦] Lutz Bornmann, "What Do Altmetrics Counts Mean? A Plea for Content Analyses", *Journal of the Association for Information Science and Technology*, Vol. 67, No. 4, April 2016.

[⑧] Blaise Cronin and Cassidy R. Sugimoto, *Beyond Bibliometrics: Harnessing Multidimensional Indicators of Scholarly Impact*, Cambridge, MA: MIT Press, 2014.

Entitymetrics、Usage Metrics、Article-level Metrics 等术语被相继提出[①]。2010 年以来 Altmetrics 受到广泛关注，其指标优缺点并存，评价时要结合其他指标使用[②]。此外，出现开放网络环境下的在线评价指标——F1000[③]；对影响力评价结果的有效判定及其过程的科学审定也是关注的重点，如利用"元评价"来提升评价质量等[④]。（2）相关数据源。面向 Altmetrics 的数据源不断涌现，包括公共社交网络平台、在线科研交流网站、学术资源开放获取系统、专门 Altmetrics 数据搜集与分析工具[⑤]。对各种数据源的甄别、比较与选择或结合使用成为重要研究内容；在成果评价时综合利用多个数据源成为趋势[⑥]。余厚强等利用 Mendeley 阅读替代指标评估了中美两国科技论文的表现，发现该指标有利于比较各国家、各学科的学术论文产生影响力的方向[⑦]。（3）相关机理。目前有少量研究 Twitter 和 Mendeley 中学术成果利用动机和态度的机理分析[⑧]。从最初提出的 Altmetrics "替代"引文指标功能到"补充"功能，再到现在学者大都持谨慎态度[⑨]，与较系统的引证行为机理分析相比，机理研究相对

---

① Wolfgang Glänzel and Juan Gorraiz, "Usage Metrics versus Altmetrics: Confusing Terminology?", *Scientometrics*, Vol. 102, No. 3, March 2015.

② Lutz Bornmann, "Do Altmetrics Point to the Broader Impact of Research? An Overview of Benefits and Disadvantages of Altmetrics", *Journal of Informetrics*, Vol. 8, No. 4, October 2014.

③ Syavash Nobarany and Kellogg S. Booth, "Use of Politeness Strategies in Signed Open Peer Review", *Journal of the Association for Information Science and Technology*, Vol. 66, No. 5, May 2015.

④ 俞立平、姜春林：《学术期刊评价的视角、基本问题与发展展望》，《情报杂志》2013 年第 5 期。

⑤ 邱均平、余厚强：《基于影响力产生模型的替代计量指标分层研究》，《情报杂志》2015 年第 5 期。

⑥ Lutz Bornmann, "Do Altmetrics Point to the Broader Impact of Research? An Overview of Benefits and Disadvantages of Altmetrics", *Journal of Informetrics*, Vol. 8, No. 4, October 2014；刘春丽、何钦成：《开放同行评审的产生、发展、成效与可行性》，《中国科技期刊研究》2011 年第 1 期。

⑦ Francis Houqiang Yu, Cathy Xueting Cao & Biegzat Murata, "Readership of International Publications as Measured by Mendeley Altmetrics: A Comparison Between China and USA", *Proceedings of the International Conference on Scientometrics and Informetrics* (*ISSI* 2019), Rome, 2019.

⑧ Ehsan Mohammadi, MikeThelwall, Stefanie Haustein, et al., "Who Reads Research Articles? An Altmetrics Analysis of Mendeley User Categories", *Journal of the Association for Information Science and Technology*, Vol. 66, No. 9, September 2015.

⑨ Stefanie Haustein, "Grand Challenges in Altmetrics: Heterogeneity, Data Quality and Dependencies", *Scientometrics*, Vol. 108, No. 1, July 2016.

缺乏是 *Altmetrics* 没有得到大规模实用的重要原因①。总之，学术成果影响力的评价不能仅依赖于发表量和被引量已成为学界的共识，多源、多维计量指标的综合评价是大势所趋②。

三　人文社科成果国际影响力评价研究

人文社科与自然科学相比，学术成果影响力展现形式、作用范围、经济效益等更加复杂；国际上进行学术成果评价时，评估方法与评估政策往往偏向自然科学③，导致评价结果对人文社科不友好。人文社科的学术发展与创新需要评价体系的改进与完善。

除跨学科的研究外④，（1）众多研究从被引角度评价人文社科期刊论文的国际影响力。如人文社科期刊论文影响力的定义和评价理念⑤，罗马尼亚和维也纳等国人文社科论文的国际影响力评价⑥，基于影响因子评价人文科学期刊影响力的改进⑦，结合引文和链接指标评价图书情报领域论文的国际影响力⑧，国际化背景下人文社科期刊论文的评价指

---

① Lutz Bornmann, "What Do Altmetrics Counts Mean? A Plea for Content Analyses", *Journal of the Association for Information Science and Technology*, Vol. 67, No. 4, April 2016.

② Henk F. Moed and Gali Halevi, "A Bibliometric Approach to Tracking International Scientific Migration", *Scientometrics*, Vol. 101, No. 3, December 2014.

③ Claire Donovan, "The Governance of Social Science and Everyday Epistemology", *Public Administration*, Vol. 83, No. 3, August 2005.

④ Kayvan Kousha and Mike Thelwall, "An Automatic Method for Assessing the Teaching Impact of Books from Online Academic Syllabi", *Journal of the Association for Information Science and Technology*, Vol. 67, No. 12, December 2016.

⑤ Tim Kenyon, "Defining and Measuring Research Impact in the Humanities, Social Sciences and Creative Arts in the Digital Age", *Knowledge Organization*, Vol. 41, No. 3, February 2014；肖宏、张义川、汤丽云等：《我国哲学社会科学国际影响研究——基于国际文献大数据的分析（2011—2015 年）》，《中国社会科学评价》2017 年第 4 期。

⑥ AndreaBonaccorsi, *The Evaluation of Research in Social Sciences and Humanities: Lessons from the Italian Experience*, Cham, Switzerland: Springer, 2018; Juan Gorraiz, Henk Moed & Edgar Schiebel, "Introduction to A Special Issue on Performance Evaluation", *Research Education*, Vol. 18, No. 3, September 2009.

⑦ M. De Marchi and E. Lorenzetti, "Measuring the Impact of Journals, A Reprise", *Scientometrics*, Vol. 108, No. 2, August 2016.

⑧ Shunbo Yuan and Weina Hua, "Scholarly Impact Measurements of LIS Open Access Journals: Based on Citations and Links", *The Electronic Library*, Vol. 29, No. 5, October 2011.

标体系构建[1]。(2) 一些研究从被引角度评价人文社科图书的国际影响力。如 Google 图书搜索引擎分析人文社科成果影响力的作用和可行性[2]，图书引文索引（Book Citation Index）中人文社科图书的分布与被引情况[3]。(3) 少量研究探索新兴社交媒体环境下人文社科成果的国际影响力。Hammarfelt[4] 以及 Mohammadi 和 Thelwall[5] 分析 Altmetrics 指标在人文科学的覆盖率和影响力评价的问题和前景；Zuccala 等[6]研究了 Goodreads 平台中阅读量、评论量、覆盖率等指标与引文量的相关性，并探讨这些指标用于评价人文类图书影响力的可行性；Kousha 和 Thelwall[7] 分析在线书评量与传统计量指标的相关性、书评量作为影响力评价指标的可能性；Wooldridge 分析了 Altmetric Score 在评价学术成果影响力形成早期起到的作用[8]。以上研究主要利用被引量等传统指标，社交媒体环境下的相关研究多停留于理论探索阶段，且多集中于学术生产与利用过程单一视角下的比较与融合，缺乏系统的理论研究和深入的应用实践。

---

[1] 李沂濛、张乐、赵良英：《国际化背景下人文社科期刊论文评价指标体系研究》，《图书馆工作与研究》2018 年第 6 期。

[2] Kayvan Kousha and Mike Thelwall, "Google Book Search: Citation Analysis for Social Science and the Humanities", *Journal of the American Society for Information Science and Technology*, Vol. 60, No. 8, August 2009; Kayvan Kousha, Mike Thelwall & Somayeh Rezaie, "Assessing the Citation Impact of Books: The Role of Google Books, Google Scholar, and Scopus", *Journal of the American Society for Information Science and Technology*, Vol. 62, No. 11, November 2011.

[3] Daniel Torres-Salinas, Nicolas Robinson-Garcia, Alvaro Cabezas-Clavijo, et al., "Analyzing the Citation Characteristics of Books: Edited Books, Book Series and Publisher Types in the Book Citation Index", *Scientometrics*, Vol. 98, No. 3, March 2014.

[4] Bjoern Hammarfelt, "Using Altmetrics for Assessing Research Impact in the Humanities", *Scientometrics*, Vol. 101, No. 2, November 2014.

[5] Ehsan Mohammadi and MikeThelwall, "Mendeley Readership Altmetrics for the Social Sciences and Humanities: Research Evaluation and Knowledge Flows", *Journal of the Association for Information Science and Technology*, Vol. 65, No. 8, August 2014.

[6] Alesia A. Zuccala, Frederik T. Verleysen, Roberto Cornacchia, et al., "Altmetrics for the Humanities: Comparing Goodreads Reader Ratings with Citations to History Books", *Aslib Journal of Information Management*, Vol. 67, No. 3, May 2015.

[7] Kayvan Kousha and Mike Thelwall, "Web Indicators for Research Evaluation. Part 3: Books and Non-Standard Outputs", *Profesional De La Informacion*, Vol. 24, No. 6, November-December 2015.

[8] Jenny Wooldridge and Mike B. King, "Altmetric Scores: An Early Indicator of Research Impact", *Journal of the Association for Information Science and Technology*, Vol. 70, No. 3, March 2019.

第一章 绪论

四 中国学术成果国际影响力评价研究

目前有众多研究关注中国学术成果影响力评价的理论、方法与应用问题[1]，其中包括专门针对人文社科的研究[2]，如苏新宁等的"学术影响力"系列报告《中国人文社会科学图书学术影响力报告》等。李华锋和袁勤俭等发现现有研究很少关注中国社会科学学术成果国际影响力的形成影响因素，当前对于不同影响因素带来的贡献率和产生影响的重要程度也缺乏相应的实证研究[3]。中国学术成果国际影响力的评价研究集中在以下几点。

（1）相关理论研究。主要从发文量和被引量等简单指标进行分析；评价的领域涉及多个学科或针对特定热门领域；魏庆肖将传统科学计量指标与Altmetrics指标相结合构建了人文社科学术专著影响力评价指标体系[4]。为显示中国的相对影响力，一些研究比较中国与其他发展中国家或法、德、日、美等发达国家的情况[5]；从合著角度评价成果的影响[6]；选择的数据库集中在WoS和Scopus[7]。（2）相关评价实践。对高水平期刊论文的评价，如Nature发布《2016中国自然指数》；多个单项指标的评价，如中国科学院发布的《2016科学发展报告》；多个指标的综合衡

---

[1] 王茜、谭宗颖、钱力：《科学研究社会影响力评价综述》，《图书情报工作》2015年第14期；尚海茹、冯长根、孙良：《用学术影响力评价学术论文——兼论关于学术传承效应和长期引用的两个新指标》，《科学通报》2016年第26期。

[2] 邱均平、谭春辉、任全娥等：《人文社会科学评价理论与实践（上册）》，武汉大学出版社2012年版。

[3] 李华锋、袁勤俭：《社会科学学术成果国际影响力评价研究述评》，《情报杂志》2018年第3期。

[4] 魏庆肖：《人文社科学术专著影响力评价指标体系构建及实现机制研究》，硕士学位论文，大连理工大学，2018年，第31页。

[5] 贺德方：《中国高影响力论文产出状况的国际比较研究》，《中国软科学》2011年第9期；Loet Leydesdorff, Caroline S. Wagner & Lutz Bornmann, "The European Union, China, and the United States in the Top-1% and Top-10% Layers of Most-Frequently-Cited Publications: Competition and Collaborations", *Journal of Informetrics*, Vol. 8, No. 3, July 2014.

[6] Xianwen Wang, Shenmeng Xu, Zhi Wang, et al., "International Scientific Collaboration of China: Collaborating Countries, Institutions and Individuals", *Scientometrics*, Vol. 95, No. 3, June 2013.

[7] Juana Paul Moiwo and Fulu Tao, "The Changing Dynamics in Citation Index Publication Position China in a Race with the USA for Global Leadership", *Scientometrics*, Vol. 95, No. 3, June 2013.

量，如中国科技信息研究所自2007年以来开展的"中国百篇最具影响国际学术论文"评定工作。（3）少量研究评价中国人文社科成果的国际影响力。Zhou等[1]评价了中国社科整体国际影响力，分析其影响因素、增长趋势和提升策略。姚乐野和王阿陶[2]从论文、著作、期刊、学者以及学科等方面，评价我国人文社科成果的国际影响力水平和整体状况；中国知网每年发布"中国最具国际影响力学术期刊（人文社科）"，2016年发布《中国英文学术期刊国际国内引证报告》认为国内人文社科英文期刊数量少，影响力偏低，与科技英文期刊相比差距较大。以上研究主要通过传统文献计量指标和针对少量数据源的分析，集中在基于结果的单维度静态评价分析，缺乏更为全面系统的综合研究。

综上所述，已有研究进行了不少探索，为更深入全面的分析提供了良好基础。但总体而言：（1）针对人文社科成果影响力的评价研究较多，而专门评价中国人文社科成果国际影响力的研究较少，如何提升其影响力的研究更是缺乏。（2）利用WoS数据库、基于传统发文量和被引量等指标分析的较多，从多源、多维指标进行综合评价的研究较少。（3）基于传统期刊论文的研究较多，针对新环境下多类型成果的影响力评价较少，鲜有从科学交流和知识传播整个过程来全方位考察国际影响力的形成机理等理论问题。为此，本书力图针对新环境下不同类型的中国人文社科成果，分析其国际影响力形成的影响因素、形成过程和机制，研究综合评价模型，并开展相关实证研究、提出系列对策建议。

第三节 研究目标、内容和方法

一 研究目标

以中国人文社科成果为研究对象，研究其国际影响力的形成机理及综合评价问题。研究目标包括：（1）结合内容分析、文献计量方法和问卷调查，研究国际上中国人文社科成果利用的动机和关键影响因素；基

---

[1] Ping Zhou, Bart Thijs & Wolfgang Glänzel, "Regional Analysis on Chinese Scientific Output", *Scientometrics*, Vol. 81, No. 3, December 2009.

[2] 姚乐野、王阿陶：《中国人文社会科学国际学术影响力发展报告2006—2010》，中国社会科学出版社2015年版，第13页。

于成果自身生命周期和知识演化生命周期，考察国际影响力的形成过程、机制和动力。（2）构建中国人文社科成果综合评价的理论模型和应用模型。（3）对中国人文社科成果国际影响力评价实证分析，提出相应对策和改进建议，为科学评价研究提供参考，为提升国际影响力提供依据。

二　研究对象

（一）人文社会科学（以下简称人文社科）

1. 人文科学和社会科学的区别和联系

一般来说，人文科学和社会科学有着较为明确的划分，二者在研究对象、研究目的、研究方法以及学科结构等方面都有着比较明显的差异。

从研究对象和目的来看，社会科学是以社会现象作为研究对象的，它着重研究的是社会生活各个领域或方面的运动、变化与发展，旨在揭示人类社会行动规律和发展规律。人文科学则侧重研究"人文现象"，即人所创造的涉及人自身存在及精神寄托的文化状态。总之，社会科学主要关注人类活动在社会系统中的功能和功效，人文科学侧重于人类活动对人的生存价值的研究。

从研究方法上来看，社会科学的主旨在于揭示社会生活的各个领域、方面的规律，因而很重视对社会现象做实证研究和因果性说明，还有相当程度的法人实验性和定量化研究。人文科学研究则具有很强的个体性和独特性，侧重于对人类自身价值和意义的体验和思考，特别需要个性化的感受、理解与表达，而不追求他人的认同。

从学科结构来看，关于人文科学与社会科学的学科划分，迄今尚无定论。社会科学主要指对人类关系的学习和研究领域，包括经济学、政治学、社会学、人类学、心理学、人口学等；人文科学则是关于人类思想、文化、价值和精神表现的学科，包括语言学、文学、历史学、考古学、法学、艺术、音乐、舞蹈、戏剧、美术、哲学等。20世纪70年代初期，联合国教科文组织出版三卷本巨著《社会及人文科学研究中的主流》，认定社会及人文科学研究中的主流学科包括11种：社会学、政治学、心理学、经济学、人口学、语言学、人类学、史学、艺术及艺术学科、法学、哲学，并倾向把前5种学科归为社会科学，后6种学科归为人文科学①。

尽管人文科学和社会科学有着明显的差异性，但是二者在观点、方法等方面都具有相似性和共通性，二者互为补充。人一开始就是社会人，人类精神文化活动是在社会场景中展开的，本身就是一种社会现象；同时，社会现象又源于人类精神活动的创造。人文现象与社会现象都是由人、人的活动以及活动的产物构成的，这就是人类社会生活的内在统一性②。人文科学与社会科学的研究对象是同一个社会生活整体，它们从不同的侧面以不同的方式反映同一社会生活，相互补充、相互渗透、相互影响。正是这种水乳交融的紧密联系，构成了二者内在的亲缘性与统一性，成为人文科学与社会科学一体化的客观基础③。

2. 人文社会科学和自然科学的区别

与自然科学相比，人文社科在研究对象、研究目的、研究方法上有一定的差异性④。在研究对象上，人文社科是以人类精神世界以及沉淀的文化传统为对象，自然科学是以自然客体为研究对象，即使涉及人，也把人当作没有意志的客体看待。从研究目的来看，人文社科基于价值论的框架，通过对人类文化现象以及社会现象的研究，探究与人类存在、成长、繁荣、幸福有关的价值和意义，拓展人类精神世界，努力营造一个有利于促进经济和社会发展的社会环境，特别注重于研究人类生存、享受、发展的有关价值和意义。自然科学基于认识论的框架，揭示自然界的内在实质以及物质运动的规律，自然科学的核心是工具的合理性，特别注重于对人类生存、享受、发展有利的工具和手段，而价值的合理性则不在其视野范围内。此外，在研究方法上，自然科学的研究方法主要有实证、数学、实验方法等定量研究方法，人文社科的研究方法主要是通过研究事物对象的本质，确立对象性质及类型的定性研究方法。

---

① 汪信砚：《人文学科与社会科学的统一性——答余金成教授》，《学术研究》2010 年第 9 期。
② 石亦璞：《论人文社会科学方法论中"理解和说明"的关系》，硕士学位论文，华东师范大学，2009 年，第 4 页。
③ 姜颖：《地方高校人文社科成果评价研究》，硕士学位论文，华东师范大学，2008 年，第 29 页。
④ Anton J. Nederhof, "Bibliometric Monitoring of Research Performance in the Social Sciences and the Humanities: A Review", *Scientometrics*, Vol. 66, No. 1, January 2020.

3. 人文社会科学的界定

国内外学术界对人文科学、社会科学、人文社科等概念的理解和使用差别较大；关于人文科学与社会科学的学科划分，迄今尚无一致的标准。英国基本上是把 humanities（人文科学）作为部分，统一归纳到社会科学中；德国用精神科学或人文科学来表示整个人文社会科学；在巴西，社会科学和人类科学或人文科学，实际上是同义语；在美国，尽管有人文科学和社会科学的划分，但一些属于人文社科范畴的学科并没有归到该类，如教育学等。在实际的学术应用研究中，美国 ISI 把整个人文社科分为人文科学与社会科学两大部分，如 Web of Science 中 SSCI 对应社会科学，A&HCI 对应艺术与人文科学；在中国，通常用社会科学来统称整个人文科学和社会科学，如中国社会科学院，就包括了人文科学的相关学科。高校多偏向于人文社科这一术语。在各级党校和一些实事性文献中，又习惯用哲学社会科学一词，突出哲学的基础地位，例如全国哲学社会科学规划办公室和全国哲学社会科学项目。一般来说，人文社科和哲学社会科学可以通用。

人文科学这一术语的内涵一直有较多争议。《辞海》指出"人文科学"源于拉丁文 humanities，意指人性、教养。关于人文学科的内涵问题，一种观点认为，人文学科代表一个学科领域，是个分类的概念；也有观点认为，人文学科是关于特定对象研究的一门学问。尤西林认为："人文学科（the humanities）归属于教育学教学科目分类，人文科学（the human sciences）则是从哲学高度对包括人文主义与人文学科在内的人文活动原理的系统研究理论。"另外，人文科学中"科学"的内涵也被质疑，一些学者认为 science 是与人文相对的概念，所以要用人文学科（huminities），而非人文科学（human science）；若用人文科学，则科学是广义的。基于不同的认识，人文学、人文学科、人文科学有不同的内涵，造成了术语翻译的困难和沟通的障碍，如"humanities"既有译为"人文科学"的，也有译为"人文学科"的。但总体来看，在公众话语及学术界中，常用"人文科学"这一术语，既可标志方法论上的一门学问，又可用来表达特定的知识门类。

关于社会科学（social science），可以把它简单地理解为对社会的研究。社会科学是近代世界继自然科学后发展的一项伟业，它是社会结构化的产物，是适应大工业化生产、城市等大规模社会结构的管理需要而产生的，主要以近代产生的结构化和大规模化的社会组织、社会群体、社会关系作为研究对象。社会科学从19世纪开始真正作为一个独立的学科体系，到第二次世界大战，在西方大学建制里已经基本制度化。这时的社会科学一方面与研究非人类系统的自然科学相区别，另一方面也与研究人类"文明"社会的文化、思想和精神产品的人文学科有了明确的区分。社会科学这一术语在中国开始出现是在19世纪末20世纪初。1887年成书、1895年印行的《日本国志》大量介绍了日本明治维新以后产生的汉字新语，其中就有"社会"一词，我国社会科学的一些主要学科的名称也依从日本译名，如哲学、法学等。作为社会科学研究对象，社会客体的基本内容包括社会本质与规律、社会机制与动力、社会结构与功能、社会形态与发展等方面。社会科学通常面对和探索的是社会的运行、组织、调控、管理、规范和发展等社会性问题。政治学、经济学、军事学、法学、教育学、文艺学、史学、语言学、民族学、宗教学、社会学等是典型和主要的社会科学学科。

本书以"人文社会科学"作为研究对象，既肯定人文科学、社会科学都是当代大科学体系中相对独立的分支科学，不能以此代彼、取此舍彼或厚此薄彼，又强调这两种科学是密切联系、相互渗透的，二者之间存在相当大的公共地带，不能轻易将其机械地割裂、对立。人类社会生活的内在统一性决定了研究可以侧重关注其共性和统一性，以便在与自然科学的比较和对照中探讨其现代特点及向"统一的人的科学"方向发展的趋势。实际上，一些人文科学家、社会科学家之间已经进行了富有成果的学术合作，如著名的古本根基金研究会于1993年创立的"重建社会科学委员会"，就是由美国学者华勒斯坦为主席，包括国际级的6位社会科学家、2位人文科学家和2位自然科学家组成的。这个委员会经过两年多的研究，郑重推出了富有创见且甚具挑战性的《开放社会科学》一书。该书指出："文化研究的倡导者，所提出的种种论点也从根本上破除了社会科学和人文科学这两个超级领域之间的组织分界。"而在人文社科统一研究中，又可以考虑人文科学与社会科学之间的区别与差异，进行综合、精细的学术研究。

第一章 绪论

(二) 人文社科成果

所谓"成果"是指人们在科学技术活动中通过复杂的智力劳动所得出的具有某种学术或社会经济价值的知识产品。《中国科学院科学技术研究成果管理办法》中,科技"成果"被定义为对某一科学技术研究课题,通过观察实验、研究试制或辩证思维活动取得的具有一定学术意义或实用意义的结果[①]。科研成果具有独立、完整的内容和存在形式,且已通过一定形式予以确认。文献是记录有知识的一切载体,科研成果往往以文献的形式存在、交流和保存,包括期刊论文、学术图书、学术图书章节、会议论文、口头展示记录等。学术界对科研成果的分类一般有4种典型的分法:(1)根据成果形式分类,可以分为专著、论文、研究报告、学术资料、译文、译著、工具书、学术普及读物、教材、影视片、古籍整理、丛书、论文集、软件、综述、一般文章等。(2)根据研究性质分类,可分为基础研究成果、应用研究成果和开发研究成果等。(3)结合成果形式和研究性质分类。如基础研究成果,包括专著、论文等;应用开发研究成果,含研究报告、方案等;资料和编译成果,含工具书、古籍整理、资料汇编、论文集等。(4)以智力加工深度为准则,可以分为研究类成果、普及类成果和资料类成果等[②]。

学术成果一般应具有新颖性、先进性和实用价值的特征。

新颖性,即学术创新性。学术创新完全面向学术成果的内容,学术成果必须在主题、观点与方法等方面具有新颖度。学术成果的新颖度是建立在比较分析基础上的指标,而比较分析需要以分类分析为依据,即在同一个学科类别内进行比较。如在同一学科内,该成果的研究内容是否具有突破性(如 h 指数)、跟进性(如 g 指数、e 指数等)或另辟蹊径(如零被引文献研究等)。新颖性是学术成果的本质和核心,主要考察进行的研究对当前的贡献。新颖性是推动学术成果的影响力提升和学术质量持续增长的关键要素。

先进性,即前沿性和前瞻性。学术成果前沿性表现为具有引领特征,

[①] 中国科学院:《中国科学院科学技术研究成果管理办法》,《中国科学院院刊》1986 年第 3 期。

[②] 张国春:《社会科学科研成果的界定和分类》,《云梦学刊》2006 年第 6 期。

即该项成果在主题内容、研究方法和学术观点上能够为某一领域研究起到引导作用，使该领域进一步深化发展。学术成果的前瞻性考察的是学术成果在对未来预测性的探索中发挥的作用，能对研究的对象进行实质性的探索以及未来发展性的掌控。学术成果的先进性重在对未来的贡献[1]。

实用价值，即学术成果具有影响力和效益。学术影响一方面是学术成果传播的表征，另一方面体现了对其他学术成果或其他人研究行为的影响能力。因此在这一指标中，不仅包含表达学术成果传播的指标，也包括学术竞争力、学术话语等影响能力指标。学术成果的实用价值，一般包括学术效益和社会效益。学术效益，是指基于成果的学术内容和学术水平而对他人和学界学术研究与学术思想产生的效用[2]。社会效益包括两个关键要素，即社会影响和社会贡献。社会影响强调的是学术成果在社会中的认知、认可，并对社会做出了改变，或为社会创造了经济收益，是社会贡献得以发挥的先导；社会贡献体现的是学术成果对于社会作用发挥的水平和能力。

在人文社科中，成果的具体形式包括期刊论文、会议论文、学术专著、学位论文、研究报告和研究数据等类型；其中期刊论文、会议论文和学术图书是主体，三者各有特色，是本书的重点研究对象（见图1-1）。

在本书中，我国人文社科成果是指以中国学者或机构为主体，遵循既定学术规范，并为学术共同体所承认的原创性探究活动的产出成果，具体类型为期刊论文、学术图书、会议论文文献。

1. 期刊论文

根据《现代汉语大词典·下册》的定义，期刊是"定期出版的刊物。有固定名称，用卷、期或年、月顺序编号出版"[3]；《100年汉语新词新语大辞典·上册》则将期刊定义为"定期出版的连续刊物"[4]。《现

---

[1] 李品、杨建林：《大数据时代哲学社会科学学术成果评价：问题、策略及指标体系》，《图书情报工作》2018年第16期。
[2] 查朱和：《论社科期刊的学术影响力及其实现路径》，《中国编辑》2017年第1期。
[3] 汉语大词典编纂处：《60000词现代汉语词典》，四川辞书出版社2021年版，第1015页。
[4] 宋子然：《100年汉语新词新语大辞典（1912年—2011年）上卷》，上海辞书出版社2014年版；袁庆莉：《中国学者发表的人文社科国际期刊论文学术影响力分析》，硕士学位论文，武汉大学，2019年，第16页。

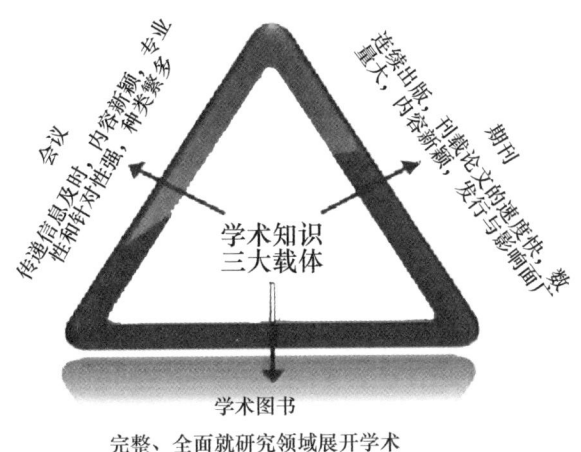

图 1-1 人文社科成果的三大载体类型

(来源：Clarivate Analytics)

代汉语大词典·上册》将论文定义为"讨论、研究某种问题的文章"[1]。结合来看，期刊论文指的是发表在定期出版的、用卷、期或年、月顺序编号出版的刊物上，讨论、研究某种问题的文章[2]。学科领域期刊论文指的是，发表在定期出版的刊物上讨论研究的主题在该学科领域内的文章。期刊论文是学术成果最常见的载体形式，期刊论文一般尽量简洁，把最重要的内容展示，对期刊论文的分析可以呈现一个学科的知识新陈代谢过程，可以体现学科阶段性、片段化的成果。

2. 学术图书

何为"学术图书"（academic/scholarly book），目前尚无统一的定义，可谓见仁见智。白国应先生认为，学术图书是指著者经过社会调查、科学考察或实验，深入研究而进行系统论述的著作[3]。吴江江认为：学术著作是为了积累和交流人类从事自然科学和社会科学思维科学实践所获

---

[1] 《现代汉语大词典》编辑委员会：《现代汉语大词典（上）》，上海辞书出版社 2009 年版。
[2] 袁庆莉：《中国学者发表的人文社科国际期刊论文学术影响力分析》，硕士学位论文，武汉大学，2019 年，第 16 页。
[3] 边春光：《编辑实用百科全书》，中国书籍出版社 1994 年版。

◇◇ 理论篇 ◇◇

得的知识而创作的具有专门性、理论性和系统性的文字（图表）作品①。加纳大学出版社董事 K. M. Ganu 先生认为，学术图书最重要的品质在于内容材料的创新性和表达方式的唯一性，具体包括科学研究的原创性作品，以及试图对已有的学科研究或知识能力加以解释的作品和高校教材②。

在定义"学术图书"内涵之前，先对"学术"和"图书"的内涵进行了解。在汉语中，"学术"是指有系统的、较专门的学问；在英语中，"学术"是指由受过专业训练的人在具备专业条件的环境中进行非实用性的探索；二者的共同点在于强调专业性、知识性。对于"图书"的概念，国内外已达成共识，即图书是指用文字、图画或其他符号将有关信息内容记录在纸张、磁性材料等不同载体上，具有相当篇幅、以单本卷册形式非连续出版的读物③。学术图书有别于期刊论文，具有一定的页数或文字内容。按照联合国教科文组织的有关标准，学术图书除封面外具有 50 页及以上篇幅，且是非定期的印刷出版物。

综上所述，学术图书是指内容涉及某学科或某专业领域，具有一定创新性，对专业学习、研究具有价值的图书，通常在书中有文献注释或参考文献，书后有索引④。学术图书是一种内容丰富、体系性较强的规范性研究成果，一般具有内容新颖、研究规范以及体系结构完备等特点，学术价值与社会意义也较为明显。实际研究活动中经常出现学术图书、学术著作、学术专著 3 个概念互相通用的情况，对此本书认为，学术图书与学术著作、学术专著具有上下位概念的关系：学术图书是上位类概念，它包括学术著作、学术专著、学术论文汇编、会议录、大学及以上程度的高等教材等。科学性、专门性、理论性和系统性是学术图书需要具备的特点。其中，学术专著是著者对某一专题进行了专门研究后撰写成的学术成果，不同于一般高校教材、参考手册和统计资料等，其专门性最强，理论色彩浓厚，有助于读者全面、深刻地了解某一问题，是最

---

① 吴江江：《学术著作特征与出版政策研究》，《出版广角》1999 年第 12 期。
② K. M. Ganu, "Scholarly publishing in Ghana: the role of Ghana Universities Press", *Journal of Scholarly Publishing*, Vol. 30, No. 3, April 1999.
③ 吴慰慈、邵巍：《图书馆学概论》，书目文献出版社 1985 年版。
④ 叶继元：《学术图书、学术著作、学术专著概念辨析》，《中国图书馆学报》2016 年第 1 期。

第一章 绪论

为典型的一类学术图书。

3. 会议论文

学术会议已经成为日益重要的科学交流渠道，会议论文也成为文献计量研究的重要数据来源①。根据《中国百科大辞典》的定义，学术会议是专门研究、讨论有关学术问题的会议，主要内容是介绍学术动态、交流研究成果、探讨学术问题②。学术会议作为学术交流的重要形式，在传播科研成果、活跃学术思想、推广先进技术、促进学科发展、催生新的学科、发现和培养科学人才等方面起着重要作用③。会议论文是指在各种学术会议上所宣读的论文或者书面发言，经整理后出版的文献，是与会人员广泛交流讨论的思想来源④，因传播及时、论题集中、内容新颖、学术水平高的特点反映了该学科的研究动态及发展趋势⑤。学科领域会议论文指的是在一定时空内，具有相同、相似或相关联的知识背景的专家、学者等聚集在一起共同交流学术思想时所宣读的论文或书面发言经整理后公开发表的文献。

（三）国际影响力

"影响力"（impact）用于形象意义上的"强烈印象"，它意味着运动、碰撞和力量的发挥，比 influence、effect 和 benefit 更具隐喻性。牛津词典中对影响力的解释为"显著的效果或影响（marked effect or influence）"。英国著名的卓越研究框架（Research Excellence Framework，REF）将影响力描述为"超越学术领域，涉及对经济、社会、文化、公共政策或服务、健康、生活环境或质量等的作用或改变"⑥。科研成果是科学研究的目的和产品，科研成果评价是学者、机构、国家、期刊、学

---

① Wolfgang Glänzel, Balázs Schlemmer, András Schubert, et al., "Proceedings Literature as Additional Data Source for Bibliometric Analysis", *Scientometrics*, Vol. 68, No. 3, December 2006.
② 中国百科大辞典编委会：《中国百科大辞典》，华夏出版社1990年版，第439页。
③ 肖建华、霍国庆、董帅等：《基于平衡计分卡的学术会议效果评价指标体系研究》，《科学学与科学技术管理》2009年第12期。
④ 杨金庆、陆伟、吴乐艳：《面向学科新兴主题探测的多源科技文献时滞计算及启示——以农业学科领域为例》，《情报学报》2021年第1期。
⑤ 张新志：《轨道交通文献检索策略研究》，《内蒙古科技与经济》2017年第10期。
⑥ REF: "About the REF", December 2014, REF2021 (https://www.ref.ac.uk/2014/about/).

科等其他层面评价的基础。科研成果影响力具有复杂性、差异性、多样性和变化性。影响力是在科研成果被利用和交互（interaction）过程中产生的，并且有不同路径和类型[1]。科研成果影响力评价≠科研成果质量评价≠科研成果评价，但是三者有密切关系，影响力是成果质量的重要体现，是成果存在和产生的目的，影响力评价是科研成果评价的重要内容。

"影响力"存在施力对象与受力对象，施力对象发布的知识或信息经由各种传播途径以不同形式传递给受力对象，而受力对象一旦接受和吸纳知识或信息，则施力对象与受力对象之间产生了影响。这里的"影响力"就是受力对象的认可和接收知识和信息的程度，定量研究中通常使用量化方法研究影响力。学术成果的影响力是学术成果在产出、获取、传播、利用过程中其知识或信息被受众以间接或直接的方式接触，受众行为产生了新变化或心理状态被改变。学术成果影响力可以分为两个方面：一是作用于学术界的学术影响力；二是作用于学术界之外，对政治、经济、文化产生的社会影响力。学术影响力指学术成果与研究人员产生互动对未来科研造成的变化，打破了主导范式并影响了未来的研究调查；是一个用于测评个体、机构以及某个学术领域、学术成果在学术界或科研中，被利用、接受与认可所产生的影响程度，也是这些各方面因素集中所体现出来的一种综合性效果[2]。社会影响力指学术成果与学术界外的相关利益者（个人、组织、企业、机构等）产生的互动，对社会造成的变化。"国际影响力"顾名思义体现的是个体、机构以及某个学术领域、学术成果在一定实践范围内影响或作用于国际的深度和广度。

国际学术影响力将学术影响力的范围扩展到国际学术界，即个体、机构以及某个学术领域、学术成果在一定实践范围内影响或作用于国际学术界的深度和广度。其中，影响力深度是指在学术界的认可度与接受度，直接表现为学术成果数量多少、刊载学术成果的期刊级别高低、成

---

[1] Reetta Muhonen, Paul Benneworth & Julia Olmos-Peñuela, "From Productive Interactions to Impact Pathways: Understanding the Key Dimensions in Developing SSH Research Societal Impact", *Research Evaluation*, Vol. 29, No. 1, January 2020.

[2] 姚乐野、王阿陶：《中国人文社会科学国际学术影响力发展报告2011—2015》，中国社会科学出版社2017年版。

第一章　绪论

果被引频次等多个因素；影响力广度是指被国际学术界认可与接收的范围，直接表现为学术成果的合作国家数量多少、施引文献的国家数量等多个因素。此外，在学术成果发挥国际影响的过程中，使用的语言是不可忽略的要素。英文作为最通用的国际语言，是学术成果国际化最重要的标志之一，也是学术成果发挥国际影响的有力媒介。国际学术影响力的要素包括期刊论文、著作、期刊、国际学术交流活动和学科[1]。其中期刊论文和著作是一个国家科学研究成果的最直接呈现方式，期刊则是一个国家科学研究成果系统化、连续性表达的体现，国际学术交流活动则直接反映出一个国家的科学研究工作者及其成果在国际学术界的被认可和被接纳程度，学科可以反映出一个国家在科学研究中的重点领域和优势学科。

国际社会影响力存在于日常的知识创造、知识交流和知识利用的过程[2]，较为复杂多样，涉及多个重要概念和内容：第三方活动（third stream activities）、社会福利（societal benefits）、社会质量（societal quality）、有效性（usefulness）、公共价值（public values）、知识传播（knowledge transfer）和社会关系（societal relevance）等[3]。学术成果的国际社会影响力即科研成果在国际社会范围内超越学术界的效应与作用，具体来说包含社会、文化、环境与经济等方面。社会效益是指科研成果对一个国家社会资本所做出的贡献，如刺激解决社会问题的新方法产生、了解社会舆论的渠道，以及为政策提供智力支持等；文化效益是指对国家文化资本的补充和增加，如理解我国与其他社会、其他文化的关系，或文化遗产的保存与发展；环境效益指增加了国家的自然资本，如减少污染与浪费，或资源回收技术的发展；经济效益是指对国家经济资本的贡献，如提高产能等。这些方面息息相关，密不可分。也有一些研究认为学术成果的社会影响力直接与经济效益相关，比如通过授权营业执照、

---

[1] 姚乐野、王阿陶：《中国人文社会科学国际学术影响力发展报告 2011—2015》，中国社会科学出版社 2017 年版。

[2] Gunnar Sivertsen, Ingeborg Meijer, "Normal versus Extraordinary Societal Impact: How to Understand, Evaluate, and Improve Research Activities in Their Telations to Society?", *Research Evaluation*, Vol. 29, No. 1, January 2020.

[3] Lutz Bornmann, "What Is Societal Impact of Research and How Can It Be Assessed? A Literature Survey", *Journal of the American Society for Information Science and Technology*, Vol. 64, No. 2, February 2013.

专利研发和衍生公司等方式增加国民收入①。具体来说，学术成果的国际社会影响力指研究成果在学术群体之外的范围传播并发生作用，如在社交媒体上的传播与扩散、被政府或社会部门所使用等。但对社会影响力评估与测量的研究至今还处于初步阶段。2010年产生的Altmetrics收集了学术成果在社交媒体的即时性利用和传播信息，能够较全面、及时、准确地反映学术成果的社会影响力，同时为科学评价提供了新的视角②。

三　研究内容

本书的总体框架如图1-2所示，具体包括如下。

人文社科成果国际影响力系统的理论分析。（1）人文社科成果国际影响力的基本理论，包括国际影响力评价研究和实践现状，国际影响力评价原理、内涵与构成、本质特征及问题审视，与科学研究、知识创新之间的内在关系等。（2）人文社科成果国际发表的格局与态势分析。从国际视角审视我国人文社科的发展，选择期刊论文、学术图书和会议论文，从年份、语种、领域、机构、被引等方面呈现和对比，阐释目前国际发表情况及其背后的原因。（3）人文社科期刊论文的国际影响力分析。对国际发表概况、国际学术影响力、国际社会影响力进行总体分析，探索期刊论文的评价指标分布和评价维度；运用相关分析法和问卷调查法对期刊论文质量和影响力认知进行深入分析。（4）人文社科图书的国际影响力分析。总体上，系统研究六大学科图书的学术影响力、社会影响力；对图书评价指标的年份变化、学科差异、分布模式进行论证。（5）人文社科会议论文的国际影响力分析。简述人文社科会议论文影响力评价的相关理论；从发表情况、学术影响力、社会影响力等不同角度对我国人文社科会议论文的国际影响力进行综合对比；从评价指标层面，对六大学科会议论文的影响力差异、指标维度进行研究。

人文社科成果国际影响力形成机理研究。（1）基于学术成果国际利

---

① Reetta Muhonen, Paul Benneworth & Julia Olmos-Peñuela, "From Productive Interactions to Impact Pathways: Understanding the Key Dimensions in Developing SSH Research Societal Impact", *Research Evaluation*, Vol. 29, No. 1, January 2020.

② Jason Priem and Bradely M. Hemminger, "Scientometrics 2.0: Toward New Metrics of Scholarly Impact on the Social Web", *First Monday*, Vol. 15, No. 7, July 2010.

◇ 第一章 绪论 ◇

用的动机,分析不同类型学术成果的国际用户浏览、下载、收藏、转发、链接、评论、引用等利用行为的动机及其相互关系。(2)结合认知视角和结果视角考察利用的影响因素:通过用户感知调查,完成成果利用的影响因素路径分析;通过内容分析和文献计量识别成果利用的关键影响因素。(3)基于生命周期理论考察其形成过程。一方面基于成果自身生命周期的生产利用过程,考察各利用方式及其相互关系;另一方面基于知识演化生命周期过程分析成果的影响网络和路径,识别和确认面向利用行为和传播网络的国际影响力形成过程。(4)从微观、中观和宏观考察其形成机制。研究形成过程中各利用方式随时间变化及其相互作用,从特定利用方式、成果被利用过程、整个知识网络等层面分析累积增长、协同演化、优先利用、回溯老化等机制。

中国人文社科成果国际影响力综合评价模型。(1)理论模型。对国内外综合评价模型进行理论探讨;然后,从"Why(为什么)"、"How(怎么办)"、"What(是什么)"3个角度构建人文社科成果影响力综合评价的OACU理论模型,O代表Output,A代表Acquisition,C代表Communication,U代表Utilization。(2)应用模型。应用模型主要是对模型的运作体系进行分析,从评价流程、评价指标体系、评价数据、评价方法4个方面构建PIDM应用模型。(3)模型实证。以心理学期刊论文为对象进行实证,验证所构建综合评价模型的有效性。

国际影响力综合评价模型实证与对策。(1)实证分析。多源数据融合、手工和编程结合,全面收集清洗和分析处理较大规模数据集。应用构建的综合评价模型分析人文社科期刊论文、会议论文和学术图书的国际影响力。首先,从产出影响力、学术影响力、社会影响力3个角度分别进行各国人文社科成果比较分析;然后,结合产出—影响力分布,对中国人文社科期刊论文、学术图书、会议论文的16个具体学科成果进行影响力总体评价。发现不同类型学术成果的表现存在较大差异;中国人文社科成果总体上呈现期刊论文影响力较高、图书和会议论文国际影响力不足的特征;认为仅通过传统引文分析,低估了中国人文社科成果国际影响力差距。(2)对策建议。首先,提出人文社科成果国际影响力评价的问题:人文社科成果国际化亟须加强、人文社科成果特征的挑战、传统计量评价的缺陷、国际文献数据库的不足、相关政策与伦理问题等。然后，提出人文社科成果国际影响力评价对策：改善科学评价体系、改进综合全面评价、增加多维数据来源、公开透明评价过程、提高智能精准评价。最后，提出人文社科成果国际影响力提升对策：学科层面——加强学科和人才队伍建设；学者层面——提升成果质量多形式全面发展；机构层面——建立综合的出版平台；其他层面——加强国际交流与合作。

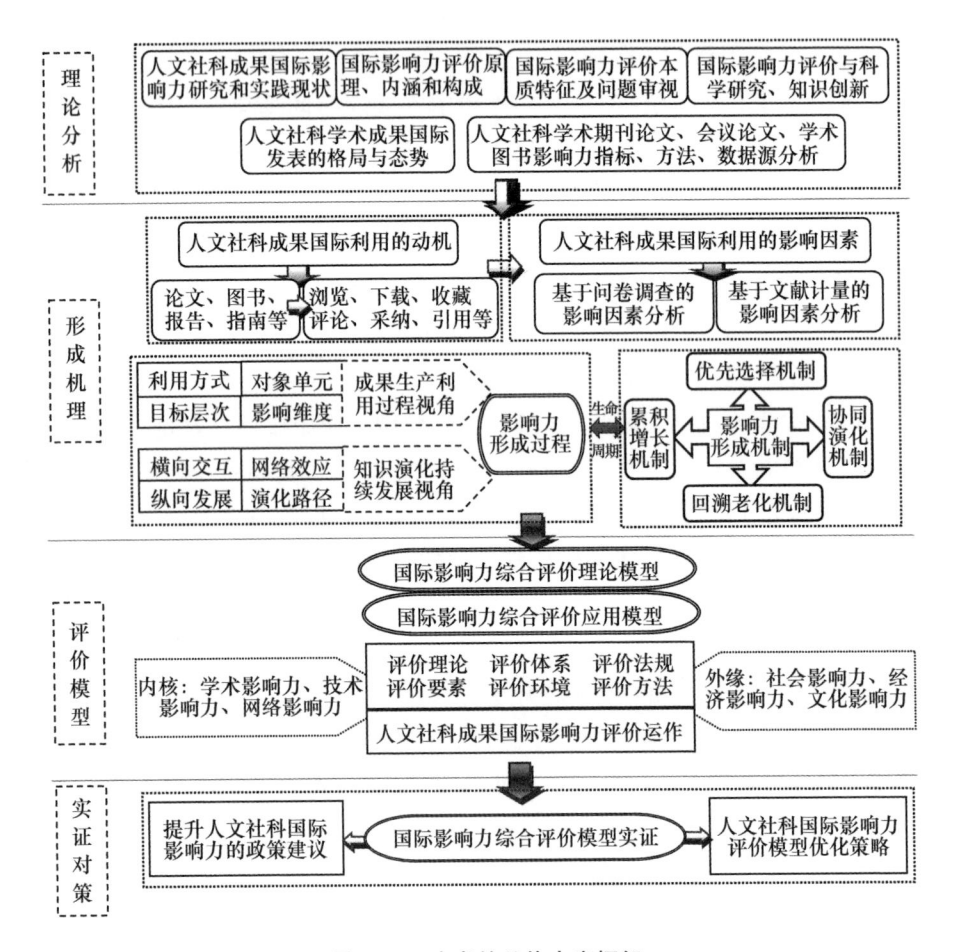

图1-2 本书的总体内容框架

四 研究路线与方法

本书坚持"继承与创新"相结合的原则，在注重方法创新的同时，

◈ 第一章　绪论 ◈

理论研究与实证分析相辅，以中国人文社科成果的国际影响力理论、形成机理分析与综合评价为主线，分4个步骤完成研究目标：(1) 基础研究，研究方法包括内容分析法、文献调研法、文献计量法；(2) 国际影响力形成机理，研究方法包括元分析、文献调研法、时间序列分析、文献计量法、问卷调查法和对比分析法等；(3) 国际影响力综合评价模型，研究方法包括层次分析法、向量空间模型、因子分析法和调查分析法；(4) 国际影响力综合评价应用实证与对策建议，研究方法包括案例研究法和比较分析法。各步骤间既存在着循序渐进的先后关系，也有交叉回馈的联系。基本思路和具体研究方法如图1-3所示。

（一）文献调研法

经过对相关期刊、会议、网站、专著等文献资料的分析和梳理，进一步厘清学术成果、学术成果影响力、学科类别的概念和内涵，明确学术成果影响力研究的国内外进展，把握研究前沿动态，分析总结出目前的研究进展以及存在的问题，为合理、科学地分析学术成果影响力研究做铺垫工作。具体借助CNKI数据库、WoS、Springer等相关数据库，对目前国内外科研成果国际影响力评价研究展开了全面知识分析与梳理，掌握了有关成果国际影响力评价以及相关方面的理论知识，了解了目前该领域中的研究前沿与热点，明确了现阶段有关成果国际影响力评价的相关内容以及方向。并通过大量文献分析，总结出国内外人文社科成果国际影响力评价研究现状、不足以及改进之处。

（二）文献计量法

考虑到影响力表现的滞后性，选择2013—2017年发表的人文社科成果共1000多万记录，具体包括通过CPCI获取会议论文，通过SSCI、A&HCI、SCI获取期刊论文，通过BKCI获取学术图书记录。采取Python进行原始数据下载、字段之间匹配、关键信息提取。进一步通过全记录数据获得DOI数据，以API的形式在Altmetric.com匹配得到学术成果的Altmetrics指标数据，并将学术成果数据与Altmetrics数据归类到艺术和人文，社会科学，临床、预临床与健康，工程与技术，生命科学，自然科学共计6个宏观的学科领域展开实证研究。另外，为考察人文社科内部的微观情况，进一步将其划分为四大领域进行统计分析。使用SPSS软件对样本数据开展信度和效度检验，并使用AMOS软件构造结构方程模型对中文学术图书影响力评价理论模型进行拟合、验证，最终对中文学术图书影响力评价指标体系进行客观的赋权。

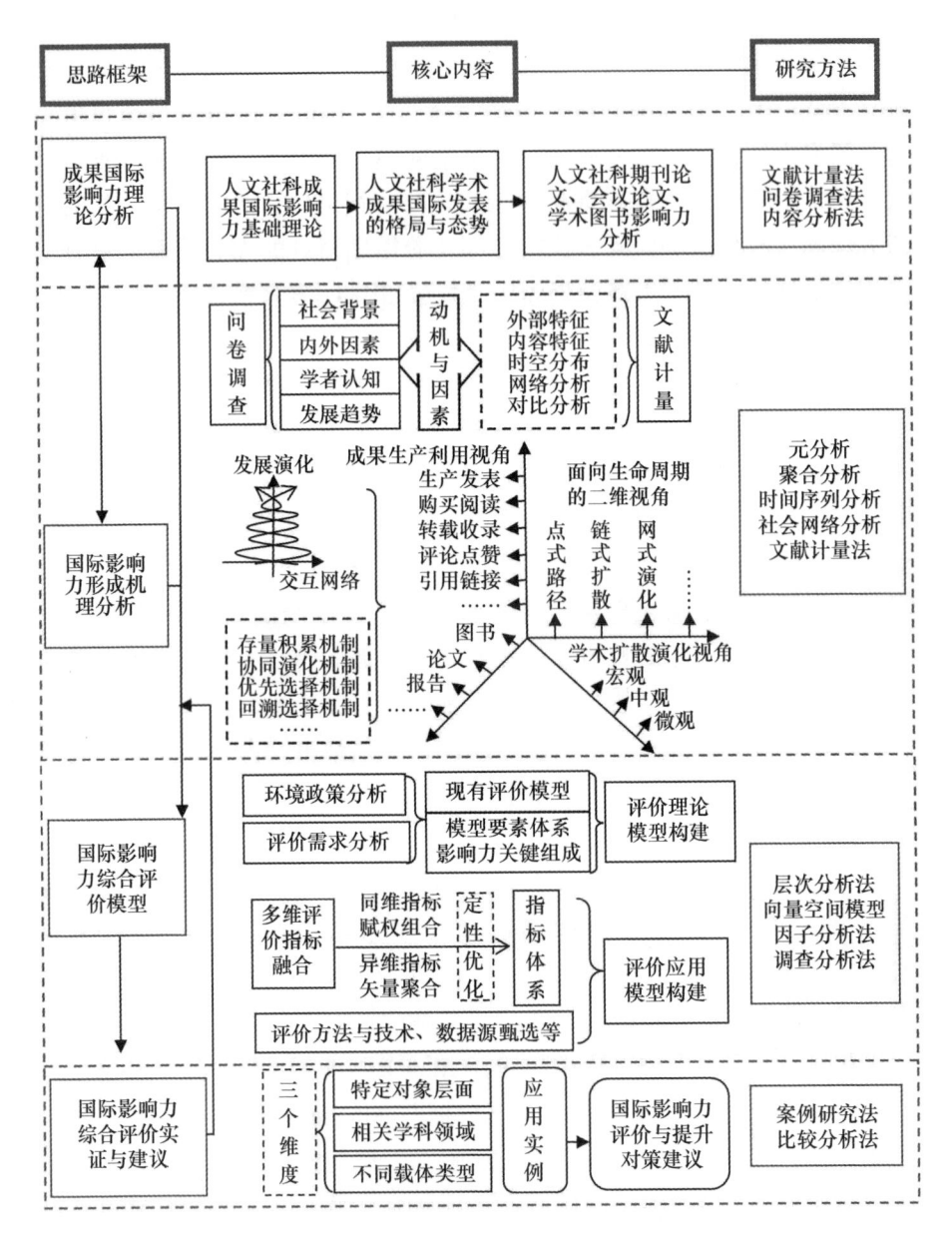

图1-3 本书的基本思路和方法

（三）对比分析法

对比分析法是将两个及两个以上符合一定规则的事物置于同一层面进行比较，从而确定其间存在的差异与相同之处，把握样本的内在特质。比较分析法包括单向比较与综合比较、横向比较与纵向比较、求同比较与求异比较[①]。评价包含着比较的思维，本书中将比较分析法既应用于不同学科之间、不同国家和机构间的学术成果影响力分析，也应用于引文指标与 Altmetrics 指标间、Altmetrics 内部指标之间的相关性关系分析，还应用于同一学科在引文指标、Altmetrics 指标这两个不同方面上表现情况比较分析。

（四）统计分析法

包括引文指标数据与 Altmetrics 指标数据的频数统计、均值分析、离散程度分析、集中度分析。此外，还包括采用非参数检验方法从统计学意义上检验指标数据之间的差异。利用 SPSS 22 工具，采用了相关性分析方法、主成分分析法以及系统聚类方法对样本数据进行分析。基于生命周期理论，从学术成果的影响力的产生过程出发，从评价环境、评价要素、评价指标、评价过程结合数学统计方法，构建针对人文社科成果国际影响力的综合评价模型。

（五）问卷调查法

借助网络问卷系统设计调查问卷，并通过邮件、QQ 群、微信群等进行大规模电子问卷发放，利用 SPSS 对回收的调查问卷样本数据进行样本特征等分析。以调查问卷从创新性、科学性、实用性三大方面探寻被调查者对中国学者发表的人文社科国际期刊论文质量的认知；从论文量、引用情况、使用意愿、来源期刊水平等方面研究被调查者对中国学者发表的人文社科国际期刊论文学术影响力的认知；同时，收集被调查者认为中国学者发表的人文社科国际期刊论文存在的问题及建议。

五　数据来源与影响力指标

（一）数据来源

本书主要收集两组数据，第一组数据来源于 Web of Science，包括科学

[①] 肖婷婷：《政策文件替代计量指标分布特征与内在机制研究》，硕士学位论文，武汉大学，2017 年，第 31 页。

◇◇ 理论篇 ◇◇

引文索引库（SCIE）、社会科学引文索引库（SSCI）、艺术人文引文索引库（A&HCI）；图书引文索引（Book Citation Index，BKCI）；科技会议录索引（Conference Proceedings Citation Index-Science，CPCI-S）和社会科学与人文会议录索引（Conference Proceedings Citation Index-Social Science & Humanities，CPCI-SSH）。（1）Web of Science 核心数据集收录了超过 18000 本具有权威影响力的国际学术期刊，对所索引期刊有着严格的选择、评估、发展和管理标准，其中 SCIE 索引了 9389 本期刊，覆盖了 102 个信息科学研究所（Institute for Scientific Information，ISI）所划分的学科；SSCI 索引了 3408 本期刊，覆盖了 58 个学科；A&HCI 索引了 1829 本期刊，覆盖了 28 个学科。（2）BKCI 完善了期刊、会议和图书之间的引证关系，可以清晰呈现一本图书在引文网络中的位置，由美国科睿唯安（Clarivate Analytics）于 2011 年在 Web of Science（WoS）平台上推出，包括 Book Citation Index-Science（BKCI-S）和 Book Citation Index-Social Sciences & Humanities（BKCI-SSH）两个子库，完整索引了 2005 年至今的自然科学、社会科学和人文科学领域超过 60000 本图书，并且这些图书是由编辑人员根据同行评审结果、学术图书内容时效性等严格的遴选标准选出，以社会大众为读者对象的小说类图书不包括在内，为学术图书的引文分析提供了权威可靠的数据来源①。（3）2008 年 9 月，科学信息研究所（Institution for Scientific Information）将 CPCI-S 和 CPCI-SSH 的所有记录合并到了 WoS 中，这 2 个会议数据库收录了 1900 年至今的会议论文。

第二组数据由 Altmetric.com（http://www.Altmetric.com/）提供。Altmetrics 指标是一个广泛的术语，内含与学术工作相关的多个数字指标的集合②；Altmetric.com 则是迄今为止最大的商业化 Altmetrics 指标聚合商，是一个在多个社交媒体网站上跟踪、收集和整理大量研究数据的网站，至今网站从 17 个不同类型的数据来源上对 1240 多万篇研究成果采集了超过 9580 万条数据。Altmetric.com 持续寻找新的数据来源，尤其是

---

① Clarivate，"Book Citation Index"，March 2020，Clarivate（http://wokinfo.com/products_tools/multidisciplinary/bookcitationindex/）.

② National Information Standards Organization："NISO RP-25-2016 Outputs of the NISO Alternative Assessment Metrics Project"，September 2016，NISO（https://www.niso.org/publications/rp-25-2016-altmetrics）.

◇ 第一章 绪论 ◇

经常链接到学术部分的数据来源，同时该数据聚合商也定时评估所追踪的数据源是否包含了足够多的有价值的追踪内容。在数据聚合方法上，Altmetric.com 通过数据来源网站的 API、第三方提供的 API、RSS（Really Simple Syndication Feeds）踪迹、文本挖掘等收集 Altmetrics 指标数据，数据库收集的数据更新方式为实时更新到按日更新不等，表 1-1 展示了 Altmetric 公司所追踪的各类数据源以及开始和结束追踪的时间，所有聚集的数据都将保留在 Altmetric 数据库中，从而避免数据波动问题[①]。本书选择从 Altmetric.com 获取 Altmetrics 指标数据，不仅是因为该网站提供免费 API 以帮助有效下载大量数据，也因为该数据聚合商注重对科研成果的社交媒体数据追踪；此外，它的博客（blogs）和新闻（news）所追踪的数据源相较于其他平台而言，在语言和国家分布上更为均衡[②]。

（二）影响力指标

1. 学术影响力指标

引用证实了对以往知识的使用，也就是知识对未来知识和科技的影响，在这样的背景下，引文指标被视为学术影响力计量的基线指标，引文计数被视为学术影响力的代表。换言之，如果要研究一个定量指标是否能反映成果的学术影响力，必经的途径是分析该指标与引文指标之间的关系。因此，本书采用引文指标评估人文社科期刊论文的国际学术影响力，在此过程中，使用的具体评价指标主要如下。

平均被引频次：平均被引频次等于出版物总体被引次数除以出版物总体数量的数值。

标准化平均被引频次（Normalised Mean Citation Rate，NMCR）：标准化平均被引频次是相对影响指标的一种，需要先求出所研究的文献的平均被引频次，然后将结果除以对应参照物的期望被引频次，从而计算得出该研究对象的相对影响力；期望被引频次是指一个对象处于一个论文集中期望得到的被引频次，等于该对象所处的论文集在同一时段的平均

---

① Rodrigo Costas, Zohreh Zahedi & Paul Wouters, "Do 'Altmetrics' Correlate with Citations? Extensive Comparison of Altmetric Indicators with Citations From a Multidisciplinary Perspective", *Journal of the Association for Information Science and Technology*, Vol. 66, No. 19, October 2015.

② José Luis Ortega, "Blogs and News Sources Coverage in Altmetrics Data Providers: A Comparative by Country, Language, and Subject", *Scientometrics*, Vol. 122, No. 1, January 2020.

被引频次。标准化平均被引频次含义是，一个学科在该年的平均被引频次除以全学科在该年的平均被引频次的数值结果。

表 1-1　　　　　　　　Altmetric.com 追踪数据源概况

	时间	数据源	注意
本书撰写时（2021年）尚在追踪	2011年10月1日—	Twitter，Facebook，新闻（news），博客（blogs），Mendeley，Reddit，Stack Overflow	* news 追踪系统于2015年12月重新开发
	2013年1月1日—	政策文件（policy documents）	
	2013年3月1日—	出版同行评议（post-publication peer reviews）	
	2013年5月1日—	F1000 推荐（F1000prime recommendations）	
	2013年4月1日—	YouTube	
	2015年1月1日—	Wikipedia	
	2016年9月—	公开教学大纲（open syllabus）	
	2017年2月—	WoS 引文	* 仅适用于订阅科睿唯安产品的机构用户
	2018年4月—	专利引用（patent citations）	
不再追踪	2011年10月—2013年6月	Pinterest	
	2011年10月—2019年4月	Google+	
	2011年10月—2014年12月	CiteULike	
	2013年—2014年3月	LinkedIn	
	2014年3月—2015年7月	新浪微博（Sina Weibo）	
	2016年6月—2018年9月	Scopus 引文	

2. 社会影响力指标

Fbwalls（Facebook）：在 Facebook 主页上针对该出版物的分享数量。

Feeds（Blog）：提及该出版物的博客数量。

Gplus（Google+）：在 Google+ 上对该出版物的分享数量。

Msm（News）：提及该出版物的新闻来源中的数量。

Posts："Post"是指任何链接到一个或多个研究对象（即一个帖子是一个提及或一组提及）的网上文档。这个字段包含了不同的帖子的数量，其中包括一个或多个提及的研究对象。

Rdts（Reddit）：在 Reddit 网站上关于该出版物的帖子数量。

Tweeters（Twitter）：推特了该出版物的 Twitter 账号数量。

Videos（YouTube/Vimeo）：在 YouTube or Vimeo 上关于该出版物的频道数量。

社会关注度得分（Altmetric Attention score，AAs）：AAs 是一项研究成果获得的社会关注度加权得分，通过 Altmetric.com 网站算法自动得出，但细致的加权指标等没有完全释放出来。

Readers：对该出版物的阅读量总和。

第二章　人文社科期刊论文的国际影响力分析

> 深入实施科教兴国战略、人才强国战略、创新驱动发展战略。
> ——中共中央关于制定国民经济和社会发展第十四个五年规划和二〇三五年远景目标的建议

期刊论文具有篇幅简短、内容专深、报道及时等特点；作为知识生产和科研成果的主要载体，其影响力评价成为学者、科研机构、学术期刊运营商以及国家政府进行相关研究的基础[①]。随着计算机技术与社交媒体的继续推进，期刊论文不仅是科研同行思想交流的主要方式之一，也得到了社会大众的关注。无论是自然科学还是社会科学领域，期刊论文的网络可见度不断增加，学科知识交流与传播、吸收与利用的途径不断增多，影响力范畴得到拓展。

本章综合比较分析了人文社科期刊论文的国际影响力态势。首先，总体分析近10年人文社科期刊论文国际发表的格局与态势；其次，对人文社科期刊论文国际影响力评价等基本内容与理论进行探讨；再次，对人文社科与其他学科的期刊论文进行学术影响力、社会影响力比较分析；最后，对人文社科与其他学科的期刊论文影响力评价指标进行相关性分析，并且调查了中国人文社科国际期刊论文质量和影响力的认知。

---

① Blaise Cronin and Cassidy R. Sugimoto, *Beyond Bibliometrics: Harnessing Multidimensional Indicators of Scholarly Impact*, Cambridge, MA: MIT Press, 2014.

第二章 人文社科期刊论文的国际影响力分析

第一节 人文社科期刊论文国际发表格局与态势

本节采用文献计量法和定量分析法，对人文社科期刊论文国际发表的格局与态势进行分析。期刊是科学交流的重要途径和平台，期刊论文是科研成果的重要载体；人文科学和社会科学期刊论文发表存在较大不同，具有不同的研究方法和研究范式，引用偏好不同，研究规模也有所差异[①]。因此，本节分别采用来源于 Web of Science 中 SSCI 和 A&HCI 数据库的数据，发表时间范围选择为 2010—2021 年（本书于 2021 年内完成，数据选择至最新数据 2021 年 10 月 31 日），对社会科学和人文科学的期刊论文进行分析，并比较其异同。对中国的国际成果界定，以 Web of Science 检索结果精炼中"国家/地区"为"Peoples R China"为准。

一 社会科学期刊论文国际发表分析

（一）社会科学国际期刊论文年代分布

论文的数量变化在一定程度上可以反映领域的发展情况。在 SSCI 数据库中获得 2010 年至 2021 年 10 月 31 日共 3838001 条记录。由图 2-1 可知，2010—2020 年，SSCI 收录的世界社会科学期刊论文数量呈逐年递增趋势。2021 年数据截止到 10 月 31 日，整年数据收录并不全面，所以该年度期刊论文总数与之前相比有所下降。其中，2019 年和 2016 年较上一年均增长较多：2019 年较 2018 年增加了约 15%，2016 年较 2015 年增加了约 9%；但 2013 年和 2014 年与上一年相比增长较少，2014 年增幅最低，仅增加了 1.37%，2013 年增加了 1.8% 左右。期刊论文量的增加，一方面与 SSCI 收录的期刊数量增加、新刊出现与旧刊淘汰相关，另一方面也与期刊刊期调整和每期发文量变化相关。

同一时期，SSCI 收录的中国社会科学期刊论文数量同样呈稳步增长趋势。其中，2015—2018 年期刊论文数量增长较多，以 2015—2016 年

---

① 袁翀:《综合性人文社会科学学术期刊分类评价的必要性与可行性》，《南京大学学报》（哲学·人文科学·社会科学）2019 年第 4 期。

的增长量为最；2015年之前期刊论文数量虽然逐年增加，但增加数量较少，特别是2012—2013年和2014—2015年年增长量最少。整体上，我国社会科学期刊论文的增长速度要高于世界社会科学期刊论文总体增加速度，说明我国社会科学国际发表量实质增加。

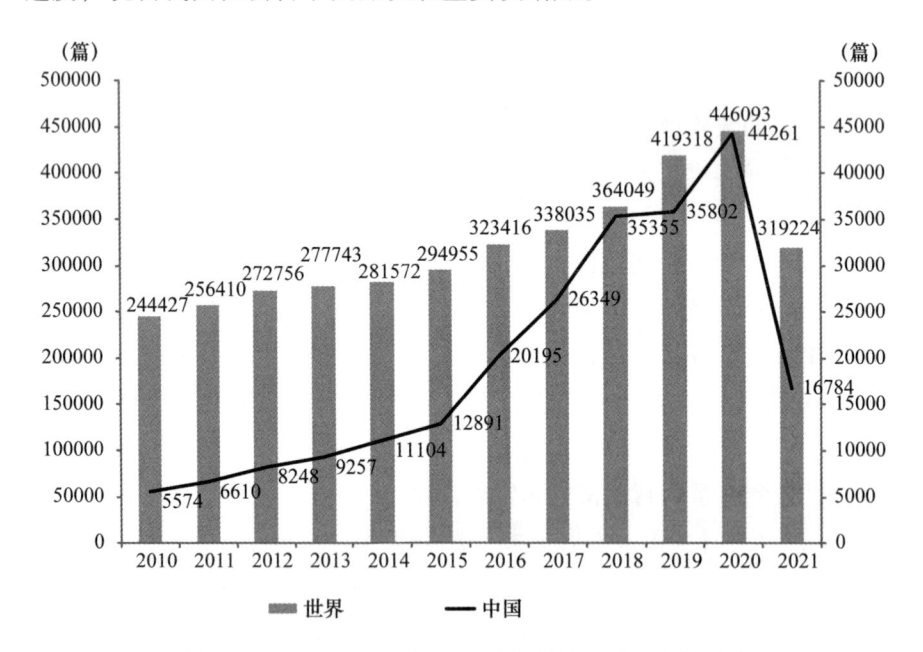

图2-1 2010—2021年SSCI收录的期刊论文年代分布

对文献具体类型进行分析，可以了解社会科学期刊论文主要通过什么形式发表。表2-1是2010—2021年SSCI收录的世界期刊论文文献类型，共有31种。其中，论文（Article）数量最多，有2674729条，所占比例高达69.69%；其次是会议摘和书评；然后是社论和综述，虽然综述数量不多，但其学术价值较高、研究性强、影响力较大，一般和文章同等对待[①]。

10年间，SSCI收录的中国期刊论文共有18种文献类型，其中文章最多，会议文摘和综述次之，然后是书评；同时，此阶段有14种世界上出现的文献类型我国没有发表。基于社科成果的多样性和影响力的多元

---

① 顾正萍：《基于SSCI的中国高水平大学社会科学学术论文发表状况分析》，《中国高教研究》2009年第12期。

性,在注重数量和质量的同时,我国可以尝试不同形式的发表,增加文献类型的多样性[①]。

表2-1　　2010—2021年SSCI收录的期刊论文文献类型

序号	文献类型	记录(条)	所占比例(%)	序号	文献类型	记录(条)	所占比例(%)
1	Article	2674729	69.69	17	Software Review	107	0.00
2	Meeting Abstract	354236	9.23	18	Film Review	95	0.00
3	Book Review	331290	8.63	19	Poetry	86	0.002
4	Editorial Material	243462	6.34	20	Database Review	34	0.00
5	Review Article	158296	4.12	21	Art Exhibit Review	31	0.00
6	Letter	36361	0.95	22	Fiction, Creative Prose	12	0.00
7	Proceedings Paper	24609	0.64	23	Hardware Review	12	0.00
8	Correction	21053	0.55	24	Chronology	6	0.00
9	News Item	9631	0.25	25	Expression Of Concern	6	0.00
10	Biographical Item	7354	0.19	26	Excerpt	3	0.00
11	Book Chapter	5993	0.16	27	Tv Review, Radio Review	3	0.00
12	Reprint	488	0.01	28	Book	1	0.00
13	Retraction	389	0.01	29	Item Withdrawa	1	0.00
14	Bibliography	310	0.01	30	Meeting Summary	1	0.00
15	Retracted Publication	286	0.01	31	Theater Review	1	0.00
16	Data Paper	199	0.01				

(二) 社会科学国际期刊论文语种分布

对语种进行分析,可以了解社会科学期刊论文的通用语言,并分析其背后的因素。2010—2021年,排除未明确说明的(Unspecified)语言,SSCI收录的世界期刊论文共涉及41个语种(见表2-2)。其中,使用英语发表的期刊论文数量最多,有3706734条,所占比例高达96.58%;其次是德语和西班牙语,但数量与英语文献相去甚远。背后原因不难理解,英语是国际通用语言,各国学者要提高英语水平才更有可能在国际

---

① 华薇娜、刘艳华:《中国高校人文社会科学走向世界的历史进程——基于SSCI和A&HCI的数据调研与分析》,《中国高教研究》2009年第12期。

上发表学术成果。其中中文发表的论文比例很小，这与 Web of Science 收录政策相关，也在一定程度上说明中文在国际上更需进一步推广，中文期刊需要进一步国际化。同时段 SSCI 收录的中国期刊论文排除未明确说明的（Unspecified）语言，共涉及 16 个语种。使用英语的文献数量最多，所占比例高达 99%，汉语次之，然后是西班牙语。即中国社会科学期刊论文最主要使用英语发表；由于社会科学的本土化和区域性，也有少部分文献使用汉语撰写。

表 2-2　　2010—2021 年 SSCI 收录的期刊论文语种分布

序号	语种	记录（条）	所占比例（%）	序号	语种	记录（条）	所占比例（%）
1	English	3706734	96.58	22	Unspecified	265	0.01
2	German	37691	0.98	23	Chinese	236	0.01
3	Spanish	37585	0.97	24	Catalan	78	0.00
4	French	16472	0.43	25	Ukrainian	72	0.00
5	Portuguese	13481	0.35	26	Danish	68	0.00
6	Russian	6575	0.17	27	Estonian	68	0.00
7	Czech	3043	0.08	28	Serbian	31	0.00
8	Italian	2985	0.08	29	Welsh	18	0.00
9	Turkish	2520	0.07	30	Latin	12	0.00
10	Dutch	1855	0.05	31	Georgian	9	0.00
11	Slovenian	1424	0.04	32	Eskimo	8	0.00
12	Croatian	1059	0.03	33	Malay	6	0.00
13	Swedish	968	0.03	34	Arabic	5	0.00
14	Norwegian	957	0.03	35	Finnish	5	0.00
15	Slovak	857	0.02	36	Galician	3	0.00
16	Korean	829	0.02	37	Esperanto	2	0.00
17	Hungarian	589	0.02	38	Greek	2	0.00
18	Afrikaans	477	0.01	39	Indonesian	2	0.00
19	Polish	415	0.01	40	Hebrew	1	0.00
20	Japanese	337	0.01	41	Persian	1	0.00
21	Lithuanian	283	0.01		Samoan	1	

(三) 社会科学国际期刊论文学科分布

对学科领域进行分析,有助于认知社会科学类目下的学科国际化发展。2010—2021 年 SSCI 收录的世界期刊论文分布在 150 个学科领域。由表 2-3 可知,心理学领域发表期刊论文最多,商业经济学领域次之;再次是公共环境与职业健康、精神病学领域和生态环境科学;教育研究、政府法律、社会科学其他主题、保健科学服务、神经学等领域期刊论文数量相差不大。这 10 个学科领域期刊论文数量将近占总量的 4/5,是社会科学领域国际发表的主体学科。该时段 SSCI 收录的中国期刊论文分布 149 个学科领域,论文数量最多的学科是商业经济学,生态环境科学次之;此外,论文数量排名前 10 的学科还有心理学、科技、工程学、公共环境与职业健康、计算机科学、精神病学、神经学、社会科学其他主题等。由此可知,中国社会科学发文主要学科与国际较为接轨,学科发展又有本国特色。

表 2-3 2010—2021 年 SSCI 收录的期刊论文所属学科领域前 10 位

学科领域	记录(条)	所占比例(%)
Psychology	641984	16.73
Business Economics	544291	14.18
Public Environmental Occupational Health	341427	8.90
Psychiatry	305664	7.96
Environmental Sciences Ecology	234465	6.12
Education Educational Research	207049	5.40
Government Law	204206	5.32
Social Sciences Other Topics	197574	5.15
Health Care Sciences Services	191582	4.99
Neurosciences Neurology	169312	4.41

(四) 社会科学国际期刊论文期刊分布

对来源期刊进行分析,可以了解社会科学领域的空间分布,以及领域重要期刊。2010—2021 年 SSCI 收录的 3837998 条期刊论文来源于 10582 种期刊,载文量最多的前 10 种期刊见表 2-4。其中,*Library Jour-*

nal 载文量最多，达 47462 篇。该刊物之前每年出版 20 期，近两年改为每年出版 12 期。它是图书情报领域期刊，其网站免费提供动态即时的业内新闻、新书报道及书评、各种与图书馆相关的技术、项目和资源等内容①。刊载论文量次之的是 *Value in Health*，它收录有关药物经济学、健康经济学等方面的原创性研究文章以及健康政策文章；作为 ISPOR 的官方杂志，*Value in Health* 为研究人员以及医疗保健决策者提供了一个可以将研究结果转化为医疗保健决策的交流论坛②。排名第四的是 *Plos One*，其报道领域涉及多种学科，而且经常是跨学科的，收录科学、工程、医学以及相关社会科学和人文科学在内的 200 多个学科领域论文；此外，它根据方法的严谨和高伦理标准（methodological rigor and high ethical standards）评估和接收论文，而不太考虑新颖性③。

表 2-4　　2010—2021 年 SSCI 收录的期刊论文来源期刊前 10 位

来源出版物	记录（条）	所占比例（%）
Library Journal	47462	1.24
Value in Health	44936	1.17
Sustainability	39250	1.02
Plos One	31320	0.82
International Journal of Environmental Research and Public Health	31156	0.81
European Psychiatry	24920	0.65
Frontiers in Psychology	23850	0.62
Gerontologist	21261	0.55
Journal of the American Geriatrics Society	17786	0.46
Annals of Behavioral Medicine	17195	0.45

---

① Library Journal："Library Journal"，January 2020，Library Journal（https：//www.libraryjournal.com/）.

② Elsevier："Value in Health"，November 2020，Elsevier（https：//www.journals.elsevier.com/value-in-health）.

③ PLOS ONE："PLOS ONE Journal Information"，March 2020，PLOS ONE（https：//journals.plos.org/plosone/s/journal-information/）.

(五) 社会科学国际期刊论文机构分布

科研机构本质是通过一定制度和资源集合各类知识背景的专家、学者、工作人员，按照组织和职能进行科学研究的场所。表 2-5 列举了 2010—2021 年 SSCI 收录的期刊论文作者所在机构前 10 所，分别是加州大学系统、伦敦大学、哈佛大学、宾夕法尼亚州立高等教育系统、佛罗里达州州立大学系统、北卡罗来纳大学、得克萨斯大学系统、多伦多大学、伦敦大学学院、密歇根大学。排名前 10 的机构都是高校，其中美国高校 7 所，英国 2 所，加拿大 1 所。这表明高校是社会科学研究的主力军，同时也说明美国高校的社会科学拥有很强的国际化水平。

表 2-5　2010—2021 年 SSCI 收录的期刊论文作者所在机构前 10 所

机构	记录（条）	所占比例（%）
Universityof California System	112842	2.94
University of London	104958	2.74
Harvard University	70317	1.83
Pennsylvania Commonwealth System of Higher Education	53131	1.38
State University System of Florida	52584	1.37
University of North Carolina	47587	1.24
University of Texas System	47471	1.24
University of Toronto	44122	1.15
University College London	37866	0.99
University of Michigan System	35027	0.91

(六) 社会科学国际期刊论文国家/地区分布

对国家/地区进行分析，有助于了解该国/地区学科的国际化和影响力程度。2010—2021 年 SSCI 收录的期刊论文共来自 226 个国家/地区。由表 2-6 可知，美国发文量最多，有 1457665 条，所占比例为 37.98%。英国虽然排名第二，但其发文量与美国相差较大。中国、澳大利亚、加拿大、德国这 4 个国家发文量接近；虽然中国发文量排名第三，但数量只有美国的 1/5 左右。

表2-6 2010—2021年SSCI收录的期刊论文所属国家/地区前10位

国家/地区	记录（条）	所占比例（%）
USA	1457665	37.98
England	428432	11.16
Peoples R China	283419	7.38
Australia	252996	6.59
Canada	229790	5.99
Germany	212234	5.53
Netherlands	148257	3.86
Spain	138355	3.61
Italy	116095	3.03
France	103387	2.69

（七）社会科学国际期刊论文被引情况

一般来说，论文的被引频次越高，它的学术影响力越大；但是引文具有时间窗口，需要一定的累积时间。本书研究的时间范围是2010—2021年10月31日，对于发表时间较近的论文来说，其引用累积时间可能不够充足。故引入"年均被引频次"，在一定程度上减少时间对论文被引频次的影响。

表2-7列举了SSCI收录的被引频次排名前10的期刊论文，前3篇论文的被引频次和年均被引频次的排名一致。"Cancer Statistics, 2019"于2019年发表在 *Ca-A Cancer Journal for Clinicians* 上，它利用美国癌症相关机构每年的发病、死亡、人群特征等数据进行分析，总结癌症出现的特征并提出关注预防癌症等倡议。排名第二、第三、第五的论文利用1990—2010年的数据从不同的角度研究了2010年全球疾病负担，而且都发表在 *Lancet* 期刊同一期，该期期刊另有几篇探讨相同研究主题的论文。

第二章 人文社科期刊论文的国际影响力分析

表 2-7　　SSCI 收录的被引频次排名前 10 的期刊论文

标题	作者	来源期刊	出版年份	被引频次	年均被引频次
Cancer Statistics, 2019	Siegel, R. L. 等	Ca-A Cancer Journal for Clinicians	2019	16172	5390.67
Global and Regional Mortality from 235 Causes of Death for 20 age Groups in 1990 and 2010: A Systematic Analysis for the Global Burden of Disease Study 2010	Lozano, R. 等	Lancet	2012	7982	798.20
A Comparative Risk Assessment of Burden of Disease and Injury Attributable to 67 Risk Factors and Risk Factor Clusters in 21 Regions, 1990–2010: A Systematic Analysis for the Global Burden of Disease Study 2010	Lim, S. S. 等	Lancet	2012	7438	743.80
Amazon's Mechanical Turk: A New Source of Inexpensive, Yet High-Quality, Data?	Buhrmester, M. 等	Perspectives on Psychological Science	2011	6557	596.091
Disability-adjusted Life Years (DALYs) for 291 Diseases and Injuries in 21 Regions, 1990–2010: A Systematic Analysis for the Global Burden of Disease Study 2010	Murray, C. J. L. 等	Lancet	2012	5636	563.60
Working Memory	Baddeley, A.	Current Biology	2010	5589	465.75
2013 ACCF/AHA Guideline for the Management of Heart Failure A Report of the American College of Cardiology Foundation/American Heart Association Task Force on Practice Guidelines	Yancy, C. W. 等	Journal of the American College of Cardiology	2013	5554	617.11
Food Security: The Challenge of Feeding 9 Billion People	Godfray, H. C. J. 等	Science	2010	5504	458.67
Users of the world, unite! The challenges and opportunities of Social Media	Kaplan, A. M. 等	Business Horizons	2010	5309	442.42
mirt: A Multidimensional Item Response Theory Package for the R Environment	Chalmers, R. P.	Journal of Statistical Software	2012	4857	485.70

（八）小结

本节从年代、语种、学科领域、来源期刊、机构、国家/地区和被引情况7个方面对2010—2021年10月31日SSCI收录的期刊论文进行统计分析，结果如下：2010—2020年，SSCI收录的期刊论文呈逐年上升趋势，只是每年的增长速度略有不同，因撰写时2021年并未结束，数据收录并不全面，故而呈现下降趋势。从语种分布看，英语所占比例最高，约96%；汉语记录仅有236条，约占0.01%。心理学领域国际发表的期刊论文数量最多，其次是经济学和公共环境与职业健康领域。论文共来源于10583种期刊，*Library Journal* 载文最多。从机构看，累计发文量最多的前10个机构均为高校，且多来自美国。同时，美国亦是发文量最多的国家。

二 人文学科期刊论文国际发表分析

（一）人文科学国际期刊论文年代分布

2010—2021年A&HCI共收录1409240篇人文科学期刊论文。从总体来看，2010年至2017年以及2019年，论文数量虽有起伏但较为稳定；2018年和2020年论文数量则明显减少，这可能与数据库收录存在时滞有关，也可能是由于全球突发事件的影响。2010—2020年，A&HCI收录的我国人文科学期刊论文呈逐年上升趋势，2010—2012年论文增长量较少，但从2013年开始每年增长上百篇，尤其是2018—2019年论文量增长了600余篇（具体见图2-2）。说明近年来我国重视人文科学在国际上的发表，相关研究成果越来越多。2021年由于数据获取时间至10月31日，并不是整年的数据，故而无论是世界还是中国论文数量都急剧下降，为正常现象。

由表2-8可知，2010—2021年A&HCI收录的期刊论文共有35种文献类型，其中论文（Article）数量最多，然后是书评和社论；论文和书评数量接近，社论虽然排名第三，但其数量与前两者相差较大。中国人文科学学术成果类型有26种，其中论文数量最多，占40.84%，书评次之，但两者之间数量相差近51386（近51000）。中国人文科学期刊论文可以有更多类型的尝试，实现我国人文科学成果国际发表多样化。

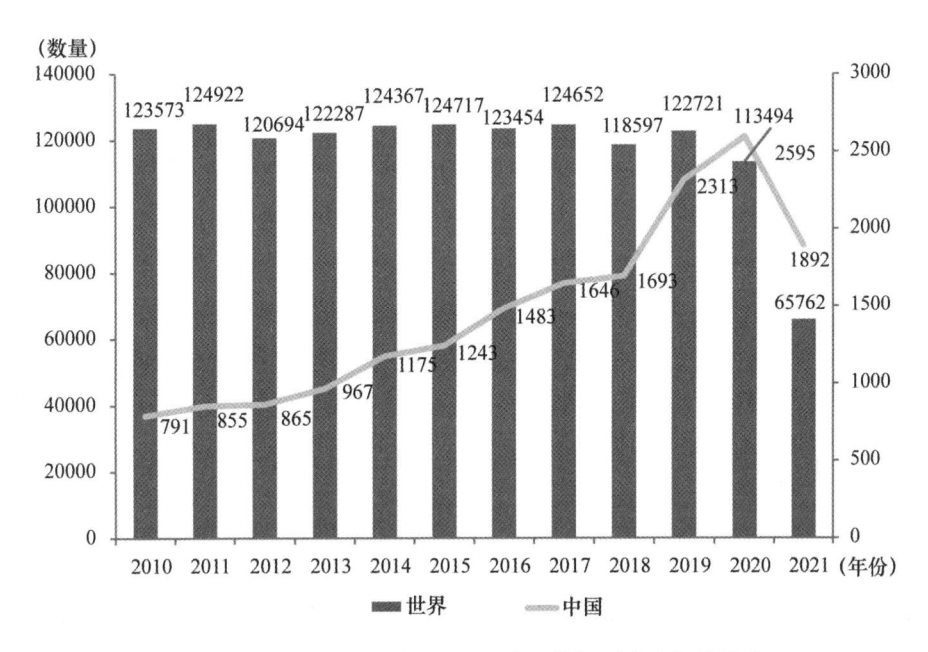

第二章 人文社科期刊论文的国际影响力分析

图 2-2 2010—2021 年 A&HCI 收录的期刊论文年代分布

表 2-8　　2010—2021 年 A&HCI 收录的期刊论文文献类型

序号	文献类型	记录（条）	所占比例（%）	序号	文献类型	记录（条）	所占比例（%）
1	Article	575478	40.84	11	Biographical Item	10570	0.75
2	Book Review	524092	37.19	12	Review Article	9863	0.70
3	Editorial Material	107730	7.65	13	Fiction Creative Prose	6130	0.44
4	Poetry	55417	3.93	14	Proceedings Paper	5584	0.40
5	Art Exhibit Review	24751	1.76	15	Dance Performance Review	5509	0.39
6	Record Review	18295	1.30	16	Correction	4769	0.34
7	Letter	17137	1.22	17	Tv Review Radio Review	4236	0.30
8	Film Review	15989	1.14	18	Theater Review	4128	0.29
9	Music Performance Review	11587	0.82	19	Book Chapter	1152	0.08
10	News Item	10795	0.77	20	Bibliography	909	0.07

续表

序号	文献类型	记录（条）	所占比例（%）	序号	文献类型	记录（条）	所占比例（%）
21	Meeting Abstract	743	0.05	29	Retracted Publication	32	0.00
22	Music Score Review	551	0.04	30	Software Review	15	0.00
23	Script	147	0.01	31	Hardware Review	5	0.00
24	Excerpt	129	0.01	32	Book	3	0.00
25	Music Score	96	0.01	33	Press Digest	2	0.00
26	Reprint	59	0.01	34	Data Paper	1	0.00
27	Database Review	55	0.01	35	Withdrawn Publication	1	0.00
28	Retraction	53	0.00				

（二）人文科学国际期刊论文语种分布

表2-9是2010—2021年A&HCI收录的期刊论文语种分布，排除未明确说明的语言，共有46个语种，多于SSCI涉及的41个语种。其中英文文献最多，占比75.46%；其次是法语和德语文献，分别占比8.04%和5.87%；中文文献记录共有3767条，占比0.27%，但是仅有一半左右的文献产自中国。2010—2021年A&HCI收录的中国人文科学期刊论文共涉及18个语种，与社会科学期刊论文相比，人文学科期刊论文涉及的语种更多，而且英文语种的占比下降，其他语种占比上升。

表2-9　2010—2021年A&HCI收录的期刊论文语种分布

序号	语种	记录（条）	所占比例（%）	序号	语种	记录（条）	所占比例（%）
1	English	1063373	75.46	7	Portuguese	7392	0.53
2	French	113281	8.04	8	Dutch	5209	0.37
3	German	82714	5.87	9	Czech	4959	0.35
4	Spanish	51594	3.66	10	Chinese	3767	0.27
5	Italian	39950	2.84	11	Croatian	3163	0.22
6	Russian	17938	1.27	12	Polish	3053	0.22

续表

序号	语种	记录（条）	所占比例（%）	序号	语种	记录（条）	所占比例（%）
13	Slovak	2574	0.18	31	Finnish	27	0.00
14	Turkish	1986	0.14	32	Galician	21	0.00
15	Swedish	1908	0.14	33	Georgian	20	0.00
16	Lithuanian	1521	0.11	34	Bulgarian	16	0.00
17	Slovenian	1193	0.08	35	Arabic	10	0.00
18	Estonian	972	0.07	36	Hebrew	7	0.00
19	Norwegian	647	0.05	37	Greek	5	0.00
20	Catalan	495	0.04	38	Eskimo	4	0.00
21	Unspecified	390	0.03	39	Ukrainian	4	0.00
22	Afrikaans	252	0.02	40	Indonesian	3	0.00
23	Korean	247	0.02	41	Swahili	2	0.00
24	Danish	146	0.01	42	Latvian	1	0.00
25	Latin	136	0.01	43	Malagasy	1	0.00
26	Japanese	115	0.01	44	Malay	1	0.00
27	Icelandic	62	0.00	45	Maori	1	0.00
28	Serbian	57	0.00	46	Samon	1	0.00
29	Welsh	40	0.00	47	Vietnames	1	0.00
30	Hungarian	28	0.00				

（三）人文科学国际期刊论文学科分布

2010—2021年A&HCI收录的期刊论文分布在149个学科领域，排名前10的学科分别是文学、历史学、艺术人文其他主题、宗教学、哲学、语言学、音乐、艺术、考古学、科学哲学史。这10个领域共计发文1304063篇，占比92.54%（具体见表2-10）。

同时段，A&HCI收录的中国人文科学期刊论文分布在102个学科领域，排名前10的学科领域分别为语言学、文学、哲学、亚洲研究、历史学、宗教学、考古学、教育与教育研究、艺术人文其他主题、建筑学。这10个学科领域可以按照论文数量分为4个等级，即第一等级为语言学,其论文数量大于4000;第二等级为文学、哲学、亚洲研究3个学科,其论文数量大于2000;第三等级为历史学、宗教学2个学科,其论文数量大于1000;第四等级为剩余4个学科,其论文数量小于1000。A&HCI 收录的中国和世界人文科学期刊论文排名前10的学科有6个相同,但排名存在差异,表明中国和世界人文科学的学科接轨但重点不同,中国有自己的优势学科。

表2-10　2010—2021年 A&HCI 收录的期刊论文所属学科领域前10位

学科领域	记录（条）	所占比例（%）
Literature	294430	20.89
History	261072	18.53
Art Humanities Other Topics	188582	13.38
Religion	117013	8.30
Philosophy	110625	7.85
Linguistics	86705	6.15
Music	78482	5.57
Art	72857	5.17
Archaeology	50093	3.56
History Philosophy of Science	44204	3.14

（四）人文科学国际期刊论文期刊分布

2010—2021年,A&HCI 收录的1409240篇期刊论文来源于4493种期刊,远远少于 SSCI 收录的社会科学期刊。由表2-11可知,*The Times Literary Supplement* 载文最多,它诞生于1902年,每周都会出版来自世界各地主要作家的书评、书籍摘录、论文和诗歌;不仅涵盖文学,还涉及人类学、动物学、哲学、政治、喜剧和心理学,而且主要用英语评论以其他语言出版的文献。排名第二的是 *New York Times Book Review*,它有世界上阅读量最高、影响力最大的书评版块,收录了国际著名作家和学者的评论、论文和作者访谈;其中,畅销书榜按风格和体裁展示新书,具有引领美国图书销售和文学趋势的权威地位。排名第三的 *Sight and Sound* 创刊于 1932 年，是一份历史悠久的英国电影期刊，现为月刊，由英国电影学院出版。

表 2-11　2010—2021 年 A&HCI 收录的期刊论文来源期刊前 10 本

来源期刊	记录（条）	所占比例（%）
The Times Literary Supplement	27130	1.93
New York Times Book Review	18510	1.31
Sight and Sound	13025	0.92
Down Beat	11440	0.81
Opera	11376	0.81
American Historical Review	10279	0.73
Connaissance Des Arts	8672	0.62
Artforum International	8314	0.59
New York Review of Books	7885	0.56
Strad Research	7752	0.55

（五）人文科学国际期刊论文机构分布

表 2-12 是 2010—2021 年 A&HCI 收录的期刊论文作者所在机构前 10 名，大部分是世界顶尖高校，4 所属于英国，4 所在美国，1 所在加拿大，另有 1 所政府研究机构，即法国国家科学研究中心。就此来看，伦敦大学是在国际上发表人文科学期刊论文最多的机构，其论文数量远超排名第二的加州大学。紧随其后的牛津大学和剑桥大学都是英国著名高校，表明英国在人文科学期刊论文产出中的地位，且产出主要集中在高校。同时段 A&HCI 收录的中国人文科学期刊论文作者所在机构前 10 位中，有 5 个机构位于中国香港，说明香港人文科学研究成果颇为丰富；内地机构有浙江大学、北京大学、中国科学院、上海交通大学和中山大学，浙江大学人文科学学术成果稍多于北京大学，但远远少于第 1 名的香港大学。

表2-12　2010—2021年A&HCI收录的期刊论文作者所在机构前10位

机构	记录（条）	所占比例（%）
University of London	25009	1.78
University of California System	18538	1.32
University of Oxford	15500	1.10
University of Cambridge	11756	0.83
Centre National dela Recherche Scientifique	8363	0.59
University College London	7077	0.50
Pennsylvania Commonwealth System of Higher Education	6963	0.49
State University System of Florida	6890	0.49
University of Toronto	6448	0.46
City University of New York Cuny System	6404	0.45

（六）人文科学国际期刊论文国家/地区分布

2010—2021年A&HCI收录的期刊论文来自212个国家，其中美国发文最多，且远远多于排名第二的英国；加拿大、德国和西班牙等国家发文量相差不大（具体见表2-13）；中国排名第九，发文21034篇，与英、美等国差距较大。同时，中国和105个国家的学者合作发表论文，与美国合作发表的论文最多，有1419篇，合作发文排名第二的国家是英国，但数量只有与美国合作的一半左右。

表2-13　2010—2021年A&HCI收录的期刊论文所属国家/地区前10位

国家/地区	记录（条）	所占比例（%）
USA	361790	25.67
England	135457	9.61
Canada	45970	3.26
Germany	44914	3.19

第二章 人文社科期刊论文的国际影响力分析

续表

国家/地区	记录（条）	所占比例（%）
Spain	35730	2.54
France	33818	2.40
Australia	31158	2.21
Italy	26082	1.85
Peoples R China	21034	1.49
Scotland	17779	1.26

（七）人文科学国际期刊论文被引情况

由表2-14可知，"The Weirdest People in the World?"被引频次最高，这篇论文与行为科学有关，行为科学家通常完全根据来自西方、受过教育、工业化、富裕和民主（weird）社会的样本，在顶级期刊上发表有关人类心理学和行为的主张，但是没有明显的先验证据可以断言基于单个亚群抽样的特定行为现象是普遍的，所以该研究提出从结构上重新组织行为科学以应对这些挑战[1]。排名第二的论文"Lexicon-Based Methods for Sentiment Analysis"提出了1种基于词典的方法来从文本中提取情感，不仅描述了词典创建的过程，还用Mechanical Turk检查了词典的一致性和可靠性[2]。"Mapping the Moral Domain"基于5种普遍可用的道德直觉理论模型，制定了调查问卷，不仅提供了量表和模型的内部和外部有效性证据，还提出了关于道德的新发现[3]。除此之外，还有1篇论文值得关注，即2015年发表在 Nature 上的"Defining the Anthropocene"，它被引频次排名第五，但是年均被引频次最高。这10篇高被引论文大多发表较早，也与人文科学引文半衰期较长有关。

---

[1] Joseph Henrich, Steven J. Heine & AraNorenzayan, "The Weirdest People in the World?", *Behavioral and Brain Sciences*, Vol. 33, No. 2-3, June 2010.

[2] Maite Taboada, Julian Brooke, Milan Tofiloski, et al., "A Manifesto Lexicon-Based Methods for Sentiment Analysis", *Computational Linguistics*, Vol. 37, No. 2, June 2011.

[3] Jesse Graham, Brain A. Nosek, Jonathan Haidt, et al., "Mapping the Moral Domain", *Journal of Personality and Social Psychology*, Vol. 101, No. 2, August 2011.

表2-14　A&HCI收录的被引频次排名前10的期刊论文

标题	作者	来源期刊	出版年份	被引频次	年均被引频次
The Weirdest People in the World?	Henrich, J. 等	Behavioraland Brain Sciences	2010	1309	109.08
Lexicon-Based Methods for Sentiment Analysis	Taboada, M. 等	Computational Linguistics	2011	1239	103.25
Mapping the Moral Domain	Graham, J. 等	Journal of Personality and Social Psychology	2011	1067	88.92
Defining the Anthropocene	Lewis, S. L. 等	Nature	2015	1053	150.43
Why do Humans Reason? Arguments for an Argumentative Theory	Mercier, H. 等	Behavioral and Brain Sciences	2011	807	73.36
Rethinking the Emotional Brain	LeDoux, J.	Neuron	2012	738	73.80
The Epistemic Engine: Sequence Organization and Territories of Knowledge	Heritage, J.	Research on Language and Social Interaction	2012	669	66.90
Population Genomics of Bronze Age Eurasia	Allentoft, M. E. 等	Nature	2015	664	94.86
The Turn to Affect: A Critique	Leys, R.	Critical Inquiry	2011	615	55.91
Markets, Religion, Community Size, and the Evolution of Fairness and Punishment	Henrich, J. 等	Science	2010	616	51.33

（八）小结

本节从年代、语种、学科领域、来源期刊、机构、国家/地区和被引情况7个方面对2010—2021年10月31日A&HCI收录的期刊论文进行统计分析，结果如下：2010—2021年A&HCI收录的期刊论文数量有所波动，2018年、2020年明显下降，2021年由于数据收录不全亦有所下降。中国人文科学国际期刊论文呈逐年增长趋势，我国人文科学领域越来越重视国际论文发表。从语种分布看，英语所占比例最高，但低于SSCI英文文献比例。文学领域论文数量最多，其次是历史学和艺术人文其他主题领域。2010—2021年A&HCI收录的期刊论文共来源于4493种期刊，*The Times Literary Supplement* 载文最多。从机构看，累计发文量最多的前 10 个机构大部分为高校，且多来自英国，但总体上美国发文量最多，表明英国单个高校发文多，但总体发文规模不如美国。

三　研究结论

2010—2021 年 10 月 31 日，SSCI 收录的社会科学期刊论文数量稳定增长，但 A&HCI 收录的人文科学期刊论文数量有波动。从语种来看，英语在 SSCI 和 A&HCI 中所占比例均为最高，但在 A&HCI 中的比例稍低一些。SSCI 和 A&HCI 的学科领域有交叉，但学科分布不同，来源期刊分布有差异。SSCI 排名前 10 的机构中，美国高校较多，且美国发文最多；A&HCI 排名前 10 的机构中英国高校较多，但美国发文最多，由此可见，美国人文社科研究成果国际产出丰富。

第二节　相关理论与研究问题

一　学科分类

学科领域分类模式有许多，例如：基于期刊分类的 Essential Science Indicators（ESI）学科分类，由自然科学和社会科学的 22 个分支学科构成，该分类不包括艺术与人文期刊，该模式下 1 本期刊只会被划分至 1 个学科，因此使用该模式的文献计量分析更为方便；Web of Science 学科分类，由 252 个自然科学、社会科学、艺术与人文领域的分支学科构建而成，1 本期刊可被划分至 1 个或多个学科，是适用于精细文献计量的最为细分的学科分类模式；Global Institutional Profile Project（GIPP）学科分类，该模式基于 Web of Science 的学科分类集，将其映射到涵盖学术研究所有领域的六大学科，该模式起源于全球教育机构概览大全项目，也被泰晤士高等大学排名计量过程应用。此外，还有国务院学位委员会颁布的学科分类模式、经济合作与发展组织（OECD）学科分类模式、英国 2014 卓越研究框架学科分类系统等，此种模式有利于更好地在区域性科研评价活动中应用文献计量指标。

考虑到本章的研究目标是对人文社科期刊论文的国际影响力进行分析，因此以涵盖全学科领域以进行对比，从而比较得出人文社科国际影响力现状为目的，采用 GIPP 基于 Web of Sciece 学科分类划分成六类宽泛学科领域的映射表，采用艺术与人文，社会科学，临床、预临床与健康，生命科学，工程与技术，自然科学这 6 种学科领域分类模式（见附表Ⅰ），以更好地达成研究目的。

二 影响力评价

文献计量学于 1969 年正式诞生[①]，是以数理统计方法为工具，从文献的特征数量着手，从而评估某具体学科或具体技术的影响力、知识结构等现状以及趋势的方法理论[②]。文献计量学的三大经典定律为：布拉德福定律、齐普夫定律、洛特卡定律；两大规律为：文献信息增长规律、文献信息老化规律。布拉德福定律是文献信息集中与离散分布规律，原始形式是将一定时间内（通常为 1 年）刊载了某学科论文的期刊按照其所载该学科论文的数量降序排列，之后将其按序列划分为 3 个区，每个区期刊所刊载的该学科论文总数相等，则各区期刊数量满足 n1: n2: n3 = 1: a: a^2（a > 1）。齐普夫定律是文献信息词频分布规律，文章描述为：将一篇较长的文献（字数大于 5000 字）中每个词按照高词频在前，低词频在后排序，并给词频最高的词编秩为 1，其次为 2，以此类推，那么任意词的词频和该词编秩的乘积为常数。洛特卡定律是关于科学工作者与科学论文产量之间的数学规律，核心思想是：发表了 n 篇论文的作者数量，是发表 1 篇的作者数量的 $1/n^2$。文献信息的增长最主要、最根本的原因是科学的发展，文献信息增长符合指数增长规律，也就是说，科技文献量在一个既定的时间周期中的百分比增长是一个常量，反映了事物持续生产自我的过程，知识能生产知识。文献信息老化则是指文献逐渐变得过时，被使用得越来越少，失去了作为情报来源的价值，通常针对某一类文献群体而言。文献老化符合负指数模型，也就是说，已发表了的科技文献的价值会在某一时间范围内"均匀"地减少，此外，针对文献老化规律提出的模型还有 Burton-Kebler 老化模型、阿弗拉米斯库模型。

文献计量学理论应用到评价实践时，实体的生产力以及影响力评价

[①] 邱均平:《文献计量学的理论、方法和应用》,《图书情报知识》1984 年第 4 期。
[②] 郑文晖:《文献计量法与内容分析法的比较研究》,《情报杂志》2006 年第 5 期。

第二章 人文社科期刊论文的国际影响力分析

指标通常被缩减为两个指标,即出版量和引文数量[1]。引文分析是影响力评价最重要的一种理论方法,自引文制度形成以来,参考文献(即被引用文献)成为学术论文的第二特征[2],引文通过引文量、平均被引率、标准化平均被引率、h指数等引文指标对学术成果的知识交流现象进行描述和剖析,从而对研究对象的发展动态进行评估,能够反映成果的学术影响力。文献计量学理论是定量分析理论,然而经常被使用于高度复杂、缺乏确定性的评估情境中,由此在使用文献计量学方法时可采用假设法,预先设置猜想以进行检测验证[3]。

在最初为自然科学评估而设计的文献计量方法的背景下,学术界一直在努力改进和补充人文社科评估的分析方法,特别是 Altmetrics 指标。2010年随着 Altmetrics 宣言的发表,Altmetrics 指标正式诞生[4]。Altmetrics 宣言中声明,可以通过 Altmetrics 指标评估任何形式的成果的影响力。美国国家信息标准组织(NISO)对于 Altmetrics 做出如下定义:"Altmetrics 是个广义的术语,内含对一系列与学术成果相关的多样化数字指标的采集,这些指标来源于多样的利益相关者和学术成果在研究生态系统包括公共领域的活动与交互。"[5] 我国邱均平等则从广义和狭义两个角度对 Altmetrics 做出定义:广义上,Altmetrics 旨在用面向学术成果的全面影响力指标评价体现替代依靠引文的定量评价体系;狭义上,Altmetrics 重视在线新型计量指标尤其是基于社交网络数据的指标及其应用[6]。

---

[1] Lutz Bornmann, "Measuring Impact in Research Evaluations: A Thorough Discussion of Methods for, Effects of and Problems with Impact Measurements", *Higher Education*, Vol. 73, No. 5, May 2017.

[2] 杨思洛:《引文分析存在的问题及其原因探究》,《中国图书馆学报》2011年第3期。

[3] Lutz Bornmann and Julian N. Marewski, "Heuristics as Conceptual Lens for Understanding and Studying the Usage of Bibliometrics in Research Evaluation", *Scientometrics*, Vol. 120, No. 2, August 2019.

[4] Jason Priem, Dario Taraborelli, Paul Groth, et al., "A manifesto", October 2010, altmetrics(http://altmetrics.org/manifesto/).

[5] National Information Standards Organization, "NISO RP – 25 – 2016 Outputs of the NISO Alternative Assessment Metrics Project", September 2016, NISO(https://www.niso.org/standards-committees/altmetrics).

[6] 邱均平、余厚强:《论推动替代计量学发展的若干基本问题》,《中国图书馆学报》2015年第1期。

◇◇ 理论篇 ◇◇

新型社交媒体环境下,学者的网络可见度增加,社交媒体的线上交流活动已渗入学术发展过程,Altmetrics 理论正是在该情境下提出的基于社交媒体活动的计量研究理论[1]。Altmetrics 指标涉及社交媒体数据,包括 Facebook、Google +、YouTube、Blogs 等平台上学术成果的提及量、分享量、阅读量等。Altmetrics 指标数据聚合商(altmetrics data aggregators)以 Altmetric.com 公司、PlumX 平台、Crossref Event Data 为代表,其中 Altmetric.com 于 2011 年由 Euan Adie 在数据科学(digital science)的支持下创立,该公司聚焦于学术出版领域,为出版商提供社交媒体数据监控服务,可以通过网站 API 获取大量 Altmetrics 数据;PlumX 于 2012 年由 Plum Analytics 的 Andrea Michalek 和 Michael Buschman 创立,以机构为市场蓝图,为私人机构提供相关的 Altmetrics 数据。2017 年,在 Plum Analytics 被爱思唯尔收购后,PlumX 开始追踪 Scopus 所收录的文章的网上数据;Crossref Event Data 则于 2016 年创立,和其他数据聚合商不同,该平台不提供文章对应的 Altmetrics 指标计数,只提供相应文章的 Altmetrics 事件信息,举例来说,该平台提供文章所获得的发生在推特平台上的行为,包括时间、推特账户等,但不提供该文章共获得了几次推特上的行为[2]。

Altmetrics 指标的数据来源与类型多样,在短时间内即可快速累积指标数据,总的来说,Altmetrics 理论为引文分析、网络计量指标、论文级别的计量指标提供了良好的补充作用,然而 Altmetrics 应用的阻碍之一在于此类指标数据的易于操纵性、平台依赖性、过程透明度、数据质量问题。尽管如此,Altmetrics 理论依旧被视为计量领域创新性的新型理论。

在 Web 2.0 和新型社交媒体环境下,国内外学者对于期刊论文影响力的评价方法和指标都表现出极大的研究兴趣。近年来,国内外学者的研究侧重点各有不同,可以肯定的是,引文分析法和 Altmetrics 评价法的应用研究处于信息计量学研究前沿。国内外学者坚持评价中的同类相比

---

[1] 杨思洛、王雨、祁凡:《系统视角下 Altmetrics 的发展趋势:融合、开放、深化》,《情报理论与实践》2020 年第 4 期。

[2] José Luis Ortega, "Blogs and News Sources Coverage in Altmetrics Data Providers: A Comparative by Country, Language, andSubject", *Scientometrics*, Vol. 122, No. 1, January 2020.

第二章 人文社科期刊论文的国际影响力分析

原则,在使用引文分析评价学科影响力时,注重相对影响指标的使用。此外,国内外学者进行了大量 Altmetrics 指标和引文指标之间相关性的研究,通常使用斯皮尔曼相关性分析。之后,国外学者采用多数据源样本和多种数理统计方法,以同行评议结果为标准,验证 Altmetrics 指标是否可以评估学术成果的社会影响力。相对来说,国内学者对于 Altmetrics 指标在学术成果影响力评估中的应用研究较为薄弱,大部分依旧集中于 Altmetrics 指标与引文指标之间的关系。

三 研究问题

科技知识是一个国家、民族发展的重要力量,是推动社会进步的重要动力,期刊论文作为常见的科技知识载体,其重要性不言而喻。对于学科期刊论文影响力的准确分析与描述,有助于全球化环境下的学科规划与建设,也有助于对新环境下科学评价指标的发展与检验。目前,国内外学者对于期刊论文影响力的评价方法和指标皆提出新的构思与研究,然而研究对象集中于某一学科领域,或者某一研究机构的论文样本,对于自然科学和人文社会科学的期刊论文影响力在新技术环境下的差异研究很少,而这正是等待计量学者探索回答的问题。

在梳理评价方法与研究的过程中,了解科学评价的整体发展与理论创新,理解计量指标内涵与评价方面,理清期刊论文影响力的含义发展,之后选取覆盖全学科领域的六大学科领域期刊论文进行影响力差异分析,意在揭示新型社交媒体环境下学科期刊论文影响力的现状与差异,并在此过程中为 Altmetrics 指标的实际应用提供依据。具体如下:(1)通过引文分析法与指标,评估不同学科期刊论文在平均被引、标准化被引、高被引上的表现,以及期刊论文来源国家的分布与比例,全面分析引文指标所映射的影响力。(2)通过对学科期刊论文在 Altmetrics 指标上的表现探究学科的社会影响力差异,发现期刊论文在指标覆盖率、指标表现、国别方面的倾向,并从中发现 Altmetrics 内部指标的不同表现。(3)探索 Altmetrics 指标在不同学科领域的影响力评价维度,在此基础上研究引文指标与 Altmetrics 指标评价维度之间的相关性以及实际应用中的影响,为相关研究提供参考依据。

第三节 研究数据

如图 2-3 所示，于 2019 年 1 月通过检索式 "PY = 2013-2017 AND DT = (Article OR Review OR Proceedings paper)" 从 Web of Science 三大索引数据库下载 5 年时间段（2013—2017 年）、3 种期刊论文文献类型（文章、评论、会议论文）的数据集合，SCI 库下载文献记录 7103321 条；SSCI 库下载文献记录 1076154 条；A&HCI 库下载文献记录 251770 条。此后，通过文献的唯一数据标识符（Digital Object unique Identifier，DOI）从 Altmetric.com 网站通过网站 API 获取对应的 Altmetrics 指标数据，不含 DOI 的数据则从本书中移除。最后，考虑到本章的研究目标和对象，将同时具有 Web of Science 文献记录和 Altmetrics 指标的数据记录匹配入基于 GIPP 对 WoS 学科分类映射（见附表 I）而得到的六大学科领域：艺术与人文（arts & humanities），社会科学（social sciences），临床、预临床与健康（clinical, Pre-clinical & health），生命科学（life sciences），工程与技术（engineering & technology），自然科学（physical sciences），过程中 1 条数据记录存在因所涉主题广泛而分配入超过 1 个学科领域的可能，若此，在进行单学科领域数据分析时，该数据记录在所分配的学科领域正常分析；在进行全学科领域分析时则移除数据副本，视为单一记录分析。

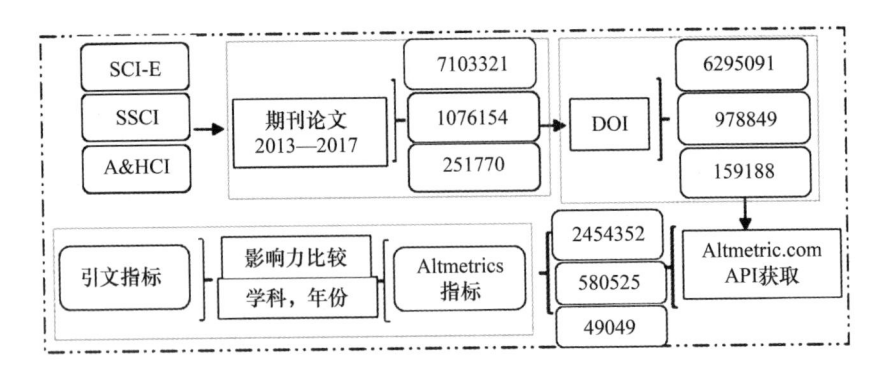

图 2-3 数据处理

第四节 六大学科视角下期刊论文国际发表概况分析

本节从全学科视域下研究、比较人文社科期刊论文国际发表的概况，包括：（1）六大学科视域下人文社科期刊论文的分布数量；（2）六大学科视域下人文社科期刊论文的书写语言情况；（3）六大学科视域下人文社科期刊论文的来源国家情况。

一 期刊论文学科分布

论文产出数量是学科生产力的体现，图2-4展示了六大学科期刊论文的逐年分布状况。期刊论文的学科分布数量以生命科学（1287470篇）和临床、预临床与健康（1117448篇）最多，社会科学（380949篇）最少。总的来说，社会科学、艺术与人文的期刊论文大体上呈逐年增长趋势，但是在国际上的发文量小于其他学科。背后的原因和人文社科的本土性和区域性特征相关，也受到人文社科载体偏好的影响，例如更注重其他形式作品，包括艺术作品实体、图书专著、画报等。

二 期刊论文语种分布

表2-15展示了六大学科期刊论文书写语言使用情况排名，英语在期刊论文书写语言上占据了绝对优势，其中在艺术与人文领域占比97.10%，社会科学领域占比99.51%。英语作为世界通行语言，期刊论文使用英语书写有助于来源世界各地的群体阅读；然而，WoS索引期刊论文时有着公认的英语偏向[1]，这对人文社科在国际上的发文有着深刻的负面影响：由于人文社科内部的国家、社会和文化导向性，其优秀的本土作品通常需要本土语言呈现；WoS的英语偏好则不利于优秀的本土作品传播。事实上，国际期刊对于非英语语言的收录可以依靠本土语言

---

[1] Éric Archambault, Étienne Vignola-Gagné, Grégoire Côté, et al., "Benchmarking Scientific Output in the Social Sciences and Humanities: The Limits of Existing Databases", *Scientometrics*, Vol. 68, No. 3, December 2006.

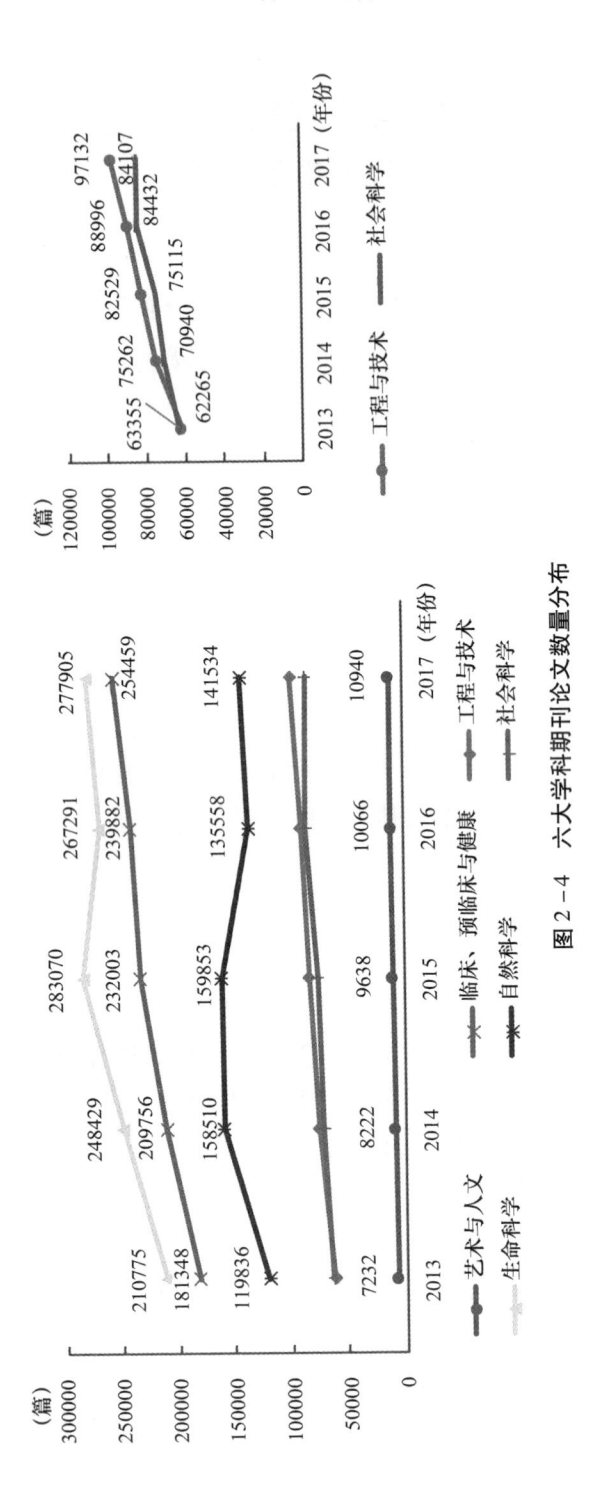

图2-4 六大学科期刊论文数量分布

的专家评审、同行评议达成,如此更有利于人文社科期刊论文在国际上影响力的发挥。

表2-15　　　　　　　　六大学科期刊论文语种分布　　　　　　　单位:篇

排名	艺术与人文	临床、预临床与健康	工程与技术	生命科学	自然科学	社会科学
1	英语 44762 97.10%	英语 1107076 99.07%	英语 404121 99.49%	英语 1283534 99.69%	英语 714902 99.95%	英语 379081 99.51%
2	西班牙语 469 1.02%	德语 3062 0.27%	西班牙语 651 0.16%	法语 601 0.05%	法语 64 0.01%	西班牙语 753 0.20%
3	葡萄牙语 359 0.78%	西班牙语 2799 0.25%	德语 600 0.15%	西班牙语 559 0.04%	西班牙语 56 0.01%	法语 492 0.13%
4	法语 221 0.48%	法语 2577 0.23%	葡萄牙语 478 0.12%	葡萄牙语 313 0.02%	日语 44 0.01%	德语 352 0.09%
5	俄语 133 0.29%	葡萄牙语 717 0.06%	法语 129 0.03%	德语 273 0.02%	德语 33 0%	葡萄牙语 211 0.06%
其他语言	154 0.33%	1213 0.11%	204 0.05%	106 0.01%	191 0.03%	59 0.02%

三　期刊论文国家/地区分布

表2-16展示了各学科期刊论文于2013—2017年时段来源最多的国家。艺术与人文、社会科学领域期刊论文来源国排名前6的分别为美国、英国、澳大利亚、加拿大、德国、荷兰;在临床、预临床与健康,工程与技术,生命科学,自然科学期刊论文来源国中,美国、中国分别排名第一和第二,英国和德国排名前4。值得注意的是,中国在艺术与人文、社会科学领域期刊的发文量远小于在其他4个学科领域的发文量。背后原因不难理解,如上文所述,人文社科深深植根于本土文化,许多优秀的作品需要熟知当地语言才能理解欣赏,而在权威的收录数据库有着语言偏好性的情况下,不利于官方语言非该语言的国家的人文社科发挥国

际影响力，不利于该国传播社会文化与艺术风格，哪怕该国在国际经济、卫生等方面实际有着重要的影响力。

表2-16　　　六大学科期刊论文所属国家/地区前10位　　　单位：篇

排名	艺术与人文	临床、预临床与健康	工程与技术	生命科学	自然科学	社会科学
1	美国 15823 34.32%	美国 361445 32.35%	美国 112027 27.58%	美国 371828 28.88%	美国 166484 23.28%	美国 143800 37.75%
2	英国 8322 18.05%	中国 71674 6.41%	中国 41032 10.10%	中国 120805 9.38%	中国 86068 12.03%	英国 42759 11.22%
3	澳大利亚 2437 5.29%	英国 71638 6.41%	英国 25978 6.40%	英国 70752 5.50%	德国 43528 6.09%	澳大利亚 23071 6.06%
4	加拿大 2123 4.62%	德国 39346 3.52%	德国 18714 4.61%	德国 67479 5.24%	英国 33354 4.66%	加拿大 20247 5.31%
5	德国 1390 2.80%	日本 35822 3.21%	澳大利亚 17161 4.22%	日本 51573 4.01%	日本 32503 4.54%	德国 16508 4.33%
6	荷兰 1290 2.80%	意大利 33129 2.96%	西班牙 13640 3.36%	加拿大 43759 3.40%	法国 27283 3.81%	荷兰 14353 3.77%
7	西班牙 1029 2.23%	加拿大 31857 2.85%	法国 12258 3.02%	法国 42957 3.34%	意大利 22044 3.08%	中国 9627 2.53%
8	法国 772 1.67%	澳大利亚 29070 2.60%	日本 9828 2.42%	意大利 39267 3.05%	加拿大 21317 2.98%	西班牙 8980 2.36%
9	中国 721 1.56%	法国 27296 2.44%	韩国 9540 2.35%	澳大利亚 38315 2.98%	西班牙 21203 2.96%	意大利 7975 2.09%
10	意大利 618 1.34%	荷兰 22805 2.04%	荷兰 9305 2.29%	西班牙 36217 2.81%	印度 19841 2.77%	法国 6827 1.79%

四　研究结论

本节从学科论文发表量、语言分布、国别分布对人文社科期刊论文的概况进行分析，结果显示：（1）社会科学和艺术与人文的期刊论文大体上呈逐年增长趋势，但是在国际上的发文量小于其他学科；（2）英语在期刊论文书写语言上占据了绝对优势，其中在艺术与人文领域占比97.10%，社会科学领域占比99.51%；（3）人文社科期刊论文来源国排名前6的分别为美国、英国、澳大利亚、加拿大、德国、荷兰，相对来说，中国在其他学科期刊论文的发文比例较高。

第五节 六大学科视角下期刊论文国际学术影响力分析

一 研究问题与方法指标

本节通过引文分析法揭示在全学科视域下人文社科期刊论文的国际学术影响力现状，研究问题主要包括：（1）全学科视域下人文社科期刊论文的引文表现；（2）全学科视域下人文社科期刊论文的相对学术影响力表现；（3）全学科视域下人文社科高学术影响力期刊论文表现。

引用证实了对以往知识的使用，也就是知识对于未来知识和科技的影响，在这样的背景下，引文指标被视为学术影响力计量的基线指标，引文计数被视为学术影响力的代表[1]。换言之，如果要研究一个定量指标是否能反映成果的学术影响力，必经的途径是分析该指标与引文指标之间的关系。因此，本章采用引文分析法以评估人文社科期刊论文的国际学术影响力，在此过程中，使用的具体评价指标解释见第一章。

二 期刊论文的引用分析

如图2-5所示，艺术与人文、社会科学各年出版论文的平均被引频次低于其他学科；自然科学、工程与技术、生命科学3个学科期刊论文表现相近。艺术与人文期刊论文的被引频次在六大学科中最低。由此可见，相较生命科学、自然科学、工程与技术学科，社会科学、艺术与人

---

[1] Lutz Bornmann and Robin Haunschild, "Does Evaluative Scientometrics Lose Its Main Focus on Scientific Quality by the New Orientation towards Societal Impact?", *Scientometrics*, Vol. 110, No. 2, February 2017.

文期刊论文的国际学术影响力较低。此外，各学科期刊论文的平均被引频次随着出版年份的接近而降低，这是由于引文需要时间累积，通常认为出版物在出版后第 3 年达到最大年引用量。

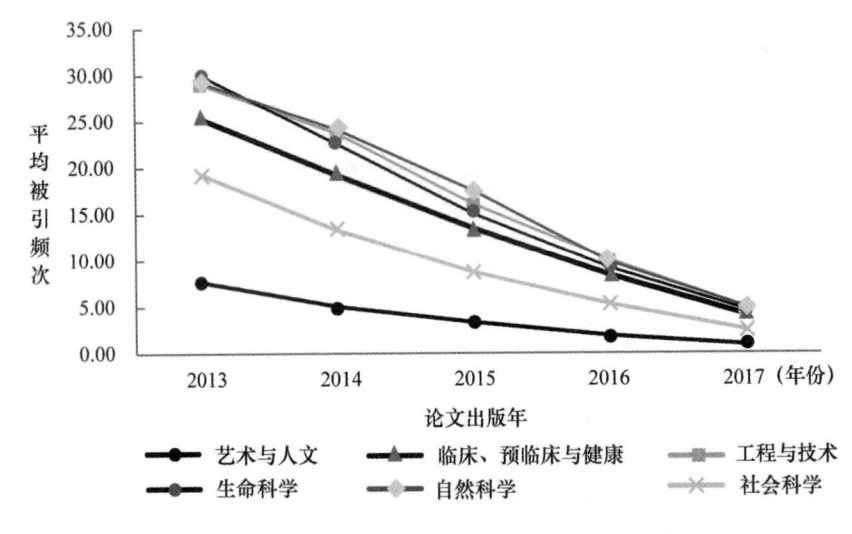

图 2-5　六大学科领域期刊论文平均被引频次

表 2-17 展示了引文指标在六大学科领域期刊论文中的描述性统计数值。指标覆盖率在本章等于该指标数值大于 0 的期刊论文数量除以总体期刊论文数量；平均值等于期刊论文被引总和除以出版数量总和；最大值是该学科期刊论文获得的最大引用频次，也就是获得的指标最大关注度；标准差体现该集合的离散程度。

社会科学（0.86）和艺术与人文（0.62）的引文指标覆盖率最低，生命科学和自然科学的引文指标覆盖率（0.93）最高；就学科总体引文均值而言，自然科学 2013—2017 年出版的期刊论文总体均值最大，为16.77，工程与技术、生命科学的均值表现与其相近，艺术与人文均值（3.35）最低；就引文指标最大值而言，艺术与人文、社会科学的最大值与其他学科领域有着数量级上的差距，可见学术界对这两类学科关注度低于对自然科学大类的关注度；就标准差而言，艺术与人文、社会科学的引文离散程度较低，其他学科离散程度较高，说明艺术与人文、社会科学的引文指标变化小于其他学科，然而这 6 个学科在期刊论文数量规模上的差别可能导致标准差结果差异的加剧。

表 2-17　六大学科领域期刊论文的引文指标描述性统计

学科领域	覆盖率（%）	均值	最大值	标准差（%）
艺术与人文	0.62	3.35	1934	16.93
临床、预临床与健康	0.91	13.17	20559	41.87
工程与技术	0.91	15.32	5752	44.30
生命科学	0.93	15.47	16260	49.74
自然科学	0.93	16.77	8458	48.97
社会科学	0.86	9.10	1934	19.72

三　期刊论文的相对影响力分析

考虑到引文窗口的影响，本节以学科期刊论文的标准化平均被引频次来比较各学科领域的相对影响力，具体如表 2-18 所示。学科内部纵向对比而言，艺术与人文、社会科学期刊论文的相对影响力随着出版年份的接近而持续降低；临床、预临床与健康领域期刊论文的相对影响力则随着出版年份的接近而持续升高。就学科横向对比而言，工程与技术、生命科学、自然科学各年出版的期刊论文的标准化平均被引频次均大于1，说明此三学科领域相对其他学科领域而言更具学术影响力；临床、预临床与健康 2013—2016 年发表的期刊论文的标准化被引频次接近 1，

表 2-18　六大学科领域的 NMCR 表现及全学科平均被引频次

学科领域	2013 年	2014 年	2015 年	2016 年	2017 年
艺术与人文	0.29	0.24	0.23	0.22	0.22
临床、预临床与健康	0.96	0.94	0.95	0.98	1.01
工程与技术	1.09	1.16	1.13	1.18	1.13
生命科学	1.14	1.11	1.08	1.08	1.09
自然科学	1.10	1.17	1.23	1.14	1.13
社会科学	0.72	0.65	0.62	0.62	0.57
全学科领域	26.36	20.35	14.02	8.47	4.17

2017年发表的期刊论文标准化平均被引频次大于1；社会科学和艺术与人文各年所发表的期刊论文的结果数值远小于1。学科横向对比的结果再次表明，就引文指标表现而言，生命科学、自然科学、工程与技术学科期刊论文相较社会科学、艺术与人文学科期刊论文而言，具有相对更高的学术影响力。

四 高学术影响力期刊论文分析

本节将各学科领域引用频次位于前1%的期刊论文作为高被引论文，在此基础上分析比较各学科高被引均值、高被引论文来源国家的差异。表2-19结果表明，艺术与人文和社会科学的高被引均值最低，自然科学期刊论文的高被引均值最大，工程与技术、生命科学的高被引均值与自然科学较为接近。可见学者对人文社科和自然科学两个大类学科的最高关注度有所差异，1篇高被引的艺术与人文期刊论文的被引频次可能比1篇平均水平的自然科学期刊论文的被引频次低，因此进行影响力评价时要坚持同类相比，评价指标的设计要符合评价情境。就高被引论文来源国家而言，美国在6个学科的高被引论文来源国中排名第一；中国在工程与技术、自然科学高被引论文来源国中排名第二，然而在艺术与人文、社会科学中占比较低；英国在6个学科高被引论文来源国中皆排名前三，其中在艺术与人文中占比较大，为17.17%。总而言之，美国、英国的人文社科期刊论文具有较大的国际学术影响力；中国在工程与技术、自然科学领域具有较大的国际学术影响力，人文社科领域的国际学术影响力则不如老牌欧美国家。

表2-19　六大学科前1%高被引期刊论文引用均值及所属国家/地区前5位

	艺术与人文	临床、预临床与健康	工程与技术	生命科学	自然科学	社会科学
均值	64.54	218.2	297.83	268.55	312.4	137.27
1	美国 196 42.61%	美国 5017 44.32%	美国 1353 33.35%	美国 5927 46.39%	美国 2838 39.54%	美国 1829 47.42%

续表

	艺术与人文	临床、预临床与健康	工程与技术	生命科学	自然科学	社会科学
2	英国 79 17.17%	英国 1038 9.17%	中国 716 17.65%	英国 973 7.62%	中国 1011 14.09%	英国 439 11.38%
3	加拿大 30 6.52%	加拿大 499 4.41%	英国 243 5.99%	德国 726 5.68%	德国 440 6.13%	澳大利亚 230 5.96%
4	澳大利亚 24 5.22%	德国 483 4.27%	德国 174 4.29%	中国 690 5.40%	英国 434 6.05%	荷兰 209 5.42%
5	德国 23 5%	荷兰 384 3.39%	韩国 154 3.80%	法国 393 3.08%	日本 214 2.98%	加拿大 203 5.26%

五　研究结论

本节主要通过引文分析法揭示人文社科期刊论文的国际学术影响力，结果显示：（1）社会科学、艺术与人文的期刊论文相较自然科学、生命科学、工程与技术而言，平均被引频次、标准化平均被引频次、高被引均值、引文覆盖率等数值较低。（2）对比其他国家，美国、英国的人文社科期刊论文具有更好的引文指标表现。（3）就人文社科内部而言，艺术与人文和社会科学两个学科的引文表现亦有差距，社会科学期刊论文的引文指标表现好于艺术与人文领域。

第六节　六大学科视角下期刊论文国际社会影响力分析

本节旨在揭示人文社科期刊论文的国际社会影响力，主要回答的研究问题包括：（1）全学科视域下人文社科期刊论文的 Altmetrics 指标覆盖率如何；（2）全学科视域下人文社科期刊论文展示的社会影响力如何；（3）全学科视域下人文社科受到高度社会关注的期刊论文情况。本节通过 Altmetric.com 获得 10 个数值有效的 Altmetrics 指标，指标具体解释见第一章。

一 期刊论文的 Altmetrics 覆盖率

Altmetrics 指标覆盖率体现期刊论文在该指标上获得的关注度。如表 2-20 所示，各 Altmetrics 指标就其本身而言，在六大学科期刊论文中的表现相近。其中，AAs 和 Posts 在各学科中皆达到完全覆盖；Readers 的指标覆盖率则在各学科中均超过 90%，其中社会科学中覆盖率最高，自然科学覆盖率最低；Tweeters 的覆盖率均超过 84%，其中临床、预临床与健康期刊论文覆盖率最高，工程与技术的覆盖率最低。然而，其他 Altmetrics 指标数据大幅被 0 充满，除 FBwalls 指标覆盖率在 9%—24% 区间之外，其他大部分指标覆盖率低于 5%。覆盖率过低会导致指标分析易受特殊值影响，相对引文的高覆盖率而言，Altmetrics 指标的覆盖率不够充足，也就是说，此类指标的实用性不够充足。在高覆盖率的 Altmetrics 指标中，社会科学的覆盖率基本上大于其他学科，艺术与人文的覆盖率不低于其他学科，换言之，人文社科许多期刊论文得到了社会关注。

表 2-20 六大学科领域期刊论文的 Altmetrics 指标数量及覆盖率

	AAs	FBwalls	Feeds	Gplus	Msm	Posts	Rdts	Tweeters	Videos	Readers
艺术与人文	46098 100%	10987 23.83%	3763 8.16%	1090 2.36%	1772 3.84%	46098 100%	245 0.53%	40100 86.99%	127 0.28%	42331 91.83%
临床、预临床与健康	1117448 100%	325982 29.17%	90121 8.06%	46119 4.13%	134345 12.02%	1117448 100%	14542 1.3%	1021385 91.4%	10298 0.92%	1066862 95.47%
工程与技术	406184 100%	70864 17.45%	29649 7.30%	11552 2.84%	37355 9.20%	406184 100%	2489 0.61%	341530 84.08%	2117 0.52%	382969 94.28%
生命科学	1287470 100%	296546 9.76	125636 9.76%	50743 3.94%	153316 11.91%	1287470 100%	23238 1.80%	1161432 90.21%	12472 0.97%	1218295 94.63%
自然科学	715291 100%	122376 17.11%	70242 9.82%	27757 3.88%	66356 9.28%	715291 100%	11823 1.65%	632626 88.44%	6441 0.90%	645855 90.29%
社会科学	380949 100%	91858 24.11%	47989 12.6%	14664 3.85%	40728 10.69%	380949 100%	5413 1.42%	344582 90.45%	1882 0.49%	376851 98.92%

二 期刊论文的 Altmetrics 指标表现分析

AAs 作为一个综合性指标,可以反映一篇出版物所获得的总体社会关注度情况[①]。如图 2-6 所示,除自然科学以外,各学科期刊论文的 AAs 均值随着出版年份的接近而增大。即,AAs 指标相较引文指标积累更快;以往研究结果也表明,一篇网络文章通常在发布后 1 个月内就得到其所获得的大部分 Tweeters[②]。然而,自然科学出版于 2015 年之后的期刊论文 AAs 均值小于之前出版的论文,这可能是自然科学期刊论文的关注者大部分是科研人员而不是社会群体,社交媒体用户对于自然科学研究结果兴趣减退所导致的。就各学科的差异而言,临床、预临床与健康于 2013—2015 年出版的期刊论文与社会科学、生命科学期刊论文 AAs 指标均值表现相近,高于其他学科,其后出版的期刊论文 AAs 均值明显高于其他学科。社会科学和生命科学各年出版的期刊论文 AAs 均值保持

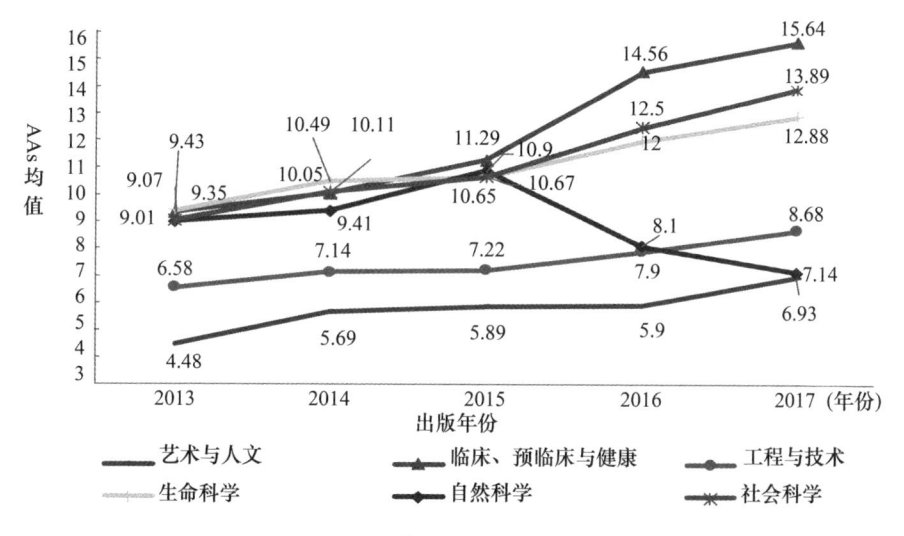

图 2-6 六大学科期刊论文 AAs 平均值

[①] 翟莉莉:《基于替代计量学的学术期刊影响力评价研究》,硕士学位论文,武汉大学,2017 年,第 21—26 页。

[②] Liwei Zhang and Jue Wang, "Why Highly Cited Articles Are Not Highly Tweeted? A Biology Case", *Scientometrics*, Vol. 117, No. 1, October 2018.

在前 3 名；艺术与人文期刊论文 AAs 均值最低。由此可见，临床、预临床与健康，社会科学，生命科学的期刊论文获得了较大的国际社会关注度，艺术与人文的国际社会关注度较低。

高覆盖率的 Altmetrics 指标表现对于期刊论文的国际社会影响力研究具有分析意义，图 2-7 展示了六大学科期刊论文的 Tweeters 指标、Posts 指标和 Readers 指标的均值表现。就指标而言，各学科中 Readers 指标均值随着出版年份的接近而降低；除自然科学以外，其他学科的 Posts 和 Readers 指标均值皆随出版年份的接近而升高，结合上述 AAs 指标在各学

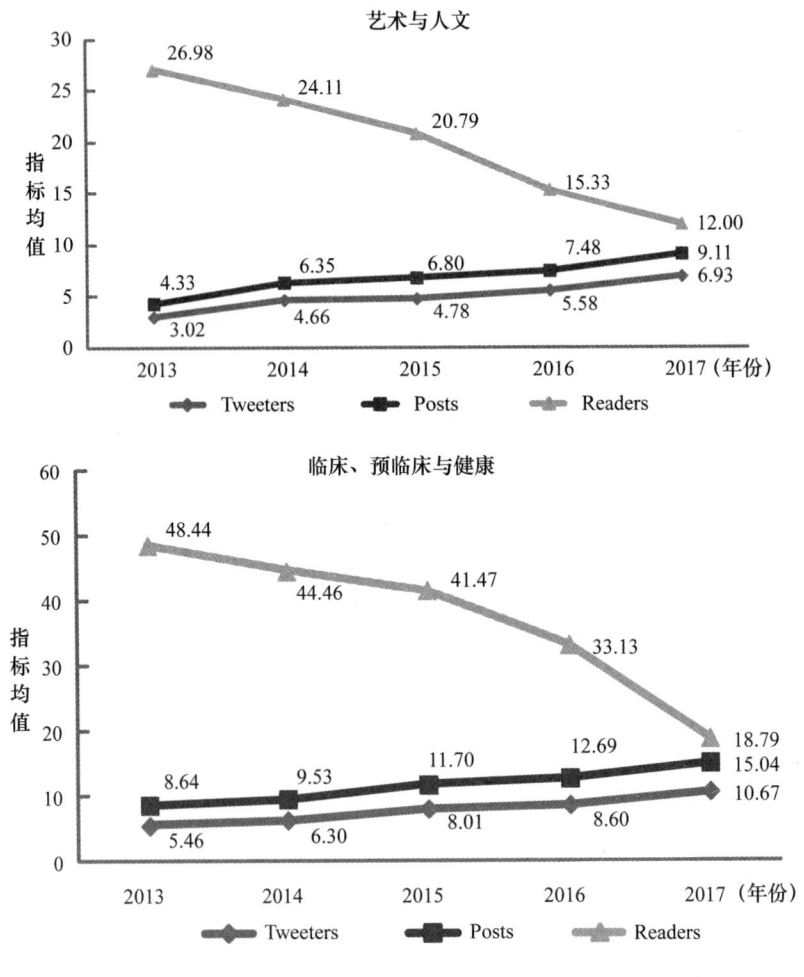

图 2-7 六大学科期刊论文高覆盖率 Altmetrics 指标平均值

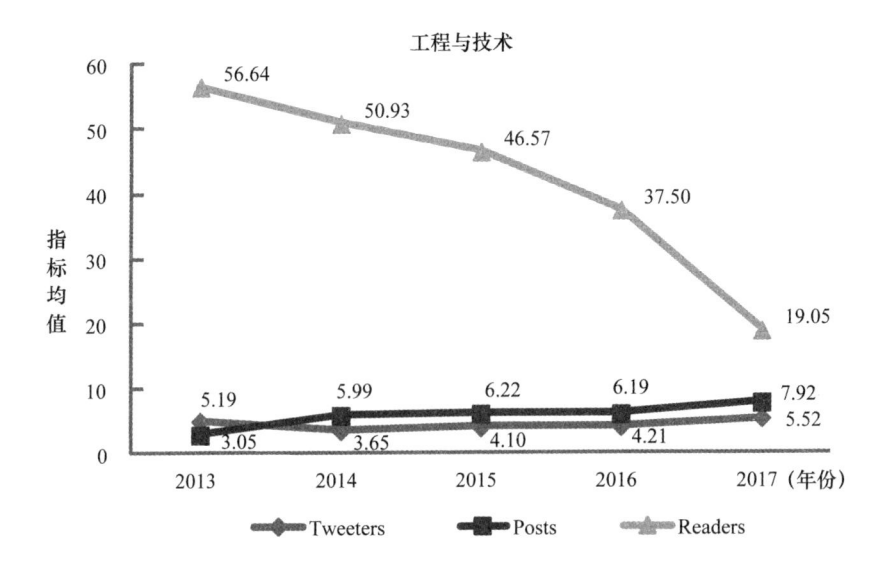

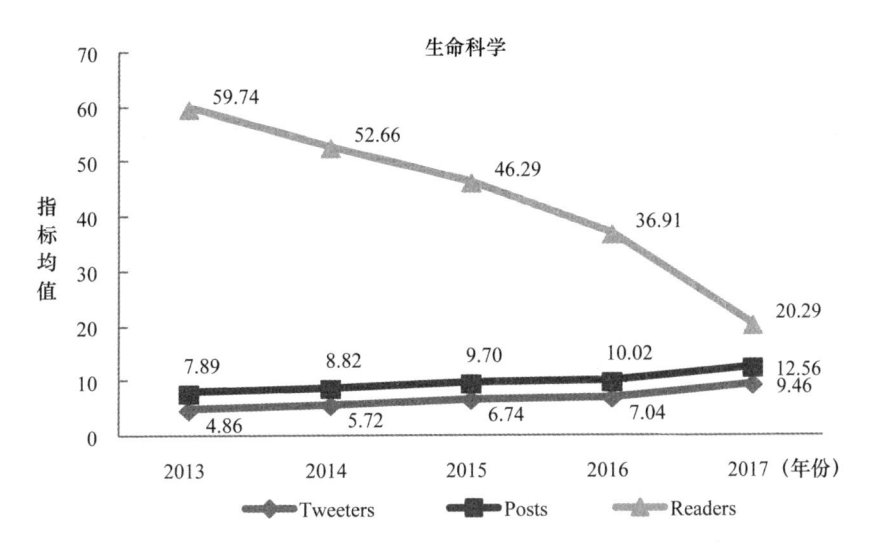

图 2-7 六大学科期刊论文高覆盖率 Altmetrics 指标平均值（续）

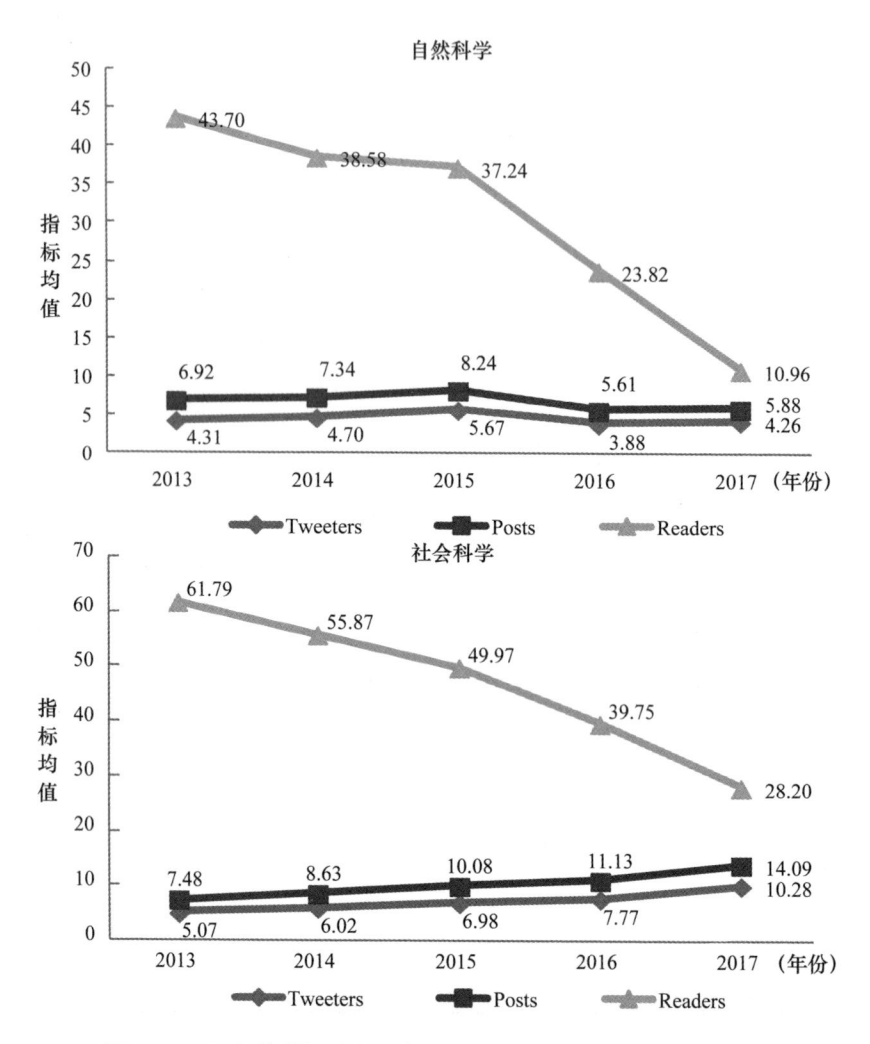

图 2-7 六大学科期刊论文高覆盖率 Altmetrics 指标平均值（续）

科中的表现，这也许说明 Readers 指标和其他 Altmetrics 指标的特性不同，本章在后面部分进一步分析。就各学科领域而言，社会科学期刊论文 Readers 指标均值最大，艺术与人文最低；临床、预临床与健康，生命科学，社会科学的 Tweeters 指标和 Posts 指标均值最大，工程与技术、艺术与人文最低。由此可知，社会科学在 Altmetrics 指标上的关注度较高，艺术与人文在 Altmetrics 指标上表现出的影响力较低。

表2-21展示了Altmetrics指标在六大学科期刊论文中的描述性结果，覆盖率低于5%的Altmetrics指标排除在外，原因在于低覆盖率指标分析结果易受特殊值影响，不具有代表性和准确性。

表2-21 六大学科领域期刊论文的Altmetrics指标描述性统计

学科领域		AAs	FBwalls	Feeds	Msm	Posts	Tweeters	Readers
艺术与人文	均值	5.18	0.36	0.10	0.12	6.20	4.52	16.80
	最大值	1576.678	134	21	92	5671	4543	4613
	标准差	20.57	1.45	0.45	1.24	34.56	27.70	40.04
临床、预临床与健康	均值	12.13	0.76	0.14	0.74	11.49	7.80	35.38
	最大值	8085.51	6192	71	367	13057	11758	39803
	标准差	63.31	11.65	0.74	5.48	63.26	44.70	66.60
工程与技术	均值	7.51	0.28	0.12	0.46	6.37	4.17	40.82
	最大值	6403.374	1139	81	270	38775	154	13990
	标准差	41.09	3.11	0.64	3.58	82.57	42.73	84.28
生命科学	均值	10.86	0.56	0.18	0.65	9.65	6.67	41.89
	最大值	11984.018	8783	164	402	17124	14445	16178
	标准差	56.06	13.47	1.01	4.52	56.55	40.94	87.28
自然科学	均值	8.54	0.38	0.19	0.52	6.75	4.52	30.41
	最大值	11984.018	8783	164	402	19154	18009	14534
	标准差	55.32	12.53	1.13	3.85	63.91	46.17	79.22
社会科学	均值	11.05	0.41	0.21	0.55	10.22	7.18	45.94
	最大值	6403.374	289	51	257	25734	19907	39803
	标准差	48.48	1.88	0.84	3.74	78.91	54.64	48.48

就指标均值而言，临床、预临床与健康，生命科学领域期刊论文的AAs均值最大，即受到的平均社会关注度最高。临床、预临床与健康，社会科学，生命科学的Posts、Tweeters均值最大，即具有最多的用户推特行为和网上链接。艺术与人文期刊论文的AAs、Posts、Tweeters均值最低，可见该领域期刊论文的社会关注度较低，获得较少的网上行为。此

外，社会科学、生命科学、工程与技术的 Readers 均值最大，其他学科与其差距较大，由此 Readers 指标对 AAs 这一综合指标的贡献度或与其相关性并不明显。FBwalls、Feeds、Msm 指标均值差异并不明显，依据莱顿宣言中对指标过度延伸精确度的批判，我们认为此 3 个指标的表现不适合过度分析。

就最大值而言，生命科学、临床健康获得的社会最高关注度大于其他学科，其中自然科学的 AAs 最大值和生命科学相同，背后原因是一篇受到高度社会关注的期刊论文同属于这两个领域，然而除此篇外，自然科学受到的最高社会关注度低于生命科学以及临床、预临床与健康。就标准差而言，临床、预临床与健康，生命科学，自然科学的 Altmetrics 指标数值变化大于其他学科领域，离散程度更高。

和 NMCR 评价指标性质相同，本部分计算了六大学科期刊论文的标准化 AAs 平均频次（NMAR），以比较各学科期刊论文所获得的相对社会关注度。如表 2-22 所示，临床、预临床与健康各年发表的期刊论文得分均大于 1，说明临床、预临床与健康相较其他学科而言获得了更多的社会关注度；社会科学和生命科学的得分接近；自然科学在 2015 年之前的得分大于或等于 1，其后小于 1，也就是说，自然科学期刊论文的社会关注度在 2015 年后下降；工程与技术、艺术与人文各年出版的期刊论文得分皆小于 1，相对来说，艺术与人文期刊论文得分最小，获得的社会关注度最低。与引文结果不同，本结果说明临床、预临床与健康，社会科学所获得的关注度处于学科前列，工程与技术、自然科学所获得的社会关注度则较低。另外，全学科领域期刊论文的 AAs 均值随着出版年份的接近而升高，表明 AAs 累积的快速性，与引文指标相比，更不容易受时间累积效应的影响。

表 2-22　六大学科领域的 NMAR 表现及全学科 AAs 均值

学科	2013 年	2014 年	2015 年	2016 年	2017 年
艺术与人文	0.52	0.62	0.54	0.47	0.53
临床、预临床与健康	1.095	1.097	1.041	1.162	1.198
工程与技术	0.77	0.78	0.67	0.63	0.66

续表

学科	2013年	2014年	2015年	2016年	2017年
生命科学	1.10	1.14	0.98	0.96	0.99
自然科学	1.06	1.03	1.00	0.65	0.55
社会科学	1.06	1.10	0.98	0.998	1.06
全学科领域	8.54	9.17	10.85	12.53	13.06

三 高社会关注度期刊论文分析

本节将AAs得分位于前1%的期刊论文作为该学科领域的高关注度论文，分析各学科高关注度论文在高关注度AAs均值、来源国家上的差异。表2-23结果显示，临床、预临床与健康，生命科学，自然科学的高关注度论文AAs均值最高，艺术与人文均值最低。由表中结果可知，临床、预临床与健康期刊论文所获得的最高关注度大于社会对其他学科领域的最高关注度，艺术与人文所获得的最大社会关注度与其他学科之间存在较大差距。就国家而言，美国在所有学科领域高关注度论文来源国家中排名第一，英国排名第二，两者比例结合超过60%，也就是说，大部分获得高关注度的期刊论文来源于美国和英国。中国在工程与技术、自然科学的高关注度来源国家中排名第四，相较高被引排名和比例而言有所下降。

表2-23 六大学科前1%高关注度期刊论文AAs均值及所属国家/地区前5位

	艺术与人文	临床、预临床与健康	工程与技术	生命科学	自然科学	社会科学
均值	129.40	471.87	279.36	379.56	361.87	316.59
1	美国 186 40.35%	美国 5831 52.18%	美国 2225 54.78%	美国 6145 47.73%	美国 3352 46.87%	美国 2240 58.81%
2	英国 99 21.48%	英国 1118 10.00%	英国 364 8.96%	英国 1264 9.82%	英国 697 9.75%	英国 440 11.55%

续表

	艺术与人文	临床、预临床与健康	工程与技术	生命科学	自然科学	社会科学
3	澳大利亚 24 5.21%	加拿大 514 4.60%	澳大利亚 170 4.19%	德国 454 3.53%	德国 381 5.33%	加拿大 234 6.14%
4	加拿大 19 4.12%	澳大利亚 435 3.89%	中国 154 3.79%	加拿大 435 3.38%	中国 226 3.16%	澳大利亚 150 3.94%
5	挪威 10 2.17%	德国 197 1.76%	加拿大 143 3.52%	澳大利亚 408 3.17%	澳大利亚 183 2.56%	德国 108 2.84%

四 研究结论

本节通过 Altmetrics 指标分析人文社科期刊论文的国际社会影响力，结果显示：（1）在各学科期刊论文中，AAs、Posts、Readers、Tweeters 指标的覆盖率相对最高；其他 Altmetrics 指标覆盖率不足，大幅被 0 充值，容易被特殊值影响。（2）临床、预临床与健康，社会科学，生命科学期刊论文的 Altmetrics 指标均值最大，艺术与人文的 Altmetrics 均值最低。Altmetrics 指标有其学科偏向性。（3）美国和英国的人文社科期刊论文具有相对更好的 Altmetrics 指标表现。

第七节 人文社科期刊论文影响力评价指标分析

在分析全学科视域下人文社科期刊论文的分布概况、国际学术影响力、国际社会影响力的基础上，本节研究人文社科期刊论文评价指标之间的相关性，研究内容主要包括：（1）Altmetrics 指标在评价人文社科期刊论文时的评价维度，即 Altmetrics 指标的内部相关性；（2）评价人文社科影响力时引文指标与 Altmetrics 指标之间的相关性及边际效应。

一 研究过程

首先，本节采用主成分分析法探索 Altmetrics 指标在人文社科期刊论文中的评价维度。主成分分析法本质上是数量统计方法的一种，通过分析系统指标的内部结构将指标关键信息集中于若干个主成分，将不同的指标转换成新的、不相关的变量，在达到降维目的的同时保留原有指标体系的大量关键信息，主成分分析法可以克服多重共线性问题[1]。考虑到引文指标与 Altmetrics 指标数值分布不符合正态分布，指标覆盖率不一，为减少对分析过程的干扰以及保证分析结果的准确性，根据 Bornmann 和 Haunschild（2018）[2] 采取的方法，进行主成分分析前对指标数值进行加一后取对数处理；在进行结果解读时，关注大于 0.5 的因子载荷；此外，依据 Verardi 和 McCathie（2012）[3] 的方法，在主成分分析中使用协方差矩阵，以增强稳健性。

在理解 Altmetrics 指标内部关系之后，以负二项回归分析法对引文指标和 Altmetrics 指标主成分进行相关性分析，并且采用边际效用分析探索 Altmetrics 主成分在实际应用中对引文指标的影响。负二项回归适用于数据内部分布过于分散即方差数值大于平均值的情况，在这种分布情况中，个体事件发生的概率有的大有的小，可能存在聚集性。本章的引文数据和 Altmetrics 数据符合负二项分布，简单举例来说，如果一篇文章获得了一个 Altmetrics 指标数值，那么获得其他 Altmetrics 指标数值的可能性就会增大，这就是聚集性。因此本章使用负二项回归，以引文为因变量，Altmetrics 指标主成分为自变量，来分析探讨两者之间的关系。在解读相关性时，作为实际意义衡量标准的边际效用解读具有重要意义。

二 人文社科期刊论文 Altmetrics 指标维度分析

（一）艺术与人文期刊论文 Altmetrics 指标维度

表 2-24 展示了以艺术与人文领域期刊论文的 Altmetrics 指标数据为样本进行主成分分析的结果，累积方差贡献率表明选择特定成分后能留

---

[1] 何文：《Altmetrics 与引文分析法在期刊影响力评价上的相关性研究——以图书情报类期刊为例》，硕士学位论文，南京大学，2015 年，第 29 页。

[2] Lutz Bornmann and Robin Haunschild, "Do altmetrics correlate with the quality of papers? A large-scale empirical study based on F1000Prime data", *Plos One*, Vol. 13, No. 5, May 2018.

[3] VincenzoVerardi and Alice McCathie, "The S-Estimator of Multivariate Location and Scatter in Stata", *The Stata Journal*, Vol. 12, No. 2, June 2012.

存的信息数量，通常以80%作为主要信息是否成功留存的分界点①。由表中结果可知，艺术与人文领域Altmetrics指标可提取出2个主成分，也就是说评价维度为2个维度，将主成分分别命名为Comp1a、Comp2a；Comp1a和Comp2a的特征值为2.076和1.281，累积方差贡献率为86.368%，能解释原有指标信息的86.368%，超出80%这一分界点，结果较为理想。

表2-24　艺术与人文期刊论文Altmetrics指标成分特征值及（累积）方差贡献率

成分	特征值	方差贡献率（%）	累积方差贡献率（%）
1	2.076	53.412	53.412
2	1.281	32.956	86.368
3	0.261	6.709	93.077
4	0.157	4.039	97.116
5	0.039	1.001	98.117
6	0.031	0.788	98.905
7	0.024	0.611	99.516
8	0.014	0.365	99.881
9	0.003	0.083	99.965
10	0.001	0.035	100

表2-25显示Altmetrics指标与主成分之间的因子载荷矩阵，解释Altmetrics指标与Comp1a和Comp2a之间的相关系数，以0.5/sqrt（特征值）为分界点，重点解释相关系数超过分界点数值的指标因子。结果显示，Posts、Tweeters、AAs和Comp1a之间的相关性系数为0.965、0.916以及0.899，指标与Comp1a之间高度相关；Readers和Comp2a之间相关性系数为0.997，指标与Comp1b高度相关；此外，Feeds指标与Comp1a

---

① 何文：《Altmetrics与引文分析法在期刊影响力评价上的相关性研究——以图书情报类期刊为例》，硕士学位论文，南京大学，2015年，第29页；赵蓉英、郭凤娇、谭洁：《基于Altmetrics的学术论文影响力评价研究——以汉语言文学学科为例》，《中国图书馆学报》2016年第1期。

间的相关性系数为 0.319，略低于分界值，但由于可以预料在文献计量与 Altmetrics 指标聚集过程中会有测量误差，而这些误差又在分析过程中产生随机因素，本章认为 Feeds 与 Comp1a 之间的相关性依旧具有意义。如果一篇论文在 Comp1a 上有较高的数值，表明它得到了较高的社会关注度和在推特、博客上的转发、分享、提及；Readers 和 Comp2a 的高度相关证实了该指标与其他 Altmetrics 指标的不同特性。

表 2-25　艺术与人文期刊论文 Altmetrics 指标因子载荷矩阵

变量（取对数）	Comp1a	Comp2a
Posts	0.965	0.119
Tweeters	0.916	0.122
AAs	0.899	0.114
Feeds	0.319	0.074
Msm	0.299	0.092
FBwalls	0.213	0.039
Gplus	0.174	0.072
Rdts	0.120	0.034
Videos	0.057	0.052
Readers	0.082	0.997
特征值	2.076	1.281
累积方差贡献率（%）	53.412	86.368
分界点：0.5/sqrt（特征值）	0.347	0.442

（二）社会科学期刊论文 Altmetrics 指标维度

社会科学作为被认为是与 Altmetrics 指标关系较为紧密的学科[①]，对社会科学期刊论文的 Altmetrics 指标进行主成分分析，结果如表 2-26 所

---

① Kuang-hua Chen, Muh-chyun Tang, Chun-mei Wang, et al., "Exploring alternative metrics of scholarly performance in the social sciences and humanities in Taiwan", *Scientometrics*, Vol. 102, No. 1, January 2015.

示。Altmetrics 在该学科分析得出 2 个主成分，分别命名为 Comp1f、Comp2f，方差贡献率为 58.448% 以及 33.686%，累积方差贡献率为 92.134%。结果表明，Altmetrics 指标在社会科学期刊论文影响力评价中的评价维度为 2，分别能留存 58.448% 和 33.686% 的原始信息，累计留存原始信息 92.134%。

表 2-26　社会科学期刊论文 Altmetrics 指标成分特征值及（累积）方差贡献率

成分	特征值	方差贡献率（%）	累积方差贡献率（%）
1	0.753	58.448	58.448
2	0.434	33.686	92.134
3	0.079	6.142	98.276
4	0.009	0.673	98.949
5	0.006	0.447	99.396
6	0.005	0.364	99.760
7	0.002	0.138	99.898
8	0.001	0.078	99.976
9	0.000	0.018	99.994
10	0.000	0.006	100

由表 2-27 可知，Altmetrics 指标与两个主成分之间的相关性系数分界值为 0.576 和 0.759。社会科学评价中，与 Comp1f 高度相关的 Altmetrics 指标是 Posts、AAs、Tweeters 以及 Msm；与 Comp2f 高度相关的是 Readers 指标。结果解读为：若社会科学领域一篇期刊论文获得了较高的 Comp1f 得分，则说明它具有较大的社会关注度，在推特和新闻来源中获得较多的转发、分享等网络行为，同时有较大的网络链接指向该论文。

表 2-27　社会科学期刊论文 Altmetrics 指标因子载荷矩阵

变量（取对数）	Comp1f	Comp2f
Posts	0.967	0.096
AAs	0.929	0.123

第二章 人文社科期刊论文的国际影响力分析

续表

变量（取对数）	Comp1f	Comp2f
Tweeters	0.919	0.088
Msm	0.602	0.070
Feeds	0.570	0.084
FBwalls	0.437	0.060
Gplus	0.298	0.059
Rdts	0.267	0.028
Videos	0.155	0.045
Readers	0.132	0.991
特征值	0.753	0.434
累积方差贡献率（%）	58.448	92.134
分界点：0.5/sqrt（特征值）	0.576	0.759

三 人文社科期刊论文评价指标相关性分析

（一）艺术与人文期刊论文评价指标相关性

如表2-28所示，引文指标与Altmetrics指标主成分在评价艺术与人文领域的期刊论文时存在显著相关性；而边际效应可以评估自变量指标在实践中对因变量的影响[1]，结果显示Comp1a（与Posts、Tweeters、AAs高度相关）的一个标准差变化期望增加0.059的引用量，Comp2a（与Readers指标高度相关）的一个标准差变化期望增加0.576的引用量，可知Comp2a更能引起引用上的变化。

（二）社会科学期刊论文评价指标相关性

前文分析表明，社会科学期刊论文在全学科中的社会影响力排名较学术影响力排名来说有较大进步；表2-29的结果展示了社会科学中引文指标与Altmetrics主成分显著性相关，一篇论文在Comp1f（Posts、AAs、Tweeters、Msm）上得分的一个标准差变化期望引起该篇

---

[1] Lutz Bornmann and Richard Williams, "How to Calculate the Practical Significance of Citation Impact Differences? An Empirical Example from Evaluative Institutional Bibliometrics Using Adjusted Predictions and Marginal Effects", *Journal of Informetrics*, Vol.7, No.2, April 2013.

论文 0.126 的引用增加，Comp2f（Readers）则期望引起 0.762 的引用增加。

表 2-28　艺术与人文期刊论文 Altmetrics 主成分与引文负二项回归 β 系数及边际效应

引文	β 系数 (Beta coefficients)	边际效应 (Marginal effects)
Comp1a	0.065 ***	0.059
Comp2a	0.636 ***	0.576
常数（Constant）	-0.311 ***	

注：*** 表示 $p<0.001$。

表 2-29　社会科学期刊论文 Altmetrics 主成分与引文负二项回归 β 系数及边际效应

引文	β 系数 (Beta coefficients)	边际效应 (Marginal effects)
Comp1f	0.075 ***	0.126
Comp2f	0.457 ***	0.762
常数（Constant）	0.409 ***	

注：*** 表示 $p<0.001$。

四　研究结论

本节通过主成分分析法和负二项回归法分析人文社科期刊论文影响力评价指标之间的相关性，结果显示：（1）Altmetrics 指标于艺术与人文、社会科学有 2 个评价维度。（2）Readers 指标在 Altmetrics 评价人文社科期刊论文影响力时自成一个评价维度，这说明 Readers 指标与综合性指标 AAs 存在着特质上的差异。（3）Altmetrics 指标主成分与引文指标在人文社科领域皆显著相关，并且在实际应用中，与 Readers 指标高度相关的主成分的标准差变化能期望引起更大的引用增长，也就是说，Readers 在实际中对引文更有影响。

◇ 第二章　人文社科期刊论文的国际影响力分析 ◇

第八节　中国人文社科国际期刊论文影响力认知分析

在科技文化全球化、国家大力实施"走出去"战略以及开放获取趋势的大背景下，我国人文社会学科的国际化也是大势所趋。目前大家对中国学者发表的人文社科国际期刊论文的研究主要集中在：（1）现状分析。陆宏弟[1]、赵宴群[2]、何小清[3]及华薇娜等[4]基于国际性数据库平台，用定量的方法对中国学者发表的人文社科国际期刊论文进行了发文量、学科分布、合作等分析。（2）问题分析。中国学者在发表人文社科国际期刊论文的同时，面临国际化发展程度的影响、语言写作规范、沟通障碍以及主体性意识缺乏等问题[5]。（3）评价分析。针对中国学者发表的人文社科国际论文整体性的评价研究很少，对各分支领域国际论文的评价研究较多，通常以被引频次来评价论文质量或者影响力，论文的引用受到期刊声望、作者声望等因素的影响，而人文社科论文的影响力还通过网络、报纸等途径形成，单靠传统引文来评价我国人文社科学者发表的国际论文有些片面[6]。总体来看，目前中国学者发表的人文社科国际期刊论文的整体性研究主要还是依靠定量的方法，主观认知方面的研究

---

[1] 陆宏弟：《中日高校人文社会科学研究现状比较——SSCI、A&HCI 收录情况的定量分析》，《日本学刊》2007 年第 1 期。

[2] 赵宴群：《对我国人文社会科学工作者在 SSCI、A&HCI 期刊发表论文的分析与思考》，《复旦教育论坛》2010 年第 1 期。

[3] 何小清：《建国以来大陆学术机构人文社会科学研究国际化学术产出定量分析——基于 SSCI、A&HCI（1956—2006）的定量分析》，《清华大学学报》（哲学社会科学版）2008 年第 4 期。

[4] 华薇娜、刘艳华：《中国高校人文社会科学走向世界的历史进程——基于 SSCI 和 A&HCI 的数据调研与分析》，《中国高教研究》2009 年第 12 期。

[5] 江晓丽：《人文社科青年学者国际发文的困难与应对策略》，《外国语文》2014 年第 2 期；吕景胜：《论人文社科研究本土化与国际化的契合》，《科学决策》2014 年第 9 期。

[6] 金贞燕：《基于 Web of Science 的东亚国家（地区）图书馆学情报学学术水平比较研究》，《知识管理论坛》2015 年第 2 期；周宙、邱树华、文彦元、刘建军：《浅析当前世界语言学研究的特点和趋势——基于 2006—2015 年 Web of Science 的文献》，《西南石油大学学报》（社会科学版）2017 年第 2 期；王泽蘅：《我国 SSCI 国际合作文献特征分析》，硕士学位论文，吉林大学，2012 年，第 3 页；董政娥、陈惠兰：《人文社会科学研究对世界的影响力分析——以 SSCI 和 A&HCI（1975—2009）收录东华大学学术论文被引用文献为案例》，《科技管理研究》2011 年第 3 期。

文章较少。因此，本节尝试从主观认知态度出发，对中国学者发表的人文社科国际期刊论文的整体性认知进行探究分析。

一　研究方法与对象

主要采用问卷调查法，借助网络问卷系统（问卷星）设计调查问卷，并通过邮件、QQ 群、微信群等进行问卷发放，利用 SPSSAU 对样本数据统计分析。结合论文学术影响力的各项指标[①]设计了《中国学者发表人文社科国际期刊论文的认知调查》的问卷。

以往研究中较多地选取博士或者教授为调查对象，样本量也较少，而本节将高校的在读学生、教师，研究机构的研究人员纳入调查对象，使研究对象层次更多，样本数量增加，希望能让研究更全面。具体调查对象选择如下：（1）发表过人文社科国际期刊论文的中国作者。选择 SSCI 和 A&HCI，时间限定在 2014—2018 年（每一年检索一次，2018 年检索截止时间为 2018 年 12 月 17 日），检索词设定为"CU = Peoples R China"，文献类型不限；将检索结果按被引频次排序，下载每年前 1000 篇文章的题录信息，利用文本格式转换工具[②]选择通信作者为中国人的邮箱信息；共收集到 2927 条邮箱信息，依次给这些邮箱发问卷。（2）高校在读研究生。高校研究生是科研的重要群体，既是国际期刊论文的使用者也是发表者，我们将高校人文社科研究生 QQ 群和微信群作为调查对象。

根据调查目标，参考已有相关研究结论和调查内容，遵循问卷设计方法，设计了问卷初稿；然后将问卷发给专家填写，请专家就问卷内容

[①] 杜学亮、韩冰：《高校国际学术影响力指标浅析——从中国政法大学社科统计年报看学校国际学术影响力》，《北京信息科技大学学报》（自然科学版）2010 年第 1 期；路世玲：《开放存取期刊的学术影响力研究》，硕士学位论文，郑州大学，2012 年，第 48 页；李玉蓉：《开放存取视域下我国学术出版发展路径研究》，硕士学位论文，大连理工大学，2015 年，第 55—59 页；徐永伟：《网络视频公开课的现状分析与影响力研究》，硕士学位论文，聊城大学，2016 年，第 25 页；冯雪峰：《基于 OA 期刊的国际学术论文影响力评价研究》，硕士学位论文，武汉大学，2017 年，第 28 页；张玉华、潘云涛：《科技论文影响力相关因素研究》，《编辑学报》2007 年第 2 期；孟瑾、吴培群、于发友：《论文学术影响力及其影响因素的实证分析——以 CNKI 平台的教育内容分析论文为例》，《科研管理》2017 年第 S1 期；赵蓉英、魏明坤：《中国学者国际学术论文影响力研究——以社会科学领域为例》，《情报理论与实践》2017 年第 7 期。

[②] 于健：《文献数据分析工具之 WOS（Web of Science/SCI）数据库数据格式转换》，2013 年 3 月，科学网（https：//blog.sciencenet.cn/blog-260374-667402.html）。

提出问题与建议,根据专家反馈优化和完善问卷(共咨询了武汉大学的Y教授、北京工业大学的W副教授、上海大学的D教授、杭州电子科技大学的S副教授、湘潭大学的D副教授)。问卷正式发放时间为2018年12月18日至2019年1月31日。

经问卷星平台统计,此次共收到307份反馈,剔除无效问卷后最终累计有效问卷277份,被调查对象来自我国24个省级行政区以及国外(邮箱发放问卷时,部分中国学者因为学习或者其他原因在国外,因此出现了国外的IP),地区涵盖范围较广。对277份有效问卷进行统计,从基本信息来看,此次被调查对象年龄分布整体年轻化、学历水平较高,是使用人文社科国际期刊论文较多,对其了解较深入的人群,这一特点让本研究所进行的调查更为可信。

从表2-30最后一列可以发现近80%的被调查者有过发表或正在考虑发表国际论文的经验,相对没有经验的人来说更了解相关政策或者制度,对中国学者发表的人文社科国际期刊论文有更清晰的认知,学科覆盖广也有利于将不同领域的学术影响力进行比较,更能了解整体的真实水平。

表2-30 被调查者基本情况

问题	选项	频次	占比(%)
性别	男	198	71.62
	女	79	28.38
年龄	18—25岁	88	31.76
	26—35岁	103	37.16
	36—45岁	62	22.3
	46岁及以上	24	8.78
教育背景	本科(生)及以下	28	10.14
	硕士(生)	64	22.97
	博士(生)	185	66.89

续表

问题	选项	频次	占比（%）
职业	在校学生	118	42.57
	教师	131	47.3
	科研机构人员	22	8.11
	其他	6	2.03
是否发表过国际期刊论文或者正在写作中	是	218	78.77
	否	59	21.23

二 人文社科国际期刊论文质量认知

统计结果显示，除去7.34%表示不清楚的人，剩下的被调查者中表示中国发表的论文质量不及国际平均水平的占48.62%，仅6.42%的被调查者认为中国的高于国际水平，而37.61%的人认为中国的质量水平与国际水平相同。这一数据说明被调查者大多认为中国学者发表的人文社科国际期刊论文的质量水平整体上与国际人文社科期刊论文的平均水平有差距。

（一）创新性：中等水平

创新性方面包括：论文研究方法、内容、角度；是否提出新发现、新理论；是否能代表学科前沿的态度进行创新性分析。如图2-8所示，在277份有效问卷中，总体上78.90%的被调查者认为中国学者发表的人文社科国际期刊论文在研究方法/内容/角度/对象上是有所进步或突破的，但是这种进步和突破的程度很一般，还有很大的进步空间；仅有少数被调查者认为中国学者发表的人文社科国际期刊论文在研究方法/内容/角度/对象上没有任何进步或突破。

如图2-8所示，近七成的被调查者认为中国学者发表的人文社科国际期刊论文提出了有重要学术探讨价值的新问题、新发现、新思路、新理论，从这一层面看，我国人文社科的国际性研究还是比较善于观察和发现新事物的，以实践为基础提炼新的观点，创新性还是可观的。

图2-8显示277份有效问卷中，虽然大部分被调查者（63.31%）同意"中国学者发表的人文社科国际期刊论文有较高学术价值，代表学

第二章 人文社科期刊论文的国际影响力分析

科发展前沿、趋势和方向"这一说法,但是这63.31%中有44.04%都只是一般同意。

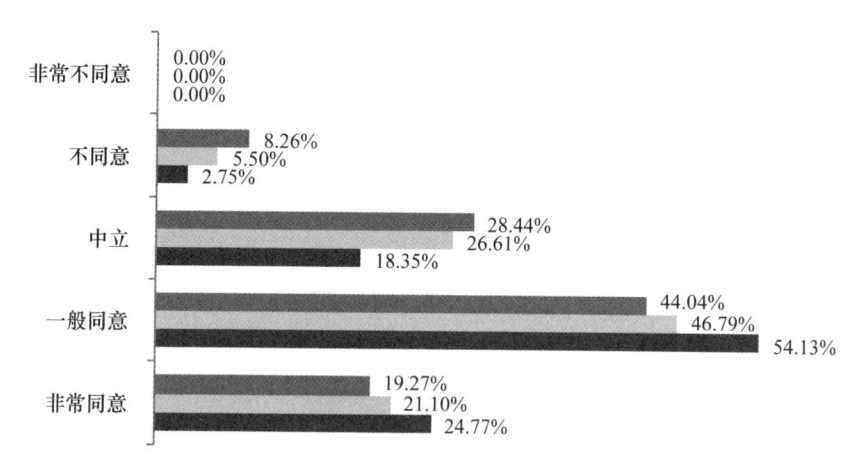

	非常不同意	不同意	中立	一般同意	非常同意
第一项	0.00%	8.26%	28.44%	44.04%	19.27%
第二项	0.00%	5.50%	26.61%	46.79%	21.10%
第三项	0.00%	2.75%	18.35%	54.13%	24.77%

■ 中国学者发表的人文社科国际期刊论文有较高学术价值,代表学科发展前沿、趋势和方向
■ 中国学者发表的人文社科国际期刊论文提出了有重要学术探讨价值的新问题、新发现、新思路、新理论
■ 中国学者发表的人文社科国际期刊论文在研究方法/内容/角度/对象上有进步或突破

图2-8 中国学者发表的人文社科国际期刊论文创新性调查

(二) 科学性:良好

图2-9显示了在科学性维度4个题项的选择结果,总体来看,选择"一般同意"选项的被调查者占比很大,比创新性(见图2-8)和实用性(见图2-10)选择同一选项的比例总体上多。"非常不同意"选择为0%。这说明中国学者发表的人文社科国际期刊论文总体上科学性良好。

合理地选择研究方法对于科学研究来说十分重要,是研究结论是否有说服力的前提之一。数据显示近九成的被调查者认为中国学者发表的人文社科国际期刊论文使用的方法先进且符合研究主题,进一步说明中国学者论文大多数能根据研究的需要选择合适的研究方法,不随意套用与跟风;这九成里有25.69%的被调查者非常同意这一观点,说明他们对中国学者发表的人文社科国际期刊论文所使用的研究方法很有信心。仅有1.83%的被调查者不同意这一说法。

实验设计是否科学合理、符合实际,数据来源是否真实可信,结论有无依据是一篇论文科学性高低的重要指标。从图2-9来看，大多数被调查者（66.97%）虽然认同中国学者发表的人文社科国际期刊论文的实验设计、数据和结论，但是其可靠性和可信度还有很大的提升空间。深入分析其原因，可能是小部分人的学术不端行为造成大家对中国学者发表的人文社科国际期刊论文有某些刻板印象（如编造数据、凭空下结论等）。

文章论证的逻辑性是作者对专业知识的掌握程度和认知深度的体现，是学术论文的核心要求，守护着学术的尊严。在文章论证和解释方面，被调查者大多认为中国学者发表的人文社科国际期刊论文体现出了论证过程严谨、缜密、务实的科学态度，解释也没有牵强附会，有较好的可读性。

国际期刊论文的语言、行文方式、格式要求等和国内的要求不同，这对于中国学者来说都是不小的挑战。被调查者大多（70.64%）认为在国际化的学术大环境中，发表人文社科国际期刊论文的中国学者能按照期刊的要求进行文章格式和内容的调整，语言准确得当，行文尚算流畅，不至于成为国际期刊论文阅读的大障碍，国际学者也能顺畅阅读。

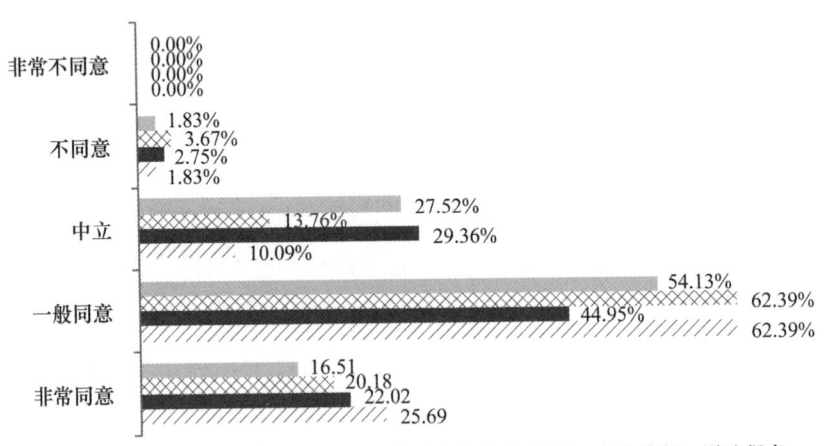

非常不同意
0.00%
0.00%
0.00%
0.00%

不同意
1.83%
3.67%
2.75%
1.83%

中立
27.52%
13.76%
29.36%
10.09%

一般同意
54.13%
62.39%
44.95%
62.39%

非常同意
16.51
20.18
22.02
25.69

▨ 中国学者发表的人文社科国际期刊论文的用语准确、行文流畅、详略得当
⊠ 中国学者发表的人文社科国际期刊论文的认证合乎逻辑，解释合理不牵强
■ 中国学者发表的人文社科国际期刊论文中实验设计科学、数据可信、结论可靠
◪ 中国学者发表的人文社科国际期刊论文使用的方法先进且符合研究主题

图2-9　中国学者发表的人文社科国际期刊论文科学性调查

◇◇ 第二章 人文社科期刊论文的国际影响力分析 ◇◇

（三）实用性：待提升

实用性也可称为"适用性"，是论文满足读者现实需要的应用价值。本研究从学科发展、解决实际问题、理论与实际结合三方面分析。从图 2-10 总体可见，与图 2-8、图 2-9 相比，被调查者对实用性维度的题目选择"不同意"的比例比创新性和科学性的都多，且各题中选择"一般同意"的人数比例也少于其他两个维度，说明总体上被调查者对中国学者发表的人文社科国际期刊论文的实用性的满意度不如创新性和科学性。

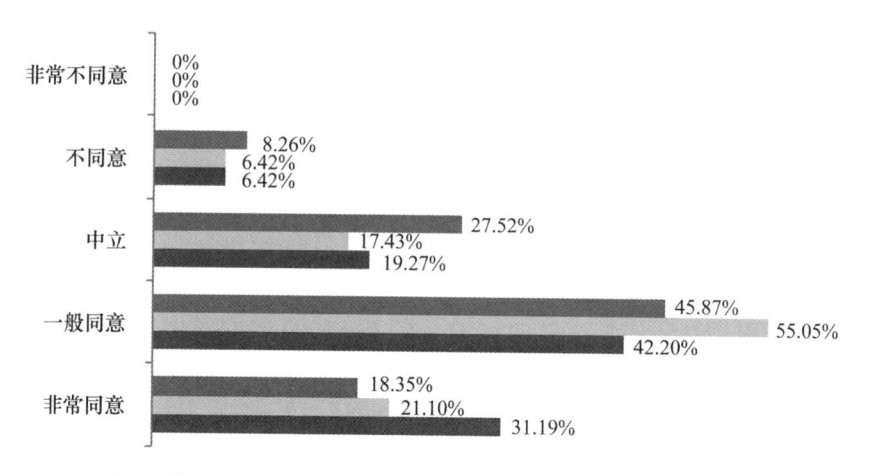

非常不同意 0%
0%
0%

不同意 8.26%
6.42%
6.42%

中立 27.52%
17.43%
19.27%

一般同意 45.87%
55.05%
42.20%

非常同意 18.35%
21.10%
31.19%

■ 中国学者发表的人文社科国际期刊论文对于解决实际问题有指导性和可操作性
■ 中国学者发表的人文社科国际期刊论文注重理论与实践的结合
■ 中国学者发表的人文社科国际期刊论文对学科发展有重要意义和促进作用

图 2-10 中国学者发表的人文社科国际期刊论文实用性调查

在分析"中国学者发表的人文社科国际期刊论文对学科发展有重要意义和促进作用"这一问题时（见图 2-10），有 31.19% 的被调查者非常同意这一说法，42.20% 的被调查者持一般同意的态度，19.27% 的被调查者选择中立，有 6.42% 的被调查者不同意这一说法。这一组数据表明，大部分被调查者认为中国学者发表的人文社科国际期刊论文对学科的发展有重要意义和促进作用。

被调查者在回答"中国学者发表的人文社科国际期刊论文注重理论与实践结合"时，总共有 76.15% 的被调查者认为中国学者发表的人文社科国际期刊论文在内容上重视将理论与实践相结合，没有空谈，对实践有一定的指导作用。

在调查大家对"中国学者发表的人文社科国际期刊论文对于解决实际问题有指导性和可操作性"的态度时，64.22%的人持一般同意及以上态度；有27.52%的人选择中立；8.26%的被调查者不同意这一说法，是质量调查部分不同意比例最多的。这些数据显示，被调查者认为大部分中国学者发表的人文社科国际期刊论文对解决实际问题有一定的指导和可操作意义，但是这种指导实践的水平还远不够高。

三 人文社科国际期刊论文影响力认知

（一）论文数量

调查显示超六成被调查者认为中国学者发表的人文社科国际期刊论文数量快速增长是既定事实，不同意和不清楚以及中立的被调查者几乎可以忽略不计。这一结果认知与实际论文发表数量增长一致。

（二）论文引用情况

关于引用次数增长速度的认识。在277份有效问卷中，认为中国学者发表的人文社科国际期刊论文被引次数迅速增长的有81人，同样也有81人认为其增长缓慢，认为其处于匀速增长的有71人，而有39人并不清楚被引次数的增长情况，5人则认为增长的变化不大。由此可见，大家认为中国学者发表的人文社科国际期刊论文被引次数的增长速度总的来说较为喜人。

在分析被调查者对"中国学者发表的人文社科国际期刊论文篇均被引次数"的态度时，57.8%的被调查者认为篇均被引次数一般，选择"高"和"很高"以及"低"和"很低"的人数相差无几，有28人则属于不清楚篇均被引次数情况一类。篇均被引次数是学科整体学术影响力的常用指标之一，其越高代表学科的学术影响力越大。总体来说，被调查者认为中国学者发表的人文社科国际期刊论文篇均被引次数处于中等一般水平。

被调查者对"外国学者发表的人文社科国际期刊论文引用中国学者发表的人文社科国际期刊论文的频率"的看法情况是除去16个不清楚具体情况的人和117个认为频率一般的人，剩余的共有76人认为频率低或很低，共68人认为高或很高。这一数据表明中国学者发表的人文社科国际期刊论文被外国学者引用的频率一般。

在调查"引用本国人文社科国际期刊论文的频率"（见图2-11）时，大部分被调查者认为中国学者在撰写人文社科国际期刊论文时引用本国论文的频率高，这也是我国人文社科国际期刊论文总引用次数增长的一大原因。

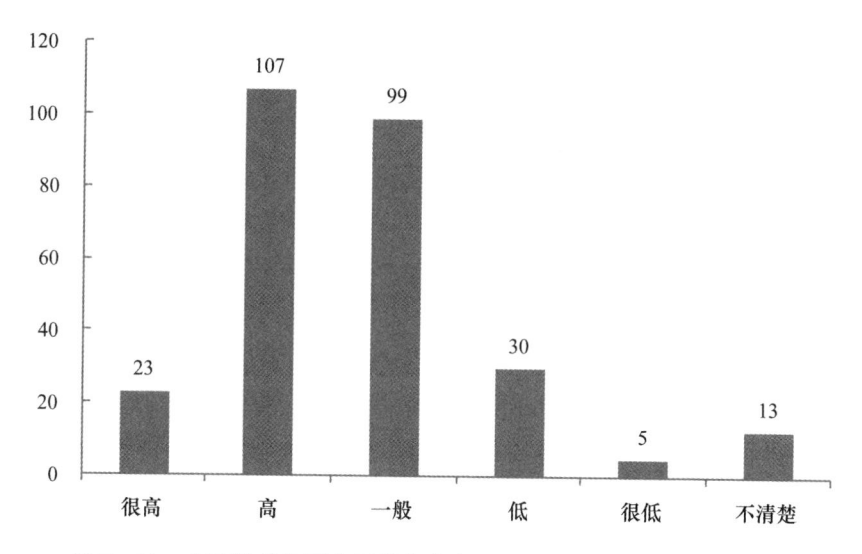

图2-11 本国学者使用中国学者发表的人文社科国际期刊论文频率

（三）论文使用意愿

62.39%的被调查者明确表示不会在意论文的国家属性，这表明大多数人不会有地域歧视，更注重论文本身是否符合科研需求；其余37.61%的人则表示会在意论文的国家属性，人文社科国际期刊论文的质量良莠不齐，但是国家整体的人文社科国际期刊论文质量还是可以区别的，这一部分人会选择特定国家的人文社科国际期刊论文进行针对性的阅读。

在277份有效问卷中，70%的被调查者在进一步引用时，不会优先选择中国学者发表的人文社科国际期刊论文，30%的人会优先选择中国学者发表的人文社科国际期刊论文。引用是相较于阅读等对论文的更深入的使用，从这一角度来看，被调查者对中国学者发表的人文社科国际期刊论文使用意愿很低。结合上文中大部分人阅读时不在意国家属性的结果，为何人们愿意阅读却不愿意优先引用中国学者发表的人文社科国际期刊论文值得反思。

（四）期刊水平

论文发表的期刊水平也是论文学术影响力的影响因素之一。52.73%的被调查者认为刊登中国学者发表的人文社科国际期刊论文的期刊整体级别一般，33.64%的人认为其级别高，3.64%的被调查者认为很高；选择"低"和"很低"的人数占比很少。这些数据表明大多数被调查者认为刊载中国学者发表的人文社科国际期刊论文的期刊整体级别处于一般水平甚至偏高。

（五）与中国自然科学国际期刊论文的比较

有对比才有清楚的认识，关于人文社科和自然科学国际期刊论文学术影响力的看法，75.45%的被调查者认为自然科学的学术影响力更好，仅7.27%的被调查者认为人文社科的学术影响力更好，有11.82%的人则觉得二者的学术影响力差不多，5.45%的人则是不清楚具体情况。由此可见，大多数被调查者认为中国学者发表的人文社科国际期刊论文的学术影响力不及自然科学的学术影响力，二者有较大差距，人文社科还有很长的发展路程要走，有很大的进步空间。

四 人文社科国际期刊论文发表存在问题的认知

对中国学者发表的人文社科国际期刊论文存在问题的看法："内容创新性不足"被选择217次，"研究方法陈旧"被选择103次，"选题范围狭窄，政治色彩太浓厚"被选择98次，"没有立足国情，本土化程度低"被选择86次，"抄袭剽窃"被选择23次。这一结果表明，被调查者认为创新性不足是中国学者发表的人文社科国际期刊论文存在的最大问题，阻碍人文社科的国际化，需要特别注意和提升；同时，研究方法跟不上国际潮流，我们往往是跟在人家后面走，没有特别的方法上的突破；在论文选题方面，我国有大量的文化沉淀、经济建设经验、制度创新和社会发展案例，但是我国学者较少以特殊主题进行国际化研究（当然，这和期刊定位有很大关系）；除此之外，中国学者发表的人文社科国际期刊论文还涉及学术不端的行为。另外，还有一些被调查者认为我

◇◇ 第二章 人文社科期刊论文的国际影响力分析 ◇◇

国还存在成果转化和应用不足；人文社会学术研究过于强调实证主义范式，没有衔接国际上总体已经跨越实证主义范式走向多元范式的研究形式；存在功利心理，缺乏与顶级学术期刊对话的动机等问题。

在对国家层面人文社科"走出去"相关政策的看法进行调查时，绝大多数人认为这些政策和战略对我国人文社科的国际化是有益的。选择"有助于人文社科的国际化以及研究水平的提高"、"刺激了研究人员的积极性"、"有助于世界了解中国国情、思想文化、政策制度等"和"提高了人文社科的关注度和重视程度"等相关积极看法的人数都超过60%；此外，一些被调查者还认为这些政策有利于增强中国在国际竞争中的软实力提升，中国在国际问题上的话语权提升，中国在国际舞台的平等对话和文化政治交流和理解。同时，也有少数人担心在政策的激励下，会导致人文社科本国期刊优质稿源的流失、让本国读者对文章的可获得性降低，外文形式的成果加深阅读障碍、文化自信心不足等问题，不利于优秀本土作品的留存和人文社科的发展。

对提升中国学者发表的人文社科国际期刊论文学术影响力的建议。从研究人员角度看，以下选项均被选择超半数：研究人员多参与同行评议和国际化交流合作；将先进研究方法和实际国情结合，创新研究内容；提高论文质量；提高作者英文写作技能。除此之外，有的被调查者建议善待青年科学工作者，而研究人员本身也应该踏实做好细节，拒绝狭隘的教条主义式的马克思主义对中国人文社会学术研究国际化的消极影响和限制。从政府角度来讲，大家建议相关部门尽快搭建国际性的出版平台，鼓励开放获取相关成果，加强政策保障，加大人文社科研究投入支持力度，严惩学术不端行为，尽快建立公正合理的人文社科评价体系。

五 研究结论

从此次问卷调查的分析结果来看，受众对中国学者发表的人文社科国际期刊论文质量和学术影响力比较认可，但是也认为存在较多问题。

首先，被调查者认为中国学者发表的人文社科国际期刊论文整体质量与国际平均水平有差距，与顶级人文社科国际期刊论文的质量差距更大。文章整体的创新性一般，在研究方法/内容/角度/对象上的进步和突破的程度一般；虽然中国学者发表的人文社科国际期刊论文有较高学术价值，但是并不是走在研究的最前沿，没有引领研究的方向。从科学性角度来看，受众对中国学者发表的人文社科国际期刊论文的研究方法选择、实验设计、数据和结论较认同，认为论证有逻辑性，行文流畅。中国学者发表的人文社科国际期刊论文的实用性较低，虽然对学科的发展有重要意义和促进作用，但是在解决实际问题的时候其指导意义和可操作性都不够。

其次，中国学者发表的人文社科国际期刊论文数量快速增长，但是其引用情况不容乐观。普遍认为中国学者发表的人文社科国际期刊论文篇均被引次数一般甚至偏少；被本国学者引用多，但是国外学者引用的频率低，这间接说明其学术影响力范围狭窄，国际影响不足，国外学者的认可度偏低。

再次，刊载中国学者发表的人文社科国际期刊论文的期刊水平整体较好，这有利于扩大学术影响力范围。但是对中国学者发表的人文社科国际期刊论文的使用意愿低，愿意阅读但是不会优先选择引用，这其中的原因值得思考。中国学者发表的人文社科国际期刊论文的学术影响力不及自然科学的学术影响力。

最后，中国学者发表的人文社科国际期刊论文存在创新性不足、研究方法陈旧等问题；人文社科相关政策对我国人文社科国际期刊论文学术影响力的提升有积极的促进作用。

第九节 本章小结

以 2013—2017 年 Web of Science 三大索引的期刊论文为原始数据集，通过 DOI 采集 Altmetric.com 提供的 Altmetrics 指标数据，把所有论文划分进六大学科领域进行分析，包括国际学术影响力、国际社会影响力、评价指标相关性等。

（1）期刊论文概况：期刊论文的学科分布数量为艺术与人文 46098 篇，社会科学 380949 篇，临床、预临床与健康 1117448 篇，生命科学 1287470 篇，工程与技术 406184 篇，自然科学 715291 篇，人文社科期刊国际发表量低于其他学科；人文社科期刊论文国际发表的书写语言 97% 以上为英语；人文社科期刊论文来源国排在前 6 位的分别为美国、英国、澳大利亚、加拿大、德国、荷兰，相对来说，中国在其他学科期刊论文的发文比例较高。

（2）国际学术影响力：社会科学、人文与艺术的期刊论文相较自然科学、生命科学、工程与技术而言，平均被引频次、标准化平均被引频次、高被引均值、引文覆盖率等数值较低；对比其他国家，美国、英国的人文社科期刊论文具有更好的引文指标覆盖率与均值表现；就人文社科内部而言，艺术与人文和社会科学两个学科的引文表现亦有差距，社会科学的指标好于艺术与人文领域。

（3）国际社会影响力：临床、预临床与健康，社会科学，生命科学期刊论文的 Altmetrics 指标均值最大，艺术与人文的 Altmetrics 均值最低。Altmetrics 指标有其学科偏向性；美国和英国的人文社科期刊论文具有较好的 Altmetrics 指标表现，中国人文社科期刊论文的 Altmetrics 指标表现则逊于老牌欧美国家，这和数据库对语言的偏好、国家意识形态差异等原因相关。

（4）期刊论文影响力指标：针对 Altmetrics 指标的主成分分析显示，Altmetrics 指标在艺术与人文、社会科学分为 2 个评价维度，Readers 指标单独与一个主成分高度相关；引文指标与 Altmetrics 主成分的负二项回归分析和边际效用分析表明，引文和 Altmetrics 在人文社科期刊论文有显著相关性；AAs 指标、Posts 指标、Readers 指标、Tweeters 指标覆盖率较高，大于 84%，其他 Altmetrics 指标的覆盖率较低。

（5）中国人文社科国际期刊论文质量认知。为了解学者对我国发表的人文社科国际期刊论文质量的看法，通过调查问卷，从创新性、科学性、实用性三大方面探寻中国学者发表人文社科国际期刊论文质量的认知；从论文量、引用情况、使用意愿、来源期刊水平等方面研究中国学者发表人文社科国际期刊论文学术影响力的认知；收集中国学者发表的人文社科国际期刊论文存在的问题及建议。中国学者发表的人文社科国际期刊论文质量受到认可，但存在系列不足。

第三章 人文社科学术图书的国际影响力分析

推动中华文化"走出去",增强我国国际话语权。
——高等学校哲学社会科学繁荣计划(2011—2020)

学术图书类型多样,包括学术著作、学术专著、学术论文汇编等[1]。相比期刊论文,学术图书具有较强的系统性和完备性,在传承学术思想、推进科学发展中承载着不可替代的使命。在人文社科领域,学术图书更具有突出的地位。由于学术图书自身特点,例如图书评价数据难以获取、处理费时费力[2],图书评价研究与实践不足[3],在新环境下,大数据技术的兴起、数字出版的流行以及开放获取的普及,为大规模获取学术图书评价数据提供了新机遇。

本章旨在从全学科的视角出发,通过比较分析,展现不同学科图书影响力的特征。首先,总体分析近10年人文社科学术图书国际发表的格局与态势;其次,介绍学术图书评价的主要方法,梳理国内外学术图书影响力的研究现状;最后,探索学科图书国际影响力表现、不同影响力指标间的异同,论证由相似性引起的指标集群、学科集群等。

---

[1] 叶继元:《学术图书、学术著作、学术专著概念辨析》,《中国图书馆学报》2016年第1期。
[2] 周清清、章成志:《图书影响力评价研究进展与展望》,《大学图书馆学报》2020年第3期。
[3] 姜春林、魏庆肖:《融合补充计量指标的人文社科专著影响力评价指标体系研究》,《情报杂志》2018年第12期。

◇◇ 第三章 人文社科学术图书的国际影响力分析 ◇◇

第一节 人文社科学术图书国际发表格局与态势

本节对人文社科学术图书国际发表的格局与态势进行分析。研究数据来源于 BKCI-SSH 数据库，数据时间范围选择为 2010 年 1 月 1 日—2021 年（本书于 2021 年内完成，数据选择至 2021 年 10 月 31 日）。其中，BKCI-SSH 收录的文献类型以图书和图书章节为主，检索结果中的记录主要是书章节，一条记录对应一个图书章节；对中国的国际成果界定，以 Web of Science 检索结果精炼中"国家/地区"为"PEOPLES R CHINA"为准。

一 人文社科图书年代分布

2020—2021 年 BKCI-SSH 共收录 931601 部人文社科图书。2011—2016 年人文社科学术图书数量虽然上下波动，但总体数量较稳定；2017 年记录数最多；2019—2020 年数量大幅下降，可能是因为回溯时间太短，图书索引收集具有时滞性，同时要考虑到 2020 年 3 月新冠肺炎疫情全球大流行对数据库收录的负面影响；2021 年由于全年数据收录并不完整，所以出现大幅下降，为正常现象。BKCI-SSH 收录的中国学术图书数量变化趋势和世界整体基本一致（见图 3-1），但 2021 年以及 2015 年我国学术图书国际发表量相对下降。

二 人文社科图书语种分布

由表 3-1 可知，2010—2021 年 BKCI-SSH 收录的人文社科学术图书除未明确说明的语言外，共涉及 37 种语言。英语是使用最多的语种，占比高达 95.64%；其次是西班牙语和德语，但占比较低；中文记录仅有 20 条。中国人文社科图书所包含的语种有 6 种，其中英语占比达 99.74%。中国在人文社科图书出版可以拓宽使用语种，同时也要关注汉语，增强本国人文社科学术影响力。

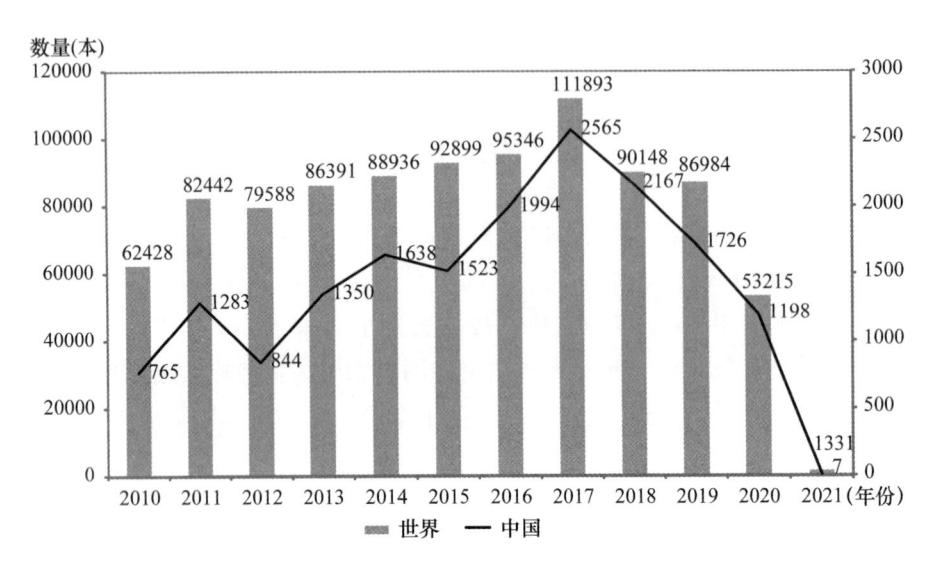

图 3-1 2010—2021 年 BKCI-SSH 收录的学术图书年代分布

表 3-1 2010—2021 年 BKCI-SSH 收录的学术图书语种分布

序号	语种	记录（条）	所占比例（%）	序号	语种	记录（条）	所占比例（%）
1	English	890964	95.64	20	Chinese	20	0.00
2	Spanish	15844	1.70	21	Greek	16	0.00
3	German	15074	1.62	22	Unspecified	16	0.00
4	Portuguese	3418	0.37	23	Croatian	14	0.00
5	French	2972	0.32	24	Galician	14	0.00
6	Czech	1053	0.11	25	Basque	12	0.00
7	Dutch	629	0.07	26	Estonian	10	0.00
8	Italian	569	0.06	27	Arabic	7	0.00
9	Catalan	500	0.05	28	Japanese	7	0.00
10	Finnish	426	0.05	29	Swedish	5	0.00
11	Russian	347	0.04	30	Samoan	4	0.00
12	Latin	228	0.02	31	Turkish	4	0.00
13	Slovenian	112	0.01	32	Danish	2	0.00
14	Polish	90	0.01	33	Eskimo	2	0.00
15	Malay	69	0.01	34	Georgian	2	0.00
16	Slovak	38	0.00	35	Letzeburgesh	2	0.00
17	Welsh	30	0.00	36	Serbian	2	0.00
18	Indonesian	29	0.00	37	Swahili	2	0.00
19	Lithuanian	27	0.00				

三 人文社科图书学科分布

2010—2021 年 BKCI-SSH 收录的学术图书分布在 136 个学科领域。由表 3-2 可知，政府法律、商业经济学和历史学这 3 个领域收录的记录数较多，合计 416804 条，占比 44.74%，表明这 3 个领域是人文社科学术图书国际发表的热门学科；前 10 个领域的记录数占总数的 93.26%，表明相关图书主题聚集在少数领域。中国人文社科图书政府法律领域数量最多，占 17.12%；其次是商业经济学、历史，分别占 15.58%、12.05%。中国人文社科图书排名前 10 位的领域还有教育教学研究、文学、社会科学其他主题、宗教、心理学、国际关系，以及哲学等。我国出版的人文社科图书热门学科与国际接轨，但也有顺应我国发展的特色学科。

表 3-2 2010—2021 年 BKCI-SSH 收录的学术图书所属学科领域前 10 位

学科领域	记录（条）	所占比例（%）
Government Law	159457	17.12
Business Economics	145127	15.58
History	112220	12.05
Education Educational Research	87988	9.45
Literature	75436	8.10
Social Sciences Other Topics	75137	8.07
Religion	64147	6.89
Psychology	51579	5.54
International Relations	50282	5.40
Philosophy	47161	5.06

四 人文社科图书机构分布

如表 3-3 所示，BKCI-SSH 收录的学术图书作者所在机构前 10 名分别是伦敦大学、加州大学系统、牛津大学、哈佛大学、剑桥大学、佛罗里达州州立大学系统、伦敦大学学院、宾夕法尼亚州立高等教育系统、北卡罗来纳大学和加州州立大学系统。这10个机构都是以高校为主体，说明高校是学术图书高产机构。其中，6所在美国，4所位于英国。这两个国家都是老牌发达国家，具有国际优势，占据着人文社科图书的主流地位。中国排名前10的机构有香港大学、香港中文大学、中国社会科学院、北京大学、香港城市大学、北京师范大学、香港教育大学、清华大学、香港理工大学和中国人民大学，其中5所位于中国香港，剩余5所位于北京。

表3-3　2020—2021年BKCI-SSH收录的学术图书作者所在机构前10位

机构	记录（条）	所占比例（%）
University of London	20878	2.24
University of California System	13291	1.43
University of Oxford	8458	0.91
Harvard University	6366	0.68
University of Cambridge	6102	0.66
State University System of Florida	5783	0.62
University College London	5317	0.57
Pennsylvania Commonwealth System of Higher Education	5158	0.55
University of North Carolina	4632	0.50
California State University System	4613	0.50

五　人文社科图书国家/地区分布

2010—2021年BKCI-SSH收录的学术图书来自214个国家/地区（中国包括台湾地区），涉及国家/地区较多。如表3-4所示，美国人文社科学术图书记录数最多，是排名第二的英国的将近两倍，远远高于其他国家。澳大利亚虽然排名第三，但其成果数量与美国和英国相差较多。德国排名第四，加拿大紧随其后，两国成果数量较接近。虽然中国排名第七，但学术图书占比较少。学术图书具有基础性、系统性和全面性等特征，在人文社科领域具有重要地位，是人文社科影响力和话语权行使的重要方式，我国今后还要继续重视学术图书的国际出版。

表3-4 2010—2021年BKCI-SSH收录的学术图书作者所属国家/地区前10位

国家/地区	记录（条）	所占比例（%）
USA	219384	23.55
England	111138	11.93
Australia	41812	4.49
Germany	33834	3.63
Canada	32845	3.53
Netherlands	19476	2.09
Peoples R China	19161	2.06
Italy	18705	2.01
France	17141	1.84
Scotland	12370	1.33

六 人文社科图书被引情况

2010—2021年BKCI-SSH收录的被引频次排名前10的学术图书如表3-5所示，其被引频次均在千次以上。被引最高的是WHO在2014年发表的全球暴力预防状况报告。从图书出版年份看，2014年和2012年各有3部高被引图书出版，2013年有2部出版，2011年、2010年各有1部出版。从作者人数看，只有1部图书是独著，其余均为合著和团体作者，说明被引排名前10的图书以合著为主。从学科领域看，这10部图书涉及领域较多，有5部关于公共环境与职业健康，2部关于环境科学与生态学，2部关于心理学，另外各有1部关于商业经济学、公共管理学。这在一定程度上说明公共环境与职业健康、环境科学和心理学领域的图书较受国际关注。

表3-5 2010—2021年BKCI-SSH收录的被引频次排名前10的学术图书

标题	作者	来源期刊	出版年份	被引频次	年均被引频次
Global Status Report on Violence Prevention 2014	WHO	Global Status Reporton Violence Prevention 2014	2014	6188	773.50
Econometric Analysis of Cross Section and Panel Data, 2nd Edition	Wooldridge, J. M. 等	Econometric Analysis of Cross Section and Panel Data, 2nd Edition	2010	5810	484.17
Sources of Method Bias in Social Science Research and Recommendations on How to Control It	Podsakoff, P. M. 等	Annual Review of Psychology, Vol 63	2012	4811	481.10
Climate Change 2013: The Physical Science Basis	Stocker, T. F. 等	Climate Change 2013: The Physical Science Basis	2014	4613	576.63
Executive Functions	Diamond, A.	Annual Review of Psychology, Vol 64	2013	4380	486.67
World Malaria Report 2012	WHO	World Malaria Report 2012	2012	3243	324.30
Global Tuberculosis Report 2012	WHO	Global Tuberculosis Report 2012	2012	3015	301.50
Anthropogenic and Natural Radiative Forcing	Myhre, G. 等	Climate Change 2013: The Physical Science Basis	2014	2703	337.88
World Development Report 2011: Conflict, Security and Development	Word Bank	World Development Report 2011: Conflict, Security and Development	2011	2603	236.64
World Malaria Report 2013	WHO	World Malaria Report 2013	2013	2571	285.67

七 研究结论

本节从年代、语种、学科领域、机构、国家/地区分布和被引情况6个方面对2010—2021年10月31日BKCI-SSH收录的人文社科学术图书进行统计分析，结果如下：2011—2016年，人文社科学术图书产出数量波动增长，但是2019—2020年明显下降。从语种来看，英文学术图书记录占比95.64%，中文学术图书记录仅有20条，英语是人文社科学术图书发表的主要语种。政府法律、商业经济学和历史学领域学术图书产出较多，是热门发表学科。高产机构主要是大学，而且高产机构来自美国和英国等学术图书高产国家。

第二节　相关理论与研究问题

一　学术图书影响力评价方法

（一）同行评议

同行评议已有较悠久的历史，最原始的萌芽可以追溯到17世纪中叶，首个科学共同体英国皇家学会，创立了第一本科学期刊《哲学汇刊》，并通过共同体内部成员的同行评议方式对期刊质量进行监控[1]。之后，同行评议方法逐渐成为学术图书质量评价的基石，保留并沿用至今[2]。在学术图书评价中，同行评议法是指由某研究领域的专家学者对本领域内的学术图书进行专业评估以区分优劣的一种定性方法，多用于筛选书稿、撰写学术性书评、图书评奖等场景。

一些学者认为评价学术图书最好的方式是通过同行评议方法，开展图书的深度阅读理解后评价。如Feist认为科研成果的出版需要经过同行评审的质量评估，同行评议是科研学术交流控制质量的重要机制[3]。Bertout和Schneider通过调研1000多名学者发现，几乎全部（97%）的学者都认可同行评议的合理性，并认为能够完全领会同行手稿的内容并给予恰当建议[4]。英国出版业研究联盟通过调研全球3040名科研工作者对同行评议的观点，发现85%的科研工作者认为若缺失同行评议机制，科研交流的质量将难以监控，正是同行评议机制的存在促进了科研共同

---

[1] 张艳丽：《学术图书质量评价方法与评价指标研究评述》，《出版发行研究》2015年第12期。

[2] 姜春林、魏庆肖：《融合补充计量指标的人文社科专著影响力评价指标体系研究》，《情报杂志》2018年第12期。

[3] Gregory J. Feist, *The Psychology of Science and the Origins of the Scientific Mind*, New Haven: Yale University Press, 2008, pp. 23–30.

[4] Claude Bertout and Peter Schneider, "Editorship and Peer-Review at A & A", *Astronomy and astrophysics*, Vol. 420, No. 3, June 2004.

体的交流水平①。

但是,对学术图书进行同行评议往往面临着两方面的挑战:一方面是学术图书的篇幅、内容丰富程度远大于单篇论文,不仅需要耗费专家学者大量的时间和精力,还需花费高额费用组织学术图书同行评议,无法全面有效地大规模推行。正如 Gimenez-Toledo 等的研究总结:由同行实施个性化阅读是评价学术图书的最佳方法,但从成本和时间角度看,这一方法不够实用②。另一方面是同行评审者有可能受性别偏见、人情关系等主观因素影响,难以保持必要的客观公正,难以构建及推行学术图书的评价标准。如 Armstrong 认为同行评议中专家的评审意见,直接决定着评审的出版物是否具备较高学术价值和质量,但是难免主观性强、随意性大,导致公平性难以得到有效保障,且由于同行评审专家知识体系不完全相同,同行评议结果同样存在差异大等消极的一面③。随着出版物数量的激增,各种学会进行同行评议的方式已经不能满足实际需求。因此,学界尝试寻找能达到相似效果的量化替代方案,以此来补充同行评议的不足。

(二) 引文分析

鉴于同行评议方法可能存在主观上的偏见等固有缺陷,且伴随着各类型出版物数量的剧增,同行评议方法愈加显得力不从心;引文分析法因其具有数据客观的优势,引文评价在各类科学评价中逐渐发展成同行评议的重要补充。引文分析法兴起于 19 世纪 60 年代,普赖斯在其发表的学术图书中首次提出"引文分析"④。从 1972 年 Garfield 按引用频次及影响对期刊进行排序后⑤,引文分析在学术论文、图书、期刊和学者的

---

① 汪雅霜、杨晓江:《英国高等教育质量管理的核心要素——同行评议·学生参与·文化培育》,《黑龙江高教研究》2012 年第 5 期。

② Elea Giménez Toledo, Carlos Tejada-Artigas & Jorge Mañana-Rodriguez, "Evaluation of Scientific Books' Publishers in Social Sciences and Humanities: Results of A Survey", *Research Evaluation*, Vol. 22, No. 1, March 2013.

③ J. Scott Armstrong, "We Need to Rethink the Editorial Role of Peer Reviewers", *Chronicle of Higher Education*, Vol. 43, No. 9, October 1996.

④ 梁永霞、刘则渊、杨中楷:《引文分析学形成与发展的可视化分析》,《图书情报工作》2010 年第 2 期。

⑤ Garfield Eugene, "Citation Analysis as a Tool in Journal Evaluation", *Science*, Vol. 178, No. 4060, December 1972.

第三章 人文社科学术图书的国际影响力分析

评价中都得到了广泛的应用[①]。

在学术图书层面，一本图书的引文指标，可认为是学者正式的学术交流、探讨和检验，将引文指标作为评估学术图书影响力的重要指标有其固有的应用合理性。随着引文指标在科研评价中的广泛应用，学术图书评价也逐渐开始采用引文评价[②]。如苏新宁依据"20%的图书被引数量可以反映在学术圈产生的80%学术影响"的标准，即引文的二八定律，挑选最具有学术影响力的图书[③]。

但是，基于引文分析方法的评价体系暴露出了一系列的局限性：引文分析的前提是引用规范、动机正确，但引文分析无法自动识别引用动机，且存在马太效应，如人们出于研究需要、主观感情等原因，更倾向于引用所谓的"权威"文献，从而忽略了一部分最新的、有潜力的学术成果，导致引文分析的真实性被掩盖；一些不规范的引用行为使得引文分析不能真实地反映知识继承和发展的情况，特别是一些作为知识储备类、技能学习类的学术图书，学者们往往忽视了将其列入参考文献。如果只通过引用指标来评估学术图书的影响力，显然会遗漏学术图书实际传播过程中产生的更为丰富的影响，对伴随着网络技术兴起产生的社会影响力评价需求无能为力。相对于自然科学领域，人文社科等其他学科领域的引用相对较少，使得引文分析数据也较为缺乏。但不可否认的是，引文分析仍是目前最直接的影响力评价方法，更多体现的是学术影响力[④]。

目前，支持图书的引文分析评价的典型工具有 BKCI、CBKCI、Scopus、Google Books 等。这些平台的基本介绍点如下：（1）2011 年 10 月，Thomson Reuters 公司在 WoS 发布图书引文索引（Book Citation Index，

[①] 于琦、张昕瑞、吴胜男等：《Mendeley 与传统引用指标相关性的元分析》，《情报杂志》2020 年第 2 期。

[②] 张艳丽：《学术图书质量评价方法与评价指标研究评述》，《出版发行研究》2015 年第 12 期。

[③] 苏新宁：《我国人文社会科学图书被引概况分析——基于 CSSCI 数据库》，《东岳论丛》2009 年第 7 期。

[④] Wolfgang Glänzel, Bart Thijs & Koenraad Debackere, "Productivity, Performance, Efficiency, Impact—What Do We Measure Anyway?: Some Comments on the Paper 'A Farewell to the MNCS and Like Size-independent Indicators' by Abramo and D'Angelo", *Journal of Informetrics*, Vol. 10, No. 2, May 2016.

BKCI）。BKCI 的来源图书都经过编辑人员根据同行评审意见等严格的标准遴选，主要收录 2005 年以来的学术图书，入库图书往往是被人们认为高质量的学术图书。（2） 2013 年，南京大学和中国社会科学研究评价中心共同设立中文学术图书引文索引（Chinese Book Citation Index，CBKCI）数据库，收录来自近 600 家出版社的人文社科类学术图书，通过引文数据对学术图书质量及影响力进行评价[1]，填补了中文学术图书引文索引数据库的空白。（3） Elsevier 公司于 2013 年开始增加专著、专业参考书及大学教材，同期刊、会议等文献一起共同构成 Scopus 文摘引文库[2]。（4） Google Books，该平台虽不是专门的学术图书引文数据库，但其提供的电子图书支持引文提取，所以常被用于评估图书的引文影响力。以上国内外图书引文数据库，为开展大规模图书影响力的引文分析工作奠定了一定的数据基础。

（三） Altmetrics 分析

社交媒体环境下，随着大数据技术的兴起、数字出版的流行、开放获取的普及，学术交流和知识创新的诸多方面深受影响，鉴于学术图书结构和内容的特殊性，以及受众的多样性，学术图书的影响力更具复杂性和动态性，使得利用同行评议法和引文分析法对其评价存在一定缺陷。Altmetrics 的产生就是受其他学科解决不了的问题和任务所驱动，是社会科学发展的需要和必然产物。更具全员可参与、数据源广、结果全面客观、方法经济、操作性强等特点，为学术图书影响力评价提供了新的视角和方法。基于使用情况、英文原词释义的综合考虑，本书使用"替代计量学"作为"Altmetrics"的中文译名。

相比期刊论文数据库的繁荣发展，学术图书的 Altmetrics 数据来源平台的建设尚处于起步阶段，现阶段典型工具或平台包括：（1） Altmetric.com。由美国 Altmetric.com 公司研发、运营，追踪监测各类学术产出在在线平台的提及、评论、转发等指标数据，并提供对数据源进行加权统计得出的 AAs（Altmetric Attention Score），作为对学术成果受关注程度的测度

---

[1] 叶继元：《〈中文图书引文索引·人文社会科学〉示范数据库研制过程、意义及其启示》，《大学图书馆学报》2013 年第 1 期。

[2] 刘筱敏、孙媛、和婧：《Scopus 与 SCI 来源期刊影响力差异化分析》，《中国科技期刊研究》2014 年第 9 期。

指数[①]。(2) Bookmetrix。该平台由 Springer 与 Altmetric.com 公司在 2015 年合作开发。通过该平台可获得图书下载量、引文量、提及量、读者量以及评论量 5 类数据。(3) Plum Analytics。该平台由美国匹兹堡大学 2011 年创建，其指标有使用、获取、提及、社交媒体以及引用 5 类。(4) Scopus Article Metrics。含有 4 类 Altmetrics 指标：学术活动、社会活动、学术评论、大众媒体。(5) World Cat Search API。2013 年 9 月，由 OCLC 与 Plum Analytics 合作开发的集成平台，用户可从 WorldCat 数据库中检索汇总图书馆藏书信息，通过 OCLC Search API 的 "World Share" 实现。

二 研究问题

（一）国外研究进展

通过对国内外相关研究的文献调研，掌握学术图书影响力研究的整体概况。调研发现，国内外学术界开始有意识地重视新环境下学术图书影响力的评价研究，评价指标经历了从单一化到多元化、从定性到定性与定量相结合的演进过程。相较于国内而言，国外将引文与 Altmetrics 相结合应用于学术图书影响评价的研究起步较早，研究内容也较为深入。

为了解国外学术界学术图书影响力评价研究的现状，主要以收录较全、数据量较大的 Web of Science、Springer、Elsevier、Emerald 等数据库为检索平台，通过 "book *"、"monograph *"、"impact"、"assessment"、"evaluation" 等关键词之间的组合进行多角度检索，同时充分利用 Google Scholar 等网络数据库平台，筛选、阅读、梳理相关文献以及进行引文的扩展式查询。通过分析、提炼相关重点研究成果，发现近年来，学术图书影响力评价的研究主题逐渐引起了国外学者们的关注。在这一领域接连涌现出一批专家学者，如 Glänzel W.、Torres-Salinas D.、Kousha K.、Thelwall M. 等，他们的研究为推动学术图书影响力的研究做出了重要贡献。研究内容主要集中在以下 4 个方面。

1. 学术图书影响力评价工具的研究

在计量学领域的研究中，数据库等研究工具的发展为研究工作提供

[①] 余厚强、Bradley M. Hemminger、肖婷婷等：《新浪微博替代计量指标特征分析》，《中国图书馆学报》2016 年第 4 期。

了极大的便利性。由于研究工具的普适性和稳定性直接影响到研究结果的可靠性和合理性,因此,对于学术图书影响力评价工具的优缺点介绍、数据覆盖率情况,以及不同工具特点的比较研究成为学者们关注的首要内容。代表性的研究成果如 Gorraiz 等学者认为 BKCI 数据库为专著建立了一个可靠且必要的引文数据源,但最大的限制是没有地址信息的出版物所占份额很高,还缺乏不同层次的累积引文数量[1]。Torres-Salinas 等分析 BKCI 数据库的学科、出版商、出版国家的分布情况,发现该数据库 30% 的图书属于人文社科领域,75.05% 的图书来自英国和美国,33 个出版商集中了 90% 的图书数量[2]。

图书影响力评价的数据源方面,Kousha 等学者调研了英国大学科研评估的 1000 本图书的引用情况,发现 Scopus 数据库显示的图书引用值远低于 Google Books[3];Chen 对比了 World Cat 和 Google Books 的图书收藏差异,发现 Google Books 可以检索到几乎全部 World Cat 的书目[4]。2018 年,Kousha 等学者又对比了 BKCI、Google Books、Microsoft Academic 3 个数据库的引用差异,认为当综合覆盖率不太重要时,可将 Microsoft Academic 作为评估图书影响力的有用来源[5]。此外,Mesgari 等对 Wikipedia 数据的可靠性和准确性做了分析,认为 Wikipedia 在对某些领域的学术图书评价有一定的参考价值[6]。

---

[1] Juan Gorraiz, Philip J. Purnell & Wolfgang Glänzel, "Opportunities for and Limitations of the Book Citation Index", *Journal of the American Society for Information Science and Technology*, Vol. 64, No. 7, July 2013.

[2] Daniel Torres-Salinas, Nicolas Robinson-Garcia, Juan Miguel Campanario, et al., "Coverage, Field Specialisation and the Impact of Scientific Publishers Indexed in the Book Citation Index", *Online Information Review*, Vol. 38, No. 1, January 2014.

[3] Kayvan Kousha, Mike Thelwall & Somayeh Rezaie, "Assessing the Citation Impact of Books: The Role of Google Books, Google Scholar, and Scopus", *Journal of the American Society for Information Science and Technology*, Vol. 62, No. 11, November 2011.

[4] Xiaotian Chen, "Google Books and WorldCat: A Comparison of Their Content", *Online Information Review*, Vol. 36, No. 4, August 2012.

[5] Kayvan Kousha and Mike Thelwall, "Can Microsoft Academic Help to Assess the Citation Impact of Academic Books?", *Journal of Informetrics*, Vol. 12, No. 3, August 2018.

[6] Mostafa Mesgari, Chitu Okoli, Mohamad Mehdi, et al., "'The Sum of All Human Knowledge': A Systematic Review of Scholarly Research on the Content of Wikipedia", *Journal of the Association for Information Science and Technology*, Vol. 66, No. 2, February 2015.

2. 基于馆藏的学术图书影响力研究

早期阶段，国外学者偏向于使用馆藏指标开展学术图书影响力评价，馆藏指标是多少图书馆收藏了某本具体图书。美国科学计量学家 White 首次提出图书馆馆藏指标（Libcitation），并利用 WorldCat 比较了历史、哲学、政治学等图书的图书馆引用指数差异，发现该指标可用于衡量图书的文化价值[1]。Linmans 等研究发现图书馆馆藏分析不仅能揭示图书的影响，而且在某种程度上可以修正引文分析的偏差，以增加评估的代表性和公平性[2]。Torres-Salinas 等探讨了图书馆馆藏目录（Library Catalog）的用途，利用 World Cat 对 42 家图书馆所收录的经济类图书进行研究，发现图书的馆藏情况对研究人员、科研部门、出版商评价具有重要作用，可作为人文社科领域评价的有力工具[3]。但整体来说，基于图书馆的学术图书影响力评价受到图书馆藏规模、馆藏图书类别和读者群特征的影响，更适用于单个图书馆馆藏图书的评价。

3. 基于引文的学术图书影响力研究

伴随着大型引文数据库的建立，引文指标愈加广泛地应用于科学评价。面向学术图书的引文分析研究也逐渐开展。一方面是关于不同学科的学术图书引文特征的比较研究。早在 1999 年，Glänzel 和 Schoepflin 就讨论了人文社会领域与自然科学领域之间的引用行为差异，研究发现，社会学、历史学和哲学的引用比例远远低于免疫学、固体物理学等科学领域，但图书被引与人文社科相似[4]。Tang 分析了随机选择 7 个学科（宗教、历史、心理学、经济学、数学和物理学等）的 750 本学术专著的引文数据，发现每个学科的未被引图书数量、图书被引用的时间跨度

---

[1] Howard D. White, Sebastian K. Boell, Hairong Yu, et al., "Libcitations: A Measure for Comparative Assessment of Book Publications in the Humanities and Social Sciences", *Journal of the American Society for Information Science and Technology*, Vol. 60, No. 6, June 2009.

[2] A. Linmans, "Why with Bibliometrics the Humanities does not Need to be the Weakest Link Indicators for Research Evaluation Based on Citations, Library Holdings, and Productivity Measures", *Scientometrics*, Vol. 83, No. 2, May 2010.

[3] Daniel Torres-Salinas and Henk F. Moed, "Library Catalog Analysis as a Tool in Studies of Social Sciences and Humanities: An Exploratory Study of Published Book Titles in Economics", *Journal of Informetrics*, Vol. 3, No. 1, January 2009.

[4] Wolfgang Glänzel and Urs Schoepflin, "A Bibliometric Study of Reference Literature in the Sciences and Social Sciences", *Information Processing and Management*, Vol. 35, No. 1, January 1999.

以及最近被引用次数都存在差异，相较于人文学科的图书，科学领域图书的未被引数量少，且最近被引用次数往往较多[1]。

另一方面是关于不同类型的图书、图书与论文之间的引文特征的比较研究。例如，Torres-Salinas 等基于 BKCI 研究发现，大学出版社出版的图书比其他类型出版社的图书获得更多引用；图书是否被丛书收录对引文的影响因学科而异；编辑过的图书引文影响力大于未编辑图书[2]。相关研究发现学术图书的引文行为不同于期刊文章，如 Thelwall 和 Sud 使用 BKCI 来探讨合著或专著是否会导致更高的引文影响，发现与期刊论文的研究结果相反，合著通常不会导致图书产生更多的引用[3]；Glänzel 等也研究了 WoS 数据库中期刊论文与图书在引文影响上的差异，以及合著与专著图书在引文模式上的差异，表明图书是比期刊论文更为异质的信息源，面向的目标群体也更为多样[4]。Tsay 等利用 2005—2012 年的 SCI、SSCI、A&HCI、BKCI 数据库，对选取的信息社会领域中具有代表性的期刊论文和图书进行了引文、共引和社交网络分析[5]。

4. 基于 Altmetrics 的学术图书影响力研究

国外针对 Altmetrics 的研究最早可追溯到 2008 年，Taraborelli 在质疑影响因子后，提出了基于社会软件的分布式科学评价的思想[6]。2010 年，Priem 联同 Taraborelli 等学者发表了宣言 "Altmetrics: A Manifesto"[7]，开创了一个新的热门研究领域。但是，大多数 Altmetrics 研究都将期刊论文

---

[1] Rong Tang, "Citation Characteristics and Intellectual Acceptance of Scholarly Monographs", *College and Research Libraries*, Vol. 69, No. 4, July 2008.

[2] Daniel Torres-Salinas, Nicolas Robinson-Garcia, Alvaro Cabezas-Clavijo, et al., "Analyzing the Citation Characteristics of Books: Edited Books, Book Series and Publisher Types in the Book Citation Index", *Scientometrics*, Vol. 98, No. 3, March 2014.

[3] Mike Thelwall and Pardeep Sud, "No Citation Advantage for Monograph-based Collaborations", *Journal of Informetrics*, Vol. 8, No. 1, January 2014.

[4] Wolfgang Glänzel, Bart Thijs & Pei-Shan Chi, "The Challenges to Expand Bibliometric Studies from Periodical Literature to Monographic Literature with A New Data Source: The Book Citation Index", *Scientometrics*, Vol. 109, No. 3, December 2016.

[5] Ming-yueh Tsay, Tung-mei Shen & Ming-hsin Liang, "A Comparison of Citation Distributions of Journals and Books on the Topic 'Information Society'", *Scientometrics*, Vol. 106, No. 2, Feburary 2016.

[6] 吴胜男：《补充计量学方法及其应用研究》，博士学位论文，武汉大学，2015 年，第 5 页。

[7] Jason Priem, Dario Taraborelli, Paul Groth, et al., "A manifesto", October 2010, altmetrics (http://altmetrics.org/manifesto/).

第三章 人文社科学术图书的国际影响力分析

作为主要分析对象，而 Altmetrics 指标在学术图书影响力评价中的应用则相对滞后，目前，国外学者的研究重点主要集中于指标的研究。

随着社交媒体与评价工具的发展，基于多个 Altmetrics 指标的学术图书影响力综合研究逐渐展开。Hammarfelt 分析了瑞典大学 2012 年人文学科的 310 篇文章和 54 本书的 Altmetrics 指标覆盖率和影响力，发现在评价图书时 Twitter 具有较大优势[1]。Torres-Salinas 等以 2010—2016 年间格拉纳达大学出版的 2957 本图书为样本，测量图书的使用、提及、捕获、社交媒体和引用 5 个类别下 18 个分指标的覆盖率，发现 60% 的图书没有分析的 18 个指标覆盖，远低于期刊论文的覆盖率[2]。Halevi 等通过分析高被引和高 Altmetrics 指标的图书（前 10 名），建议在评价图书影响力时既使用引文等传统的指标，也使用 Altmetrics 指标，如社交媒体提及、下载、阅读和浏览[3]。Ortega 通过提及、使用、读者、引用 4 个指标对出版物进行分析，发现提及指标尽管生命周期短但增长得最快；引用增长最慢且使用率较低[4]。Thelwall 等认为传统文献计量方法无法反映图书的某些特性，网络指标作为学术产出影响力评价指标的潜在来源特别具有应用价值[5]。

Altmetrics 指标与引文指标间的相关性研究一直是 Altmetrics 领域的关注重点，但在学术图书层面，此类主题文献数量较少。Zuccala 等以 997 本高被引图书为样本，发现引文量与 Goodreads 阅读评级呈弱相关，Goodreads 的读者评级有助于优化馆藏，读者数据应当作为评价学术图书的补充性指标[6]。Snijder 以 390 本专著为研究对象，考虑学术领域和语

---

[1] Björn Hammarfelt, "Using altmetrics for assessing research impact in the humanities", *Scientometrics*, Vol. 101, No. 2, November 2014.

[2] Daniel Torres-Salinas, Nicolas Robinson-Garcia & JuanGorraiz, "Filling the Citation Gap: Measuring the Multidimensional Impact of the Academic Book at Institutional Level with PlumX", *Scientometrics*, Vol. 113, No. 3, December 2017.

[3] Gali Halevi, Barnaby Nicolas & Judit Bar-Ilan, "The Complexity of Measuring the Impact of Books", *Publishing Research Quarterly*, Vol. 32, No. 3, September 2016.

[4] José Luis Ortega, "The Life Cycle of Altmetric Impact: A Longitudinal Study of Six Metrics fromPlumX", *Journal of Informetrics*, Vol. 12, No. 3, August 2018.

[5] Kayvan Kousha and Mike Thelwall, "Web Indicators for Research Evaluation. Part 3: Books and Non-Standard Outputs", *Profesional De La Información*, Vol. 24, No. 6, November-December 2015.

[6] Alesia A. Zuccala, Frederik T. Verleysen, Roberto Cornacchia, et al., "Altmetrics for the Humanities: Comparing Goodreads Reader Ratings with Citations to History Books", *Aslib Journal of Information Management*, Vol. 67, No. 3, May 2015.

言的影响，探讨发现专著的引文数据、Twitter 与开放获取有轻微的正相关关系，Twitter 数量与引文行为几乎无关[①]。此外，也有学者认为书评是同行评议的另外一种表现形式，对书评与引文指标相关性进行了研究，如 Thelwall 等以亚马逊网站中的 2739 本专著、1305 本畅销书为研究对象，发现引文和书评数量之间具有中低度相关性，虽然存在学科差异，但整体上书评往往反映了图书的非学术影响力[②]。Dilevko 认为学术性书评同样是重要的学术成果，可以帮助读者做出明智决策，在人文学科尤为明显[③]。

（二）国内研究进展

主要以中国知网、万方、维普 3 个数据库为主要数据源，通过主题词为"图书"、"专著"、"评价"、"影响力"等之间的组合与逻辑限定进行检索，并通过引文网络增加阅读，发现国内相关研究主要包括：评价工具的研究，基于引文分析、基于 Altmetrics 的图书影响力评价。

1. 学术图书影响力评价工具的研究

关于对国内外已有一些可用于图书评价的工具或平台的主要研究，如雷淑义等介绍了国外 Altmetric.com、Bookmetrix、Plum Analytics、World-Cat Search API、Scopus Article Metrics 5 种典型的学术图书 Altmetrics 影响力分析评价工具，认为 Altmetrics 可为学术图书影响力评价提供新视野[④]。熊霞等对面向学术图书的 Scopus Article Metrics、Bookmetrix、BKCI 这 3 个平台的优缺点进行了比较分析，并根据西南交通大学学科特色对 3 种工具进行实例分析，建议高校图书馆进行图书学术影响力评价

[①] Ronald Snijder, "Revisiting an Open Access Monograph Experiment: Measuring Citations and Tweets 5 Years Later", *Scientometrics*, Vol. 109, No. 3, December 2016.

[②] Kayvan Kousha and Mike Thelwall, "Can Amazon.com Reviews Help to Assess the Wider Impacts of Books?", *Journal of the Association for Information Science and Technology*, Vol. 67, No. 3, March 2016.

[③] Juris Dilevko, Brian McMillan, Stacy Allison-Cassin, et al., "Investigating the Value of Scholarly Book Reviews for the Work of Academic Reference Librarians", *Journal of Academic Librarianship*, Vol. 32, No. 5, September 2006.

[④] 雷淑义、吕先竞：《Altmetrics 视角下的学术图书影响力评价研究》，《西南民族大学学报》（人文社科版）2017 年第 6 期。

时采用多种方法进行多维度评价①。孙奇等比较 BKCI 和 CBKCI 两种图书引文索引库的相似性与差异性，指出图书引文索引库在信息检索、引文分析等领域存在重要意义，但存在引用数据不一致、数据内涵复杂等问题②。齐东峰等介绍道 BKCI 具有衡量图书价值、协助揭示馆藏、保持各知识载体相互联系的完整性和协助科研等作用，但也存在语种分布不平衡、回溯年限短和收录图书品种少等缺陷③。

2. 基于引文的学术图书影响力评价

在理论研究方面，王兰敬和叶继元总结我国人文社科学术图书具有非定量化、非共识化、非公式化的特征，存在评价工作量大、评价工作费时费力的瓶颈，建议构建以定性为主、定量为辅的学术图书评价指标体系④。何峻梳理我国图书评价现状，提出构建定量与定性相结合的图书评价体系⑤。任红娟建议建立客观的指标体系作为图书评价的出路⑥。姜春林通过归纳国外人文社科学术图书评价研究的进展，指出当前图书评价的数据源呈多元化态势，须建设能够整合书评数据的专业性学术图书数据库⑦。

在实证研究方面，早在 1997 年，张军亮就以 100 种图书作为样本，发现图书引文的年代分布较为分散，学科会影响图书的引文特征⑧。2009 年，苏新宁基于 CSSCI 数据库对我国人文社科学术图书的被引情况进行了分析⑨，从此打开了在图书评价中利用引文指标的新篇章。杨思洛

---

① 熊霞、高凡、郭丽君：《外文电子图书学术影响力评价方法探讨——基于 BKCI、Scopus Article Metrics、Bookmetrix 的实例比较》，《现代情报》2016 年第 10 期。

② 孙奇、张晓梅：《国内外图书引文索引库发展探析》，《图书馆杂志》2017 年第 6 期。

③ 齐东峰、陈文珏：《图书引文索引（BKCI）——新的图书评价及参考工具》，《图书馆杂志》2013 年第 4 期。

④ 王兰敬、叶继元：《中文人文社会科学学术图书评价的瓶颈因素及对策研究》，《图书与情报》2014 年第 6 期。

⑤ 何峻：《我国图书评价现状分析》，《大学图书馆学报》2012 年第 3 期。

⑥ 任红娟：《我国图书评价方法研究述评》，《图书情报知识》2016 年第 5 期。

⑦ 姜春林：《国外人文社会科学学术图书评价研究进展》，《西南民族大学学报》（人文社科版）2019 年第 2 期。

⑧ 张军亮：《图书引文特征比较分析》，《图书情报工作》1997 年第 12 期。

⑨ 苏新宁：《我国人文社会科学图书被引概况分析——基于 CSSCI 数据库》，《东岳论丛》2009 年第 7 期。

等分别以图情领域[①]、档案学领域[②]为例，利用引文分析相关领域图书的学术影响力。陈艳云构建基于学术授信评价理论的图书影响力研究模型，并展开实证研究[③]。宋京京等以基于医学领域 100 种图书的研究样本，构建了引文数据库进行图书评价[④]。刘晓娟和马梁以 BKCI 收录的 2010—2015 年间的学术图书，发现社会科学、艺术与人文领域的学术图书的引文量始终较低，各学科学术图书的出版量和引文随着年份推移的变化趋势大致相同[⑤]。

此外，也有第三方机构主导的图书评价活动从被引的角度进行。代表性的如中国知网中国科学文献计量评价研究中心发布的《中国高被引图书年报》，基于新中国成立以来正式出版的 422 万种图书书目被近 3 年国内期刊、博硕、会议论文的引用频次，分学科、时段遴选高被引优秀学术图书，是首次基于大数据对我国出版的图书及出版单位进行了全面的学术影响力评价[⑥]。

3. 基于 Altmetrics 的学术图书影响力评价研究

国内关于 Altmetrics 的研究起步稍晚，2012 年，刘春丽将 Altmetrics 这一术语正式引入国内。本章于 2020 年 5 月 9 日，在中国知网以主题为"替代计量学"、"选择性计量学"、"Altmetric"、"补充计量学"或"Altmetrics"进行检索，共得到 395 条中文文献结果。代表性学者包括赵蓉英（18 篇）、刘春丽（13 篇）、邱均平（10 篇）、杨思洛（8 篇）。综合分析国内 Altmetrics 领域的研究论文，发现目前国内 Altmetrics 的研究集中于期刊论文，相较之下，关于学术图书影响力评价的研究数量有限，

---

① 杨思洛、曹慧、李慧玲：《基于引文分析的档案学领域图书影响力研究》，《档案与建设》2014 年第 5 期。
② 杨思洛、王皓、文庭孝：《基于引文分析的图书影响力研究——以图书情报领域为例》，《情报资料工作》2010 年第 1 期。
③ 陈艳云：《学术授信评价视角下的图书影响力研究》，硕士学位论文，郑州大学，2019 年，第 4 页。
④ 宋京京、潘云涛、苏成：《基于 PageRank 算法的图书影响力评价》，《中华医学图书情报杂志》2015 年第 12 期。
⑤ 刘晓娟、马梁：《基于 BKCI 的学术著作引文分布研究》，《图书情报工作》2017 年第 24 期。
⑥ 中国科学文献计量评价研究中心：《中国图书学术影响力评价专家研讨会隆重召开暨〈中国高被引图书年报〉（2016 版）正式发布》，2019 年 9 月，中国知网（http://piccache.cnki.net/index/images2009/other/2017/zgtsxsyxlpj/test.html）。

第三章 人文社科学术图书的国际影响力分析

主要从以下几个方面展开。

多数研究针对 Altmetrics 指标覆盖率，以及 Altmetrics 指标与引文指标之间的关系展开，认为 Altmetrics 可以作为学术图书评价的一个新视角[1]。如李明等选取《中文学术图书引文索引》统计报告公布的三大类被引排名前 10 的图书为样本，对中文学术图书被引频次及其 Altmetrics 指标间关系进行探索性分析[2]。匡登辉利用 Bookmetrix 工具，对图书的引文指标与 Altmetrics 指标的覆盖率与相关性进行了分析[3]。杨思洛等基于 Bookmetrix，选择化学、工程、医学、法律、历史 5 个学科的图书为样本，讨论了指标覆盖率与相关性，并对 G20 国家图书的影响力进行了比较分析[4]。马宁等对 Springer 平台数学科学电子图书的 5 项 Bookmetrix 指标进行了分析[5]。

少量研究引入 Altmetrics 指标，初步构建了学术图书综合评价体系。如苏新宁团队近年来在对《国家哲学社会科学成果文库》的学术著作进行综合评价时引入了知晓度指标。从某种意义上讲，该成果是将部分 Altmetrics 指标及数据具体运用于我国人文社科类学术著作影响力分析评价的最先尝试。张玉等选用部分 Altmetrics 指标数据，共基于 27 个指标构建中文科技图书学术影响力评价体系，并以医学领域 3 个学科的学术图书为例进行了实证研究[6]。何峻等建议对中文图书进行综合评价时，将借阅频次、被摘频次、网络下载频次等定量指标纳入图书评价指标体系[7]。刘春丽探讨了在机构知识库中嵌入 PlumX 插件展示包括图书在内

---

[1] 韩雨彤、周雨涵、杨伟超等：《面向学术图书的 Altmetrics 指标分析》，《图书情报工作》2018 年第 14 期。

[2] 李明、李江、陈铭、石进：《中文学术图书引文量与 Altmetrics 指标探索性分析及其启示》，《情报学报》2019 年第 6 期。

[3] 匡登辉：《外文学术电子图书评价研究——基于 Bookmetrix 的实证分析》，《现代情报》2018 年第 5 期。

[4] 杨思洛、邢欣、郑梦雪：《基于 Bookmetrix 的 G20 国家图书影响力比较研究》，《现代情报》2019 年第 7 期。

[5] 马宁、宋振世：《基于 Bookmetrix 的数学学科电子图书影响力评价研究》，《图书馆杂志》2019 年第 3 期。

[6] 张玉、潘云涛、袁军鹏等：《论多维视角下中文科技图书学术影响力评价体系的构建》，《图书情报工作》2015 年第 7 期。

[7] 何峻、蔡蓉华：《中文图书评价体系研究》，《大学图书馆学报》2016 年第 3 期。

的学术成果影响力的可行性[①]。

现有研究具备重要的开创性、探索性价值，但由于 Altmetrics 研究在理论、方法、应用实践等方面都尚未成熟，所以目前引入 Altmetrics 指标，并与引文指标相结合的学术图书综合评价方法都存在一些不足之处，如缺乏完善的基础理论、研究方法工具，以及应用研究的深度和高度都有待提高。

第三节 研究数据

图 3-2 展示了数据获取流程。首先，以发表年份和文献类型构建检索式"PY = 2013 - 2017 AND DT = （BOOK OR BOOK CHAPTER）"，在 WoS 的 BKCI 数据库检索文献并下载文献索引数据。从 BKCI 数据库中获取 2013—2017 年 666527 条图书及图书章节的文献记录，其中 BKCI-S 库 260350 条，BKCI-SSH 库 406177 条，获取时间为 2019 年 1 月。其次，提取文献的书名、出版日期、文献类型、学科类别、DOI、作者地址、语言以及引文数据。

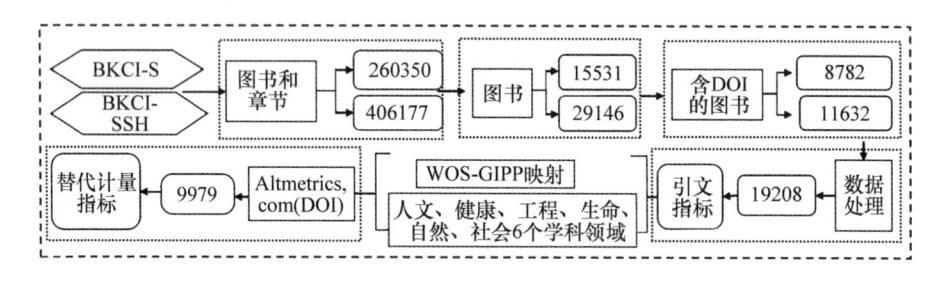

图 3-2 数据获取流程

在处理这些数据的过程中，发现基于章节的引文数据存在大量的缺失。其原因是在多数情况下，分配章节的引文数据时，章节的引文值直接被分配给图书，而图书的章节本身被忽视，这与 Gorraiz 等的研究发现

---

① 刘春丽：《altmetrics 工具与机构知识库的整合与效果——以 PlumX 为例》，《图书情报工作》2015 年第 24 期。

◇◇ 第三章 人文社科学术图书的国际影响力分析 ◇◇

一致[1]。其背后原因不一定是数据库生产者的标注问题，也与科研工作者们引用图书的方式有关。因为科研工作者们往往只标注引用的整本图书信息，而不会精确到图书章节层面。这个问题同样存在于 Altmetrics 指标中[2]。因此，只对学术图书整体层面使用引文指标、Altmetrics 指标展开分析研究，共计 44677 条图书记录。

再者，44677 条图书记录中 24263 条图书记录没有 DOI，进行数据剔除。通过进一步数据处理获得 19208 条图书数据。之后，利用 Altmetric.com 平台提供的 API，通过 DOI 识别获得对应文献的 Altmetrics 指标数据。批量搜集到有 Altmetrics 指标的图书 9979 本，占有 DOI 图书的 52%，占原始数据集的 23%。最后，考虑到本章的研究目标和对象，和第三章数据处理方法相似，将同时具有 Web of Science 文献记录和 Altmetrics 指标的数据记录匹配入基于 GIPP 对 WoS 学科分类映射（见附表Ⅰ）而得到的六大学科领域以支持进一步分析，即艺术与人文（Arts and Humanities，HUM）、社会科学（Social Sciences，SOC）、临床、预临床与健康（Clinical and Health，HEA）、工程与技术（Engineering and Technology，ENG）、生命科学（Life Sciences，LIF）、自然科学（Physical Sciences，PHY）。

第四节 六大学科视角下图书国际发表概况分析

本节研究六大学科视角下人文社科学术图书国际发表的概况，包括：（1）全学科视域下人文社科图书的书写语言情况；（2）全学科视域下人文社科图书的来源国家情况。

一 图书语种分布

对于出版语言类型的分析，通过提取 WoS 文献记录中的 LA 字段展

---

[1] Juan Gorraiz, Philip J. Purnell & Wolfgang Glänzel, "Opportunities for and Limitations of the Book Citation Index", *Journal of the American Society for Information Science and Technology*, Vol. 64, No. 7, July 2013.

[2] Daniel Torres-Salinas, JuanGorraiz & Nicolas Robinson-Garcia, "The Insoluble Problems of Books: What Does Altmetric.Com Have to Offer?", *Aslib Journal of Information Management*, Vol. 70, No. 6, November 2018.

开分析。表 3-6 展示了每个学科中使用英语作为唯一出版语言的图书章节数量以及比例。国际化的学术图书以英语为主要的出版语言,比例达到了 95% 以上,这说明英语在国际正式科学交流中的垄断地位。除了英语,还存在少量的德语、法语、葡萄牙语、西班牙语等语言的图书章节;也存在极个别的图书章节使用 1 种语言以上。值得提及的是,出版国家(见表 3-7)大部分是欧美,缺少亚非国家/地区,这和语言障碍密切相关,非英语的国家国际出版需要更多的额外付出,尤其学术图书比期刊论文所承载的内容更加丰富,需要付出更大的时间与精力。

表 3-6　　　　2013—2017 年 BKCI 收录的学术图书语种分布

英语	HUM	SOC	HEA	ENG	LIF	PHY
数量	22774	63255	29113	49016	54519	36370
占比(%)	96.97	99.10	99.22	99.69	99.72	99.77

二　图书国家/地区分布

科研成果产出量是衡量一个国家或地区,以及学科科研能力常用的指标之一。近年来,随着国际科研竞争意识的增强,各国家、地区的科研工作者竞相出版、分享、交流国际化的科研成果,以期提高自身及国家的科技地位和影响力。需要说明的是,本节展开统计分析的基础数据集是有 DOI 号的图书章节,共计 256952 条数据。原因在于:BKCI 数据集中将 1 本书的地址信息赋在图书的每个图书章节中,而不是一本图书这一整体层面。推断数据库这一设置的原因是由于学术图书载体结构具有明显的特殊性,即如果抛开学术图书的内容特征外,在某种程度上,1 本学术图书的结构形式相当于 1 本期刊,而图书中的每章节相当于 1 篇期刊论文。因此,统计 1 本书的国家或地区信息的基本情况,必须要统计到图书章节层面的数据。另外,本书选择将文献索引信息中的作者当时所在机构所属国家作为判断学术图书所属国别的依据。通过提取每个章节的作者地址信息加以统计,即从 WoS 下载文献记录中的 CI 字段中提取。其中 39232 条记录未识别出国别或地区数据,Gorraiz 等学者的研

第三章 人文社科学术图书的国际影响力分析

究也曾发现 BKCI 图书的出版地址信息不够完善[1]，对于缺失地址信息的数据予以剔除。

表 3-7 展示了学术图书的出版数量前 20 名的国家或地区，侧面反映出中国在学术图书产出量方面的国际地位。中国六大学科的学术图书产出都位于世界前 10；其中表现比较突出的是工程与技术领域排名第二，自然科学领域排名第四。但总体来看，我国国际图书具体数量远低于美国，如在工程与技术领域，美国的学术图书章节数量为 8042，中国的学术图书章节数量为 3204，不到美国的 1/2。

表 3-7　2013—2017 年 BKCI 收录的学术图书所属国家/地区前 20 位

排名	HUM		SOC		HEA		ENG		LIF		PHY	
1	美国	4178	美国	14962	美国	11227	美国	8042	美国	17401	美国	7170
2	英国	1901	英国	4726	英国	1922	中国	3204	英国	3475	德国	2895
3	德国	920	澳大利亚	2968	德国	1478	印度	3022	德国	3335	英国	2248
4	意大利	793	德国	2937	意大利	1261	德国	2983	日本	2165	中国	1620
5	澳大利亚	609	意大利	2044	加拿大	1178	英国	2726	加拿大	1977	意大利	1558
6	法国	608	加拿大	2043	日本	1118	意大利	2058	印度	1853	法国	1543
7	加拿大	580	中国	2013	澳大利亚	864	日本	1539	意大利	1813	日本	1500
8	荷兰	432	印度	1252	西班牙	697	波兰	1399	法国	1798	印度	1454
9	西班牙	339	荷兰	1228	法国	693	加拿大	1370	中国	1643	加拿大	991
10	中国	331	日本	994	中国	615	法国	1293	澳大利亚	1565	西班牙	965
11	波兰	322	法国	987	荷兰	567	西班牙	1180	西班牙	1411	俄罗斯	866
12	瑞典	224	西班牙	953	印度	526	澳大利亚	1160	荷兰	969	澳大利亚	636

---

[1] Juan Gorraiz, Philip J. Purnell and Wolfgang Glänzel, "Opportunities for and Limitations of the Book Citation Index", *Journal of the American Society for Information Science and Technology*, Vol. 64, No. 7, July 2013.

续表

排名	HUM		SOC		HEA		ENG		LIF		PHY	
13	日本	173	瑞典	732	瑞士	406	荷兰	693	巴西	845	波兰	530
14	巴西	168	葡萄牙	716	波兰	398	俄罗斯	590	瑞士	732	荷兰	434
15	奥地利	165	土耳其	698	巴西	297	巴西	554	葡萄牙	613	巴西	434
16	以色列	160	瑞士	564	比利时	294	墨西哥	505	波兰	589	以色列	401
17	丹麦	158	比利时	561	瑞典	252	希腊	501	瑞典	515	瑞士	382
18	芬兰	156	奥地利	537	丹麦	199	瑞士	499	丹麦	489	瑞典	322
19	瑞士	150	巴西	525	奥地利	189	葡萄牙	478	以色列	471	奥地利	275
20	比利时	150	波兰	522	以色列	182	土耳其	417	比利时	455	墨西哥	271

相比自然科学，中国社会科学领域图书国际出版的排名和数量不佳，排名第七，数量不到美国的1/7。在艺术与人文领域，中国出版的国际学术图书数量不到美国的1/12。低出版量很可能导致中国的优秀人文社科成果丧失与世界学术对话的重要机会。在大力实施"走出去"战略的背景下，我国高度重视学术图书在中华文化"走出去"工作中的作用，国家社会科学基金面向人文社科精品学术图书外译设立了专项基金[①]。因此，人文社科领域应当积极提高优秀研究成果的外译学术图书产量与影响力，助力中华文化走出国门。

美国六大学科的学术图书产量以绝对数量遥遥领先于其他国家和地区。一方面说明美国学者积极出版学术图书，另一方面也和语言的便利性、国际数据库收录的偏向性密切相关。在艺术与人文领域，共有112个国际学术图书的产出国家或地区；在生命科学领域，共有148个；在临床、预临床与健康领域，共有160个；在自然科学领域，共有128个。在这4个学科领域，排名前3的产出国家都是由美国、英国、德国构成的，但美国的具体数量远高于英国、德国。工程与技术领域、社会科学学术图书的前3名来源国/地区与上述学科表现不同。尤其是在工程与技术领域，共有133个学术图书的产出国家或地区，

---

① 王伟、杨建林：《人文社会科学外译图书评价指标体系研究》，《图书情报工作》2019年第4期。

中国与印度的排名跻身于前3名的行列,说明该领域中国、印度都十分注重学术图书出版的国际化,相较于其他领域有突破性的发展。在社会科学领域,共有160个学术图书的产出国家或地区,排名前3的是美国、英国、澳大利亚。

三 研究结论

英语在国际出版图书语言中占据垄断地位;六大学科中,美国的国际学术图书以绝对数量遥遥领先于其他国家或地区;中国的六大学科国际学术图书产出位于世界前10名。

第五节 六大学科视角下图书国际学术影响力分析

一 方法指标

本节从年份分析、影响力特征、分布模式3个维度,分别对不同学科学术图书的引文指标进行比较,从而探究6个学科在学术影响力方面表现如何。作为学术交流是主要正式方式,引文指标反映了学术成果之间的相互联系与影响。通过分析被引频次衡量学术成果的学术影响力已经得到广泛的应用。传统文献计量指标被视为一种客观、可靠的定量指标用于科研成果价值评价、影响力测量等,引文指标又是传统文献计量指标中最为重要的组成部分,是体现学术论文、学术图书等科研成果影响力和学术价值的核心指标。学术图书的被引可以认为是科研工作者之间较为深入且正式的学术交流,将引用作为学术图书学术影响力评价指标的首选无可非议。

二 图书引用指标年份变化

图3-3列出了2013—2017年6个学科被引图书数量分布情况,基于此展开学科间引用指标的比较分析。原样本图书数量(19208)和匹配后图书数量(30422)之间的差距是由于多学科属性的图书被分配到了1个学科领域以上。具体来看,从2013年到2017年,被分入多个学科的图书越来越多,从33%上涨到43%,揭示了科学研究的跨学科特征

日渐增强。此外，从2013年到2017年，图书数量呈现轻微浮动的发展趋势，2014年到达最高点之后略有下降。

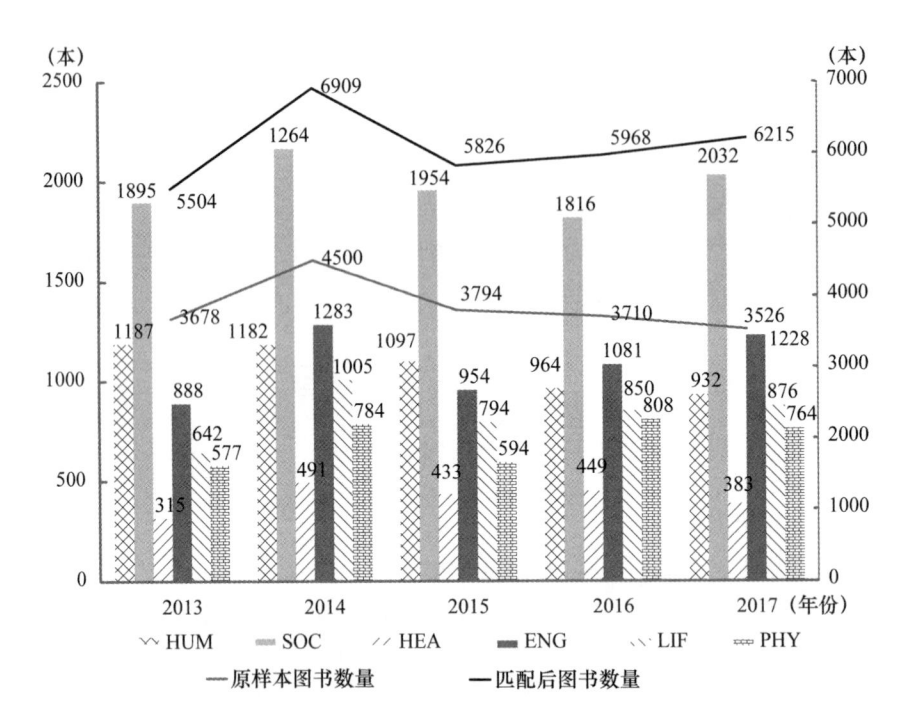

图3-3 六大学科被引学术图书数量的年份分布

注：左纵坐标对应各领域图书数量，右纵坐标对应各年份图书总量。

其次，从学科的角度来看，6个学科的国际图书出版量存在着明显的差异。社会科学领域的图书在BKCI图书中占比最大，每年都超过30%；工程与技术、艺术与人文两个领域并肩排名第二，各占18%；然后是生命科学的图书，占比约14%；自然科学领域的图书占比约11%；临床、预临床与健康领域的图书所占比重最低，为7%。此外，有51%的图书被分配到社会科学领域。一方面，这与BKCI对图书的学科收录范围有关，据BKCI官方说明，截止到2014年，BKCI学科覆盖总体比例为社会科学与人文艺术的61%，自然科学的39%[①]。另一方面，已有研

---

① Clarivate, "Book Citation Index", March 2020, Clarivate（http://wokinfo.com/products_tools/multidisciplinary/bookcitationindex/）

究证明不同学科的出版模式存在差异。社会科学和人文科学的专家学者比自然科学领域更倾向于以学术图书的形式发表研究成果[①]。以2014年英国卓越研究框架为例,在对高等院校科研成果进行评估时,人文领域(48%)和社会科学(17%)的图书比科学和医学(0.5%)的图书更加常见。我国历届人文社科成果评奖结果也表明,撰写专著是我国人文社科学者展示其科研能力的主要表现形式,而著作也是投入较大、获奖机会较多的成果类型。

三 图书引用指标影响力特征分析

表3-8列出了2013—2017年6个学科领域图书的引文指标描述性统计。结合图书数量与平均引文指标来看,各学科领域的图书表现出不同的特征。自然学科的图书产量在6个学科中排名倒数第二,具有最高的平均被引值,表现出低产量、高平均被引的特征。临床、预临床与健康领域的图书数量最低,学术影响力也最低,呈现低产量、低平均引文值的特征。工程与技术领域的图书数量与平均引文皆排名第二,表现为产量较高、平均被引值较高的特征。生命科学领域的图书数量排名第四,平均引文值同样排名第四,较低产量、较低引文。尽管社会科学领域的图书在产量上具有绝对突出的表现,但这并没有体现在平均引文值上,即高产量、低平均引文值。艺术与人文学科领域的图书表现为产量偏高、平均引文值偏低的特征;相关研究表明,使用传统计量方法(如引文),无法反映艺术与人文学科领域(如历史、艺术、音乐和文学)图书的影响力[②]。

标准差是判断样本数值分散程度的指标。由表3-8可知,生命科学领域图书的标准差最大,表示引文数据的离散程度大、波动幅度大,且大部分的样本数值和平均值之间差异较大。该领域存在一本被引1198次的图书,该书是由世界银行2013年出版的一本具有跨学科属性的图书

[①] Vincent Larivière, Eric Archambault, Yves Gingras, et al., "The Place of Serials in Referencing Practices: Comparing Natural Sciences and Engineering with Social Sciences and Humanities", *Journal of the American Society for Information Science and Technology*, Vol. 57, No. 8, June 2006.

[②] Jennifer Wolfe Thompson, "The Death of the Scholarly Monograph in the Humanities? Citation Patterns in Literary Scholarship", *Libri*, Vol. 52, No. 3, September 2002.

World Development Report，该书自 1978 年以来每年出版一次，是经济、社会和环境领域不可或缺的指南。此外，艺术与人文学科领域的标准差最小，表示引文数据的离散程度小、波动幅度小，且样本数值较接近平均值。

表3-8　　　　　　六大学科引文指标的描述性统计

统计指标	HUM	SOC	HEA	ENG	LIF	PHY
总数	5362	9861	2071	5434	4167	3527
非零值数	2612	4596	718	2720	1569	1794
非零值覆盖率（%）	48.71	46.61	34.67	50.06	37.65	50.86
平均被引频次	3.21	3.64	3.07	5.14	3.39	5.88
最大值	124	1198	278	611	1198	206
标准差	6.84	15.72	13.83	17.22	21.87	15.91

各学科年均被引指标如表3-9所示，共同之处在于6个学科的年均引文皆呈现明显的下降趋势，即早期图书的年均引文皆高于近期。Torres-Salinas 等学者的研究也得出同样结论[1]。背后可能是两个方面的原因：一是引文本身具有滞后性，一本图书从正式出版到传播、利用，需要一个较长的时间段，具有明显的延时性。二是与论文相比，图书知识具有系统性、全面性、基础性，半衰期更长，特别是一些经典著作，出版很长时间之后，仍被期刊论文、会议论文等各类文献广泛引用，对当今的科学研究仍然产生着深远的影响，经久不衰[2]。

---

[1] Daniel Torres Salinas, Rosa Rodriguez-Sanchez, Nicolas Robinson-Garcia, et al., "Mapping Citation Patterns of Book Chapters in the Book Citation Index", *Journal of Informetrics*, Vol. 7, No. 2, April 2013.

[2] Wolfgang Glänzel, Bart Thijs & Pei-Shan Chi, "The Challenges to Expand Bibliometric Studies from Periodical Literature to Monographic Literature with A New Data Source: The Book Citation Index", *Scientometrics*, Vol. 109, No. 3, December 2016.

表 3-9　　　　　　　　　　各学科年均被引指标

	2013 年	2014 年	2015 年	2016 年	2017 年
HUM	6.09	4.30	2.93	1.19	0.55
SOC	7.88	5.20	3.29	1.23	0.52
HEA	8.10	3.92	3.25	0.77	0.34
ENG	11.02	7.97	5.37	1.75	0.76
LIF	7.93	5.49	3.11	0.93	0.29
PHY	12.89	10.55	4.81	1.88	0.87

四　引用指标分布模型分析

图 3-4 揭示了 6 个学科的引文分布集中率情况。在所有领域，被引前 50% 的图书的引文值之和几乎占据总被引的 80%—100%，反映了一部分图书集中了大部分的引文。例如：在临床、预临床与健康，生命科学两个学科领域，存在至少 50% 的图书未被引用过。其中临床、预临床与健康领域的图书未被引率最高（65%），引文排名前 50（2.4%）的图书引文值之和占整体 50% 以上，显示整个学科的小部分图书有大影响力。除社会科学外，其余 5 个学科中前 10% 的高被引图书的引文之和皆占据了该学科领域引文的 50% 以上。社会科学图书、艺术与人文图书二者在各指标上的分布比较接近，且明显分布于其他学科的下方，表示这两个领域图书的引文分布比另外 4 个领域的图书引文分布更加均匀，而不是集中分布于某小部分。

上文发现一些学科呈现集中度指标相似的分布模式，因此进一步检验 6 个学科的引文分布是否存在差异。首先，对 6 个学科引文数据进行正态检验，如表 3-10 所示。检验结果显示，偏度和峰度都远大于零，说明数据并不对称且有明显的尖峰；K-S 检验的显著性值都是 0，因此拒绝原假设，认为引文数据不服从正态分布。这一结果与引文指标普遍呈幂律分布的情形有类似之处，在样本较少的情况下，服从正态分布的概率更小[①]。

---

① 唐继瑞、叶鹰：《单篇论著学术迹与影响矩比较研究》，《中国图书馆学报》2015 年第 2 期。

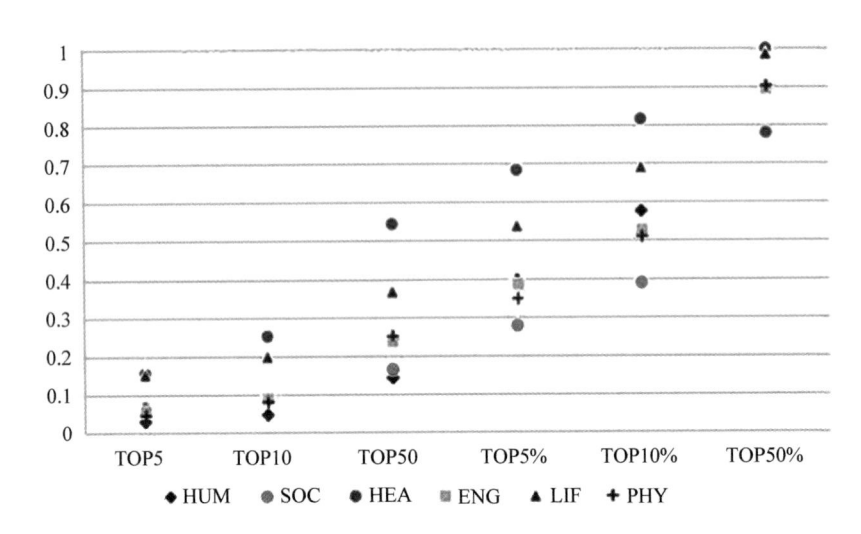

图 3-4　六大学科学术图书引文分布的集中率分布

表 3-10　　　　　　　六大学科引文数据分布正态性检验

	HUM	SOC	HEA	ENG	LIF	PHY
偏度	5.803	47.946	11.541	13.319	40.916	5.711
峰度	62.166	3429.084	178.744	332.567	2153.371	44.277
K-S 检验显著性	0.000	0.000	0.000	0.000	0.000	0.000

　　由于数据检验结果不服从正态分布，因此选择采用 Kruskal-Wallis 检验以进一步研究不同学科的引文值是否确实存在统计学意义上的差异。以每本图书的引文值为因变量，以每本图书所属的学科领域为因子，研究因变量的不同水平是否对观测量因子产生了显著影响。Kruskal-Wallis 检验结果显著性水平小于 0.05，按照 $\alpha = 0.05$ 的检验标准，可以得出结论：拒绝原假设，即在学科类别上，引文的分布不相同。但这只能说明至少有两个学科之间的差异存在统计学意义，为了进一步确定每对学科之间的差异，进行成对比较，结果如表 3-11 所示。可见，下列四组学科显著性水平大于 0.05，并不具有引文分布差异：艺术与人文、社会科学；艺术与人文、工程与技术；临床、预临床与健康，生命科学；工程

与技术、自然科学。其余学科成对比较结果显示引文分布皆不同。这与上文提及的引文均值（表3-9）比较，以及集中度分布模式确实存在相似之处。

表3-11　　　　　　引文数据 K-W 检验成对比较结果

K-W 检验	HUM	SOC	HEA	ENG	LIF	PHY
HUM	0.000	0.749	0.000	1.000	0.000	0.031
SOC		0.000	0.000	0.001	0.000	0.000
HEA			0.000	0.000	0.191	0.000
ENG				0.000	0.000	1.000
LIF					0.000	0.000
PHY						0.000

注：显著性水平为 0.05；Bonferroni 校正已针对多个检验调整显著性值。

五　研究结论

六大学科国际学术图书在学术影响力方面的表现：2013—2017 年，各领域引文均值分布呈现高度倾斜，早期出版的学术图书引文值远大于近期出版物。不同学科的图书存在学术影响力差异：自然学科的图书表现出低产量、高平均被引的特征；临床、预临床与健康领域呈现低产量、低平均引文值的特征；工程与技术领域表现为产量较高、平均被引值较高的特征；生命科学领域较低产量、较低引文；社会科学高产量、低平均引文值；艺术与人文学科领域产量偏高、平均引文值偏低。相较而言，社会科学、艺术与人文领域图书的引文分布比较均匀。

第六节　六大学科视角下图书国际社会影响力分析

本节从年份分析、影响力特征、分布模式 3 个维度分别对不同学科学术图书的替代指标进行比较，从而探究六大学科在以 Altmetrics 指标为代表的社会影响力方面表现如何。

一 方法指标

新环境下,学术在线化的普及促进 Altmetrics 的产生。Altmetrics 指标的数据来源更加广泛,同时关注学术图书在社会上的或是学术领域之外的社会影响力,因此可以作为图书影响力评价的一个新视角。考虑可能存在并不是所有的 Altmetrics 指标在进行学术图书评价时都能达到良好的效果,有些指标并不能得出有用的结论,为避免只使用单一的指标来评估学术图书影响力,增强社会影响力评价结果的科学性与客观性,引入以下 9 项 Altmetrics 指标:Altmetric Attention Score(AAs)、Blog(即 Feeds 指标)、Facebook(即 FBwalls 指标)、Google +(即 Gplus 指标)、News(即 Msm 指标)、Readers、Reddit(即 Rdts 指标)、Twitter(即 Tweeters 指标)、Videos。具体释义见第一章。

二 Altmetrics 指标年份变化

2017 年,Altmetric.com 开始收录图书的指标数据[①]。图 3-5 展示了将 9908 条图书的数据分配至 6 个学科领域后的覆盖情况,由于存在具有多学科属性的图书会被分配至一个领域以上,所以最终得到 6 个领域的图书集合为 13236 条数据。在所有领域,拥有 Altmetrics 指标数据的图书数量都随着时间的推移而上涨。其中,生命科学领域的图书 Altmetrics 指标覆盖率最高,为 56%;工程与技术领域的比例最低,为 31%;自然科学领域覆盖率接近工程与技术领域,两者覆盖率最低;社会科学图书拥有 Altmetrics 指标数据的数量最多,共计 4529 本图书。

三 Altmetrics 指标筛选

Hammarfelt 指出将 Altmetrics 指标应用为传统文献计量指标的补充之前,应先对其覆盖率进行测量[②]。覆盖率即是指图书所对应指标为非零

[①] Altmetric,"Altmetric for Books",January 2020,Altmetric(https://www.Altmetric.com/products/books/).

[②] Björn Hammarfelt,"Using altmetrics for assessing research impact in the humanities",*Scientometrics*,Vol.101,No.2,November 2014.

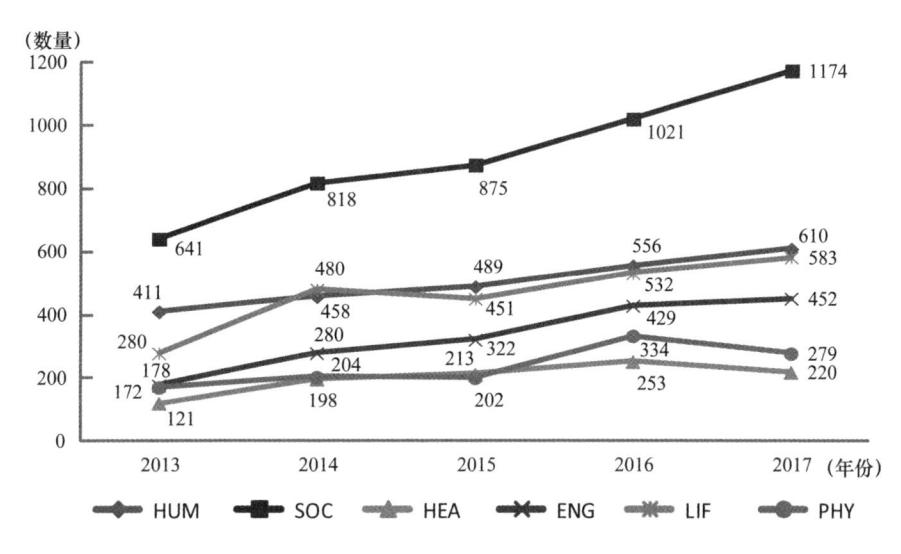

◇◇ 第三章 人文社科学术图书的国际影响力分析 ◇◇

图 3-5 2013—2017 年 BKCI 拥有 Altmetrics 指标的图书数量

值的占比,即图书至少被某在线平台提及 1 次的比例。覆盖率越高,表示图书在该指标的数据来源中受到的关注越广泛,指标的可用性也就越强;反之,适用范围窄,可用性不足[1]。

表 3-12 展示了图书的 Altmetrics 指标覆盖率与具体数值。首先,altmetric attention score 作为各指标加权后的综合得分,各领域覆盖率皆为 100%。其次,Twitter 与 Reader 两项分指标的覆盖率较高,表现为超过 80% 的图书皆被 Twitter 提及,背后原因推测是 Twitter 作为最受欢迎的社交平台之一,拥有的用户数量更多[2],侧面反映 Twitter 应用于图书评价的潜力。各领域中,临床、预临床与健康,生命科学领域的图书被 Twitter 提及较多。

---

[1] 刘晓娟、宋婉姿:《基于 PLOS ALM 的 altmetrics 指标可用性分析》,《图书情报工作》2016 年第 4 期。

[2] Cassidy R. Sugimoto, Sam Work, Vincent Larivière, et al., "Scholarly Use of Social Media and Altmetrics: A Review of the Literature", *Journal of the Association for Information Science and Technology*, Vol. 68, No. 9, September 2017.

131

表3-12　2013—2017年BKCI收录的学术图书的Altmetrics指标与引文覆盖情况

指标＼领域	HUM	SOC	HEA	ENG	LIF	PHY
AAs	2500/ 100%	4529/ 100%	1005/ 100%	1661/ 100%	2350/ 100%	1191/ 100%
Blog	314/ 12.56%	750/ 16.56%	119/ 11.84%	115/ 6.92%	385/ 16.38%	166/ 13.94%
Facebook	686/ 27.44%	1255/ 27.71%	360/ 35.82%	432/ 26.01%	769/ 32.72%	349/ 29.30%
Google +	100/ 4.00%	266/ 5.87%	55/ 5.47%	108/ 6.50%	126/ 5.36%	59/ 4.95%
News	168/ 6.72%	461/ 10.18%	123/ 12.24%	109/ 6.56%	229/ 9.74%	56/ 4.70%
Reader	1517/ 60.68%	3567/ 78.76%	867/ 86.27%	1512/ 91.03%	2145/ 91.28%	1071/ 89.92%
Reddit	10/ 0.40%	8/ 0.18%	6/ 0.60%	6/ 0.36%	9/ 0.38%	4/ 0.34%
Twitter	2048/ 81.92%	3846/ 84.92%	902/ 89.75%	1389/ 83.62%	2113/ 89.91%	966/ 81.11%
Video	12/ 0.48%	29/ 0.64%	14/ 1.39%	34/ 2.05%	34/ 1.45%	24/ 2.02%
Citation	1195/ 47.80%	2136/ 47.16%	293/ 29.15%	821/ 49.43%	769/ 32.72%	628/ 52.73%

注：斜杠前表示具体数值；斜杠后表示覆盖率，即非零值对该指标总数的占比。

对于Reader指标的高覆盖率，是由于无论评论、收藏、推荐还是引用都需要先触发阅读图书的行为。但对于不同学科而言，学术图书拥有读者的概率差异较大，在60%—92%之间波动。艺术与人文图书的Reader指标覆盖率最低，为60.68%；生命科学领域最高，为91.28%。已有研究也表明在生命科学领域读者的覆盖更加普遍[①]。这说明在研究学术图书时须将学科间的差异考虑在内。

Facebook指标的覆盖率在25%—35%，而其他5项Altmetrics指标的覆盖率则低于20%，尤其是Video与Reddit指标覆盖率低于3%。这些

---

① Stefanie Haustein, Timothy D. Bowman & Rodrigo Costas, "Interpreting 'Altmetrics': Viewing Acts on Social Media through the Lens of Citation and Social Theories", *Theories of Informetrics and Scholarly Communication: A Festschrift in Honor of Blaise Cronin*, Berlin: De Gruyter, 2016.

平台零值率较高的原因，一方面是平台本身用户数量与内容形式的限制，如 Video 平台内容主要为视频形式，且只有注册用户可以上传视频并评论；另一方面受到图书版本是否电子化、开放获取等影响。Thelwall 等在基于论文层面的研究中发现，除了 Twitter，其他的 Altmetric 指标覆盖率也非常低（远低于 20%）[1]。

整体而言，AAs、Twitter 以及 Reader 这 3 个指标对学术图书的社会影响的评价具有较好的应用价值；Facebook、Blog、Google+、News 这 4 项指标对学术图书的社会影响的评价具有一定的应用价值。剩余 Video 与 Reddit 这两项指标的覆盖率低于 3%，其区分度大大降低，低于统计学分析的最小样本数据要求，对学术图书的社会影响评价几乎不具备参考价值。故排除这两项指标，展开进一步分析。

四 Altmetrics 指标影响力特征分析

表 3-13 展示了 7 项指标的描述性统计情况。各领域中，临床、预临床与健康领域的图书在 Facebook、News、Reader、Twitter、AAs 这 4 项指标均值上表现最好，反映学术图书在社交媒体中的影响力范围较大；该领域每本图书平均拥有 92 个读者，远高于其他 5 个领域，尤其是艺术与人文领域的 9 倍。这与前人基于论文实证研究得出的结论具有相似性，获得 Twitter 关注最多的学科是医学、生命科学[2]。此外，已有研究表明科研人员更愿意在 Twitter 和 Facebook 上分享自己的学术成果以提高知名度和影响力[3]，并且在 Twitter 上分享的链接更易被点击[4]。临床、预临床与健康领域各项指标均值表现突出的原因，推测为该领域学术图书大多

---

[1] Mike Thelwall, Stefanie Haustein, Vincent Larivière, et al., "Do Altmetrics Work? Twitter and Ten Other Social Web Services", *Plos One*, Vol. 8, No. 5, May 2013.

[2] Kim Holmberg and Mike Thelwall, "Disciplinary Differences in Twitter Scholarly Communication", *Scientometrics*, Vol. 101, No. 2, November 2014.

[3] Stefanie Haustein, Rodrigo Costas & VincentLarivière, "Characterizing Social Media Metrics of Scholarly Papers: The Effect of Document Properties and Collaboration Patterns", *Plos One*, Vol. 10, No. 3, March 2015.

[4] Mojisola Erdt, Htet Htet Aung, Ashley Sara Aw, et al. "Analysing Researchers' Outreach Efforts and the Association with Publication Metrics: A Case Study of Kudos", *Plos One*, Vol. 12, No. 8, August 2017.

涉及健康知识、医学发现等与人们生活密切相关的焦点话题，更容易在社交平台上引起政府组织、社会大众等广泛的关注、阅读、讨论与转发。值得注意的是，自然科学领域的图书虽然学术影响力较高，但并没有表现出较高的社会影响力，尤其是在 AAs 均值上表现最差。工程与技术领域也有类似的表现。其原因可能在于，自然科学、工程与技术的学术图书专业性较强，往往缺乏大众喜闻乐见、普遍可理解的内容或主题。

表3-13　2013—2017 年 BKCI 收录的学术图书 Altmetrics 指标描述性统计

统计	指标	HUM	SOC	HEA	ENG	LIF	PHY
均值	Blog	0.17	0.25	0.22	0.13	0.26	0.17
	Facebook	0.45	0.52	0.99	0.53	0.68	0.48
	Google+	0.46	0.07	0.10	0.09	0.08	0.09
	News	0.15	0.40	0.84	0.51	0.48	0.15
	Reader	10.40	15.39	92.49	33.55	38.92	32.18
	Twitter	6.10	7.80	9.40	6.35	8.57	3.75
	AAs	7.97	11.27	12.09	8.15	11.61	5.48
最大值	Blog	8	29	15	15	39	6
	Facebook	13	49	49	49	117	20
	Google+	5	6	6	7	10	40
	News	32	262	141	141	262	69
	Reader	6899	6899	32346	6899	3993	897
	Twitter	262	980	401	448	1136	153
	AAs	259.55	3156.84	1203.54	1203.54	3156.84	529
标准差	Blog	0.54	0.83	0.80	0.66	1.20	0.49
	Facebook	0.89	1.49	3.13	1.81	3.00	1.20
	Google+	0.26	0.32	0.41	0.41	0.42	1.21
	News	0.99	4.53	5.99	9.01	6.72	2.07
	Reader	150.15	108.03	1441.35	173.44	117.40	63.70
	Twitter	15.92	29.61	22.11	21.20	35.01	8.08
	AAs	16.90	57.10	59.94	47.81	86.36	18.29

就 Blog、Facebook、Google+、News4 项分指标的均值而言，艺术与人文领域的图书在 Google+ 平台上获得的均值大于其他 3 个平台；而其他 5 个领域的图书则是在 Facebook 平台上获得的均值大于其他 3 个平台。

最后，由最大值可知各指标的数量级别差异很大，如读者最多数量为 32346，Blog 最多提及数量仅 39。读者数量最多的图书为 *Orthopaedic And Trauma Nursing：An Evidence-Based Approach To Musculoskeletal Care*，是临床医学领域学习肌肉骨骼护理知识与方法的重要参考图书。由于极端值的存在，临床医学领域读者指标的标准差也最大。工程与技术学科学术图书的读者数离散程度最大，远大于其他指标。生命科学图书的 AAs 离散程度最大。艺术与人文图书的 AAs 离散程度最小，说明该学科的 AAs 数据分布比较稳定。

五 Altmetrics 指标关注度分布模式分析

由于 AAs 的覆盖率为 100%，且能够反映学术图书在线获得的关注度与社会影响力整体概况[1]，所以对其集中率分布进行进一步观测，结果如图 3-6 所示。首先，各学科 AAs 前 50% 的图书占据 90% 以上的综合得分，这部分数据对样本学科的影响很大，有一半以上的图书没有获得在线关注。其次，与图 3-4 中的引文集中度相比，在指标前 50%、5%、10% 维度，6 个学科之间的 AAs 得分差距明显小于引文差距。就具体数值而言，6 个学科的图书在注意得分上的集中率都高于被引集中率，表明这部分图书的关注度得分比引文更具有垄断性。如社会科学领域，图书注意力得分的前 10% 约占总分的 50%，但前 10% 的引文数值只占引文总和的 30%。但是临床、预临床与健康，生命科学的 AAs 分布比引文更均匀，如临床、预临床与健康领域，图书被引前 10% 占据总和的 80% 以上，AAs 前 10% 的得分占该领域总和的 60% 多；侧面反映在这两个领域 AAs 指标有成为引文指标补充的潜力。最后，除了前 50%，临床、预临床与健康，工程与技术领域图书的 AAs 分布明显比其他学科更加集中；自然科学、生命科学图书的 AAs 数据分布处于 6 个学科中的中

---

[1] 肖婷婷：《政策文件替代计量指标分布特征与内在机制研究》，硕士学位论文，武汉大学，2017 年，第 31 页。

等位置；相较而言，艺术与人文、社会科学领域图书的数据分布则比较均匀。这种学科之间的差异类似于引文集中率表现出的差异。

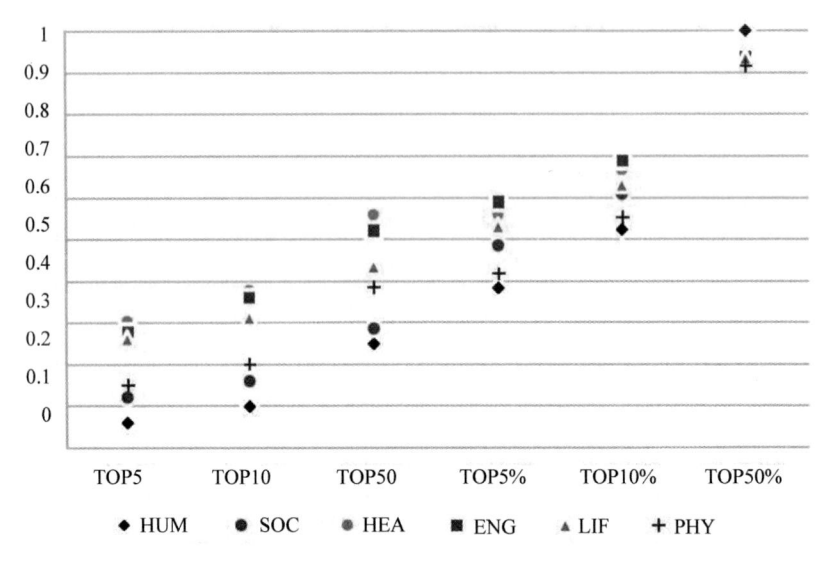

图 3-6 2013—2017 年 BKCI 学术图书的 AAs 集中率分布

从统计学意义上检验 6 个学科的 Altmetrics 指标分布是否存在差异。首先，对 6 个学科 Altmetrics 指标数据进行正态检验，因各学科样本数据量较小（小于 5000），采用 Shapiro-Wilk 统计量检验，检验结果如表 3-14 所示，显示各项指标的显著性概率值均小于 0.05，不符合正态分布，因此选择 Kruskal-Wallis 检验进行下一步分析。

表 3-14　　2013—2017 年 BKCI 学术图书 Altmetrics 指标数据的 Shapiro-Wilk 正态性检验

学科	指标	Citation	Blog	Facebook	Google +	News	Reader	Twitter	Score
HUM	统计量	0.512	0.347	0.521	0.174	0.130	0.026	0.321	0.396
HUM	显著性	0.000	0.000	0.000	0.000	0.000	0.000	0.000	0.000
SOC	统计量	0.130	0.295	0.287	0.227	0.043	0.056	0.185	0.105
SOC	显著性	0.000	0.000	0.000	0.000	0.000	0.000	0.000	0.000

第三章 人文社科学术图书的国际影响力分析

续表

学科	指标	Citation	Blog	Facebook	Google+	News	Reader	Twitter	Score
HEA	统计量	0.199	0.233	0.256	0.196	0.067	0.029	0.294	0.131
	显著性	0.000	0.000	0.000	0.000	0.000	0.000	0.000	0.000
ENG	统计量	0.220	0.140	0.207	0.214	0.031	0.076	0.191	0.102
	显著性	0.000	0.000	0.000	0.000	0.000	0.000	0.000	0.000
LIF	统计量	0.077	0.166	0.152	0.162	0.035	0.225	0.140	0.059
	显著性	0.000	0.000	0.000	0.000	0.000	0.000	0.000	0.000
PHY	统计量	0.395	0.389	0.398	0.044	0.037	0.464	0.368	0.192
	显著性	0.000	0.000	0.000	0.000	0.000	0.000	0.000	0.000

为了检验 Altmetrics 指标数据是否因学科不同而存在差异,以每本图书的 Altmetrics 指标为因变量,以每本图书所属的学科领域为因子,进行 Kruskal-Wallis 检验分析,结果如表 3-15 所示。显著性水平均小于 0.05,即在各学科中,Altmetrics 指标的分布不相同。

表 3-15　学术图书 Altmetrics 指标数据 Kruskal-Wallis 检验

指标	Blog	Facebook	Google+	News	Reader	Twitter	AAs
检验统计	115.201	63.969	16.167	78.386	2070.040	364.155	275.144
显著性	0.000	0.000	0.006	0.000	0.000	0.000	0.000

由于 AAs 作为综合指标能够反映学术图书的社会综合关注度,于是提取学术图书的 AAs 数据进行成对比较,结果如表 3-16 所示。可见,共有 7 组学科的 AAs 分布因学科不同而存在差异,其他 7 组学科之间则不存在分布差异。以下 3 组学科既不具有引文的分布差异,也不具有 AAs 的分布差异:艺术与人文、社会科学;临床、预临床与健康,生命科学;工程与技术、自然科学。

表 3-16　　　　　　　　AAs 数据 K-W 检验成对比较结果

K-W 检验	HUM	SOC	HEA	ENG	LIF	PHY
HUM	0.000	0.129	1.000	0.000	0.614	0.000
SOC		0.000	1.000	0.000	1.000	0.000
HEA			0.000	0.000	1.000	0.000
ENG				0.000	0.000	1.000
LIF					0.000	0.000
PHY						0.000

六　研究结论

学术图书社会影响力方面的表现：首先，学术图书 Altmetrics 指标覆盖率低，只有52%的图书检索到了指标数据。其中，生命科学图书的覆盖率最高（56%）；工程和技术的覆盖率最低（31%）。其次，各 Altmetrics 指标覆盖率存在很大的区别，超过80%的图书被 Twitter 提及，超过60%的图书皆有 Readers，这两个指标具有较大的应用潜力；其余指标覆盖率皆低于50%，Video 与 Reddit 这两项指标的覆盖率更是低于3%，表明这两个指标现阶段还不适合实际应用于学术图书的影响力评价之中。最后，在 AAs 均值方面，临床、预临床与健康图书表现出较高的社会影响力，说明这类图书更容易引起社交媒体的关注，也是最适合引入 Altmetrics 指标进行社会影响力评价的领域；自然科学、工程与技术图书的 AAs 表现最差，社会影响力不高，这一发现与这两个领域的引文均值表现恰恰相反。

第七节　人文社科学术图书影响力评价指标分析

本节对不同学科学术图书的引文指标、Altmetrics 指标进行综合分析。首先，对引文指标、Altmetrics 指标反映学术图书影响力的及时性展开分析。其次，对 Blog、Facebook、Google+、News、Twitter 等基于在线社交平台的 Altmetrics 指标内部以及与引文指标之间是否具有相关性进行分析。指标间的相关性在学科层面是否具有差别，也是本节关注的重点。最后，基于引文指标和 Altmetrics 指标的联合分析，探讨是否存在由相似性引起的指标集群、学科集群。其中，通过主成分分析法了解引文指标、

第三章 人文社科学术图书的国际影响力分析

Altmetrics 指标是否可以细分而表征更多信息价值内涵，从而可以产生新的指标集群。通过聚类分析法，了解是否产生不同的学科聚类分组，即组内学科。在引文指标、Altmetrics 指标上的表现具有相似性，组与组之间在引文指标、Altmetrics 指标上的表现具有明显的异质性。

一 指标及时性分析

图 3-7 展示了学术图书的年均 AAs 值及年均引文值的分布情况。2013—2017 年，6 个学科图书的 AAs 均值都呈现明显的增长趋势，与高度偏斜的年均引文均值相反，AAs 得分不容易受累积效应影响，早期出版的学术图书并不一定意味着获得更高的社会关注度。这反映了 AAs 指标对评价近期出版物具有优势[1]，在一定程度上弥补了引文时间滞后性的缺陷。其次，学科间突出的差异为，自然科学的 AAs 均值总体上较低，呈略微上涨后又下降的趋势，说明相较其他学科，自然科学学术图书在社交媒体上被引用、讨论、提及、评论的次数都很少；而临床、预临床与健康，工程与技术领域学术图书的 AAs 数值则呈现大幅度的上升，反映社交媒体对其关注度逐渐上升。

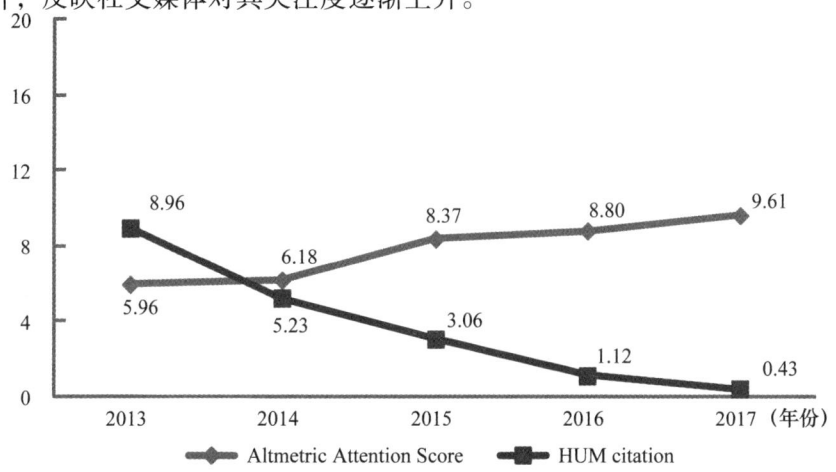

图 3-7 学术图书 AAs 均值与引文均值的年度分布

---

[1] Rodrigo Costas, Zohreh Zahedi & Paul Wouters, "Do 'Altmetrics' Correlate with Citations? Extensive Comparison of Altmetric Indicators with Citations From a Multidisciplinary Perspective", *Journal of the Association for Information Science and Technology*, Vol. 66, No. 19, October 2015.

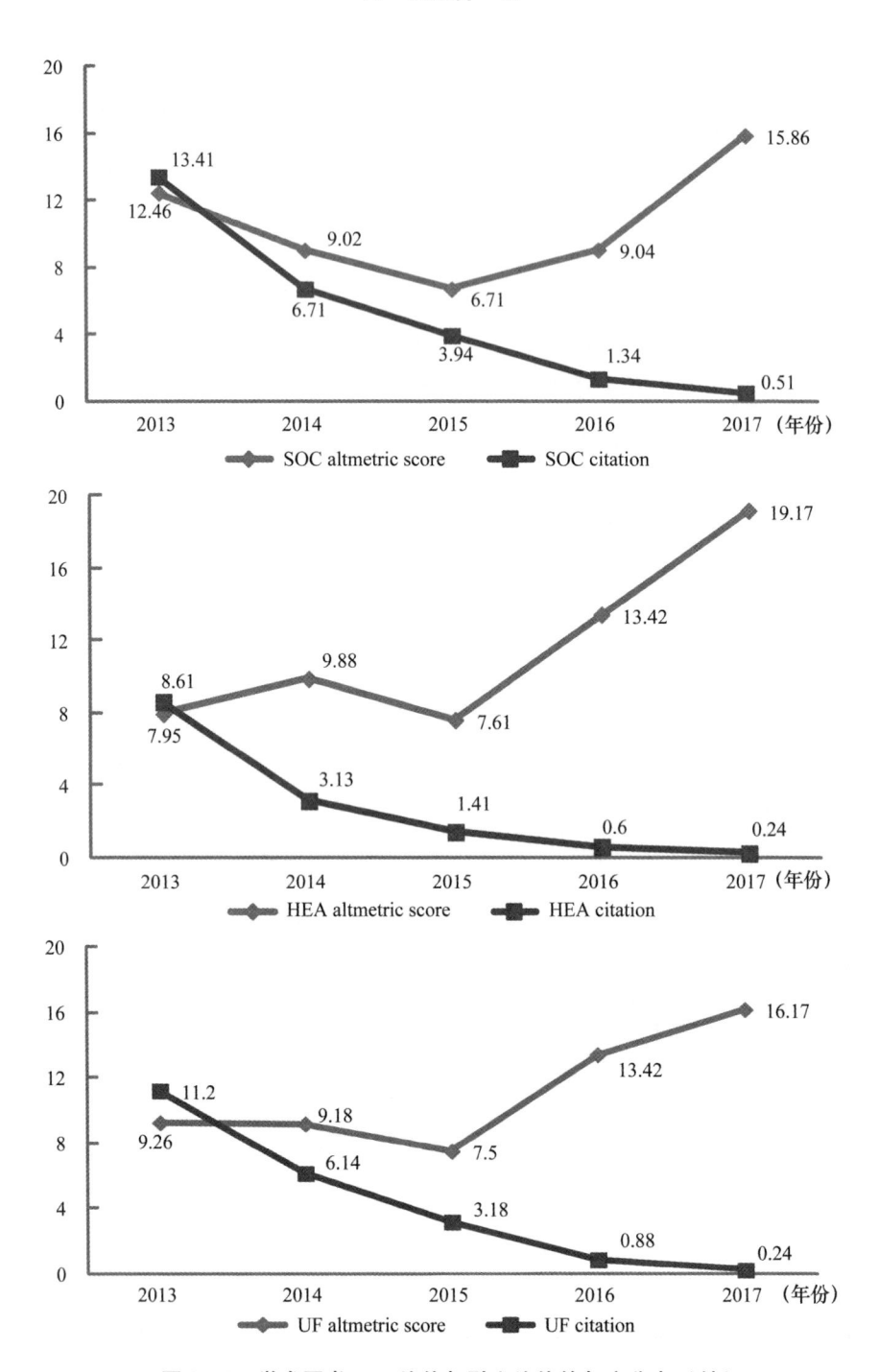

图 3-7 学术图书 AAs 均值与引文均值的年度分布（续）

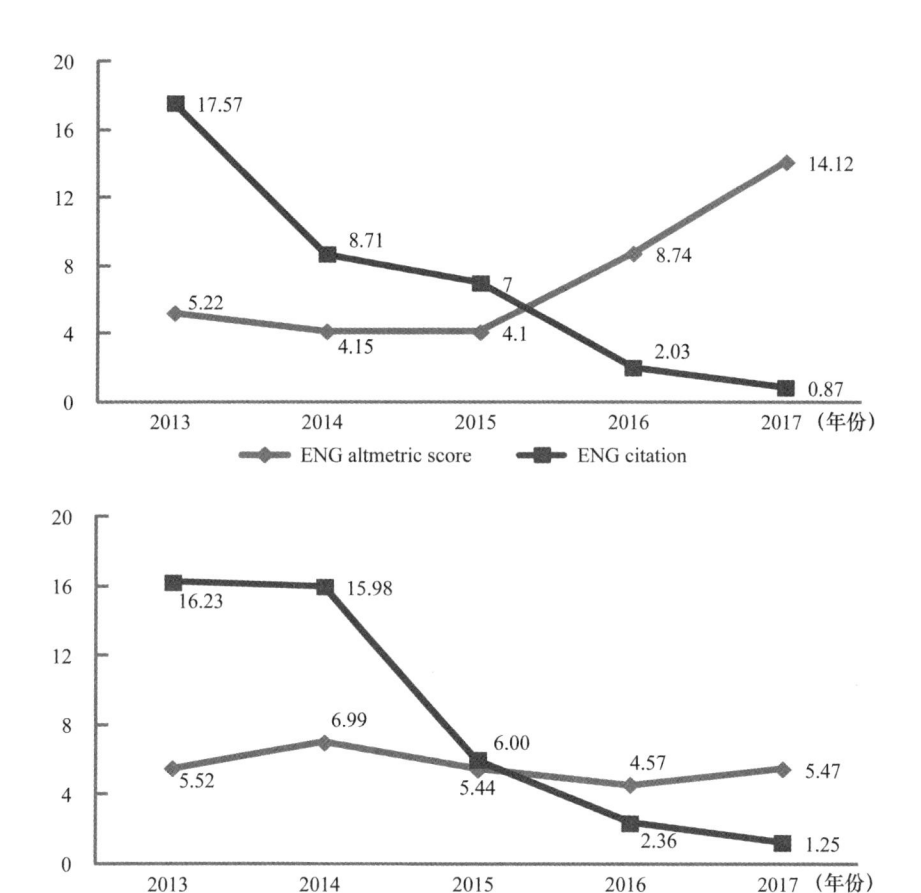

图 3-7 学术图书 AAs 均值与引文均值的年度分布（续）

二 指标相关性分析

Altmetrics 指标自诞生之日起便引起学术界的广泛关注，其中，Altmetrics 指标与以引文为代表的传统文献计量指标之间的相关性是重点方向。目前，许多研究通过相关性来探讨 Altmetrics 指标应用于影响评价的可行性。然而，相关分析很少以学术图书为研究对象。那么，在学术图书层面，引文指标与 Altmetrics 指标间是否具有相关性、Altmetrics 指标之间又存在什么样的联系，以及这些联系是否随学科而变化，这些都是本节的研究问题。

◇◇ 理论篇 ◇◇

(一) 引文与 Altmetrics 指标间的相关性

根据分析结果，样本数据不符合正态分布，因此对6个学科图书的被引指标与 Altmetrics 指标进行非参数 Spearman 相关性检验，结果如表3-17所示。Spearman 相关性检验系数的取值从 -1 到 1，r>0 时表示两变量正相关，r<0 时表示两变量负相关，绝对值越大，说明相关性越强[①]。

可见，各个学科都存在一些与引文指标显著性相关的 Altmetrics 指标，但相关系数都在绝对值0.3以下，相关度极弱。同一项指标与引文的相关性在不同领域之间仍存在一些差异。例如，在社会科学，临床、预临床与健康领域，AAs 与引文的相关性都较弱，但正负不同；而其他领域这两个指标不存在显著的相关性。此外，各学科领域内，Reader 指标与引用之间都呈现微弱的正相关，Twitter 与引用之间呈现微弱的负相关，这与 Haustein 等的研究结论相似[②]。

Altmetrics 指标和引文弱相关，以及部分指标相关性不显著的结果表明，一本图书的 Altmetrics 指标表现与其引文表现同一时段内不必一致。探讨背后的原因，一方面可能和引文的滞后性以及 Altmetrics 指标更倾向近期成果存在关联，另一方面也和学术图书的影响力特征相关，有些图书学术影响力不高，但会吸引高度的社会关注，尤其是内容与用户高度相关且容易理解的一类图书。对于这类学科的学术图书影响力的评价，如果只依据传统引文评价则不客观。有些学科的图书则恰恰相反，专业性程度很高，如自然科学类的图书，刚开始理解其内容与价值的读者大都是专业领域内的专家学者，在学术界影响广泛，社会大众短期内难以理解，导致其社会关注度不高。Nan 等在分析中国图书引文索引中1000本高被引图书的影响时，也观察到引文和 Altmetrics 指标之间的相关性很弱，并认为 Altmetrics 指标可以为学术图书的影响评估提供额外的信息[③]。

因此，引文与 Altmetrics 指标反映的是学术图书不同方面的影响力，

[①] 时立文：《SPSS19.0 统计分析：从入门到精通》，清华大学出版社2012年版，第144页。

[②] StefanieHaustein and Vincent Larivière, *The Use of Bibliometrics for Assessing Research: Possibilities, Limitations and Adverse Effects*, Cham, Switzerland: Springer, 2015.

[③] Xia Nan, Ming Li & Jin Shi, "Using Altmetrics for Assessing Impact of Highly-cited Books in Chinese Book Citation Index", *Scientometrics*, Vol. 122, No. 3, March 2020.

学术成果影响力评价应具有多样性。影响力评价如果仅使用基于引文的指标，具有重要社会或文化影响的研究成果可能被低估。此外，也需要根据不同学科图书的特征、指标的特征，因地制宜地进行影响力评价。

表 3-17　　　　　　被引频次与 Altmetrics 指标相关性分析

Spearman Coefficient	HUM	SOC	HEA	ENG	LIF	PHY
Blog-Citation	0.098**	0.124**	0.011	0.042	0.120**	0.042
Facebook-Citation	-0.136**	-0.111**	-0.056	-0.078**	-0.024	-0.084**
Google+-Citation	0.036	0.000	0.017	0.047	0.006	0.012
News-Citation	0.072**	0.093**	-0.022	-0.037	0.045*	0.057*
Reader-Citation	0.142**	0.136**	0.100**	0.161**	0.118**	0.221**
Twitter-Citation	-0.121**	-0.083**	-0.152**	-0.118**	-0.195**	-0.092**
AAs-Citation	0.011	0.082**	-0.064*	-0.043	0.021	0.029

注：* 在 0.05 级别（双尾），相关性显著；** 在 0.01 级别（双尾），相关性显著。

(二) Altmetrics 指标间的相关性

学术图书 Altmetrics 指标集的内在关系有待于进一步揭示，表 3-18 显示了 Altmetrics 各指标间的相关性分析结果。自然科学领域，Blog 与 AAs 的相关性系数最高，为 0.539。其他领域则是 Twitter 指标和 AAs 指标的相关性系数最高，在 0.5 至 0.7 之间波动，呈现中度正相关，即图书获得较多的 Twitter 提及数，也会获得较高的 AAs 数值。Twitter 作为全球主要的英文社交网站之一，信息交流现在已拓展到学术层面，越来越多的学术成果被分享在 Twitter 网站上。

Blog、News 指标在不同学科领域有不一样的表现。如在自然科学领域，Blog 提及数与 AAs 的相关性系数最高，为 0.539，大于 Twitter 和 AAs 的相关性。在临床、预临床与健康领域，News 与 AAs 的相关系数为 0.508，大于在其他领域表现出的相关性。对于 Blog、Facebook、Google+、News、Reader、Twitter 两两之间的相关性测量结果显示，尽管一些指标存在统计学的显著相关性，但系数都小于 0.3，即弱相关，表明这些指标之间的信息重叠较少，不同 Altmetrics 指标对学术图书影响力的反映维度、力度不同。这与各个指标本身的产生机制相关，如 Blog、Facebook 统计的是面向社会大众的社交媒体数据；而 Reader 指标更多的是以面向学术人员的社交媒体为数据源；从不同 Altmetrics 指标的产生时间来看，既可以是并发关系，也可以是先后关系。

表3-18　　　　　　　　Altmetrics 指标之间的相关性分析

		Blog	Facebook	Google +	News	Reader	Twitter	AAs
右上方为 HUM 领域 左下方为 SOC 领域	Blog		0.040*	0.012	0.191**	0.066**	0.063**	0.453**
	Facebook	0.012		0.093**	0.008	0.117**	0.251**	0.144**
	Google +	0.009	0.189**		0.035	0.113**	0.03	0.057**
	News	0.227**	0.041**	0.063**		0.053*	0.058**	0.378**
	Reader	0.027	0.131**	0.142**	0.066**		0.057*	0.033
	Twitter	0.057**	0.287**	0.102**	0.047**	0.141**		0.576**
	AAs	0.507**	0.175**	0.112**	0.454**	0.090**	0.574**	
		Blog	Facebook	Google +	News	Reader	Twitter	AAs
右上方为 HEA 领域 左下方为 ENG 领域	Blog		0.042	0.059	0.230**	0.074*	0.146**	0.450**
	Facebook	0.083**		0.150**	0.120**	0.062*	0.252**	0.258**
	Google +	0.061*	0.074**		0.122**	0.063*	0.140**	0.170**
	News	0.234**	0.068**	0.135**		0.029	0.168**	0.508**
	Reader	0.038	0.074**	0.064**	0.04		0.093**	0.100**
	Twitter	0.090**	0.157**	0.048*	0.103**	0.091**		0.686**
	AAs	0.381**	0.121**	0.145**	0.395**	0.082**	0.602**	
		Blog	Facebook	Google +	News	Reader	Twitter	AAs
右上方为 LIF 领域 左下方为 PHY 领域	Blog		0.075**	0.098**	0.207**	0.060**	0.110**	0.525**
	Facebook	0.021		0.103**	0.100**	0.128**	0.242**	0.225**
	Google +	0	0.103**		0.069**	0.095**	0.153**	0.186**
	News	0.106**	0.018	0.041		0.043*	0.106**	0.444**
	Reader	0.05	0.072*	0.028	0.037		0.130**	0.143**
	Twitter	0.047	0.168**	0.058*	0.031	0.056		0.649**
	AAs	0.539**	0.109**	0.125**	0.326**	0.087**	0.458**	

注：* 在 0.05 级别（双尾），相关性显著；** 在 0.01 级别（双尾），相关性显著。

三 指标聚类分析

为对指标的科学性和合理性进行进一步论证，了解各评价指标是否可以整合性分析，和第三章类似，本部分对六大学科的 Blog、Facebook、Google+、News、Reader、Twitter、Score 以及引文共 8 个指标进行主成分分析。采用主成分分析法旨在将多个变量通过线性变换选出较少的重要变量，利用主成分分析法，不但可以对不同指标变量进行分组，使得同组变量之间相关性较高，不同组变量相关性较低，还可以找出各主成分因子中起主要作用的变量。

为了确定各学科样本数据是否能用主成分分析法进行分析，需要进行 KMO-Bartlett 检验，Kaiser 提出的决策标准为：KMO 大于 0.9 非常适合因子分析，0.8 至 0.9 比较适合，0.7 至 0.8 适合，0.6 至 0.7 因子分析效果较差，0.5 以下不适宜作因子分析；且 Bartlett's 球状检验 P 值需要为 0.000，达到显著水平。

表 3 - 19 为初始指标的 KMO 和 Bartlett's 球状检验。可知，并不是所有学科的图书指标数据都适合进行主成分分析：艺术与人文，社会科学，临床、预临床与健康，生命科学以及自然科学领域的图书 KMO 值远小于 0.7，总体的相关矩阵间不存在共同因子，故不进行主成分分析。工程与技术的样本数据 KMO 值为 0.772，大于 Kaiser 给出的 0.6 标准，且 Bartlett's 球状检验 P 值为 0.000，达到显著水平，可以进行主成分分析。

表 3 - 19　　　　　　初始指标的 KMO 和 Bartlett's 球状检验

		HUM	SOC	HEA	ENG	LIF	PHY
KMO 值		0.233	0.435	0.481	0.773	0.624	0.200
Bartlett's 球状检验	近似卡方	10200.084	32912.217	8132.750	4224.292	23970.351	6093.256
	自由度	21	21	21	21	21	28
	显著性	0.000	0.000	0.000	0.000	0.000	0.000

主成分的提取原则主要依据以下两点：一是主成分对应的特征值应大于1，且积累的总方差尽可能大。表3-20为主成分分析因子提取结果，提取的2个主成分因子特征值分别是3.244、1.044，方差贡献率分别为40.533%和13.049%，累积解释的总方差为53.603%，这两个因子对总体的解释度一般。二是根据碎石图，如图3-8所示，存在由陡坡向缓坡突变的拐点，因此共提取2个主成分。

表3-20　　　　　　　　因子提取解释的总方差

初始特征值			提取载荷平方和			旋转载荷平方和		
总计	方差的%	累积%	总计	方差的%	累积%	总计	方差的%	累积%
3.244	40.555	40.555	3.244	40.555	40.555	3.244	40.553	40.553
1.044	13.048	53.603	1.044	13.048	53.603	1.044	13.049	53.603

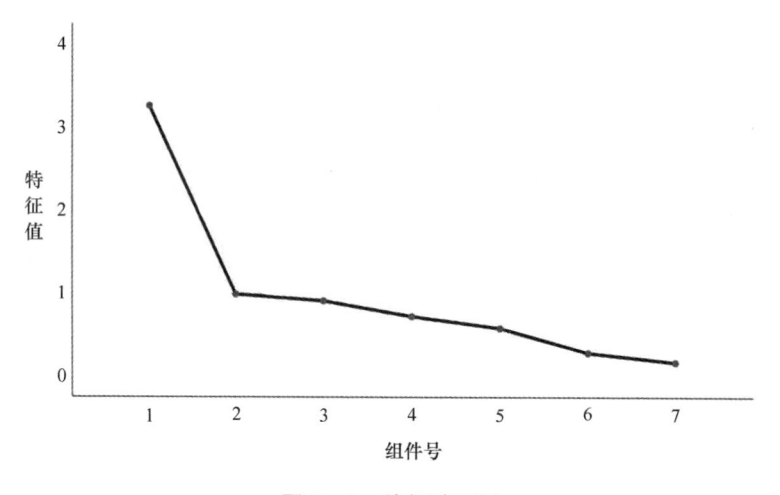

图3-8　特征碎石图

表3-21为最终的旋转成分矩阵，从分析结果看，存在2个异质的成分。成分因子1的载荷主要来自AAs、Facebook、Twitter、Blog、Google+、News，这些指标大部分表示出版物在社交网站中受到的关注。成分因子2的载荷主要来自Citation、Reader，揭示了在工程与技术领域，学术图书的Reader指标与其他Altmetrics指标存在差异，Reader指标与引用相关性更高。其内在原因可能是工程与技术领域具有较高的Reader

指标覆盖率（91.03%），且 Reader 指标数据源包括 Mendeley 阅读计量指标，而 Mendeley 工具的使用者多为研究学者，主要是学术界学者之间的学术交流。

表 3-21　　　　　　　　　　旋转成分矩阵

指标	成分 1	成分 2
AAs	0.913	
Facebook	0.797	
Twitter	0.768	
Blog	0.759	
Google +	0.599	
News	0.500	
Citation		0.759
Reader		0.671

四　学科聚类分析

聚类分析先将各个学科当作一个单独的类，然后在 6 个学科之中选择指标均值距离最近的 2 个学科作为一类进行合并，直至将 6 个学科都合并成一类为止。对于学科之间的距离，选择沃德方法下的平方欧氏距离计算。

分别以 Facebook、Blog、Google +、News、Twitter 这 5 项指标的覆盖率、均值为变量，以学科为个案展开聚类分析，聚类结果如图 3-9（a）、(b) 中的谱系图所示。在 5 项指标的覆盖率上，6 个学科之间，艺术与人文、自然科学领域学术图书的覆盖率具有最高的相似性。在 5 项指标的均值上，有 2 组学科表现出较高的内部相似性，一组是艺术与人文、工程与技术，另一组是社会科学、生命科学。图 3-9（a）、(b) 结果的共性之处在于，如果将聚类结果分为 2 组异质的类，生命科学，临床、预临床与健康始终都属于一组，自然科学、工程与技术领域属于另一组，且两组之间差别较大。而艺术与人文、社会科学这 2 个领域学术图书在 5 项 Altmetrics 指标均值上表现出差异性，并不能归属于一个类别。

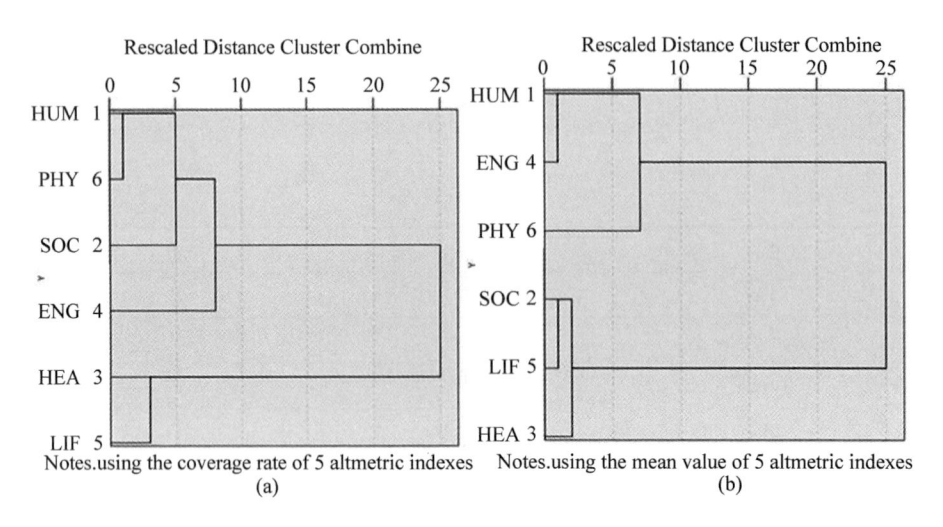

```
         Rescaled Distance Cluster Combine              Rescaled Distance Cluster Combine
         0      5    10    15    20    25              0      5    10    15    20    25
  HUM  1                                         HUM  1
  PHY  6                                         ENG  4
  SOC  2                                         PHY  6
  ENG  4                                         SOC  2
  HEA  3                                         LIF  5
  LIF  5                                         HEA  3
Notes.using the coverage rate of 5 altmetric indexes   Notes.using the mean value of 5 altmetric indexes
                 (a)                                             (b)
```

图 3-9　以 5 项 Altmetrics 指标为变量的学科聚类分析谱系

以 2013—2017 年引文均值作为变量，以学科为个案展开聚类分析，结果如图 3-10（a）所示；以 2013—2017 年 AAs 平均值作为变量，以学科为个案展开聚类分析，结果如图 3-10（b）所示。可知，二者都可分为 2 个聚类组合。二者共同之处在于，临床、预临床与健康，生命科学领域，社会科学 3 个学科学术图书的影响力指标特征可归属于一类；自然科学、工程与技术 2 个学科可归属于一类；且这两类之间存在外部异质性。其中，临床、预临床与健康，生命科学 2 个领域的引文特征、AAs 特征都表现出了高度的内部同质性。明显的差异之处在于，不同于引文的表现，艺术与人文领域学术图书的 AAs 均值特征与自然科学、工程与技术不相似，与社会科学则表现为异质。

五　研究结论

关于引文指标、Altmetrics 指标间是否存在联系，以及这种联系是否具有学科差异。首先，在及时性分布方面，相较于引文评价学术图书影响力的滞后性，Altmetrics 指标具有更好的时效性，对近期出版物评价具有明显的优势。其次，在相关性方面，传统引文指标与 Altmetrics 指标反映出学术图书不同方面的影响力，具体表现为所有学科图书的 Altmetrics

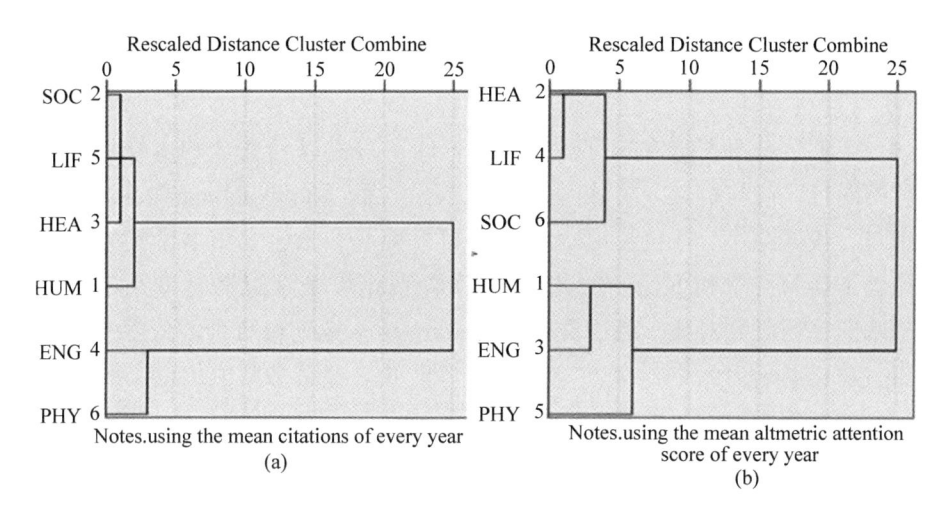

第三章 人文社科学术图书的国际影响力分析

图 3-10 以引文和 AAs 为变量的学科聚类分析谱系

指标与引文指标都不具备强相关性。最后，在 Altmetrics 指标内部的相关性上，除自然科学外，其余学科领域的 Twitter 指标和 AAs 的相关性系数最高，在 0.5 至 0.7 之间波动。在自然科学领域，则是 Blog 与 AAs 的相关性系数最高，为 0.539。除了 AAs，其他 6 个指标两两之间的相关性系数都小于 0.3，即弱相关。

对于引文和 Altmetrics 指标的联合分析中，是否发现了由相似性引起的指标集群、学科集群。在指标集群探讨方面，通过主成分分析发现，只有工程与技术领域的学术图书数据适合进行主成分分析，其他 5 个学科学术图书的指标之间不存在共同因子（即可认为不存在指标集群）。工程与技术领域学术图书主成分分析结果显示，Reader 指标与其他 Altmetrics 指标存在差异，更偏向于引用层面的学术影响力指标。在学科集群探讨方面，通过聚类分析发现，临床、预临床与健康，生命科学的学术图书在引文、Altmetrics 指标上表现出较高的相似性；工程与技术、自然科学的学术图书在引文、Altmetrics 指标可聚为一个类；而社会科学、艺术与人文学科学术图书在 Altmetrics 五项指标的覆盖率，以及年均引文上具有一定的相似性，在其他指标中则分别属于两个异构的类别。

第八节 本章小结

鉴于学术图书结构的特殊性、内容的丰富性以及受众的多样性，仅利用同行评议与引文分析法对其评价并不全面，而 Altmetrics 具有全员可参与、数据源广、评价及时、结果全面等特点，为学术图书影响力评价提供了新的视角和方法。因此，以 BKCI 数据库中经过同行专家遴选的学术图书为研究对象，将引文指标和 Altmetrics 指标相结合，从学术影响力、社会影响力两个维度，探索六大学科下学术图书影响力的特征。具体结论如下。

首先，六大学科在引文指标与 Altmetrics 指标的表现上存在差异。结合六大学科在引文指标、AAs 的表现以及聚类分析结果，可将六大学科归入以下三类中。第一类，高学术影响力、低社会影响力特征的学科。自然科学领域的学术图书中拥有最高的平均引用率，最低的 AAs 均值。工程与技术领域的学术图书平均被引频次仅次于自然科学，但 AAs 均值表现倒数第三。这两个学科的学术图书专业性较强，可成为后续学者研究的参考和重要对比文献，但由于其高度专业性，很难引起非专业读者的阅读兴趣，尽管基于专业价值能够获得较高的学术引用，但社会关注和传播速度却较低。第二类，低学术影响力、高社会影响力的学科。临床、预临床与健康学科的学术图书在引文均值方面表现最差，但 AAs 均值表现最好。生命科学领域的学术图书平均被引频次倒数第三，但平均 AAs 排名第二。这两类学科的学术图书研究主题、研究内容与日常生活中的现实问题密切相关、趣味性强、实用性高，因此更容易在较短时间引起大众读者的关注和兴趣，传递了引文指标无法体现的社会影响力。第三类，在学术影响力和社会影响力两个维度上的表现均不突出，且在两个维度上表现出一致性特征的学科。如在社会科学领域，学术图书的引文均值与 AAs 均值皆排名第三；在艺术与人文领域，学术图书的引文均值与 AAs 均值皆排名倒数第二。尽管社会科学、艺术与人文领域比自然科学领域更倾向于以学术图书的形式发表学术成果，但二者的影响力表现并不突出。这两类学科的学术图书往往以人和社会为研究对象，研究内容具有较强的意识形态、价值导向性。

第三章 人文社科学术图书的国际影响力分析

其次，在数据分布特征方面：第一，关于数据集的基本情况分析，所有学科内，美国的国际学术图书产量遥遥领先于其他国家和地区；中国的产量排名位于前10之内，但与美国的数量差距较大，其中，工程与技术学科排名第二，艺术与人文学科的数量最少。国际学术图书使用英语为出版语言的比例达到95%以上。第二，在对引文指标、AAs分布特征分析中发现，所有学科，前50%的学术图书的指标值之和占据总数值的80%—100%，反映了引文、AAs数据分布的集中性。第三，六大学科数据分布存在明显差异，艺术与人文、社会科学的数据分布相对均匀，临床、预临床与健康领域的数据分布相对集中；此外，对六大学科图书的引文、AAs进行Kruskal-Wallis检验，得出在学科类别上，引文的分布不相同。但成对比较发现，艺术与人文和社会科学，临床、预临床与健康和生命科学，工程与技术和自然科学这3组学科内部存在引文、AAs数据分布相似性。

在指标的覆盖率方面，有DOI的学术图书以及有Altmetrics指标的学术图书的覆盖率不高，整体上只有52%的学术图书检索到了Altmetrics指标数据。生命科学领域图书的Altmetrics指标的覆盖比例最高，为56%，反映了生命科学类论文更容易引起各类平台、媒体的关注。Altmetrics指标间的覆盖率也存在较大差异，超过80%的图书皆被Twitter提及，超过60%的图书皆有Reader数据；其余指标皆低于50%；Video与Reddit这两项指标的覆盖率更是低于3%，表明这两个指标现阶段还不适合实际应用于学术图书的影响力评价之中。

最后，关于引文指标、Altmetrics指标之间的关系，Altmetrics指标的融入有利于更全面地捕捉学术图书的影响力。从及时性角度来看，在学术图书层面，Altmetrics指标在一定程度上弥补了引文时间滞后性的缺陷。从相关性角度来看，一方面，Altmetrics指标和引文指标在所有学科都不存在强相关；另一方面，Altmetrics指标内部，News、Blogs以及Twitter对AAs更有影响，表明不同的Altmetrics指标反映的影响力也不同。从主成分分析的角度来看，对引文指标和Altmetrics指标展开检测发现，除了工程与技术的5个学科都不存在共同因子。而在工程与技术学科，分别存在以引文、AAs为代表的两个成分，其中学术图书的Reader指标更倾向于引文所代表的学术影响力。整体来看，主成分分析结果进一步验证了引文指标、Altmetrics 指标揭示了学术图书影响力的不同维度。

基于以上分析结论，对于学术图书影响力评价，一方面需要引入 Altmetrics 指标与传统评价指标相结合以优势互补，丰富学术图书影响力评价的指标体系，进而科学、全面、公正、及时地反映成果的真实影响力；另一方面需要重视不同指标的适用性，如本章研究结论显示 9 个 Altmetrics 指标中，Altmetric attention score、Twitter、Reader 指标的覆盖率较高，较有实际应用的潜力。再者，根据学术图书影响力的学科特点，评价时要重视对学科类别进行区分。

第四章 人文社科会议论文的国际影响力分析

> 坚持分类评价，推行代表性成果评价。
> ——中共中央、国务院《深化新时代教育评价改革总体方案》

在信息时代，学术会议由于其科学交流的本质，在科学研究和技术创新中起着关键作用。作为学术会议的成果，会议论文已经成为学术交流中一种日益重要的知识载体[1]，但是与期刊论文相比，目前学术界对会议论文的综合性研究相对较少[2]。

本章主要分析人文社科会议论文的国际影响力。具体分为六大学科领域，通过被引量、集中度、Altmetrics 系列指标来研究、比较会议论文的国际学术影响力和社会影响力。此外，运用斯皮尔曼相关分析和多元回归分析来探索各学科会议论文引文与 Altmetrics 指标之间的关系。

第一节 人文社科会议论文国际发表格局与态势

本节对人文社科会议论文国际发表的格局与态势进行分析。研究数据来源于 CPCI-SSH 数据库，数据时间范围选择为 2010—2021 年（本书

---

[1] Danielle H. Lee, "Predictive Power of Conference-related Factors on Citation Rates of Conference Papers", *Scientometrics*, Vol. 118, No. 1, January 2019; Wolfgang Glänzel, Balázs Schlemmer, András Schubert, et al., "Proceedings Literature as Additional Data Source for Bibliometric Analysis", *Scientometrics*, No. 3, December 2006.

[2] Danielle H. Lee, "Predictive Power of Conference-related Factors on Citation Rates of Conference Papers", *Scientometrics*, Vol. 118, No. 1, January 2019.

于 2021 年内完成，数据选择至最近时间 2021 年 10 月 31 日）。对中国的国际成果界定，以 Web of Science 检索结果精炼中"国家/地区"为"PEOPLES R CHINA"为准。

一 人文社科会议论文年代分布

2010—2021 年 CPCI-SSH 共计收录 460963 篇人文社科会议论文，12 年来论文记录数有起伏，呈现中间年份高、两边年份低的现象。其中，2016 年收录的记录数最多，达 61853 条，占总数的 13.62%。CPCI-SSH 收录的中国人文社科会议论文数量也是有增有减，其中，2014—2017 年论文增加较多，2017 年到达顶峰，而后持续下降，2020 年数量较少（见图 4-1）；由于数据收集只到 2021 年 10 月 31 日，即 2021 年数据不完整，故而 2021 年下降较多，并不纳入之前趋势分析，为正常现象；中国和世界论文发表呈现较为一致的趋势。近年来会议论文数量减少，可能与 CPCI 收录论文标准的提高有关系；而 2020 年数量较少，会议论文收录的滞后性是一个重要因素。

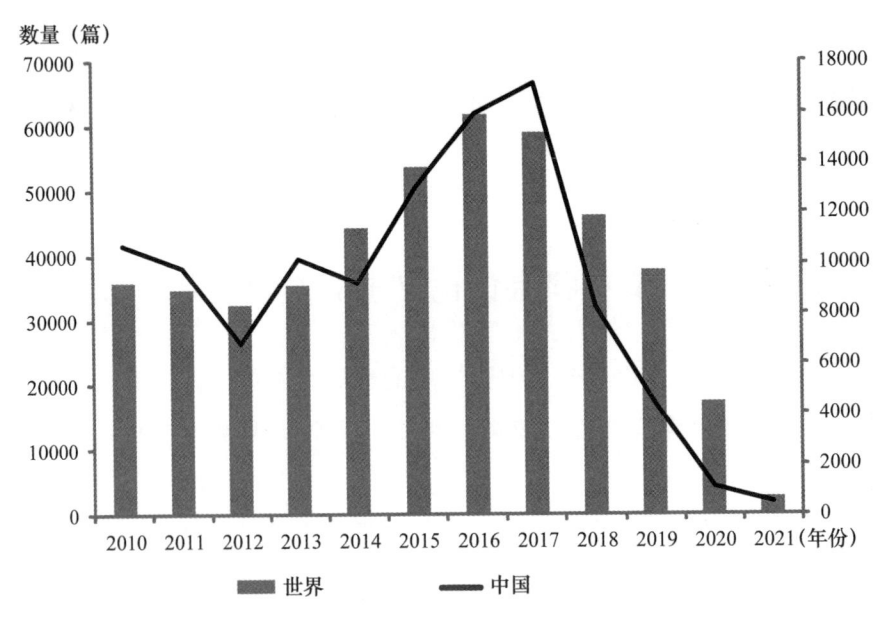

图 4-1 2010—2021 年 CPCI-SSH 收录的会议论文年代分布

第四章 人文社科会议论文的国际影响力分析

二 人文社科会议论文语种分布

表4-1列举了2010—2021年CPCI-SSH收录的会议论文所涉及的语种,排除未明确说明的语言,共有36种;其中英文文献记录最多,有427676条,占文献记录总数的92.78%,这表明英语在人文社科会议论文国际发表中占据重要地位。中文文献记录次之,但是与英文文献记录数量相去甚远;在发文量等评价指标的导向下,中国举办众多国际会议,同时也发表很多会议论文,但是论文质量问题近年来也引起了学界的注意[①]。除此之外,人文社科会议论文使用较多的语种还有捷克语、西班牙语、德语、法语、斯洛伐克语、俄语和葡萄牙语。值得注意的是,未明确说明的语言是排名前10的语种之一,这说明会议论文的语种信息存在不全或有误的问题。中国发表的人文社科会议论文语种分布情况为:英文使用最多,占87.98%;其次为中文,占比达11.95%;而排名其后的日语、德语、加泰罗尼亚语、韩语、俄语、法语、斯洛伐克语、西班牙语等只占了绝少部分。我国应拓宽国际合作,以求更加广泛的会议交流推进知识发展。

表4-1　　　　CPCI-SSH 收录的会议论文语种分布

序号	语种	记录(条)	所占比例(%)	序号	语种	记录(条)	所占比例(%)
1	English	427676	92.78	9	Russian	1379	0.30
2	Chinese	13051	2.83	10	Portuguese	1339	0.29
3	Czech	3525	0.77	11	Latvian	405	0.09
4	Spanish	3222	0.70	12	Italian	395	0.09
5	German	2571	0.56	13	Bulgarian	165	0.04
6	French	2322	0.50	14	Polish	152	0.03
7	Slovak	2317	0.50	15	Turkish	125	0.03
8	Unspecified	1799	0.39	16	Dutch	107	0.02

---

① 张丽华、田丹、曲建升:《中国学者发表会议论文的领域差异性与载体差异性研究》,《情报杂志》2018年第6期。

续表

序号	语种	记录（条）	所占比例（%）	序号	语种	记录（条）	所占比例（%）
17	Slovenian	104	0.02	28	Catalan	12	0.00
18	Croatian	63	0.01	29	Lithuanian	11	0.00
19	Japanese	46	0.01	30	Welsh	4	0.00
20	Latin	29	0.01	31	Danish	2	0.00
21	Malay	27	0.01	32	Hungarian	2	0.00
22	Serbian	24	0.01	33	Estonian	1	0.00
23	Arabic	23	0.01	34	Finnish	1	0.00
24	Ukrainian	18	0.00	35	Norwegian	1	0.00
25	Swedish	15	0.00	36	Samoan	1	0.00
26	Greek	14	0.00	37	Tadzhik	1	0.00
27	Korean	14	0.00				

三 人文社科会议论文学科分布

2010—2021年CPCI-SSH收录的会议论文数量排名前10的学科领域是：商业经济学、教育与教育研究、社会科学其他主题、计算机科学、工程学、语言学、公共管理学、心理学、艺术人文其他主题、政府法律。由表4-2可知，商业经济学领域的会议论文数量最多，有141146条，占总数的30.62%；教育与教育研究领域次之，为135966条，占29.50%，与商业经济学都是国际上会议论文发表的热门领域。中国人文社科会议论文数量排名前10的领域与国际大部分相同，具体排名有所差异。商业经济学、社会科学其他主题和教育与研究领域分别占41.16%、40.51%、34.22%，三者合计达115.88%（因1篇论文可以同时属于2个及以上学科领域，故总数大于100%）。

表4-2　　CPCI-SSH收录的会议论文所属学科领域前10位

学科领域	记录（条）	所占比例（%）
Business Economics	141146	30.62
Education Educational Research	135966	29.50

续表

学科领域	记录（条）	所占比例（%）
Social Sciences Other Topics	83099	18.03
Computer Science	44517	9.66
Engineering	29276	6.35
Linguistics	23636	5.13
Public Administration	23596	5.12
Psychology	20070	4.35
Arts Humanities Other Topics	15165	3.29
Government Law	15001	3.25

四 人文社科会议论文机构分布

如表4-3所示，2010—2021年CPCI-SSH收录的人文社科会议论文数量排名前10的机构有布加勒斯特经济大学、武汉理工大学、伦敦大学、布拉格经济大学、玛拉工艺大学、马萨里克大学、加州大学系统、法国国家科研中心、布拉迪斯拉发经济大学、华北电力大学。这10个机构大多是高校，说明高校是人文社科会议论文的高产机构。其中，布加勒斯特经济大学发表的人文社科成果数量最多，其次是武汉理工大学和伦敦大学。这些机构中有2个机构属于中国，2个机构属于捷克，剩余机构所属国家有罗马尼亚、英国、马来西亚、美国、法国和斯洛伐克，分布国家较多。

表4-3　CPCI-SSH收录的会议论文作者所在机构前10位

机构	记录（条）	所占比例（%）
Bucharest University of Economic Studies	4548	0.99
Wuhan University of Technology	2681	0.58
University of London	2366	0.51
Prague University of Economics Business	2365	0.51
Universiti Teknologi Mara	2323	0.50
Masaryk University Brno	2280	0.50
University of California System	2207	0.48
Centre National de la Recherche Scientifique	2170	0.47
University of Economics Bratislava	2132	0.46
North China Electric Power University	2050	0.45

五　人文社科会议论文国家/地区分布

2010—2021 年 CPCI-SSH 收录的人文社科会议论文分布在 202 个国家/地区（具体见表 4-4）。其中，论文数量最多的国家是中国，有 110470 条记录，约占总量的 23.97%，遥遥领先发文量第二的美国；说明中国在人文社科领域国际会议论文丰硕，积极与其他国家/地区学习交流，在努力地向世界发出自己的声音。但是国内会议论文增加主要是政策和评价导向作用，例如一篇 CPCI 检索论文在职称评定和毕业资格方面相当于 1 篇国内权威期刊论文，而相比期刊论文，会议论文的发表难度偏低些，篇幅往往更短一些，导致存在大量的灌水会议论文，威胁到学术会议科学交流的初衷。

表 4-4　　CPCI-SSH 收录的会议论文国家/地区前 10 位

国家/地区	记录（条）	所占比例（%）
Peoples R China	110470	23.97
USA	43288	9.39
Romania	27123	5.88
Czech Republic	21402	4.64
Russia	21394	4.64
Spain	18291	3.97
England	16411	3.56
Indonesia	15240	3.31
Germany	14958	3.25
Italy	14951	3.24

六　人文社科会议论文被引情况

表 4-5 列举了 2010—2021 年 10 月 31 日 CPCI-SSH 收录的被引频次排名前 10 的会议论文，被引频次最高的论文是 Manning, C. D. 等于 2014 年发表的"the Stanford CoreNLP Natural Language Processing Toolkit"，该文来自第 52 届计算机语言协会年会：系统演示会议，该文描述了

第四章 人文社科会议论文的国际影响力分析

Stanford CoreNLP 工具包的设计和使用，拓展了核心自然语言分析。被引频次排名第二的是 Lemon, K. N. 的"Understanding Customer Experience Throughout the Customer Journey"，这篇文章为实现通过繁杂的客户行为了解客户旅途和体验的目的，以历史的角度分析了相关的理论定义，并结合了管理知识完成该课题。排在第三的是 Adamko, P. 等在 2016 年发表的"an Ensemble Model for Prediction of Crisis in Slovak Companies"，它在全球化加剧竞争的背景下，为防止公司失败概率增加，提出创建和评估一个集成模型，以便预测斯洛伐克公司是否会在下一年陷入危机，并以实际数据验证模型，获得相关性能指标。此外，这 10 篇论文有 9 篇是合著论文，只有 1 篇是单人完成。被引频次来看，虽然中国发表的会议论文数量最多，但是在高被引方面表现较差。

表 4-5　　CPCI-SSH 收录的被引频次排名前 10 的会议论文

标题	作者	来源出版物	出版年份	被引频次	年均被引频次
the Stanford CoreNLP Natural Language Processing Toolkit	Manning, C. D. 等	PROCEEDINGS OF 52ND ANNUAL MEETING OF THE ASSOCIATION FOR COMPUTATIONAL LINGUISTICS: SYSTEM DEMONSTRATIONS	2014	2129	266.13
Understanding Customer Experience Throughout the Customer Journey	Lemon, K. N. 等	JOURNAL OF MARKETING	2016	1031	171.83
an Ensemble Model for Prediction of Crisis in Slovak Companies	Adamko, P. 等	GLOBALIZATION AND ITS SOCIO-ECONOMIC CONSEQUENCES, PTS I-VI	2017	1005	201.00
Social Norms and Energy Conservation	Allcott, H.	JOURNAL OF PUBLIC ECONOMICS	2011	991	90.09
Jupyter Notebooks-a publishing Format for Reproducible Computational Workflows	Kluyver, T. 等	POSITIONING AND POWER IN ACADEMIC PUBLISHING: PLAYERS, AGENTS AND AGENDAS	2016	841	140.17
Growth in a Time of Debt	Reinhart, C. M. 等	AMERICAN ECONOMIC REVIEW	2010	802	66.83

续表

标题	作者	来源出版物	出版年份	被引频次	年均被引频次
A Review of Archival Auditing Research	DeFond, M. 等	JOURNAL OF ACCOUNTING & ECONOMICS	2014	722	90.25
Word Representations: a Simple and General Method for Semi-Supervised Learning	Turian, J. 等	ACL 2010: 48TH ANNUAL MEETING OF THE ASSOCIATION FOR COMPUTATIONAL LINGUISTICS	2010	763	63.58
a Convolutional Neural Network for Modelling Sentences	Kalchbrenner, N. 等	PROCEEDINGS OF THE 52ND ANNUAL MEETING OF THE ASSOCIATION FOR COMPUTATIONAL LINGUISTICS, VOL 1	2014	693	86.63
Improved Semantic Representations from Tree-Structured Long Short-Term Memory Networks	Tai, K. S. 等	PROCEEDINGS OF THE 53RD ANNUAL MEETING OF THE ASSOCIATION FOR COMPUTATIONAL LINGUISTICS AND THE 7TH INTERNATIONAL JOINT CONFERENCE ON NATURAL LANGUAGE PROCESSING, VOL 1	2015	631	90.14

七 研究结论

本节从年代、语种、学科领域、机构、国家/地区和被引情况6个方面对2010—2021年CPCI-SSH收录的人文社科会议论文进行统计分析，结果如下：会议论文数量逐年变化，中国与世界整体变化较一致。每年论文量有波动，尤其是2018年、2019年和2020年，会议论文数量大幅减少；2021年论文数量下降较多，原因在于数据不完整。从语种分布看，共涉及36种语言，但英语所占比例较高，达92.78%；虽然汉语排名第二，但却仅占2.83%。商业经济学、教育和教育研究、社会科学其他主题这3个学科论文数量共占总数一半以上，是人文社科会议论文国际发表的热门学科。会议论文发文排名前10的机构大多来自高校，说明高校人文社科会议论文产出高。来自中国的会议论文数量最多，表明中国积极参加学术会议，积极地与其他国家/地区交流，在国际上发出自己的声音。

◇ 第四章 人文社科会议论文的国际影响力分析 ◇

第二节 相关理论与研究问题

一 会议论文影响力概述

学术会议已经成为日益重要的科学交流渠道，会议论文也成为文献计量研究的重要数据来源[1]。文献计量领域的学者认为，会议论文为各学科的文献计量研究提供了更完整和更准确的视角[2]。

对会议论文的研究有两个分支，第一个分支是从微观上分析某一领域会议论文的特征，比如会议论文的增长模式、国家或作者机构的特征[3]、引文模式等。此外，一些学者试图深入探讨会议论文的特点，例如 Lee 探索了能够预测会议论文被引量的因素[4]。第二个分支是从宏观上验证会议论文的重要性与价值，其中大部分是与期刊论文的比较研究，例如通过计量不同领域期刊论文引用会议论文的数量来验证会议论文在不同领域的价值[5]。Freyne 等发现来自顶级会议的论文被引量与中等期刊的论文具有同等被引水平[6]。一些研究发现会议论文的价值与其所在学科有关，因为在一些领域中（如计算机科学），会议论文被看作科学研究的最终成果[7]或最新发现[8]。Eckmann 等认为，计算机与工程领域的会

---

[1] Wolfgang Glänzel, Balázs Schlemmer, András Schubert, et al., "Proceedings Literature as Additional Data Source for Bibliometric Analysis", *Scientometrics*, Vol. 68, No. 3, December 2006.

[2] H. Benjamin Harvey and Susan T Sotardi, "The pareto principle", *Journal of the American College of Radiology*, Vol. 15, No. 6, June 2018.

[3] ChristophBartneck and Jun Hu, "Scientometric Analysis of the CHI Proceedings", *Proceedings of the SIGCHI Conference on Human Factors in Computing Systems*, Boston, 2009, pp. 669–708.

[4] Danielle Lee, "Predictive Power of Conference-related Factors on Citation Rates of Conference Papers", *Scientometrics*, Vol. 118, No. 1, January 2019.

[5] VincentLarivière, Éric Archambault, Yves Gingras, et al., "The Place of Serials in Referencing Practices: Comparing Natural Sciences and Engineering with Social Sciences and Humanities", *Journal of the American Society for Information Science and Technology*, Vol. 57, No. 8, June 2006.

[6] Jill Freyne, Lorcan Coyle, Barry Smyth, et al., "Relative Status of Journal and Conference Publications in Computer Science", *Communications of the ACM*, Vol. 53, No. 11, November 2010.

[7] Cynthia Lisée, Vincent Larivière & Eric Archambault, "Conference Proceedings as a Source of Scientific Information: A Bibliometric Analysis", *Journal of the American Society for Information Science and Technology*, Vol. 59, No. 11, September 2008.

[8] Wei-Chao Lin, Chih-Fong Tsai & Shih-Wen Ke, "Correlation Analysis for Comparison of the Citation Impact of Journals, Magazines, And Conferences in Computer Science", *Online Information Review*, Vol. 39, No. 3, June 2015.

议论文是评价该领域学者学术成就的重要材料[1]。通过探究会议论文扩充成期刊论文的过程，Montesi 和 Owen 讨论了会议论文在软件工程领域的角色和地位[2]。

随着新指标的产生，对会议论文的文献计量研究已不局限于传统的引文分析，越来越多的学者倾向于使用 Altmetrics 指标来评价会议论文。Lee 和 Brusilovsky 通过会议论文的早期社会影响力（CN3 和 CiteULike）来预测未来的被引量[3]。在人工智能领域，Altmetrics 指标能够识别高被引的会议论文[4]。Aduku 等发现 Mendeley 读者数可以反映计算机科学与工程会议论文的学术影响力[5]。但是，目前对会议论文及其 Altmetrics 指标的研究还处于探索阶段，综合性的研究还比较有限。

二 研究问题

在文献计量研究中，对人文社科的探索一直经久不衰。与其他文献类型相比，会议论文的学科差异更为明显。虽然人文社科领域的学者更喜欢用学术专著来保存和传播研究成果[6]，但是一些人文社科内部学科的会议论文被引量出现了显著的增长，例如图书情报会议论文的引文量是 21 世纪初整个人文社科领域的两倍。此外，评价方法的多样化发展改变了人们对会议论文的传统认知。这些现象使学者们重新思考人文社科会议论文的影响力。

---

[1] Michael Eckmann, Anderson Rocha & Jacques Wainer, "Relationship between High-Quality Journals and Conferences in Computer Vision", *Scientometrics*, Vol. 90, No. 2, February 2012.

[2] Michela Montesi and John Mackenzie Owen, "From Conference to Journal Publication: How Conference Papers in Software Engineering Are Extended for Publication in Journals", *Journal of the American Society for Information Science and Technology*, Vol. 59, No. 5, March 2008.

[3] Danielle Lee and Peter Brusilovsky, *Recommendations Based on Social Links*, Cham, Switzerland: Springer, 2018, pp. 391–440.

[4] Xi Zhang, Xianhai Wang, Hongke Zhao, et al., "An Effectiveness Analysis of Altmetrics Indices for Different Levels of Artificial Intelligence Publications", *Scientometrics*, Vol. 119, No. 3, June 2019.

[5] Kuku Joseph Aduku, Mike Thelwall & Kayvan Kousha, "Do Mendeley Reader Counts Reflect the Scholarly Impact of Conference Papers? An Investigation of Computer Science and Engineering", *Scientometrics*, Vol. 112, No. 1, July 2017.

[6] Anton J. Nederhof, "Bibliometric Monitoring of Research Performance in the Social Sciences and the Humanities: A Review", *Scientometrics*, Vol. 66, No. 1, January 2020.

◇◇ 第四章 人文社科会议论文的国际影响力分析 ◇◇

除引文指标外，本章加入了 Altmetrics 指标来对会议论文进行较为全面的比较分析。从会议论文引文索引（CPCI-WoS）上获取了 2013—2017 年间共 777516 篇会议论文，在与自然科学会议论文对比的基础上，分析人文社科会议论文的国际影响力。以下为本章的研究问题。

（1）与自然科学相比，人文社科领域会议论文的学术影响力表现如何？

（2）基于 Altmetrics 指标，与自然科学相比，人文社科领域会议论文的社会影响力表现如何？

（3）人文社科会议论文的社会影响力与其学术影响力是否相关？如果相关，它们的相关性有多强？

第三节 研究数据

如图 4-2 所示，于 2018 年 12 月 28 日在 WoS 中的 CPCI-S 和 CPCI-SSH 两个数据库中，使用检索式"PY = 2013 - 2017 AND DT = (ARTICLE OR REVIEW OR PROCEEDINGS PAPER)"下载了 1827690 条记录。选择"articles"、"reviews"和"proceedings papers"3 种文献类型，因为在目前的研究中[①]，学者们都将其视为 CPCI 数据库中的主要文献类型。数据去重后，得到了 1779166 条记录作为总数据集。为了便于后续的学科分类和 Altmetric 数据获取，筛选出 757470 条带有数字对象标识符（Digital Object Unique Identifier，DOI）的数据。2019 年 2 月 7 日，根据数据集的 DOI，通过 API 在 Altmetric.com 上获取了 118067 条记录。数据去重后，共得到了 80132 条 Altmetric 数据。

为了更清晰地观测人文社科会议论文的表现，数据集中的所有出版物被分入六大领域。如果只将数据分为人文社科与自然科学两个大类，各学科之间可能出现拟合现象，难以清楚地观察到学科之间的差异。根据论文的来源期刊，WoS 将其收录的出版物划分为 254 个学科，但是这种复杂的分类方法可能会给研究带来不必要的麻烦，因此本章和第二章、

---

① Wolfgang Glänzel, Balázs Schlemmer, András Schubert, et al., "Proceedings Literature as Additional Data Source for Bibliometric Analysis", *Scientometrics*, Vol. 68, No. 3, December 2006.

◇◇ 理论篇 ◇◇

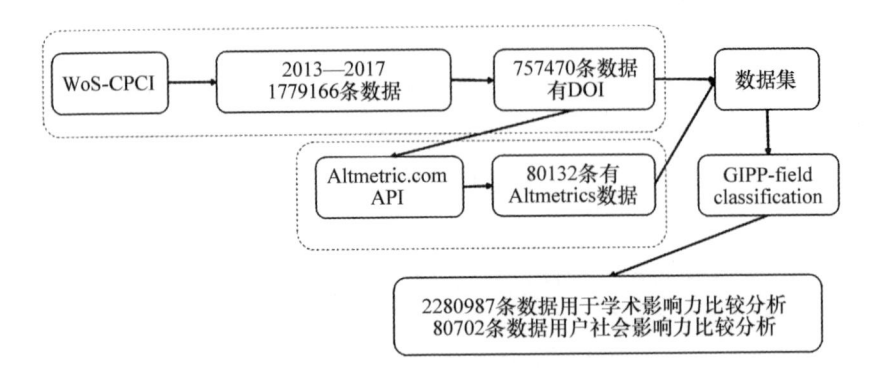

图 4-2 数据获取与预处理过程

第三章同样采用"全球机构概览项目"（Global Institutional Profile Project，GIPP）中的分类方法，即将 WoS 中的 254 个学科聚合为 6 个学科，分别为艺术与人文，临床、预临床与健康，工程与技术，生命科学，物理科学和社会科学。该分类体系曾被应用于泰晤士高等教育世界大学排名项目，是一个比较成熟的学科分类体系。跨学科的论文将会被重复计数，例如，如果 1 篇论文同时被映射到了艺术与人文和社会科学两大学科，它将在两个学科各计数 1 次。因此，学科分类会造成数据集中数据量的增加。表 4-6 中详细展示了分类后各学科数据集的重叠情况。

表 4-6　　　　　　　　六大学科的数据重叠情况

	艺术与人文	社会科学	物理科学	工程与技术	生命科学	临床、预临床与健康
艺术与人文						
社会科学	10985					
物理科学	6660	10360				
工程与技术	8412	24743	146661			
生命科学	6378	17477	21813	28115		
临床、预临床与健康	6363	8262	17918	18398	20709	
合计	14179	61018	268445	561424	75328	51746

最终，得到了两个数据集：数据集1，包含2280987条记录，用于"学术影响力比较分析"部分；数据集2，包含80702条记录，用于"社会影响力比较分析"部分。

第四节 六大学科视角下会议论文国际发表概况分析

2013年到2017年期间，6个学科共发表国际会议论文2280987篇。如图4-3所示，学科会议论文逐年发表量变化大致呈现先增后减的趋势。各学科会议论文发表量逐年增长，直至2016年达到顶峰，六大学科总计501349篇，下一年总量下降至426811篇。经计算可知，2016年的产量高峰主要来自临床、预临床与健康，以及艺术与人文和生命科学会议论文产量的增长。

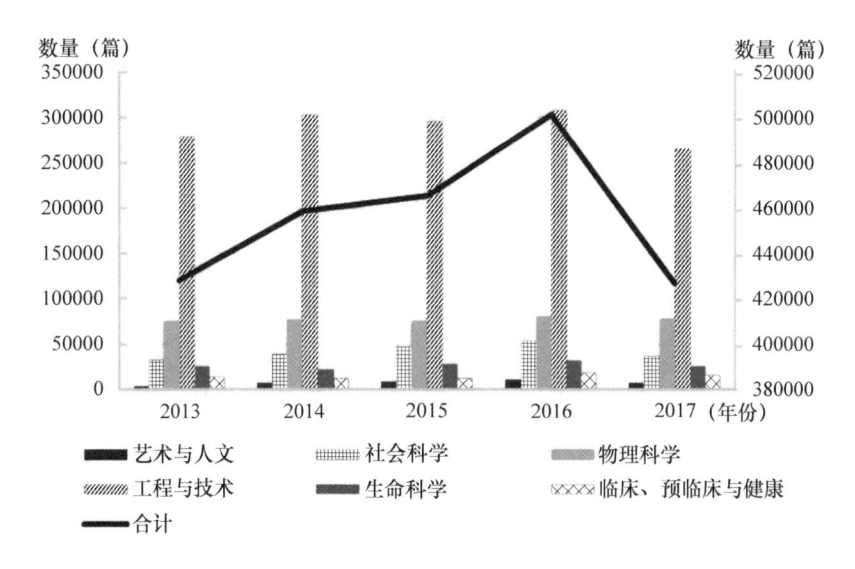

图4-3 2013—2017年WoS收录的六大学科会议论文年代分布

发表结果反映出学科间国际会议论文数量的差异一直存在。其中，人文社科会议论文近年来增长迅速，说明学术会议越来越受人文社科学者的关注。虽然艺术与人文领域会议论文的增长速度是最快的

（90.36%），从4003篇增长到了7620篇，但却是六大学科中占比最小的一个（38032/2280987，约1.67%）。而工程与技术领域的会议论文在数量上占据绝对优势（1449675/2280987，约63.55%），并且数量还在持续增长。Vrettas 和 Sanderson 认为，会议论文在计算机科学及相关领域的认可度极高，才会造成这一现象[1]。

第五节　六大学科视角下会议论文国际学术影响力分析

一　研究指标

本节通过引文分析法揭示在全学科视域下人文社科会议论文的国际学术影响力现状，研究问题主要包括：（1）全学科视域下人文社科会议论文的引文表现；（2）全学科视域下人文社科会议论文的引用集中度差异。

引用证实了对以往知识的使用，也就是知识对于未来知识和科技的影响，在这样的背景下，引文指标被视为学术影响力计量的基线指标，引文计数被视为学术影响力的代表[2]。换言之，如果要研究一个定量指标是否能反映成果的学术影响力，必经的途径是分析该指标与引文指标之间的关系。因此，和第二章、第三章相同，本章采用引文分析法以评估人文社科会议论文的国际学术影响力，在此过程中，使用的具体评价指标如下。

平均被引频次：平均被引频次等于出版物总体被引次数除以出版物总体数量的数值[3]。

---

[1] George Vrettas and Mark Sanderson, "Conferences Versus Journals in Computer Science", *Journal of the Association for Information Science and Technology*, Vol. 66, No. 12, December 2015.

[2] Bornmann Lutz and Haunschild Robin, "Does Evaluative Scientometrics Lose Its Main Focus on Scientific Quality by the New Orientation towards Societal Impact?", *Scientometrics*, Vol. 110, No. 2, February 2017; Giovanni Abramo, "Revisiting the Scientometric Conceptualization of Impact and Its Measurement", *Journal of Informetrics*, Vol. 12, No. 3, August 2018.

[3] Tibor Braun, Wolfgang Glänzel & András Schubert, *Scientometric indicators: a 32 country comparative evaluation of publishing performance and citation impact*, Singapore Philadelphia: World Scientific, 1985, p. 424.

第四章 人文社科会议论文的国际影响力分析

描述性统计指标：均值、中位数、标准差、偏度、峰度、最大值。

Concentration ratio [CR (n)]，即基尼系数：集中度指标衡量最大企业在整个经济产业中的贡献[1]。将其应用于文献计量领域，它反映一定数量或一定比例的高被引论文在总被引量中的贡献，可以衡量某一学科或某一年份文献的集中程度[2]。

被引量：来自 WoS 核心集合，篇均被引量和其他相关指标都在此基础上进行计算。

二 会议论文引用指标分析

表4-7是关于六大学科会议论文被引量的描述性统计结果。总体上，中位数小于均值，且所有学科的偏度为正，说明引文数据分布整体右偏，存在极值。6个学科会议论文的引文影响力有着显著差异，整体来看，各项指标的最大值均来自自然科学，最小值则分布在人文社科领域。临床、预临床与健康（3.21）和生命科学（2.28）在引文影响力中表现出了显著优势，标准差值较高，说明这两个学科的引文分布较为分散。相对来说，人文与艺术领域会议论文的篇均被引量和最高被引量都是最低的，反映出该学科相对来说学术影响力较弱。此外，物理科学的被引峰值在6个学科中是最高的。

表4-7　　　　　　　　　　**被引量的描述性统计指标**

	艺术与人文	社会科学	物理科学	工程与技术	生命科学	临床、预临床与健康
均值	0.53	0.53	1.45	1.16	2.28	3.21
中位数	0					
标准差	1.86	2.13	7.09	6.27	11.58	9.48
偏度	13.41	16.1	269.52	191.91	180.63	15.55

---

[1] Sanjiv Mahajan, "Concentration ratios for businesses by industry in 2004", *Economic Trends*, No. 635, October 2006.

[2] Pei-Shan Chi, "Differing Disciplinary Citation Concentration Patterns of Book and Journal Literature?", *Journal of Informetrics*, Vol. 10, No. 3, August 2016.

◇◇ 理论篇 ◇◇

续表

	艺术与人文	社会科学	物理科学	工程与技术	生命科学	临床、预临床与健康
峰度	336.67	561.83	122750.30	78564.31	50417.51	583.83
最大值	73	145	3300	3300	3300	636

值得注意的是，工程与技术、生命科学和物理科学 3 个学科的最大被引量是相同的，都属于一篇具有跨学科属性的论文 "Htseq-a Python Framework to Work with High-Throughput Sequencing Data"，该文于 2013 年发表在第 14 届生物信息资源开放会议 (14th Annual Bioinformatics Open Source Conference, BOSC) 上，由于其高质量的内容和长时间的引文积累，获得了高达 3300 次引用。

图 4-4 是六大学科会议论文篇均被引量的历时变化。整体上，由于引文累积效应，除艺术与人文在 2015 年有轻微上升态势外，各学科会议论文的篇均被引量呈现随发表时间的接近而下降的趋势①。生命科学和

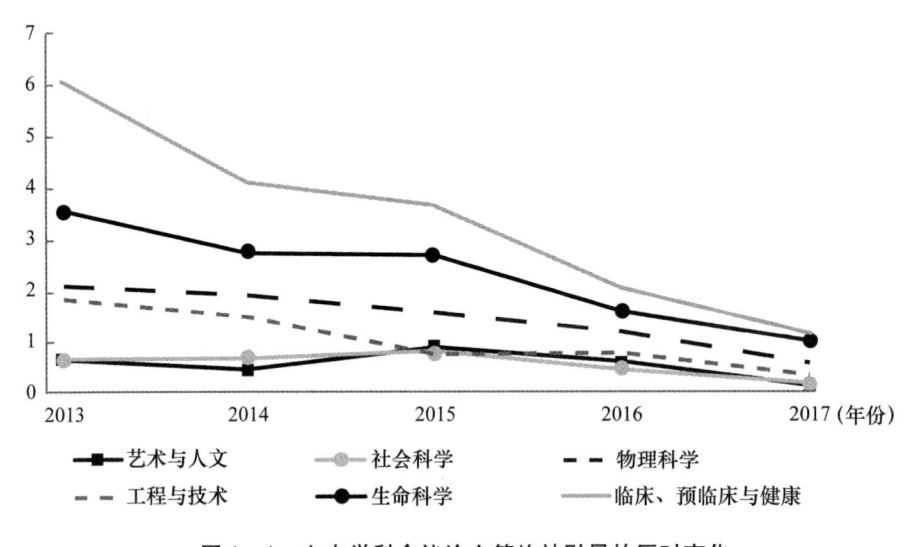

图 4-4 六大学科会议论文篇均被引量的历时变化

---

① Hadas Shema, Judit Bar-Ilan & Mike Thelwall, "Do Blog Citations Correlate With a Higher Number of Future Citations? Research Blogs as a Potential Source for Alternative Metrics", *Journal of the Association for Information Science and Technology*, Vol. 65, No. 5, May 2014.

临床、预临床与健康领域的会议论文被引量呈现出了最快的下降速度。2015年出版的人文社科会议论文被引量出现了明显的上升，随后出版的论文被引量有了轻微回落。临床、预临床与健康会议论文的平均被引量相对最高；社会科学以及艺术与人文相对最低。

三 会议论文引用集中度分析

图4-5展示了会议论文被引量的洛伦兹曲线，从而更好地分析学科间引文集中度的差异。洛伦兹通过论文数量（x轴）与被引量比例（y轴）之间的对应关系，反映了各学科的基尼系数以及被引量的分布情况。图中对角线是用来区分集中分布与均衡分布的标准线；洛伦兹曲线的弯曲程度越大，表明引文分布越集中。首先，所有曲线都分布在标准线以下，说明会议论文被引量整体上集中分布。大约50%的会议论文未被引用过，10%的会议论文贡献了总体70%的被引量，反映了引文中的马太效应[①]，即学者更倾向于引用高被引论文。其次，社会科学会议论文的被引量分布较其他学科更为集中，约有80%的论文从未被引用。临

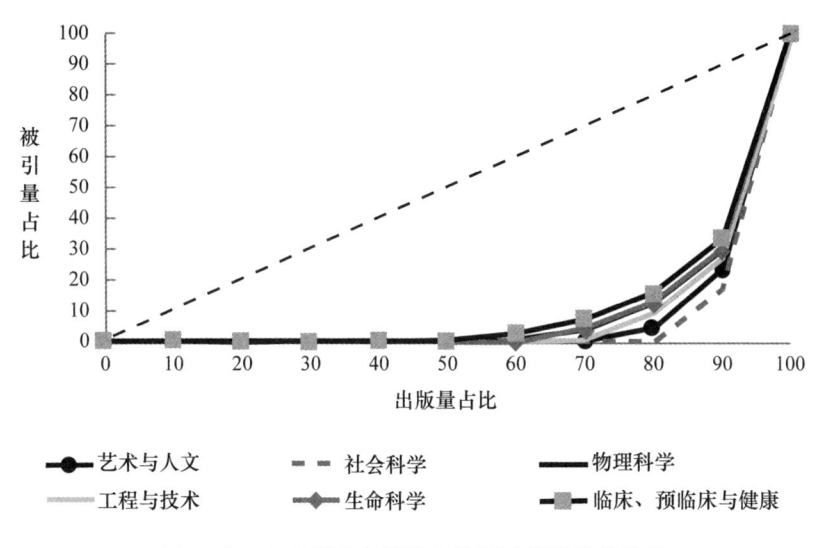

图4-5 六大学科会议论文被引量的洛伦兹曲线

---

① Jian Wang, "Unpacking the Matthew Effect in Citations", *Journal of Informetrics*, Vol. 8, No. 2, April 2014.

◇◇ 理论篇 ◇◇

床、预临床与健康领域，被引量分布较为均衡。Ortega[①]发现自然科学的期刊论文引文分布较人文社科更为集中，这一点与会议论文表现不同。最后，研究主题较为相关的学科，其会议论文被引量的分布情况也较为相似，如生命科学与临床、预临床与健康，这些学科的会议论文可能有相似的引用模式。

图4-6展示了两种集中度指标，分别针对绝对数量的高被引论文和相对数量（百分比）的高被引论文，来显示不同学科会议论文引文的集中趋势。位于前百分比的高被引论文集中度指标与前文洛伦兹曲线相互照应，且更适用于大规模数据量，而绝对数量高被引论文的集中度指标则是从微观和细节上展示研究结果。所有学科中，前50%的高被引论文贡献了所有被引量，说明会议论文被引量整体上高度集中，与前文的洛伦兹曲线结果一致。另外，会议论文的引文分布也遵循二八定律，前20%高被引论文的被引量占总体被引量的80%以上，即小部分（20%）的成因会造成大规模（80%）的效应。艺术与人文是引文分布最集中的学科，CR（10）和CR（50）两个指标表明，前10—50篇高被引论文贡献了大部分的被引量。Larivière等发现该领域的期刊论文也具有相同特征[②]。由于艺术与人文领域会议论文被引量的覆盖率较低，且分布较为集中，因此学者在使用引文类指标来评价该领域时应格外谨慎。以往研究发现，自然科学和医学领域的期刊论文在引文分布上比较相似[③]，而对于会议论文，医学领域的被引量分布较自然科学更为分散。因此，文献载体的不同，也影响着引文分布规律。Chi研究发现，学术图书被引量的集中度高于会议论文[④]，会议论文相对均衡的引文分布表明近年来

[①] Jose Luis Ortega, "The Presence of Academic Journals on Twitter and Its Relationship with Dissemination (Tweets) and Research Impact (Citations)", *Aslib Journal of Information Management*, Vol. 69, No. 6, November 2017.

[②] Vincent Larivière, Yves Gingras & Éric Archambault, "The Decline in the Concentration of Citations, 1900 – 2007", *Journal of the American Society for Information Science and Technology*, Vol. 60, No. 4, April 2009.

[③] Vincent Larivière, Yves Gingras & Éric Archambault, "The Decline in the Concentration of Citations, 1900 – 2007", *Journal of the American Society for Information Science and Technology*, Vol. 60, No. 4, April 2009.

[④] Pei-Shan Chi, "Differing Disciplinary Citation Concentration Patterns of Book and Journal Literature?", *Journal of Informetrics*, Vol. 10, No. 3, August 2016.

学者对学术会议的兴趣越来越强。整体来看，研究主题相关的学科，引文分布模式也相似，但社会科学与人文艺术有很大差异，这一点也在 Chen 等[①]的研究中有所体现。

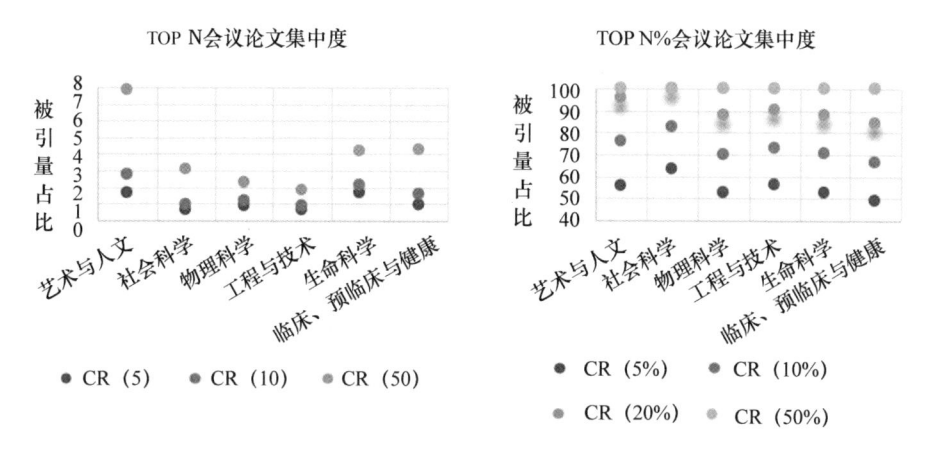

图 4-6　不同领域会议论文集中度

第六节　六大学科视角下会议论文国际社会影响力分析

一　研究指标

通过 API 从 Altmetric.com 获取以下 10 项 Altmetrics 指标：Altmetric attention score（AAs）、Posts、Blog（即 Feeds 指标）、Facebook（即 FB-walls 指标）、Google +（即 Gplus 指标）、News（即 Msm 指标）、Readers、Reddit（即 Rdts 指标）、Twitter（即 Tweeters 指标）、YouTube/Vimeo（即 Videos 指标）。具体释义见第一章。

二　会议论文 Altmetrics 指标分析

如表 4-8 所示，分析发现会议论文的大部分 Altmetrics 指标覆盖率

---

① Kuang-hua Chen, Muh-chyun Tang, Chun-mei Wang, et al., Exploring Alternative Metrics of Scholarly Performance in the Social Sciences and Humanities in Taiwan", Scientometrics, Vol. 102, No. 1, January 2015.

不高，进一步分析中选择 4 个覆盖率高于 10% 的 Altmetrics 指标进行研究，分别为 Altmetric attention score、Facebook、Twitter 和 Readers。

表 4-8　　　　　　　　　　Altmetrics 指标覆盖率　　　　　　　　　　单位：%

Facebook	Blogs	Google +	News	Readers
13.94	5.17	2.49	6.58	96.41
Posts	AAs	Reddit	Twitter	YouTube/Vimeo
100	100	0.55	81.67	0.41

表 4-9 展示了 6 个学科会议论文 Altmetrics 指标的一系列描述性统计数据。首先，Readers 指标的均值和最大值在所有指标中是最高的，这可能是因为阅读是利用学术成果的基本前提。其次，研究主题较为相关的学科，它们的会议论文 Altmetrics 指标表现也相似。

与学术影响力表现类似（表 4-7），临床、预临床与健康领域的会议论文在 Altmetrics 指标上的均值和最大值最高；以往研究发现医学领域的 Altmetrics 指标覆盖率也较高[1]。社会科学领域，会议论文的社会影响力表现要好于其学术影响力；与期刊论文类似，社会科学领域的会议论文在各种社交媒体平台都比较活跃[2]。艺术与人文领域，所有 Altmetrics 指标的值都很低，可见由于自身特性，人文社科领域会议论文需要一些更新、更适用的评价指标。物理科学领域数值较低，说明该领域的会议论文未在社交媒体上获得较大关注；Costas 等研究发现，由于覆盖率不高，该领域的期刊论文 Altmetrics 数值也较低[3]。最后，Altmetrics 数据整体分布较为分散，其标准差普遍较大。其中，Facebook 标准差最小，说

---

[1] Stefanie Haustein, Isabella Peters, Judit Bar-Ilan, et al., "Coverage and Adoption of Altmetrics Sources in the Bibliometric Community", *Scientometrics*, Vol. 101, No. 2, November 2014.

[2] Rodrigo Costas, Zohreh Zahedi & Paul Wouters, "Do 'Altmetrics' Correlate with Citations? Extensive Comparison of Altmetric Indicators with Citations From a Multidisciplinary Perspective", *Journal of the Association for Information Science and Technology*, Vol. 66, No. 10, October 2015.

[3] Rodrigo Costas, Zohreh Zahedi & Paul Wouters, "Do 'Altmetrics' Correlate with Citations? Extensive Comparison of Altmetric Indicators with Citations From a Multidisciplinary Perspective", *Journal of the Association for Information Science and Technology*, Vol. 66, No. 10, October 2015.

明该指标波动较小，较为稳定。除聚合性指标外的几种指标中，Twitter分布较为均衡，各项表现较好。

表4-9　　　　　　　　Altmetrics 指标的描述性统计数据

		A. &H.	Soc.	Phy.	Eng.	Lif.	Clin.	合计
均值	AAs.	3.05	5.08	2.48	3.53	5.13	7.99	4.37
	Fa.	0.21	0.21	0.13	0.11	0.3	0.46	0.21
	Tw.	2.85	3.83	1.9	2.29	3.71	5.11	3
	Rea.	14.18	32.7	14	28.67	30.83	27.74	25.55
最大值	AAs	104.2	906.12	587.01	906.12	754.5	939.45	939.45
	Fa.	22	22	11	84	217	50	217
	Tw.	161	586	313	725	432	378	725
	Rea.	593	2 851	7780	7780	3488	4120	7780
标准差	AAs	20.08	20.23	20.21	20.21	20.64	21.41	20.81
	Fa.	1.4	1.38	1.38	1.38	1.39	1.43	1.39
	Tw.	10.06	10.02	10.03	10.03	10.19	10.55	10.26
	Rea.	83.22	81.9	81.81	81.83	81.83	84.07	81.8

图4-7显示了2013—2017年间4项Altmetrics指标均值的历时变化，除Readers之外，指标均值都呈稳定的随出版时间靠近而增长的趋势，反映了Altmetrics指标及时性的特点。由于用户对医学信息的兴趣，临床、预临床与健康领域的会议论文在Facebook和Twitter上都受到了极大关注。社会科学会议论文可读性强，且话题与公众日常生活较为相关，其阅读数排名第一，同时也反映了学术社交媒体在社会科学学者中间受到了欢迎和认可[1]。而物理科学和艺术与人文领域的Altmetrics指标得分均在较低水平。

指标间的差异同样存在，Altmetric attention score 和 Twitter 呈现逐年

---

[1] Jose Luis Ortega, "The Presence of Academic Journals on Twitter and Its Relationship with Dissemination (Tweets) and Research Impact (Citations)", *Aslib Journal of Information Management*, Vol. 69, No. 6, November 2017.

增长的趋势，Readers 均值却随时间下降，Facebook 指标的年变化较为平稳。此外，学科间 Readers 指标数值差异随出版时间靠近而逐渐减小，其他指标差异却增大。

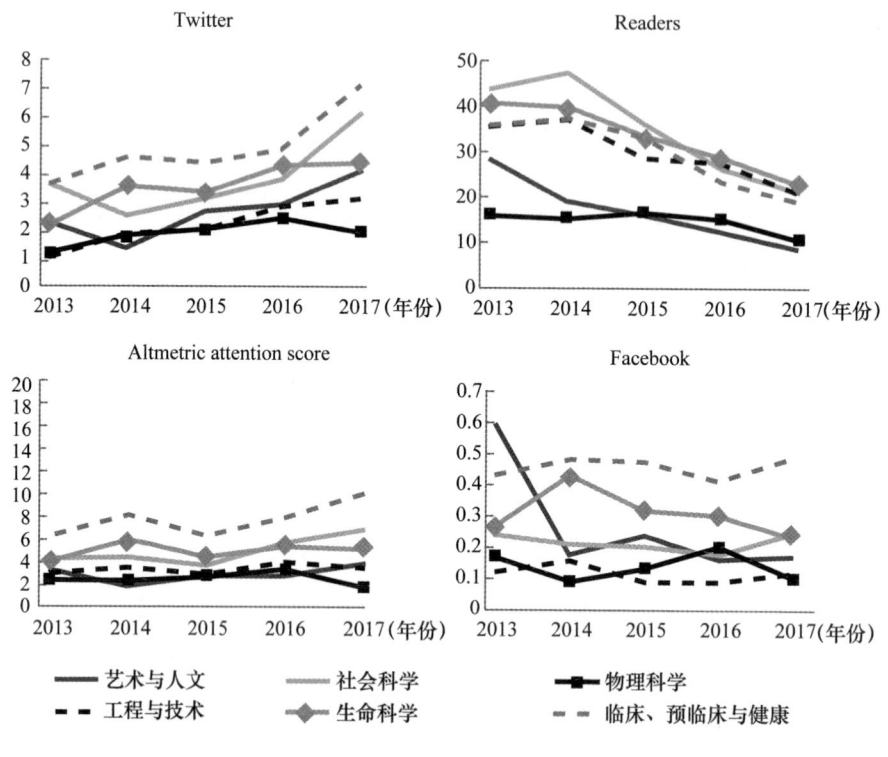

图 4-7 2013—2017 年六大学科会议论文 Altmetrics 指标均值的历时变化

三 会议论文社会关注集中度分析

图 4-8 为各学科会议论文 AAs 的洛伦兹曲线。曲线弧度越大，数据分布越集中。临床、预临床与健康是社会关注度分布最集中的学科，艺术与人文是集中度最低的学科。与图 4-5 相比，AAs 的基尼系数小于被引量的基尼系数，换而言之，学科会议论文的学术影响力比社会关注度更加不均衡；AAs 的洛伦兹曲线间距大于被引量，即表明学科间的社会影响力差异更明显，社会公众对于不同学科的关注度区别较大。

图 4-9 为各学科会议论文的 AAs 集中度。部分结果引文分布类似：几乎全部 AAs 得分都来自 AAs 得分排名位于整体前 1/2（50%）的论

◇◇ 第四章 人文社科会议论文的国际影响力分析 ◇◇

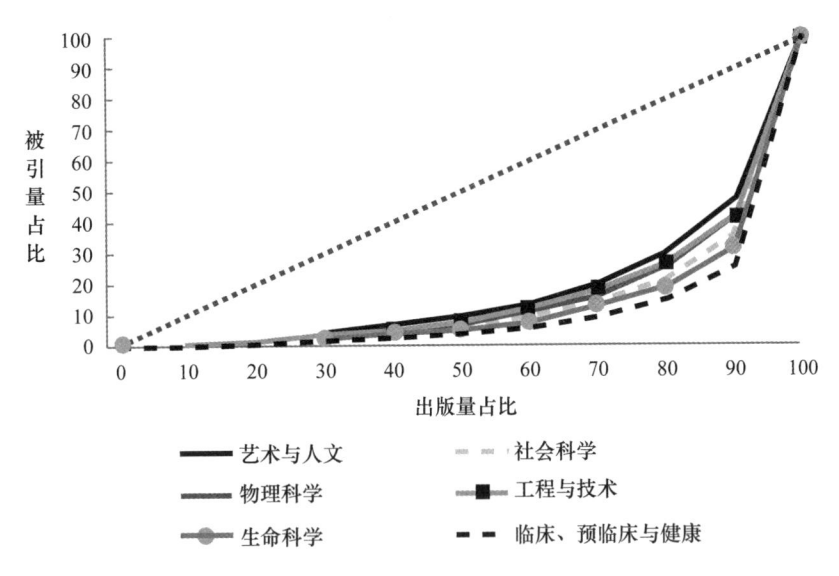

图 4-8 六大学科会议论文 Altmetric attention score 的洛伦兹曲线

文；AAs 的数值分布也体现了二八定律。但散点分布更为集中，且水平位置更高，说明 AAs 的分布比引文更为集中。这可能是由于社交媒体上的内容传播和更新较快，导致很多文章一直未能被阅读，同时那些受欢迎的文章被持续地传播和关注。

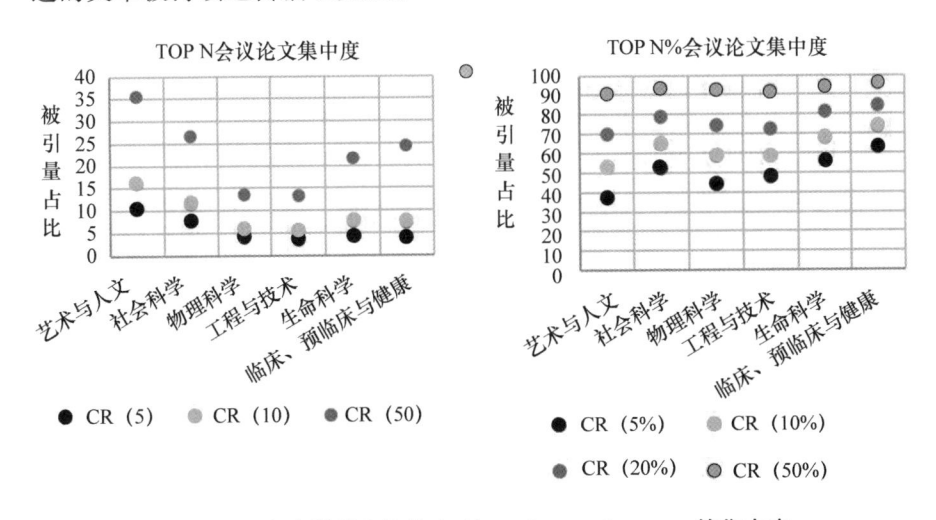

图 4-9 六大学科会议论文 Altmetric attention score 的集中度

对于学科间的差异，物理科学领域的会议论文 AAs 分布较为分散，临床、预临床与健康领域则最为集中。人文社科领域的情况较为复杂，艺术与人文领域会议论文的 AAs 分布高度集中于得分最高的前 50 篇论文，而其余部分数值分布较为分散；社会科学的 AAs 分布更为集中，背后原因或许是互联网信息传播与社会科学内容本身有着密切联系，影响了该领域内的知识传播，从而造成了高度集中的社会关注度。

第七节 人文社科会议论文影响力评价指标分析

一 研究方法

本节进行相关性分析来探讨 Altmetrics 指标在会议论文评价体系中的角色，所使用的方法如下。

斯皮尔曼（Spearman）相关性分析：该方法用于检验引文与 Altmetrics 指标之间的一对一相关性，选择该方法而非皮尔森（Pearson）相关性分析是由于数据集的非正态分布。

多元回归分析：该方法用于检验 Altmetrics 指标与引文指标在一对多的关系中相关性如何。为了避免极值对于分析结果的影响，对数据集进行对数转换 ln（x + 1），以此减轻数据的倾斜性[1]。

二 指标间的相关性分析

表 4-10 为全学科总体会议论文被引量与 Altmetrics 指标之间的斯皮尔曼相关系数，可知二者呈弱相关关系。9 个 Altmetrics 指标中，有 6 个与引文呈弱相关关系，这一结果与针对其他文献类型的研究相似[2]。Costas 等发现 Blog 指标与期刊论文被引量相关性更强[3]。而会议论文被引量

---

[1] Mike Thelwall and Paul Wilson, "Regression for Citation Data: An Evaluation of Different Methods", *Journal of Informetrics*, Vol. 8, No. 4, October 2014.

[2] MartinFenner, *Altmetrics and Other Novel Measures for Scientific Impact*, Cham, Switzerland: Springer, 2014, pp. 179-189.

[3] Rodrigo Costas, Zohreh Zahedi & Paul Wouters, "Do 'Altmetrics' Correlate with Citations? Extensive Comparison of Altmetric Indicators with Citations From a Multidisciplinary Perspective", *Journal of the Association for Information Science and Technology*, Vol. 66, No. 10, October 2015.

第四章 人文社科会议论文的国际影响力分析

与 Readers 指标中等相关,这一结果与第二章、第三章的研究结论相似。其余 3 个指标与被引量无关。

表 4-10 总体会议论文被引量与 Altmetrics 指标之间的斯皮尔曼相关分析结果

Facebook	Blogs	Google +	News	Readers
0.091**	0.053**	0.021	0.092**	0.414**
Posts	Altmetric score	Reddit threads	Twitter	YouTube/Vimeo
0.148**	0.0.159**	-0.004	0.126**	0.015

表 4-11 展示了不同学科会议论文被引量和 Altmetrics 指标的斯皮尔曼相关分析结果。由表 4-11 可知,所有学科会议论文的被引量与 Readers 指标皆为中等相关关系。临床、预临床与健康领域二者相关性最强,而艺术与人文领域中二者相关性并不显著。

表 4-11 不同学科会议论文被引量和 Altmetrics 指标的斯皮尔曼相关分析结果

引文与各指标的关系	艺术与人文	临床、预临床与健康	工程与技术	生命科学	物理科学	社会科学
AAs	0.114**	0.216**	0.147**	0.174**	0.124**	0.203**
Facebook	-0.08	0.091**	0.027**	0.067**	0.047**	0.075**
Blogs	0.038	0.145**	0.057**	0.088**	0.032**	0.121**
Google +	0.022	0.084**	0.041**	0.076**	0.05**	0.012
News	-0.017	0.152**	0.01	0.115**	0.039**	0.118**
Posts	0.098*	0.17**	0.066**	0.123**	0.101**	0.185**
Reddit threads	-0.044	0.045**	0.002	0.03**	0.027**	0.001
Twitter	0.051	0.113**	-0.064**	0.051**	0.035**	0.129**
Accounts	0.103*	0.174**	0.074**	0.126**	0.101**	0.189**
Readers	0.436	0.564**	0.475**	0.536**	0.525**	0.479**
YouTube		0.085**	0.01	0.064**	0.009	0.023

三 指标的多元回归分析

利用多元回归分析寻找引文指标与 Altmetrics 指标之间的多元相关关

系，即在更加多元、复杂的环境下考虑二者的相关性，从而使研究更加严谨和完整。在进行回归分析之前，先对数据集进行对数转换来减轻数据的分布偏态，并对转换后的数据集进行正态分布检验（D-检验），检验结果如表 4 – 12 所示。

表 4 – 12　　　　　　正态分布检验结果（Kolmogorov-Smirnova）

		引文
最极端差别	绝对值	0.155
	正	0.155
	负	– 0.126
检验统计量		0.155
渐进显著性（双侧）		0.000[c]

将被引量作为因变量，Readers、AAs、Posts、Twitter、News、Facebook、Blogs、Google +、YouTube 和 Reddit 指标为自变量，进行多元回归分析，使用逐步回归方式来选择最优回归方程，结果如表 4 – 13 所示。显著性检验结果均小于 0.05，说明系数显著。各学科的 D-W 值均接近 2，说明残差之间存在微弱的正向自相关性，这是由于自变量之间是相互关联的。

模型中，Readers 与引文指标的相关系数最大，说明它与引文的相关性最强。此外，尽管一些研究验证了期刊论文的 Twitter 指标与被引量存在正相关关系，但本书结果显示各学科会议论文的 Twitter 和 Reddit 指标与引文呈负相关。Liu 和 Fang 发现 2015 年 100 篇高被引论文的 Twitter 指标能够反映研究的目标、功能和特征[①]。de Winter 以 Plos One 中的文章为数据源，探讨了期刊论文引文与 Twitter 之间的关系[②]。Peoples 等以生态学的 1599 篇期刊论文为例，发现文章被 Twitter 转发的次数比 5 年期刊

---

① Xuan Zhen Liu and Hui Fang, "What We Can Learn from Tweets Linking to Research Papers", *Scientometrics*, Vol. 111, No. 1, April 2017.
② J. C. F. de Winter, "The Relationship Between Tweets, Citations, and Article Views for PLOS ONE Articles", *Scientometrics*, Vol. 102, No. 2, February 2015.

第四章 人文社科会议论文的国际影响力分析

影响因子更能准确预测被引量[①]。因此，不同文献载体的特征有所不同，同时，会议论文 Twitter 指标的覆盖率较低，也是 2 种文献载体研究结果不同的原因之一。

根据回归模型的 R^2 和调整后的 R^2，发现生命科学和临床、预临床与健康 2 个学科的模型解释性更强，而人文社科的模型解释力稍弱。同时，自然科学领域的会议论文 Altmetrics 指标与引文相关性更强，因为模型中变量的数量和相关系数都较大。而人文社科领域，二者相关性更弱一些。

表 4-13　　会议论文引文与 Altmetrics 指标多元回归分析结果

变量	全学科 Beta	Sig	艺术与人文 Beta	Sig	社会科学 Beta	Sig	物理科学 Beta	Sig	工程与技术 Beta	Sig	生命科学 Beta	Sig	临床,预临床与健康 Beta	Sig
Readers	0.57	0	0.51	0	0.53	0	0.58	0	0.55	0	0.6	0	0.59	0
AAs	-0.06	0	-0.11	0.019	—	—	—	—	-0.03	0.012	—	—	0.11	0
Posts	—	—	—	—	—	—	—	—	—	—	—	—	—	—
Twitter	-0.24	0	-0.33	0	-0.08	0.004	-0.13	0	-0.35	0	-0.18	0	-0.07	0
News	0.01	0.034	—	—	—	—	—	—	-0.06	0	0.02	0.009	—	—
Facebook	—	—	—	—	—	—	—	—	-0.02	—	—	—	—	—
Blogs	0.02	0	—	—	0.06	0	-0.02	0.007	0.03	0	—	—	0.02	0.01
Google+	—	—	—	—	—	—	-0.02	0.001	—	—	0.02	0.035	—	—
YouTube	—	—	—	—	—	—	—	—	—	0	0.01	0.038	—	—
Reddit	-0.02	0	-0.05	0.046	—	—	-0.01	0.014	-0.02	0.002	—	—	—	—
R^2	0.36		0.29		0.34		0.36		0.34		0.38		0.38	
Adjusted R^2	0.36		0.28		0.34		0.36		0.34		0.38		0.38	
D-W	1.59		1.98		1.75		1.6		1.54		1.7		1.75	

[①] Brandon K. Peoples, Stephen R. Midway, Dana Sackett, et al., "Twitter Predicts Citation Rates of Ecological Research", *Plos One*, Vol. 11, No. 11, November 2016.

第八节 本章小结

本章基于从 WoS 和 Altmetric.com 收集的 2013—2017 年数据对会议论文进行了多学科比较。利用 3 种类型指标（产量、引文、Altmetrics 指标）评估了六大领域会议论文在学术和社会方面的影响，并探讨了不同学科之间的差异。应用 Spearman 分析和多元回归模型分析 Altmetrics 指标与引文之间的相关性。总的来说，与人文社科领域相比，自然科学领域的会议论文学术影响更大。在社会影响方面，尽管医学领域的影响仍然最大，但人文社科领域的会议论文超越了自然科学领域的论文。此外，Altmetrics 指标可以作为引文的补充指标，以评估会议论文的综合表现。

（1）学科的学术影响力分析。由于累积效应，各领域会议论文都在学术影响力上显示出类似的随出版时间靠近而下降的趋势。但是，各个领域之间仍然存在差异。总体而言，与自然科学领域相比，人文社科领域的会议论文学术影响力更小。在所有指标上，临床、预临床与健康领域会议论文在学术上的影响最大，医学领域引文分布相对对称且平衡。其次，物理科学和工程与技术的学术影响和引文分布处于所有领域的中等水平。人文社科领域会议论文的学术影响力最小，引文分布高度集中：艺术与人文领域，引用集中在被引量最多的前 50 篇论文中；而在社会科学中，被引量最高的论文在前 50% 的论文中均匀分布。

（2）学科的社会影响力分析。六大领域会议论文的 AAs 均值随着出版时间的靠近呈上升趋势。总体而言，医学领域获得的社会关注度仍然排名第一，物理科学、工程与技术则被人文社科领域超越。与引用的表现不同，物理科学会议论文的社会影响很小，可能是因为物理科学具有很高的专业性，其受众有限。自然科学领域会议论文的社会影响力表现不如其学术影响力。艺术与人文学科会议论文中，Altmetrics 指数的分布与引文相似，在前 50 篇论文中呈集中趋势，而在其余部分中均匀分布。

（3）Altmetrics 与引文之间的相关性分析。通过 Spearman 相关分析和多元回归分析发现，Altmetrics 指标与引用之间存在弱相关。Altmetrics 很难反映论文的学术影响力，但它可以作为衡量学术影响力之外的补充指标。在 Spearman 相关性分析中，引文与 Altmetrics 指数之间的相关性显著,但是除 Readers 指标外,其余指标相关水平弱。诸如 Google+、Reddit 和 YouTube 之类的指标与引文指标无关。在临床、预临床与健康领域、生命科学和社会科学中,引文与 Altmetrics 指数之间的相关性更显著,而在艺术与人文领域相关系数则低于平均水平。在多元回归分析中,自然科学会议论文的 Altmetrics 指标与引用密切相关,而在人文社科领域中相关性较弱。在所有指标中,Readers 指标与引用最相关。

第五章　中国人文社科成果的国际影响力形成机理分析

> 促进人类文明交流互鉴，国家文化软实力、中华文化影响力明显提升。
>
> ——中共中央关于党的百年奋斗重大成就和历史经验的决议

人文社科成果的国际影响力具有复杂性、多样性和动态性，新国际环境下中国人文社科面临着新机遇和新挑战。人文社科成果影响力的特性使得难以对其进行科学评价，而学术成果影响力的形成机理是建立评价指标体系和构建评价模型的主要依据，是进行全面科学评价的基础，也是探讨学术成果影响力提升措施的前提。

本章从学术成果的利用与知识演化全过程，分析中国人文社科成果国际影响力的形成机理，从过程、因素、机制、动力四个方面构建影响力形成机理 PFMD 模型。基于生命周期理论考察中国人文社科成果的形成过程，一方面基于学术成果自身生命周期的生产利用过程，考察学术成果的利用方式及其相互关系；另一方面基于知识演化生命周期过程分析成果的影响网络和路径，识别和确认面向利用行为和传播网络的国际影响力形成过程。结合认知视角和结果视角考察利用的影响因素，具体从主体因素、客体因素、政治因素、环境因素、技术因素等方面展开。从累积增长机制、协同演化机制、优先利用机制和回溯老化机制对学术成果影响力形成机制进行分析；探索中国人文社科成果在产出、传播和利用阶段形成国际影响力的动力；并利用结构方程模型实证分析中文学术图书影响力的影响因素。

◇◇ 第五章　中国人文社科成果的国际影响力形成机理分析 ◇◇

第一节　学术成果影响力形成机理概述

一　作用和目的

学术成果是知识表达和创新的重要载体和外化表现形式，也是创新推动科学知识进步和发展的重要桥梁，而对学术成果的评价则有助于激发创新活力，有助于提高知识创造积极性，历来受到各国政府和社会各界的广泛关注。学术成果的发展水平和国际影响力可以衡量一个国家的创新能力、创造能力，可以增进国际竞争力和国家软实力，对提升综合国力有着重要的意义。在科技文化全球化、国家大力实施"走出去"战略以及开放获取趋势的大背景下，中国人文社会学科的国际化是大势所趋。从世界范围和我国社会发展要求来看，对人文社科的研究都是十分紧迫的，人文社科成果的国际影响力提升有助于加快中国特色社会主义文化强国建设，增强国家的文化软实力，增强民族自信、民族自豪感，在提高中国国际话语权方面也有着重要的作用。

但是，中国学术界对国际影响力的研究还存在不足，尤其是针对中国人文社科成果的研究，长期以来缺乏比较系统、科学、完善的论证[1]。在当前新型社交媒体环境下，随着大数据技术的兴起、数字出版的流行、开放获取的普及，学术交流和知识创新等诸多方面深受影响，人文社科成果的国际影响力更具复杂性、多样性和动态性[2]，在此背景下中国人文社科成果国际影响力的形成机理是什么？其国际影响力形成的影响因素是什么？学术成果影响力的形成机理是建立评价指标体系和构建评价模型的主要依据，也是探讨学术成果影响力提升措施的基础，因而成为影响力研究的重要内容，也是本章试图解决的重要研究任务。对影响力形成机理的综述及探索性研究可以帮助了解我国人文社科研究的发展趋势，同时发现人文社科研究中存在的问题，以便提出有针对性的解决对策。因此，开展中国人文社科成果的国际影响力形成机理研究具有重要

---

[1] 薛福冰：《高校哲学社会科学国际竞争力培育研究》，《求索》2012年第5期。
[2] 赵秀丽：《影响因子对人文社科期刊评价的适应性研究》，《三峡大学学报》（人文社会科学版）2014年第3期。

的理论意义和实践价值,具体来说如下。

(1)人文社科成果影响力的复杂性和抽象性使得难以对其科学评价,而影响力形成机理的把握是全面科学评测的前提和基础。本章从学术成果利用与知识演化生命周期的全过程,分析中国人文社科成果国际影响力的形成机理,以及探析形成的主要影响因素,加深对中国人文社科成果国际影响力的形成本质认识,丰富学科内容,为进一步研究提供理论参考和借鉴。通过分析影响力的形成机理为中国人文社科成果的国际影响力评价实践提供理论依据与方法支持,有利于人文社科管理与规划,为我国人文社科"走出去"战略提供参考。通过了解我国人文社科成果国际影响力的现状,有利于人文社科领域研究人员拓展国际视野、树立世界眼光,有针对性地在国际学术界传播和分享中国人文社科成果,从而提升我国国际影响力,增进国际社会对我国的了解和认识,增强我国国际话语权。

(2)中国人文社科成果的国际影响力是在其被国际扩散和利用过程中产生的,在不同的阶段有着不同的特点,表现出明显的生命周期特征。本章从分析网络环境下学术成果自身生命周期和知识演化生命周期过程,将整个利用过程整合到分析框架中,有助于认清中国人文社科成果国际影响力的实质,全面揭示中国人文社科成果国际影响力形成的机理内容,具有一定创新性。生命周期是事物从产生到消亡整个过程中运动的客观规律,人文社科成果的影响力在不同扩散和利用阶段有不同的特点,具有明显的生命周期特征,因而从生命周期视角可更系统地把握其形成机理。

(3)影响力形成机理是评价指标、模型和应用的主要依据和基础。新兴网络环境对成果传播和评价产生重大影响,结合横面单向的知识生产利用过程和纵向交互的知识演化持续发展过程,研究中国人文社科成果国际影响力的形成过程、影响因素、形成机制和产生动力,将有利于扩展和深化关于人文社科成果评价理论模型的研究。

二 机理与机制

机理,是指事物变化的理由与道理。机理包括形成要素和形成要素之间的关系两个方面,具体概念是:为实现某一特定功能,一定系统结构中各要素的内在工作方式以及诸要素在一定环境条件下相互联系、相互作用的运行规则和原理。

"机制"一词最早源于希腊文,本义原指机器的构造和动作原理。对机制的这一本义可以从两方面来解读:一是机器由哪些部分组成和为什么由这些部分组成;二是机器是怎样工作和为什么要这样工作。引申义是有机体的构造、功能及其相互关系,泛指一个工作系统的组织或部分之间相互作用的过程和方式,如市场机制、竞争机制、用人机制等。

相对来说,机制是一种体制或称体系,是框架下形成的整体,"机制"由有机体喻指一般事物,重在事物内部各部分的机理即相互关系;机理只是一个理念,由相关数据及事实构成,作为机制组成的一部分。机理重点在"理"上,表示原理、道理、理论;而机制重点在"制"上,表示规则、条件、约束。一般在强调系统内部要素的运行原理,突出理论层面的解释时,通常使用"机理";如果是强调系统要素对其他要素或者系统整体的影响,突出的是限制和规则,通常使用"机制"。

三 生命周期理论

生命周期一词借用生物学名词而来,生物生命发展过程是由出生、成长到死亡等不同阶段构成的一个完整周期;生命周期是将生命视为一种随个体或组织的发展、社会关系或角色不断转换循环的过程和阶段。生命周期最初用于研究个人和家庭的生命周期过程,具体指出生、成长、衰退、死亡的全过程。随着研究的深入,生命周期被用于多个领域的研究,并由国内外学者进行扩展,相继提出领导力生命周期理论、企业生命周期理论、产品生命周期理论、信息生命周期理论等[1]。马费成提出信息生命周期即网络信息从产生到失去价值所经历的各个阶段过程[2]。研究者通常将研究对象进行生命周期阶段划分,至少划分为3个阶段,如Smith将企业生命周期划分为初始阶段、成长阶段、成熟阶段[3];Foug-

---

[1] 李嘉兴:《生命周期视角下移动社交网络老年用户使用行为过程研究》,博士学位论文,吉林大学,2019年,第27—28页。

[2] 马费成、夏永红:《网络信息的生命周期实证研究》,《情报理论与实践》2009年第6期。

[3] Ken G. Smith, Terence R. Mitchell & Charles E. Summer, "Top Level Management Priorities in Different Stages of the Organizational Life Cycle", *Academy of Management Journal*, Vol. 28, No. 4, December 1985.

era 对生命周期阶段进一步补充,认为生命周期阶段应划分为 4 个,分别是引入阶段、成长阶段、成熟阶段和衰退阶段[1]。

生命周期的内涵决定了生命周期理论适用的研究对象须具备生命特征以及存在有限性[2]。生命特征是指研究对象需要具备新陈代谢及可复制性的特征。生命特征决定了生命体能够与外部环境之间进行物质、能量交换,促使生命体自身物质和能量发生转变,生命体通过转换过程积累物质与能量促使自身不断发展,而且在转变过程中不同生命体之间存在高度共性。目前应用生命周期理论的研究对象如用户、产品、企业、知识等都具备生命特征,知识是随着社会实践的不断需求而产生的。新知识诞生后,会经历加工、存储、应用的过程,继而投入生产实践不断接受考察、验证,发挥其自身价值。随着社会不断进步,昔日的"新知识"逐渐老化,已不能满足生产实践的需求,于是"新"的新知识再次产生,开始了新的知识运动过程。中国人文社科成果本质上是一种知识产品,也具有明显的生命特征。

生物学研究理论表明生命体的存在是有限的,消亡是必然的,生命体从产生开始,便已开始消亡的"倒计时"[3]。外部因素会对生命体的存在时间产生积极或消极影响,但生命体的内部因素决定了生命体必然会走向消亡,通过调控外部因素仅能延缓或加速生命体的消亡却不能使生命体打破存在的有限性。人、企业、产品的存在都是有限的,同样中国人文社科成果的国际影响力生命周期也是有限的。

研究对象从产生、发展到衰退、消亡被视为一个完整的生命周期,而对象的整个生命周期中价值形态不断发生变化,根据其变化对其进行阶段划分的目的在于寻找个体在生命周期阶段内的统一性,不同个体在同一生命周期阶段的行为模式具有趋同性,便于分析个体的行为特征。

---

[1] Christophe Faugère and Hany A. Shawky, "A Valuation Formula for Firms in the Early Stage of Their Lifecycle", April 2000, SSRN (https://ssrn.com/abstract = 525546 or http://dx.doi.org/10.2139/ssrn.525546).

[2] 徐翔鹏:《特色数据库生命周期方法适用性及其模型构建研究》,《图书馆工作与研究》2015 年第 1 期。

[3] 宣勇、张鹏:《组织生命周期视野中的大学学科组织发展》,《科学学研究》2006 年第 S2 期。

在对象所处的不同生命周期阶段中，可根据其价值形态的变化特点制定适宜当前生命周期阶段的管理策略或应对措施①。基于此，中国人文社科成果的生命周期亦是学术成果从开始创作产生到被放弃利用的全过程，基于生命周期将这一过程划分为 4 个阶段，分别为形成期、发展期、成熟期以及衰退期。

第二节 人文社科成果的国际影响力现状分析

中国人文社科成果主要为中国学者发表在国内学术平台上的人文社科领域学术成果，亦包括中国学者发表在国际平台的人文社科领域学术成果。学术成果主要包括期刊论文、会议论文和图书三大类，其中学术期刊是学术成果记录科研人员研究成果的载体，也是科研同行之间思想交流的主要方式之一，学术期刊在推动学术创新、繁荣学术文化、传播学术思想、促进科技进步等方面发挥着重要作用②。学术期刊是衡量一个国家创新能力、文化软实力和综合国力的重要指标。因此，研究中国人文社科学术期刊的国际影响力，对于探索当前中国人文社科成果整体国际影响力有着重要的指导意义。因此，本节主要通过国内和国际期刊论文影响力两部分来评估中国人文社科成果国际影响力现状。

一 国内平台发表的人文社科成果国际影响力现状

运用文献计量学和对比分析方法，借鉴《中国学术期刊国际引证年报》（人文社会科学）2020 年版的研究结果，该年报根据 6 个遴选原则，最终采用统计源人文社科期刊 23479 种，定量分析 2012—2019 年中国 2317 种人文社科期刊论文各项评价指标和数据。这 8 年中我国人文社科期刊论文的国际引用整体规模不断扩大，呈现显著的波动上升趋势，但是不同语言与不同学科呈现不均衡现象，英文期刊论文的国际影响力表

---

① 李昊青、兰月新、侯晓娜等：《网络舆情管理的理论基础研究》，《现代情报》2015 年第 5 期。
② 薛福冰：《高校哲学社会科学国际竞争力培育研究》，《求索》2012 年第 5 期。

现整体优于中文期刊论文；文化、科学、教育、体育，经济以及社会科学总论3个学科的国际学术影响力表现更优。

(一) 总体发展趋势

根据《中国学术期刊国际引证年报》（人文社会科学）分析，中国人文社科学术期刊在2012—2019年历年国际他引总被引频次如图5-1所示。可以看出，我国人文社科学术期刊的国际他引总被引频次在2012—2019年整体呈现明显的波动上升趋势，频次最高达到约6.85万次，国际影响力整体规模在不断扩大。

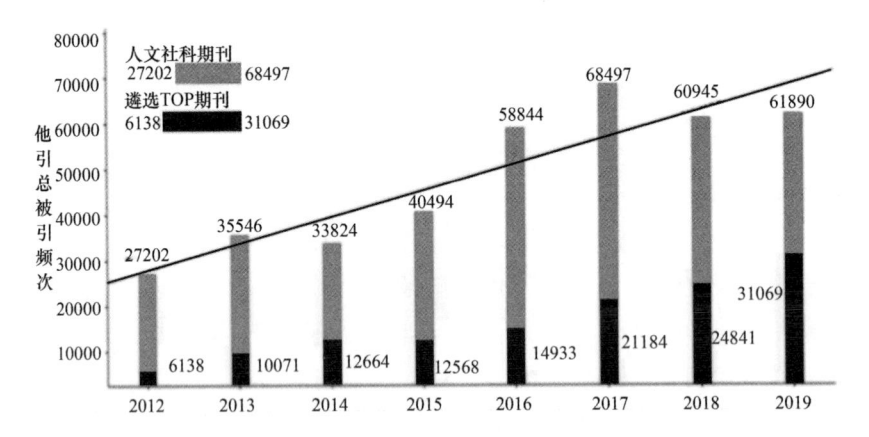

图5-1 2012—2019年中国人文社科学术期刊国际他引总被引频次

此外，《中国学术期刊国际引证年报》（人文社会科学）对我国人文社科期刊的刊均他引总被引频次以及刊均他引影响因子两项指标进行了统计，如图5-2所示，2019年我国人文社科学术期刊的刊均国际他引总被引频次（27次）相比2018年（28次）略有下降，但是刊均国际他引影响因子（0.021）则比2018年提升了23.5%，是2012年的3.5倍，显示出了我国人文社科学术期刊的国际影响力在不断提升。

《中国学术期刊国际引证年报》（人文社会科学）计算了中国人文社科期刊的影响力指数，并按排序以及该年报设定的5个限制条件，遴选了TOP10%为国际影响力品牌学术期刊（简称"TOP期刊"）。随后，引用收敛性分析，分析了2012—2019年我国人文社科期刊国际他引总被引频次（数量指标）和与国际他引影响因子（质量指标）这两项指标的变

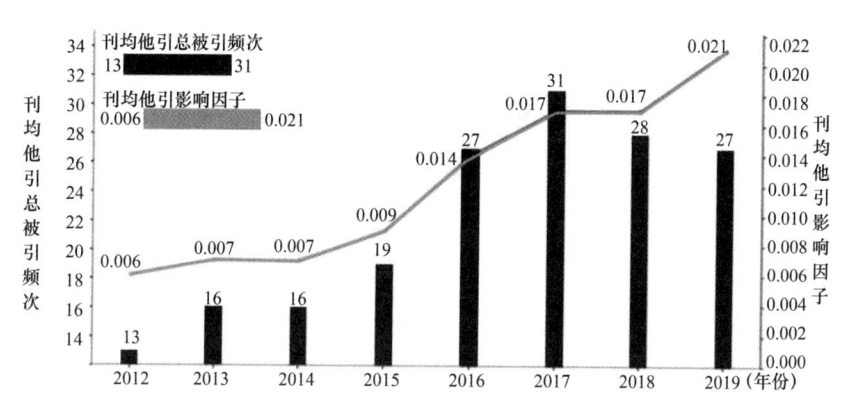

第五章 中国人文社科成果的国际影响力形成机理分析

图 5-2 2012—2019 年人文社会科学术期刊刊均国际他引总频次和刊均国际他引影响因子

异系数变化情况，结果如图 5-3 所示。可见，前者的变异系数持续下降，后者的变异系数则持续上涨。这一现象暗示了我国一些人文社科期刊只是通过增加刊文量来达到被引频次的增长，但是没有做到实际提升其国际影响力，我国人文社科期刊之间的国际影响力差距正在持续扩大。

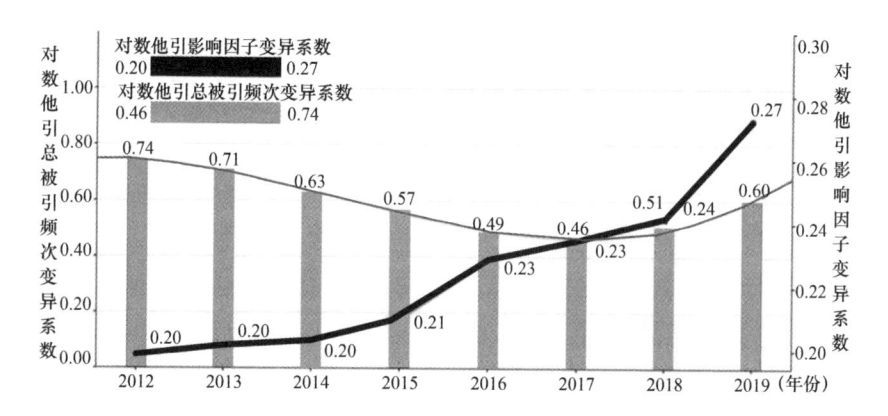

图 5-3 2012—2019 年中国人文社会科学术期刊收敛性分析

（二）国际对比分析

将 2019 年 160 本 TOP 期刊与同时段进入 JCR 报告的 SSCI 期刊放入"影响因子—总被引频次"双对数坐标系，结果如图 5-4 所示。横坐标为期刊影响因子，纵坐标为期刊总被引频次，每一个点代表一种期刊。红色加号为我国TOP5%期刊，橙色加号为我国TOP5%—10%期刊，深蓝色三角形为SSCI期刊按《人文社科年报》影响力指数排名TOP5%，浅蓝色三角形为SSCI期刊按影响力指数排名的TOP5%—10%，灰色三角形代表JCR收录的其他国家人文社科期刊。可见，*Journal of Sport and Health Science*已达到SSCI期刊TOP5%—10%水平，这也是自2012年《年报》发布以来，首次有国内人文社科期刊跻身于国际顶尖期刊队列。但我国其他TOP期刊基本分布在图中左下方，与SSCI期刊仍存在较大差距。

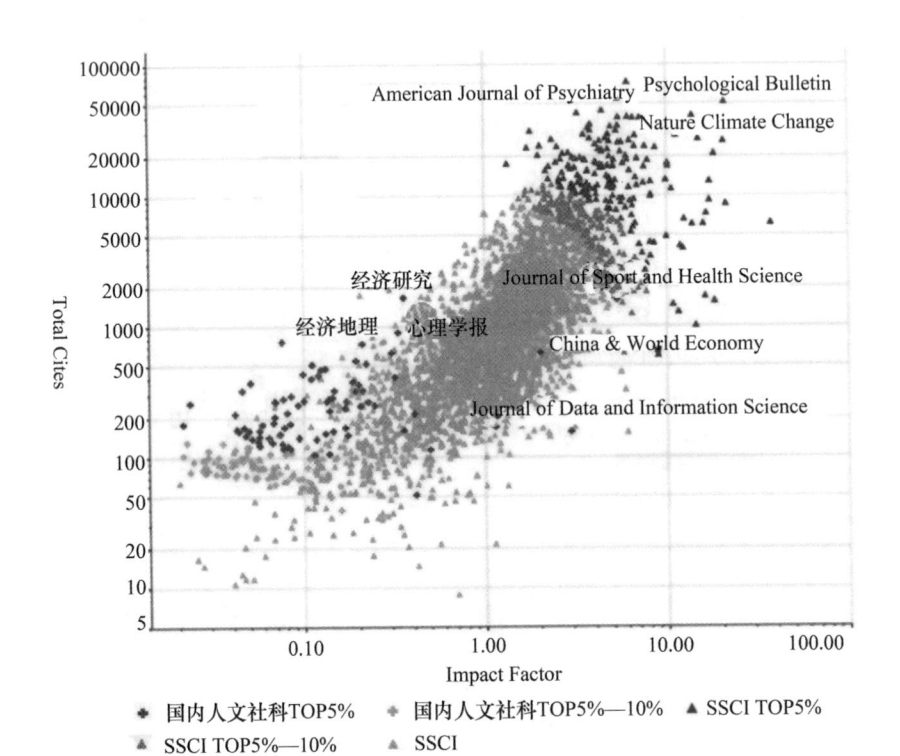

图5-4 双对数坐标系下的社科TOP期刊与SSCI期刊对比

（三）学科对比分析

图5-5统计了2012—2019年我国人文社科各学科期刊历年获得的国际他引总被引频次。总体来看，文化、科学、教育、体育，经济以及社会科学总论3个学科期刊的国际影响力要远高于其他学科。从趋势来

第五章 中国人文社科成果的国际影响力形成机理分析

看，大部分学科期刊的国际影响力稳定上升，其中经济学科的上升表现最为明显，2019年的他引总被引频次（15722）是2012年的2.6倍。但需要注意的是，语言、文字，文化、科学、教育、体育以及社会科学总论3个学科的国际他引总被引频次自2017年开始呈现下降趋势，意味着其国际影响力的下降。

图5-5 2012—2019年中国人文社科各学科期刊国际他引总被引频次

从各学科各年入选 TOP 期刊的情况来看（见图5-6），各学科表现差异较大。经济以及文化、科学、教育、体育这2个学科数量占比最多，各年占比相加均达到50%以上；文学以及政治、法律这2个学科数量最少，文学在2016年及2017年甚至没有期刊入选。2019年新增的40个 TOP 期刊大多来源于经济以及社科科学总论。

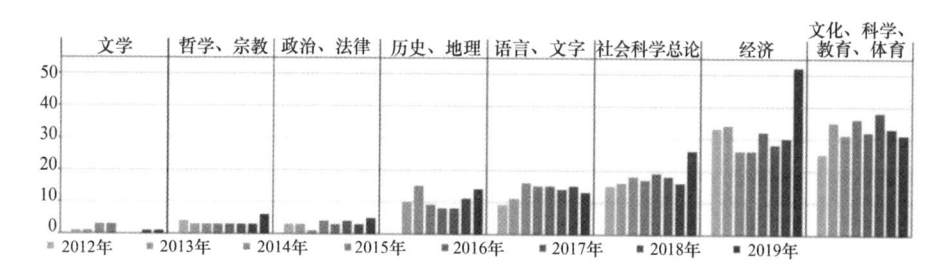

图5-6 2012—2019年中国人文社科 TOP 期刊历年学科分布情况

（四）不同语言对比分析

如表5-1所示，2019年的160本中国人文社科 TOP 期刊中，社科英文刊（17本）相较2018年增长4本，中文刊143本。从他引总被引频次来看，英文刊频次为4279次，仅占总量的14%。从刊均他引影响因子来看，英文刊的影响因子（0.817）则是中文刊的9倍之多。频次和影响因子增长率上，英文刊亦大幅超过中文刊。因此，在未来一段时间内，我国仍然需要重视英文撰写的人文社科成果。

表5-1　　　　　　中英文TOP期刊国际影响力增长对比

语种	学科	刊数		国际他引总被引频次		刊均他引总被引频次		刊均他引影响因子	
		2018	2019	2018	2019	2018	2019	2018	2019
英文	社科	13	17	2909	4279	224	252	0.585	0.817
中文	社科	107	143	21802	26790	204	187	0.086	0.089

二　国际平台发表的人文社科成果国际影响力现状

ESI是2001年由美国科学信息研究所推出的基于WoS数据库进行分析评价的工具，设置了共22种学科分类，所收录的每篇成果只会被分类到1个学科，包含高被引论文、热点论文、被引频次、篇均被引频次等指标，目前国际上通常用它进行国家、地区、机构学术水平及学术影响力的评价。本节基于ESI数据库中属于社会科学的一般社会科学（Social Sciences, General）以及经济与商学（Economics & Business）数据分析中国人文社科成果的国际影响力现状。

（一）发文量及引用情况统计

某个国家/地区在人文社科领域国际期刊论文的发文量和被引频次是该国在人文社科领域的科研能力和影响力的证明。本节基于ESI数据库，将2011—2021年人文社科WoS发文量前20的国家/地区统计作表，分别展示其发文量、被引次数、篇均被引次数。

如表5-2显示，人文社科论文量前10的国家/地区分别是美国、英国、澳大利亚、加拿大、德国、中国大陆、西班牙、荷兰、法国和意大利。美国以522892篇发文量遥遥领先其他国家/地区，是全球人文社科领域科研生产力第一的强国；中国大陆以74512篇文章排名第六，发文量约是美国的14%。总被引次数排名前3的国家/地区分别是美国、英国、加拿大；其中，美国5932271次被引排名首位，是第2名英国的近3倍；中国大陆的被引频次约是美国的1/10，这说明美国人文社科领域有很强的国际影响力。中国大陆以9.04的篇均被引频次国际排名第42位，也就是说，虽然中国大陆的人文社科期刊论文在数量上位列前茅，但是在论文的影响力上表现不足。美国、英国、澳大利亚、加拿大和德国从发文量和被引频次来说，都居于世界前5名，说明它们在人文社科领域有较强的科研实力，国际上也有较大影响力。

表5-2　　2011—2021年WoS收录的论文所属国家/地区前20位

国家/地区	WoS发文量	排名	被引次数	排名	篇均被引次数	排名
USA 美国	522892	1	5932271	1	11.35	15
ENGLAND 英国	173964	2	2009973	2	11.55	10
AUSTRALIA 澳大利亚	102307	3	1030771	3	10.08	26
CANADA 加拿大	83934	4	946287	4	11.27	17
GERMANY 德国	81146	5	838367	5	10.33	24
CHINA MAINLAND 中国大陆	74512	6	673573	7	9.04	42
SPAIN 西班牙	58287	7	498804	8	8.56	49
NETHERLANDS 荷兰	56546	8	774190	6	13.69	3
FRANCE 法国	43960	9	435207	9	9.90	29
ITALY 意大利	42247	10	429005	10	10.15	25
SWEDEN 瑞典	35952	11	407036	11	11.32	16
BRAZIL 巴西	27745	12	166313	23	5.99	93
SOUTH KOREA 韩国	25449	13	202258	18	7.95	61
SWITZERLAND 瑞士	25111	14	329925	12	13.14	4
SOUTH AFRICA 南非	24505	15	176323	21	7.20	78
BELGIUM 比利时	24148	16	265254	15	10.98	18
NORWAY 挪威	23348	17	268348	14	11.49	11
TAIWAN 中国台湾	6721732	18	180821	20	8.32	53
HONG KONG 中国香港	21482	19	244730	16	11.39	14
DENMARK 丹麦	21396	20	272788	13	12.75	6

(二) 高被引情况

ESI 数据库中的高被引论文（Highly Cited Papers）定义为被引频次在具体学科近 10 年内发表的所有论文中排名前 1% 的论文，高被引论文占有率 = 高被引论文数量/该领域总的高被引论文数量。某一国家/地区在具体学科领域的高被引论文数量是其在该学科学术影响力的体现。经统计，ESI 数据库人文社科领域 2011—2021 年共 14678 篇高被引论文，分属于 110 个国家，高被引论文数量前 10 的国家/地区统计结果如表 5 - 3 所示。可知，排名前 10 的国家/地区共有高被引论文 17839 篇，占了人文社科高被引论文总量的 121.54%，这一方面是因为 1 篇论文可能由于多作者多国别的情况被划入多个国家，另一方面也说明这些国家人文社科论文的高影响力和学者间的高度合作。其中，美国以 7216 篇高被引论文雄踞第 1 位，占国际人文社科高被引论文的 49.16%，其拥有量是第 2 名国家（英国）的 3 倍多，是中国大陆的 5 倍多；中国大陆以 1411 篇高被引论文暂居第三，但是与美、英两国差距较大，其高被引论文的占有率仅有 9.61%。从高被引论文的数量和占有率来看，中国人文社科期刊论文中有一部分产生了很大的国际学术影响力，但是与人文社科研究实力强劲的美、英等国相比仍存在差距。

表 5 - 3　　国家/地区的人文社科高被引论文发文量情况

国家/地区	高被引论文量	排名	占有率（%）
USA 美国	7216	1	49.16
ENGLAND 英国	2826	2	19.25
CHINA MAINLAND 中国大陆	1411	3	9.61
AUSTRALIA 澳大利亚	1237	4	8.43
CANADA 加拿大	1205	5	8.21
NETHERLANDS 荷兰	1043	6	7.11
GERMANY 德国	1043	6	7.11
ITALY 意大利	634	8	4.32
FRANCE 法国	625	9	4.26
SWITZERLAND 瑞士	599	10	4.08
总计	17839		121.54

第五章 中国人文社科成果的国际影响力形成机理分析

（三）学科比较分析

近年来，ESI 在科研评价的应用得到越来越多的认可，是否入选 ESI 的排名成为评价一个国家/地区在该学科的学术水平与影响力的重要指标。经统计，ESI 的 22 个学科中国均入选，将人文社科领域相关的"经济学与商业、一般社会科学"数据相加形成总的中国社科数据，然后进行学科排名，结果如表 5-4 所示。中国所有学科中，化学学科以 569747 篇发文排名第 1 位，紧接着是工程学和材料科学，中国学者发表的人文社科国际期刊论文以 74512 篇的发文量在所有入选 ESI 学科中排名第 15。被引次数方面，人文社科国际期刊论文以 673573 次被引位居第 15，化学学科的被引频次依然居首位；篇均被引频次方面，人文社科以 9.04 的次数排名第 21，多学科综合以 22.18 的次数排名第一，接着是材料科学、化学。结合文章的产出、被引频次以及篇均被引频次 3 个方面，可以看出中国社科的生产力与影响力发展都不如我国其他学科，与化学等理工科有较大差距。从横向学科比较来说，我国应该更加重视人文社科研究，产出更多质量上乘的研究成果，从数量和质量双管齐下，提升我国人文社科的实力和国际影响力，取得软、硬平衡，缩小我国人文社科研究与其他学科的差距。

表 5-4　　　　　　　　中国大陆社会科学学科表现

学科分类	WoS 发文量	排名	被引频次	排名	篇均被引频次	排名
SOCIAL SCIENCES, GENERAL 一般社会科学	45364	18	421594	18	9.29	19
ECONOMICS&BUSINESS 经济与商学	29148	20	251979	20	8.64	21
ECONOMICS&BUSINESS/SOCIAL SCIENCES, GENERAL 社科	74512	15	673573	15	9.04	21

第三节　人文社科成果的国际影响力形成机理模型

一　国际影响力形成机理问题

在当前社交媒体环境下，随着大数据技术的兴起、数字出版的流行、

◇◇ 理论篇 ◇◇

开放获取的普及，学术交流和知识创新等诸多方面深受影响，人文社科成果的国际影响力更具复杂性、多样性和动态性。尽管中国人文社科成果的国际影响力在逐渐提升，但是总体上和发达国家还存在比较大的差距。在中国人文社科"走出去"的背景下，对中国人文社科成果的国际影响力形成机理进行研究有着重要的意义。学术成果影响力的形成机理是建立测度指标体系和构建测度模型的主要依据，也是探讨学术成果影响力提升措施的基础，因而成为影响力研究的重要内容。

基于中国人文社科成果的国际影响力现状以及结合生命周期理论，本章将从形成过程、影响因素、产生机制和产生动力四个方面对中国人文社科成果的国际影响力形成机理进行分析，构建影响力形成机理PFMD（Process-Factors-Mechanism-Dynamic）模型。基于生命周期理论，从微观、中观和宏观视角分析不同利用方式下的学术成果国际影响力形成过程。在知识的创造、传播和利用过程中都会有因素对影响力的形成产生影响，主体因素、客体因素、环境因素和技术因素等在中国人文社科成果国际影响力的形成中起着重要的支撑作用。学术成果的各种利用方式随着时间变化及其相互作用和联系，会触发中国人文社科成果国际影响力的形成机制，主要有累积增长机制、协同演化机制、优先利用机制、回溯老化机制。生命周期每一阶段都会影响学术成果国际影响力的形成和扩散，中国人文社科成果在产生、传播和利用阶段有着不同的动力，推动学术成果国际影响力的形成。

总而言之，本章起到承上启下的重要作用，承上是指在本书前部分国际影响力理论研究的基础上，将研究聚焦、延续于人文社科成果国际影响力的机理问题，启下则是在探清阐明机理之后，由此指导展开模型构建及实证等工作。

二 国际影响力形成路径分析

学术成果是创作者依靠自身专业知识的累积，结合现实问题而进行的知识创新的产物。学术成果的内容和呈现形式丰富多样，但是本质上都属于知识产品，具备知识属性。知识产品与一般产品一样，具有自身的生命周期，是知识从产生到老化衰退的整个过程，反映了知识生产、扩散、利用过程中的客观规律。学术成果的影响力贯穿在其整个生命周

第五章 中国人文社科成果的国际影响力形成机理分析

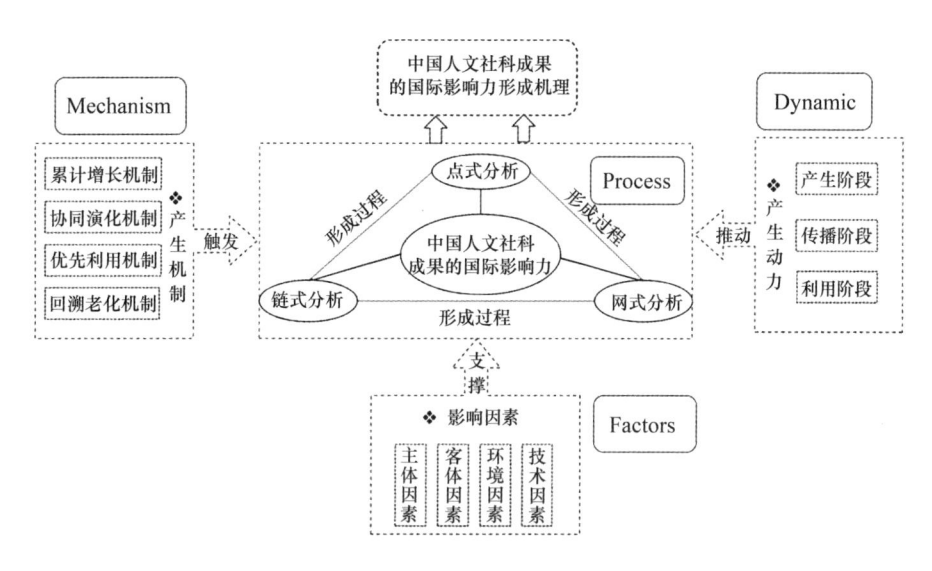

图 5-7 中国人文社科成果的国际影响力形成机理模型

期中，中国人文社科成果的国际影响力形成过程可从三个层次来考察：特定利用方式的微观层面、学术成果自身被利用的中观层面，以及从整个知识网络来分析的宏观层面[1]。

（一）微观——特定利用周期视角的点式路径分析

不同的学术成果在学术创新、学术质量等方面存在差异性，以及受利用者自身喜好、学术水平等变化的影响，学术成果之间也会出现差异化的被利用方式。从中国人文社科成果的被国际利用方式这一微观角度切入，可以发现总体上每一种被利用方式都表现出从学术成果开始被利用到被使用频次逐渐增加，然后随着学术成果中的知识的老化，用户对其使用频次逐渐减少直到其淹没在知识迭代的过程中。每一种学术成果都具有显著的知识老化的生命周期性特征，相应地，学术成果带来的影响力也会呈现出从无到有、影响最大化（辉煌）以及逐渐消失的生命周期的发展特点。

不同的学术成果具有不同被利用变化情况，以学术成果中的国际期

---

[1] 杨思洛、袁庆莉、韩雷：《中美发表的国际开放获取期刊论文影响比较研究》，《中国图书馆学报》2017 年第 1 期。

刊论文来讲，总体呈现如图5-8所示的4种典型的被利用变化情况。论文1描述了论文一经发表就立即受到大众的火热追捧，被用户大量下载或广泛地引用，论文的影响力在短时间内便从无到有并快速攀升至辉煌阶段，但其辉煌持续时间很短便断崖式下跌直至消亡，整体呈现出昙花一现的特点；论文2表示学术论文被广泛接受，学术影响力慢慢累积至最大化，然后随着知识更新又缓慢降低至消亡，整体呈现出衰减速度慢、使用次数多的特点；论文3展现了学术论文从产生到老化过程中一直不被大幅重视，尽管老化的速度较慢，但从总体上看被利用次数一直较小的特点；论文4显示了质量上乘的论文在出版之后因其知识价值没有被人们发现，导致其初期被埋没，但是后期被大众发现其知识价值之后又被大量利用，它们的学术影响力也呈现出前期积累、后期勃发的特点，即典型的"睡美人"现象，历史上越是重大的创新成果，往往因为其研究的超前性而不被同时段的人们认可接受，其影响力直到发表几十年甚至更久之后才显现出来，比较典型的有爱因斯坦的相对论论文[①]。

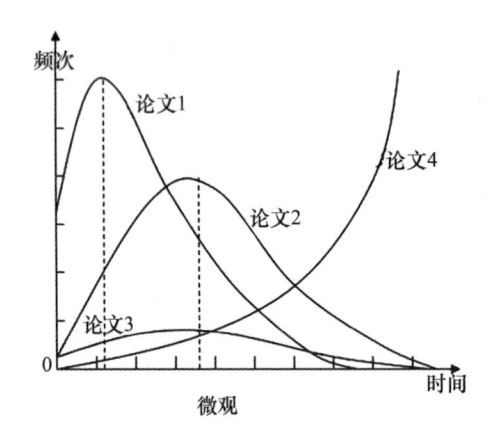

图5-8 微观——特定利用周期视角的点式路径分析

在不断发展的网络环境下，学术成果的利用出现越来越多的方式，图中的曲线不仅可表示传统的学术成果利用方式——被引，也可表示学

---

① 方红玲：《我国科技期刊论文被引量和下载量峰值年代——多学科比较研究》，《中国科技期刊研究》2011年第5期。

第五章　中国人文社科成果的国际影响力形成机理分析

术成果被其他学者或社会公众搜索、浏览、下载、转发、收藏和评论等情形。在便捷的社交互联网环境下,学术成果被利用行为的数据易于获取,分析也变得简单、快捷和可操作,如在线的系统平台能记录学术成果被利用的时间、地点、对象、使用者,以及成果被利用的形式、频率和程度等。目前研究发现学术论文下载量的峰值经常出现在发表后第2年,而被引量则要滞后好几年[①];被评论数量随着时间的推移发生变化,呈现出快速利用、快速老化和缓慢老化3个阶段的普遍特征[②]。

（二）中观——成果自身周期视角的链式扩散分析

互联网环境下,学术成果从发表之日起,利用随之开始产生,在其生命周期里会出现一系列的利用行为;学术成果的利用手段和方式不仅会有基本的链式顺序,也会呈现较复杂的迭代和反复过程。随着网络技术的快速发展,在一般情况下,学术成果发表后,大多会经过网络途径传播,开始被用户搜索、浏览、下载,然后根据学术成果的内容及用户自身的需求等多方面因素,被用户收藏、转发,在此基础上继续流通扩散,用户开始对其深入评论推荐,同时也根据需要进一步引用链接。此过程实际也是学术成果所包含的知识被转移、吸引和再创新的过程。

以期刊论文为例,论文的利用方式具有典型的链式顺序,从最初的浏览到后续的引用,是渐进的过程,是用户从浅层次接触到深入吸收的过程,也是学术成果影响加深的过程。用户对论文的下载表明对该论文有了初步的利用,论文往往都可通过特定方式下载,从成千上万的论文中下载特定论文,这是用户选择的表现;评论则是用户对感兴趣的论文进行阅读之后,在对该论文了解不断加深的基础上,吸收相关理论、方法或发现等,并通过自身的思考和整理之后,发表新的看法和见解;而引用则是从浏览下载的众多论文中,选择受影响较深且最相关的论文,加以标引利用的行为,这是一种高层次的利用行为,正式地表明论文对用户自身研究产生了贡献和影响。

在论文产生影响的每一阶段都会发生用户众多不同的操作行为,例

---

① 罗力:《网络学术信息老化规律研究》,博士学位论文,武汉大学,2010年,第82页。
② 余厚强、邱均平:《替代计量指标分层与聚合的理论研究》,《图书馆杂志》2014年第10期。

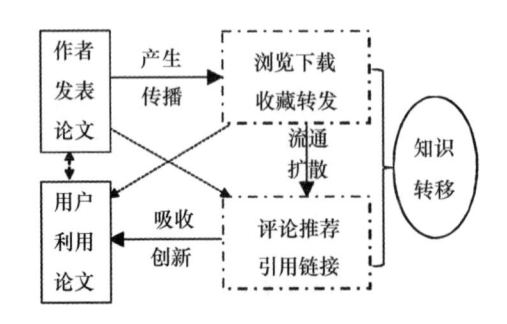

图 5-9 中观——成果自身周期视角的链式扩散分析

如对论文的浏览下载会有列表检索、查看链接、浏览摘要、浏览图表、浏览全文、浏览参考文献数据、选择 HTML 或 PDF 格式浏览、下载等行为；而收藏包括选择加入个人分组抑或公共分组、添加标签、放入最喜欢和订阅等程度不同的方式[①]。同一利用行为的影响也有差别，频次统计是最直接的衡量方式，例如下载次数、浏览次数；此外，可通过评级方式传达用户对论文影响衡量，例如以点赞、打分、分级等方式给出；还有一些定性的分析，例如对用户评论内容的分析，对引用上下文的语义解析等。这一系列行为都是基于学术成果自身生命周期被利用的角度产生影响的表现，具有比较典型的链式顺序。

（三）宏观——知识演化周期视角的网式演化分析

从宏观的知识演化角度看，知识有继承和累积的特性，学术成果不可能孤立存在，学科间知识融合成为学术发展的大趋势。因此，中国人文社科成果的国际影响力也不会局限于本学科、本国家、本时期，而是随着知识融合大流，影响不同的学科领域、贯穿不同的地区和时段。

以最直接的论文引用为例，国际期刊论文都有参考文献，因为科学研究是站在巨人的肩膀上进行的，完全没有参考以往知识的成果可以说是不存在的，而参考文献正是科研作者在论文写作时对前人的内容、方法、思想、技术等知识的吸收利用的证明，是受前人的学术成果影响的证据，也是知识不断演化的有力循证。基于参考论文的最终被利用，多

---

① 王艳、毕丽华：《知识管理与知识创新的研究综述与展望》，《图书情报工作》2011 年第 S2 期。

篇论文间之形成知识网络，例如引证网络。整个人类存在宏观的知识体系，而特定学科或领域更会形成严密的知识网络，体现特定学术论文在整个知识体系中的地位和影响。具体来说，学术论文包括正文和参考文献部分，参考文献部分反映了论文作者在构思论文时吸收或利用早期研究的概念、方法、技术等方面的情况，特定领域之间各论文相互引证，形成了基于引证的知识网络。如果以射线箭头指向被引文献，而箭尾指向引证文献，就可以清楚地表现出论文之间纵向继承和横向联系的关系，从而反映特定论文在整个知识体系中的影响。如图 5-10 所示，论文 4 引用论文 2，表明论文 4 受论文 2 影响；论文 5 引用论文 4，表明论文 5 受论文 4 的直接影响，同时论文 2 也间接影响了论文 5。如此引用交叉影响下去，一篇论文的影响力不断延伸，累积的影响力也越来越大。

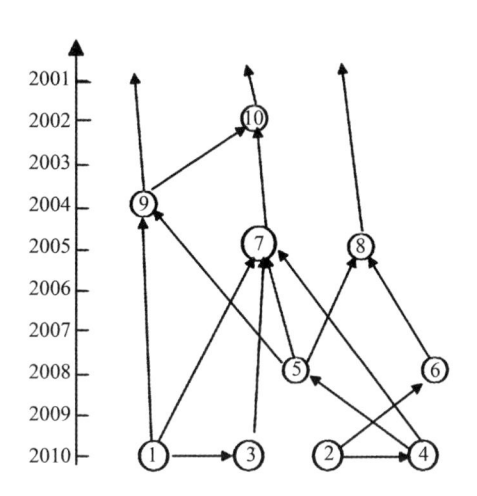

图 5-10 宏观——知识演化周期视角的网式演化分析

第四节 人文社科成果的国际影响力形成影响因素

学术成果影响力的形成，实质上是用户利用学术成果并引起了自身状态的变化，但是这种影响是隐性和动态变化的，难以进行测度和衡量。当前，往往通过学术成果的最终影响形成的结果来表征，例如成果被用户收藏、引用等指标。但是这些影响衡量的合理性和可行性等，需要在深入分析影响其产生的影响因素后才能确定。中国人文社科成果国际影响力形成的影响因素包含多方面，如上所述，学术成果实质是知识产品，知识的创造、传播和利用过程中都会对影响力的形成产生影响，本章主要选取主体因素、客体因素、环境因素和技术因素来分析中国人文社科成果影响力形成的影响因素[①]。

一 国际影响力形成的主体因素

学术成果的创作，实质是知识的创造过程，往往经历文献获取、知识吸收、知识创新和知识表达等一系列过程，知识创造的过程会影响学术成果的影响力。学术成果的创作是其产生影响力的基础和前提，学术成果自身是其产生影响力的主体因素，主要包括学术成果自身的作者、成果质量、发表平台等。

（一）作者相关因素

学术成果作者的声望和学术威望是学术成果产生影响力的重要因素，用户在利用时往往信任和优先选择影响力大的学者的学术成果。当前在研究作者因素对学术成果的影响力形成作用方面，国内外学者有着较多的研究。一般认为，作者相关因素主要包括研究团队规模与作者合作网络、作者性别因素、作者学术成就、跨国的合作团队等。（1）在作者合作方面，合作参与科学研究工作是最重要的学术交流方式，使得具有不同学术背景的研究人员，可以直接交换、共享研究思路，学术成果的作者合作会增强研究团队的知识创新创造能力，从而提高了学术研究成果的学术质量。刘意在研究中国人文社科期刊论文的国际被引影响因素时，指出若作者规模中以独著为基准线，合作撰写人数越多，论文被引频次越高，产生的影响力越大，但合作作者规模对整体的论文被引频次影响程度不大[②]。（2）此外，往往高学术成就的作者具有较强的科研产出力和学术影响力，用户在选择和利用学术成果时，也更倾向于选择高影响力的作者。刘艳华、华薇娜和袁顺波等通过对中国人文社科研究中的高

[①] 赵跃峰、孙守增、王佳：《学术期刊国际影响力的传播机理》，《长安大学学报》（社会科学版）2013年第3期。

[②] 刘意：《中国人文社科期刊论文国际被引影响因素研究》，《现代情报》2020年第4期。

◇◇ 第五章 中国人文社科成果的国际影响力形成机理分析 ◇◇

被引作者进行计量分析，指出获得博士学位或者有海外背景的学者在优秀学术论文创作方面更具有优势，他们较易直接与国际学者对话，使中国的人文社科得到国际同行的承认，推动国际学术研究的发展[①]。赵蓉英等通过静态分析国际合作与交流特征演化，研究中国学者在国际图书情报学领域所取得的研究性成果，认为国际合作使得中国人文社科领域在更为广泛的地域范围内得到扩展与深化，从而有利于提高中国学者甚至是我国在人文社会科学学科领域的学术地位和影响力[②]。

（二）学术成果相关因素

学术成果相关的影响因素主要包括学术成果研究的主题多样性、成果的页数、参考文献数量、标题与摘要、研究方向属性和使用次数等。（1）一般认为，学术成果的页数、参考文献数量越多，其内容也就越可能翔实，研究的描述也就越可能细致[③]。（2）知识推陈出新的速度极快，读者面对海量的文献，标题和摘要将是其快速获取信息的重要渠道，标题与摘要成为用户选择文献的重要参考。（3）学术成果的研究方向属性越多，说明研究成果涉及的研究方向越多，影响面就可能越广，则学术成果被引用的可能性就越大，产生的影响力也越大。（4）尽管学术成果的外部特征会影响其影响力的形成，但是学术质量是学术成果产生影响力的根基。学术质量包括学术成果研究的规范性、严谨性和创新性等因素。一些重大发现、新颖研究方法、与社会生活密切相关的应用等学术成果往往会产生重大影响；任何学术观点都是建立在严格的论证基础上的，因此学术成果研究论证是否严谨也直接影响到学术成果的最终质量；Molléri, J. S.等发现研究规范程度即流程与写作规范提高与引文正相关[④]，学术成果的语言特征需要句式严格、行文规范、术语准确、详略得当。

因此，中国人文社科成果需要积极创新，论证严谨，同时加强对写

[①] 刘艳华、华薇娜、袁顺波：《走向世界的中国高校人文社会科学研究中的高产作者分析》，《中国高教研究》2011年第4期。

[②] 赵蓉英、魏绪秋：《基于比较静态分析的国际合作与交流特征演化研究——以我国图书情报学为例》，《图书馆》2017年第8期。

[③] 耿骞、景然、靳健等：《学术论文引用预测及影响因素分析》，《图书情报工作》2018年第14期。

[④] Mingyang Wang, Guang Yu, Shuang An, et al., "Discovery of Factors Influencing Citation Impact Based on a Soft Fuzzy Rough Set Model", *Scientometrics*, Vol. 93, No. 3, December 2012.

作流程和写作规范的注意，从而提升学术成果的国际影响力。

（三）出版物相关因素

学术成果的发表平台也会对学术成果的影响力形成产生一定的影响，出版物的质量、水平和学术影响力对出版物中所发表的学术成果的被引频次具有影响作用，例如往往发表在高影响因子刊物的论文被利用的概率要比影响因子低的大很多。出版物本身也具有一些与被引相关的量化指标，包括总被引数、影响因子、排除自引后的影响因子、5年影响因子、即时指数、可被引的文章数、被引半衰期、引用半衰期、特征因子值、论文影响值、被引用的论文数量比、标准化特征因子和平均影响因子百分位等。从马太效应角度来说，高影响因子和高区位期刊能够吸引更多高质量的论文投稿，从而更可能受到多个引用；高被引论文也倾向于引用影响力较高的期刊，以获得更多权威来佐证论文观点[1]。国际出版平台上，Elsevier、Springer等知名出版商通过早期资源整合积累雄厚原始资本，在市场拓展、平台内容建设、服务创新、品牌策略上都具有得天独厚的优势，发表在"第1梯队"出版平台的论文往往有更规范的出版流程和更广泛的传播途径，使得论文更快、更广地被他人引用。因而，我国期刊界也在积极探寻与Nature、Elsevier、Springer等国际出版商合作，以获得更好的国际显示度和学术成果国际影响力[2]。

随着国际学术交流的不断深入，中国人文社科学术界也积极参与其中，高质量的中国人文社科成果越来越受到国际学者和社会公众的关注，越来越多的中国学者在国外人文社科类顶级期刊和平台发表学术成果，促进了中国人文社科成果的对外传播。中国人文社科研究要积极从作者、学术成果自身和出版物平台等方面发挥自身优势，积极缩小与国际的差异，从而不断推动中国人文社科成果在国际的交流和传播，提升中国人文社科成果的国际影响力。尽管有语言环境的差异，语言问题曾经是中国人文社科学术对外传播的障碍，但是目前中国学者也积极通过发表英文成果、创办外文期刊、翻译优秀中文学术成果等方式，促进人文社科

---

[1] 张垒：《高被引论文的特征因素及其对影响因子贡献研究》，《中国科技期刊研究》2015年第8期。

[2] 魏雅慧、刘雪立、孟君：《我国SCI收录期刊国际合作出版情况及其影响力指标的变化》，《中国科技期刊研究》2018年第7期。

对外的交流，不断提升中国人文社科成果的国际影响力。

二 国际影响力形成的客体因素

中国人文社科成果在国际社会作用于用户从而产生国际影响力，用户因素是这一过程的客体因素。同时，用户是学术成果利用的主体，学术成果的利用频次、利用程度和时机等受到用户的语言因素、知识结构、个体需求等众多因素影响。

（1）语言因素。受语言壁垒的影响，语言文字虽然实现了知识的显性化，但用户一般对自身母语利用得更多，也更深刻和透彻，对比较陌生的语言更少去涉猎。中国人文社科发表的学术成果大多以汉字为语言载体，由于中西方使用语言的不同，加上汉字在21世纪尚未被国外广泛学习应用，这部分学术成果很难被国外学者或社会公众理解和利用。国际上以英语为通用语言，国际学者和社会公众更偏向于学习、传播和利用英文学术成果，这很可能造成中国人文社科成果的国际影响力较低。现在随着外语水平的提高，中国人文社科学者发表的英文学术成果在逐渐增加，这种状况在积极改善。

（2）知识结构。学术成果影响的层次与水平也与用户已有知识结构密切相关，由于中西方文化以及意识形态的差异，国外学者与中国学者在知识结构上存在着较大的差异，这也影响了中国人文社科成果的传播交流以及国际影响力的形成和提升，因为用户已有知识与学术成果内容的匹配性和异质性在很大程度上决定了学术成果对用户的影响。爱因斯坦说：西方的科学是以逻辑推理和实验验证为基础的，而中国却不是走这样的路。在科学研究中，中国学者往往更关注研究现象，不太注重本质的分析与探求，中国的智慧是记录型、描述型、经验型的。而西方人把理性的内在的完整性作为知识的最高标准，要求知识具有结构上的完整性，要求推导程序的严格性和规范化，西方智慧是逻辑型、思辨型、实证型的。由于国际用户在研究思维和认知结构上的不同，国际用户可能较少关注和利用中国研究成果。

（3）个体需求。传播和利用学术成果都是用户基于自身需求而产生的动作，获取和传播学术成果，表明用户对该学术成果产生兴趣；利用学术成果，意味着学术成果对用户的思想和行为造成了改变。因而，中国人文社科成果的国际影响力形成与用户满足个体需要有着密切的联系。当前，利用社交媒体技术在线传播和交流学术成果的现象越来越普遍，但由于中国学者利用推特、Facebook、Blog 等在线媒体交流学术研究比较少，国际学者或用户很难在社交媒体上与中国学者互动，这难以满足在线即时交流学术思想的科学交流需求，可能阻碍了中外学术成果的交流。同时，由于中外阅读习惯、表达习惯的差异，中国学者发表的国际学术成果与国际用户自身的阅读需求存在偏差，也会影响用户对成果的利用，阻碍成果影响力的产生和增长。

三 国际影响力形成的环境因素

环境因素一般包括政治环境、科研环境、网络环境、经济环境、法律环境、国际外部环境等。在各种环境的影响下，中国人文社科不断发展，与发达国家的差距逐渐缩小，在学术导向、学术思想、学术标准、学术表达上逐渐与国际接轨。中国人文社科工作者在国家相关政策的支持下走出国门，进入国际知名高校和研究机构进行系统学习和深造，一方面产出了高质量高影响力的学术成果，另一方面也使具有中国特色的人文社科的新理念、新思想传播到了世界各地，扩大了中国文化和人文社科的国际影响力。本节主要从政治环境、科研环境、网络环境、国际环境四个方面来介绍。

（1）政治环境。政治因素是中国人文社科成果国际影响力形成的最重要环境因素。教育部早在 2011 年就推出了《高等学校哲学社会科学"走出去"计划》，其目标是："通过加强国际学术交流合作的内涵发展、品牌建设，国际学术交流合作体制机制更加完善，高端国际性人才培养体系基本建成，服务国家外交战略能力大幅提升，国际学术对话能力和话语权显著增强，中国学术海外影响明显扩大。"2016 年 5 月，习近平总书记在哲学社会科学工作座谈会中提出："在全面建设小康社会、开创中国特设社会主义事业新局面、实现中华民族伟大复兴的历史进程中，哲学社会科学具有不可替代的作用。"在"十二五"以来，中国共产党和人民政府就对中国人文社科的地位和价值十分重视，多次在各种规划、报告中提出人文社科的重要性，出台了多项支持性、推动性和鼓励性的政策和措施。此外，国家社科基金投入规模不断加大、国家社科重大课题项目批准数量不

第五章　中国人文社科成果的国际影响力形成机理分析

断提升、科研条件持续改善、科研人员待遇和生活水平稳步提高,这些都为繁荣发展人文社科提供了有力保障和良好的研究环境。

（2）科研环境。科研环境对科技进步、创新以及国家的发展起到重要的作用,通过建立有利于科研人员研究的环境有助于科研活动的产出。当前国家重视中国人文社科的研究,持续加大资金投入和支持,为人文社科研究提供了良好的科研物质保障。中国积极学习国外科研体制建设的优秀建设,确立了"总体规划、分部门实施"的科研工作原则,推动科研体制与社会主义市场经济体制相适应,为人文社科研究提供了制度保证。中国正积极营造良好的科研合作环境,通过推动科学人才的流动和科研合作网络的建立,积极推动科研的国际合作,激发了中国人文社科研究的创造激情和创造潜力。当前,人文社科学术界正积极营造健康的科研文化环境,形成尊重知识、崇尚科学、追求真理的科研文化观念,新文科建设加强科学研究的认同感和发展。

（3）网络环境。科学技术的革新推动了网络环境的深入发展,为中国人文社科研究人员发表国际学术成果提供了便利,研究成果得以在世界范围内高效率、大范围地进行传播。研究人员通过网络可以和国际同行进行合作,不再受时间和距离的限制,进行多重思维的碰撞,更有利于新观点的产生。网络环境的发展加快了社会问题的传播,且传播不再受地域和时间的限制,人文社科研究人员获得信息和数据的效率得到极大的提高,为科学研究创作灵感和素材提供了来源。人文社科研究人员通过互联网获取知识库中各种学术知识,了解国际研究前沿,学习先进的研究方法,进行知识的积累。可以说,网络环境的发展为中国人文社科人员发表国际学术成果提供了极大的支持。

（4）国际环境。国家一直重视中国文化"走出去"和中国话语权的提升,经过不断的努力,伴随着中国的崛起、综合国力的不断提升,国际社会对中国文化的认识不断加深,认可度和接受度也在提升。随着"一带一路"倡议的提出,中国国际话语权建设进入了新时期,它为全球治理贡献了中国智慧与中国方案,并在世界范围内引起热议,扩大了中国在世界的影响力和感召力。随着国际社会对中国认识观念的转变,国际学术界对中国科研的认可度也在加深,越来越多的国际学者重视对中国的研究以及提高了对中国学术成果的关注。中国人文社科学术研究正面临着良好的机遇,国际越来越重视与中国科研机构和学者的合作,也积极吸纳中国学者参加重要国际会议,在一定程度上促进了中国科学研究的进步,推动着中国学术成果的国际影响力提升。

四 国际影响力形成的技术因素

学术成果的国际影响力是在对外流通的过程中产生的,学术成果的流通,涉及学术成果流通传播的速度、广度和深度,也包括流通过程中的技术手段和流程等因素。社交媒体技术、大数据技术以及开放存取技术等是中国人文社科成果国际影响力形成的关键技术因素,这些因素在学术成果的创造、传播和利用过程中发挥着重要作用,不仅为学术成果的产出提供了技术便利,也有利于学术成果的对外传播和交流,最终促进了中国人文社科研究学术成果国际影响力的形成和提升。

(1)社交媒体技术。目前社交媒体已经成为人们生活中用来获取信息以及分享经验、观点不可或缺的重要平台,大大改变了人们的交流方式,常见的社交媒体主要包括博客、论坛、微信、微博、推特、Facebook 等。同时社交媒体也深刻地影响了科学交流和科技评价的各个方面。1)在 Web 2.0 的环境下,大量涌现的线上的学术社区逐渐成为科学新的传播出版渠道,除了原有的一些权威的学术信息源,作为非正式信息源的社交媒体平台也为学者们提供了丰富的信息资源。因此社交网络也逐渐成为学术研究人员进行学术交流,分享见解、经验和观点的工具和平台,是非正式科学交流的主要平台之一。2)在学术活动中,社交媒体可用于建立和维持同行间的关系网、获取相关的学术研究主题、扩散最终的研究成果等,支持学者们开展研究工作。3)学术研究成果的载体也不再局限于传统的文献及图书的形式,逐渐向着多元化发展,学术博客、软件都成了新的学术成果载体。例如推特、Facebook 等社交媒体的广泛运用,便利了作者与用户间以及用户与用户间的非正式交流沟通,也促进了中国人文社科成果的流通与共享[①]。

(2)大数据技术。中国人文社科成果的国际影响力是学术成果在国

---

① 王亮:《基于 SCI 引文网络的知识扩散研究》,博士学位论文,哈尔滨工业大学,2014年,第132页。

第五章 中国人文社科成果的国际影响力形成机理分析

际交流传播和利用过程中形成的，在这个过程中，会产生大量的"学术痕迹"，想要对学术成果影响力的全面把握，就需要全面捕捉学术成果交流传播和利用过程中的"痕迹"。1）例如，大数据技术逐渐应用在用户对学术成果的组织检索之中，网络环境下大数据技术使得学术成果的传播和利用越来越高效，国际学术出版平台越来越多地整合和检索中国人文社科成果，扩大了中国人文社科特定主题的学术成果的传播范围与速度，提高了学术成果的利用效率。2）中国人文社科研究也越来越重视利用大数据技术进行科学研究，大数据技术使得数据获取更方便，数据处理更简洁，数据展示更美观，数据存储更高效，这样有助于加深对学术的定量定性研究。随着计算技术和网络技术的发展，采集、存储、传输和处理数据都已经成了容易实现的事情。面对复杂对象，我们没有必要再做过多的还原和精简，而是可以通过大量数据甚至是海量数据来全面、完整地刻画对象，通过处理海量数据来找到研究对象的规律或本质。3）对中国人文社科成果国际影响力研究的原始数据，可以利用大数据技术在学术交流平台、社交网站等平台利用开放的 API 技术自动获取，也可以通过遍历、扫描和抓取从其他网络平台上获取，这样也有助于从探索和把握推动中国人文社科成果国际影响力形成的关键影响因素，从而推动中国人文社科成果国际影响力的提升。

（3）开放存取技术。当前，"自由、开放、合作、共享"的开放科学运动，势不可当。1）中国人文社科领域的科研人员可以借助开放存取技术，自由获取需要的信息，与国外的科研人员自由平等地探讨问题。科研人员既能更加便捷地获取科研资料，还能通过与他人的合作，不断拓宽自己的研究领域，提升个人研究造诣，有助于创造更优秀的学术成果。2）在知识交流的效率方面，开放存取加快了新文献的传播速度，帮助引用者及时获取最新文献，极大地提高了知识交流的实效性，有利于最新学术成果的传播和交流，对推进学术发展具有重要作用。3）开放获取作为新的学术交流理念，对知识交流的形式和内容方面也带来了一定的影响。虽然通过纸本期刊文献开展的知识交流形式依然存在，且占据重要的位置，但随着网络和信息技术的发展，知识交流的形式和渠道逐渐多样化。开放获取期刊在知识交流方面时滞短、效率高等特点，使之成为当今知识交流的重要工具和途径之一。刘趁基于多重计量指标研究指出开放获取论文更容易获得较高的被引次数、被浏览次数及被媒体关注度。论文的开放获取优势随历时时间增加而不断显著，开放获取论文引用优势约在论文发表1年后显示，使用优势及媒体关注度优势在开放获取论文发表当天就表现比较显著①。

五 国际影响力的形成因素模型

中国人文社科成果作用于用户而产生影响力，学术成果是影响力形成的主体，学术成果的使用者是影响力形成的客体。学术成果借助技术要素，方便了用户的获取和利用；在各种环境因素影响下，促进了学术成果主体对客体产生作用。基于学术成果自身相关因素为主体因素、学术成果的使用者为客体因素、学术成果传播利用技术为技术因素以及结合各种环境因素，提出中国人文社科成果的国际影响力形成影响因素模型，如图5-11所示。

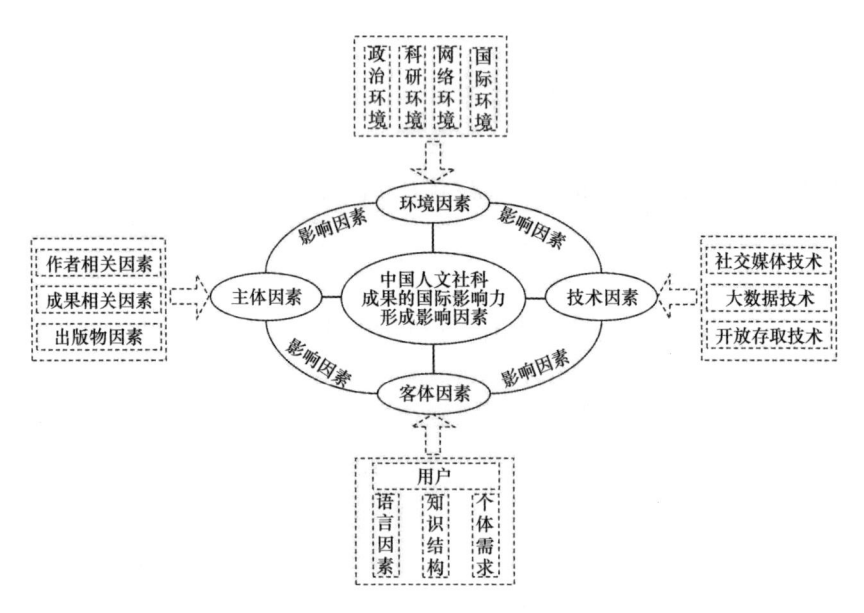

图5-11 中国人文社科成果的国际影响力形成影响因素模型

---

① 刘趁：《基于多重计量指标的论文开放获取优势研究》，硕士学位论文，大连理工大学，2016年，第14—16页。

第五节　人文社科成果的国际影响力形成机制和动力

研究影响力的形成机制和产生动力，能帮助我们更好地把握和探索中国人文社科成果国际影响力形成的内在机理，对于提升学术成果国际影响力有着重要的指导意义。学术成果的各种利用方式随着时间变化并且相互作用和联系，会触发中国人文社科成果国际影响力的形成机制，主要有累积增长机制、协同演化机制、优先利用机制和回溯老化机制。而成果生命每一个阶段都有外力影响着学术成果国际影响力的形成和扩散。在产生、传播和利用阶段有着不同的动力，推动学术成果国际影响力的形成。

一　人文社科成果的国际影响力形成机制

机制一词最早源于希腊文，原本指机器的构造和动作原理。中国人文社科成果国际影响力产生的机制主要是基于生命周期角度，分析学术成果国际影响力形成过程中各利用方式随时间的变化及其相互作用和联系的关系和原理。如图 5-12 所示，本节主要从累积增长机制、协同演化机制、优先利用机制、回溯老化机制四种产生机制进行分析[1]。

（1）累积增长机制。知识产生的影响力具有累积性，学术成果的影响力会随着时间的变化呈现逐渐累积增加的趋势，即使知识最终老化无人利用，但产生的影响力的总量并不会下降。从学术成果国际影响力形成的整个周期来进行考察，会发现国际影响力的增加速度在不同阶段有着差异性的表现，但大体上都会经历增速、匀速和减速 3 种不同的增长状态。随着科技进步和政治经济的影响，包括中国政府在内的各国政府都很重视科技创新和科研领域的投入。因此，学术成果的数量呈现出指数增长的状态，特别是在当前发达的互联网技术背景下，学术成果增长速度愈加明显。中国积极推动人文社科研究"走出去"，越来越多的中

---

[1] Derek J. de Solla Price, "Networks of Scientific Papers", *Science*, Vol. 149, No. 3683, July 1965.

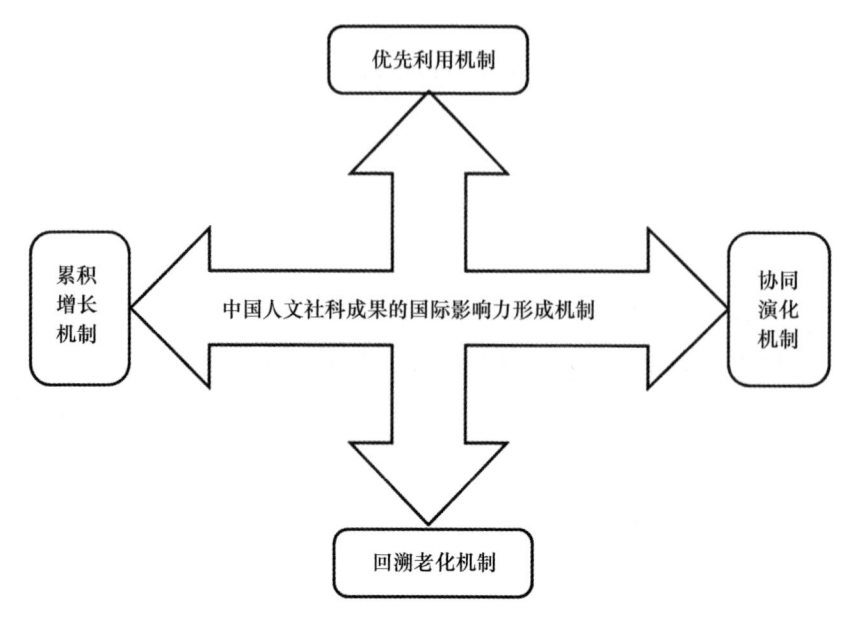

图 5-12　中国人文社科成果的国际影响力形成机制

国学者和研究机构在国际发表学术成果。随着中国人文社科界积极走出国门，高质量的中国人文社科成果越来越被国际社会认可及接受，被利用频次逐年增长，国际影响力不断提升。同时，随着互联网技术在学术领域的广泛应用，中国人文社科成果被国际用户下载、评论和收藏等利用方式也被越来越认可，使用频率越来越多，形成了近期中国人文社科成果的被利用量增长，其国际影响力也随之增长的现象。

（2）协同演化机制。知识是继承和积累的，学术成果并不是孤立存在的。基于学术成果被利用的角度，多个学术成果之间会形成知识网络（如引证网络）。整个人类有一个宏观的知识体系，而特定学科、领域更会形成严密的知识网络，反映出特定学术成果在整个知识体系中的地位和影响[1]。学术成果发表后，通过网络等渠道进行传播，用户通过网络渠道进行浏览、下载获取学术成果，之后用户根据成果内容以及用户需求等多种因素收藏、转发学术成果。在此基础上，学术成果继续流通和传播扩散。用户也将对其进行深入的评论推荐，并根据需要进一步引用

---

[1] 杨思洛等：《替代计量学：理论、方法与应用》，科学出版社2019年版，第180—185页。

第五章 中国人文社科成果的国际影响力形成机理分析

其链接。这一过程也是学术成果中的知识被转移、吸引和再创新的过程。一方面,它是从最初的浏览到后来的引用的一个渐进的过程,是用户对成果中的知识从浅层接触到深度吸收的过程;另一方面,这也是一个学术成果影响力不断深化的过程。

协同演化机制存在于学术成果国际影响力形成的多个方面之中。首先,学术成果的多种不同利用方式之间存在协同演化机制,浏览、下载、引证等是最直接的表现方式。中国人文社科成果被国际学者或者社会公众利用使成果的国际影响力最终形成。尽管学术成果的利用方式,如下载、浏览、引证等出现的时间顺序不同,影响力的演化和发展路径也存在差异,但是不同利用方式之间相互作用,存在着紧密的联系。例如,用户产生引证中国人文社科成果行为的前提是用户已经获取和浏览了内容,并受到了影响;中国人文社科成果被国际用户浏览次数的增加,往往会带来其下载次数和引证次数增加的可能,而引证次数的增多,也增加了中国人文社科成果在国际用户面前出现的概率,这样会促进更多的浏览和下载等行为。多种利用行为间的相互作用形成了极其复杂的协同演化网络。国内外许多研究也得出不同利用行为间存在着相关性,但是因为各种利用方式侧重点的不同和反映时间的差异,它们并不是完全相关的,例如会出现学术成果的下载次数和浏览次数很高,但是被引次数却不高的现象。

其次,学术成果的已有影响力和新产生影响力的协同演化。当前,中国人文社科正积极走出国门,走向世界。近年来中国人文社科成果在国际的影响力不断提升,出现了一批具有高影响力的学者和研究机构,中国人文社科成果越来越被国际学者认可和利用,这些都是中国人文社科成果的已有影响力。影响力是累积增长的,已有影响力会促进新影响力的产生,而新影响力会保持和增长已有影响力水平。中国人文社科领域中知名学者或机构的学术成果往往更容易被接受和利用,而新的学术成果的利用又不断增加了该学者或机构的影响力。协同演化有利于促进科学研究的协调和稳定,因此应该鼓励和支持中国人文社科领域学者或机构等积极参与国际交流,发表优秀的学术成果,发挥协同演化的作用,以带动整个中国人文社科成果国际影响力的提升,推动中国人文社科研究的可持续发展。

（3）优先利用机制。如今，网络技术快速发展，获取学术成果越来越方便，学术成果的可获得性已经不再是其被利用与否的决定性因素。现在，对学术成果的利用往往是用户进行综合衡量后的结果，这是一个复杂的判断和选择的过程，其中时间优先机制和重要度优先机制起着至关重要的作用。在对学术成果的引用方面，通常情况下最新发表和最经典的两大类文献的被利用次数是最多的。

时间优先机制。学术成果注重科学研究的创新性和新颖性，学者为了把握科学研究的前沿性，往往会优先吸收和拓展最近发表的学术成果；随着科学技术的发展，近期发表的学术成果往往在全面性、创新性和新颖性方面更具优势，因而会被更多的用户选择和利用。从浏览、下载等被利用历时曲线也可看出，数值往往在论文发表后短时间内达到峰值。Price研究后指出在对参考文献的利用上，用户往往倾向于利用最新发表的学术成果，他认为近50%的被引与成果发表时间存在关联，约30%的成果与最新发表的成果是具有强相关性的，在这30%之中近一半是对近1—6年发表的文章的引用，即使排除文献的指数增长影响，对近期文献的使用也会出现一个上升的趋势。

重要度优先机制。在学术成果被利用的过程中存在"马太效应"，通常情况下，作者为了增强自己文献的说服力和可信度，会倾向于引用一些已经被广泛引用和产生影响力的经典文献[1]。比如作者在介绍一些基本原理和解释一些基本概念时，往往会引用一些著名学者的经典文献，这部分利用率高的经典文献也容易受到其他用户更多的关注。在用户使用中国人文社科成果时，大都通过检索数据库的方式获取，用户往往会关注其中被浏览、下载或引用最高的部分。

时间优先机制和重要度优先机制相互影响和相互作用，其中时间优先利用机制促成对最新知识的获取接受和知识更新，重要度优先利用机制则保证了对重要知识的接受和利用，两种机制的结合形成了知识演化在研究前沿与研究基础之间的平衡。

（4）回溯老化机制。生命周期（Life Cycle）是事物发展的基本理论，

---

[1] 刘向、马费成：《科学知识网络的演化与动力——基于科学引证网络的分析》，《管理科学学报》2012年第1期。

第五章 中国人文社科成果的国际影响力形成机理分析

事物的发展过程是产生—发展—成熟—消亡的过程，旧事物的消亡伴随着新事物的诞生。生命周期概念应用很广泛，在政治、经济、环境、生物等领域经常出现。学术成果及其影响力演化同样遵循这一规律，学术成果在演化过程中大致经历了生产、传播、利用3个阶段[①]。学术成果利用行为，从开始到逐渐增加，然后随着学术成果知识老化，利用减少直到无人问津，具有显著的周期性特征，相应的影响力也呈现从无到辉煌到消亡这一生命周期。

用户在利用学术成果时，会利用学术成果之间的关联关系进行拓展性获取和利用。学术成果的关联包括内容的相关性、横向的知识扩展和纵向的深入追溯，这种关联关系可以通过引用、链接、共现等方式呈现，例如用户利用某一论文时，往往也会关注其参考文献，通过引文追溯其源头，从而深入分析特定领域；而通过共同浏览或共同收藏等行为，则可扩展性地发现相关论文，进一步利用和回溯选择知识，全面深入地把握特定领域。此外，作者关于论文的评论，在社交媒体中的推荐往往也会造成特定成果的回溯利用，在回溯利用的同时，学术成果的影响力总体上具有生命周期，存在衰减老化现象，例如论文发表后的几个月内数字化浏览、下载显著增长，但随后总体上呈现下降趋势，直到无人问津。

二 人文社科成果的国际影响力产生动力

学术成果生命周期的每一阶段都会有因素影响其国际影响力的形成和扩散。中国人文社科成果国际影响力的形成是一个动态且复杂的过程，它是在学术成果生产、传播和利用过程中主客体之间以及主体与内外部环境之间的相互作用下，伴随着学术成果知识功能的实现和效用的发挥而逐渐形成的。

学术成果产生并通过如同行评议等方式确认后，会通过多种渠道向国际学术界进行发布，其他学者或用户在接收学术成果后会产生多种形式的利用行为[②]。伴随着国际用户的利用行为，学术成果的国际影响力

---

① 关鹏：《基于 LDA 主题模型和生命周期理论的科学文献挖掘》，《情报学报》2015 年第 3 期。

② 韩瑞珍、杨思洛：《知识生命周期视角下智库产品影响力形成及提升路径》，《信息资源管理学报》2020 年第 3 期。

随之产生和显现,并随着学术成果传播利用的逐渐深入而不断提升。分析中国人文社科成果的国际影响力产生动力,需对其生命周期中每个阶段的产生动力进行分析,即学术成果的产出阶段—产出力、传播阶段—传播力和利用阶段—利用力。

(1)学术成果产出阶段的国际影响力产生动力。学者在产出成果时,通常首先进行的是文献获取,作者通过文献检索等途径,从数据库、搜索引擎、网络开放学术平台、学术会议等途径获取文献,把握研究现状及趋势。其次是知识吸收,对获取的知识进行阅读、消化、理解、学习并融入研究者已有的知识体系中;基于不同理解、需求和价值判断,进行知识的选择和过滤,在此过程中知识利用程度不一,相应的成果影响也有差异。然后,进入知识创新这一核心阶段,知识创新包括追求新发现、探索新规律、创立新学说、创造新方法、积累新知识等[1];研究者结合吸收的以及自身的知识,经过复杂的思维过程和严谨的科学推理、论证、实验,对已有的理论、方法等进行补充、深化、批判、更新,形成新的知识。最后是知识的表达,因为知识是无形的,为了交流和传播,需要结构化地描述,并用统一固定的模式反映和展示知识;其中论文是主体,通过论文和语言文字载体,知识实现跨时空的交流和共享,因此在一定意义上论文也是一种标准和规范。

学术成果的产出是其国际影响力形成的基石。学术成果本质是知识产品,生产和创造决定了学术成果的产品力;学术成果的学术质量,以及由学术质量所带来的知识产品效能和知识产品核心竞争力,对学术成果产品力的大小起主要决定性作用,产品力是中国人文社科成果国际影响力形成的前提。受众在接触到众多的学术成果时,除了根据自己的信息需求进行选择,学术成果的声誉是影响受众是否选择获取该学术成果的一大重要因素,大家普遍会选择获取更权威、声誉更好的学术成果。以学术论文为例,受众面对在数据库中检索到的众多文献,会更倾向于点击发表在核心或重要期刊上的文献并获取文献信息,相应地,此类文献的下载量、阅读量也相对更高。

---

[1] 王晓梅:《期刊型学术交流系统的成本收益分析》,硕士学位论文,郑州大学,2015年,第18页。

◇◇ 第五章　中国人文社科成果的国际影响力形成机理分析 ◇◇

中国人文社科成果是国际学术界了解中国人文社科学术发展及文化的重要载体，是中国人文社科研究对外传播的主要方式。中国人文社科成果能够向国际社会传播中国文化和中国声音，进行学术交流，提升国际影响力和我国话语权。学术成果的质量既是衡量中国人文社科创新能力、研究水平的重要标志，也是向世界展示中国形象的重要依据。中国人文社科正面临着新国际环境下的新机遇，因此，中国人文社科研究要不断推动学术成果质量的提高，为国际影响力的提升奠定基础。

（2）学术成果传播阶段的国际影响力产生动力。学术成果的国际传播是其国际影响力形成的媒介。传播带来学术成果的传播力，传播力的大小取决于传播的方式、方法以及传播的广度和深度[①]。国际影响力的传播路径主要包括非在线和在线两种。互联网时代以前，学术成果国际影响力的传播主要采用非在线的形式，主要是学者之间的口头传播、图书馆纸质借阅等行为。在线的传播路径起源于网络时代的发展，信息技术与通信技术高度发展的今天，学术成果得以实现在线的出版和传播，打破了时空和原有社交结构的限制，因而读者可以通过网络平台获取所需学术文献。这一阶段中，读者被赋予了查找、浏览、下载、收藏等权限，可以在对文献进行阅读、理解、总结、归纳以后，通过互联网对文献的相关内容选择性地进行评价。诸如通过 Facebook、Twitter、微博等社交网络平台对某成果进行分享、评价、转发等行为，在学术界以及公众之间传播学术成果。

随着互联网技术和社交技术的发展，中国人文社科成果的对外传播已经超越了原有的传播媒介，互联网传播成为主流路径。随着互联网传播媒介技术的深入发展和传播方式的不断创新，学术成果的传播范围逐渐扩大，传播的影响力不断加深，越来越有利于更多的学者和公众认知、接受和利用学术成果中的学术思想和学术知识，从而有利于形成和扩大中国人文社科成果的国际影响力[②]。随着传播的广度和深度变化，用户越来越容易了解和获取学术成果，学术成果也更加容易实现其内在价值。

[①] 赵秀丽：《影响因子对人文社科期刊评价的适应性研究》，《三峡大学学报》（人文社会科学版）2014 年第 3 期。

[②] 郭飞、游滨、薛婧媛：《Altmetrics 热点论文传播特性及影响力分析》，《图书情报工作》2016 年第 15 期。

（3）学术成果利用阶段的国际影响力产生动力。学术成果被国际学者或者社会公众利用使其国际影响力最终形成。利用力指学术成果被利用的效率，学术成果在发布后被国际学术界接受和利用才能实现其学术价值和作用，发挥其学术和社会功能，最终产生影响力。

从利用的作用范围上，学术成果的利用可以分为两类——学术利用与社会利用。从成果利用深度来说，可以分为三类——概念性利用、工具性利用与广泛性利用。概念性利用，指当人们思考自己所处条件时，受学术成果影响导致心理和认知产生了变化。工具性利用，指用户将学术成果中的知识如模型、方法、结果作为工具指导，决策行为发生变化。广泛性利用，指偶尔研究成果可以引导大规模思想、行动上的转变而被大规模接受，相比概念性利用与工具性利用，其受众面更加广泛。

学术成果的利用效率有多方面的因素影响，除了学术成果利用者自身理解、掌握以及运用相关知识的技能，还与学术成果的内容质量、知识表现方式和程度、语言外化形式等以及在国际的传播效果息息相关。所以利用力虽然是形成学术成果国际影响力的独立、关键因素，但仍然会受到产品力和传播力的影响。

当前，中国与国际学者的交流越来越广泛，学术传播的方式愈加便利。国际研究者学术视野逐渐开阔，更多学者关注和接纳中国人文社科成果，越来越多的优秀中国人文社科成果被国际学者利用，促进了中国人文社科成果国际影响力的形成和提升。

第六节　学术图书影响力的影响因素实证分析

本节以中文学术图书为例，分析其影响力形成过程和影响力理论模型，然后利用结构方程模型实证分析其影响力的影响因素。

一　中文学术图书影响力概述

（一）中文学术图书影响力理论基础

1. 中文学术图书传播模式

图书的影响力产生于其传播之始，中文学术图书出版、发行以及传播有助于科研工作者获取新颖的科研成果并将其内化或外化，促进科学

第五章 中国人文社科成果的国际影响力形成机理分析

发展，也惠及大众的知识拓展和学识提升。日新月异的科学技术改变文献传播的载体，从甲骨文到纸质印刷品，再到电子出版物等，传播的载体从轻便转至无形，大大提升了科学交流的效率。从前，读者借阅图书只能去图书馆，如今则可以在网络联机数据库、电子图书馆、在线资源网站中轻松查询或获取图书的信息，进行预约等。传播方式的进步有助于科学知识的共享和进一步扩散。数字信息时代的来临拓宽了人们获取图书的渠道，改变了图书的传播模式。特别是 Web 2.0 环境下社交媒体兴起，科研工作者和大众获取图书的便捷性不断提高，参与图书交流的积极性也持续提升。在诸如豆瓣、微信公众号、小木虫论坛、微博读书等评论网站和在线交流平台中就能看出，用户借助这些平台对中文学术图书进行分享、传播与评价，在这一过程中进行讨论、反思、再吸收，让中文学术图书的思想更好地被科研人员和社会大众所领会，从而创造出新的学术成果。

2. 数字化科学交流模型——SCLC 模型

英国科学社会家贝尔纳于 20 世纪 30 年代首次提出"科学交流"（Scientific Communication）的概念，他指出："我们必须更加严肃地考察并解决科学交流的一系列问题，不仅仅是科学家之间的交流，还涵盖与公众之间的交流问题。"[①] 1979 年，米哈伊洛夫正式提出了科学交流，指出科学交流分为传统科学交流和在线科学交流。传统科学交流有其权威和专业性，但时滞性导致诸多不便，公众与学者之间交流甚少，导致公众对科学研究抱有敬而远之的态度，而在线科学交流则更具大众化、流行性、及时性。如今开放存取运动不断发展，更多科研成果得到在线公开和传播，公众作为在线科学交流的扩展主体能为科研成果的影响力评价提供更充足的数据来源，作为辅助渠道完善科研成果，使科研工作者开阔眼界、打开思路，倾听大众的意见与建议。

Web 2.0 技术为科学交流提供了更好的互动条件[②]，开放存取运动、Altmetrics 的发展也为科学交流提供了源源不断的动力，Altmetrics 为综合

[①] 孔德轩、吾买尔艾力·艾买提卡力：《系统论视域下的微博科学传播》，《科技传播》2013 年第 17 期。

[②] 徐佳宁、罗金增：《现代科学交流体系的重组与功能实现》，《图书情报工作》2007 年第 11 期。

◇◇ 理论篇 ◇◇

测量学术成果在科学交流中产生的影响力提供助力。本节将对科学交流模型——SCLC 模型进行介绍，以此为理论基础解析中文学术图书的传播过程，用于测量中文学术图书传播效果。

SCLC 模型（Scientific Communication Life Cycle Model）——科学交流生命周期模型，作为欧盟自主的 SciX 项目的成果之一，该模型的创建者是芬兰学者 B. C. Björk[①]。SCLC 模型使用制造业业务流程再造领域的 IDEF0 过程建模，包括了研究成果的初始、消化、吸收过程，全过程可以拆分为 4 个独立阶段，并对每个阶段进行图释，包含在上级图标中的活动能够进一步分解为次级图标和活动，从而全面掌握科学交流的过程并反映其受互联网的影响所产生的变化。

图 5-13 所示的是总体模型"A0-研究、传播和成果应用"，在该模型中，学术成果交流过程被划分为 4 个独立阶段，分别是"资助研发"、"开展研究"、"传播成果"、"应用知识"。本书参考其中的"传播成果"阶段，在这个阶段中，活动的开展不仅让科学知识被认知、传播和扩散，也反映了受众对出版成果的态度和观点。因此，"传播成果"是评价科研成果影响力的坚实基础，未曾被读者接触的科研成果无法展示出影响力；另外，这一阶段为"资助研发"活动提供科研工作者的学术成果信息以及引用记录，从而作为评价学术成果的依据。

子模型"传播成果"继承了传统科学交流模型中将科学交流划分为正式传播和非正式传播两类。非正式传播的形式包括各种形式的口头传播以及借助各种通信工具实现的在线传播；正式传播则通过同行评议的学术质量评价以及同行学术引用的学术价值肯定得以实现。由于数字化的冲击，科学交流也随之发生改变，该模型也做出相应变化，在正式传播中加入了正式出版前的工作文件、预印本图书。此外，考虑到科研工作者出版科研成果的形式不同，该模型还加入"分享数据"这一活动。综上，此子模型中包括"非正式地传播科研成果"、"利用出版物传播研究结果"、"分享数据"这 3 个活动。

其中，"利用出版物传播研究成果"这一活动又能够进一步划分为 4

---

① Björk B. C.， "A model of Scientific Communication as a Global Distributed Information System"， *Information Research-an International Electronic Journal*, Vol. 12, No. 2, January 2007.

个子活动：首先是出版结果，主要围绕科研人员和出版商促进沟通和评定研究结果优先权的相关活动；其次是促进传播，涵盖诸如图书馆、情报中心以及网络搜索在线平台等众多信息中介的活动，这些信息中介能够为读者提供检索服务，帮助他们寻找感兴趣的出版物；再次是科学信息接受者通过检索、获取出版物，并对出版物进行不同程度研究的活动，此阶段在所有有关科学交流生命周期的研究中都很重要，同时也需要将互联网对其的影响考虑进去；最后是科学信息接受者对信息的进阶消化和高度吸收，行为可以是引用等。

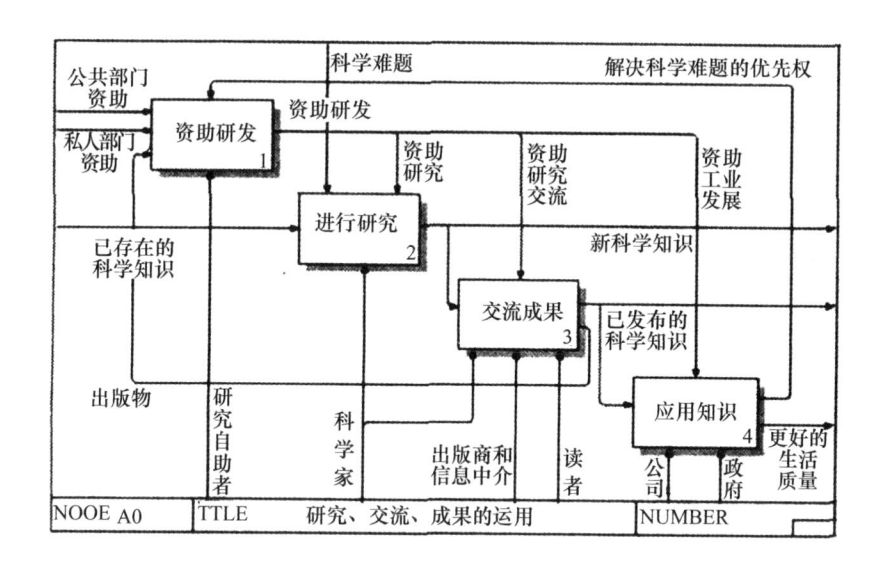

图 5-13　A0-研究、传播和成果应用①

3. 中文学术图书非在线传播过程

据传统科学交流理论，在非数字化的环境下，中文学术图书的非在线传播包括非正式渠道和正式传播渠道。线下的非正式传播渠道相对单一，主要在中文学术图书的撰写人员内部传播。学术图书与非学术图书不同，一般前者参与撰写的人数比较多，每一位参与学术图书写作的成员会将自己的手稿与其他成员的进行整合，交给学术研究总负责人进行

---

① 孙玉伟：《数字环境下科学交流模型的分析与评述》，《大学图书馆学报》2010 年第 1 期。

初稿的汇总、修改,这就完成了中文学术图书的非正式传播。然后,中文学术图书作者将修改好的手稿亲自送至或邮寄至出版社编辑处,编辑进行文字、语言、引用、数据等方面的审核和校对,将需修改或疑问处加以注释或确认,把书稿再当面或邮寄返还给中文学术图书作者,经过一轮或几轮修改,通过最终的审议,最终实现非正式传播向正式传播的转变,以纸质图书的形式进行传播。这时,用户就可以在各大实体书店或书摊购买中文学术图书,也可以通过图书馆进行借阅,中文学术图书得以更加广泛地传播。中文学术图书的受众大多是专项领域的科研工作者,也有一定的大众群体。科研工作者在获取了中文学术图书之后,根据其与自己科学研究的紧密程度选择将其相关研究结论与方法进行总结、记录与分享传递,最后选择是否引用该科研成果;大众则可通过阅读中文学术图书提升专业素养,培养兴趣爱好。

4. 中文学术图书在线传播过程

中文学术图书在线传播优势大、效果好。如图 5-14 所示,中文学术图书在线传播过程同样可以分为非正式在线传播和正式在线传播,图上方是每个过程的主体,包括科研工作者、编辑人员、中文学术图书、和接受者;中间是过程的详解和图示;下方则是过程的核心词,包括创作、审议、发行、宣传、阅读等。

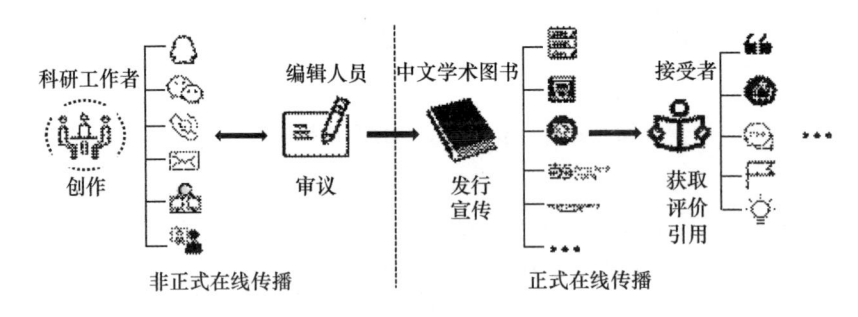

图 5-14 中文学术图书在线传播过程透视

第一步,多名科研工作者进行小范围的学术创作交流。科研工作尤其是学术图书的撰写往往需要不止一位科研工作者的付出,而很多情况下科研工作者们无法线下聚在一起进行沟通,身处异地的撰写者们通过

第五章 中国人文社科成果的国际影响力形成机理分析

线上建立QQ群或微信群的方式建立小范围交流虚拟平台,完成文件共享、远程会议、沟通协作、文稿汇总等工作,也可以通过邮件、电话等进一步进行沟通。通过虚拟平台的建立节约了科研工作者们的时间和资金,将书稿汇总成电子版不但便于日后修改,还能节约打印成本,降低能耗。

第二步,编辑人员对中文学术图书进行审议。中文学术图书负责人将电子版初稿通过邮件、微信、QQ等互联网传输方式传送至编辑处,编辑对书中的语言、注引、数据等进行审核和筛查,将疑问和修改处进行标注返还至负责人处,负责人组织科研团队进行修、删、改等工作,再将修改好的文稿传给编辑。如此来回一轮或几轮直至完成书稿的撰写工作。将书稿汇总成电子版,不仅方便查找、校对、修改、审核,还加速了编辑审核书籍的过程,缩短中文学术图书的出版时间,效率得以提升。

第三步,中文学术图书正式发行和得到宣传。从中文学术图书面市的那一刻起,中文学术图书的传播就从非正式在线传播到了正式在线传播。在线传播的方式和内容不尽相同,可以作为实体书、作为图书馆馆藏本或售卖本,也可以制作PDF、MOBI等格式的电子书在亚马逊出售。中文学术图书发行后,公共图书馆或大学图书馆会选择是否对图书进行馆藏;出版社人员会在豆瓣读书为中文学术新建条目、添加简介等,还会在淘宝、当当、孔夫子、亚马逊等购物平台创建图书销售页面。畅通中文学术图书的获取渠道后,更要加强对其宣传,扩大影响力,出版社宣传工作人员或科研创作者们可以在其朋友圈、微信群、公众号甚至短视频平台对中文学术图书进行积极宣传。对中文学术图书的大力推广不仅扩大了其受众面,还刺激了销量,更进一步提升了社会影响力。

第四步,也是最关键的一步,受众获取图书后对其扩大影响,完成获取、评价和引用。受众通过图书馆借阅或文献传递,在线试读,购买实体书或电子书等方式接触并获取中文学术图书。收到图书后,接受者可以通过购物平台对图书的外观、纸质等外在进行评价;在阅读后,接受者可以在豆瓣读书等平台完成对中文学术图书的标记、收藏、推荐、短评、书评、讨论等行为,即自发对中文学术图书的社会影响力做贡献,也在这一过程中加深对图书的理解与反思。科研工作者会汲取中文学术图书中的精华和可借鉴之处进行引用或内化,科学同行的引用能够扩大中文学术图书的传播效果；通过阅读施引文献，其他科研工作者或大众能够通过引文溯源中文学术图书，获得灵感或者可借鉴之处，并对其进行新一轮的传播。

(二) 中文学术图书影响力形成过程

通过上文对数字化环境下中文学术图书传播模式的分析，发现中文学术图书自正式出版之后，科研人员和大众可以通过多种途径获取，随后对内容进行阅读和学习，科研工作者在过程中会形成对论文研究思路、研究方法和研究结果的观点、态度，完成对中文学术图书的评价，并且随着科研工作的开展按照科学社会规范的要求在学术成果中对中文学术图书中为其提供参考的内容予以标注，由此中文学术图书的引用行为得以产生；大众在阅读中文学术图书后借助豆瓣读书等平台完成对中文学术图书的标记、收藏、推荐、短评、书评、讨论等行为。由此可见，中文学术图书传播过程主要由获取、评价和引用3个关键节点组成。

中文学术图书的接受者（科研工作者或大众）构成其受众群，他们对中文学术图书的获取是后续传播过程的前提和基础。受众群对中文学术图书的评价是对该科研成果的一种"投票"行为，对其内容进行阅读理解后所持的观点和态度，相当于科研工作者引用阶段中对中文学术图书的"认可"。在评价这一阶段时，接受者所展现的观点较为浅显、幼稚以及零散，但却是引用的有力支撑；而引用作为学术界对该科研成果学术价值的权威性认可，表明该科研成果对科研人员的学术研究和学术思想产生重要影响，这种重要程度足以使得科研人员做出特殊的标注来显示其对研究工作的贡献，从而符合社会规范。

综上所述，本书借鉴邱均平和余厚强[①]在学术成果影响力方面的研究，改良原有影响力产生模型，中文学术图书影响力形成过程见图5-15，通过箭头的粗细来反映各层影响力转化程度的不同。

该模型的特点如下。

(1) 显性维度通过深层行为转化为中文学术图书影响力，深层行为

---

① 余厚强、邱均平：《替代计量指标分层与聚合的理论研究》，《图书馆杂志》2014年第10期；邱均平、余厚强：《基于影响力产生模型的替代计量指标分层研究》，《情报杂志》2015年第5期。

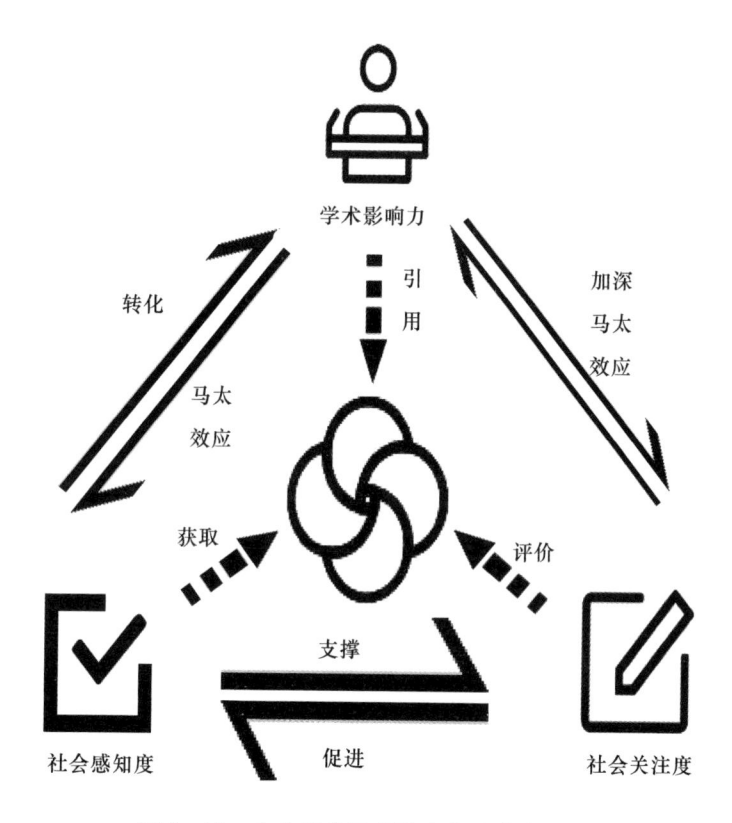

◇◇ 第五章 中国人文社科成果的国际影响力形成机理分析 ◇◇

图 5-15 中文学术图书影响力形成过程

推动显性维度测量指标的积累。在显性维度中，中文学术图书表现出 3 个维度，分别是社会感知度、社会关注度、学术影响力，分别通过获取、评价、引用这 3 个深层行为得以产生和累积，最终构成中文学术图书影响力。社会感知度产生于用户获取这一行为，中文学术图书被越多的人获取，其感知度就越高。社会关注度的测量则是通过已获取中文学术图书的受众自发评价的行为而开展的；口碑传播、权威人员推荐、官方统计发布优质图书榜单这些评价行为受到人们的越多关注，越表明受众评价在中文学术图书传播过程中有着不可忽视的作用。同样地，学术影响力诞生于科研工作者对中文学术图书的引用，中文学术图书被他人引用的频次与其累积的学术影响力成正比。

（2）由社会影响力到学术影响力的转化。社会感知度和社会关注度

225

是社会影响力的体现。从获取到引用，每个阶段都伴随着影响力转化，获取为引用提供基本的支撑。在中文学术图书发行之后，被获取是被引用的前提；这一行为所积累的社会关注度，则在演变过程中发挥着间接激发和引导作用。受众在获取、阅读、理解一本中文学术图书后，科研工作者可以将其中的新颖观点，对其的思考和启发，或对自身科研工作有较大参考价值的部分通过网络与他人交流、推荐或分享；相关受众通过其传递的知识，能够为中文学术图书吸引更多的受众，达到感知获取的人数上升，继而通过引用这一行为转化为学术影响力。

（3）从学术影响力到社会影响力的马太效应。马太效应普遍存在于科学界，声誉本就高的科学家得到其他科研工作者认可的渠道和程度不断提高，而那些尚未成名的科研工作者要取得认可却很艰难。一旦科研成果得到利用，尤其是被成功利用时，它们就很可能会获得更加广泛的影响力[1]。高被引的中文学术图书更有机会被科研工作者发现，得到其认可并进行引用，从而进一步提升学术影响力。

（4）各层的转化程度不同。其中，中文学术图书的社会感知度转化至社会关注度的比例最高，原因是越来越多的出版商或数据库网站在中文学术图书的查询页面设立了各种社交媒体的融合通道，例如，在独秀数据库中检索图书，进入详情页面后右侧的图标可以实现收藏、复制链接、分享至 QQ 空间、QQ 好友、微信扫一扫等功能。而社会关注度到学术影响力之间的转化量最小，因为引用行为建立在阅读中文学术图书的基础上，社会关注度更多是为受众提供一种预判和思路。

（5）社交媒体在模型中担任重要角色。社交媒体是测量社会关注度的有力工具，并与学术影响力和社会感知度密不可分。一方面，受众通过社交媒体为中文学术图书提高社会关注度，加强社会感知度，比如豆瓣读书、微博读书等平台对精选好书进行推广，从而拓宽受众面，提升社会关注，强化社会感知。另一方面，利用社交媒体提供学术相关信息能够扩大学术影响力，例如用户在读书类博主或豆瓣用户对中文学术图书发表的看法下方转发、评论、点赞。

---

[1] 邱均平、余厚强：《基于影响力产生模型的替代计量指标分层研究》，《情报杂志》2015年第 5 期。

◇◇ 第五章 中国人文社科成果的国际影响力形成机理分析 ◇◇

在中文学术图书影响力形成中，Altmetrics 指标为衡量中文学术图书用户评价行为提供了可靠的平台和测量数据，同时对引用和获取数据的收集也有所贡献。在传统科学交流模式中，科研人员在非正式科研交流活动所产生的影响力难以进行有效计量；随着以"小世界"为理念的社交媒体的发展，科研人员可以跨越地域的局限，在虚拟平台中齐聚一堂进行科学交流活动，以在这一过程中所产生的数据作为指标，让测量影响力成为可能。

（三）中文学术图书影响力理论模型

在对中文学术图书影响力的概念及其形成机理进行分析后，将中文图书影响力产生的关键影响因素定义为中文学术图书在线感知度、社会关注度和学术影响力。本节对这 3 个关键因素进行更深层次的剖析，在掌握每一个因素的基础上构建中文学术图书影响力理论模型。

中文学术图书在线传播中积累的数据能够从不同角度衡量中文学术图书影响力。数据从产生到受到关注，从受到关注再到获得科研同行们认可这一传播过程中产生的数据，为有效计量中文学术图书影响力的 3 个关键因素提供了支撑。

获取是影响力得以产生的首个环节。在这个信息爆炸时代，注意力是中文学术图书获得影响力的前提，用户能对中文学术图书进行选择性阅读学习，在接触到信息内容后的选择也会更多。因此，用户凭借不同途径接触中文学术图书的简介、推荐或部分内容后，愿意购买纸质版或电子版，或从专业数据库中下载电子版从而阅读全书，即为对中文学术图书的度量，且用户接受中文学术图书传播内容的程度跟其影响力大小成正比。这一类指标可以分为内容获取和收藏。内容获取包括在购书平台挑选不同版本的电子版或实体书，在专门数据库中搜索并下载图书电子版或在购物网站下单购买图书的实体版。收藏指将中文学术图书的链接添加到文献管理系统或直接将电子版图书导入其中，还有在豆瓣等社交媒体上收藏图书的条目添加至个人创建的收藏夹中，便于今后阅读与使用。目前对获取行为的测量包括图书馆的借阅情况、各个不同平台的销量、各个数据库（如 BKCI、独秀学术搜索、超星电子图书、CADAL、中国基本古籍库、中国数字图书馆电子图书等）上的浏览和下载指标、社交媒体上包含此中文学术图书的收藏夹数。

◇◇ 理论篇 ◇◇

评价是指不同主体在不同平台上提及中文学术图书的行为,主体可以是中文学术图书作者本人、科研工作者、大众等,平台包括但不限于自媒体平台和主流新闻媒体。这些对中文学术图书的评价行为基本上面向大众,透明公开。例如,在豆瓣读书中,读者在阅读中文学术图书后,可以标记读过、评分、打标签、评论、讨论、推荐等。通过评论传播成果的方式不尽相同,中文学术图书作者本人可以在自媒体平台主动发表书评,或受主流新闻媒体采访和新闻媒体工作者一同完成对其作品的评价;科研工作者和大众可以在自媒体平台完成对中文学术图书的评价。随着受众逐渐投入,评论的平台依次为微博、论坛、公众号、博文、书评、维基百科、主流媒体报道等[①]。

引用是将中文学术图书中有价值的部分进行应用和转化。引用内容可以是中文学术图书中涉及的理论、框架、方法、数据集、代码或结论等。在学术成果中,引用内容通过参考文献得以指示。目前引用数据主要来源于各大提供图书引用信息的数据库,国外有谷歌图书(Google Books,GB)、Scopus Books(SB)、图书引文索引(Book Citation Index,BKCI)等数据库,国内有中文学术图书引文索引(CBKCI)和读秀数据库等。虽然这些数据库为学术图书的引用评价积累了一定数据基础,但图书引用评价也面临难题[②],例如,收录的图书数量相比于论文而言较少;加工参考文献并创建图书参考文献库的难度颇大;图书引用评价缺乏相关理论支撑;等等。

1. 中文学术图书在线感知度

感知度是指受众通过各种途径获取已出版发行的中文学术图书后产生的数据,包括线上和线下。通常来说,获取中文学术图书是其被传播、利用的前提,在这一过程中,与中文学术图书相关的销量、浏览和下载等数据便会累积。中文学术图书实体版的感知度可以通过图书的销量、图书馆的借阅情况、馆藏量、可借阅馆数等统计数据反映。中文学术图书销量指中文学术图书在淘宝、当当、京东、亚马逊等平台的电子书和

---

① 程菲:《科技论文影响力综合评价研究》,硕士学位论文,中北大学,2016年,第25页。
② 雷淑义、吕先竞:《Altmetrics 视角下的学术图书影响力评价研究》,《西南民族大学学报》(人文社会科学版)2017年第6期。

实体书销量，可以展现中文学术图书实现的经济效益，也体现一定的读者数量。但随着图书的销售渠道的增多，精确统计图书的销量几乎变得不可能，同样也无法穷尽统计每一个图书馆对某本图书的借阅情况和馆藏数，所以将馆藏数指标转化为豆列指标——用户自行创建的虚拟图书收藏夹。中文学术图书的感知度可以通过浏览量以及豆列数展现，此浏览量指正在读或者已经读过中文学术图书的读者数量，即相当于豆瓣的"在读"与"读过"人数之和；豆列是豆瓣用户主动创建的图书收藏夹，将图书收录进创建的豆列，作为在线收藏夹使用；版本数能体现图书的受欢迎程度，版本越多，读者面越广，接触到中文学术图书的渠道更多。如表 5-5 所示。

表 5-5　　　　　　　　中文学术图书在线感知度指标与内涵

指标	内涵
可借阅馆数 A1	提供借阅中文学术图书的图书馆，主要包括国家图书馆、公共图书馆、学校图书馆，具体指标数据来自读秀数据库的可提供借阅的图书馆列表，相对完整，能体现图书馆对中文学术图书的认可，为读者借阅实体书提供渠道
浏览量 A2	指一本中文学术图书被浏览次数，即图书样章或全文通过各种形式被浏览的次数。这里的浏览量等于豆瓣图书中标记"想读"、"读过"和"在读"用户数总和
豆列数 A3	豆瓣用户主动创建的图书收藏夹，用户将图书收录进创建的豆列中，便于之后的利用，也是一种推荐行为
版本数 A4	豆瓣显示的所有版本数，版本数越多，能被读者接触到的概率也就越大，也反映图书的质量和受读者欢迎程度

2. 中文学术图书社会关注度

豆瓣网是集中书评、影评、乐评三平台为一体的综合评论网站，豆瓣读书就是其书评平台。豆瓣网编辑写手和特约文章，表明数据的可操纵性低；用户自发对其藏书的所有内容进行分类、筛选和排序，表明数据的产生来自用户，研究价值高。豆瓣读书能提供相当多的社会影响力指标，可用于展示中文学术图书的社会影响力。

微信公众号作为开发商、商家或个人在微信公众平台上自主申请的应用账号，其主体多样并能与特定群体开展文字、图片、语音、视频的多模式、全方面、强互动的沟通，是一种线上线下微信互动主流综合营销方式。本书利用微信公众号作为反映中文学术图书社会影响力来源的数据平台，正是由于其平台上能搜集到中文学术图书的接受者和传播者的传播痕迹。微信公众号为中文学术图书的社会影响力提供了评价数据。

社会关注度是中文学术图书被传播评价程度的反映。多样化的出版模式，低成本化的资源获取和网络化的科研成果传播，让越来越多最新原创学术成果通过社交媒体得以快速传播。这一层级的指标主要依靠Altmetrics指标的收集和研究，本节所选的平台和指标数据并非照搬 Altmetric.com（http://Altmetric.com/）平台，因为现有的Altmetrics指标数据提供商存在指标系统性偏向欧美和英语的情况，中文学术图书的特殊性决定了收集的数据主要集中在国内平台。主要通过中文学术图书在自媒体平台（豆瓣网、微信公众号等）上的传播评论数据来反映中文学术图书的影响力，具体数据类型见表5-6。

表5-6　　　　　　　　　社会关注度指标和内涵

平台	指标	内涵
豆瓣	评分A5	阅读后，点击"读过"图标按照内心感受自行评价图书的星级（1—5颗不等）的用户数
	短评数A6	阅读后，点击"读过"图标并在中间白框中写下读过后的感受（字数从几个字到几百个字不等，篇幅一般较短）的用户数
	书评数A7	撰写关于中文学术图书的读书感悟（一般篇幅较长）用户数
	讨论数A8	用户围绕中文学术图书中的内容发出的探讨数
	读书笔记数A9	用户围绕中文学术图书发表的非原创摘录和少量感悟数
微信公众号	推文数A10	对中文学术图书有一定篇幅的涉及或专门介绍的文章数
	在看数A11	阅读推文后将其推荐至微信看一看平台的用户数量
	留言数A12	用户在阅读完推文后对其产生的想法和疑问

3. 中文学术图书学术影响力

读秀数据库作为一个学术搜索引擎和文献资料服务平台，提供的服务主要包括：全文数据和基本信息，给用户提供图书章节和关键内容的

◇◇ 第五章 中国人文社科成果的国际影响力形成机理分析 ◇◇

全文检索,部分文献原文试读与文献传递,精确查找各种类型的科研文献成果资料的一站式检索,以及参考咨询和建议沟通服务。所以,选用读秀数据库作为搜集引用频次的来源,具有较高的权威性。研究使用的数据,是北京世纪读秀技术有限公司于 2020 年发布的图书被引情况报告。在 2020 年的年度报告中,被考察图书涵盖从 1900 年初至 2019 年底发行并且书目数据符合分析条件的 8186177 册中文图书,引用图书涵盖从 1900 年初至 2019 年底发行且全文数据符合分析条件的 3130548 种中文图书。引用图书范围广,可研究性强,得到的高被引图书也相对严谨,具有较高的权威性。且读秀数据库提供一键下载不同学科以及总高被引图书的功能,可以查询到每一本中文图书的被引用指数和被图书引用册书,为学术影响力方面的指标数据搜集提供了便利。

Bing 学术作为微软必应团队联合研究院打造的免费学术搜索产品,旨在给广大科学研究人员提供海量学术资源,涵盖多学科学术论文、会议论文、权威期刊、学术图书等。选择 Bing 学术作为采集中文学术图书学术影响力指标的平台,是基于 Bing 学术平台数据的相对权威性。

总的来说,本书的中文学术图书学术影响力的测量指标主要集中在读秀数据库和 Bing 学术在线搜索,包括被引用次数、被引用指数、被图书引用册数和相关文章数。被引用次数体现中文学术图书被学术成果引用情况,在一定程度上展现科研同仁对其学术价值的认可;被引用指数能够用于展现中文学术图书作为被引图书对其他学术成果做出的学术贡献和发散的较为综合的学术影响力,体现学术影响力的广度;被图书引用册数则展现了中文学术图书在同类型学术成果中的学术表现和学术影响力,是其深度的体现;Bing 学术中有关中文学术图书为核心的学术评论和研究探讨能体现中文学术图书给研究学者带来的思考,产生更多学术成果,带来更大的学术影响力。基于中文学术图书学术影响力指标和内涵见表 5-7。

通过辨析中文学术图书影响力关键影响因素的指标及其构成,构建出中文学术图书影响力评价理论模型,如图 5-16 所示。中文学术图书影响力在成果传播过程各个环节的相互作用中产生,中文学术图书的在线感知度、社会关注度与学术影响力之间相互转化并相互影响,最终直接影响、形成中文学术图书影响力。

表 5-7　　　　　　　　　　学术影响力指标和内涵

平台	指标	内涵
读秀数据库	被引用次数 A13	中文学术图书中的理论、框架、方法、数据集、代码或结论被所有类型学术成果所引频次
	被引用指数 A14	中文学术图书中涉及的理论、框架、方法、数据集、代码或结论被所有类型学术成果所引用的综合情况聚合而成的指数
	被图书引用册数 A15	中文学术图书中的理论、框架、方法、数据集、代码或结论被其他同类型图书所引用的册数
Bing 学术	相关文章数 A16	以中文学术图书为主体的学术评论和讨论研究文章数量

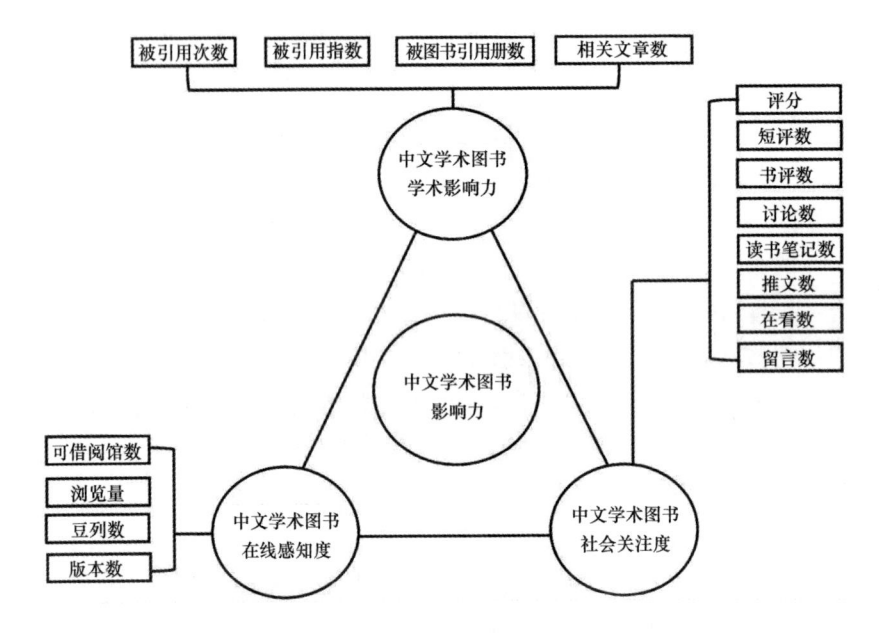

图 5-16　中文学术图书影响力理论模型

二　数据处理与检验

（一）数据处理

1. 数据收集

本章选取读秀数据库的"2019 年图书被引用情况报告"中的"部分被引次数最多的图书"列表，从中选择哲学与宗教、政治与法律、历史与地理、文学、社会科学总论、艺术、经济这 7 个学科的高被引图书列表进行数据收集与整合。从高被引图书中进行中文学术图书的搜集，即对实际产生科学影响的成果进行中文学术图书影响力影响因素实证分析，样本具有保证。

读秀每年发布的图书被引用情况报告是我国最早开始实施，也是规模最大的图书引用报告[①]，引用图书范围广，可研究性强，得到的高被引图书也相对严谨，具有较高的权威性。2019年图书被引情况报告，是该公司自2011年首次发布以来第10次发布综合性图书被引报告，被考察图书包括自1900年初至2019年底发行且书目数据符合分析条件的8186177种中文图书，引用图书包括自1900年初至2019年底发行且全文数据符合分析条件的3130548种中文图书。从报告显示的数据看，有300多万种中文图书被引用过，占分析图书总量的38.25%，相较于首次发布的26.13%有了很大的提升。

考虑到图书出版时间对数据积累的影响，决定筛选2009年至2011年出版的共213本中文学术图书为测量主体，数据概况如表5-8所示。测量指标依次为：可借阅馆数（A1）、浏览量（A2）、豆列数（A3）、版本数（A4）、评分（A5）、短评数（A6）、书评数（A7）、讨论数（A8）、读书笔记数（A9）、推文数（A10）、在看数（A11）、留言数（A12）、被引用次数（A13）、被引用指数（A14）、被图书引用册数（A15）、相关文章数（A16）共16个指标，涉及读秀数据库、Bing学术、豆瓣、微信平台，并通过Excel与SPSS对数据进行归集与整理。

表5-8　中文学术图书影响力影响因素实证分析数据概况

年份（年） 学科（本）	2009	2010	2011	学科汇总（本）
哲学与宗教	11	19	14	44
历史与地理	10	5	4	19
政治与法律	17	9	10	36
文学	27	25	19	71

---

① 任红娟：《我国图书评价方法研究述评》，《图书情报知识》2016年第5期。

续表

年份（年） 学科（本）	2009	2010	2011	学科汇总（本）
社会科学总论	4	6	1	11
艺术	6	2	2	10
经济	9	9	4	22
年汇总（本）	84	75	54	213

2. 数据预处理

在对数据进行分析之前需要将数据进行标准化处理，从而解决不同性质数据指标量纲不同、不能直接加和以及不具有可比性等问题。利用SPSS软件对所有指标进行 Z-score 标准化的处理，然后将标准化值另行保存为变量，为之后信度和效度检验提供标准化数据指标，提升对中文学术图书影响力影响因素研究结果的准确性。

（二）信度和效度检验

同质性检验囊括了信度检验和效度检验。信度是指测验或量表工具所测得结果的稳定性及一致性，信度大小与测量标准误成反比。信度检验采用 Cronbach 在 1951 年创用的 Cronbach's alpha 系数 α 表示内部一致性信度，α 系数越高，代表模型内部一致性越佳。在信度检验方面，利用 Cronbach's alpha 值对中文学术图书在线感知度、社会关注度、学术影响力 3 个潜变量中的指标进行测量，从而检视指标在删除之后，模型整体信度系数变化情况。当删除某个指标后，模型整体的信度系数比原先的信度系数高，那么这个指标与模型内部其他指标测度的属性及特质存在差异，表明这个指标和模型内部的其他指标同质性不高，可以考虑将这个指标删除，提高模型整体的信度，以达到较为理想的内部一致性。

效度指的是检测结果的正确性和可靠性，而不是测量工具本身的正确可靠与否，而且效度不存在全有或者全无的情况，只有程度上的高低[①]。

[①] Lee J. Cronbach, *Essentials of Psychological Testing* (5thed.), New York: Happer Collins, 1990, pp. 181–182.

第五章 中国人文社科成果的国际影响力形成机理分析

在效度方面，选取公因子方差和因素负荷量来反映指标对共同因素的关联强度。公因子方差，又可以称其为共同性，表示测度的指标可以解释共同特质或属性的变异量。例如，将"中文学术图书在线感知度"限定为一个共同因素，表明其只有一个特质，故共同性数值与能测量到此特质的程度成正比，共同性数值越高，能测量到此特质的程度越多；反之，如果"中文学术图书在线感知度"、"中文学术图书社会关注度"、"中文学术图书学术影响力"3个模型中的指标的共同性越低，表明指标能测量到的特质的程度越少，共同性较低的指标与共同因素的同质性较低，考虑将对应的指标删除。因素负荷量能体现3个模型中指标与其共同潜变量因素关系的密切程度，指标在共同因素的因素负荷量与其密切程度成正比，因素负荷量越高，表示各层模型中的指标与共同潜变量因素的关系越密切，即同质性也越高；相反地，指标在共同因素的因素负荷量越低，表明各层模型中的指标与共同潜变量因素的关系越不密切，即同质性越低，应考虑将对应的指标删除。

1. 中文学术图书在线感知度测量模型分析

中文学术图书在线感知度测量指标与数据来源如表5-9所示。之后，由表5-10可知，中文学术图书影响力在线感知度检验中KMO和巴特利特检验的数据，KMO指Kaiser-Meyer-Olkin的取样适当性量数，其值介于0至1之间，KMO值与变量间的共同因素成正比，与变量间的净相关系数成反比，值越大越适合进行因素分析。按照学者Kaiser的观点[1]，KMO的值小于0.5就比较不适合进行因素分析。此处的KMO值为0.528，指标统计量大于0.50，表明变量能够进行因素分析。此外，巴特利特球形度检验的近似卡方值显示为343.997，自由度为6，且显著性概率值 $p = 0.000 < 0.05$，达到显著水平，拒绝虚无假设，即拒绝变量间的净相关矩阵不是单元矩阵的假设，接受净相关矩阵是单元矩阵的假设，代表中文学术图书影响力在线感知度层面的相关矩阵间存在共同因素，适合进行因素分析。

---

[1] Henry F. Kaiser and John Rice, "Little Jiffy, Mark IV", *Educational and Psychological Measurement*, Vol. 34, No. 1, April 1974.

表5-9 中文学术图书在线感知度测量量表

潜变量	测量指标	数据来源
中文学术图书在线感知度	可借阅馆数 A1	读秀数据库
	浏览量 A2	豆瓣
	豆列数 A3	豆瓣
	版本数 A4	豆瓣

表5-10 中文学术图书影响力在线感知度效度检验：KMO 和巴特利特检验

KMO 和巴特利特检验取样适切性量数		0.528
巴特利特球形度检验	近似卡方	343.997
	自由度	6
	显著性	0.000

表5-11为中文学术图书在线感知度同质性检验的统计量结果，从指标删除后的 Cronbach's alpha 值、公因子方差、因素负荷量这些指标数值来看，可借阅馆数 A1 在以上3个指标的统计量均不理想，版本数 A4 在以上1个指标不合格但总体表现尚可，因而经研究分析综合评鉴后，从中文学术在线感知度中删除可借阅馆数这一个指标。综上，中文学术图书在线感知度的指标更新为：浏览量、豆列数、版本数。

表5-11 中文学术图书在线感知度同质性检验

指标	指标删除后的 Cronbach's alpha 值	公因子方差	因素负荷量	未达标指标数	备注
可借阅馆数 A1	#0.750	#0.062	#0.248	3	删除
浏览量 A2	0.367	0.871	0.933	0	保留
豆列数 A3	0.326	0.871	0.933	0	保留
版本数 A4	#0.657	0.288	0.536	1	保留
判断准则	≤0.629	≥0.200	≥0.450		

注：0.629 为中文学术图书在线感知度内部一致性 Cronbach's alpha 值；#未达标值。

2. 中文学术图书社会关注度测量模型分析

中文学术图书社会关注度测量指标与数据来源如表5-12所示。之后，由表5-13可知，中文学术图书影响力社会关注度效度检验中，KMO值达0.830，指标统计量大于0.8，因素分析适切性较好，较适合进行因素分析。此外，巴特利特球形度检验的近似卡方值显示为3755.341，自由度为28，且显著性概率值 $p = 0.000 < 0.05$，达到显著水平，拒绝虚无假设，即拒绝变量间的净相关矩阵不是单元矩阵的假设，接受净相关矩阵是单元矩阵的假设，表明中文学术图书影响力社会关注度的相关矩阵间有共同因素存在，适合进行因素分析。

表5-12　　　　　　中文学术论文社会关注度测量量表

潜变量	测量指标	数据来源
中文学术图书社会关注度	评分 A5	读秀数据库
	短评数 A6	豆瓣
	书评数 A7	豆瓣
	讨论数 A8	豆瓣
	读书笔记数 A9	豆瓣
	推文数 A10	微信
	在看数 A11	微信
	留言数 A12	微信

表5-13　中文学术图书影响力社会关注度效度检验：KMO和巴特利特检验

KMO和巴特利特检验取样适切性量数		0.830
巴特利特球形度检验	近似卡方	3755.341
	自由度	28
	显著性	0.000

表5-14为中文学术图书社会关注度同质性检验的统计量结果，从指标删除后的Cronbach's alpha值、公因子方差、因素负荷量这些指标来

看，评分 A5 在以上 3 个指标的统计量均不理想，讨论数 A8 在指标删除后的 Cronbach's alpha 值的统计上不理想但总体可以接受，因而经分析综合评鉴后，从中文学术社会感知度中删除评分这一个指标。综上，中文学术图书社会感知度的指标更新为：短评数、书评数、讨论数、读书笔记数、推文数、在看数、留言数。

表 5-14　　中文学术图书社会关注度同质性检验

指标	指标删除后的 Cronbach's alpha 值	公因子方差	因素负荷量	未达标指标数	备注
评分 A5	#0.957	#0.000	#0.014	3	删除
短评数 A6	0.884	0.946	0.989	0	保留
书评数 A7	0.892	0.820	0.903	0	保留
讨论数 A8	#0.917	0.425	0.652	1	保留
读书笔记数 A9	0.900	0.708	0.841	0	保留
推文数 A10	0.893	0.836	0.914	0	保留
在看数 A11	0.885	0.955	0.977	0	保留
留言数 A12	0.885	0.955	0.977	0	保留
判断准则	≤0.915	≥0.200	≥0.450		

注：0.915 为中文学术图书社会关注度内部一致性 Cronbach's alpha 值；#未达标值。

3. 中文学术图书学术影响力测量模型分析

中文学术图书学术影响力的测量指标与数据来源如表 5-15 所示。之后，由表 5-16 可知，中文学术图书影响力学术影响力检验中 KMO 值为 0.743，指标统计量大于 0.70，因素分析适切性适中，尚可进行因素分析。此外，巴特利特球形度检验的近似卡方值显示为 1270.603，自由度为 6，且显著性概率值 $p = 0.000 < 0.05$，达到显著水平，拒绝虚无假设，即拒绝变量间的净相关矩阵不是单元矩阵的假设，接受净相关矩阵是单元矩阵的假设，表明中文学术图书影响力学术影响力的相关矩阵间有共同因素存在，适合进行因素分析。

第五章 中国人文社科成果的国际影响力形成机理分析

表 5-15　　　　　中文学术图书学术影响力测量量表

潜变量	测量指标	数据来源
中文学术图书学术影响力	被引用次数 A13	读秀数据库
	被引用指数 A14	读秀数据库
	被图书引用册数 A15	读秀数据库
	相关文章数 A16	Bing 学术

表 5-16　中文学术图书影响力学术影响力效度检验：KMO 和巴特利特检验

KMO 和巴特利特检验取样适切性量数		0.743
巴特利特球形度检验	近似卡方	1270.603
	自由度	6
	显著性	0.000

表 5-17 为中文学术图书学术影响力同质性检验的统计量结果，从指标删除后的 Cronbach's alpha 值、公因子方差、因素负荷量这些指标来看，被引用次数 A13 在以上 3 个指标的统计量均不理想，因而经分析综合评鉴后，从中文学术图书学术影响力指标中删除被引用次数 A13 这一指标；被引用指数 A14、被图书引用册数 A15 和相关文章数 A16 的 3 个指标达标，故保留。综上，中文学术图书社会感知度的指标更新为：被引用指数、被图书引用册数、相关文章数。

表 5-17　　　　　中文学术图书学术影响力同质性检验

指标	指标删除后的 Cronbach's alpha 值	公因子方差	因素负荷量	未达标指标数	备注
被引用次数 A13	#0.986	#0.092	#0.303	3	删除
被引用指数 A14	0.710	0.969	0.985	0	保留
被图书引用册数 A15	0.709	0.976	0.988	0	保留
相关文章数 A16	0.724	0.941	0.970	0	保留
判断准则	≤0.847	≥0.200	≥0.450		

注：0.847 为中文学术图书学术影响力内部一致性 Cronbach's alpha 值；#未达标值。

三 中文学术图书影响力的影响因素及路径分析

（一）模型拟合与检验

经过对各构念评价指标的效度和信度检验，除了需要对理论模型中的观测变量进行调整，即将在线感知度层面的"可借阅馆数"，社会关注度的"评分"，以及学术影响力的"被引用次数"这3个指标从其所在的构念变量中剔除，其他测量模型的指标之间具有符合要求的信度和效度。在此基础上构建各指标关系的验证性因素模型，为便于数据录入与处理，在AMOS中使用各个指标的英文简称，指标名称对应情况见表5-18；并绘制中文学术图书影响力的验证性因素模型图，即中文学术图书影响力理论模型，见图5-17。

表5-18　　　　　　　中文学术图书影响力指标表

潜变量	测量指标	英文简称
在线感知度	浏览量	Views
	豆列数	Lists
	版本数	Editions
社会关注度	短评数	Short_Reviews
	书评数	Long_Reviews
	讨论数	Discussions
	读书笔记数	Notes
	推文数	Articles
	在看数	Share
	留言数	Messages
学术影响力	被引用指数	Index
	被图书引用指数	Book_Citations
	相关文章数	Paper

从图5-18可以看出，中文学术图书影响力模型中，学术影响力层面的"被图书引用数"，社会关注度层面的"推文数"、"在看数"、"留

第五章 中国人文社科成果的国际影响力形成机理分析

言数"的因素负荷量超过 1, 表示测量指标的共线性强, 建议删除。因此, 对中文学术图影响力模型进行删减, 效果如图 5-19 所示。从图 5-19 可以看出, 删减了社会关注度中的"推文数"、"在看数"、"留言数"以及学术影响力中的"被图书引用数"指标后, 模型的共线性有了很大程度的改善, 为后面初始模型的拟合提供了基础。

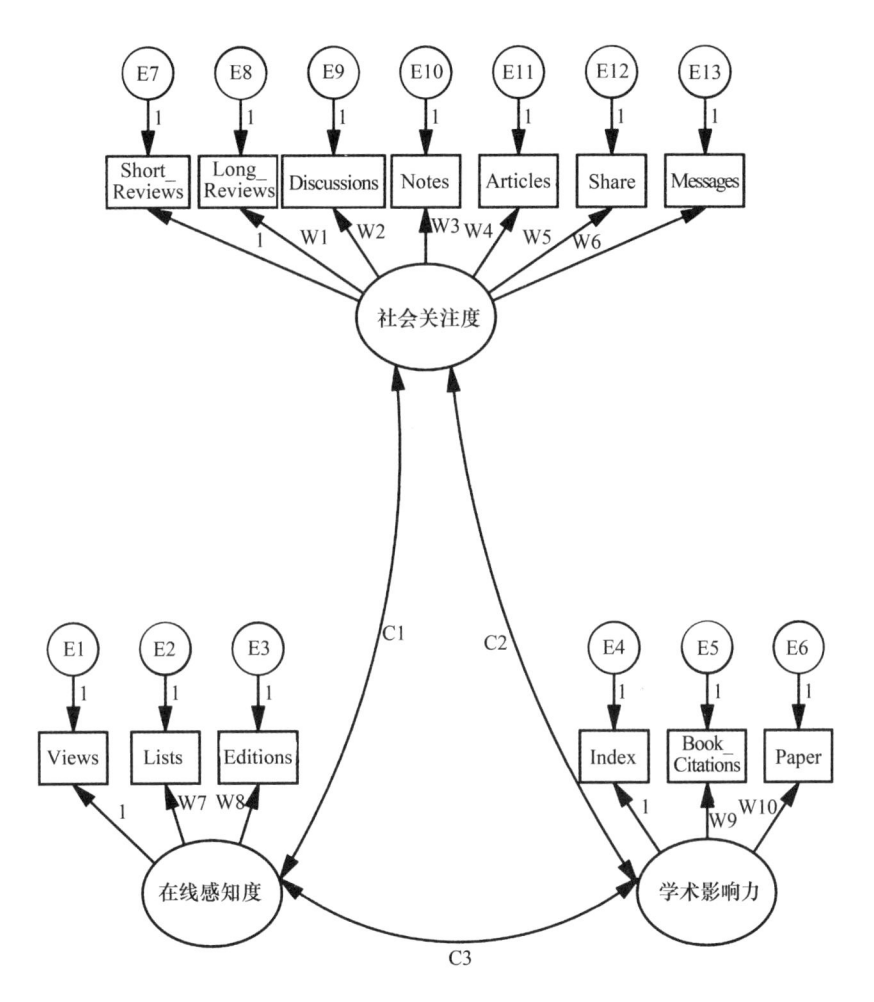

图 5-17　中文学术图书影响力理论模型

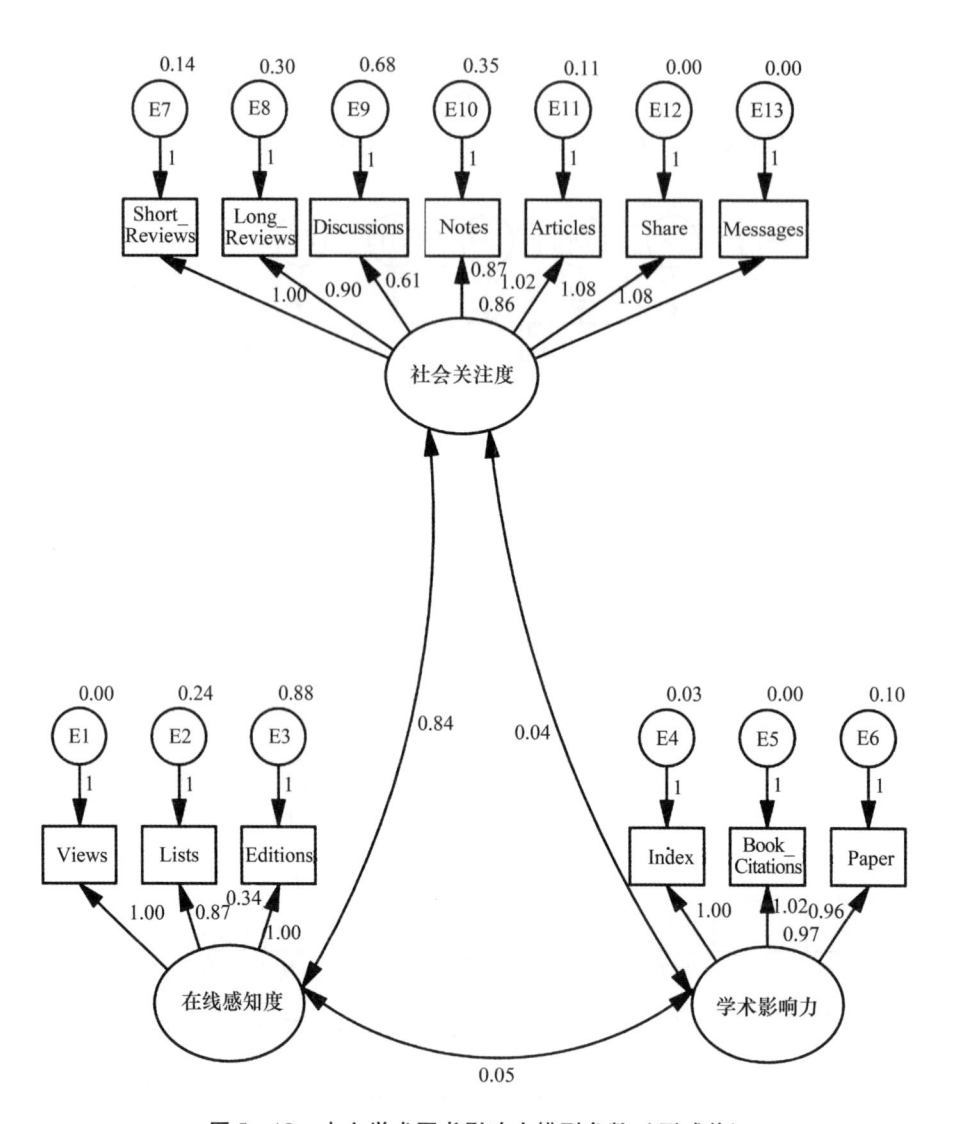

图 5-18 中文学术图书影响力模型参数（删减前）

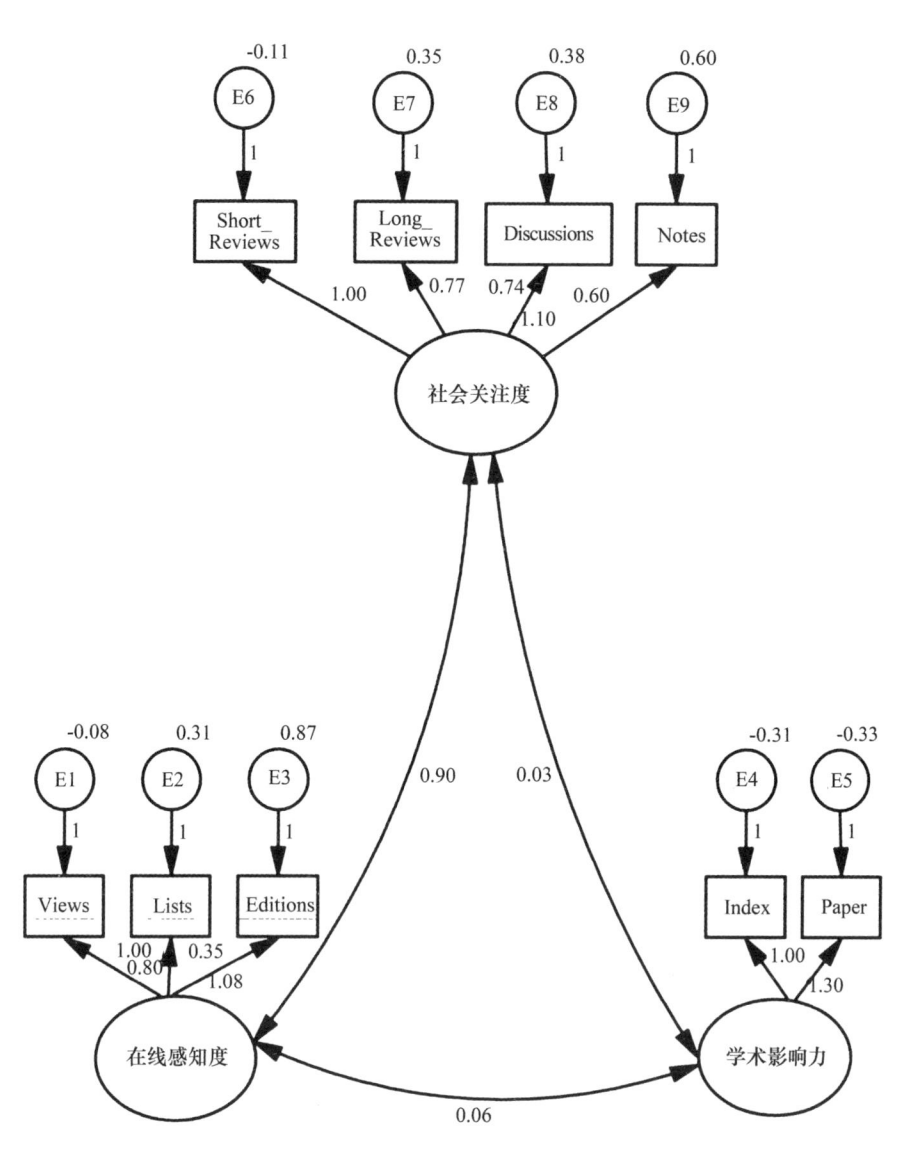

第五章 中国人文社科成果的国际影响力形成机理分析

图 5-19 中文学术图书影响力模型参数（删减后）

1. 初始模型拟合

在构建中文学术图书影响力模型并剔除共线性强的测量变量后，最终的中文学术图书影响力模型如图 5-20 所示，本节旨在对初始模型进行拟合，以期达到模型的理想状态。

◇◇ 理论篇 ◇◇

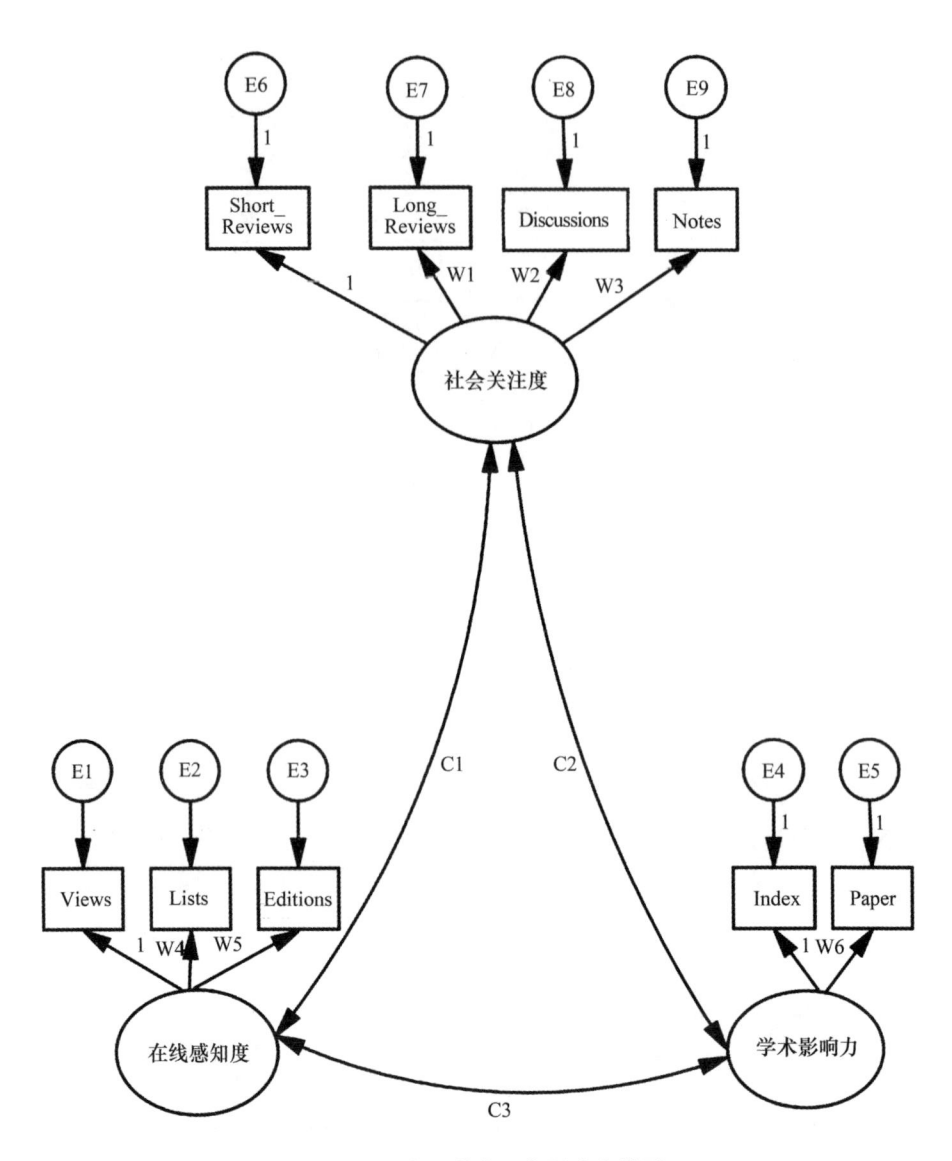

图 5-20　中文学术图书影响力模型

AMOS 分析中模型估计方法有 5 种，其中内设的参数估计法为 ML 法，但 ML 法不适用于小样本的估计；针对小样本的 SEM 分析，AMOS 另外提供了贝叶斯估计法（Bayesian Estimation）。本书所涉及的样本数量为 213 本中文学术图书，样本数量少，故选择贝叶斯估计法。运行 AMOS 程序后，没有出现违背 SEM 基本假定的不合理现象。为检验理论

第五章 中国人文社科成果的国际影响力形成机理分析

假设模型与实际数据的拟合程度，本书使用 AMOS 提供的拟合度指标来分析模型的整体适配度。基于绝对适配度指标、增值适配度和简约适配度指标3个角度对其进行检验。表5-19和表5-20分别给出了整体适配度检验[①]和结构方程的观测模型中对因素载荷量的判断标准[②]。

表 5-19　　　　　　　　　整体适配度检验

衡量指标	指标名称	理想值	实际值
绝对适配度	χ^2	显著性概率值 p>0.05（未达到显著水平）	0.000
	GFI	>0.90 以上	0.732
	AGFI	>0.9	0.797
	RMR	<0.05	0.125
	RMSEA	<0.05（适配良好） <0.08（适配合理）	0.365
增值适配度	NFI	>0.90 以上	0.732
	CFI	>0.90 以上	0.738
简约适配度	NC 值 （χ^2 自由度比值）	1<NC<3，表示模型有简约适配度 NC>5，表示模型需要修正	29.255
	PNFI	>0.50 以上	0.639
	PCFI	>0.50 以上	0.492

表 5-20　　　　　　　　　因素负荷量判断标准

因素负荷量	因素负荷量2（解释变异量）	指标变量状况
0.71	50%	甚为理想（excellent）
0.63	40%	非常好（very good）
0.55	30%	好（good）
0.45	20%	普通（fair）
0.32	10%	不好（poor）
<0.32	<10%	舍弃

---

① 吴明隆：《结构方程模型：AMOS 的操作与应用》，重庆大学出版社 2009 年版，第 244—247 页。
② 吴明隆：《问卷统计分析实务：SPSS 操作与应用》，重庆大学出版社 2015 年版，第 201 页。

◇◇ 理论篇 ◇◇

通过对比模型拟合指标以及对比分析因素载荷测量值与理想值，研究发现在初始模型中，其整体适配度的表现较差，有待进一步修正及验证。

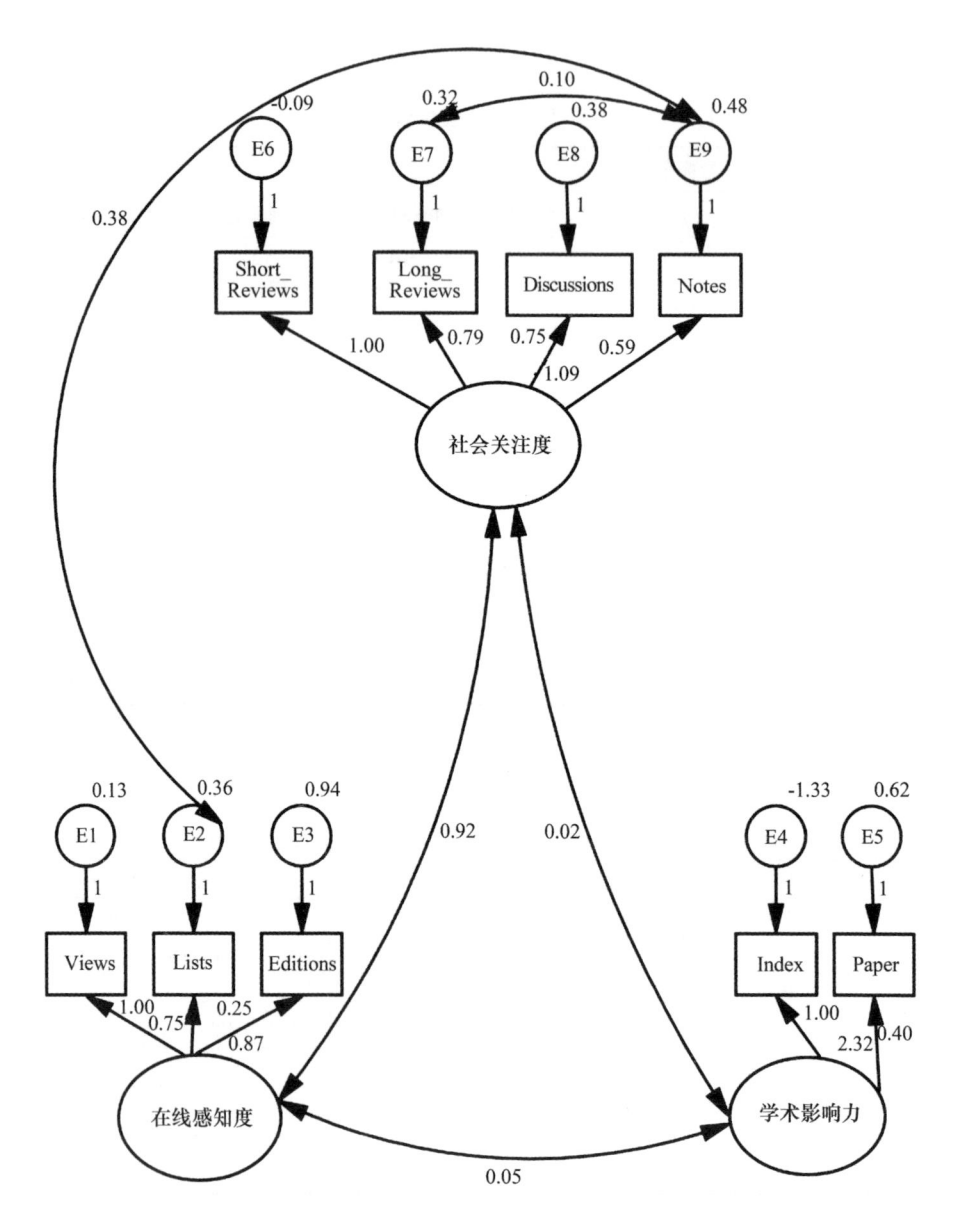

图 5-21 中文学术图书影响力模型各参数路径（修正后）

2. 模型修正及检验

模型扩展的修正指数 MI（Modification Indices）用于可以增加结构方程模型中的共变辨析。共变辨析指针对模型中某个受限制的参数，假如容许自由估计，即在模型中添加共变路径，将有效减少模型的最小卡方值，从而达到改良效果。运用修正模型时，从 MI 最大的开始修正，只能每次修改一个参数，每增加一个共变路径就要查看 AMOS 报表监控模型的修正情况。通过查看 AMOS 报表中提供的修正指标值，据 MI 值大小进行判断。依次增加 E7 和 E9、E2 和 E9 的共变关系，如图 5-21 所示。

通过添加共变路径，对结构方程模型进行修正，模型拟合指数如表 5-21 所示，适配度得到一定程度的优化，修正效果良好。模型在修正后，绝对适配度和增值适配度的指标均达到适配标准，简约适配度中的 NC 值略高于拟合标准，但与初始模型相比已得到较大程度的提升。综上，通过添加共变路径进行修正的中文学术图书影响力模型相比于初始模型有较大改善，与实际的数据基本拟合。

表 5-21　　　　　　　　整体适配度检验表（修正后）

衡量指标	指标名称	理想值	实际值
绝对适配度	χ^2	显著性概率值 p>0.05（未达到显著水平）	0.000
	GFI	>0.90 以上	0.911
	AGFI	>0.9	0.902
	RMR	<0.05	0.030
	RMSEA	<0.05（适配良好） <0.08（适配合理）	0.021
增值适配度	NFI	>0.90 以上	0.939
	CFI	>0.90 以上	0.941
简约适配度	NC 值 （χ^2 自由度比值）	1<NC<3，表示模型有简约适配度 NC>5，表示模型需要修正	10.043
	PNFI	>0.50 以上	0.632
	PCFI	>0.50 以上	0.635

表 5-22 列出了修正后的中文学术图书影响力模型中 9 个指标的因

素负荷量 λ、信度系数 R^2、测量残差 $1-R^2$，组合信度 ρ_c 和潜在变量的平方差抽取量 ρ_v。组合信度 ρ_c 表示潜变量的建构信度大小，能够评价某组模型中所有测量指标分享该因素构念的程度。一般情况下，ρ_c 越高越好；相反，ρ_c 越低则表明各层模型的内部关联越弱，测得的共同因素构念特质间歧异也就越大[①]。根据大多数学者的判断标准，表中的数值均高于 0.6，表明具有较强的关联程度。

表 5-22　　修正后测量模型的因素载荷图、组合信度和效度

潜变量	测量变量	因素负荷量 λ	信度系数 R^2	测量残差 $\theta=1-R^2$	组合信度 ρ_c	平均方差抽取量 ρ_v
在线感知度	Views	1.00	1.00	0.00	0.86	0.77
	Lists	0.75	0.56	0.44		
	Editions	0.87	0.76	0.24		
社会关注度	Short_Reviews	1.00	1.00	0.00	0.72	0.63
	Long_Reviews	0.79	0.62	0.38		
	Discussions	0.75	0.56	0.44		
	Notes	0.59	0.35	0.65		
学术影响力	Index	1.00	1.00	0.00	0.65	0.58
	Paper	0.40	0.16	0.84		

$$\rho_c = \frac{(\sum \lambda)^2}{[(\sum \lambda)^2 + \sum \theta]} = \frac{(\sum 因素负荷变异量)^2}{[(\sum 因素负荷变异量)^2 + \sum 测量误差变异量]} \quad (5-1)$$

潜在变量的平均方差抽取 ρ_v 表明相对于测量误差变异量大小，潜变量构念能解释的指标变异量的程度，表 5-22 表明，"在线感知度"、"社会关注度"、"学术影响力"的潜变量 ρ_v 值均在 0.5 以上，表明潜变

[①] 吴明隆：《结构方程模型：AMOS 的操作与应用》，重庆大学出版社 2009 年版，第 244—247 页。

◇◇ 第五章 中国人文社科成果的国际影响力形成机理分析 ◇◇

量均有良好的信度与效度。

$$\rho_v = \frac{(\sum \lambda)^2}{[(\sum \lambda)^2 + \sum \theta]} =$$

$$\frac{(\sum 因素负荷变异量^2)}{[(\sum 因素负荷变异量^2) + \sum 测量误差变异量]} \quad (5-2)$$

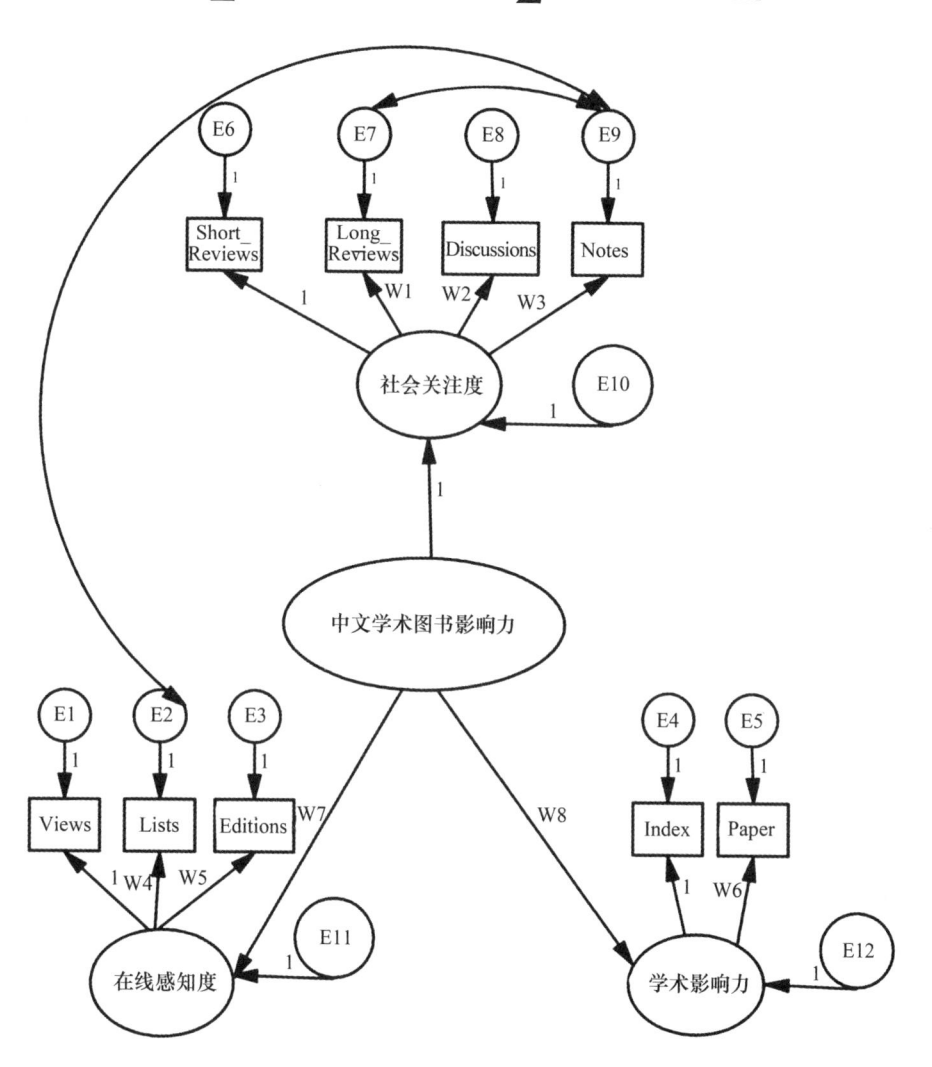

图 5-22 中文学术图书影响力路径分析假设模型

249

表中所有参数的显著性检验均达到 0.05，属于显著水平，尽管部分测量变量的因素负荷量 λ 未达到 0.71 的理想水平，但均在 0.40 以上。对反映各因素内在拟合指数的组合信度（ρ_c）和变异萃取量（ρ_v），均能达到 $\rho_c > 0.6$，$\rho_v > 0.5$ 的一般水平，表明各因素内在拟合较好。

3. 路径分析

最后，得到如图 5-22 所示的中文学术图书影响力路径分析假设模型，模型运行后，可从报表中获得如表 5-23 所示的参数估计及相关检验值。

表 5-23　　　　　　　模型参数估计及其检验

潜变量	关系	观察变量	估计值	因素负荷量	标准误差	临界比值	显著性
在线感知度	<=====	中文学术图书影响力	2.218	0.22	2.211	1.003	***
社会关注度	<=====	中文学术图书影响力	1.000	0.89			
学术影响力	<=====	中文学术图书影响力	0.048	0.19	0.048	1.090	***
Views	<=====	在线感知度	1.000	1.00			
Lists	<=====	在线感知度	0.745	0.75	0.053	14.002	***
Editions	<=====	在线感知度	0.255	0.87	0.072	3.539	***
Short_Reviews	<=====	社会关注度	1.000	1.00			
Long_Reviews	<=====	社会关注度	0.789	0.79	0.037	21.548	***
Discussions	<=====	社会关注度	0.750	0.75	0.036	20.737	***
Notes	<=====	社会关注度	0.593	0.59	0.050	11.807	***
Index	<=====	学术影响力	1.000	1.00			
Paper	<=====	学术影响力	0.400	0.40	0.025	0.919	***

注：*** 显著性的概率值 $p < 0.001$。

（二）研究结论

通过实证分析，对中文学术图书影响力理论模型进行了修正，对指标进行删减，随后通过结构方程模型的分析检验了理论模型，经过信度、效度和建模研究，最终留下 9 个测量指标，分别是：在线感知度中的

第五章 中国人文社科成果的国际影响力形成机理分析

"浏览量"、"豆列数"、"版本数";社会关注度中的"短评数"、"书评数"、"讨论数"、"读书笔记数";学术影响力中的"被引用指数"和"相关文章数"。

中文学术图书的在线感知度与社会关注度之间呈现较强正相关,相关系数高达 0.92;在线感知度和社会关注度这两者都与学术影响力之间呈现极弱正相关,相关系数分别为 0.05 和 0.02。这一结果的原因,主要有以下几点。

(1)行为主体不同。在线感知度背后的行为是获取,社会关注度背后的行为是评价,学术影响力背后的行为是引用。获取和评价行为的发出者可以是所有人,用户范围广,从获取到评价的途径多;但学术引用的发出者却只能是科研工作者,相比于大众,其毕竟是少数,继而与在线感知度和社会关注度的关联性都很低。

(2)行为特点各异。获取这一行为是评价的前提,对一本中文学术图书的评价,在收到实体书或购买到电子书并打开的那一刻就开始了,所以从在线感知度到社会关注度的转化率非常高,而相对地,获取这一行为通常很难直接导致学术引用,引用这一行为的前提是建立在科研工作者对中文学术图书的阅读、思考、反思、讨论、评价等行为基础上作出的借鉴和内化,而且从评价到引用行为的转化率也很低,说明学者对社交媒体上关于中文学术图书评价信息的认可度不高。

(3)测量指标共线性强。在中文学术图书影响力理论模型中提出的 16 个指标中,经过信度和效度的检验删除了在线感知度层面的"可借阅馆数"、社会关注度的"评分"以及学术影响力的"被引用次数"这 3 个指标,经过 AMOS 建模删除了共线性非常强的社会关注度中的"推文数"、"在看数"、"留言数",学术影响力中的"被图书引用册数"。经过建模删除的社会感知度指标均来源于微信平台,说明微信可能不适合单独或完全作为研究中文学术图书影响力的数据来源。

通过研究验证了中文学术图书影响力由其在传播过程中产生的 3 个维度——在线感知度、社会关注度和学术影响力共同形成。其中,在线感知度对中文学术图书影响力的作用非常强,在传播之始起着决定性作用,如果一本中文学术图书在出版发行初期没有获得大众和科研工作者的关注、获取、阅读,那么后续产生的学术影响力便低;社会关注度直接影响中文学术图书影响力,而且它对在线感知度的影响相比于对学术影响力的影响更为强烈。

第七节 本章小结

学术成果的国际影响力是在被国际利用和扩散过程中产生的,在不同阶段有着不同的特点,具有明显的生命周期特征。本章利用生命周期理论视角系统把握和分析中国人文社科成果的国际影响力形成机理。

基于知识演化生命周期过程分析学术成果的影响网络和路径,识别和确认面向利用行为和传播网络的国际影响力形成过程,基于微观、中观和宏观的视角分析国际影响力形成过程,存在不同的形成过程表现。中国人文社科成果国际影响力的形成受到多方面因素的影响,综合考虑主体因素、客体因素、环境因素和技术因素等,把握各种因素对影响力形成的影响,共同推动中国人文社科成果国际影响力的提升。本章分析了累积增长、协同演化、优先利用和回溯老化四种机制,探索学术成果国际影响力形成过程中各利用方式随时间的变化,及其相互作用和联系的关系和原理。学术成果在成果产出阶段、传播阶段和利用阶段都会促进国际影响力的形成,学术成果的产出阶段是其国际影响力形成的基石,国际传播阶段是国际影响力形成的媒介,学术成果被国际学者或者社会公众利用使其国际影响力最终形成。不同阶段有着不同的产生动力,各阶段相互影响,最终共同推动中国人文社科成果国际影响力的形成。

在数字环境科学交流模型的基础上,分析中文学术图书的传播过程,根据科学交流过程中中文学术图书的传播模式,将中文学术图书影响力分为在线感知度、社会关注度和学术影响力,通过对影响力这三个层面的分析,提出中文学术图书影响力模型;然后,利用结构方程模型,对中文学术图书影响力理论模型中的影响因素进行分析。

第六章　中国人文社科成果的国际影响力综合评价模型构建

> 工欲善其事，必先利其器。
> ——春秋末期思想家、政治家、教育家，儒学学派创始人孔子①

科学研究的最终目的是探求未知世界，推动社会的进步与发展。学术成果作为科学研究产出知识的载体，作用于学界、社会领域的各行各业并产生影响力。为了使科学研究的影响力能被科学有效地度量，构建综合有效的影响力评价模型必不可少。相比自然科学，人文社科研究成果形式多样，研究周期长，成果产生影响力的周期也长，若仅按照传统的文献计量方法及相关引文指标进行影响力评价，无疑是不全面不公正的。社交媒体环境下，学术交流和知识创新的诸多方面深受影响，学术交流模式转变下，如何构建新型综合系统、可操作性强的人文社科成果国际影响力评价模型至关重要。

本章在对国内外学术成果评价模型进行比较分析后，从学术成果与学术成果影响力的生命周期与演化过程出发，探究我国人文社科成果在产出、获取、传播、利用等国际递进过程产生的国际影响力。在传统文献计量指标的基础上融入 Altmetrics 指标以构建综合评价模型，共分为理论模型与应用模型两部分：从"Why（为什么）"、"How（怎么办）"、"What（是什么）"3 个角度展开，研讨人文社科成果影响力产生的路径并进行分层，构建 OACU 理论模型综合评价理论模型；阐述评价应用模型构建的思路与原则，在此基础上构建综合评价 PIDM 应用模型。最后，

---

① 孔子：《论语》，华夏出版社 2017 年版，第 15 页。

利用 WoS 与 Altmetric.com 中心理学期刊论文数据对构建的综合评价模型进行验证。

第一节 国内外学术成果评价模型

综合评价，又称多指标综合评价和系统综合评价，它是指对描述的对象以多属性体系结构进行整体的、综合的、全面的评价，根据评价的给定条件，对评价对象的全体用一定的方法赋值，再以此为根据进行选优或排序[1]；综合评价模型，则是符合评价准则和内外因素，能对评价对象进行整体、综合、全面评价的模型。当前学界对"评价模型"没有明确的概念界定，评价模型多种多样，有把评价指标体系称为评价模型；有把评价指标、方法、对象等构成评价模型；有把特定方法称为评价模型，如模糊综合评价模型、AHP 评价模型等；也有宏观层面评价模型，如叶继元全评价模型。

本书所构建的综合评价模型是结合定性定量方法，集理论模型与应用模型于一体的综合模型。其中，理论模型从评价主体、评价客体、评价目标、评价框架、评价指标、评价方法等评价要素与评价理论框架入手；应用模型是集合评价流程中的评价数据获取与处理、评价指标权重与赋值等的一套系统性、全局性的评价应用模型。

一 国外学术成果评价模型分析

（一）Payback Framework 回报模型

回报模型是当今广泛使用的影响力评价模型，20 世纪 90 年代中期由英国布鲁内尔大学的 Buxton 和 Hanney 提出[2]。该模型通过对不同阶段不同影响力类型与载体的评估来实现对学术产出和广泛的社会效益的评价[3]。回报模型的两个关键部分为：（1）通过构建科学研究产生中长期

---

[1] 邱均平、谭春辉、任全娥等：《人文社会科学评价理论与实践（上册）》，武汉大学出版社 2012 年版，第 239 页。

[2] Donovan Claire and Hanney Stephen, "The 'payback framework' explained", *Research Evaluation*, Vol. 20, No. 3, September 2011.

[3] Donovan Claire and Hanney Stephen, "The 'payback framework' explained", *Research Evaluation*, Vol. 20, No. 3, September 2011.

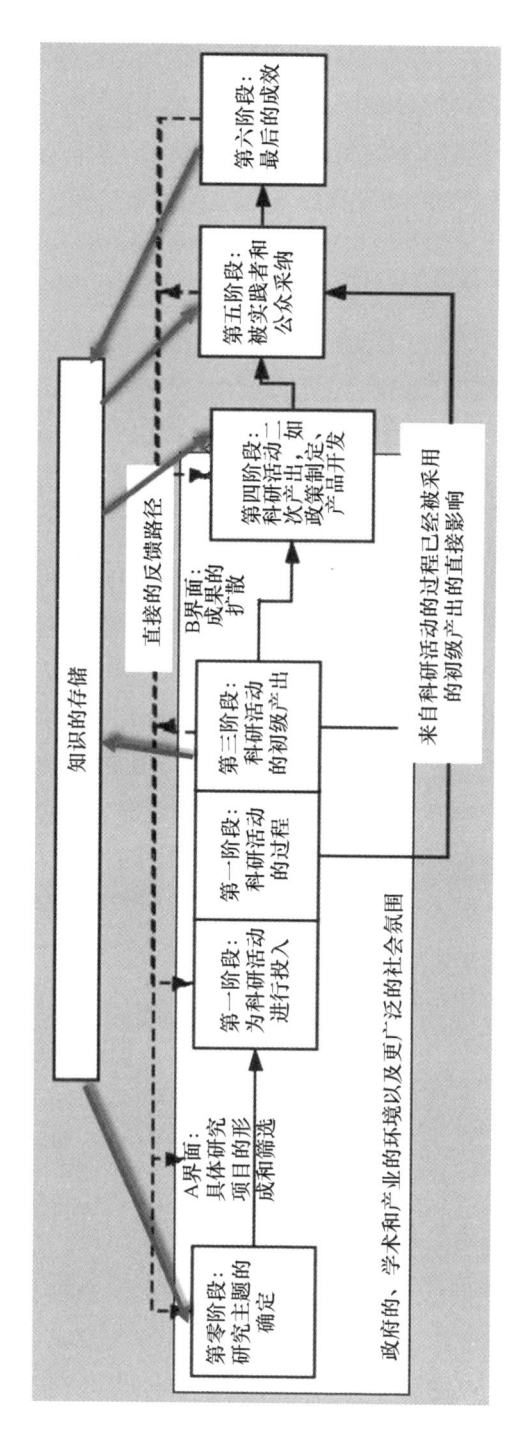

◇◇ 第六章 中国人文社科成果的国际影响力综合评价模型构建 ◇◇

图 6-1 回报模型：影响形成阶段示意[1]

[1] Stephen RHanney, Miguel A Gonzalez-Block, Martin J Buxton, et al., "The Utilisation of Health Research in Policy-Making: Concepts, Examples and Methods of Assessment", Health Research Policy and Systems, Vol. 1, No. 2, January 2003.

影响的逻辑，阐释科学研究形成影响力的 7 个阶段，以及在知识传播形成影响的过程中科研体系与学术界、政府、经济等相互作用的两个界面，如图 6-1 所示。（2）建立多维分类体系，将多元学术成果影响分为五类影响类别[①]，详见表 6-1。

表 6-1　　　　　　　　　　回报模型影响分类

影响力类型	内涵与指标
KP 知识生产	期刊论文、学术会议报告、专注、研究报告
RTCB 科研能力建设	科研能力的提升、人才队伍建设、专业培训
IPPD 政策支撑和产品开发	为决策提供更坚实的基础、开发新药物、新的诊疗技术
HB 健康部门的收益	健康水平的提升、医疗服务成本的降低、医疗服务的质量提高
BEB 更广泛的经济和社会收益	研究成果商业化应用、劳动力健康状况改善以及旷工次数减少所带来的经济收益

同时回报模型也支撑了合作研究概念框架，Kogan 和 Henkel 两人在研究人员和用户之间互动的概念上发展出了协作概念、健康研究的概念，如用户和研究人员共同制定议程等。他们探讨了如何最好地运作以促进科研成果接受者（即用户）访问、使用科研成果；资助者、用户与研究者之间的渗透成为关键的研究点。

应用回报模型进行研究成果影响力评价时，根据评价目的和对象等的不同采取灵活的研究方法。评价过程分为 3 个步骤：第一步首先进行数据收集，从 3 个方面收集数据，分别是文献资料综述，根据模型的不同阶段与回报类别组织调查，案例研究。第二步为数据分析，详细程度可以根据研究目的决定。第三步为案例研究报告，根据回报模型的不同阶段进行报告。

回报模型通过研究成果影响力形成的过程来进行评估，是一种定性与定量方法相结合的方法。评价框架灵活，适用于各种类型的研究，从

[①] 白波、王艳芳、肖小溪：《科技计划经济社会影响评价的回报模型：基本原理、发展动态及启示》，《中国科技论坛》2019 年第 6 期。

第六章 中国人文社科成果的国际影响力综合评价模型构建

原有侧重于应用/健康服务研究,扩展到生物医学,然后是其他研究的全范围。但回报模型评价影响力也存在缺点,例如研究的收益、影响并不一定都是正面的,回报模型缺少对于负面影响的评估。

(二) SIAMPI 模型

SIAMPI (Social Impact Assessment Methods through Productive Interactions) 社会影响评估模型,由 J. Spaapen 和 L. Drooge 提出,目标是通过研究科学与社会之间"富有成效的联系"来设计研究资助资金社会影响力评估的方法。它将科学研究的社会影响力视为一种过程,并以此作为方法构建的理论基础——通过聚焦科学研究社会影响力的产生机制对其进行评估[①]。其两大重要任务,一是识别社会影响发生的机制,二是研究评估影响力的方法。SIAMPI 开发了用于研究生产中互动的分析框架,并对欧洲 4 个国家的不同领域学术研究进行了影响力评估。SIAMPI 模型的常用评价方法是案例研究法、文脉响应分析和社会网络分析等。

评估框架的核心是生产中的互动机制。互动包含了研究人员与利益相关者之间的联系,这种联系通过多种形式进行,包括研究报告、政策报告、原型、指南、网站、设计、协议、组委会成员、设备共享或利益相关者的财务资助。SIAMPI 将互动分为 3 种类型:

(1) 直接互动,即涉及人与人之间直接接触的"个人"互动;
(2) 通过媒介(文字、展览、模型、电影的出版物)的间接互动;
(3) 财务或物质交换。

SIAMPI 提供了一种基于产生社会影响关键要素的具体数据进行社会影响力评估的方法。生产互动评估通过定量方法与访谈收集,利益相关者评估通过访谈和焦点小组的方式进行,具体如表 6-2 所示。

SIAMPI 模型通过定性与定量评价相结合的方式,能够有效地解决学术研究影响力评估的不确定性、时滞性、归属等问题,能够捕捉社会影响力的产生机制,且应用成本较低。但是,互动并不代表研究过程本身;生产互动相关数据少,难以收集;国情差异导致研究方式存在差异;社会影响与其他影响(经济、环境、技术)等边界模糊,评价时不能将社

[①] 王茜、谭宗颖、钱力:《科学研究社会影响力评价综述》,《图书情报工作》2015 年第 14 期。

会影响定义得太过狭窄。由于研究人员与利益相关者之间的联系模式复杂且有较强的领域特征，评价时需要注意不同评价客体之间独特的互动模式与机制，不能进行评价结果的跨学科比较。

表6-2　　　　　　　　不同类型生产互动评估方法

生产劳动	社会影响	利益相关者	评估方法
直接—个人	行为的改变	一对一、个人与专业网络	访谈、焦点小组
简介—媒介	吸收、适用	不同受众	定量数据收集
财务或实务支持	合作	联合项目	年报、其他文件

（三）REF研究模型

REF研究模型（Research Excellence Framework）[①]，即研究卓越框架，由英国的4所高等教育资助机构负责组织评价工作，分别是英格兰研究基金会、苏格兰资助委员会（SFC）、威尔士高等教育资助委员会（HEFCW）和北爱尔兰经济部（DfE）。REF评价以国际同行评议为主，对英国154所大学研究质量进行评价，评价目的是可以科学地配置科研经费与资源，从而帮助英国大学的科学研究能够充满活力地保持世界一流地位。REF模型评价第一次在2014年进行，该评价模型取代了英国原有的RAE（Research Assessment Exercise），加入了"影响力"指标；英国于2019年开始再次进行模型重估工作，诞生REF2021框架，将科研对教学和学生活动的影响纳入评估范围，并且新增公众参与和教学影响类别。

REF评价在四大主单元下列了34个主题的子单元（Unit of Assessment, UoA），每一大主题有1组专家指导组，在其指导监督下各专家评价小组针对评价子单元中科研人员所提供的科研项目成果进行评价。四大主单元分别是：（1）医学、健康与生命科学；（2）物理、工程科学、数学；（3）社会科学；（4）艺术与人文。各单元由5—12个评价子单元组成，详见表6-3。指导组组长为英国顶尖大学的国际性专家，指导组

---

① Harry Torrance, "The Research Excellence Framework in the United Kingdom: Processes, Consequences, and Incentives to Engage", *Qualitative Inquiry*, Vol. 26, No. 7, Semptember 2020.

第六章 中国人文社科成果的国际影响力综合评价模型构建

主要负责对下属各小组评价进行监督，确保评估标准与指标使用时的一致性，最终的评价报告也将由指导组签署。34 个专家评价小组由资深学者、国际成员和研究用户组成，成员由 4 所资助机构任命，同时每个小组会任命 1 名专员来参与该评价单元中出现的跨学科研究，以确保评价的公平性；研究用户将会参与影响评估；专家顾问协助将组内无法评价的部分用语言产出。为保证评价过程的科学与公正性，还成立了由各行专家组成的平等与多样性咨询小组（Equality and Diversity Advisory Panel，EDAP）和跨学科研究咨询小组（Interdisciplinary Research Advisory Panel，IRAP）。

表 6-3　　　　　　　　　REF 的评价单元主题

主单元	子单元
医学、健康与生命科学	临床医学；公共卫生、卫生服务与初级卫生保健；专业医疗护理、牙科、护理与药学；心理学、精神病学和神经科学；生物科学；农业、食品与兽医学
物理、工程科学、数学	地球系统与环境科学；化学；物理；数学；计算机科学与信息学；工程
社会科学	建筑、建筑环境与规划；地理与环境研究；考古学；经济学与计量经济学；商学与管理学；法学；政治与国际研究；社会工作与社会政策；社会学；人类学与发展研究；教育学；体育、运动科学、休闲与旅游
艺术与人文	区域研究；现代语言学；英国语言文学；历史；经典；哲学；神学与宗教学；艺术与设计：历史、实践与理论；音乐、戏剧、舞蹈、表演艺术、电影与荧幕研究；传播学、文化与媒体研究、图书馆与信息管理

评价指标主要由研究成果产出、影响、研究环境 3 个部分组成。研究成果产出评价是对研究成果质量进行评价，权重占比 65%，主要从研究的创新性、重要性、严谨性 3 个方面进行评价。影响评价是指研究对经济、文化、政治、生活等方方面面产生的影响，权重占 20%。研究环境评价是指研究的人力与物资条件等（Market Share），权重为 15%。

评价通过定性方法对研究质量定级，共有 5 级，最高为 4 星级，星级越高所获得的研究经费越多，如被评为 1 星或者 0 星将不再有科研经费甚至被开除。2014 年进行的 REF 评价中，所评估的 191150 件学术成果中，30%被评价为 4 星级，即水平达到世界领先水平；46%被评价为 3 星级，即国际杰出水平；20%被评价为 2 星级，即国际公认水平；3%被评价为 1 星级，即国内公认水平。

被评价的相关资料由参评单位上传。学术产出方面无须上传全部成果，而是仅上传代表作即可。针对学术成果的定义也并不局限于学术论文，而可以是专著、会议报告、专利、艺术展览、音像制品等其他成果。影响力评价须参评单位提供书面材料，资料内容包括摘要、研究内容、参考研究、影响和证据叙述来证明学术成果的社会综合影响，以此集中考察其科研活动对英国经济、社会、文化、公共政策和服务、健康、环境和生活质量的影响而产生的变化和收益。

REF 作为以定性评价为主的学术成果评价，成果形式多样，重学术成果质量而不是数量，注重研究在学术界外对社会、经济、政治的影响，鼓励了跨学科协同创新。但 REF 评价也存在一些问题。一是平等、多元化与成本问题的考量，影响力案例研究与 HEI 人数相联系加重了 HEI 的负担，加剧了其在人员选择上的不平衡；REF 评价结果与研究资金分配紧密相关，导致一些影响产生周期较长的研究评价结果不佳，阻碍了进一步的研究，不利于学术发展的多元化；评价工作成本扩大，2014 年 REF 评价成本超出其前身 RAF 评估的 33%，耗资巨大。二是教学与教研的失衡，REF 影响力评价指标中忽略了对教学活动的评估。三是阻碍了"蓝天"研究的发展，重视研究成果的印象概念股会让应用研究比基础研究更占优势，让更容易展示影响力的研究得到先机[1]。

（四）3U 模型

3U 模型[2]是基于学术成果的在实践应用中影响力产生的过程建立的评价模型，将学术成果分为可用的、正在使用的、有用的，将影响力看为研究人员与受益用户之间的互动对导致的学术成果的使用，将用户定义为影响的共同生产者，关注的影响是学术界外的影响。3U 模型指标与各项关注问题见表 6-4。

---

[1] 范英杰、徐芳：《如何看待研究成果社会影响力评价？——英国高等教育机构科研水平评估框架概览》，《科学与社会》2019 年第 1 期。

[2] Shan L. Pan and L. G. Pee, "Usable, In-Use, and Useful Research: A 3U Framework for Demonstrating Practice Impact", *Information Systems Journal*, Vol. 30, No. 2, March 2020.

表6-4　　　　　　　　　　3U 模型指标模型

学术成果类型	关注影响力指标	关注问题
可用的（Usable）	为用户翻译研究成果的努力	1. 是否确定了研究成果的目标用户？ 2. 学术产出成果多大程度上可以转换为易于使用的形式（如清单、指南、工具等）？ 3. 多大程度上可以提供实用指南？
	潜在用户之间的关注度	1. 多大程度上可以将成果推广/销售给目标用户？ 2. 多大程度上传达给了目标用户？ 3. 多大程度上可以随时提供给用户（如是否在互联网上可以获取）？
正在使用的（In-use）	利用深度	1. 是否有很大一部分用户采用了研究成果？ 2. 目标用户是否经常实用改研究成果？ 3. 多大程度上用户提供了反馈来帮助完善研究成果？
	利用广度	1. 各类型目标用户数是否在采用和使用研究成果？ 2. 成果是否以各种研究目的被使用？ 3. 多大程度上各类型目标用户可以提供反馈来完善研究成果？
有用的（Useful）	为用户提高效率	1. 多大程度上用户解决了问题？ 2. 用户是否访问效率数据？ 3. 多大程度上研究成果显著降低成本或提高生产率？
	为用户提高效力	1. 多大程度上用户参与指定效力指标？ 2. 用户是否访问效力指标？ 3. 多大程度上研究成果显著提高质量或绩效？

可用的学术成果，指成果转化为实用形式进行传播而产生影响的学术成果，研究人员对"新知识"进行包装，转化为实施指南、工具包、政策简介、信息图表等以便于成果进行传播。使用中的成果，指研究成果被使用过程中会产生的影响。使用方式包括工具性使用、概念性使用、象征性/合法性使用。工具性使用指使用涉及特定方式应用研究成果。概念性使用指利用成果进行一般性启蒙。象征性/合法性使用指利用成果通过相关利益者实践动作的合理与合法性。有用的成果，指对受益人所需求的底线或各个方面产生了变革性的影响，提升了用户的效率和效力。

3U 模型从学术成果的被使用程度出发，揭示了学术成果在实践中非学术影响力产生的各个阶段，该评价偏向于定性评价，缩短了学术成果与产生的影响之间的时间差,打破了研究与实践之间的鸿沟。

二 国内学术成果评价模型分析

(一) 全评价模型

学术全评价模型(Academic All-Round Evaluation System, AARES)是由叶继元研究团队于2010年针对当前学术评价的五大难点提出的学术评价理论模型。五大难点分别是:(1)如何度量过分数量化、形式化的学术成果评级;(2)如何改变论文、期刊唯影响因子指标为标准的评价;(3)如何选择、监督和评价同行专家的专业评价;(4)如何根据评价目的来制定相对应的评价标准与指标,并如何使标准与指标具体化且可操作性强;(5)如何明确、厘清科研管理部门与学术共同体之间的边界责任。

全评价体系模型共有"六大要素"和"三大维度"。六大要素分别是评价主体、评价客体、评价目的、评价方法、评价标准及指标、评价制度;六大要素之间相互作用,相互影响。当中最为重要的要素是评价目的,它决定了其他要素。这六大要素又被相应地分为三大维度,分别是形式评价、内容评价、效用评价。

(1)形式评价对应文献计量评价,可以是定性的评价,也可以是定量的评价,主要从评价对象的外部形态进行评价,如学者发表了多少论文,以及发表论文所在期刊的影响因子是多少。利用定量指标进行形式评价时要注意评价目的,既不能绝对依赖,也不能完全摒弃。

(2)内容评价是基于同行专家学者评议的评价,它是指专家学者对评价对象实质性内容的评价,耗费的精力与时间成本较高。它要求对学术成果实体进行深入解读和分析,评价应与逻辑性、学术合理性、思辨性、解释性和前瞻性相一致。评估通常以书面意见的形式进行。

(3)效用评价指评价对象的实际影响,如对社会产生的效益和人们思想产生的变化等。评价主要依赖于实践和历史评价或检验。效用的产生是需要一定时间周期的,评价结果可以用数字展示,也可以用文字来表述。

形式、内容和效用评价相结合可以较好地将大众同行评价、专家评价和市场评价结合起来,由低到高,从简单到相对复杂,可以根据不同的评价目的加以选择和应用这3种方法，有效避免了评价中过分简单化、形式化、数量化的倾向。

综上所述，叶继元全评价体系既考虑到了学术评价的普适性，又突出了学科、领域、成果之间的多样性与差异性；既有相对稳定的分析框架，又留有动态的评价发展空间。

（二）三维FAC模型

三维FAC模型是由梅新林[①]等针对我国大学新型智库发展阶段提出的大学智库评价模型。大学智库学科门类齐全、学术资源集中、人才聚集、身份独立、对外交流广泛，具有其他类型智库无可替代的优势。三维FAC模型从契合度、活跃度、贡献度3个维度展开，具体如图6-2所示。其中的契合度代表了大学智库符合社会需求的程度；活跃度代表了大学智库在媒体上的传播多大程度上能够转化为社会影响力；贡献度代表了其对社会产生的效益，属于影响力评价范围。

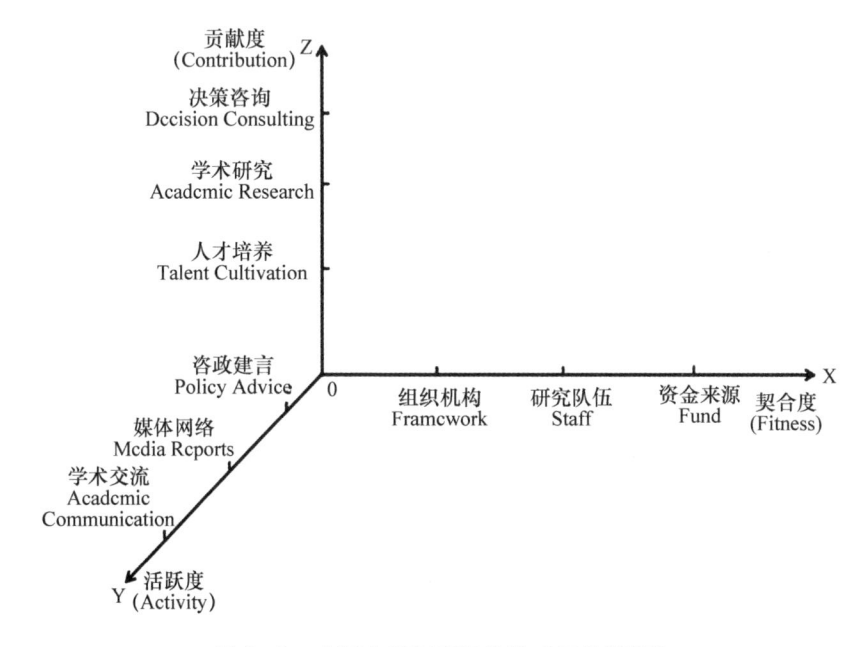

图6-2 中国大学智库评价的"三维模型"

---

① 梅新林、陈国营、陈明等：《中国大学智库评价的"三维模型"和指标体系研究》，《智库理论与实践》2017年第5期。

契合度，是对智库认定标准与任务要求之间的相关性进行的评价。目前我国许多高校的智库多处于初创阶段的过渡期，需要通过对大学智库机构认定标准与任务要求相关性进行合理评价，从契合的维度来分析、比较与认定。有效的评价可以帮助大学智库机构完成清晰建设目标、明确发展方向、完善体制机制、夯实智库基础、提升咨政能力的任务与要求，帮助与高校智库实现发挥战略研究、政策建言、人才培养、舆论引导、公共外交的重要功能。高校智库的契合度评价主要根据高校的科研机构所承接的业务与设立目标等进行设置，评价重点关注组织机构、研究队伍、资金来源3个要素。

活跃度，主要是对智库参会、参与政府决策的能力，对各智库机构人员在各类智库论坛、会议，政府的决策咨询会上呈现的状态和特点进行评价。这一维度展现了大学智库的社会印象。当智库机构研究人员和首席专家参与的重大活动或媒体发声，发表自己的意见与观点时都会留下数据痕迹。而研究人员参与的项目、课题以及在全球范围内发表的学术论文、理论观点，甚至包括影响力，都可以在公共数据平台检索得到，使评价有迹可循。在进行"活跃度"这一维度评价时，可以通过在公共信息、媒体平台上进行检索收集相关数据，以弥补大学智库信息数据的不完整性。评价方法上还可以运用大数据和云计算技术。该维度的评价要素主要包括学术交流、网络媒体、资政建言3个方面的活跃度。

贡献度，是对资政建言采纳、理论研究成果、智库人才培养呈现状态的评价。主要评估高校智库在开展前瞻性、针对性和储备性的政策研究中能否提出专业、建设性和有效的政策建议，能否提高国家政府的综合判断和战略规划能力，能否积极消除疑虑、引导舆论，能否充分发挥其在对外交流中的广泛优势，能否积极开展人文交流，能否在推进公共外交中做出贡献和产生社会影响等。指标主要包括决策咨询、学术研究和人才培养。

三维模型的具体形式是基于大学智库综合能力的三维空间要素；(X，Y，Z) 三维又分别由若干要素组成，这些要素即二级与三级指标。模型利用数学方法可以确定各维度上的数值与指数，即智库各个能力的强度。各个层级指标之间存在递进的逻辑关系，支撑着三维模型的有效测度。

第六章 中国人文社科成果的国际影响力综合评价模型构建

三维 FAC 评价模型是基于评价指标体系的评价模型，评价以定量评价为主，从量、质等多重角度构建了针对中国大学智库的评价模型。其中活跃度指标体系可以认为是对其影响力进行评价的指标体系。二级指标咨政建言对应其政治影响，媒体网络对应其广泛的社会影响，学术交流对应其学术影响。

（三）RSC"雪球"评价模型

RSC"雪球"模型是针对智库网络影响力的评价指标体系，该模型将评价指标体系称为模型。该体系由三部分构成，分别是 Resources 智库的网络资源指标 R、Spread 网络传播能力指标 S 和 Communication 网络交流能力指标 C。RSC 评价指标体系通过及结合资源、传播能力、交流能力三大指标来共同反映智库网络综合影响力。这三类指标分别代表评价空间中的 3 个维度，当智库不断地在 3 个维度上"滚雪球"时，其网络影响力就随之持续增加；当智库仅在 1 个或 2 个维度上"滚雪球"时，"雪球"形状就变得长条或扁平，智库的影响力也不可避免地不平衡；当智库不再"滚雪球"时，影响力便不再变大，如冰雪消融一般，其即时影响力逐渐消失。评价指标所需数据均来自公开信息源，数据源分析涉及链接、社会网络、学术引用、社交媒体等多方面数据。

智库网络资源指标。该类指标涵盖了资源的数量和质量两类指标。资源指标不仅要反映智库网络上传播的智库内容总量，还要反映智库在网络世界的表现力、品牌力与声誉度。对应的资源指标包括智库在网络中的显示度、学术理论水平、社会媒体资源、媒体曝光率、网络资本。具体包括机构的 h 指数、社会媒体报道文章数、网络显示度、网络新闻显示度、网络入度和网络出度。

智库网络传播能力指标。该指标是基于拥有媒体功能是智库和纯研究机构的主要区别之一这一事实。智库可以利用自身的实体或者虚拟资源在网络空间将自身研究成果进行传播，从而影响决策者和公众，这就是智库的网络传播能力。评价指标包括智库网站的网络链接数、社会媒体文章阅读量、社会媒体点赞量等。

智库网络交流能力指标。该指标体现了智库吸收、沟通、交换、交互的能力。在网络中，智库的交互能力是一种结构关系，反映了智库在网络中的地位。网络影响因子、网络使用因子分别代表了智库在网络中被他人使用的情况以及使用网络中其他资源的能力,这些共同反映了智库在网络中的交流、协同创新能力①。

三 国内外成果评价模型对比

总体上,国内外的相关模型的类型包括:评价指标体系,如大学智库评价"三维 FAC 模型"和智库网络影响力"RSC'雪球'评价模型",也有指标体系框架图示形成的模型;由评价指标、对象、方法等构成的评价模型;特定方法,如模糊综合评价模型、AHP 模型等;宏观层面的整体模型,如叶继元教授提出的全评价模型。

从学术成果评价体系构建的切入点来看,自英国 REF 评价中将影响力列为一级评价指标之后,影响力评价引起了国际的广泛关注,国外许多国家、机构越来越重视学术成果的影响力,尤其是社会影响力;至于我国学术成果评价中,更重视成果的数量和质量。相对来说,国外的学术成果影响力评价模型关注影响力产生的过程,且多以定性评价为主、定量评价为辅,REF 研究卓越框架作为标杆性学术成果效益评价模型得到了多国的借鉴与使用。针对学术成果的影响力评价国内仍处于利用层次分析法、主成分分析法等建模方法,结合 Altmetrics 指标对小规模学术成果进行评价的探索阶段,学术成果影响力的定性评价研究较缺乏。

我国学术成果定性评价方法的应用方式有待进一步讨论。现有的评价方法基本以定量定性相结合的综合评价方法为主,然而过程中出现过于倚重定量分析的现象,通常仅对部分成果实行专家定性评价,对不能实现定性评价的成果则完全依赖定量指标。毕竟体量上很难实现对所有学术成果进行定性评价,此外,有的评价专家团队构成较为单一、人数较少,无法充分反映不同评价主体的认知差异,也可能出现"长官意志"、"一言堂"等现象②。总之,定性方法的应用与发挥空间有待提升。

---

① 南京大学中国智库研究与评价中心:《智库网络影响力评价体系建构与实证》,2016 年 7 月,中国网(http://www.china.com.cn/opinion/think/2016-07/13/content_ 38868798.htm)。
② 中国社会科学评价研究院课题组:《人文社科期刊评价 如何实现科学权威公开透明》,2018 年 5 月,中国高校人文社会科学信息网(https://www.sinoss.net/c/2018-05-22/564400.shtml)。

第二节 人文社科成果国际影响力综合评价理论模型

本节从 3 个角度构建人文社科成果影响力综合评价的综合理论模型：一是"Why（为什么）"，从现状出发探讨了构建新型评价模型的必要性，从人文社科成果国际影响力的产生路径和分层逻辑出发，映射基于学术成果演化进程构建国际影响力评价模型的可行性；二是"How（怎么办）"，阐述如何构建模型，包括模型的构建思路、构建原则；三是"What（是什么）"，阐明构建了怎样的模型，包括模型要素体系与模型理论框架。

一 构建综合评价模型的必要性

科研评价具有导向作用，其目的在于推动科学发展、激励学术研究，从而达到促进科技创新、加速社会发展的最终目标[①]。科研成果影响力具有复杂性、差异性和变化性，成果的利用和交互产生影响。为促进我国人文社科成果"走出去"，提升学科领域的国际话语权，提升我国软实力，学术成果影响力评价必不可少。评价模型是对现实评价活动的抽象和简化，也是特定评价理念的体现；评价模型在学术成果影响力评价中起着关键作用，是评价理论和实践活动的桥梁，也使得相关评价活动具有可操作性和规范性。

（一）人文社科成果产出现状

几十年来，中国在科研领域投入了显著和持续的人力、物力、财力，推动了国家科研学术成果产出的大幅增加，截至 2018 年，中国发表在各学科最具影响力国际期刊上的论文数量连续 8 年排在世界第 2 位，在国际顶尖学术期刊上发表的论文数量排名已前进到世界第 4 位。我国的人文社科经历了根本重建和整体转型，全面融入世界学术主潮流，学科体系、学位制度日益完备，学术成果不断产出，学术共同体初见雏形，可

---

① 苏新宁、蒋勋：《促进学术创新才是学术评价的根本》，《情报资料工作》2020 年第 3 期。

相对自然科学仍有不足。以期刊论文为例，如 SSCI 在 2017 年收录的期刊中，来自中国的仅有 11 种，而美国共有 1372 种。此外，通过对 Web of Science（WoS）SSCI 和 A&HCI 数据库中 2013—2017 年期刊论文产出数量的统计，我国发表的期刊论文列第 5 位，距离第 1 梯队的美国、英国差距明显，如图 6-3 所示。但从人文社科期刊论文产出的年增长率来看，中国以高于 15% 的年增长率领先于世界其他国家，发文量前 4 的美

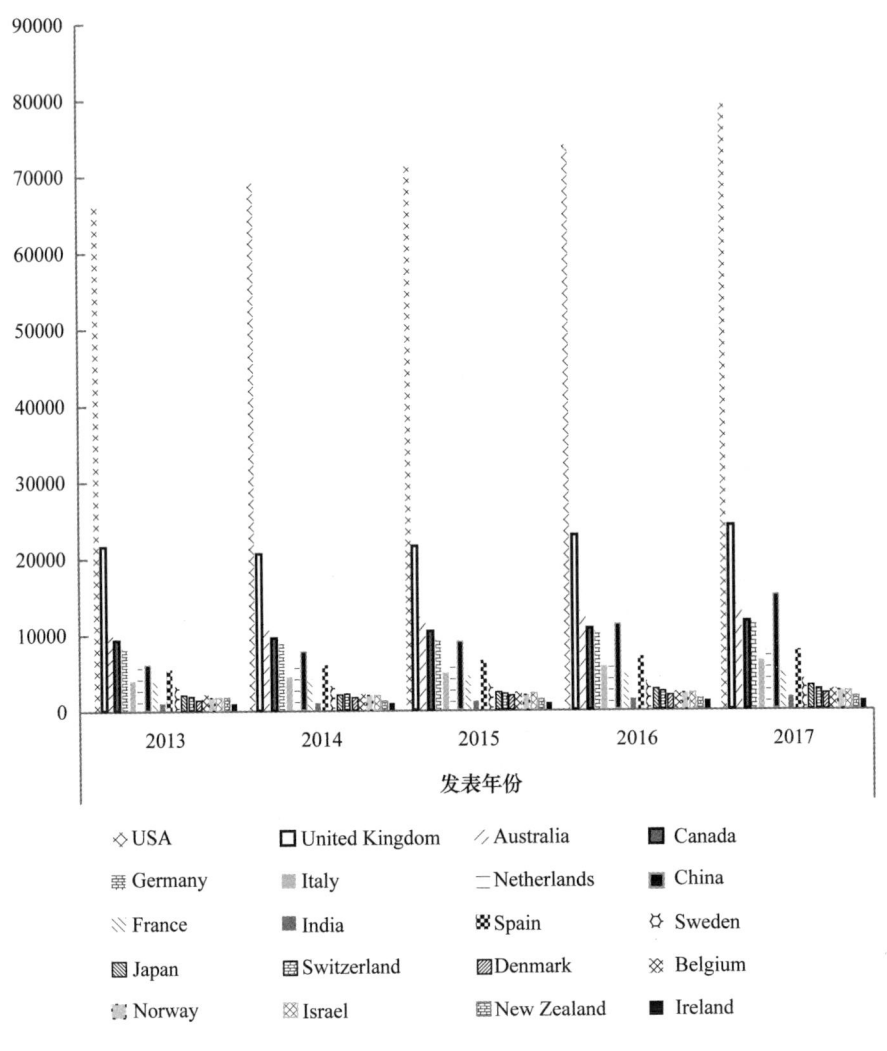

图 6-3 2013—2018 年人文社科期刊论文所属国家/地区前 20 位

国、英国、澳大利亚、加拿大增长率均低于10%，在5%左右徘徊。近年来受到国家政策鼓励等多种因素的影响，中国学者在国际期刊的发文数量获得大幅跃升，保持了很高的发文量年增长率。从绝对数量来看，中国已经稳居世界前列，但在国际发表上仍可标榜英、美两国，进一步激发产出潜力。

由于学科性质的不同，人文社科各学科之间的成果产出差异也十分明显。如文史哲等人文学科与经济学等社会学科相比，是一个"慢活"，科研成果产出周期长，学术成果数量相对较少。近年来，高校人文社科研究现代性管理走向了极致，科研管理理念发生了异化、科研管理体制走向僵化。在我国教育部明确提出科研评价"破四唯"、"除五唯"之前，许多高校的管理部门将制定的学术研究标准与科研人员的各种利益直接挂钩，发表在 SCI、SSCI 期刊上的论文可以获得更多的奖励，这无疑鼓励了学者产出了一大批优质、国际影响力高的学术成果。但部分学者把学术研究视为谋取物质利益的工具，存在明显的急功近利行为，学术研究价值观、道德观严重缺失，甚至出现了一定数量的学术不端和腐败现象[①]。

就学术成果的重要载体如学术期刊而言，相比外国期刊我国人文社科学术期刊在国际上影响力仍不足。根据中国知网2019年度《中国学术期刊国际引证年报》，我国社科前5%期刊和SSCI期刊的国际总被引频次和影响因子差距较大，尚无期刊进入国际顶尖期刊队列[②]。期刊论文作为学术成果最为重要的展现形式，无论是从期刊影响力可能对论文影响力带来的加持效果，还是发表后对于科研人员本身的国际知名度和认可度加持，在外文期刊上发表论文无疑是人文社科研究人员的优先选择。

（二）学术成果传播利用的新态势

随着互联网的发展和开放存取运动，成果传播环境逐渐数字化、信息化、开放化、多元化、碎片化，学术成果的受众也不再局限于学者，

[①] 余应鸿：《高校人文社会科学研究人文管理范式研究》，博士学位论文，西南大学，2014年，第37页。

[②] 中国知网：《2019中国学术期刊国际引证报告》，2019年6月，中国知网（http://www.eval.cnki.net/News/ItemDetail? ID=56898d289c6d4d70817cd575f17dad48）。

越来越多的学术成果面向普通大众。

学术成果传播载体数字化。信息技术的发展为学术成果的传播构建了全新的基础环境,以学术期刊为重要载体的传统学术传播体系面临着数字化转型的挑战。传统期刊的传播功能极大地依赖于对媒介的控制,导致学术期刊的传播功能单一性[①]。语义技术的出现,深入了文献内容层面,以知识单元为对象进行解构、挖掘、关联与重组,优化文献检索效率,为学者提供更加高效精确的阅读体验,满足学者个性化的知识获取需求。同时,在大数据技术的支持下,与学术交流相关的用户行为,如浏览、下载、评论、点赞等均能被有效记录和保存。

传播内容形态多元化。超脱以学术论文为主的传播形式,学术成果形式更加多元化,研究过程数据、同行评议数据等都可以作为成果进行传播。学术论文更关注研究选题的重要性和结论的独创性,而对学术发展至关重要的研究过程却无法记录和传播。目前,在数据管理和云存储技术的支持下,多家学术出版商和研究机构都推出了数据出版平台。比如 Elsevier 出版社创办的 Genomics Data、Springer-Nature 出版社创办的 Scientific Data 等。作为保证学术质量的出版机制,同行评议已成学术期刊运行惯例。目前,同行评议完全是一个自主奉献型的工作,如何将同行评议纳入学术考核范围,以此激励高质量的评审活动,形成学术传播的良性循环?Publons 是一家专门致力于聚合同行评审意见的平台型网站,它以第三方平台的角色将大量审稿人与出版商(期刊)融合在同一系统中,可以为审稿人提供存档、展示、认证评审报告服务,认证后的评审报告可作为独立文献被引用,为审稿环节纳入学术考核制度奠定了技术基础。

学术交流平台多元化。随着互联网的发展,学术交流不局限于线下参与学术会议、受邀作报告的形式,学者可以通过多元的交流平台与全世界各个国家的相关人员展开及时的讨论。有以学者为主要用户群体、以学术研究为主要社交内容的学术社交平台,包括 Research Gate、Academia. edu、科学网和其他学术博客等。大众使用的综合社交平台中,如 Facebook、Twitter、微博、微信等,也有越来越多的学术传播与交流痕

---

① 马婧:《媒介技术变革下学术传播体系的演变》,《出版发行研究》2019 年第 6 期。

第六章 中国人文社科成果的国际影响力综合评价模型构建

迹,形成了当下开放性的在线科研环境。

学术成果受众更加广泛。传统学术传播过程中,学术领域外的社会大众很少直接与学术成果之间产生互动,学术论文的生产者与受众高度一致,成果影响力更直接反映在学术影响力上。而在 Web 2.0 时代,社交媒体的出现,改变了传统的信息传播方式,提供了普通大众与学术成果互动的更多渠道。

学术成果利用可以分为学术利用与社会利用。学术利用最直接的体现是学术引用,引用是学者撰写文献时的基本表达方式之一,关系到作者观点的表达与论证,关系到作者的学术道德和对他人知识产权的保护。合理必要的引用体现出学术研究的关联性、严谨性、科学性。学术引用行为的相关指标,如引用次数、h 指数也可以体现出学者的影响力。然而这些引用指标在社交动机、利益动机驱使下也存在许多问题,例如:为了提升特定学术圈彼此的知名度,引用熟人文献的"友情引用";为了让研究成果看起来更权威引用大量"权威"文献的"装门面引用";为了提升自己的影响力而滥引学者本人毫无关联研究的"自引用"。

社会利用指学术成果被社会相关人员使用在学术界外的领域,如企业、政府、教育等领域。与学者不同,社会利用上相关行业从业者在工作实际中很少去关注学术论文等学术成果,因此研究人员可能从立项之初便需明确研究的目标受众,在学术成果产出后与直接相关人员沟通或通过社交媒体对成果进行宣传,才会提高学术成果的利用程度。相比自然科学,人文社科成果的展现形式不同,社会利用产生的效益没有自然科学直接、明显,自然科学科研成果产出的技术、产品很多可以直接推广到相关企业从个人提升生产效率、降低生产成本,而人文社科成果社会利用周期长,利用方式更为多样,影响力更难评估。互联网发展也使得社会利用方式更加广泛,如在微博、博客、百科中对科普类文章或视频的引用也会产生广泛的社会效益。

(三) 新型影响力评价指标的发展

影响力评价指标,从最初的发文量、被引量、影响因子等指标,到综合发文量与被引量的 h 指数和 h 类衍生指数,再到网络分析评价方法迭出,以及 Altmetrics 兴起,相关研究在不断开拓创新,但远未完。无论是"莱顿宣言"还是"旧金山宣言",都是对传统频次指标和评价体系的批判和质疑。近年来,科研成果影响力评价整体上经历了4个阶段:1.0阶段(2000年以前),基于引文分析和引文数据库衍生出系列影响力评价指标。2.0阶段(2000—2010年),出现链接类等网络计量学指标,形成网络环境下评价体系。3.0阶段(2010—2020年),基于社交媒体新环境,出现更全面的Altmetrics影响力评价体系。4.0阶段(2020年以后),结合人工智能和大数据技术的全文本分析兴起,向细粒度的微观层面和更精准高效的智能化评价转变。

原有的学术成果影响力评价中,多以引文指标通过学术成果的被引用的行为评价其在学界产生的学术影响力,在规模庞大、环境复杂的学术成果影响力评价中,社会影响力方面苦于没有如引文指标评价学术影响力一样可用的评价指标,社会影响力评价举步维艰。网络时代到来,随着社交网络的普及与学术成果开放存取运用的兴起,学术成果获取、传播、利用方式与环境发生了极大改变,催生了衡量网络环境下学术交流的新生指标Altmetrics指标的出现,弥补了传统计量指标在学术评价中的局限性与不足。

Altmetrics是Alternative Metrics的缩写,2010年由J. Priem提出,国内多将其翻译为"替代计量学"或"补充计量学",10年来,Altmetrics的不断发展,指标体系不断更新,给定量评价社会影响力提供了无限可能。用户浏览、下载、评论、分享学术成果时都会在互联网留下数字足迹,人们与学术成果进行交互的各种信息行为被捕捉统计成为Altmetrics指标:点击、下载、全文浏览、分享、推荐、书签数、喜欢数、最喜欢量、组别、订阅、链接数、讨论帖数、提及数、评论数、微博数、博文数、引用等,Altmetrics指标成为衡量学术成果影响力的重要指标[1]。

相比传统的文献计量指标,Altmetrics指标数据获取时间更早,更新速度快;用户与学术成果交互中的信息行为记录细致多元;数据的可获得性与透明程度更高;评价面向的学术成果类型也更加丰富[2]。在社会成员参与角度上,社会大众都可以通过网络参与到与学术成果的交互中,

---

[1] 李继东:《学术传播的趋向与形态》,《中国社会科学报》2016年1月7日第3版。
[2] 卫垌圻、谭宗颖:《Altmetrics国内外研究中的问题与挑战》,《图书情报工作》2015年第2期。

◇◇ 第六章 中国人文社科成果的国际影响力综合评价模型构建 ◇◇

参与成员不再局限于学者与研究人员，因此 Altmetrics 能更好地对学术成果的社会影响力进行研究。

（四）完善我国学术评价的需求

大约半个世纪前，我国的学术评价一般囿于学术共同体内的同行评议，但 20 世纪 60 年代以后，随着文献计量学的发展，采用定量计量的方法评估学者、论文、期刊等在学术评价中成了主流，而自美国的 SCI 等文献计量工具诞生后，采用 SCI 指标等进行学术排行的评价越来越受到科研管理及科研机构的青睐，尤其是在中国。而国外的学术评价长期以同行评议为主，针对文献计量指标是否能完全替代同行评议的实践与争论一直延续至今；以英国的 REF 评价为例，仍是采取以同行评议为主，评审过程中评价小组若使用指标须保证数据的真实性与使用的合理性。

我国在过去科研评价中过分依赖定量指标，尤其是引文指标与影响因子等指标被滥用。过去几十年来 SCI 论文数量、被引次数、高被引论文、影响因子以及衍生出的 ESI 排名等相关指标，在学术评价以及职称评定、绩效考核、人才评价、学科评估、资源配置、学校排名等整个科学评价中，处于"至上"地位，带来了"科技创新出现了价值追求扭曲、学风浮夸浮躁和急功近利等问题"，甚至 SCI 被国外学者戏称为"Stupid Chinese Idea"。基层科研评审中，也常将是否发表在外文核心期刊、是否受到各级别项目资助、是否获奖、发文数量及规模等作为评价指标。将学术成果的影响力当成一种结果，没有考虑学术成果影响力的产生过程，这样的状况影响了正常的学术研究和评价活动，也影响了学者之间的分工协作、相互交流和信任，对人文社科的创新和发展十分不利。2019 年 Paul Wouters 等学者在 Nature 上撰文，提出应该对影响因子的缺陷进行反思，需要构建更全面、更透明的评价指标体系[1]。国内也认识到追求定量至上的简单、间接的"计件式"评价的危害；学界兴起对"以刊论文"、"以刊评文"异化现象的批判，呼吁回归学术本源。

目前我国科技部、教育部、财政部等部委配套措施陆续出台，落实

---

[1] Paul Wouters, Cassidy R. Sugimoto, VincentLarivière, et al., "Rethinking Impact Factors: Better Ways to Judge a Journal", Nature, Vol. 569, No. 7758, May 2019.

"除四唯"、"破五唯"。但是当前我国人文社科学术评价模型体系中，很少有系统性、普适性的模型存在，通常仅为利用引文指标或 Altmetrics 指标，通过数学方法对单一学科各项指标赋权得到模型。许多评价体系中都存在指标相互关系不清、权重分配不合理、指标体系僵化以致无法体现人文社会多样性等问题，显然这些指标有过分重视数量和外部特征以致评价结果不正确之嫌。另有一部分学者从理论上对模型进行了构建，但没有从实际应用上出发。以上问题均不利于学术成果的创新和对成果的有效评价[①]。

（五）环境与政策导向的转变

针对我国出现的科研评价指标的滥用，政府多次出台文件。2018 年 10 月 23 日，科技部、教育部、人力资源和社会保障部、中科院和中国工程院联合发布《关于开展清理"唯论文、唯职称、唯学历、唯奖项"专项行动的通知》；2018 年 11 月 7 日，教育部发布《关于开展清理"唯论文、唯帽子、唯职称、唯学历、唯奖项"专项行动的通知》，力图改变中国当前以定量指标为主的评价模式。2020 年 1 月 18 日，教育部、科技部印发《关于规范高等学校 SCI 论文相关指标使用 树立正确评价导向的若干意见》的通知，当中指出要破除论文"SCI 至上"，提出了应该准确理解 SCI 论文及相关指标，深刻认识论文"SCI 至上"的影响，建立健全分类评价体系，完善学术同行评价，规范各类评价活动，改进学科和学校评估。

二　人文社科成果国际影响力的产生

人文社科成果国际影响力即指人文社科成果在演化过程中与国际范围内学界、经济、政治、文化各界产生交互而产生的学术影响力与社会影响力。人文社科成果国际影响力的产生与其下层的学术成果协同演化过程是平行的，因此本书从学术成果的生命周期与协同演化角度出发，描述人文社科成果的国际影响力产生过程，如图 6-4 所示。本节对人文社科成果国际影响力产生路径与分层逻辑进行论述。

[①] 杨红艳：《人文社科成果评价管控机制的理论思考——以创新和质量为导向》，《重庆大学学报》（社会科学版）2014 年第 6 期。

◇◇ 第六章 中国人文社科成果的国际影响力综合评价模型构建 ◇◇

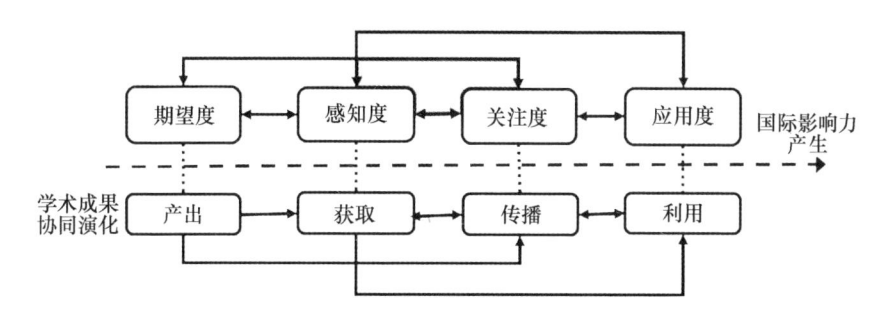

图6-4 学术成果影响力产生模型

（一）人文社科成果国际影响力产生路径

人文社科成果国际影响力的产生路径由产出、获取、传播、利用4个节点构成。从成果的产出、发表开始，学术成果受众群便能够触达到学术成果，与学术成果产生交互，学术成果影响力随之开始不断产生累积。

1. 产出

产出指在研究人员前期充分调研的基础上，利用科学的研究方法与工具，结合研究目标的背景与现实需求，进行分析与研究，最终产出学术成果。学术成果的产出过程对应影响力中的期望度，期望度是一种隐形的影响力。学术成果受众在接触到众多的学术成果之时，除了根据自己的信息需求进行选择，学术成果的声誉是影响受众是否选择获取该学术成果的一大重要因素，大家普遍会选择获取更权威、声誉更好的学术成果点击进行获取，获取中的感知度反过来也会作用于期望度。以学术论文为例，受众面对众多在数据库中检索到的文献，会更倾向于选择发表在核心期刊上的文献进行接触，从而获取文献，反过来，下载量阅读量高、高获取量的文献，受众会对其有更大的期待。学术成果的产出也作用于成果的传播。在核心期刊上发表的论文常常会比一般期刊获得更高的关注，这种关注度反过来也作用于期望度，对于大众讨论更多的学术成果，受众会有更大的期待。

2. 获取

学术成果的获取指受众接触到了学术成果，产生点击、浏览、下载等行为。同时学术成果的获取程度有所区分，如下载了全文还是某一章节，浏览了成果中的全部图片还是某一图片。学术成果中的获取过程对应影响力中的感知度，学术成果的获取程度代表了受众对其的感知程度。

3. 传播

指标代表学术成果或者学术工作收到了一定程度上的阅读意向，显示出对某一学术成果或者学术工作的关注程度、受欢迎程度以及后续阅读可能性。学术成果的传播对应了其影响力的关注度。分享和推荐等社会网络行为不仅可以表达受众对学术成果或者学术工作的认可，还可以通过较强的好友关系和学科关联，将该学术成果推广到其他潜在的受众群体，形成更广泛且有针对性的深度影响力，实现受众之间相互传播等，以此帮助扩大学术成果或者研究工作的学术影响力以及社会影响力[1]。

传播与获取之间的关系极为紧密，越来越多的学术成果产出者为了扩大自己成果的影响力从而提升自身声誉，会利用市场营销中的推拉策略（Push-Pull）提升受众和对学术成果的关注度。推（Push），即推送，将学术成果推送到目标用户面前，具有针对性。成果发表后，作者、所属机构、出版商等会通过互联网利用视频、博文、采访报道对成果进行宣传，吸引用户注意。同时也可以利用学术社交平台，如 ResearchGate 等进行推送。拉（Pull），即拉动，将潜在用户推向学术成果，具有广泛性。当学者、期刊、机构等的影响力一旦形成，便会吸引一批用户关注，用户与学术成果之间建立持续的联系，这批用户作为"大使"，也会同时帮助学术成果的进一步传播。如各学科顶级期刊收录的多为学术前沿的高质量论文，会有一大批忠实用户定期浏览、阅读期刊每期的文章，同时他们会向研究伙伴等推荐所关注到的优质文章。学术成果从学术利用程度上来说，终极的形式就是被引用，但是唯有先被获取才能被引用，通过扩大传播范围，能够有效增加成果的受众范围，从而提升获取量，达到提升利用的目的。

4. 利用

从利用的作用范围上，学术成果的利用可以分为两类——学术利用与社会利用。从成果利用深度来说，可以分为三类——概念性利用、工

---

[1] 李明、陈铭：《学术图书 Altmetrics 评价指标分层框架探析》，《现代情报》2018 年第 5 期。

具性利用与广泛性利用。概念性利用,指当人们思考自己所处条件时,受学术成果影响导致心理和认知产生了变化。工具性利用,指用户将学术成果中的知识如模型、方法、结果作为工具指导决策行为发生变化。广泛性利用,指偶尔研究成果可以引导大规模思想、行动上的转变而被大规模接受,相比概念性利用与工具性利用,受众面更加广泛。利用反映出成果的发展轨迹,它是信息和知识被传递和利用后所遗留下的痕迹,学术成果的利用对应其影响力的应用度、成果利用程度的不同呈现出成果应用度的差异。

(二)人文社科成果国际影响力分层逻辑

国际影响力产生模型构成了本书构建综合评价理论模型的基础,交互程度构成了对学术成果国际影响力进行分层的逻辑。交互程度指用户在与学术成果进行交互过程中所投入的成本,成本越高,交互程度越高。受众的产生成本主要由时间成本、声誉成本、精力成本组成。例如,用户选择一篇文献点击进去很容易,但阅读部分章节甚至阅读全文不是很容易;让用户花费一些时间去下载并存入自己的文献收藏中有些困难;让用户与他人分享这篇文章更加困难,因为用户需要对这篇文章进行质量与价值判断,确定有分享的意义;最困难的就是让用户利用这篇文献,特别是引用。基于此,分层逻辑根据受众交互程度与投入成本的定性分析,将其分为产出层、获取层、传播层、利用层,各有对应指标和内涵,具体如表6-5所示。

表6-5 学术成果影响力的4种层次

层次	指标	内涵
产出层	产出指标、声誉指标	期望度
获取层	阅读指标、下载指标	感知度
传播层	收藏指标、分享指标	关注度
利用层	提及指标、评论指标、复用指标、引用指标、引文指标	应用度

三 评价模型的构建思路与原则

(一)评价模型构建思路

基于本章所构建的学术成果国际影响力产生模型,本书构建人文社科成果国际影响力综合评价模型的思路如下（见图6-5），综合评价模型整体分为两大部分：理论模型与应用模型。理论模型在构建要素体系后，基于对学术成果影响力生命周期的全面考察，进行影响力评价指标的多维融合，然后构建基于国家影响力产生过程的评价模型理论框架。应用模型主要是对模型的运作体系进行分析，从模型的实际评价流程出发，构建评价流程模型，再根据理论模型的理论框架，融合多维指标，构建评价指标体系，最后详细地阐述了评价数据的处理、获取方法与评价分析方法。

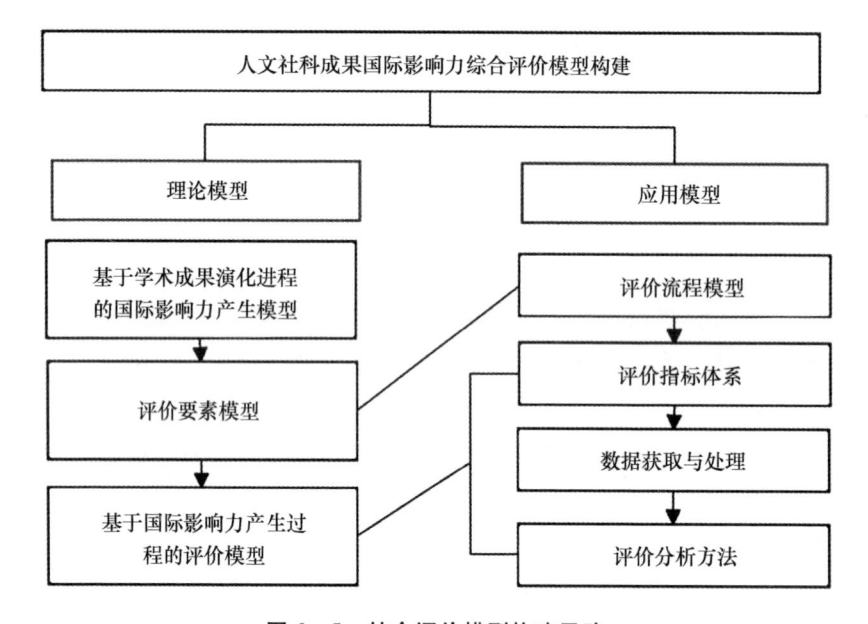

图6-5 综合评价模型构建思路

（二）评价模型构建原则

构建评价模型应充分考虑各评价要素之间的关系，构建原则包括以下3项。

1. 系统综合原则

学术评价本身就是一门理论支撑、实证支持的学科。基于系统评价理论，在构建评价模型时，要由远及近、自上而下、从宏观到微观系统地分析其价值内涵。考虑到人文社科成果自身的多维性、层次性，出于不同维度的价值要素评价需求，在选取评价指标时应有差异性；出于不同层次的价值要素评价需求，要系统分析各项指标的内涵及其之间的联系。

2. 操作可行原则

模型构建的最终目的是可以用于实际的学术成果评价工作中去，除了保证评价理论模型的科学性与合理性，更要保证整个评价模型具有可操作性。若模型只是将"高大上"的内容进行堆积，但是其中一些指标无法获取，评价方法无法操作，那么该模型就是"假大空"的，就是脱离现实、没有使用价值的。人文成果国际影响力综合模型除了在理论上进行探索，最重要的是建立能够运用于实际操作、保证评价活动顺利开展进行的模型。

3. 可扩展、可复用原则

模型除了能容纳现有指标，还可以容纳未来出现的新型指标。评价模型使用方式及过程应该能够适用于各种环境。因此模型的构建应是有效、通俗易懂、透明、公平、有适应能力、可重复的。

四 评价模型的要素体系

综合评价模型的要素主要由评价目标、评价主体、评价客体、评价方法、评价指标、评价环境构成，如图 6-6 所示。其中评价目标处于中心位置，起决定性导向作用，引导整个评价的大方向与整体设计。六大要素之间相互作用、相互关联，构成了评价模型的要素体系。

图 6-6 评价模型的要素体系

（1）评价目标。评价目标是指评价活动要实现的最终目的，是评价理念的具体化。在评价体系中，评价目标起龙头的作用，目标若不明确、不正确甚至缺失，将直接影响评价活动的开展。目标应该是明确、可度量、可实现、有时效性的。在评价目标中体现创新和质量导向，是构建评价管控机制的出发点和前提条件。评价目标不同，所考虑的因素也有所不同，为了进行科学的评价，必须反复了解每次评价的目标及为此目标应注意的具体事项，熟悉评价方案，进一步分析和讨论考虑到的因素[①]。人文社科国际影响力综合评价的目标是合理评价学术成果、提升我国人文社科成果国际影响力、推动学术创新。

（2）评价主体。评价主体是指使用不同的评价视角对研究成果进行国际影响力判断的各种评价行为主体。如何确保合适的主体、开展正确的评价是构建评价管控机制、确保评价效度的难点之一。在人文社科研究成果的评价主体中，以下受到学术界、管理界和公众的关注：检索部门查重查新、编辑选稿、本领域专家评审、同行引用、书刊评介、公众评议、用户评判、政策影响、科研规划管理部门。其中书刊编辑、学界同行、社会受众、科研管理者和科研评价中介机构是最重要的五大评价主体。根据评价活动开展的不同需求，应该选取合适的评价主体展开评价工作。

（3）评价客体。评价客体即评价对象，包括人文社科研究形成的论文、专著、会议论文等成果。可按成果形式、成果内容、所属学科、研究性质等不同标准对中国人文社科成果进行分类评价。各类成果千差万别，如何对成果进行分类评价，将影响评价主体的选择、评价标准指标的遴选和评价过程的确定等。

（4）评价方法。评价方法即为了对学术成果的形式、内容、效用有效评价而使用的方法工具[②]。随着科学评价的发展，科学评价方法已经由完全定性—倚重定量—定性和定量相结合的研究阶段，开始综合运用信息管理学、经济学、科学学、数学和统计学等学科的方法，科学地分

[①] 邱均平、谭春辉、任全娥等：《人文社会科学评价理论与实践（上册）》，武汉大学出版社2012年版，第232页。

[②] 杨红艳：《人文社科成果评价管控机制的理论思考——以创新和质量为导向》，《重庆大学学报》（社会科学版）2014年第6期。

第六章　中国人文社科成果的国际影响力综合评价模型构建

析问题、解决问题。其中，定性方法包含同行评议法、案例研究法、德尔菲法、标杆分析法、调查研究法等。定量方法以基于数理统计和数学规律的文献计量法为主。综合评价方法即将定性与定量方法相结合，包括层次分析法、多指标综合评价法、科学知识图谱等。科学评价的方法多样，但没有哪一种方法是万能的，每种方法都有其适用范围、特定环境、特定的评估对象和特定的评价目标，并各有优缺点。进行评价活动时，需要具体问题具体分析，选择合适的评价方法进行分析。

（5）评价指标。评价指标可以表明评价对象某一特征的概念（即性质）及其数量的表现，具有定性认识和定量认识的双重作用。根据评价任务与目标的需要，能够全面系统地反映某一特定评价对象的一系列较为完整的、相互之间存在有机联系的评价指标就是评价指标体系[①]。评价指标和指标体系是被评对象全部或部分特征的真实反映，评价指标和指标体系准确反映事物的真实程度是科学评价结论准确、可靠的基本保障。计量指标被广泛地用于影响力评价，但没有任何一个单一的计量指标能够全面地评价影响力，根据评价主体、评价客体、评价目标的不同，应合理地组合使用评价指标。本模型的评价指标主要由传统文献计量指标（如被引量、影响因子）及 Altmetrics 指标组成。

随着开放获取运动的深入，以及学术社交网络的普及与开放，学术成果面向的受众更加广泛，学术成果影响力范围扩大。学术影响力上，学者可以在网络上对学术成果进行阅读、下载、推荐、讨论，在接触该学术成果的过程中，某些专业学术人员有可能会在新创作的学术成果中引用这些成果。社会影响力上，学者外的社会大众也可以对公开发布的学术成果进行阅读、下载和讨论等互动，虽然他们很少产生学术引用行为，但这些学术成果可能扩大了他们的视野，增长了个人知识，改进了某个想法或做法。通过对受众群体的行为数据（阅读量、下载量、讨论、收藏、推荐、点赞、引用等）进行计量，可以测量成果的学术影响力情况和社会影响力情况[②]。

[①] 娄策群：《社会科学评价的文献计量理论与方法》，华中师范大学出版社1999年版，第103页。

[②] 苏新宁、蒋勋：《促进学术创新才是学术评价的根本》，《情报资料工作》2020年第3期。

自 Prime 等提出 Altmetrics 指标开始，经过研究、批判、发展，Altmetrics 成为被寄予厚望的下一代新型计量指标。广义上的 Altmetrics 指标甚至包括引文指标，和其他在线社交媒体指标等一起，构建可以捕捉学术痕迹和社会痕迹的新指标体系。Altmetrics 指标评价的结果不仅可以反映科学家及其学术成果的学术影响力，也可以反映其社会影响力，并从多个角度去揭示影响力的内涵，扩充影响力的覆盖范围。从 Altmetrics 指标内涵分类来说，数据商层面上，PLOS 基于投入程度将 Altmetrics 指标划分为查看、保存、讨论、推荐、引用五类；Plum Analytics 将其分为使用、捕获、提及、社交媒体、引文五类；Altmetric.com 不提供分类，而是提供 Altmetrics 指标源聚合分数，即"altmetric attention score"。邱均平、余厚强等学者则将影响力产生过程与底层的认知过程相平行，划分为感知层、社交媒体层、应用层。结合影响力产生模型、投入程度理论和现有分类体系对 Altmetrics 指标进行分层，如图 6-7 所示[①]。

（6）评价环境。评价环境即评价对象所处的政治、经济、文化、科技等方面的环境。没有学术成果是孤立存在的，学术成果的生命周期与学术成果影响力演化过程都受环境因素影响。如在我国，受经济、政策、文化等因素影响，主流的社交媒体不是推特、脸书等国际社交媒体平台，而是新浪微博，我国学者在国际社交媒体上的分享、提及、评论学术成果等行为并不活跃，可能造成其国际社会影响力减弱。评价环境也不是孤立存在的，评价活动的展开也受到评价环境的影响与制约，评价开展时应充分考虑环境因素，设计因时适宜的评价模型及对应的指标体系。

五 综合评价模型的理论框架

模型参考了 Altmetrics 指标分层研究中的传播—获取—利用的理念，根据学术成果的生命周期与演化进程，学术成果国际影响力评价分为 4 个板块进行分析，分别是产出—期望度、获取—感知度、传播—关注度、利用—应用度，同时每一板块之间都存在着转化关系，最后构建了 OACU（Output-Acquisition-Communication-Utilization）理论模型，如图 6-8 所示。

---

① 余厚强、邱均平：《替代计量指标分层与聚合的理论研究》，《图书馆杂志》2014 年第 10 期。

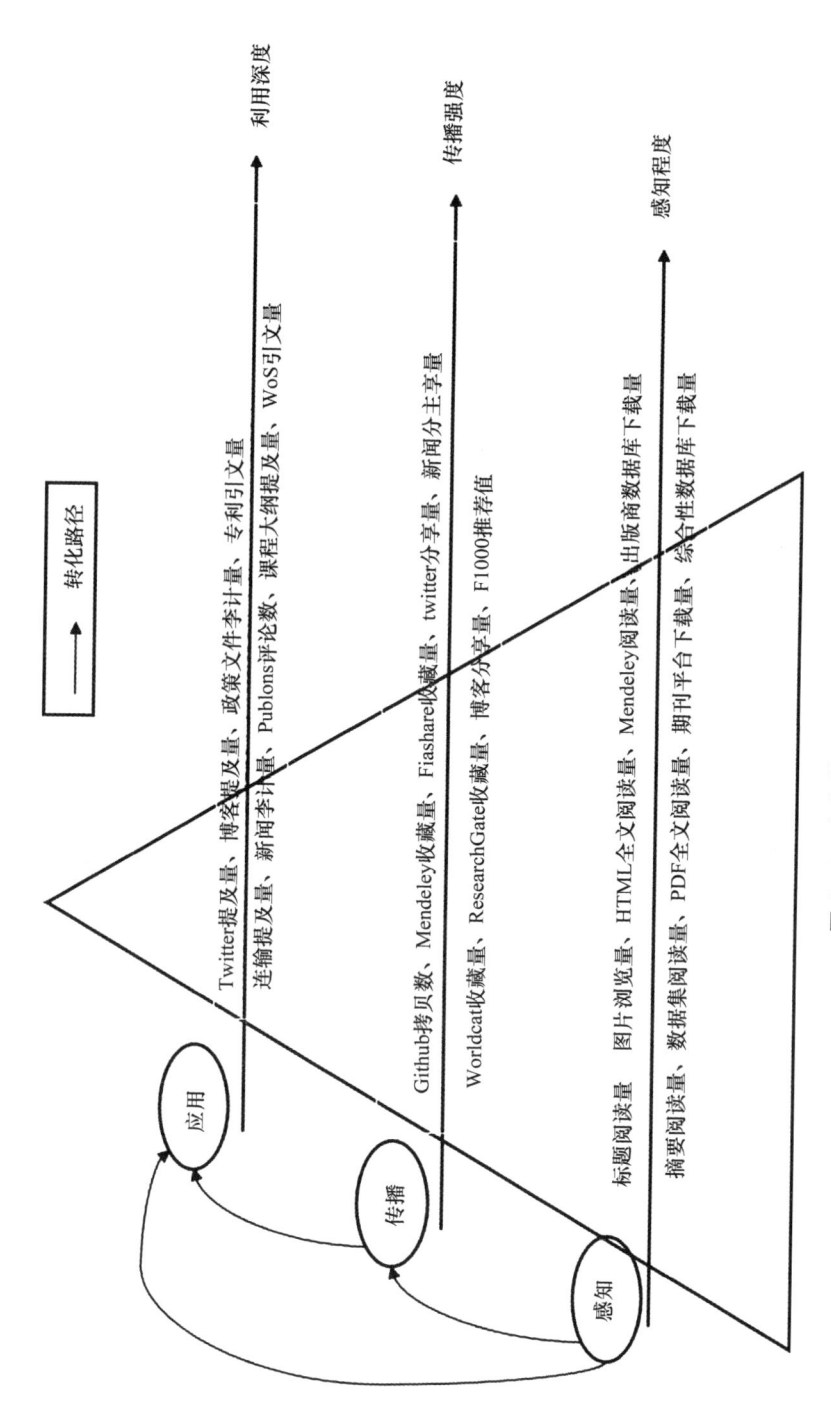

第六章 中国人文社科成果的国际影响力综合评价模型构建

图 6-7 金字塔型的 Altmetrics 指标分层

◇◇ 理论篇 ◇◇

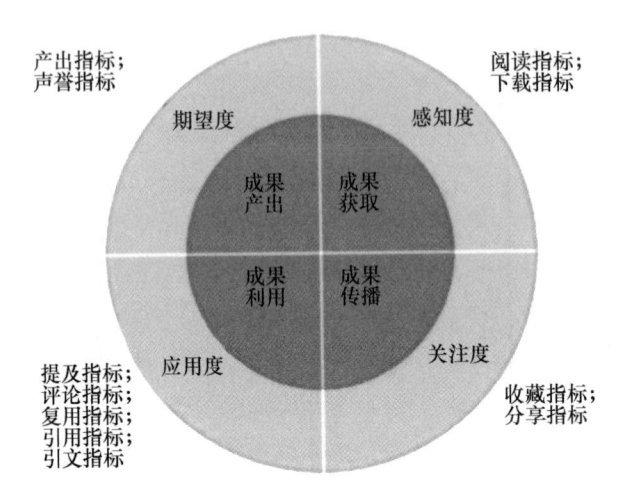

图 6-8 基于国际影响力产生过程的评价模型

（1）产出—期望层。期望层主要体现学者对成果学术价值初步预判期待的程度。除了受众对学术成果内容的实际信息需求，成果载体的声誉与影响力是受众判断学术成果可用性的重要影响因素。举例来说，此类影响因素可以是论文是否在核心刊物上发表、学术图书是否由知名学术出版社出版、会议论文是否被顶尖学术会议论文集收录等。而学术成果的数量、质量和引用频次等早已是评价作者、机构、国家的学科水平和学术地位的重要指标。根据布拉德福定律，一个学科的主要文献往往集中在少量的核心期刊中。被收录的数据库、成果载体的声誉度等均是测度学术成果期望度的重要指标。WoS 作为世界最有影响的多学科学术文献文摘索引数据库之一，收录的期刊论文、会议论文等均是通过同行评议等机制层层筛选出来的优质学术文献，在学科内有着良好的声誉，产出的学术成果被 WoS 收录的情况以及收录期刊的影响因子等指标可以帮助评价学术成果的学术价值与影响力。用户根据自身信息需求，对学术成果内容有一定期待后，便会获取学术成果，成果影响力发展转入下一阶段，模型进入下一层——感知层。

（2）获取—感知层。感知层体现学术成果产出后被受众获取的程度，是受众对学术成果最为直观的观感。学术成果的获取手段包括阅读、下载等行为，评价指标相应地包含了阅读指标与下载指标，代表了学术

第六章 中国人文社科成果的国际影响力综合评价模型构建

成果创造出来之后获得的感知力,成果获取的深度不同感知程度也有所不同,差异包括阅读论文全文还是摘要,仅在网页上浏览还是下载全文以备日后所需。在获取成果后,受众会对学术成果的内容价值与利用价值进行判断,从而展开之后的传播与利用行为,影响力也进入下一层面——关注层。

（3）传播—关注层。关注层体现学术成果在传播过程中的传播程度,学术成果中的知识在这一过程实现了转移。评价指标主要是收藏指标与分享指标,体现学术成果在传播中涉及的传播渠道与传播范围。收藏是受众行为,体现了特定成果对于特定用户的价值,用户使用该成果或获取相关成果的可能性增加。分享意味着受众范围的扩展,社交网络环境下,不仅是学术成果相关领域的科研人员,甚至是社会大众都会对认为有价值、感兴趣的学术成果进行转发、分享等行为,分享指标可以体现各界对学术成果的关注程度。而社交传播往往会带来各界受众对该学术成果的评议,各界人士发表自己的相应看法,进而影响力进入下一层——应用层。

（4）利用—应用层。应用层展现受众对学术成果的利用程度,即学术成果被利用的本质。评价指标主要是提及指标、评论指标、复用指标、引用指标、引文指标,各个利用指标及其暗示的利用行为之间相互联系。学术成果利用可分为学术利用与社会利用;学术成果的影响力展现形式可以分为概念性利用、工具性利用、广泛性利用。成果的利用反映学术的发展轨迹,它是信息和知识被传递和利用后所遗留下的痕迹。单一的引文指标已经不能全方位地展现学术成果的影响力,引文指标更偏向于学术影响力的评价;Altmetrics 指标则能够进行社交媒体中的影响力研究,挖掘科研成果的潜在价值[①],弥补传统科学交流评价的固有缺陷。利用意味着受众接受了成果中的知识,并结合自身知识产生新的想法或知识,产生了新的学术成果,被利用的学术成果此时在影响力演化中完成了一轮循环,同时一个新的循环也就此产生。

---

① Kim Johan Holmberg, *Altmetrics for Information Professionals*: *Past*, *Present and Future*, Oxford: Chandos Publishing, 2015, pp. 55 – 74.

第三节 人文社科成果国际影响力综合评价应用模型

基于上一节构建的 OACU 理论模型，本节构建人文社科成果国际影响力综合评价的 PIDM（Process-Indicator-Data-Method）应用模型，包括评价流程、评价指标体系的构建、评价数据的收集与处理、评价分析方法。

一 评价流程

评价流程是指评价的阶段、环节和相关规则，是评价目标得以实现的重要保障。按照评价工作的进程，可以将评价流程分为评价准备、评价进行、评价结束 3 个阶段，主要评价流程见图 6-9。

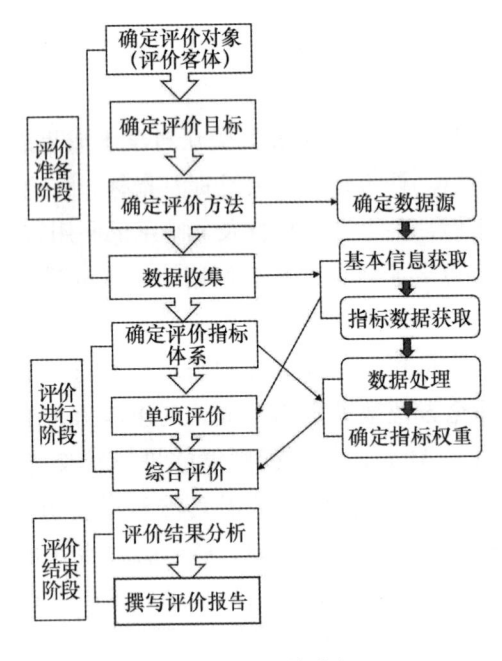

图 6-9 评价流程

（一）评价准备阶段

明确评价目标。评价目标是整个评价工作的重中之重，起导向作用。

◇◇ 第六章 中国人文社科成果的国际影响力综合评价模型构建 ◇◇

目标设置不应过于复杂烦琐，相应的评价工作范围应有重点范围与一般范围之分，以此保证评价工作的重点突出。评价目标不同，所考虑的因素也有所不同，为了进行科学的评价，必须反复了解每次评价的目标及为此目标应注意的具体事项，进一步分析和讨论考虑到的因素。

确定评价客体即评价对象。根据评价目标与评价范围，明确评价工作的评价对象。同时，还要认真分析评价对象的内外层次关系，以及各类学术成果形式、所属学科、研究层次上存在的差异。

选择或设计评价方法。评价方法根据评价对象的具体要求不同而有所差异，总的来说，要按系统目标与系统分析结果恰当地选择成熟、公认的评价方法，并注意评价方法与评价目标的匹配，注意评价方法的内在约束，掌握不同方法的评价角度与评价途径。

评价数据收集。根据评价目标集中收集评价有关的资料和数据，在此基础上，抓住影响评价对象的主要因素，分析各因素之间的关系。数据应从可靠的数据源收集，收集后应对数据进行抽样验证。选择合适的影响力评价数据周期，周期不能过长，这会拉低平均值；周期也不能过短，不然无法观测到影响力的变化情况。

（二）评价进行阶段

确定评价指标体系。评价指标是度量评价对象的具体尺度。对于所评价的对象，必须建立能对照和度量内部各个对象的统一尺度，即评价指标体系。评价指标体系必须科学、客观，尽可能全面地考虑各种因素。

单项评价。单项评价是就评价对象的某一特殊方面进行详细的评价，以突出其特征。单项评价不能做到对评价对象的全面了解，只有综合评价才能对评价对象进行全面判定。

综合评价。综合评价是在单项评价的基础上，利用各种评价模型和评价信息，充分考虑资源与效益的关系，从系统的观点出发，综合分析问题，科学合理地对学术成果进行评价。

（三）评价结束阶段

评价结果分析。评价、排序并不是评价工作的唯一目的，应在此基础上进一步做一些综合分析工作，从综合分析的结果中得出一些对宏观指导有益的意见，供决策者参考。

撰写评价报告。在撰写评价报告时，要围绕评价目标组织评价结果，要中立地提出数据和依据、论据和逻辑推理，从而支持观点，这样的评价报告才是科学可信、有说服力的。此外，报告中要尽可能提供可视化的图表、资料，避免使用过于专业的技术语言，要提出清晰的、具有可操作性的建议。

对评价结果及相关过程进行总结。评价结果利用一般表现在两方面：一是为科学管理与决策服务；二是相关资料数据信息归档，以备日后参考。

二 指标体系

评价指标就是评价的标准和尺度，是衡量、比较事物的基本依据，指标体系则是评价指标的集合。同时，评价指标体系也是一个信息系统，是反映评价对象全貌的信息集合。每一项评价都需要利用多种指标，并且需要构建一个层次分明、互相联系并相互补充的指标体系。评价指标和指标体系是联系评价人员和评价对象的纽带，也是联系评价方法与评价对象的桥梁[1]。

由于指标体系构建的复杂性、各国科研活动体系以及文化背景的差异，目前各国在科学评价指标体系的构建上还没有形成标准化的、内在一致的规则，因而指标体系的结构、构建方法、构建程序、指标数量等也各有差异，无法统一。人们试图构建一个模块式或菜单式的评价指标体系，由单一的基本构件组成模块或子菜单，这样用户可以根据实际需要任意组合模块或菜单，形成需要的评价指标体系。但目前这种尝试并不成功，关键是缺乏有力的理论依据，而且现实中各评价对象的情况差距很大，更无法摆脱主观因素的作用。

本节列出了学术成果在产出、获取、传播、利用过程中可以进行国际影响力评价的指标（详见表6-6）。在对学术成果国际影响力进行评价时，由于评价对象不同，构建的指标体系也不同。构建指标体系时应基于原始数据，尊重客观事实，基于人文社科学科内部一致，并遵循定性与定量分析相结合的原则，选择合适的评价指标，并对指标权重进行赋权，从而得出评价结论。指标遴选与融合方法详见本章后续讨论。

---

[1] 邱均平、谭春辉、任全娥等：《人文社会科学评价理论与实践（上册）》，武汉大学出版社2012年版，第239页。

◇ 第六章 中国人文社科成果的国际影响力综合评价模型构建 ◇

表6-6　　人文社科国际影响力综合评价模型指标要素

层次	一级指标	二级指标维度	二级指标实例
产出—期望层	产出量	不同学术成果类型	期刊论文产出量、学术图书产出量、会议论文产出量
		不同数据来源平台	WoS 收录量、Scopus 收录量
	声誉度	不同学术成果类型	期刊影响因子、Q1—Q4 分区中的论文数量、图书出版社声誉度
获取—感知层	阅读指标	不同学术成果类型	YouTube 视频观看量、Slideshare 阅读量
		学术成果不同阶段	标题阅读量、PubMed 摘要阅读量、全文阅读量、图片阅读量
		不同数据来源平台	Mendeley 阅读量、CiteULike 阅读量、Springer 阅读量
	下载指标	不同学术成果类型	Dryad 数据集下载量、Google Scholar 图书下载量、WoS 论文下载量
		不同数据来源平台	WoS 下载量、CNKI 下载量、ArXiv 下载量、期刊网站下载量
传播—关注层	收藏指标	不同学术成果类型	Github 中的拷贝数、Mendeley 中添加个人图书馆数
		不同数据来源平台	ResearchGate 收藏量、Figshare 收藏量、Worldcat 目录数、Del. ic. ous 标签数

三　数据收集与处理

（一）数据来源

评价数据的质量直接影响了评价结果的可信度。在评价信息获取过程中，应避免从单一渠道或途径获取信息，而是通过多元化的多种途径和渠道收集信息，对不同来源的数据进行比较核实，找出可信度比较高的数据，尽量消除因为信息失真造成的评价误差。在多渠道、多角度采集数据的同时，根据评价任务的需要组合使用并互相验证，是采集科学评价数据的常用做法[①]。

评价数据主要包含两部分：一是学术成果的基础数据信息，如标题、

---

① 邱均平、谭春辉、任全娥等：《人文社会科学评价理论与实践（上册）》，武汉大学出版社2012年版，第252页。

作者、发表时间、被引频次、DOI 等；二是学术成果国际影响力评价数据。两部分数据可以通过学术成果的 DOI 标识进行匹配。期刊论文、学术图书和会议论文是当前学术成果主要的表达呈现形式，在长期的发展进程中，这 3 种形态的学术成果出版发表体系完善，传播利用广泛。本节将主要针对这 3 种类型成果的评价数据来源进行阐述。

学术成果的基本题录信息可以从国际数据库 Web of Science 获取。Web of Science 核心合集是世界领先的引文数据库，其中包含来自全球最有影响力的期刊（包括开放访问的期刊）以及会议记录文献和书籍的论文记录。

人文社科期刊论文基本信息可以从社会科学引文索引库（Social Sciences Citation Index，SSCI）与艺术与人文科学引文索引库（Arts & Humanities Citation Index，A&HCI）中获取，合集中覆盖的文献最早可以追溯到1900年。该合集中期刊选择标准包括出版标准（时效性、国际编辑惯例、英文文献编目信息、同行评议过程）、编辑内容、国际多样性和引文分析，保证了收录期刊是专注学术前沿，且具有较高的学术价值与影响力。

人文社科学术图书基本信息可从 Book Citation Index-Social Sciences & Humanities（BKCI-SSH）中获取。BKCI 迄今收录了自 2005 年以来在世界上有影响力的重要图书（包括丛书），当前已经收录 6 万册以上的学术书籍，每年还会增加 1 万册新书，其中人文社科类学术图书占比达到 61%，合集中数据记录含有完整的施引与被引信息，引用信息来源于期刊、图书与会议录。

人文社科会议论文基本信息可从会议录引文索引—人文与社会科学版（Conference Proceedings Citation Index-Social Science & Humanities，CPCI-SSH）中获取，合集中收录了 1990 年至今的人文社科学术会议录，会议录的主要来源是发表在期刊上的会议文献和发表在书籍上的会议文献。学术会议是学术交流的重要方式，以书籍形式发表的会议记录是主要形式，但对于发展迅速的学科领域，以期刊形式出版的会议记录加快了知识的流动速度。以书籍形式出版的会议记录由科睿唯安的出版关系部与学术出版机构保持联系获取学术会议召开的信息，同时他们也会关注会议通知和期刊文献。以期刊形式出版的会议记录是由 Web of Science 收录的 8900 多种期刊中精选出来的。作为索引过程的一个组成部分，期刊中的每篇论文都按文献类型分类。如果 1 篇论文实际上是在会议上交流的，那么它就会按会议文献编码，并自动以完整的会议文献形式被 Proceedings 收录。此外，Scopus 数据库由于收录多种会议论文，且收录数量很大，成为学术界最广泛使用的会议论文数据库。

学术成果国际影响力评价以计量指标为主，数据来源很广，包括专业数据库（WoS、Scopus、EBSCO、WorldCat、PLoS 等），在线文献管理工具（Mendeley、CiteULike 等），同行评议网站（F1000 等），社交网站，包括学术社交网站（Google +、ResearchGate、其他学术 Blog 等）、职业社交网站（LinkedIn 等）、多媒体社交网站（YouTube、Slideshare、Vimeo、Delicious 等）、综合社交网站（Facebook、Twitter、Reddit、微博等），其他数据来源（百科类、主流新闻媒体、政策文件、机构知识库）。数据源大部分是开源的，但采集过程中可能遇到网站数据不可获取、计算机难以识别源数据等困难，不同特征的数据源需要灵活应用采集方法，产出指标的数据可以从 WoS 等专业数据库中获取。其中，Altmetrics 指标数据可从 PLoS ALM、Altmetric LLP、Impactstory 和 Plum Analytics 4 家主流 Altmetrics 数据商处获取。

（二）数据获取方法

评价数据的获取方式大致可分为 3 种：手工浏览获取、API 获取和网络爬虫提取。根据评价目标的不同，评价人员可以选取合适的、符合成本的方式获取评价数据。当评价对象规模较小时，可以通过手工浏览获取，即通过最基本检索、浏览和下载行为人工获取数据，手工浏览方式耗费的人工成本、时间成本大，不适合基于大数据的科学评价。面对大规模范围的评价，显然需要快速有效地从多个渠道获取大规模的数据，此时可采用 API 获取和网络爬虫提取，此类获取方式快速便捷。随着大数据时代的到来，许多网络平台都开放了自己的 API 服务，开发者们在遵守相关的使用和隐私政策前提下，可以调用 API 访问和导出大量数据。而对于没有开放 API 的平台，则可以通过网络爬虫技术来抓取所需的数据，相比 API 其对计算机技术的要求更进一步[1]。

---

[1] 杨思洛等：《替代计量学：理论、方法与应用》，科学出版社 2019 年版，第 96 页。

(三) 数据处理方法

收集的原始评价数据往往杂乱无章，需要经过选择、组织整理和评价，将其转化为便于利用的形式表达和存储起来，这一过程就是数据信息的处理。数据信息的处理过程就是数据信息的组织过程，目的是通过整理使数据信息从无序变为有序，以便于后续分析，数据信息处理方法主要有以下 3 个层次。

第一层，数据信息鉴别、筛选或选择的方法。根据一定的需要、标准和方法，对搜集来的评价信息做进一步的鉴别、筛选或选择，根据数据的适用性，保留有用信息，剔除无用信息，便于进一步的整理、序化。

第二层，数据信息整理、序化的方法。整理的目的是序化，整理和序化的目的又在于加工，如此数据才能便于利用。整理包括形式整理和内容整理两方面。形式整理指按照数据载体、数据信息使用方向和内容线索或部分要点等对评价信息进行分类；内容整理是在形式整理的基础上进一步深化，从数据信息内容的角度对评价信息进行再处理，包括信息内容的理解与分析、揭示和内容细分归类 3 个阶段。序化是通过一定的标准体系或框架对评价信息进行有序化处理，形成一个完整的序化体系（如分类体系、图表框架示意等）。

第三层，数据信息加工的方法。加工方法是对数据信息进行深层次处理的方法，主要有数据信息分析（如价值评价和内容分析等）、揭示（如编制各种检索工具书）、存储（如编制数据库、文档和信息管理系统等）、检索、显示（如可视化处理）、转换（如汇总、计算、测度、预测等）等一系列方法。

3 个层次的方法相互联系，形成一个系统的数据处理方法体系，由低级向高级对数据信息进行分层处理，使评价信息转化成适合于科学评价利用的形式[①]。

四 评价指标遴选与赋权

评价数据的获取并不难，但如何清晰合理地解释指标内涵则非易事，单一对象的评价指标有多样性，单一指标针对的评价对象也具有

---

① 杨思洛等：《替代计量学：理论、方法与应用》，科学出版社 2019 年版，第 190 页。

多样性①。本章构建的指标体系中大部分指标属于 Altmetrics 指标，若随意设计指标评价体系及其权重将导致评价结果的严重偏差。在收集了繁杂的评价数据之后，如何利用这些指标进行学术成果国际影响力评价？评价时遴选哪些指标，怎样对这些指标进行聚合并对各指标权重赋值，才能达到最好的评价效果？在实际应用中，我们是否需要且有可能将 Altmetrics 指标统一为 1 个指标，或者又该选取和忽略哪些指标？评价体系中，根据学术成果评价工作的不同评价目标、评价对象对评价指标进行遴选、集成、赋权，对于评价工作的展开起着不容小觑的作用。

（一）指标遴选方法

学术工作的影响力是多样的，没有哪个单一指标或者一组特定指标能够充分捕捉其多样性，文献计量等评估方法也存在局限性。因此，在人文与社会科学领域可以采用不同的形式对影响力进行评估，使用多样、灵活的评估指标，并且随着知识和实践的发展演变而不断改善这些指标，构建合理的指标体系，从而综合、全面地评估学术成果影响力。

指标遴选时应遵循以下原则：（1）指标的有效性。传统计量指标对学术成果影响力的解释已经明确，新型 Altmetrics 指标所映射的概念解释却非易事。有效的原始指标是聚合的基础，需要对具体指标的机理和概念进行透彻研究。（2）指标性质的严格区分。不同类型的评价实体需要聚合不同类型的指标。（3）分类评价。注意学科间的差距，人文学科如文学类学术成果对图书的利用更多，而社会科学如经济学论文对于期刊论文的利用更多。学科评价的细化还需要学者在研究过程中慢慢摸索，加以完善。（4）对聚合结果的合理解读。学术成果的内在质量和外在影响力评价有时并不完全匹配，Altmetrics 更偏向于揭示学术成果的社会影响力，而这并不能完全保证学术成果的质量。

指标的遴选是构建人文学术成果国际影响力综合评价模型中至关重要的一步。应根据评价目的、评价对象的不同选取最为合适的指标，并将指标进行组合以便更直观地比较成果综合影响力的不同。指标一定是服务于评价目标与评价对象的，可以从指标的覆盖率与指标之间的相关

---

① 余厚强、邱均平：《论替代计量学在图书馆文献服务中的应用》，《情报杂志》2014 年第 9 期。

性进行指标的筛选。

指标覆盖率，是指该指标在评价对象中非零值的比例，根据二八定律，低覆盖率指标可代表该指标不具备足够的可用性，不足以准确地定量测度该学术成果该指标维度的概念。相关系数是衡量指标之间关联性的系数，比较有代表性的如皮尔逊（Person）相关系数，系数的绝对值越大表明指标之间的相关性越强，如相关系数较低，则可能说明指标所反映的维度不同。

（二）指标聚合与赋权方法

Altmetrics 指标数据体量大，内部指标复杂细碎，解释时既要避免过度复杂化，也不可过于简单，随意设计 Altmetrics 指标和引文指标的权重将导致研究结果的严重偏差。在遴选了合适的评价指标后可以利用数学方法进行数据降维，提取综合因子。基于不同的目的，在加权时可赋予指标不同的权重。权重分配方法主要有客观赋权与主观赋权两种，前者主要是数学统计方法进行辅助，基于原始数据集利用数学方法分配权重，但数据源本身的波动性又给这一方法带来了挑战，各指标分配的权重不是固定唯一的；后者则主要是评价人员邀请评价领域专家，针对复杂的评价工作，对指标进行比较与赋值，依靠群体决策从而计算出权重，主要方法有德尔菲法、专家评价法、层次分析法（AHP）、模糊评价法等。

指标的客观聚合赋权方法包括主成分分析、因子分析法、前 SIS 法、灰色关联法、熵权法等。可以根据评价数据本身特征与评价的实际需求进行选择。在进行主成分分析与因子分析时，必须首先进行 KMO 检验与 Bartlett 检验。KMO 是对样本充分度进行检验的指标，一般要大于 0.5。俞立平等[1]利用《泰晤士报高等教育副刊》2007 年世界大学排名的数据，将这几种客观赋权法进行比较分析评价，采用首尾一致率比较各种评价方法结果的一致性程度，利用区分度评价各种评价方法结果的可靠性。结果发现这些赋权方法更加适用于宏观分级评价，即好、中、差的等级评价。对于微观严格排序的评价，最好采用同行评议与客观赋权评价相结合的方式。

---

[1] 俞立平、郑昆：《期刊评价中不同客观赋权法权重比较及其思考》，《现代情报》2021 年第 12 期。

◇◇　第六章　中国人文社科成果的国际影响力综合评价模型构建　◇◇

评价人员除了可以自行利用数学方法遴选、聚合指标，Altmetrics 数据集成平台也针对目标用户的需求，从不同类型的平台上进行原始数据的遴选、收集和过滤，构成统一指标提供给用户。当开展评价工作时，因学科、成果形式等之间的差异性，导致多个数据源各种琐碎的指标覆盖率不一，利用数学统计方法聚合的综合因子很难进行横向比较，可以利用权威平台对各项指标进行遴选集成，得到综合指标。

Altmetric 公司推出的 Altmetric Attention Score 是一个收集学术成果影响力并自动计算并加权的综合分数，如图 6 – 10 所示。Altmetric 公司为每个指标设置了默认权重值（如表 6 – 7 所示），比如，学术成果被新闻提及一次所积累的影响力远大于 Twitter 上一条推文所产生的影响力，所以新闻报道的权重值是 8，而 Twitter 的权重值仅为 1，避免了 2 个指标同等权重对整体影响力评价所带来的偏颇。在 Twitter 推文的转推上，Altmetric 公司定下了 3 条原则。（1）传达：基于转推者的关注者数推测这条推文的可见人员数量。（2）频率：用户多久转推一次学术成果。（3）偏狭：此用户/账号是否经常大量转发某一领域的学术成果，是否存在推广的意图。如果监测到某 Twitter 用户转推异常数量的推文，则会被定义为"偏狭"。一般地，一条推文的再次转推计入 0.85，而一个具有较大影响力的再推者所贡献的权重会大于 0.85，可能会贡献 1.1，然后将其四舍五入到 2。Altmetric Attention Score 并非涵盖了所有的 Altmetrics 指标，如果某些数据源难以追踪，那么相应的指标不会被计入，比如 Mendeley 和 CiteULike 读者数。指标聚合的结果以彩色甜甜圈样式表示，反映学术成果的整体社会关注度，不同的颜色代表指标数据不同的来源。

The Colors of the Donut
- Policy documents
- News
- Blogs
- Twitter
- Post-publication peer-reviews
- Facebook
- Sina Weibo
- Syllabi
- Wikipedia
- Google+
- LinkedIn
- Reddit
- Research highlight platform
- Q&A(Stack Overflow)
- Youtube
- Pinterest
- Patents

11646

图 6 – 10　Altmetric Attention Score 展示示例

表6-7　Altmetric Attention Score 中各指标权重

指标	权重
新闻	8
博客	5
政策文件	3
专利	3
维基百科	3
推特（推文和转推）	1
同行评议（Publons、Pubpeer）	1
微博（2015年以来无法追踪，但保留了历史数据）	1
Google+（2019年以来无法追踪，但保留了历史数据）	1
F1000	1
Syllabi（Open Syllabus）	1
LinkedIn（2014年以来无法追踪，但保留了历史数据）	0.5
Facebook（仅为竞选的公共页面列表）	0.25
Reddit	0.25
Pinterest（2013年以来无法追踪，但保留了历史数据）	0.25
Q&A（堆栈溢出）	0.25
YouTube	0.25
Mendeley readers 数量	0
Dimensions 与 Web of Science 引文	0

第四节　人文社科成果国际影响力综合评价模型应用
——以心理学期刊论文为例

基于前文所构建的人文社科成果国际影响力评价模型，以2013—2017年中国机构、学者发表的心理学期刊论文为评价对象，通过指标的覆盖率与指标间相关性为依据进行各项评价指标的遴选后，利用主成分分析法提取综合因子，并为综合指标赋权，对其从产出、获取、传播到利用过程中产生的国际影响力进行评价实证,以验证模型的有效性。此外,对心理学期刊论文国际发表量前 10 的国家进行各维度对比,对我国的学科国际影响力地位做出评价,并对如何提升我国心理学的国际影响力提出建议。

一 数据获取与处理

（一）数据收集

以发表年份和文献类型构建检索式"PY = 2013 – 2017 AND DT = (PROCEEDINGS PAPER OR ARTICLE OR REVIEW)"在 WoS 的 SSCI 数据库检索文献并下载,并通过 API 从 Altmetric. com 平台获取期刊论文对应的 Altmetrics 指标。数据检索时间为 2019 年 1 月,下载数据的时间跨度为 2013—2017 年。

本实证数据源包含两部分内容:一部分是期刊论文的基础题录数据。基于数据的高质量、可靠性和权威性考虑选取了 WoS 数据库,从 WoS 核心集中选取 SSCI 数据库收录的心理学期刊论文。另一部分则是期刊论文于在线社交网络交互行为中所产生的 Altmetrics 指标数据。Altmetric. com（http：//www. Altmetric. com/）于 2016 年开始大量追踪期刊论文的 Altmetrics 指标,是目前学术界较为认同且使用较为普遍的 Altmetrics 数据获取平台,以此为 Altmetrics 指标获取的数据源,这部分指标数据必须和文献基础数据源具有某一文献特征属性,使 2 个数据源之间建立链接,这一特征属性可以选择使用文章标题、作者姓名、作者 ORCID、URL、ISBN 和出版物名称、DOI 等类别进行搜索。但是,当检查 WoS 的基础数据样本时,我们发现作者的 ORCID 覆盖率极低,使用书名或作者姓名进行元搜索会导致错误,在 Altmetric. com 中使用 DOI 搜索是最精确和最快的方法。在综合文献数据量、获取效率和可操作性等多种因素后,选择利用 Altmetric. com 平台提供的应用程序接口（API）方式,通过向平台数据库发送 DOI 返回对应文献的 Altmetrics 指标数据。

（二）数据处理

通过文献 DOI 对 WoS 和 Altmetrics 数据进行整合,舍弃重复数据条目和乱码条目后,对文献的国别进行归属。通常情况下,第一作者对于学术成果的贡献最多,且由于学者存在跨国流动性,在咨询了多位领域专家的意见之后，本书最终选择将文献索引信息中，作者当时所在机构所属国家，作为判断学术成果所属国别的依据。经过国别处理，将无法确认国别的记录作为无效数据舍弃，保留有效期刊论文索引数据156568条。各年度和各国的最终分析数据量如表6-8、表6-9所示。

表6-8　　　　　　　　　2013—2017年有效数据量

年份（年）	有效数据量（篇）
2013	24145
2014	30326
2015	33689
2016	34766
2017	33642

表6-9　　　　　　　　　前10位国家有效数据量

国家	有效数据量（篇）
美国	63115
英国	13252
加拿大	8984
澳大利亚	8879
德国	8517
荷兰	6776
中国	4394
意大利	3854
西班牙	3544
法国	2751

二　评价过程

评价过程主要包括指标初选、指标遴选、综合因子提取与分配权重4个步骤。

第六章 中国人文社科成果的国际影响力综合评价模型构建

（一）指标初选

学术成果的影响力产生需要一段周期，本书将学术成果产出发表的时间范围限定为 2013—2017 年，部分 Altmetrics 指标在此间停止更新，为保证指标的一致性，初步选取指标如表 6 - 10 所示。其中产出量的对象是各国心理学期刊论文的年国际产出量，而其他指标面向的是每一篇期刊论文，维度不同，因此在进行指标遴选时，除产出量外，面向期刊论文的各项指标进行遴选。

指标聚合汇总时，为避免数学统计方法带来的绝对化，同时选取 Altmetric 关注度得分（Altmetric Attention Score，以下简称为 AAs）进行辅助，AAs 是一项研究成果获得的所有关注度的加权得分，通过 Altmetric.com 网站算法自动得出，但细致的加权指标等没有完全释放出来。

表 6 - 10　　　　　　初步选取的指标及指标内涵

层次	一级指标	二级指标	指标内涵
产出—期望层	产出	年平均期刊论文产出量	各国年学术成果产出数量
	声誉度	期刊影响因子（2017）	一篇文献所发表期刊的影响因子为发表在此前两年所有论文的总被引次数与期刊前两年论文总数的比值
获取—感知层	阅读	Readers	对该出版物的阅读量总和
传播—关注层	分享	FBwalls	在 Facebook 主页上针对该出版物的分享数量
		Rdt	在 Reddit 网站上关于该出版物的帖子数量
利用—应用层	提及	Msm	提及该出版物的新闻来源的数量
		Posts	"Post" 是指任何链接到一个或多个研究对象（即一个帖子是一个提及或一组提及）的网上文档。这个字段包含了不同的帖子的数量，其中包括一个或多个提及的研究对象
		Videos	在 YouTube or Vimeo 上关于该出版物的频道数量
		Tweeters	推特了该出版物的 Twitter 账号数量
	引文	WoS 引文量	Web of Science 核心合集的被引频次计数

（二）指标遴选

指标的覆盖率能够直观地揭示哪一类指标对心理学期刊论文适用，对指标覆盖较低的指标进行剔除。对心理学领域156568篇文献的计量指标覆盖率进行统计，数据初期下载量过大，导致论文对应期刊名部分与WoS提供的影响因子对照表存在出入，匹配到的影响因子指标覆盖率仅为66.02%。根据表6-11可以发现，文献100%有网上文档链接，99.86%的文献有阅读获取的读者，91.46%的文献被Twitter提及，89.87%的文献在WoS中有被引用，28.96%的文献在Facebook上出现，12.88%的文献被新闻提及。因Rdt与Videos指标覆盖率过低，将此2项指标予以剔除。由此，初步筛出期刊影响因子、Readers、FBwalls、Msm、Posts、Tweeters、WoS引文量7项计量指标。

表6-11　　　　　　　　心理学期刊论文各指标覆盖率

指标	最大	最小	均值	标准差	覆盖率（%）
期刊影响因子（2017）	30	0	2.87	2.23	66.02
Readers	12999	0	49.70	74.58	99.86
FBwalls	233	0	0.55	2.36	28.96
Rdt	17	0	0.03	0.25	1.86
Msm	257	0	0.77	4.64	12.88
Posts	11039	1	10.86	59.92	100.00
Videos	8	0	0.01	0.13	0.85
Tweeters	10404	0	7.56	46.02	91.46
WoS引文量	1908	0	10.12	19.33	89.87

指标初步遴选后，利用SPSS软件对筛选后的7个指标进行了指标间相关性分析，通过衡量各指标与引文量之间的相关程度，选取相关程度相对较高的指标来构建指标评价模型。各指标之间的皮尔逊相关系数如表6-12所示，可见Readers与被引量之间的相关系数高达0.539，两者之间的相关程度高，Tweeters与被引量之间的相关系数为0.083，相对较小，这也恰好说明了学术影响力高的文献并不一定有很高的社会讨论度，

也不一定拥有高社会影响力。各指标与被引量之间均存在显著的相关关系，在本研究中仍然保留这7项指标，以构建评价心理学期刊论文国际影响力的评价模型。

表6-12　　　　　　　　　各指标间皮尔逊相关系数

	Citation	FBwalls	Msm	posts	tweeters	readers	IF
Citation	1						
FBwalls	0.118**	1					
Msm	0.121**	0.295**	1				
Posts	0.098**	0.343**	0.314**	1			
Tweeters	0.083**	0.285**	0.220**	0.886**	1		
Readers	0.539**	0.118**	0.104**	0.110**	0.101**	1	
IF	0.350**	0.136**	0.136**	0.112**	0.102**	0.266**	1

注：**相关性在0.01层上显著（双尾）。

（三）综合因子提取

在本实证研究中，采用的心理学期刊论文作为样本进行实证分析，样本相对完整，具有代表性，且指标之间存在一定相关关系，所以本书采取了主成分分析法来进行综合因子的提取，主成分分析法能够将原始指标进行线性组合，用较少的独立性指标来替代较多的相关性指标，实现降维。

因子分析的目的是使用尽量少的综合因子取代繁杂的指标，为了保证提取因子的有效性，首先要保证指标之间存在着相关关系，以尽量避免在因子分析过程中损失过多信息，破坏了评价的全面性与完整性。利用指标覆盖率与指标之间相关性的分析，针对心理学期刊论文保留了7个评价指标，分别是期刊影响因子、Readers、FBwalls、Msm、Posts、Tweeters、WoS引文量，如表6-11中各指标之间的相关系数矩阵可以发现，各项指标之间存在一定的相关性，可以对这7个指标进行因子分析。

首先利用KMO-巴特利特球度检验来验证候选数据是否适合采用因子分析，如表6-13所示，KMO值为0.601。当KMO值越接近1时指标之间的相关性越强，越能提取出综合因子将指标进行聚合；反之，越接近0则越不适合进行因子分析。Bartlett的球形检定显著性为0.000，达到显著水平，因此表明了数据中各项指标之间存在着共同的因子，心理学期刊论文的7项指标可以进行主成分分析。

表6-13　　　　　　　　　　KMO和Bartlett的检验

Kaiser-Meyer-Olkin测量取样适当性		0.601
Bartlett的球形检定	近似卡方	213 759.664
	df	21
	显著性	0.000

主成分分析是为了找出各指标之中起主要作用的变量。各指标解释的总方差如表6-14所示，提取主成分的前提是公因子的特征值大于1，且总方差尽可能的大，提取公因子的累积方差达到了56.7%，说明这两个公因子可以解释56.7%的信息。通过表6-15模型成分矩阵可以看出FBwalls、Msm、Posts、Tweeters与主成分1密切相关，主要测度指标是社交平台中传播、提及等指标，测度的是社会影响力，命名为社会影响因子；而Citation、Readers、IF与主成分2密切相关，主要是传统引文指标与阅读型指标，与学术影响力的测度息息相关，命名为学术影响因子。

表6-14　　　　　　　　　各指标解释的总方差

组件	起始特征值			撷取平方和载入		
	总计	变异的%	累加%	总计	变异的%	累加%
1	2.350	33.566	33.566	2.350	33.566	33.566
2	1.617	23.094	56.661	1.617	23.094	56.661
3	0.970	13.852	70.513			
4	0.756	10.797	81.310			
5	0.720	10.282	91.593			
6	0.447	6.392	97.985			
7	0.141	2.015	100.000			

表 6-15　　　　　　　　　　指标模型成分矩阵

指标	成分	
	1	2
Citation	0.467	0.701
FBwalls	0.535	-0.128
Msm	0.495	-0.07
Posts	0.796	-0.465
Tweeters	0.761	-0.469
Readers	0.445	0.662
IF	0.436	0.479

（四）分配权重

使用 SPSS 进行回归分析，计算出各指标的得分系数如表 6-16 所示。用 F 来代表期刊论文国际影响力综合得分，F1 代表社会影响因子，F2 代表学术影响因子，各主成分因子的得分公式如下所示。

表 6-16　　　　　　　　　　各指标得分系数

指标	成分	
	1	2
Citation	-0.042	0.475
FBwalls	0.237	0.043
Msm	0.204	0.067
Posts	0.437	-0.083
Tweeters	0.425	-0.092
Readers	-0.038	0.450
IF	0.015	0.349

$$F1 = -0.042C + 0.237F + 0.204M + 0.437P + 0.425T - 0.038R + 0.015I$$

$$F2 = 0.475C + 0.043F + 0.067M - 0.083P - 0.092T + 0.45R +$$

0.349I

用各主成分因子的方差贡献率比累计贡献率，即可得到各主成分因子占 F 值的比重，从表 6-16 可以得出 F = 0.5924 F1 + 0.4076 F2。

三 评价结果

表 6-17 展现了心理学期刊论文国际产量前 10 的国家，从产量上看，中国处于前列，但是与美、英等第 1 梯队国家仍有很大差距；从年均增长率来看，中国发表在国际核心期刊的心理学论文增速很快，有强劲的发展趋势与空间。

表 6-17　　　　　　心理学期刊论文产量前 10 国家

国家	2013 年	2014 年	2015 年	2016 年	2017 年	总计	年均产量	年均增长率（%）
美国	10718	12715	13354	13297	13042	63126	12625.2	4.0
英国	2035	2554	2886	3035	2751	13261	2652.2	6.2
加拿大	1460	1713	1942	1984	1888	8987	1797.4	5.3
澳大利亚	1289	1788	1956	1990	1865	8888	1777.6	7.7
德国	1267	1642	1789	1877	1949	8524	1704.8	9.0
荷兰	1047	1362	1487	1468	1413	6777	1355.4	6.2
中国	387	633	926	1149	1301	4396	879.2	27.4
意大利	488	739	902	873	852	3854	770.8	11.8
西班牙	459	653	767	812	854	3545	709	13.2
法国	380	547	611	620	594	2752	550.4	9.3

图 6-11 展示了产量前 10 国家心理学期刊论文在影响因子 Q1—Q4 分区的占比，可以发现前 10 国家发表的心理学期刊论文所在期刊多集中在 Q1、Q2 区，在其他区发表论文较少。从 Q1 论文量占比而言，中国的 Q1 论文占比较美国、荷兰、英国等国家相对较小，仍需增强在国际顶尖期刊中的竞争力。

通过对心理学期刊论文国际影响力指标的遴选聚合与赋权，根据权重系数，对每篇心理学期刊论文进行评分。以学术成果的 F 值降序进行排序，按照比例，筛选出分值前 1%、5%、10%、15%、20% 的学术成

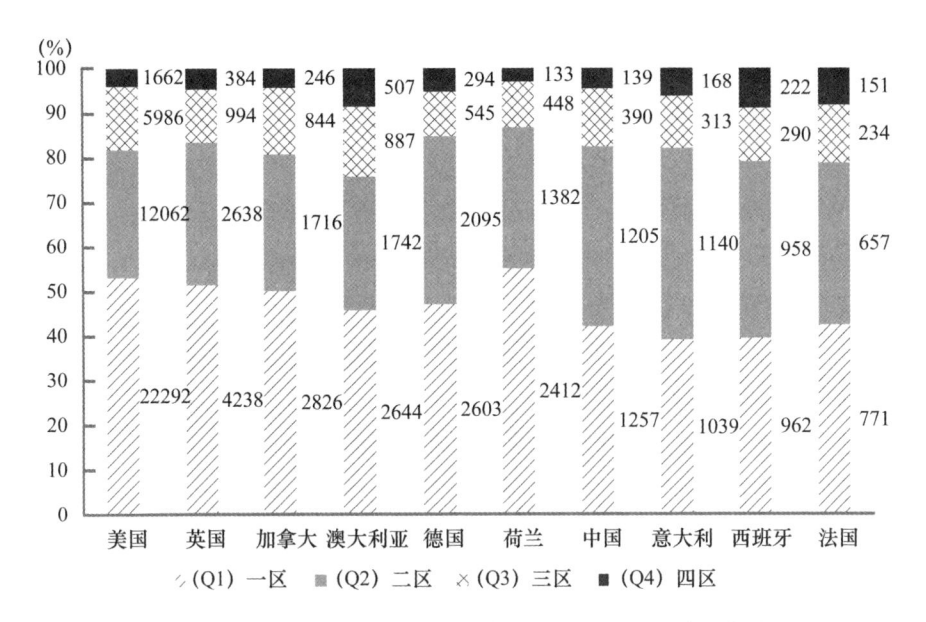

第六章 中国人文社科成果的国际影响力综合评价模型构建

图6-11 心理学期刊论文产量前10国家Q1—Q4分区占比

果。共144个国家发表的心理学期刊论文进入了前20%，各国发表量占比如图6-12所示，其中美国占比最高，达40%；英国、加拿大、澳大利亚随后，为第2梯队；荷兰、中国、意大利、西班牙、法国可被视为第3梯队，前3梯队占据了75%。

比较产量前10国家的高影响力论文在上述F值得分区间的占比，结果如表6-18所示。从影响力前20%占比来看，美、英占据了大部分高影响力论文，美国占比50%，英国其次，占比10%左右。加拿大、澳大利亚、德国、荷兰等占比5%左右。中国、意大利、西班牙、法国占比1%左右。但是中国没有论文能进入影响力前1%排名，即该时段我国没有产出国际上最具影响力的心理学期刊论文。

从数量上看，在影响力排名前20%的论文中，美国高影响力论文数量是中国的40倍。同时，美国该时段的心理学期刊论文产出中，有4%的论文（3116篇）进入国际影响力得分前20%行列；而中国仅有1.7%的论文（75篇）进入该行列。说明中国发表在国际期刊上的心理学论文，仅有很少一部分为高国际影响力论文。除了要提高发表数量，更应注重提升影响力，让论文发挥出更大的价值。

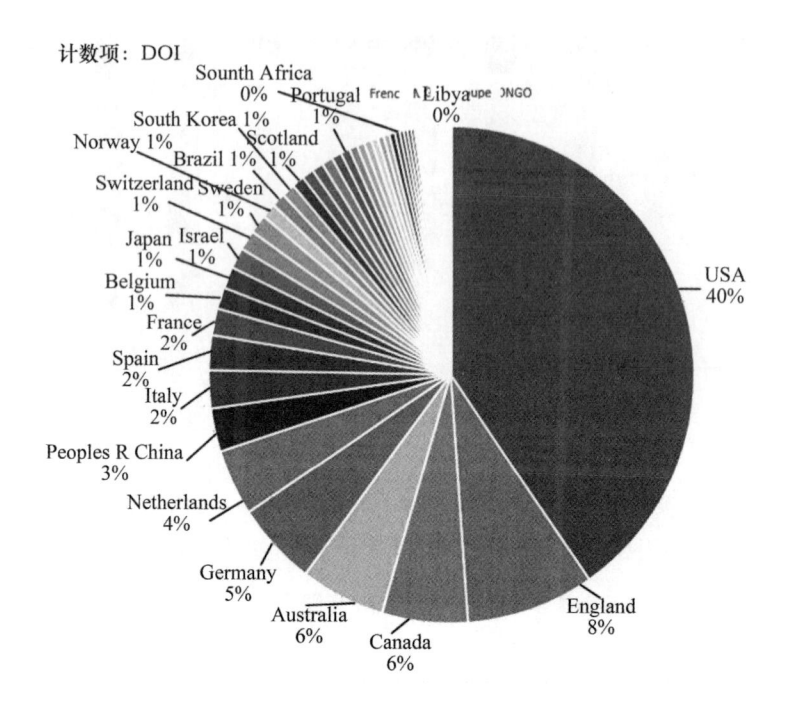

图 6-12　F 值前 20% 心理学期刊论文各国占比

表 6-18　心理学期刊论文前 10 国家国际影响力分析

	国别	美国	英国	加拿大	澳大利亚	德国	荷兰	中国	意大利	西班牙	法国
前 1%	论文数量	155	39	13	13	13	16	0	1	0	3
	占该国产出量比（%）	0.25	0.29	0.14	0.15	0.15	0.24	0.00	0.03	0.00	0.11
	占高影响力论文比	50.00%	12.58%	4.19%	4.19%	4.19%	5.16%	0.00%	0.32%	0.00%	0.97%
前 5%	论文数量	807	205	67	54	67	82	11	9	12	17
	占该国产出量比	1.28%	1.55%	0.75%	0.61%	0.79%	1.21%	0.25%	0.23%	0.34%	0.62%
	占高影响力论文比	52.06%	13.23%	4.32%	3.48%	4.32%	5.29%	0.71%	0.58%	0.77%	1.10%

第六章 中国人文社科成果的国际影响力综合评价模型构建

续表

	国别	美国	英国	加拿大	澳大利亚	德国	荷兰	中国	意大利	西班牙	法国
前10%	论文数量	1584	397	137	119	137	150	27	27	30	33
	占该国产出量比	2.51%	2.99%	1.52%	1.34%	1.61%	2.21%	0.61%	0.70%	0.85%	1.20%
	占高影响力论文比	51.10%	12.81%	4.42%	3.84%	4.42%	4.84%	0.87%	0.87%	0.97%	1.06%
前15%	论文数量	2847	724	263	227	263	274	69	53	57	61
	占该国产出量比	4.51%	5.46%	2.93%	2.55%	3.09%	4.04%	1.57%	1.38%	1.61%	2.22%
	占高影响力论文比	50.39%	12.81%	4.65%	4.02%	4.65%	4.85%	1.22%	0.94%	1.01%	1.08%
前20%	论文数量	3116	669	296	255	296	305	75	60	64	64
	占该国产出量比	4.94%	5.04%	3.29%	2.87%	3.47%	4.50%	1.71%	1.56%	1.81%	2.33%
	占高影响力论文比	50.26%	10.79%	4.77%	4.11%	4.77%	4.92%	1.21%	0.97%	1.03%	1.03%

根据评价结果，我国发表在世界核心期刊上的人文社科论文日益增加，产出量处于世界前列，成果利用达到中上水平，但成果的传播、获取较欧美仍有较大差距，影响力不足。在英国等逐渐将学术影响力之外的评价指标融入学术成果评价的大背景下，关注学术成果在新学术传播环境下的影响力情况是大势所趋。总体来看，我国人文社科成果的国际影响力较低。那么如何提升我国学术成果影响力呢？诚然，语言是提升影响力的第一大障碍，无论是产出、传播还是利用，英语为母语的研究人员都会更加游刃有余，但事实证明这并没有影响到我国学者的成果产出速度，学术成果的产量已经不是限制影响力的主要因素，如何让更多的受众接触到学术成果才是重中之重。

科研人员要提升宣传自己成果的意识。学术成果不是研究的终点，如何让成果发光发亮需要科研人员的努力。大数据环境下，学术交流的方式、途径、时效性已经发生了巨大变化。成果发表后可以制作视频、图片等物料对主要内容进行生动的讲解，以吸引更多的受众。各社交平台作为巨大流量池,给推广学术成果提供了无限可能,学者可以将学术成果汇总在个人博客或其他社交网站上,引导潜在用户关注,以便新成果发表时可以有针对性地快速推荐给这些潜在用户。科研人员要善于利用各样的社交媒体进行学术沟通与交流,在提升自己影响力的同时,有助于引导学术分享的良性氛围,让社交媒体平台上有更多学术探讨的声音。

出版商、作者可以将学术成果的亮点制作成精美短小的讲解视频,发布到 YouTube 等视频网站上;使用通用语言发布到 Twitter、Facebook、微博等社交平台上;还可以联络媒体进行专门的报道。让用户更容易检索到的同时,降低理解成本,扩大成果影响力范围。

四 评价模型实证表现

通过对心理学期刊论文国际影响力指标的遴选聚合与赋权,根据权重系数,对每篇心理学期刊论文进行评分。按照论文的 F 值排名,选取排名靠前的前 20% 文献,对这些文献的 F 值、被引量、AAs 指标进行对比。在选取的论文中,以论文平均被引量与平均 AAs 值作为高被引文献与高 AAs 分值文献的临界指标,论文平均被引量为 10.12,AAs 平均值为 12.94。表 6-19 显示了高被引论文与高 AAs 分值论文的占比。由表 6-19 可以看出,高 F 值论文基本与高被引论文与高 AAs 分值论文相对应,高 F 值论文基本都是高被引论文与高 AAs 分值论文,说明了指标模型有效地将传统引文指标与 Altmetrics 指标相结合,能够较为全面地分析人文社科成果在学术成果利用过程中产生的学术影响力与社会影响力,模型有效,结果是可靠、实用的。

表6-19　　　　高被引论文与高 AAs 分值论文的占比统计

论文量	前1%	前5%	前10%	前15%	前20%
被引量大于10.12次的论文量	242	1268	2519	4568	4981
高被引论文占比	78%	82%	81%	81%	80%
AAs 大于12.94 的论文量	294	1400	2617	4276	4613
高 AAs 分值论文占比	95%	90%	84%	76%	74%

第五节　本章小结

学术成果影响力具有复杂性，其形成过程和机理难以被清晰地认识，它的抽象性使得难以对其进行综合测度，生命周期理论为学术成果影响力测度提供了新的契机。本章从学术成果生命周期视角，基于影响力产生的过程进行分析，体系化构建中国人文社科成果国际影响力综合评价模型。

从学术成果与学术成果国际影响力的生命周期与演化过程出发，将学术成果影响力的产生看成是动态累积的，探讨了对学术成果的产出、获取、传播、利用过程中产生的影响力进行评价的评价模型与方法，构建了综合评价 OACU 理论模型和 PIDM 应用模型，包括阐述模型的理论框架、要素体系，在传统计量指标中融入 Altmetrics 指标构建了评价指标体系模型。利用 Web of Science 与 Altmetric.com 中 2013—2017 年全球心理学期刊论文数据对模型进行了验证。

（1）构建 OACU 理论模型。人文社科成果国际影响力的产生路径由产出、获取、传播、利用 4 个节点构成，各阶段之间相互存在着影响力的转化。从成果的产出发表开始，学术成果受众群便能够接触学术成果，与学术成果产生交互，学术成果影响力伴之由 0 开始不断累积，主要分为学术影响力与社会影响力。按照学术成果国际影响力的产生路径构建评价理论模型，将影响力分为了 4 个层面，即期望层、感知层、关注层、应用层。

（2）构建 PIDM 应用模型。模型构建的最终目标是运用到评价工作实际中去。应用模型从评价流程、评价指标体系、数据的收集处理以及评价指标的遴选赋权出发，构建了多维度的评价应用模型。

（3）模型验证。利用 Web of Science 与 Altmetric.com 中 2013—2017 年全球心理学期刊论文约 16 万篇文献对模型进行了验证。通过指标覆盖率、指标相关性对指标进行遴选后，利用主成分分析法提取了评价模型的综合因子，最后利用回归法对各指标进行赋权，从而得到心理学期刊论文影响力指标 F 值。最后将 F 值与被引量、Altmetric Attention Score 进行对比，验证了所构建模型的有效性。但由于个别指标在数据获取时存在空缺值，模型对整体数据的累积方差没有达到最佳理想值，仍具有改进空间。

应用篇

第七章 中国人文社科成果的国际影响力综合评价实证

要建立科学权威、公开透明的哲学社会科学成果评价体系。
——中共中央总书记、国家主席、中央军委主席习近平[①]

科研水平是一个国家实力的展现，中国在科研领域投入了大量的人力、物力和财力，推动了学术成果的大幅增加。近年来，我国构建中国特色的哲学社会科学学科体系、学术体系、话语体系，重视人文社科研究的国际化，科研水平稳步提升，成果国际影响力也不断彰显。在此背景下，系统地把握中国人文社科的最新发展水平，全面综合评价我国人文社科成果的国际影响力，具有重要的现实意义。

本章阐述了综合评价的方法与数据；基于产出层、传播层、利用层构建了中国人文社科成果国际影响力实证评价体系；总体分析了中国人文社科成果的国际产出影响力、学术影响力和社会影响力；根据期刊论文、图书、会议论文三类主要成果，分别选择有代表性的学科领域，具体分析和展示我国人文社科成果国际影响力及其国际地位。

第一节 评价方法与数据

一 评价方法

（一）评价准则

根据人文社科成果评价需要，进行国别归属和学科分类的准则判断。

[①] 习近平：《在哲学社会科学工作座谈会上的讲话》，《党史文汇》2016年第6期。

◇◇ 应用篇 ◇◇

1. 文献的国别归属

确定学术成果的国别归属是实现我国人文社科成果影响力合理有效评价的基础。通常情况下，第一作者对于学术成果的贡献最多，非第一作者的合著作者的贡献度难以比较和衡量，这也是目前学界普遍认同的观点。而且，由于学者存在跨国流动性，在参考了相关文献，综合研判多位领域专家的意见之后，本书最终选择将成果的第一作者所属机构的所在国家作为判断学术成果所属国别的依据。

2. 学科分类依据

结合前人的一些研究和本书前期的部分研究成果，我们发现人文社科成果的评价表现出明显的学科差异性，为了更好地评价和展示人文社科的学术成果影响力，需要对成果数据进行分学科处理，并统一国内外学科分类的差异。对学术成果的学科划分目前没有十分理想的方法，我们采用成果的 Web of Science 学科分类（对应记录的 WC 字段数据），定位成果的学科属性，再映射定位到国内人文社科的学科分类。这样具有一定的误差，但是我们并不着重考察成果的微观学科分类，而是分析成果集合的整体学科情况，具有可行性，这也是目前主流的做法。

本书主要参考姚乐野等根据《中华人民共和国学科分类与代码国家标准（GB/T 13745—2009）》的分类处理方法[①]，结合研究数据的特征，在人文与社会科学类下的 19 个一级学科中，对马克思主义、军事学、民族学和体育学等学科不做单独分析；并根据中国人文社科研究习惯和传统，将图书馆学、情报与文献学简称为图书情报学；将心理学和管理学作为一级学科进行学科分析。综上，本章共对 16 个学科的国际学术影响力进行分析评价，包括人文与艺术科学学科 5 个：哲学、文学、艺术学、宗教学、语言学；社会科学学科 11 个：历史学、考古学、经济学、政治学、法学、社会学、新闻与传播学、图书情报学、教育学、管理学、心理学。并在姚乐野等著作附录中《我国学科门类、一级学科与 WoS 学科类别对应表》及正文学科分类方法内容基础上，进行了合理增删，形成了《中国人文社科学科与 WoS 学科分类映射表》（具体见附表Ⅱ）作为

[①] 姚乐野、王阿陶：《中国人文社会科学国际学术影响力发展报告 2011—2015》，中国社会科学出版社 2017 年版。

成果所属学科的分类依据。为保证学科间评价的公平性和合理性，跨学科类的成果会同时归入多个学科。

（二）评价指标权重

基于前面章节构建的评价理论模型和应用模型，我们采用最常用的层次分析法（Analytic Hierarchy Process，AHP）确定评价指标权重。层次分析法是指将与决策总是有关的元素分解成目标、准则、方案等层次，在此基础之上进行定性和定量分析的决策方法，是本书在构建评价模型和确定各评价指标权重时运用的主要方法。构建的层次模型见图7-1。

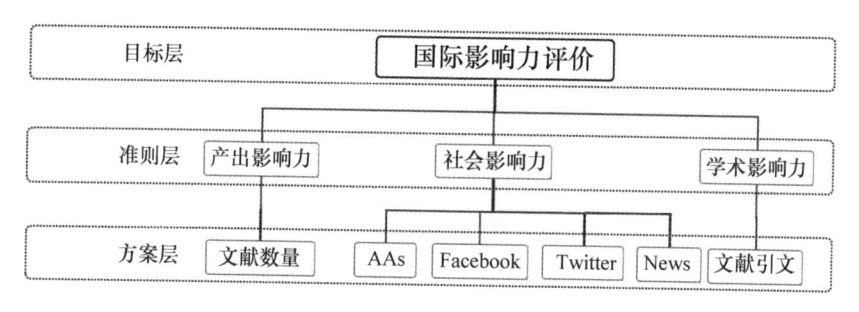

图7-1 国际影响力评价层次模型

在进行层次分析时使用了以下重要性标度表（见表7-1），结合本书前部分关于 Altmetrics 指标与引文相关性分析、主成分分析等结果，选取了 Altmetric Attention Score（AAs）、Facebook（FB）、Twitter（TW）和新闻报道指数（News，在后文中以 MSM 指代）作为评价社会影响力（S）的评价因素，将文献成果数量（P）作为产出影响力的评价因素，将引文（C）作为学术影响力的评价因素，那么国家 G 的 f 学科下成果的影响力 I_{Gf} 的计算如下：

$$I_{Gf} = W_P \cdot P_f + W_C \cdot C_f + W_{AAs} \cdot AAs_f + W_{FB} \cdot FB_f + W_{TW} \cdot TW_f + W_{MSM} \cdot MSM_f$$

其中，P_f、C_f、AAs_f、FB_f、TW_f、MSM_f 分别代表该国家的该学科 f 的成果在产出、引文和 Altmetric Attention Score、Facebook、Twitter、News 指标的均值，W_P、W_C、W_{AAs}、W_{FB}、W_{TW}、W_{MSM} 则分别代表利用层次分析法得到的各指标权重。

表 7-1　　　　　　　　　　重要性标度表

因素 i/因素 j	量化值
同等重要	1
稍微重要	3
较强重要	5
两相邻判断的中间值	2, 4

通过调查和讨论，听取了信息计量学和科技评价领域专家学者的意见后，确定了社会影响力对方案层的判断矩阵，并进行了单排序和一致性检验，见表 7-2。

表 7-2　　　　　　　社会影响力对于方案层判断矩阵

判断矩阵	AAs	Facebook	Twitter	News
AAs	1	5	3	2
Facebook	1/5	1	1/2	1/3
Twitter	1/3	2	1	1/2
新闻	1/2	3	2	1

一致性检验：$CI = \dfrac{\lambda \max - n}{n-1} = \dfrac{4.014519 - 4}{3} = 0.00484$，$CR = \dfrac{CI}{RI} = 0.00541$，一般，当一致性比率 CR < 0.1 时，认为不一致程度在容许的范围之内，有满意的一致性，通过一致性检验，可用其归一化特征向量作为权向量，否则要重新构造成比较矩阵并加以调整，所以该矩阵通过了一致性检验。

表 7-3 为成果影响力对于准则层的判断矩阵，并进行了单排序和一致性检验，如下：$CI = \dfrac{\lambda \max - n}{n-1} = \dfrac{3.018295 - 3}{2} = 0.009147$，$CR = \dfrac{CI}{RI} = 0.01776496$，通过了一致性检验。

第七章 中国人文社科成果的国际影响力综合评价实证

表 7-3 准则层判断矩阵

判断矩阵	产出	学术影响	社会影响
产出	1	1/3	1/4
学术影响	3	1	1/2
社会影响	4	2	1

结合方案层矩阵和准则层矩阵计算结果,最终得到了各指标的权重判断结果,见表 7-4。

表 7-4 权重判断结果

影响力评价	产出影响力 W_P	学术影响力 W_C	社会影响力			
			W_{AAs}	W_{FB}	W_{TW}	W_{MSM}
权重	0.121957	0.319618	0.269825	0.049263	0.087603	0.151734

(三)评价结构体系

学术成果的数量、质量和引用频次等早已成为客观评价学者、机构、国家的学科水平和地位的重要指标。本书前半部分构建了国际影响力产生机理模型和综合评价模型,以交互程度作为对学术成果国际影响力进行分层的逻辑依据,此划分出学术成果影响力表现的 4 种层次,即产出层、获取层、传播层、利用层,并且详细列举了各层次的具体指标及其内涵。综合评价实践是在此基础上,结合研究数据特征,本着定性与定量分析相结合的原则,将此模型中的获取层和传播层合并为传播层,从而把影响力评价模型简化为 3 层模型,即产出层、传播层和利用层:产出层以各个国家的期刊论文、会议论文和图书 3 种学术成果发表数量为核心评价指标,在 3 种成果发表数量位于世界前列的国家范围内,将中国与其他国家进行比较,探讨中国学术成果的影响力在产出层面的发展和不足;传播层以社交媒体上产生的、与 3 种学术成果有关的交互行为作为基础评价指标,其中核心指标是 Altmetric.com 平台提供的 Altmetric Attention Score(Altmetrics 综合指数,简称 AAs),辅以部分相对重要的细分指标,用来展现学术成果的社会影响力;利用层展现受众对学术成果的利用程度，成果的应用反映学术的发展轨迹，引文量指标是学术成果利用程度的重要评价指标，用以展现学术成果的学术影响力。

为了更好地实现对中国人文社科成果的国际影响力进行综合评价这一目标，将成果载体类型、学科差异等因素考虑进来，并通过国家间的比较最终落脚于中国的国际影响力评价与展示。综上，构建了中国人文社科成果国际影响力评价结构体系，见图7-2。

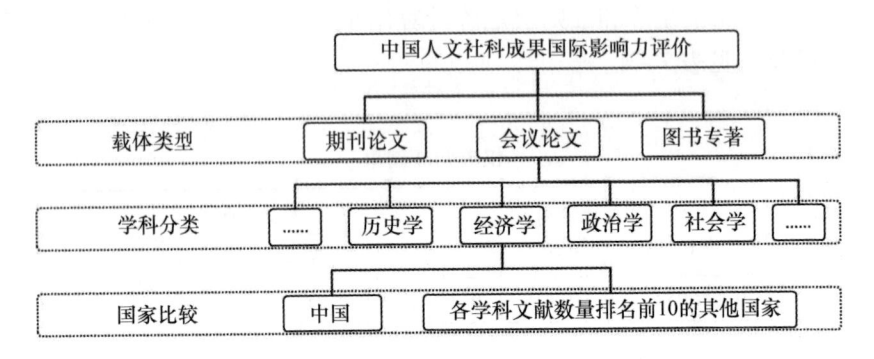

图7-2 中国人文社科成果国际影响力评价结构体系

二 评价数据

（一）数据来源

本章初始数据的检索和获取时间为2018年12月到2019年2月，下载数据的时间跨度为2013—2017年（共5年）。基础数据包含两部分内容：一是学术成果的题录数据；二是学术成果在社交网络传播过程中产生的Altmetrics数据。

其中，第一部分数据获取自Web of Science（以下称WoS），WoS是收录全世界学术信息的重要数据库，基于数据的高质量、可靠性和权威性考虑，本书的学术成果数据均来自该数据库。期刊论文、会议论文和图书是人文社科常见的3种成果类型，根据成果类型划分的需要，从WoS核心集中选取SSCI、A&HCI数据库作为人文社科期刊论文数据来源，选取CPCI-SSH作为人文社科会议论文数据来源，另外选取WoS中的BKCI-SSH作为人文社科图书数据来源。

利用检索式"PY = 2013 - 2017 AND DT = (ARTICLE OR PRO-

◇◇ 第七章 中国人文社科成果的国际影响力综合评价实证 ◇◇

CEEDINGS PAPER OR REVIEW）"分别在以上数据库检索下载所需数据。由于检索到的数据较多，而 WoS 数据库在用户检索结果页面支持的最大下载数量为 100000 条，因此通过 WoS 提供的分析检索结果功能获取到文献数据的学科属性表，再将学科放入检索式中，将所需数据化整为零，分别下载下来。由于很多文献具有跨学科属性，所以获取到的文献存在冗余，在数据整合后进行了去重处理。

另一部分数据获取自 Altmetric. com 平台。Altmetric. com 是目前学术界较为认同且使用较为普遍的 Altmetrics 数据获取平台，基于涉及领域全面性、成果多样性和数据综合性考虑，本书使用的 Altmetrics 数据均自该平台获取。在综合文献数据量、获取效率和可操作性等多种因素后，选择利用 Altmetric. com 平台提供的应用程序接口（API）方式，通过向平台数据库发送 DOI 返回对应文献的 Altmetrics 指标数据。由于该方式需要逐条向平台方发送文献的 DOI 信息并接受平台方返回的 json 数据包，再加以解析获取到所需数据，此过程通过自编 python 程序完成。但由于代码运行的效率和平台接收返回数据的效率等因素，使得获取单条数据的时间较长，为 0.5—1s。为了持续地完成 Altmetrics 指标数据的获取工作，我们租入 4 台阿里云服务器（租期 1 年，后续期 1 年），不间断运行 python 程序，获取所需数据。尽管这种方式可以较为方便地批量获取所需数据，但由于服务器稳定性、服务器和平台的网络传输稳定性、平台数据收录以及提供的 API 方式存在的部分缺陷等原因，这种获取数据的方式也造成部分数据缺失和指标的问题，包括对 Altmetrics 指标的整体覆盖率的影响和部分指标值（Reader 指标）的准确性存疑等，给后续的数据处理带来了一定困难。之后，我们跟 Altmetric. com 平台积极沟通，通过电子邮件、网络视频等方式，得到了相关问题的原因，并且结合多种方式改进 Altmetrics 数据获取方式，尽量保证数据的完整性和准确性。

（二）数据概况

本节使用的期刊论文、会议论文和图书，3 种类型成果的评价数据具体获取方式和概况如下。

1. 期刊论文

以发表年份和文献类型构建检索式 "PY = 2013 – 2017 AND DT =

(PROCEEDINGS PAPER OR ARTICLE OR REVIEW)"在 WoS 的 SSCI 和 A&HCI 数据库检索文献并下载全记录题录数据，清洗重复数据条目和乱码条目，保留期刊论文索引数据 1102317 条。在确定国别归属处理后，舍弃无法根据已有信息确认国别的记录 17583 条，最终保留期刊论文研究数据 1084734 条。以 DOI 数据为文献标识信息从 Altmetric.com 平台匹配到期刊论文的 Altmetrics 指标数据 563836 条，在确定国别归属处理后，舍弃无法根据已有信息确认国别的记录有 3181 条，保留期刊论文 Altmetrics 数据 560655 条。

2. 会议论文

以发表年份和文献类型构建检索式 "PY = 2013 – 2017 AND DT = (PROCEEDINGS PAPER OR ARTICLE OR REVIEW)"在 WoS 的 CPCI-SSH 数据库检索文献并下载全记录题录数据，清洗重复数据条目和乱码条目，保留会议论文索引数据 230657 条。在确定国别归属处理后，舍弃无法根据已有信息确认国别的记录 4399 条，最终保留会议论文研究数据 226258 条。以 DOI 数据为文献标识信息从 Altmetric.com 平台匹配到会议论文 Altmetrics 指标数据 8893 条，在确定国别归属处理后，舍弃无法确认国别的记录 76 条，保留会议论文 Altmetrics 数据 8817 条。

3. 学术图书

以出版年份和文献类型构建检索式 "PY = 2013 – 2017 AND DT = (BOOK OR BOOK CHAPTER)"在 WoS 的 BKCI-SSH 数据库检索文献并下载全记录题录数据，清洗重复数据条目和乱码条目，保留图书索引数据 406958 条。在确定国别归属处理后，无法根据已有信息确认国别的记录 145210 条，另有 809 条记录出版年份缺失，均作为无效数据舍弃，保留图书索引数据 260939 条。从 Altmetric.com 平台获取图书 Altmetrics 指标数据 11254 条，经过国别处理，舍弃无法确认国别的记录 6207 条，保留图书 Altmetrics 数据 5047 条。

第二节　人文社科成果国际影响力综合分析

一　国际产出影响力总览

学术成果发表是其影响力生成机理中的重要环节，同时成果发表数

◇◇ 第七章 中国人文社科成果的国际影响力综合评价实证 ◇◇

量是衡量一个国家学术发展水平和学术影响力的重要客观指标。图7-3展示了5年（2013—2017年）期刊论文发表总数量前20的国家每年的发文量，如图7-3所示，期刊发文量前20国总体可以分为3个梯队，美国和英国为第1梯队，澳大利亚、加拿大及中国为第2梯队，其他15个国家归为第3梯队。其中，美国的期刊发文量遥遥领先于其他国家，英国以超过100000篇的发文量居第2位，澳大利亚、加拿大期刊发文量分居第3、4位，均超过50000篇。中国的期刊发文量居第5位，与澳大利亚、加拿大的发文量差距较小，稳居第2梯队，但与第1梯队的美、英两国还存在较大的差距。但从图7-4来看，中国的发文量年增长率领先于世界其他国家，发文量前4的美国、英国、澳大利亚、加拿大增长率均低于10%，在5%左右徘徊。这是因为近些年来受到国家政策鼓励、国家学科水平提升等多种因素的影响，中国学者在国际期刊的发文数量大幅跃升。从绝对数量来看，中国已经稳居世界前列，但在期刊发文数量上可以继续紧追英美，缩小差距，扩大中国的人文社科期刊论文成果在国际上的影响力。

图7-5展示了5年（2013—2017年）学术会议论文发表总数量前20国家每年的发文量。从图中可以看出，与期刊论文相比，会议论文发文量排在前列的国家发生了较大变化，中国在会议论文发表数量上远超美、英等国，居第1位，中国的会议论文成果产出数量优势明显。各国会议论文发表数量的年增长率变化见图7-6，平均年增长率同见表7-5，各国会议论文年发文量表现出平稳的低增长趋势，多数国家年增长率在1%左右徘徊，年增长率最高不超过3%。国际学术会议向来是展示各国学术水平的重要平台，近些年我国积极倡导我国学者参与国际学术会议，会议论文发表量稳居世界前列，说明国家的政策引导对于学术研究发展的促进作用明显，有利于扩大我国学术成果在国际上的影响力。

图7-7中展示了5年（2013—2017年）图书发表总数量前20国家每年的发表数量。从图中可以看到，在图书发表数量前20的国家中，欧美国家居多，尤其是美、英两国的学术图书发表数量，其他国家与之相比存在较大差距。中国的图书发表数量在世界范围内居第8位，与后面其他国家的差距很小，基本属于第3梯队。各国图书发表数量的年增长率变化见图7-8，平均年增长率同见表7-5，各国图书发表量的平均年

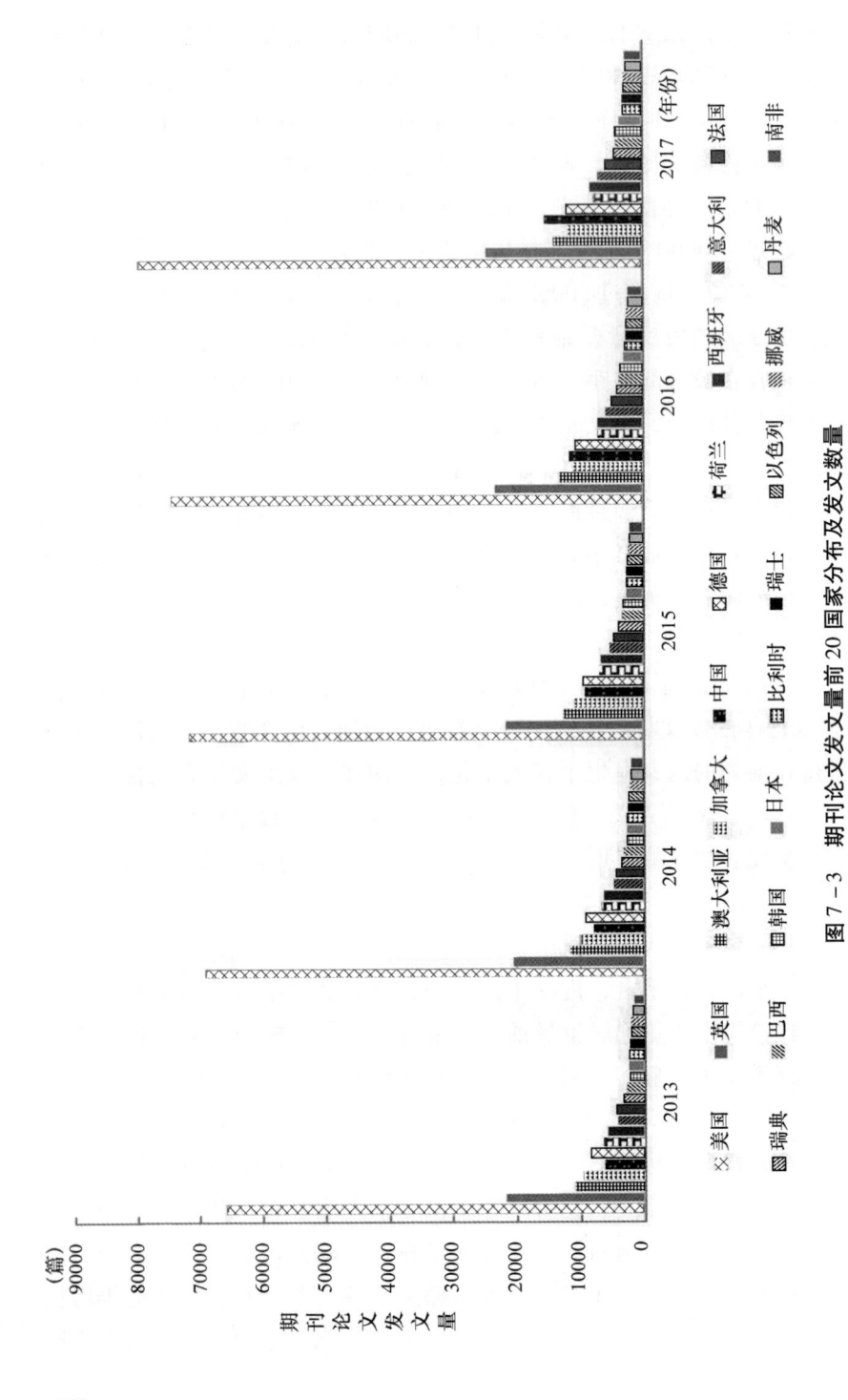

图 7-3 期刊论文发文量前 20 国家分布及发文数量

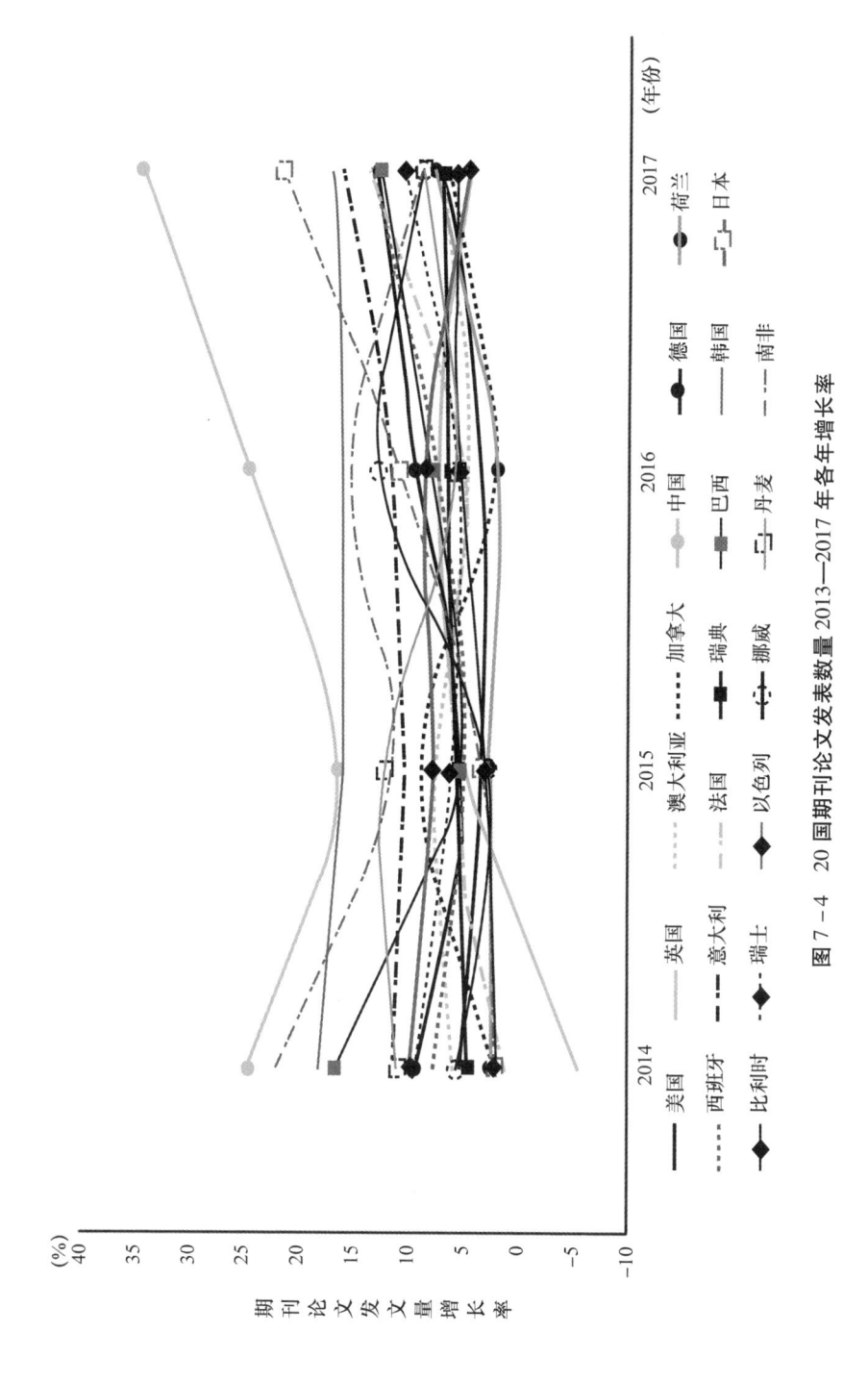

第七章 中国人文社科成果的国际影响力综合评价实证

图 7-4 20 国期刊论文发表数量 2013—2017 年各年年增长率

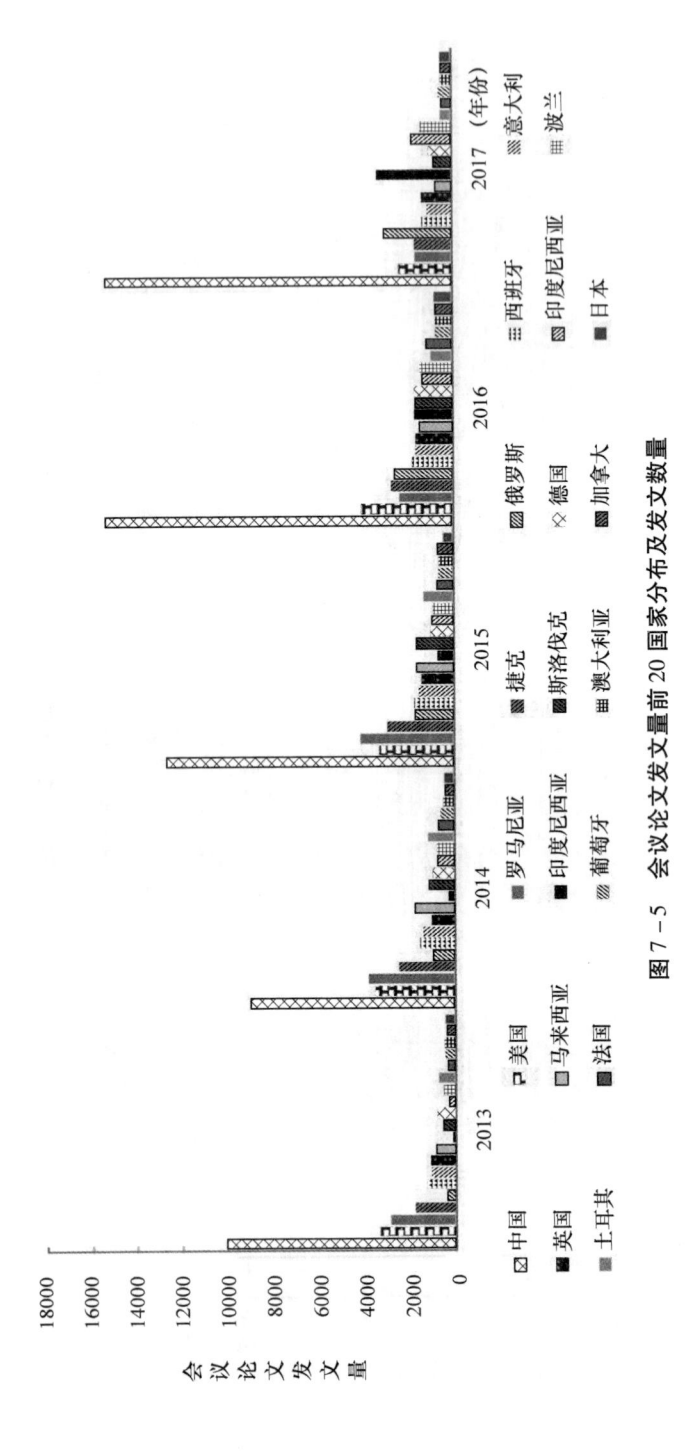

◇◇ 应用篇 ◇◇

图 7-5 会议论文发文量前 20 国家分布及发文数量

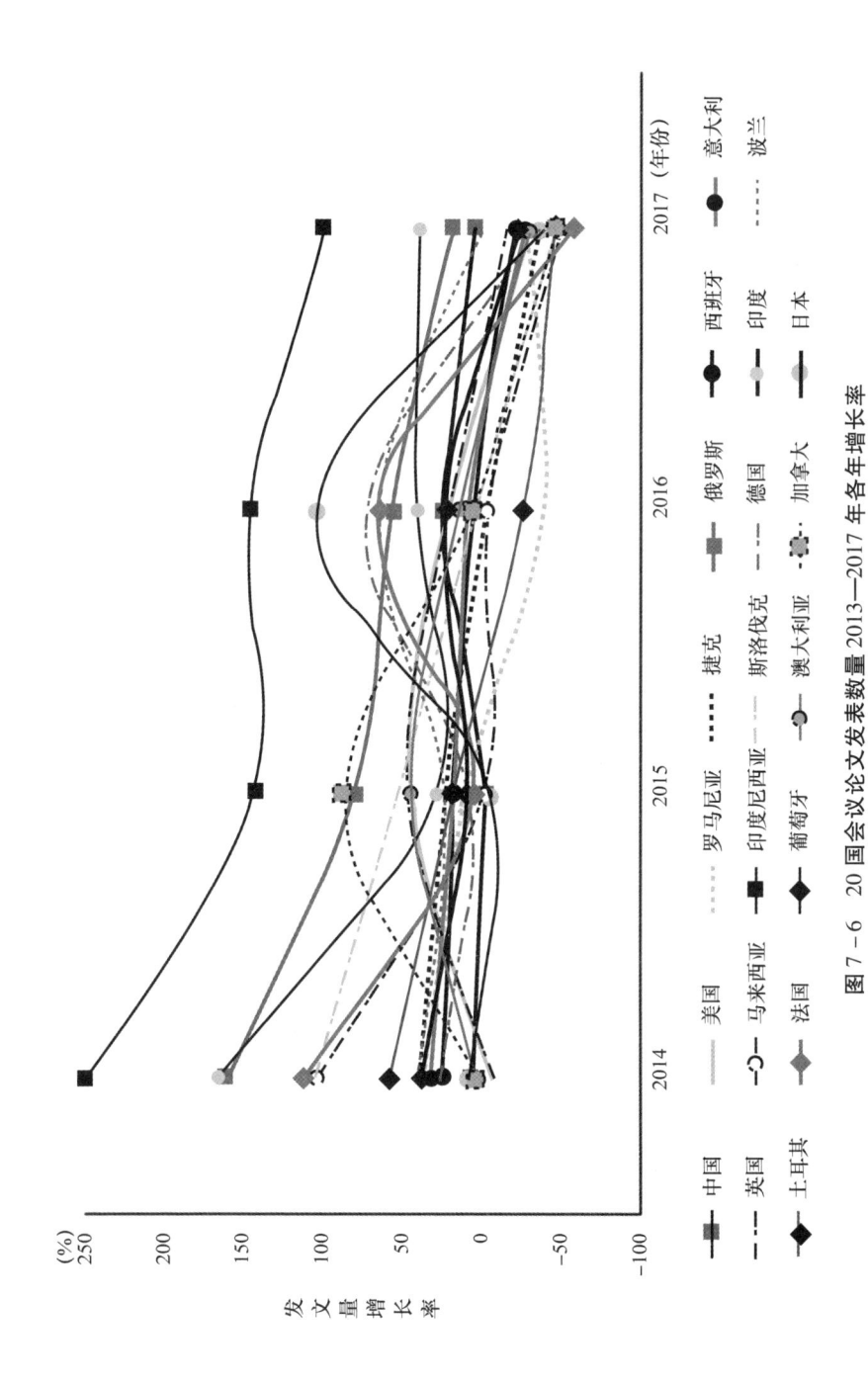

第七章 中国人文社科成果的国际影响力综合评价实证

图 7-6 20 国会议论文发表数量 2013—2017 年各年年增长率

增长率都呈现较大波动，除去数据搜集造成的误差因素外，还可能由于图书著作时间较长，发表量年增长率存在较大的变化。中国的图书发表量年增长率同样随年份变化呈现较大波动，但总体上发表数量呈增长趋势。

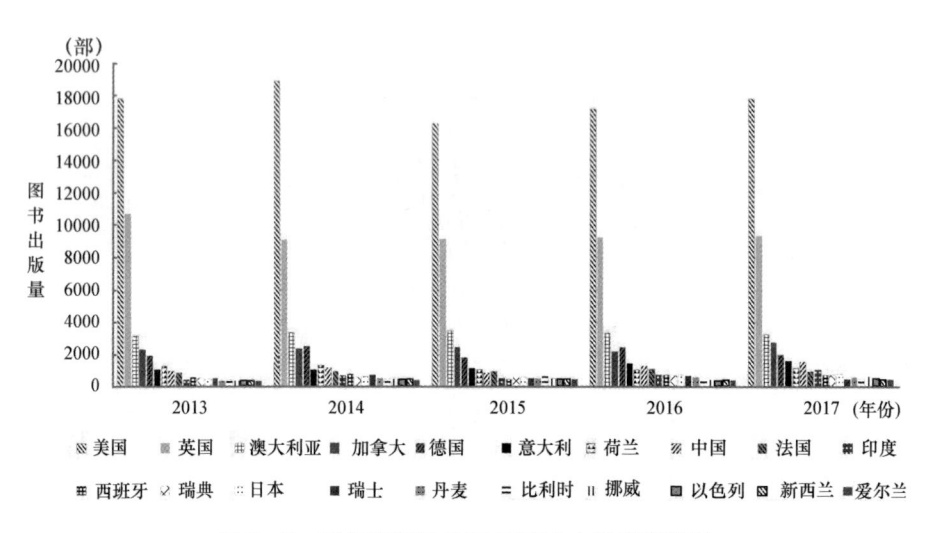

图7-7 图书出版量前20国家分布及出版数量

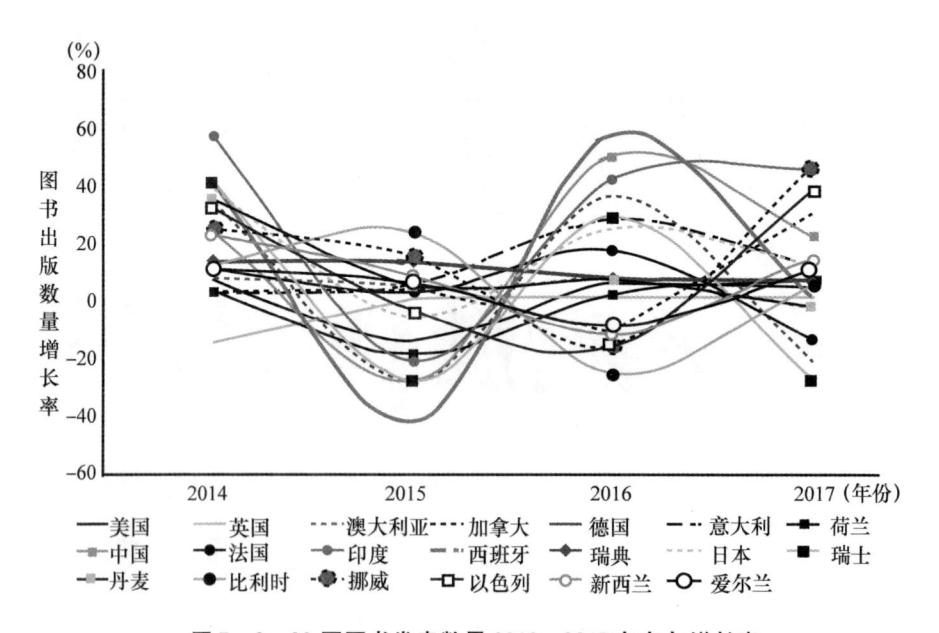

图7-8 20国图书发表数量2013—2017年各年增长率

表7-5 期刊论文、会议论文、图书发表数量前20国家的年均增长率

国家	期刊论文年均增长率（%）	国家	会议论文年均增长率（%）	国家	图书年均增长率（%）
美国	4.82	中国	12.6	美国	0.38
英国	3.05	美国	-5.4	英国	-3.01
澳大利亚	6.47	罗马尼亚	-8.2	澳大利亚	1.14
加拿大	5.08	捷克	2.5	加拿大	5.95
中国	25.03	俄罗斯	76.5	中国	16.15
德国	9.17	西班牙	3.1	德国	4.83
荷兰	3.82	意大利	3.7	荷兰	-2.05
西班牙	8.54	英国	6.7	西班牙	13.37
意大利	12.52	马来西亚	8.4	意大利	11.07
法国	6.77	印度尼西亚	157.2	法国	3.80
瑞典	6.07	斯洛伐克	25.5	瑞典	9.50
巴西	10.83	德国	14.4	日本	16.45
韩国	16.94	印度	66.5	比利时	3.40
日本	9.66	波兰	29.3	瑞士	3.22
比利时	4.23	土耳其	-2.8	以色列	11.85
瑞士	8.06	法国	27.7	挪威	16.84
以色列	7.94	葡萄牙	8.3	丹麦	10.54
挪威	7.64	澳大利亚	4.2	新西兰	7.89
丹麦	9.65	加拿大	10.5	印度	29.51
南非	14.59	日本	13.9	爱尔兰	4.09

期刊论文、会议论文和图书三类学术成果发表数量均居世界前列的国家包括美国、英国、澳大利亚、加拿大、中国、德国、荷兰、西班牙、意大利、法国、日本等国，其中北美洲国家2个，西欧国家6个，大洋洲国家1个，亚洲国家包括中国在内共2个。综合中国人文社科学术期刊论文、图书和会议论文的发表数量情况，可以看出中国的会议论文国际发表的竞争优势明显；期刊论文成果产出数量也居世界前列，且保持较高增长，有一定的竞争优势。而在学术图书国际发表上中国与英、美

等部分国家相比，存在较大差距，处于相对弱势的地位。因此，从学术成果产出层面看，总体上中国人文社科成果的产出数量居世界前列，但在图书成果产出上仍存在很大提升空间。

二 国际学术影响力和社会影响力总览

结合引文分析方法与 Altmetrics 指标，对人文社科国际发表的期刊论文、会议论文和图书三类学术成果，发表数量在前 20 的国家进行分析和展示，见图 7-9（期刊论文）、图 7-10（会议论文）和图 7-11（图书）所示。

在图 7-9 中，各国的期刊论文引文均值表现出明显的洲际差异，即欧洲和北美洲各国的引文均值明显高于其他大洲的国家，中国的引文均值显著高于亚洲的日本和韩国，与美国和英国等欧美国家没有表现出较大差距，在一定程度上可以解读为中国的人文社科总体学术科研水平在国际上处于中上游水准。

从各国的期刊论文在 Altmetric.com 的收录比来看，目前中国只有 33.9% 的期刊论文可以在 Altmetric.com 检索到，亚洲的韩国和日本两国的收录比在 35% 左右，而 20 国当中的欧美国家期刊论文在此平台的收录比在 60% 左右，中国在此方面稍显不足。在 Altmetrics 指标表现上，总体上各国 Altmetrics 指标均值要略高于引文均值，与引文分析相似的是欧美国家均值较高，不同的是，中国表现出明显的差距和不足，各指标均值都较低，在各国当中排名靠后，其中在 Altmetric.com 的 AAs 指标值、Twitter 指数和新闻报道指数上与其他国家的差距明显较大，但各国的 Facebook 指数均值基本相等。

在图 7-10 中，总的来看，20 个国家的会议论文引文均值都比较低，均值都在 1 左右，各国之间引文均值都没有较大差距，中国的会议论文发表数量最多，但引文均值最低，在考虑引文的"长尾效应"影响和会议论文总体引文较低的因素外，还应从会议论文的质量考虑，倡导提升会议论文的学术水平。

从各国的会议论文在 Altmetric.com 的收录比例来看，总体上会议论文在 Altmetric.com 平台的收录比例低于期刊论文，收录比例较高的国家如美国、英国、澳大利亚和加拿大，收录比例也只在 10% 左右，没有超

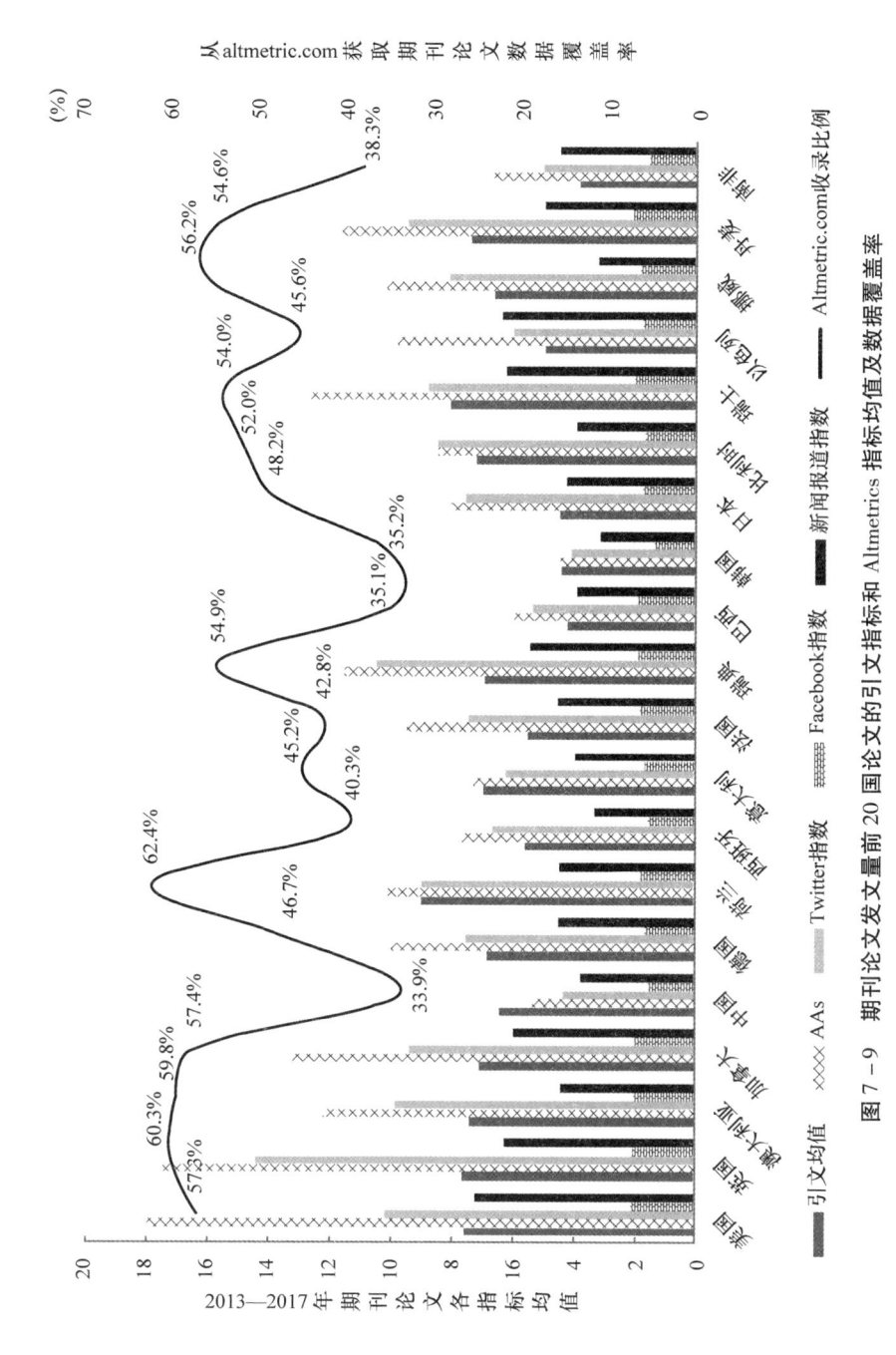

第七章 中国人文社科成果的国际影响力综合评价实证

图 7-9 期刊论文发文量前 20 国论文的引文指标和 Altmetrics 指标均值及数据覆盖率

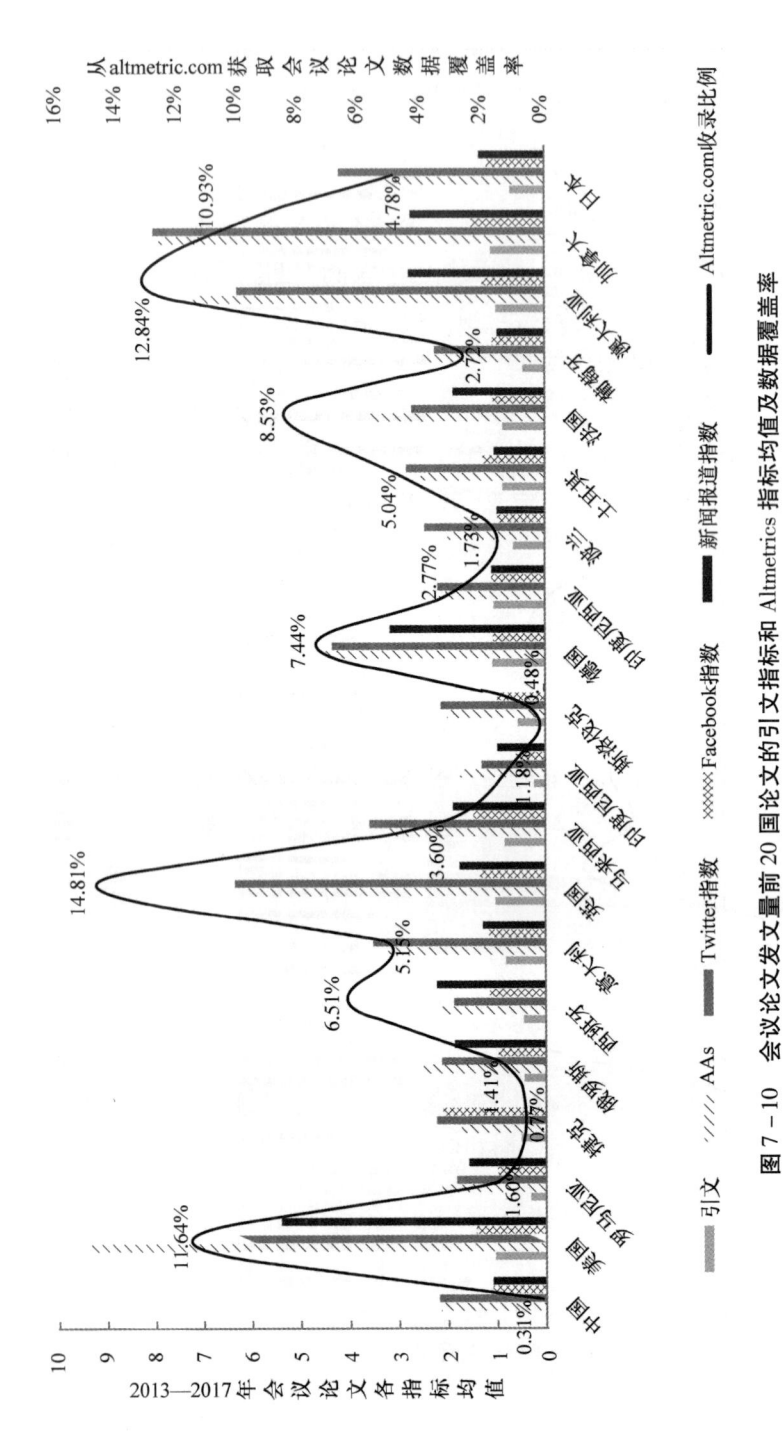

图 7-10 会议论文发文量前 20 国论文的引文指标和 Altmetrics 指标均值及数据覆盖率

过15%，而其他国家的收录比都低于10%。中国只有0.31%的会议论文可以在 Altmetric.com 检索到，同为亚洲国家的日本的收录比为4.78%，可见中国的会议论文在国际社交媒体平台的曝光度明显不足。在 Altmetrics 指标表现上，总体上各国会议论文 Altmetrics 指标均值比期刊论文的低，但与会议论文引文均值相比较高。中国的 AAs 指标均值在20国中处在中等水平，除 AAs 指标外，中国会议论文的其他指标均值与各国没有明显差异。

在图7-11中，总体上20个国家的学术图书引文均值都比较低，都低于1，各国之间图书引文均值没有显著差异。从各国的图书在 Altmetric.com 的收录比例来看，总体上学术图书在 Altmetric.com 平台的收录比例在3种类型成果中是最低的，收录比例基本在1%—3%，收录比例最高的美国也只有2.5%，中国有1.3%的学术图书可以在 Altmetric.com 检索到，同为亚洲国家的日本的收录比例为1.7%，总体上各国的学术图书在国际社交媒体平台的曝光度没有明显差异。在 Altmetrics 指标表现上，总体上各国学术图书的 Altmetrics 指标均值比期刊论文低，比会议论文高，与学术图书的引文均值相比也较高。Altmetrics 指标间相比，AAs 和 Twitter 指标均值相对较高，与期刊论文和会议论文有相似特征，不同之处在于学术图书的新闻媒体指数均值也比较高，期刊论文和会议论文的新闻媒体指数均值较低，在一定程度上说明学术图书比论文在新闻媒体平台更易获得较多的关注和传播。各国之间图书的 Altmetrics 指标均值差异明显，在一定程度上是表现了各国学术图书的国际影响的差异，中国的 Altmetrics 指标表现与其他国家存在较大差距，各指标均值基本排在末位。

综合比较期刊论文、会议论文和图书成果的各指标表现，可以看出在引文均值上，期刊论文较高，会议论文次之，学术图书的引文均值最低；在 Altmetrics 指标均值上，期刊论文和学术图书的指标均值要高于会议论文。从在社交媒体和新闻媒体的收录情况来看，期刊论文的收录比例最高，会议论文与学术图书差距较小，会议论文略高于图书，结合 Altmetrics 指标均值表现，可以看出期刊论文在社交媒体上具备更加广泛的曝光和传播，会议论文在社交媒体上获得的关注度较低。不同平台对于学术成果的关注度也不同，与 Facebook 相比，Twitter 给予了学术成果更多关注，且不同类型成果之间没有显著差异；而新闻媒体平台对于图

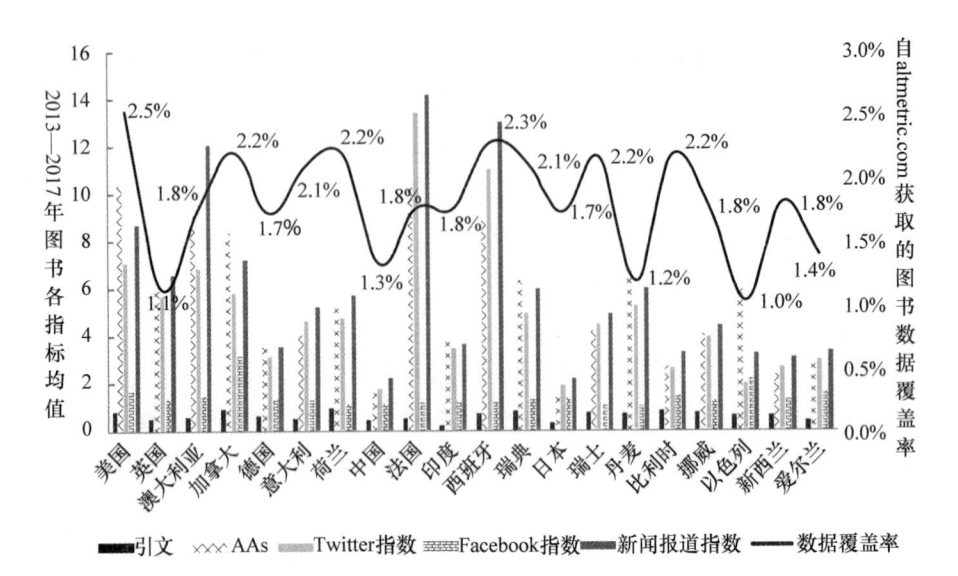

图 7–11　图书出版量前 20 国图书的引文指标和 Altmetrics 指标均值及数据覆盖率

书成果的传播有较强的偏向性，学术图书在此类平台受到更多关注。中国的各类学术成果指标表现基本符合以上特征，期刊论文的引文和 Altmetrics 指标表现较好，与其他国家差距较小；会议论文的发表数量很高，但各种指标表现较差，图书的各种指标表现一般，社会影响力指标表现与其他国家差距较大。中国需要重视会议论文"量"与"质"平衡，在高发文量的同时，需要提高会议论文的质量，同时也应不断提升期刊论文和图书的成果质量，增加中国学术成果在国际上的曝光度，扩大国际学术成果传播和交流。

第三节　中国人文社科成果国际影响力总况

一　中国人文社科期刊论文影响力总况

一直以来，在中国各个学科的发展和学术工作者的科研过程中，长期存在着一个"质"与"量"的矛盾问题，由于现行科研成果奖励机制的存在，这种矛盾更加突出，也是在中国的学术成果评价中不可忽视的重要问题。一方面我国重视科研成果产出数量，每年给予科学研究大量

◇◇ 第七章 中国人文社科成果的国际影响力综合评价实证 ◇◇

的资金和政策支持,科研成果产出逐年增加,尤其重视在国际上发表成果,成果数量的重要性不言而喻。另一方面我国近些年也出台了一系列政策,努力改善"唯数量"的倾向性,更多地强调在多维评价体系下对科研成果进行综合的评价。本书本着"量"与"质"二者得兼,须同时强调的原则,将中国在 16 个学科的学术成果产出和综合影响力结合,形成了中国人文社科成果"产出—影响力"象限图,此处的产出利用的是发表数量的国际占比,是相对数量,并非发表的绝对总数。

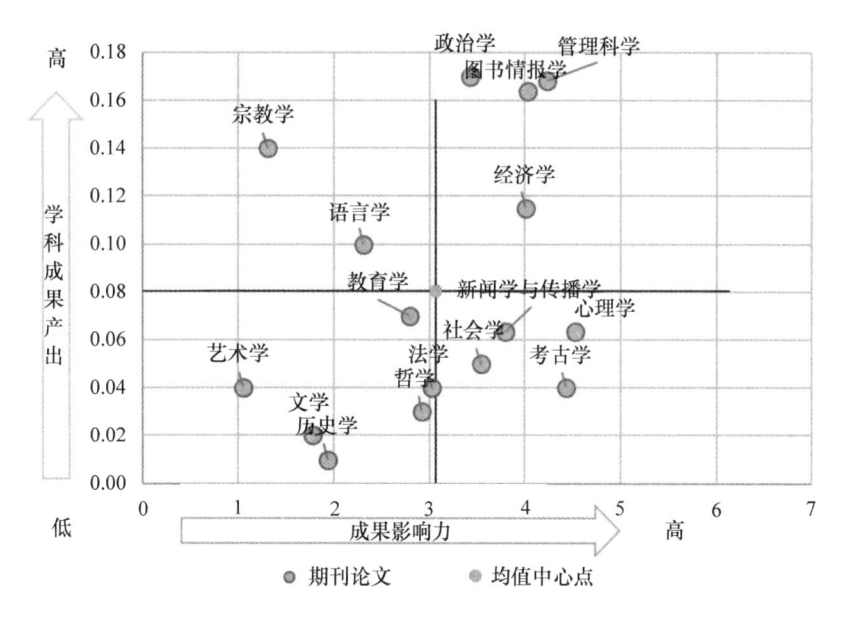

图 7-12　16 个学科期刊论文"产出—影响力"象限

图 7-12 是中国人文社科期刊论文"产出—影响力"象限图,图中根据中国各学科成果的分析结果将各学科分在 4 个象限中,即第一象限"高产出—高影响力"、第二象限"高产出—低影响力"、第三象限"低产出—低影响力"和第四象限"低产出—高影响力"。可以看到政治学、图书情报学、管理学、经济学属于"高产出—高影响力"的第一象限,这 4 个学科也是 16 个学科中发展较快、影响力快速增长的学科,尤其是管理学、图书情报学两个学科,在中国人文社科中的重要性越发重要。而宗教学和语言学落在第二象限,中国发表的成果在国际成果中的占比

相比于其他学科在自身学科中的占比高,但考虑到这两个学科本身国际成果发表总数较少,从绝对数量来看在我国是人文社科研究中的冷门学科。人文艺术学科多落在第三象限"低产出—低影响力",原因一方面可能是文史哲和艺术类学科收到文化认同因素和语言因素的影响较深,此类学科的成果大多带有一定的本土属性,较难在国际范围内发表和交流,另一方面是人文学科的成果发表渠道更加多样,期刊论文并非主要的选择类型。心理学、社会学、新闻学与传播学、社会学、法学等诸多学科属于"低产出—高影响力"的第四象限,其中多数学科的研究内容都比较容易吸引学界和公众的关注,其成果大多容易在公众当中引起广泛讨论,心理学、传播学、社会学或者法学研究都具备较强的公众属性,即往往是立足于公众群体进行研究;考古学所涉及的重大发现和研究进展更是容易被关注和讨论,因此影响力表现好;但是从产出来看,中国仍然需要加强这些学科的发展建设,尤其要重视法学、教育学、心理学等在社会发展中的作用愈加重要的学科。

综上所述,中国的管理学、图书情报学、经济学和政治学期刊论文成果产出较高,在国际范围内也产生了广泛的影响力;人文艺术类学科的期刊论文成果产出不足,在国际范围内的影响力也较小;心理学、新闻学与传播学、社会学等学科虽然有较高的国际影响力,但期刊论文成果产出略显不足。

二 中国人文社科学术图书影响力总况

图7-13是中国人文社科图书成果的"产出—影响力"象限图,图中根据中国各学科图书成果的影响力评价结果将各学科分为在"高产出—高影响力"、"高产出—低影响力"、"低产出—低影响力"和"低产出—高影响力"4个象限中。可以看到除心理学作为一个离群点外,其他15个学科基本分属第一和第三两个象限,其中教育学、新闻学与传播学、经济学和管理学落在第一象限,说明这4个学科的图书成果产出多且产生了广泛的国际影响力。法学、图书情报学处在中心点位置,图书著作的出版和影响力表现都较为一般。政治学图书的产出属于中等水平,但国际影响力表现略差。中国文学、宗教学、历史学、社会学、哲学等学科的国际图书出版要稍微逊色一些,在国际上的影响力也稍显不足,

第七章 中国人文社科成果的国际影响力综合评价实证

处在"低产出—低影响力"的第三象限。艺术类图书成果落在"低产出—高影响力"象限，说明尽管中国的艺术类图书的国际出版并不理想，但是已出版图书在国际范围内的知名度和产生的影响力还是十分可观的。心理学科的图书成果是一个特殊的离群值，虽然从产出层面看，中国心理学图书的国际出版数量占比并不高，但产生的影响力与其他学科相比差异巨大，这既依赖于心理学本身的学科属性，也不可否认在一定程度上说明了我国在国际上出版的心理学图书的影响力较高。

综上所述，中国的教育学、新闻学与传播学、经济学和管理学图书成果的产出较高，在国际范围内也产生了广泛的影响力；法学、图书情报学的产出和影响力都比较一般，政治学的影响力表现略差，其他诸多人文社会类学科的图书成果产出不足，在国际范围内的影响力也较小；心理学作为较为特殊的一个学科，是中国众多人文社会学科中国际影响力表现最好的。

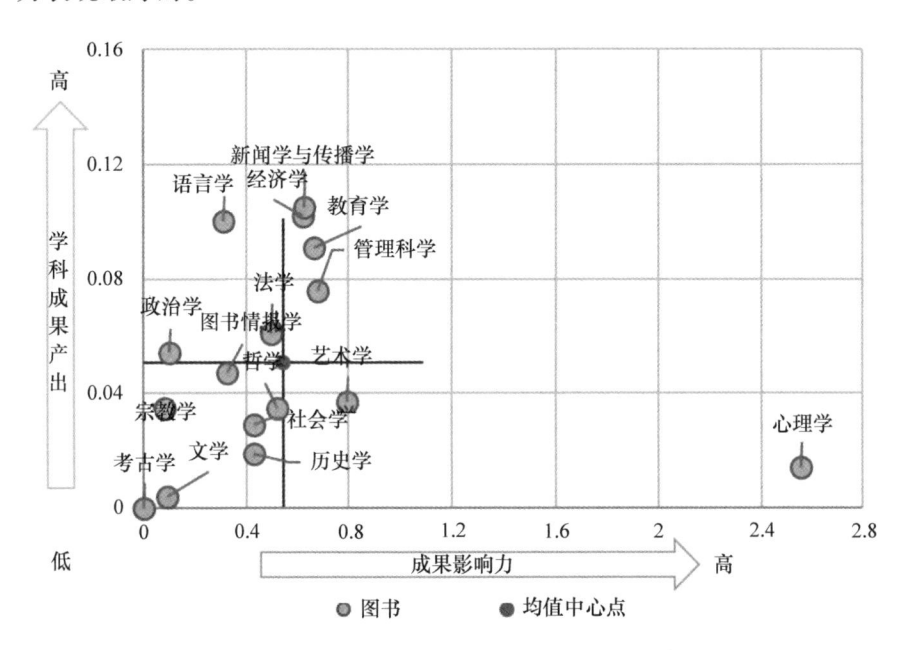

图 7-13　16 个学科图书"产出—影响力"象限

三　中国人文社科会议论文影响力总况

图 7-14 是中国人文社科会议论文成果的"产出—影响力"象限图，

图中根据中国各学科会议论文成果的影响力评价结果将各学科分到4个象限中。可以看到除法学作为一个离群学科外，其他15个学科基本分属第二和第三两个象限，即中国会议论文成果整体的国际影响力不高，各学科之间的影响力差距并不大。社会学、管理学、经济学、考古学、语言学的会议论文成果产出在国际上的占比较高，其中考古学和语言学占比较高的主要原因是国际考古学会议论文总数较少。教育学、图书情报学、新闻学与传播学处在第二、第三象限交界处，说明产出表现一般。文史哲类学科、心理学和政治学等学科处在第三象限，这些学科的会议论文成果产出较少，可能与这些学科的国际会议相对较少有关，在产出较少的情况下，也就很难产生较高的国际影响力。法学学科的会议论文成果是一个较为特殊的离群值，虽然从产出层面看，中国法学会议论文成果的国际出版数量占比并不高，但产生的影响力与其他学科相比差异巨大，且多数影响力源于社会影响力维度，说明中国的法学会议论文成果在国际媒体平台上获得了广泛关注，在一定程度上说明了我国在国际上出版的法学会议论文的国际影响力较高。

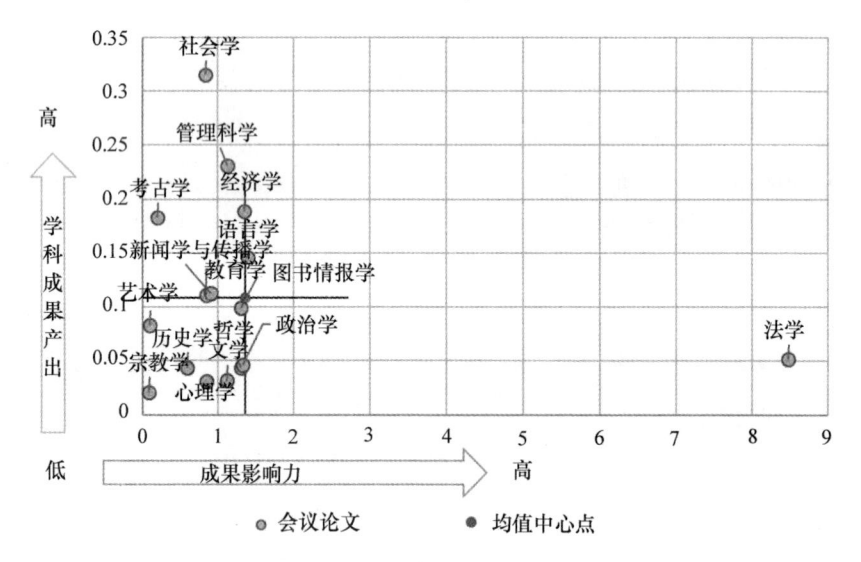

图7-14 16个学科会议论文"产出—影响力"象限

综上所述，中国会议论文成果的整体国际影响力较低。社会学、管理学、经济学会议论文成果产出较高；教育学、图书情报学、新闻学与

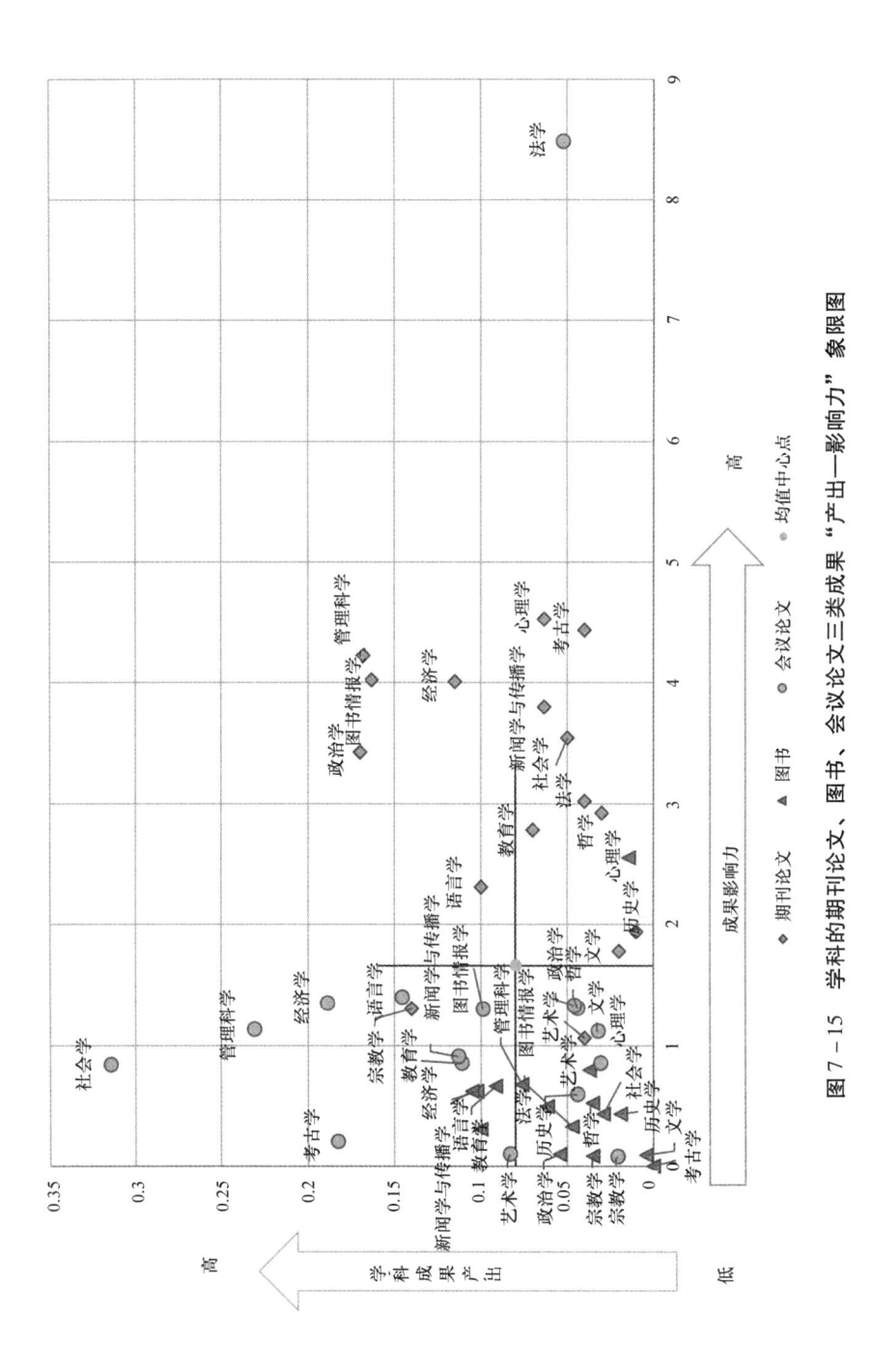

第七章 中国人文社科成果的国际影响力综合评价实证

图 7-15 学科的期刊论文、图书、会议论文三类成果"产出—影响力"象限图

传播学的产出和影响力都比较一般，政治学的影响力表现略差，其他诸多人文社会类学科的会议论文产出不足，在国际范围内的影响力也较小；法学表现较为特殊，但它的国际影响力表现是最好的。

四 中国人文社科三类成果的影响力对比

将中国人文社科3种类型成果的影响力进行比较，如图7-15所示，直观地比较中国不同学科、不同类型成果的产出和影响力表现之间的差异。总体上看，中国的人文社科成果多数集中在第二和第三象限，多为图书和会议论文成果，期刊论文成果多分布在第一和第三象限，说明各学科的期刊论文成果的产出和影响力表现最好，会议论文次之，图书在产出占比表现上差距不大，但是在影响力表现上较差，可能的原因是图书的数量比论文少，总体上产生的学术引用行为就比较少，因此学术影响力表现较差，从而拉低了综合影响力。从学科来看，人文艺术大类的学科的各类成果产出和影响力表现都较差，而社会科学大类下学科各类成果大多产出和影响力较高；逐一看各个学科，可以发现，社会学、新闻学与传播学、考古学、政治学期刊论文和会议论文在对角线象限，即呈现完全相反的特点，而心理学、法学、哲学、历史学期刊论文和会议论文在相同或相近的象限，呈现相似的特征；图书情报学、经济学、管理学期刊论文和会议论文产出方面差异较小，但是期刊论文的影响力表现更好。综上，说明中国人文社科成果总体上呈现期刊论文影响力较高、图书和会议论文成果影响力不足的特征。

第四节 人文社科期刊论文分学科影响力分析

基于中国人文社科期刊论文影响力总览，本节选取我国"高产出—高影响力"的政治学、图书情报学、管理学、经济学4个学科的期刊论文分别进行国际影响力综合展示。

一 政治学期刊论文国际影响力

从所获取的总期刊论文数据中，按照WC字段中包含International Relations Research、Political Science的条件筛选得到政治学期刊论文数据,共29189条;以及利用这些数据条目中的DOI获得相应的Altmetrics指标数据,共19598条。

(一)产出影响力

表7-6展示了政治学2013—2017年期刊论文前10来源国家及中国论文数量统计情况。从论文发表数量来看,不同国家的论文数量存在较大差异。首先是美国,其以10732篇的论文数量位居第一,在该学科论文中占比接近四成,远超其他国家;其次是英国,论文数量为4513篇,虽未有美国发文数量的一半,但还是领先绝大多数国家,占比超过了15%;接下来是论文数量差距较小的德国、加拿大和澳大利亚,占比均在3.5%—5.6%;最后是余下的5个国家,其论文数量差距不大,量级相同。中国在政治学学科的发文数量并未进入前10,但与尾部几个国家的发文数量相差并不大。

从图7-16展示的前10来源国家2013—2017年论文数量分布来看,各国的论文数量分布较为平均,基本保持平稳发展的趋势,并未出现学科极端发展的情况。

总体来说,政治学学科在论文数量方面表现为明显的阶梯式分布。美国处于遥遥领先地位,且每年保持较大的论文产出,呈现出稳步发展的趋势。中国虽然在论文数量上没有明显的优势,但论文数量每年都有所增加,如继续保持,将有望进入发文数量前10的国家,进一步缩小与前列国家的差距。

表7-6 2013—2017年政治学期刊论文发文量前10国家及中国的论文数量统计

国家	论文数量(篇)	论文占比(%)	年均增长率(%)
美国	10732	36.8	3.4
英国	4513	15.5	0.6
德国	1620	5.6	10.9
加拿大	1146	3.9	5.8
澳大利亚	1061	3.6	4.3

续表

国家	论文数量（篇）	论文占比（%）	年均增长率（%）
荷兰	853	2.9	5.7
意大利	536	18.4	9.2
瑞士	531	18.2	7.5
瑞典	529	18.1	5.2
法国	522	17.9	-6.5
中国	317	1.1	12.5

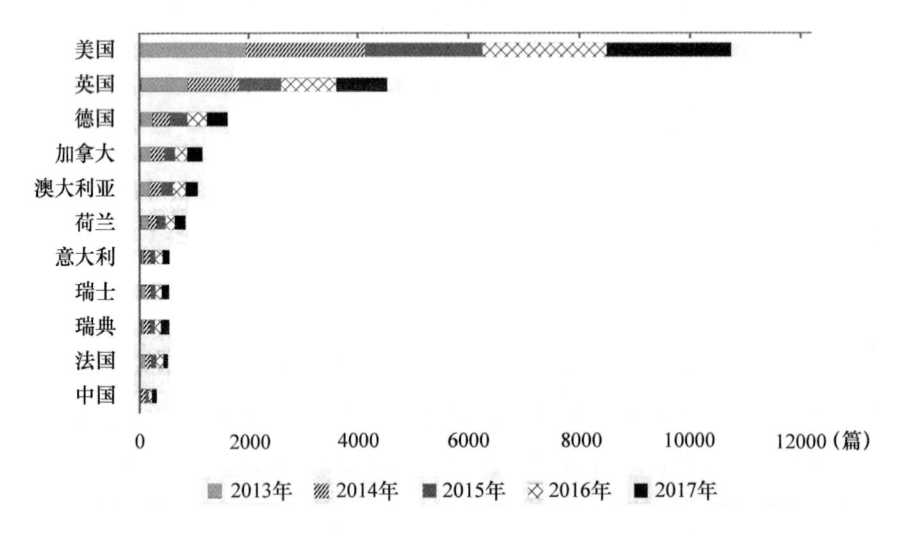

图7-16 2013—2017年政治学期刊论文发文量前10国家及中国的论文数量分布

（二）学术影响力

表7-7展示的是发文量前10国家及中国的引文均值、离散情况、引文最大值和论文获引率。从引文均值和被引覆盖率来看，除法国之外，各国的引文均值和覆盖率差距均不大。其中瑞典的引文均值和标准差位居第一，获引率也排在第二。这说明瑞典的政治学学科论文虽总被引次数较多，但引文离散程度较高，不同年份之间差距较大。美国虽然发文数量遥遥领先，但其引文均值只有中上水平，获引率排名靠后，而标准差又仅次于瑞典和荷兰，表现中等，学术影响力有待加强。法国的发文

量、引文均值和获引率均是发文量前10国家中最低的，表现最差。中国的引文离散程度较低，虽然引文均值、最高引文和获引率排名靠后，但就引文均值和获引率来说，其已超过法国，接近发文量排名居中的澳大利亚。

表7-7 　　　　2013—2017年政治学期刊论文发文量前10
国家及中国论文的引文表现

国家	引文均值	标准差	引文最大值	获引率（%）
美国	6.08	12.33	356	77.7
英国	5.61	9.55	194	79.7
德国	5.67	8.40	113	81.2
加拿大	4.50	6.92	87	77.2
澳大利亚	4.51	8.29	164	75.9
荷兰	7.58	12.42	217	84.9
意大利	5.59	9.90	98	78.2
瑞士	7.29	10.68	103	86.3
瑞典	7.63	13.56	119	85.1
法国	2.64	5.07	48	55.7
中国	4.34	6.58	37	76.0

图7-17呈现的是政治学学科期刊论文前10来源国家及中国2013—2017年引文均值变化，各国引文均值总体呈现逐年递减的趋势。其中引文均值相差较大的国家是瑞典、瑞士、荷兰；引文均值表现中上的国家是美国、德国、意大利；其余国家引文均值相对较低。图中最高点值为14.76，是瑞典2013年的引文均值，荷兰的标准差也最大。中国2013年引文均值为7.18，2017年引文均值为1.56，引文均值最大差距为5.63。中国的引文均值的整体情况较之法国来说略胜一筹。

引用行为是利用学术成果的主要方式，在一定程度上代表着论文的学术影响力。因此，从学术利用的角度来看，在政治学学科方面，虽然美国发文量远超其他国家，但其论文的学术影响力并不拔尖。而发文量未进入前 10 的中国，其论文的引文均值和被引覆盖率都超越了法国，且引文的离散程度较低，引文均值随年份变化较小。

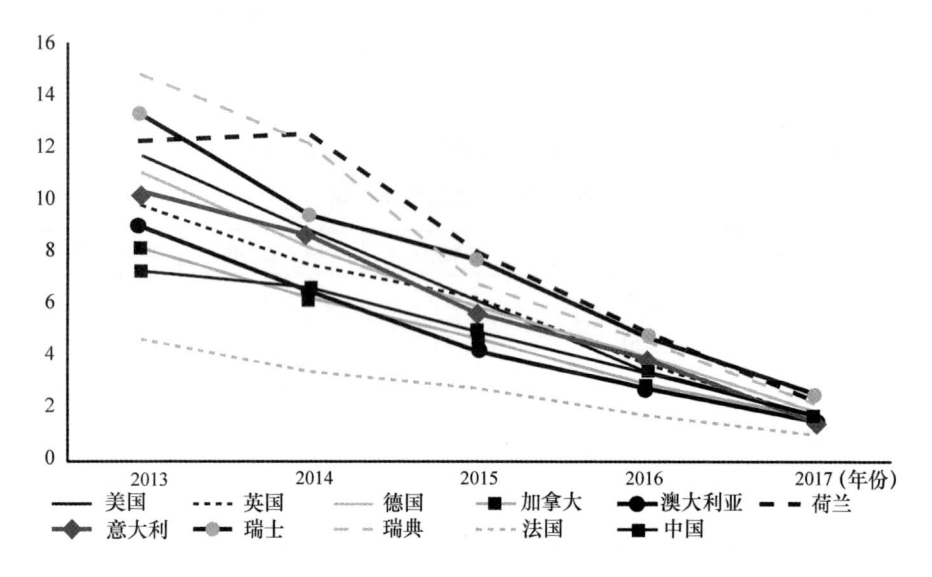

图 7-17　2013—2017 年政治学期刊论文发文量前 10 国家及中国论文的引文均值变化

（三）社会影响力

从图 7-18 可直观地看出，4 个指标均值在 5 年中整体依旧呈现递增趋势。AAs 指标均值和 Twitter 指标均值分别在 2015 年和 2017 年有不同幅度的下降。且与 MSM 和 Facebook 指标相比，Twitter 指标的均值和增幅较大，这也说明政治学期刊论文在 Twitter 平台的学术交流和互动更加频繁。而 MSM 指标均值在 2013—2017 年间增长缓慢，FB 指标均值几乎未发生变化，且两个指标均值都小于 FB。这说明在新闻媒体和 Facebook 平台上发生的学术交流互动较少，也从侧面反映了新闻媒体平台交互性要弱于社交媒体平台上。

表 7-8 展示的是政治学学科期刊论文前 10 来源国家及中国的 4 个 Altmetrics 指标均值及其覆盖率。就 3 个指标的覆盖率而言，Twitter 指标远高于 Facebook 指标和 MSM 指标，几乎全部在 90% 以上，也证明学术成果交流与传播更易发生在社交属性更强的 Twitter 平台上。

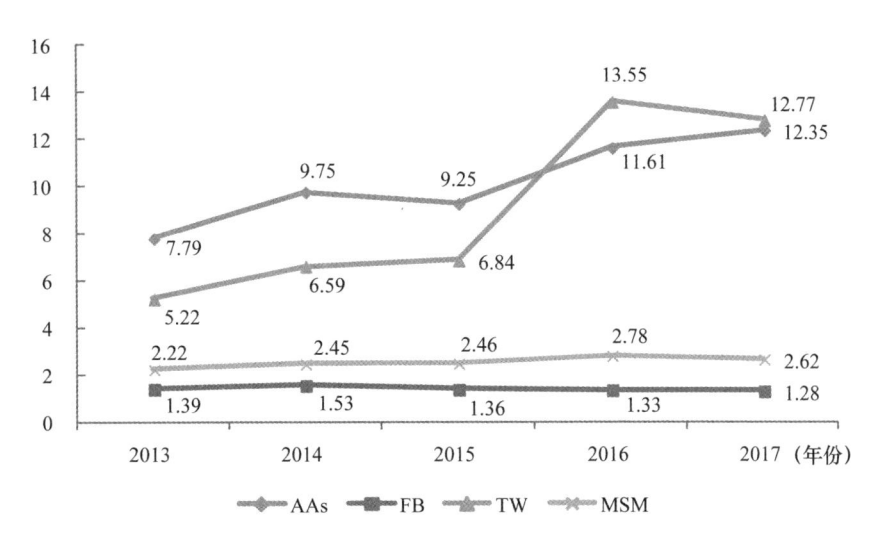

第七章 中国人文社科成果的国际影响力综合评价实证

图 7-18 2013—2017 年政治学期刊论文的 Altmetrics 指标均值变化

图 7-19 呈现的是各国政治学学科 Altmetrics 指标的加权均值及社会影响力，结合表 7-8 可以看出，美国的社会影响力最高，AAs、Facebook、Twitter 指标均值均位列第一，MSM 指标均值仅次于瑞典，且其覆

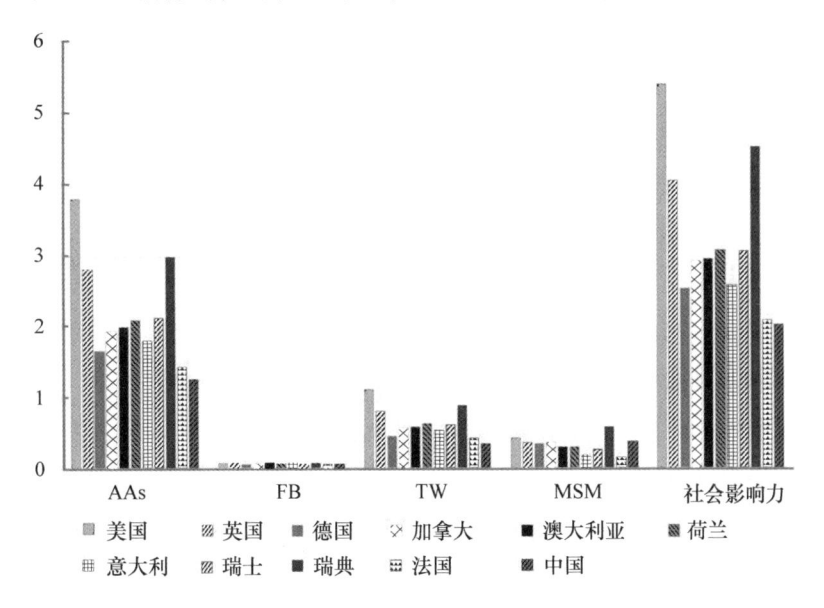

图 7-19 2013—2017 年政治学期刊论文发文量前 10 国家及中国社会影响力评价指标加权均值

343

盖率与其他国家拉开了较大差距。排名第二的国家是瑞典，其 Facebook 指标均值及覆盖率和 MSM 指标均值均高于排名第一的美国，说明瑞典的学术成果能够在 Facebook 和 MSM 代表的新闻媒体平台上获得比美国更多的传播。其他西方国家在社会影响力方面的差距并未拉开，大多集中在 2—3 之间。而中国的社会影响力则落后于其他所有西方国家，唯有其中的 Facebook 指标和 MSM 指标均值略高于法国，说明其学术成果在新闻媒体平台的影响比法国稍微广泛。

表 7-8　　2013—2017 年政治学期刊论文发文量前 10 国家及中国的 Altmetrics 指标均值及覆盖率

国家	AAs	FB	覆盖率（%）	TW	覆盖率（%）	MSM	覆盖率（%）
美国	14.064	1.457	21.3	12.648	92.1	2.767	16.8
英国	10.407	1.369	23.2	9.303	94.3	2.360	9.3
德国	6.154	1.204	22.1	5.303	91.7	2.323	6.8
加拿大	7.119	1.236	21.0	6.496	91.4	2.400	7.2
澳大利亚	7.352	1.428	18.7	6.708	93.0	2.000	9.9
荷兰	7.734	1.211	19.6	7.200	91.6	1.956	7.2
意大利	6.638	1.358	19.4	6.085	92.2	1.250	5.8
瑞士	7.830	1.260	20.3	7.061	96.1	1.710	8.6
瑞典	11.053	1.465	32.2	10.129	92.4	3.833	7.6
法国	5.325	1.119	22.8	4.944	88.0	1.000	7.1
中国	4.641	1.129	18.5	3.877	91.7	2.455	6.5

（四）前 10 国家政治学期刊论文成果影响力总评

表 7-9 展示的是政治学期刊论文前 10 来源国家及中国的影响力评价指标结果。就产出影响力而言，美国的影响力远高于其他国家，其次是英国。其他国家的产出影响力均在 0.1 以下，中国排名最低。就学术影响力而言，虽然美国的产出影响力高居首位，但其学术影响力仅排名第四。相反，产出影响力排名靠后的瑞典和瑞士在学术影响力方面表现优秀，分别位居第一和第三。同样，虽然中国的产出影响力不及他国，

但学术影响力已经较大幅度超越法国，向澳大利亚靠拢。就社会影响力而言，美国依旧排名第一，瑞典和德国紧随其后。中国的社会影响力最低，只有 2.02，但与法国差距很小。

结合 3 种维度的影响力对各国的政治学期刊论文国际影响力进行总评，结果显示美国的国际影响力最高，得分 7.924，超过位居第二的瑞典近 1 分，英国以 6.088 的得分排名第三，荷兰和瑞士紧随其后。其他大多数国家的国际影响力得分差距较小，均在 4.4 上下浮动。法国的国际影响力排名最低，仅有 2.95 分。对于政治学学科的国际影响力，中国的国际影响力已经超越法国，但与其他国家仍存在一定差距。细分来看，中国的产出影响力明显落后于西方国家，社会影响力和学术影响力也有待加强，以期超越更多国家。中国需要鼓励政治学期刊论文的产出，稳步提升学术影响力，促进学术成果在社交媒体和新闻媒体的广泛传播，扩大社会影响。

表 7-9　2013—2017 年政治学期刊论文发文量前 10 国家及中国影响力总评

国家	产出影响力	学术影响力	社会影响力	影响力总评
美国	0.585	1.944	5.394	7.924
英国	0.246	1.794	4.049	6.088
德国	0.088	1.813	2.537	4.438
加拿大	0.063	1.439	2.915	4.417
澳大利亚	0.058	1.441	2.945	4.444
荷兰	0.047	2.424	3.074	5.544
意大利	0.029	1.785	2.581	4.395
瑞士	0.029	2.331	3.053	5.412
瑞典	0.029	2.438	4.523	6.990
法国	0.028	0.844	2.077	2.950
中国	0.017	1.386	2.020	3.424

图 7-20 展示的是各国政治学期刊论文的"产出—影响力"分布，图中多数国家集中分布在第三和第四象限；美国和英国显示出"高产

出、高影响力"的特点，位于第一象限。荷兰、瑞士和瑞丹位于第四象限，表现出高影响力、低产出的特点。中国位于第三象限底部，政治学期刊论文的产出和影响力与其他国家存在一定差距，成果数量相对较少，影响力也相对较低。在未来的政治学学科研究中要通过政策调动学者的积极性，倡导中国的政治学研究学者积极在国际上发表期刊论文，参与国际政治学研究的学术交流，不断在国际上展示中国的政治学研究成果，从而提升中国的政治学研究的国际影响力。

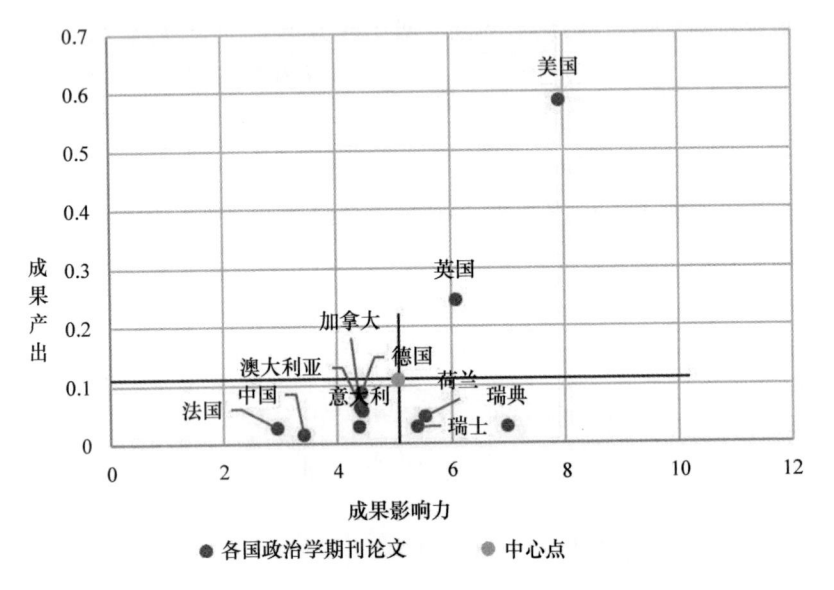

图 7-20　各国政治学期刊论文"产出—影响力"象限

二　图书情报期刊论文国际影响力

图书情报学期刊论文数据是从所获取的总期刊论文数据中，按照 WC 字段中包含 Information Science & Library Science 的条件筛选得到，共 17948 条；以及利用这些数据条目中的 DOI 获得相应的 Altmetrics 指标数据，共 9068 条。

（一）产出影响力

表 7-10 展示了图书情报学 2013—2017 年期刊论文前 10 来源国家论文数量统计情况，从论文数量来看，前 10 的国家可以分为 3 个梯队，首先美国以 5415 篇的论文数量居于首位，且在这一学科中的论文占比超

过30%，远远领先于其他国家，属于第1梯队，但年均增长率低，仅为-0.46%；中国的论文数量仅次于美国，以1492篇的数量居第2位，占论文总数的8.31%，尽管与美国的论文数量存在极大的差距，但保持10.59%的年均增长率，增长率领先于其他国家；排在第3、4位的分别是西班牙和英国，两国论文数量差距较小，与中国的差距也不大，三国共属于第2梯队，但西班牙的论文数量年均增长率为4.68%，高于英国-0.43%的增长率，西班牙未来可能拉大与英国之间的差距；自第5位的国家澳大利亚开始，论文数量呈现又一次断崖式的下降，与其后的加拿大、韩国、德国、荷兰共同属于第3梯队，除加拿大和荷兰外，其他国家都保持较高的年均增长率，呈现赶超第2梯队的趋势。

表7-10　　　　　2013—2017年图书情报学期刊论文
发文量前10国家的论文数量统计

国家	论文总数（篇）	论文占比（%）	年均增长率（%）
美国	5415	30.17	-0.46
中国	1492	8.31	10.59
西班牙	1203	6.70	4.68
英国	1143	6.37	-0.43
澳大利亚	716	3.99	2.73
加拿大	686	3.82	-7.05
韩国	570	3.18	7.16
德国	562	3.13	6.74
荷兰	406	2.26	0.38
意大利	333	1.86	5.47

从图7-21展示的前10来源国家2013—2017年论文数量分布来看，各国基本保持平稳发展的趋势，没有出现学科井喷式发展或者学科发展受限的情况，美国持续领跑，中国紧随其后，每年论文数量都有明显的增长，赶超势头强劲。

总体上图书情报学科在论文数量上呈现明显的阶梯式分布，在产出方面中国在该学科的论文数量上有明显的优势，表现出快速增长的趋势，产出影响力不断扩大，将逐步缩小与排在首位的美国的差距。

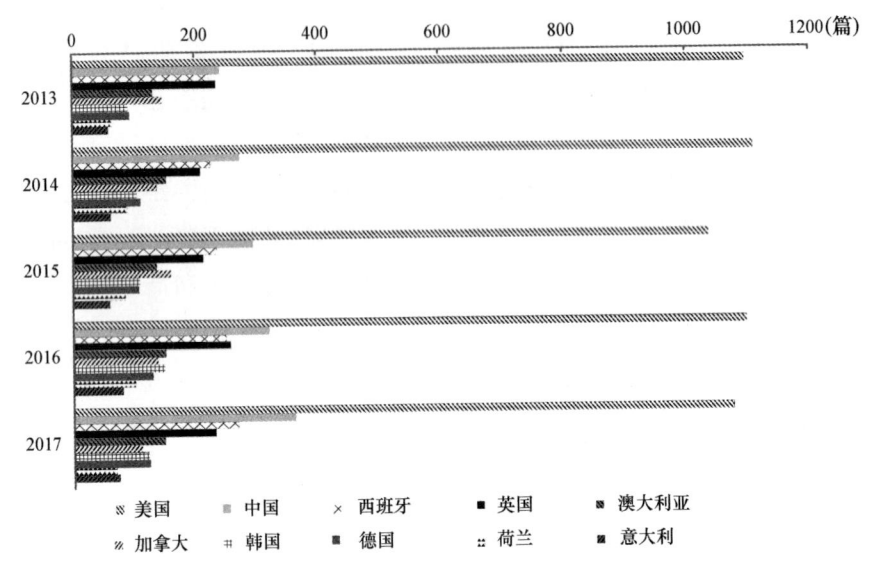

图 7-21 2013—2017 年图书情报学期刊论文发文量前 10 国家的论文数量分布

(二) 学术影响力

图 7-22 展示了图书情报学期刊论文前 10 来源国家 2013—2017 年引文均值变化情况。总的来看，各国引文均值总体表现为随年份递减的变化趋势。图中最高点为荷兰 2013 年的引文均值（19.88），荷兰各年论文的引用表现明显好于其他国家，但也是引文均值差距最大的国家。尽管西班牙的论文数量很高，但是引文均值（8.21—1.80）总体低于其他国家，表现相对最差。其他国家在学术影响力上没有表现明显的差距，均位于中间的第 2 梯队。中国的引文均值（12.05—2.33）处于中间水平，受年份变化的影响较小，已发表论文的引用情况没有在某一年显示突出的下降或上升。

表 7-11 显示了发表量前 10 国家 5 年的总体引用情况。从均值和获引率来看，各国的差距不大。其中荷兰的引文均值最高，获引率也排在前列，但是标准差较大，说明引文离散程度高，与图 7-22 中的结果比

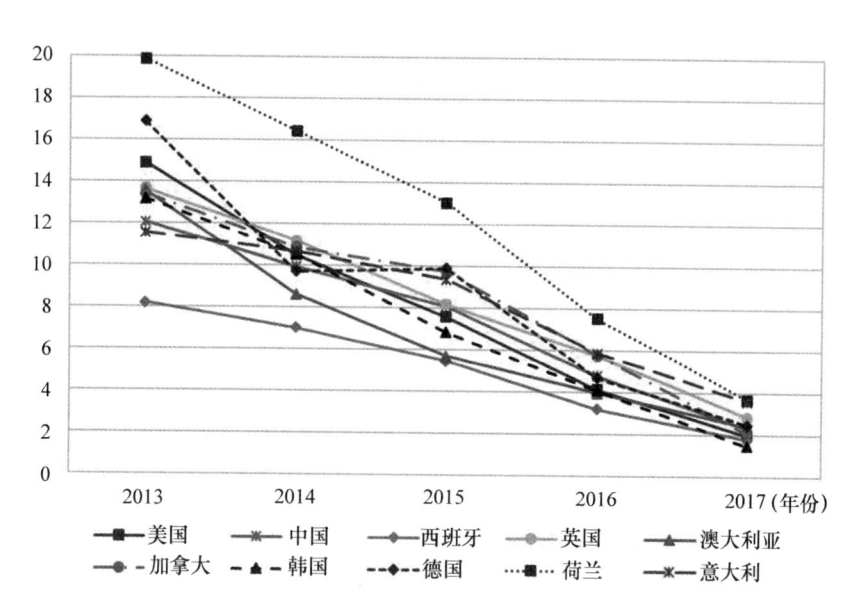

第七章 中国人文社科成果的国际影响力综合评价实证

图 7-22 2013—2017 年图书情报学期刊论文发文量
前 10 国家论文的引文均值变化

较一致；加拿大的引文均值仅次于荷兰，同时有论文获得了最大的国际学术影响力，但标准差显示的引文离散程度也最高；中国的引文均值和引文最大值都居于第 7 位，标准差为 9.87，相对引文的离散程度较低。综上，从学术利用的角度来看，中国图书情报学期刊论文的引文均值和被引论文覆盖率都处在前 10 来源国家的中间位置，论文学术影响力分布较为均衡，国际学术影响力的表现中等。

表 7-11 2013—2017 年图书情报学期刊论文发文量前 10 国家论文的引文表现

国家	引文均值	标准差	引文最大值	获引率（%）
美国	7.85	14.37	225	83.6
中国	6.97	9.87	111	86.6
西班牙	4.98	7.99	106	77.6
英国	8.23	12.89	122	86.2
澳大利亚	6.74	14.26	301	81.6
加拿大	8.75	20.79	418	89.5

续表

国家	引文均值	标准差	引文最大值	获引率（%）
韩国	6.69	11.66	135	83.7
德国	8.23	16.27	194	79.2
荷兰	11.98	18.28	131	87.2
意大利	7.90	9.02	69	91.0

（三）社会影响力

如图7-23所示，尽管AAs、TW和FB指标在2016年都有小幅度的波动下降，但总体上图书情报学期刊论文的4个Altmetrics指标的均值是随出版年份递增，反映出Altmetrics指标的及时性特征。在3个细分指标中，TW指标的均值较高，FB和MSM指标的均值较低，一方面可以说明相较于Facebook和新闻媒体平台，Twitter平台的学术成果交流和学术互动更为频繁；但另一方面，社交媒体平台和新闻媒体平台的用户使用方式存在差异性，新闻媒体平台的交互性要弱于社交媒体平台，这也是造成新闻媒体平台的指标均值比较低的原因之一。

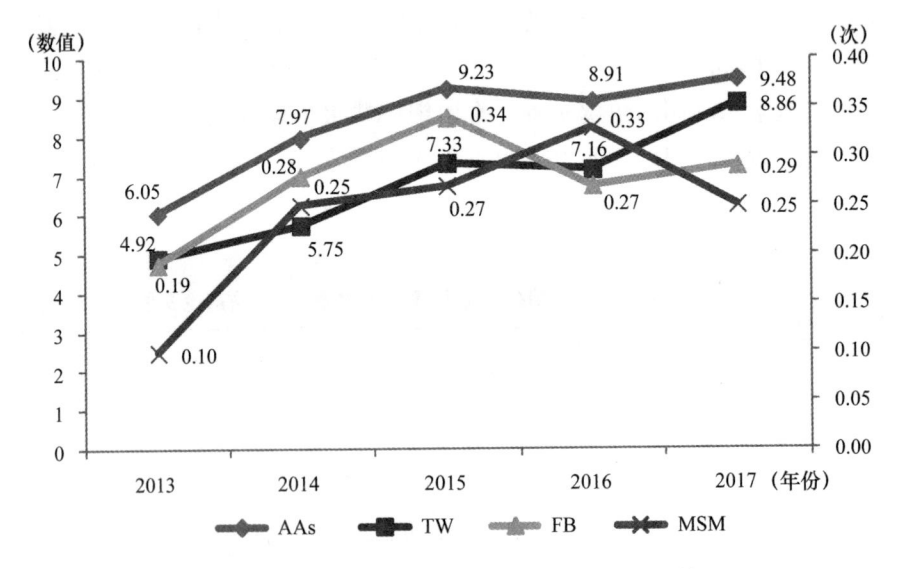

图7-23 2013—2017年图书情报学期刊论文的Altmetrics指标均值变化

第七章 中国人文社科成果的国际影响力综合评价实证

结合图7-24和表7-12,从各国图书情报学科期刊论文社会影响力评价指标加权均值来看,总体上西欧和北美等西方各国的表现要好于亚洲国家;从指标覆盖率来看,在Twitter指标的覆盖率远高于Facebook指标和新闻媒体MSM指标,MSM指标的覆盖率最低,说明在Twitter平台的学术成果传播和交流活动更为活跃,在新闻媒体平台的学术成果传播较少。

就各国的社会影响力表现而言,美国的社会影响力表现最好,除在Twitter平台以外,在其他平台的指标表现都优于其他各国,尤其在新闻媒体平台指标MSM,美国与其他国家拉开了较大的差距,指标覆盖率也最高,但这也可能是受到数据来源平台收集的数据范围局限的影响。英国的社会影响力总评仅次于美国,两国的差距不大,而且英国在Twitter平台的指标表现比美国好,指标覆盖率也高于美国,说明英国的成果在Twitter平台获得更广泛的传播。中国的社会影响力与其他西方国家存在差距,但在Facebook、Twitter等指标均值和覆盖率方面差距并不明显,中国成果在社交媒体平台的影响力较好,在新闻媒体平台影响力表现较差,考虑到数据来源平台Altmetric.com在收集数据时对国外媒体的偏向性,该结果表明中国的学术成果在国外新闻媒体上的影响力不足。

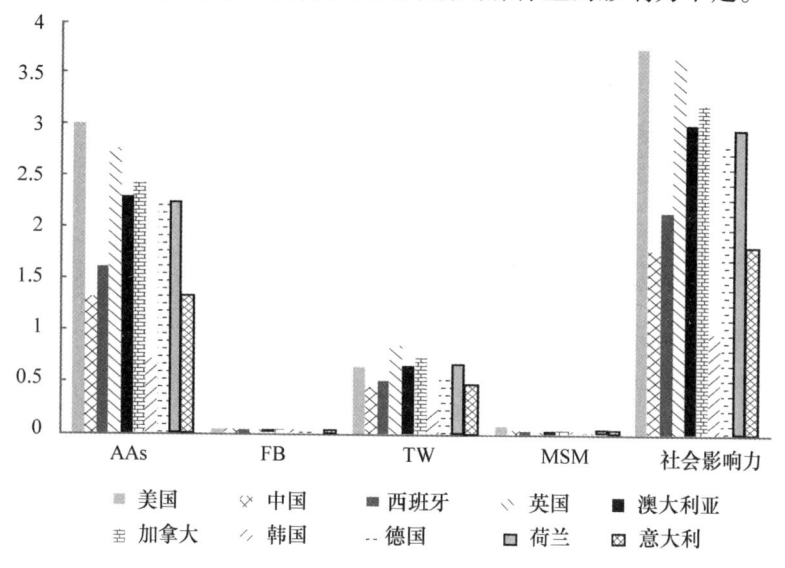

图7-24 2013—2017年图书情报学期刊论文前10国家论文社会影响力评价指标加权均值

表7-12　2013—2017年图书情报学期刊论文发文量前10国家Altmetrics指标均值及覆盖率

国家	AAs	FB	覆盖率(%)	TW	覆盖率(%)	MSM	覆盖率(%)
美国	11.13	0.36	23.1	7.51	93.7	0.48	7.7
中国	4.86	0.22	13.5	5.16	91.2	0.06	3.4
西班牙	6.00	0.28	21.1	5.98	93.6	0.05	3.6
英国	10.25	0.23	15.4	9.81	96.3	0.15	4.6
澳大利亚	8.55	0.24	15.7	7.63	51.2	0.22	7.6
加拿大	9.02	0.28	16.4	8.49	96.0	0.18	5.9
韩国	2.66	0.15	13.7	2.73	92.9	0.03	2.0
德国	8.22	0.30	23.1	6.45	90.7	0.27	5.7
荷兰	8.36	0.17	14.8	7.77	92.6	0.14	5.2
意大利	4.93	0.09	8.8	5.36	92.3	0.05	2.2

（四）前10国家图书情报学期刊论文成果影响力总评

表7-13展示的是图书情报学期刊论文来源前10国家三维影响力评价指标结果。就产出影响力而言，美国的影响力远高于其他国家，中国的影响力居于第2位，其他国家之间的影响力差距不明显。就学术影响力而言，尽管荷兰的论文数量在前10来源国家中排名较低，但是学术影响力表现最好，以3.830的学术影响力得分领先于其他国家，而论文数量最多的美国学术影响力仅排在第6位，中国以2.226的学术影响力得分紧随美国，居第7位。就社会影响力而言，美国以3.753的影响力得分处于第1位，英国紧随其后，得分3.659，其他西方国家的得分均高于中国，中国以1.783的影响力得分排在第9位，韩国社会影响力最低，得分仅为0.969。

结合产出影响力、学术影响力和社会影响力3个维度对这10个国家的国际影响力进行总评，得到荷兰的国际影响力最高，得分为6.801，美国以6.315的国际影响力得分屈居第2位，英国以6.302的得分紧追美国，处于第3位，中国在该学科的国际影响力仅排在第8位，韩国的国际影响力在10个国家中为最低。中国的产出影响力较高，学术影响力与其他国家的差距也较小，但社会影响力不足，表现出明显的差距，中国须加强学术成果的社会影响力建设,促进中国图书情报学期刊论文在社交媒体平台的传播。

表7-13　2013—2017年图书情报学期刊论文发文量前10国家影响力总评

国家	产出影响力	学术影响力	社会影响力	影响力总评
美国	0.527	2.509	3.753	6.315
中国	0.131	2.226	1.783	4.024
西班牙	0.094	1.590	2.166	3.768
英国	0.078	2.632	3.659	6.302
澳大利亚	0.042	2.154	3.019	5.180
加拿大	0.033	2.797	3.219	6.023
韩国	0.022	2.139	0.969	3.113
德国	0.016	2.630	2.838	5.474
荷兰	0.008	3.830	2.967	6.801
意大利	0.003	2.526	1.812	4.342

图7-25展示的是各国图书情报学期刊论文的"产出—影响力"分布,如图所示,美国显示出"高产出、高影响力"的特点,位于第一象限。加拿大、荷兰、德国和澳大利亚是位于第四象限的国家,表现出"高影响力、低产出"的特点。中国分布在第二象限,表现为"高产出、低影响力"的特征,说明中国的图书情报学期刊论文的成果产出能力较强,数量较多,但产生的影响力相对较低,受国内成果认定和奖励等因素的影响,中国的图书情报学研究学者越来越多地在国际上发表期刊论文,但对于成果的学术水平和质量的重视不足,应倡导"量"与"质"并重的学术风气,提高研究成果的质量,同时也应重视学术交流的作用,积极广泛地参与国际学术交流,将中国的图书情报学研究学术成果推向世界,从而提升中国图书情报学研究的国际影响力。

三　管理学期刊论文国际影响力

从所获取的总期刊论文数据中,按照WC字段中包含Agricultural

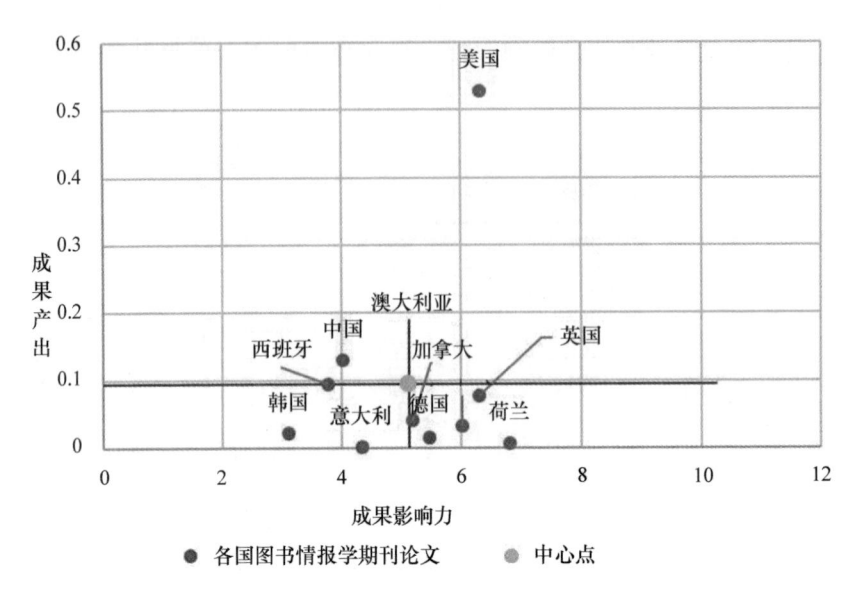

图 7-25 各国图书情报学期刊论文"产出—影响力"象限

Economics & Policy、Business、Business, Finance、Engineering, Industrial、Ergonomics、Health Policy & Services、Hospitality, Leisure, Sport & Tourism、Industrial Relations & Labor、Management、Health Care Sciences & Services、Public Administration 的条件筛选管理学期刊论文数据，共 125001 条；利用这些数据条目中的 DOI 获得相应的 Altmetrics 指标数据，共 65626 条。

(一) 产出影响力

表 7-14 展示了管理学 2013—2017 年期刊论文前 10 来源国家论文数量统计情况，从论文数量来看，前 10 国家可以分为 4 个梯队：首先美国以 38373 篇的论文数量居于首位，且在这一学科中的论文总数中占比超过 30%，远远领先于其他国家，属于第 1 梯队，但年均增长率低，仅为 2.9%；英国的论文数量仅次于美国，以 12619 篇的数量居第 2 位，占论文总数的 10.1%，但与美国的论文数量存在极大的差距，并且年均增长率仅为 2.8%，在 10 个国家中排名最后；排在第 3 位的是澳大利亚，论文总数达到 8098 篇，但是与英国相比仍有较大差距，因此，英国属于第 2 梯队；排在第 4、5 位的分别是中国和加拿大，与澳大利亚相比

差距不大，因此三国共同属于第 3 梯队。但中国的论文数量年均增长率为 18.5%，远远高于其他国家，因此有赶超澳大利亚甚至英国之势；自第 6 位的国家德国开始，论文数量呈现又一次断崖式的下降，与其后的荷兰、西班牙、意大利、法国共同属于第 4 梯队，意大利年均增长率达到 13.8%，远高于西班牙的 3.7%，所以在未来很有可能超越西班牙。

表 7-14　2013—2017 年管理学期刊论文发文量前 10 国家的论文数量统计

国家	论文总数（篇）	论文占比（%）	年均增长率（%）
美国	38373	30.7	2.9
英国	12619	10.1	2.8
澳大利亚	8098	6.5	5.1
中国	7607	6.1	18.5
加拿大	6549	5.2	3.8
德国	4495	3.6	9.8
荷兰	4418	3.5	3.6
西班牙	4249	3.4	3.7
意大利	2833	2.3	13.8
法国	2589	2.1	5.8

从图 7-26 展示的前 10 来源国家 2013—2017 年论文数量分布来看，各国基本保持平稳发展的趋势，没有出现学科井喷式发展或者学科发展受限的情况，美国持续领跑，英国紧随其后，每年论文数量都有明显的增长，赶超势头强劲。

总体上管理学在论文数量呈现明显的阶梯式分布，在产出方面中国虽然目前在该学科的论文数量没有明显的优势，但是表现出快速增长的趋势，产出影响力不断扩大，将逐步缩小与排在前列的澳大利亚甚至是英国的差距。

（二）学术影响力

如图 7-27 所示，管理学期刊论文前 10 来源国家 2013—2017 年引文均值总体表现为随年份递减的变化趋势，在一定程度上体现了引文的

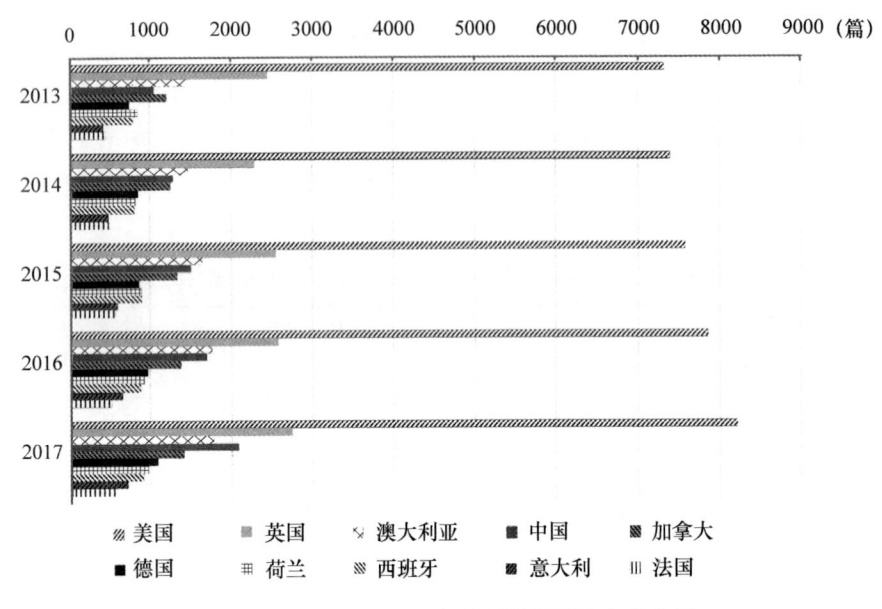

图 7 – 26　2013—2017 年管理学期刊论文发文量前 10 国家的论文数量分布

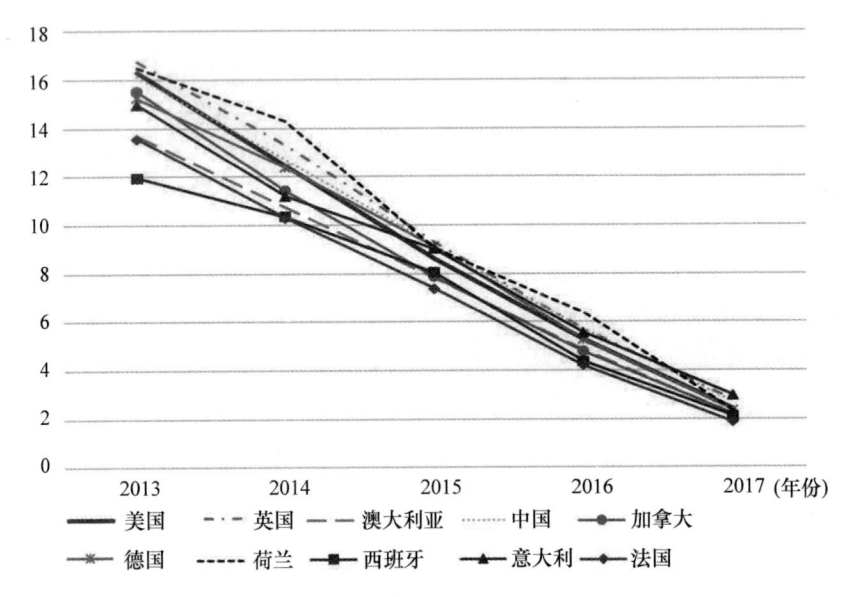

图 7 – 27　2013—2017 年管理学期刊论文发文量前 10 国家论文的引文均值变化

第七章 中国人文社科成果的国际影响力综合评价实证

滞后性。其中各年引文均值表现明显优于其他国家的是英国（16.73—2.76，波动13.97）；紧随其后的是荷兰（16.46—2.34，波动14.12），美国（16.30—2.39，波动13.91），中国（16.13—2.71，波动13.42）；表现相对较差的国家是西班牙（11.95—2.10，波动9.85）。总体来说，中国的产出表现和引文表现均为中上水平，排名都是第四，说明中国在2013—2017年发表的管理学期刊论文获得的学术影响力尚可，在一定程度上保证了论文数量和质量。

表7-15是对发文量前10国家2013—2017年引文指标的描述性统计。从引文均值和论文获引率来看，各国的引文均值存在一定的差异，表现最佳的国家是荷兰（9.41），紧随其后的是英国（9.32），其他国家的引文均值都在9以下，表现最差的是法国（7.16）。而各国管理学论文的获引率差距不大，均在82%以上。结合各国引文的标准差来看，总体来说，引文均值大的国家，其标准差也较大，说明引文的离散程度较高，国家所发论文获得的学术影响力不一。中国的引文均值为8.19，位居第五；标准差为12.36，引文的离散程度相对来说较小，说明中国管理学期刊论文内部的学术影响力差距相对较小；论文获引率为86.6%，排名靠后；论文获得的最大学术影响力与多数国家存在较大差距。

表7-15 2013—2017年管理学期刊论文发文量前10国家论文的引文表现

国家	引文均值	标准差	引文最大值	获引率（%）
美国	8.81	15.81	722	87.1
英国	9.32	17.66	825	89.3
澳大利亚	7.52	12.16	301	87.1
中国	8.19	12.36	239	86.6
加拿大	8.10	14.81	446	86.2
德国	8.29	13.84	323	88.5
荷兰	9.41	16.57	281	89.3
西班牙	7.17	10.70	168	85.9
意大利	7.97	11.11	151	87.8
法国	7.16	11.73	205	82.3

综上，从学术利用的角度来看，中国管理学期刊论文的引文均值处在前10来源国家的中上位置，引文的离散程度相对较低，整体学术影响

力处于中等水平，获得了一定的学术关注度。

（三）社会影响力

如图7-28所示，尽管AAs指标在2014年有小幅度的波动下降，但总体上，除FB指标之外，管理学期刊论文的3个Altmetrics指标的均值随年份变化递增，反映出Altmetrics指标的及时性特征。具体来说，TW指标的均值较高，MSM指标的均值也相对较高，FB指标的均值最低。

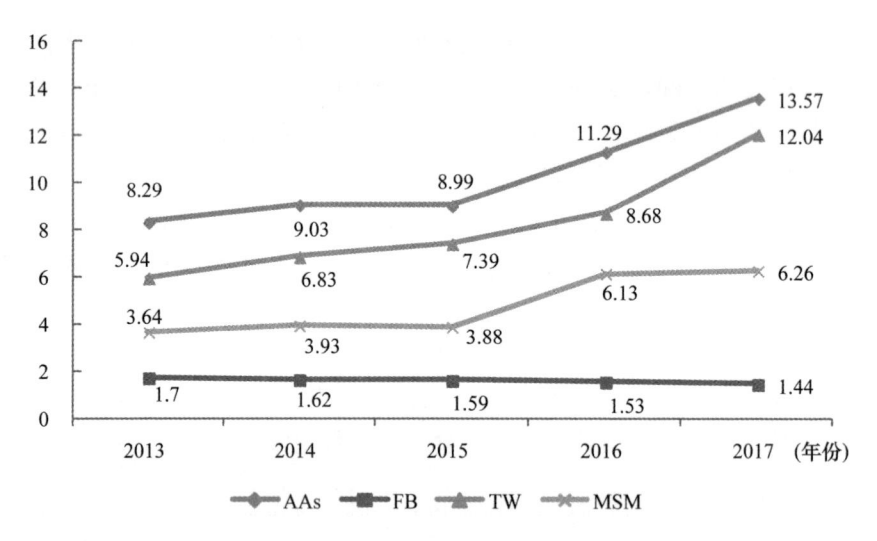

图7-28 2013—2107年管理学期刊论文的
Altmetrics指标均值变化

结合图7-29和表7-16，从各国管理学期刊论文社会影响力评价指标加权均值来看，总体上西欧和北美等西方各国的表现要好于亚洲国家，从指标覆盖率来看，在Twitter指标的覆盖率远高于Facebook指标和新闻媒体MSM指标，MSM指标的覆盖率最低，说明在Twitter平台的学术成果传播和交流活动更为活跃，在新闻媒体平台的学术成果传播较少。

从各国管理学期刊论文的社会影响力整体表现来看，美国的社会影响力最高，在除Twitter平台以外的各平台指标表现都好于其他各国，尤其是在新闻媒体平台指标MSM的指标值和覆盖率上，美国与其他国家之间表现出明显差距，但这也可能是受到数据来源平台收集数据的范围和方式影响。英国的社会影响力表现也较好，与美国的差距不大，且英国

第七章 中国人文社科成果的国际影响力综合评价实证

在 Twitter 平台对应的指标上表现优于美国,说明相比起美国,英国的管理学期刊论文在 Twitter 平台上获得更广泛的传播。中国该学科期刊论文的社会影响力整体表现与其他西方国家存在差距,但在新闻媒体平台指标表现上差距较小,表明中国该学科期刊论文在国外的新闻媒体上具备一定的影响力。

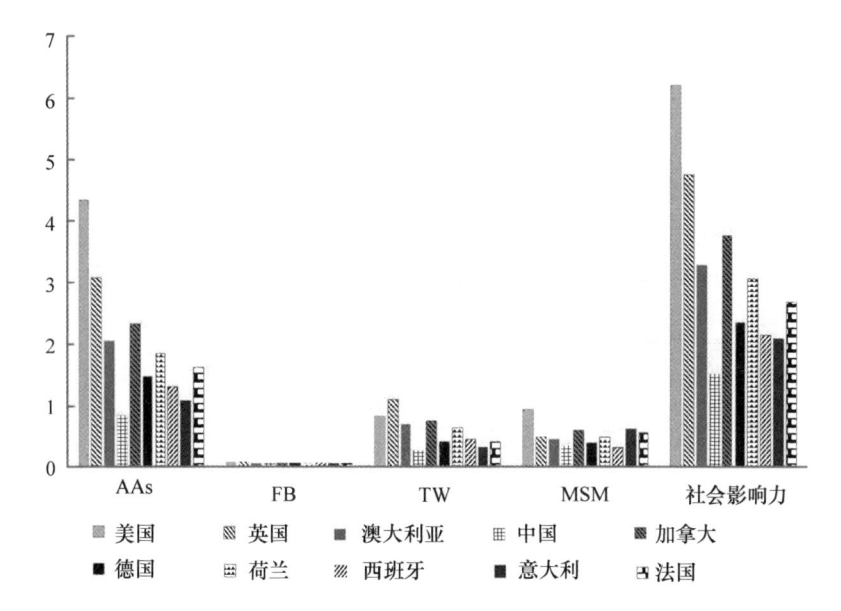

图 7-29 2013—2017 年管理学期刊论文发文量前 10
国家论文的社会影响力评价指标加权均值

表 7-16 2013—2017 年管理学期刊论文发文量前 10 国家的
Altmetrics 指标均值及覆盖率

国家	AAs	FB	覆盖率(%)	TW	覆盖率(%)	MSM	覆盖率(%)
美国	16.12	1.78	29.2	9.42	92.6	6.23	16.0
英国	11.40	1.49	24.5	12.55	95.4	3.26	7.7
澳大利亚	7.63	1.46	21.9	7.93	91.6	2.95	9.0
中国	3.11	1.24	22.0	3.09	91.3	2.25	4.2
加拿大	8.65	1.41	24.8	8.68	95.3	3.95	7.0
德国	5.47	1.26	24.4	4.75	91.9	2.66	7.8

续表

国家	AAs	FB	覆盖率（%）	TW	覆盖率（%）	MSM	覆盖率（%）
荷兰	6.86	1.38	27.3	7.40	94.7	3.29	4.3
西班牙	4.85	1.27	23.6	5.20	93.4	2.11	5.6
意大利	4.02	1.26	21.0	3.64	92.3	4.14	3.6
法国	6.03	1.38	22.5	4.85	93.0	3.68	6.8

（四）前10国家管理学期刊论文成果影响力总评

表7-17展示的是管理学期刊论文来源前10国家三维影响力评价指标结果。就产出影响力而言，美国的影响力远高于其他国家，中国的影响力居于第4位，其他国家之间的影响力差距不明显。就学术影响力而言，尽管荷兰的论文数量在前10来源国家中排名较低，但是学术影响力表现最好，以3.007的学术影响力领先于其他国家，而论文数量最多的美国学术影响力排在第3位，中国以2.616的学术影响力居第5位。就社会影响力而言，美国以6.209的影响力得分处于第1位，英国紧随其后，得分4.744，其他国家的得分均高于中国，中国以1.513的影响力得分排在最末位。

表7-17　2013—2017年管理学期刊论文发文量前10国家影响力总评

国家	产出影响力	学术影响力	社会影响力	影响力总评
美国	0.510	2.815	6.209	9.533
英国	0.168	2.978	4.744	7.889
澳大利亚	0.108	2.403	3.273	5.784
中国	0.101	2.616	1.513	4.230
加拿大	0.087	2.589	3.763	6.439
德国	0.060	2.650	2.360	5.069
荷兰	0.059	3.007	3.066	6.131
西班牙	0.056	2.291	2.148	4.495
意大利	0.038	2.548	2.094	4.679
法国	0.034	2.288	2.679	5.001

第七章 中国人文社科成果的国际影响力综合评价实证

结合产出影响力、学术影响力和社会影响力3个维度对这10个国家的国际影响力进行总评,得到美国的国际影响力最高,为9.533,英国以7.889的国际影响力得分屈居第2位,加拿大以6.439的得分紧追美国,处于第3位,中国在该学科的国际影响力排在第10位。中国的产出影响力较高,学术影响力与其他国家的差距也较小,但社会影响力不足,表现出明显的差距,中国须加强学术成果的社会影响力建设,促进中国管理学期刊论文在社交媒体平台的传播。

图7-30展示的是各国管理学期刊论文的"产出—影响力"分布,如图所示,包括中国在内的大部分国家集中分布在第三象限,其中中国的成果产出较高;美国和英国显示出"高产出、高影响力"的特点,位于第一象限。加拿大和荷兰是位于第四象限的国家,表现出"高影响力、低产出"的特点。中国的管理学期刊论文的影响力与其他国家存在一定差距,影响力相对较低,一方面应不断提升国际化成果的水平和质量,另一方面也应加强中国高质量管理学期刊论文的国际化传播,在国际上进行广泛的学术交流,提升中国的管理学研究的国际影响力。

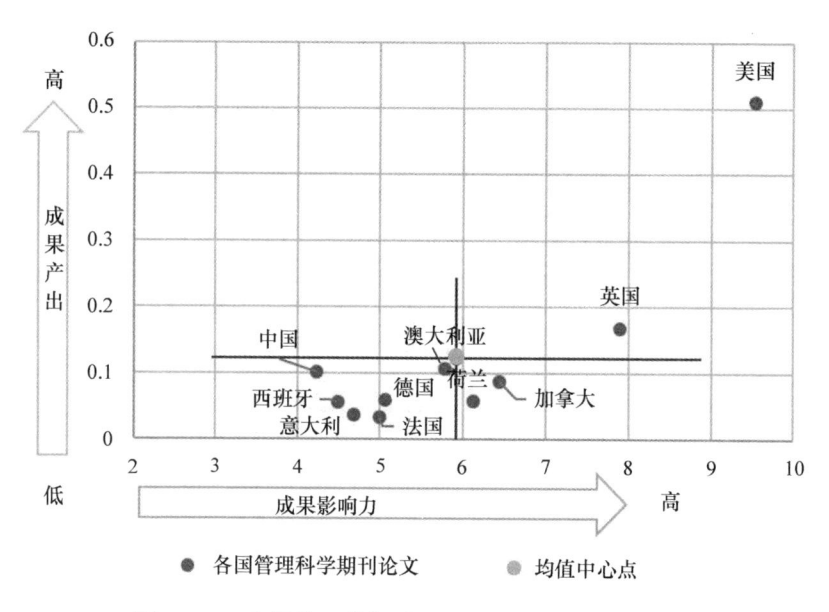

图7-30 各国管理学期刊论文"产出—影响力"象限

四 经济学期刊论文国际影响力

从所获取的总期刊论文数据中,按照 WC 字段中包含 Business、Finance、Economics、Business 的条件筛选得到经济学期刊论文数据,共 128514 条;以及利用这些数据条目中的 DOI 获得相应的 Altmetrics 指标数据,共 49814 条。

(一)产出影响力

表 7-18 展示了经济学 2013—2017 年期刊论文前 10 来源国家论文数量统计情况,从论文数量来看,前 10 国家可以分为 3 个梯队:首先美国以 36144 篇的论文数量居于首位,且在这一学科中的论文占比为 28.1%,远远领先于其他国家,属于第 1 梯队,但年均增长率低,仅为 1.3%;英国的论文数量仅次于美国,以 12060 篇的数量居第 2 位,占论文总数的 9.4%,但与美国的论文数量存在极大的差距,年均增长率为 1.5%,属于第 2 梯队;自第 3 位的国家德国开始,论文数量呈现又一次断崖式的下降,与其后的中国、澳大利亚、法国、西班牙、加拿大、意大利、荷兰共同属于第 3 梯队,除荷兰外,其他国家都保持较高的年均增长率,尤其是中国 14.4% 的年增长率赶超势头强劲。

表 7-18　2013—2017 年经济学期刊论文发文量前 10 国家的论文数量统计

国家	论文总数(篇)	论文占比(%)	年均增长率(%)
美国	36144	28.1	1.3
英国	12060	9.4	1.5
德国	7963	6.2	2.6
中国	7513	5.8	14.4
澳大利亚	6300	4.9	3.4
法国	4963	3.9	3.1
西班牙	4886	3.8	2.4
加拿大	4578	3.6	2.4
意大利	4524	3.5	5.6
荷兰	3665	2.9	-2.3

从图 7-31 展示的前 10 来源国家 2013—2017 年论文数量分布来看，各国基本保持平稳发展的趋势，没有出现学科井喷式发展或者学科发展受限的情况，美国持续领跑，英国紧随其后。

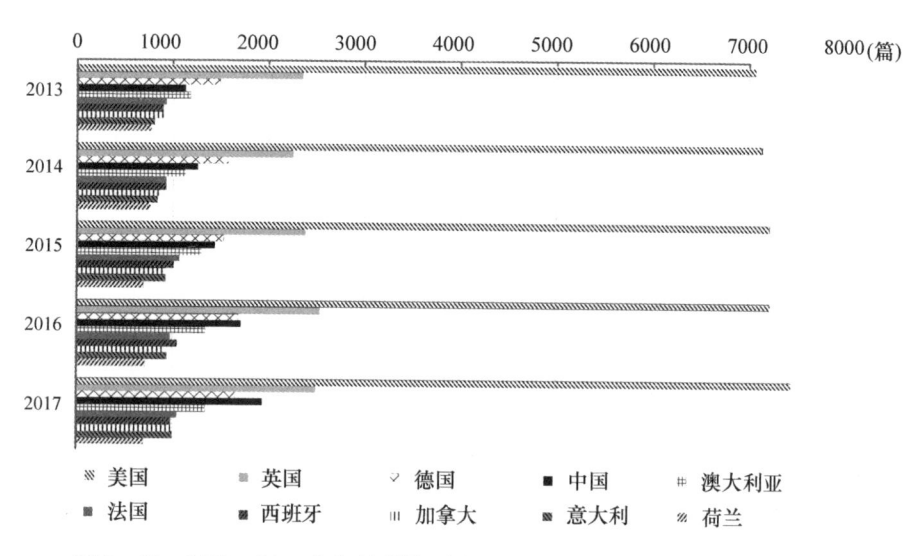

图 7-31 2013—2017 年经济学期刊论文发文量前 10 国家的论文数量分布

总体上经济学学科在论文数量呈现明显的阶梯式分布，在产出方面中国在该学科的论文数量上排在第四，表现出快速增长的趋势，产出影响力不断扩大，将逐步缩小与前 3 国家的差距。

（二）学术影响力

如图 7-32 所示，各国经济学期刊论文引用总体上随年份递减。其中引用均值相对较大的是荷兰、加拿大、美国、英国；引用均值表现中上的国家是中国、德国、澳大利亚；西班牙、意大利的引用均值相对较低；法国的引用均值总体低于其他国家，表现最差。图中最高点为荷兰 2013 年的引用均值（16.03），荷兰也是各年引用均值差距（13.84）最大的国家。相对来说，中国的引用均值处于中间水平，未有某年发表的论文引用明显下降。

表 7-19 中展示了发表前 10 国家 5 年的引用表现。各国的引用均值和获引率表现未见明显差距，但是取得的最大学术影响力较为不同。具体而言，荷兰的引用均值和获引率最高，同时有论文获得了最大的国际学术影

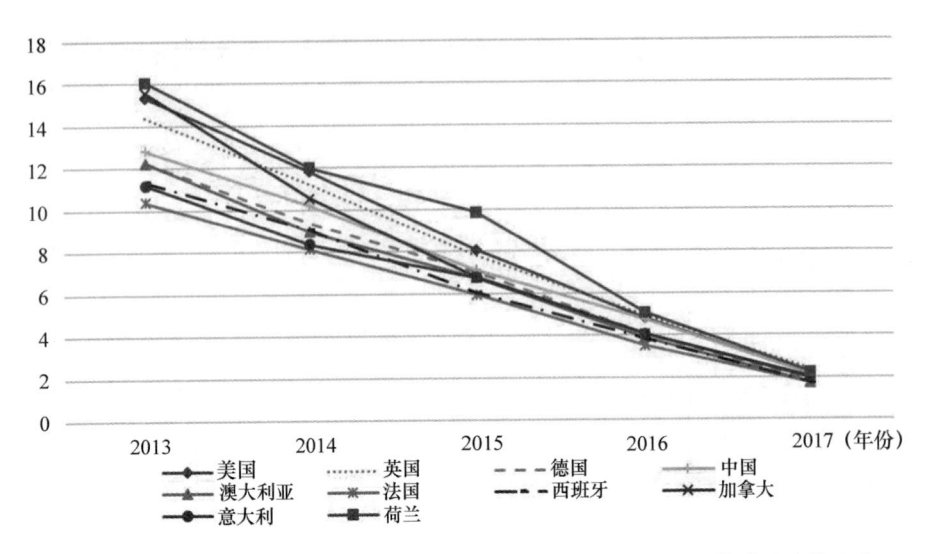

图 7-32　2013—2017 年经济学期刊论文发文量前 10 国家论文的引用均值变化

响力，但引用离散程度也较高；美国的引用均值仅次于荷兰，同时获得的最大学术影响力也较大；中国的引用均值为 6.67，居第 6 位，与此同时，获得的最大引用值为 146，居于末位。综上，从学术利用的角度来看，中国经济学期刊论文的引用表现中等，引用离散程度不高，论文取得的学术影响力差距不大，未有论文取得很高的国际学术关注度。

表 7-19　2013—2017 年经济学期刊论文发文量前 10 国家论文的引用表现

国家	引用均值	标准差	引用最大值	获引率（%）
美国	8.36	16.46	542	83.3
英国	8.00	14.00	479	84.6
德国	6.77	11.60	189	82.5
中国	6.67	10.82	146	80.2
澳大利亚	6.50	11.35	297	81.8
法国	5.82	10.16	163	78.3
西班牙	6.25	11.14	323	80.1
加拿大	7.66	16.70	446	82.8
意大利	6.22	9.89	151	81.9
荷兰	9.21	20.62	697	86.1

第七章 中国人文社科成果的国际影响力综合评价实证

（三）社会影响力

如图 7-33 所示，总体上看，除 FB 指标变化较小外，经济学期刊论文的其他 3 个 Altmetrics 指标的均值随年份变化递增。在 3 个细分指标中，其中 TW 指标的均值较高，FB 指标的均值最低，在 3 个指标所代表的 3 种平台中，Twitter 平台上的学术成果交流和学术互动更为频繁和活跃。

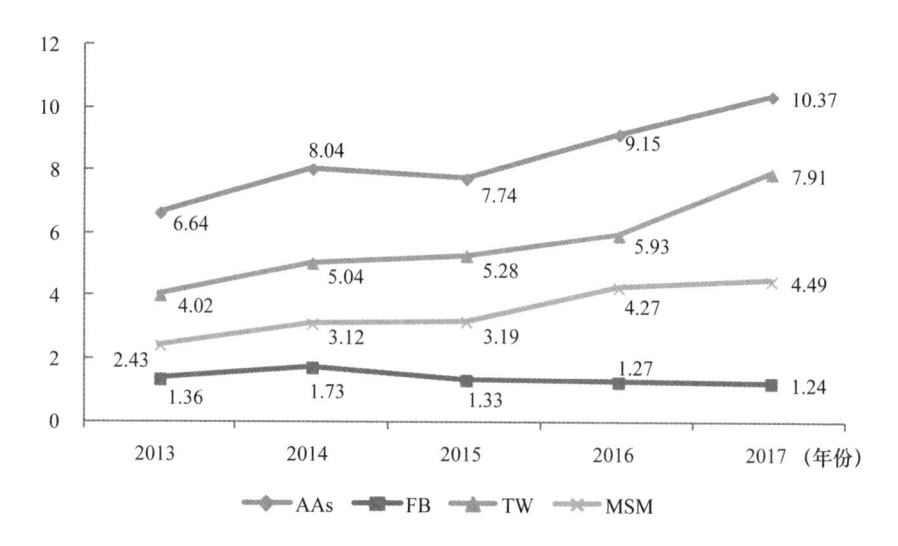

图 7-33 2013—2017 年经济学期刊论文的 Altmetrics 指标均值变化

结合图 7-34 和表 7-20，从各国经济学科期刊论文社会影响力评价指标加权均值来看，总体上西欧和北美等西方各国的表现要好于亚洲国家，从指标覆盖率来看，在 Twitter 指标的覆盖率远高于 Facebook 指标和新闻媒体 MSM 指标，MSM 指标的覆盖率最低，说明在 Twitter 平台的学术成果传播和交流活动更为活跃，在新闻媒体平台的学术成果传播较少。

就各国的社会影响力表现而言，美国的社会影响力表现最好，在 Twitter 和 Facebook 的表现位于前列，尤其是在 MSM 代表的新闻媒体平台指标表现优于其他各国，与其他国家拉开了较大的差距，指标覆盖率也最高，但这也可能是受到数据来源平台收集的数据范围的局限影响。英国的社会影响力总评仅次于美国，两国的差距不大，而且英国在 Twitter 平台的指标表现比美国好，指标覆盖率也高于美国，说明英国的成果在 Twitter 平台获得更广泛的传播。中国的社会影响力最低，与其他西方国家存在差距，在Facebook、Twitter等指标均值和覆盖率方面差距较大，中国成果在社交平台影响力表现较差，在新闻媒体平台的影响力较好，该结果表明中国的学术成果在国外社交媒体上的影响力不足。

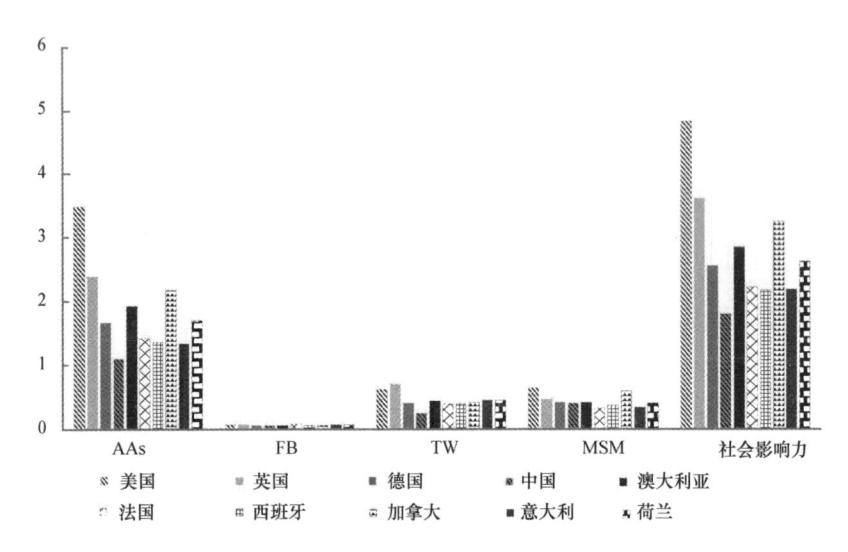

图7-34 2013—2017年经济学期刊论文发文量前10国家论文社会影响力评价指标加权均值

表7-20 2013—2017年经济学期刊论文发文量前10国家的Altmetrics指标均值及覆盖率

国家	AAs	FB	覆盖率（%）	TW	覆盖率（%）	MSM	覆盖率（%）
美国	12.956	1.441	17.3	7.101	85.9	4.270	15.9
英国	8.898	1.364	19.0	7.951	91.2	3.040	8.6
德国	6.211	1.284	18.6	4.668	86.6	2.779	8.9
中国	4.088	1.156	13.2	2.819	85.0	2.657	6.5
澳大利亚	7.184	1.245	18.5	4.977	82.2	2.787	12.2
法国	5.303	1.710	13.9	4.480	87.8	2.137	6.9
西班牙	5.035	1.181	16.3	4.524	90.3	2.463	5.0
加拿大	8.101	1.227	19.7	4.811	88.5	3.910	11.0
意大利	4.959	1.344	17.4	5.110	86.7	2.219	4.0
荷兰	6.321	1.326	20.5	5.166	87.0	2.716	6.6

(四) 前10国家经济学期刊论文成果影响力总评

表7-21展示的是经济学期刊论文前10来源国家三维影响力评价指标结果。就产出影响力而言，美国的影响力远高于其他国家，英国的影响力居于第2位，其他国家之间的影响力差距不明显。就学术影响力而言，尽管荷兰的论文数量在前10来源国家中排名较低，但是学术影响力表现最好，以2.942的学术影响力得分领先于其他国家。就社会影响力而言，美国以4.837的影响力得分处于第1位，英国紧随其后，得分为3.626，其他西方国家的得分均高于中国，中国以1.810的影响力得分排在第10位。

表7-21 2013—2017年经济学期刊论文发文量前10国家影响力总评

国家	产出影响力	学术影响力	社会影响力	影响力总评
美国	0.476	2.673	4.837	7.985
英国	0.143	2.556	3.626	6.325
德国	0.084	2.165	2.570	4.819
中国	0.069	2.133	1.810	4.012
澳大利亚	0.050	2.076	2.859	4.985
法国	0.033	1.862	2.232	4.126
西班牙	0.026	1.997	2.187	4.209
加拿大	0.018	2.447	3.261	5.726
意大利	0.012	1.988	2.189	4.189
荷兰	0.005	2.942	2.635	5.582

结合产出影响力、学术影响力和社会影响力3个维度对这10个国家的国际影响力进行总评，得到美国的国际影响力最高，得分为7.985，英国以6.325的国际影响力得分屈居第2位，中国在该学科的国际影响力仅排在前10来源国家的最后一位。中国的产出影响力和学术影响力较高，与其他国家的差距较小，但社会影响力不足，表现出明显的差距，中国须加强学术成果的社会影响力建设，促进中国经济学期刊论文在社交媒体平台的传播。

图 7-35 展示的是各国经济学期刊论文的"产出—影响力"分布，如图所示，包括中国在内的半数国家集中分布在第三象限；美国和英国显示出"高产出、高影响力"的特点，位于第一象限。加拿大和荷兰位于第四象限，表现出"高影响力、低产出"的特点。中国的经济学期刊论文的产出在各国中具有一定的优势，但影响力也相对较低。一方面中国的经济学研究学者要重视和提高在国际上发表的期刊论文的质量，另一方面学者也应积极将中国的经济学研究学术成果推向世界，在国际上进行广泛传播和交流，提升中国的经济学研究的国际影响力。

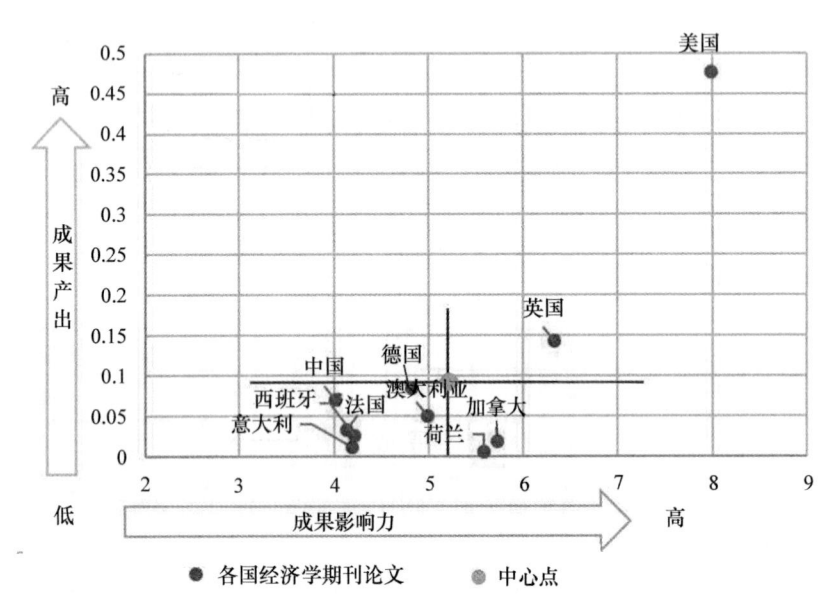

图 7-35 各国经济学期刊论文"产出—影响力"象限

第五节　人文社科学术图书分学科影响力分析

基于中国人文社科学术图书影响力总览，本节选取我国"高产出—高影响力"的教育学、新闻与传播学、管理学、经济学 4 个学科，以及心理学这一相对来说"低产出—极高影响力"学科的期刊论文分别进行国际影响力综合展示。

第七章 中国人文社科成果的国际影响力综合评价实证

一 教育学学术图书国际影响力

从所获取的总图书数据中，按照 WC 字段包含 Education & Educational Research、Education，Scientific Disciplines、Education，Special 的条件筛选得到教育学图书数据，共 11848 条；以及利用这些数据条目中的 DOI 获得相应的 Altmetrics 指标数据，共 1223 条，此学科基于 Altmetric.com 平台 Altmetrics 数据可获取率为 10.3%。

（一）产出影响力

表 7-22 展示了教育学学术图书成果 2013—2017 年国际出版数量前 10 的国家统计情况，从总数看，美国以 3652 本的数量和约占该学科国际出版总数 35.5% 的比例领先于其他国家，在前 10 国家中排名第一；排在第 2 位的澳大利亚，出版数量为 1064 本，占比约 10.3%；英国、中国、加拿大和德国差距较小，都属于第 3 梯队，后面几个国家的数量和占比依次小幅递减，中国以 565 本的数量居第 4 位，占比约 5.5%，学科发展表现良好。总体来看，据上述统计数据和表格所示，在世界范围内教育学学术图书国际出版较多的有西欧、北美洲、亚洲和大洋洲的国家，中国是出版数量最多的亚洲国家。

表 7-22　2013—2017 年教育学图书出版数量前 10 国家的图书数量统计

国家	图书总数（本）	图书占比（%）
美国	3652	35.5
澳大利亚	1064	10.3
英国	726	7.1
中国	565	5.5
加拿大	537	5.2
德国	365	3.6
新加坡	185	1.8
意大利	177	1.7
西班牙	169	1.6
新西兰	160	1.6

图 7-36 展示了 2013—2017 年发表量前 10 国家的教育学图书数量分布，各国每年出版的图书成果数量呈现明显的随年份变化增多的基本趋势。其中，美国管理学图书一年的出版量与排名靠后的各国 5 年的总数量相当，显示了美国在该学科图书成果出版的绝对优势地位，中国总体呈现递增的变化趋势，反映了该学科强劲的发展势头。

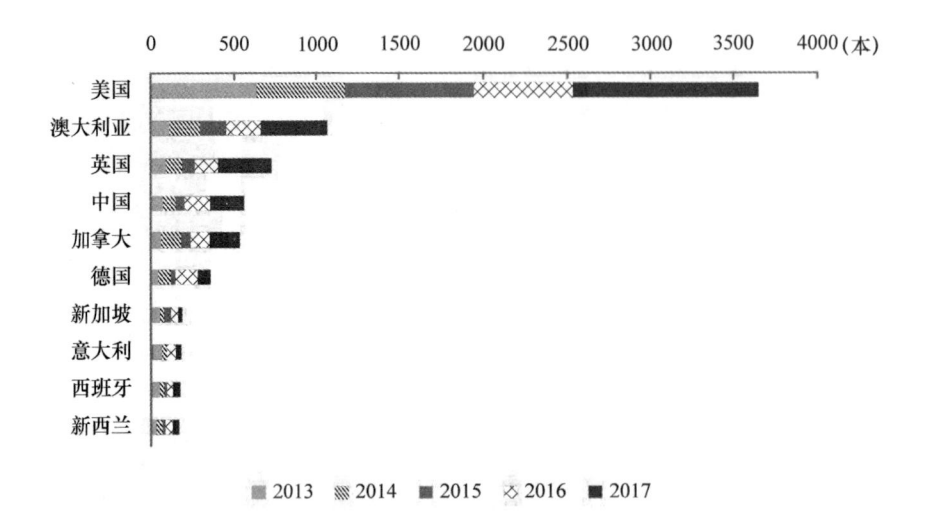

图 7-36 2013—2017 年发表量前 10 国家教育学图书数量分布

（二）学术影响力

如图 7-37 和表 7-23 所示，各国的图书引文均值总体上呈现明显的波动下降趋势，引文的滞后性特点表现突出。各国之间的引文均值差距较小，都处在较低水平，但获引率都相对较高，且引文的离散程度都较低，说明该学科的学术引用行为较为频繁，且成果之间引文较为均衡。从最高被引次数来看，美国的最高被引次数为 94 次，高于其他国家，其他国家的最高被引次数都较低。综合来看，该学科的引用行为较为频繁，各国学科发展水平差距较小。中国的引文均值较低，为 0.478，引文离散程度相对较低，最高被引为 25 次，该学科发展处在较高水平。

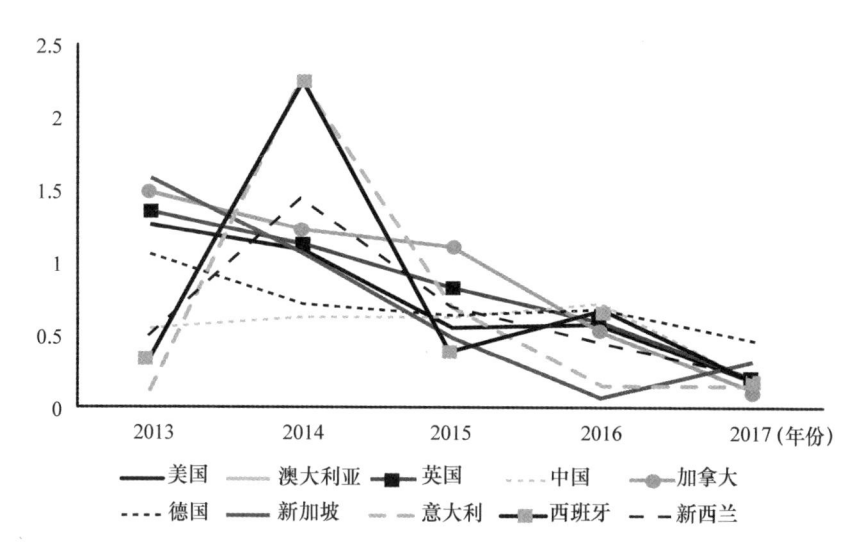

第七章 中国人文社科成果的国际影响力综合评价实证

图 7-37 2013—2017 年教育学图书出版数量前 10 国家图书的引文均值变化

表 7-23 2013—2017 年教育学图书出版数量前 10 国家图书的引文表现

国家	引文均值	标准差	引文最大值	获引率（%）
美国	0.659	2.959	94	25.0
澳大利亚	0.663	1.554	26	31.9
英国	0.587	1.556	18	26.4
中国	0.478	1.581	25	21.1
加拿大	0.717	2.372	43	31.1
德国	0.690	1.636	13	25.8
新加坡	0.762	1.766	12	29.2
意大利	0.412	1.227	10	19.8
西班牙	0.609	1.641	10	24.3
新西兰	0.681	1.757	16	27.5

（三）社会影响力

如图 7-38 所示，教育学图书的 AAs、TW 指标均值都是随年份变化波动上升的，MSM 指标均值呈现较大幅度的上下波动变化，FB 指标均值较为平稳。在3个细分指标中，TW均值是最高的，FB指标均值和MSM指标均值基本相近，说明Twitter平台是教育学图书交流传播的重要媒介，其传播效果要好于新闻媒体平台。

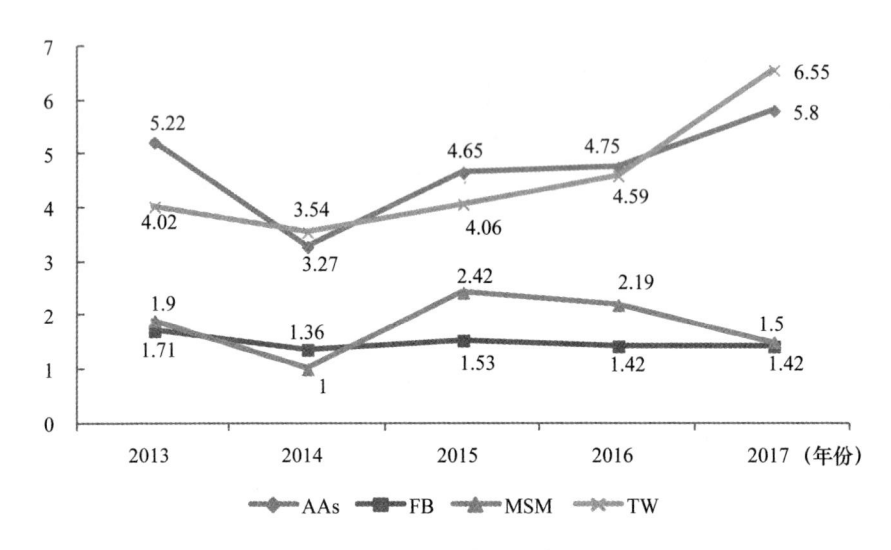

图7-38 2013—2017年教育学的图书Altmetrics指标均值

表7-24展示了前10国家中各国教育学图书的社会影响力评价分指标均值及覆盖率，可以看到，各国在Twitter平台的指标覆盖率表现最高，MSM指标的覆盖率最低，远低于Twitter平台，在均值方面TW指标表现更好，MSM指标均值表现最差，有多个国家的MSM指标均值为0。从AAs的均值来看，加拿大的AAs均值排在第1位，为7.504，与其他国家拉开了较大差距。美国排在第2位，AAs均值为3.488；英国、澳大利亚和德国的AAs均值差距较小，分列第3、第4和第5位。其他国家的AAs均值差距较小，其中中国的AAs均值最低，仅为0.932，MSM指标均值都为0，即中国的该学科图书成果在该指标所代表的国际新闻媒体平台上基本没有传播。

图7-39是加权后各国的指标表现和社会影响力展示，可以看到，社会影响力最高的是加拿大，在TW和MSM两个分指标加权值都最高，与其他国家拉开较大差距，美国、英国紧随其后，处在第2梯队，两国也在MSM指标和TW指标上与其他国家拉开了较大差距。中国的社会影

◇◇ 第七章 中国人文社科成果的国际影响力综合评价实证 ◇◇

响力评价最低，在 MSM 指标上没有有效值，TW 指标和 FB 指标的值也较低，该结果表明中国的管理学图书成果在国外社交媒体和新闻媒体上的影响力不强。

表 7-24　　2013—2017 年教育学图书出版数量前 10 国家的社会影响力评价指标均值及覆盖率

国家	AAs	FB	覆盖率（%）	TW	覆盖率（%）	MSM	覆盖率（%）
美国	3.488	1.030	12.6	3.904	91.2	1.5	3.1
澳大利亚	2.370	1.077	16.0	3.029	86.4	1	4.9
英国	2.932	2.5	4.0	3.571	98.0	2	2.0
中国	0.932	1	21.4	1.385	92.9	0	0.0
加拿大	5.179	1	7.1	3.667	92.9	3	9.5
德国	2.111	2.5	11.1	1.813	88.9	2	5.6
新加坡	1.713	0	0.0	2.25	100.0	0	0.0
意大利	1.215	1	15.4	1.917	92.3	0	0.0
西班牙	1.577	1	9.1	2.182	100.0	0	0.0
新西兰	1.525	0	0.0	1.714	87.5	0	0.0

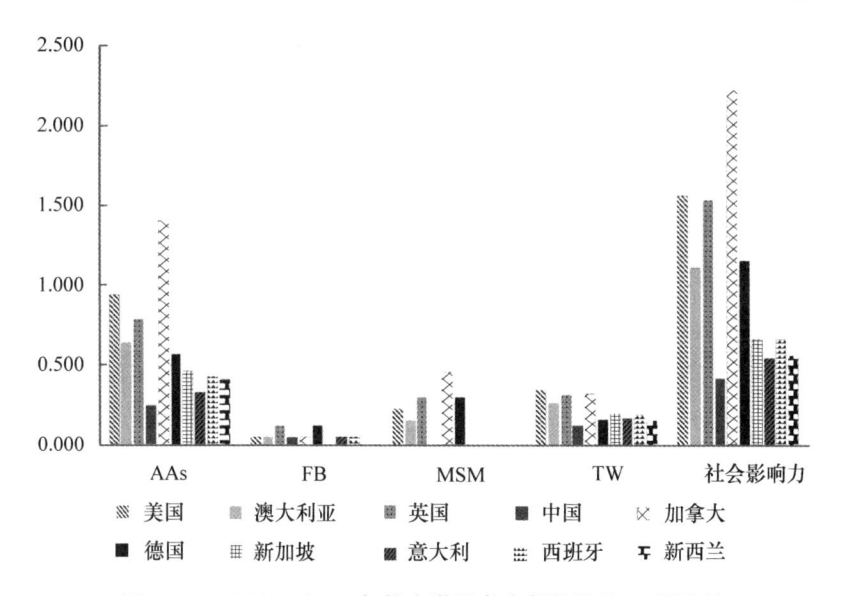

图 7-39　2013—2017 年教育学图书出版数量前 10 国家的社会影响力评价指标加权均值

(四) 前10国家教育学图书影响力总评

表7-25展示的是教育学图书前10来源国家三维影响力评价结果。就产出影响力而言，排在第1位的美国远高于其他各国，为0.586；其他国家之间的差距不明显，其中中国的产出影响力排在第4位。从学术影响力评价来看，各国之间的学术影响力差异较小，且都处在较低水平。从社会影响力评价来看，加拿大以2.223的高影响力排在第1位，美、英两国的社会影响力评价相近，其后澳大利亚和德国的社会影响力相近，剩余各国的社会影响力都较低且没有明显差距，其中中国以0.422的社会影响力排名末位。

结合产出影响力、学术影响力和社会影响力3个维度对10个国家的法学图书国际影响力进行总评得到，加拿大的国际影响力最高，为2.538；美国的国际影响力为2.358，排在第2位；英国以1.835的影响力总评排在第3位，澳大利亚和德国的国际影响力相近，分列第4、5位；中国在该学科的图书国际影响力为0.665，与意大利、新西兰等国影响力较为接近，与其他国家存在较大的差距，尽管在学术影响力维度表现良好，但是社会影响力维度表现不足，一方面中国可以积极鼓励优秀的教育学的科研成果进行国际发表，另一方面可以加强国际化的成果交流，在国际上展示中国教育学研究成果和研究水平。

表7-25　2013—2017年教育学图书出版数量前10国家影响力总评

国家	产出影响力	学术影响力	社会影响力	影响力总评
美国	0.586	0.211	1.561	2.358
澳大利亚	0.171	0.212	1.110	1.492
英国	0.117	0.188	1.531	1.835
中国	0.091	0.153	0.422	0.665
加拿大	0.086	0.229	2.223	2.538
德国	0.059	0.221	1.155	1.434
新加坡	0.030	0.244	0.659	0.932
意大利	0.028	0.132	0.545	0.705
西班牙	0.027	0.195	0.666	0.888
新西兰	0.026	0.218	0.562	0.805

第七章 中国人文社科成果的国际影响力综合评价实证

图 7-40 展示的是各国教育学图书的"产出—影响力"分布在 4 个象限中的情况。如图中所示,包括中国在内的半数国家集中分布在"低产出、低影响力"的第三象限,但中国的产出靠近第二、第三象限的边缘,在一定程度上可以看作教育学图书的"高产出、低影响力"国家;美国、澳大利亚显示出"高产出、高影响力"的特点,位于第一象限;英国位于第一、第二象限的边界,在一定程度上可以看作"高产出、高影响力"国家;加拿大和德国则表现出"低产出、高影响力"的特点。虽然中国的教育学图书的产出与其他各国的差异较小,但是总影响力却相差较大,说明中国在教育学研究图书成果的发表上没有落后于其他国家,但是发表的图书在国际上获得的认可和关注不足,在未来的学科发展和成果发表过程中就要更加注重成果的质量,以期获得更多的学术和社会关注,从而产生更多国际影响。

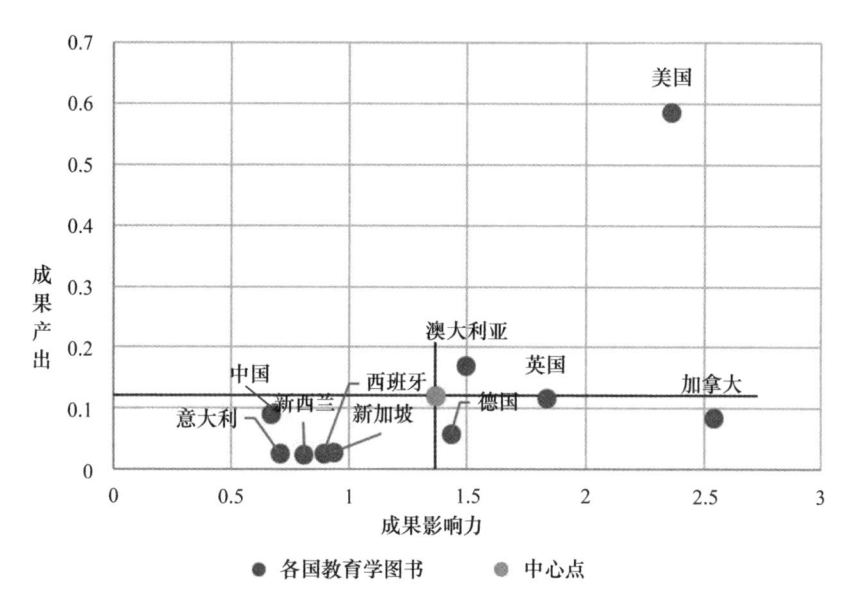

图 7-40　各国教育学图书"产出—影响力"分布

二　新闻与传播学学术图书国际影响力

新闻学与传播学图书数据是从所获取的总图书数据中,按照 WC 字段包含 Communication 的条件筛选得到,共 2125 条;以及利用这些数据条目中的 DOI 获得相应的 Altmetrics 指标数据，共 298 条。

（一）产出影响力

表 7-26 展示了新闻学与传播学学术图书成果 2013—2017 年国际出版数量前 10 国家的统计情况，从总数看，美国以 360 本的数量和约占该学科国际出版总数 22.2% 的比例领先于其他国家，在前 10 个国家中排名第 1 位；排在第 2 位的英国，出版数量为 203 本，占比约 12.5%。中国以 98 本的数量居第 4 位，占比约 6.0%，总体来看，据上述统计数据和表格所示，世界范围内新闻学与传播学图书成果主要集中在欧洲和北美洲，中国是出版数量前 10 国家中唯一的亚洲国家。

表 7-26　　　2013—2017 年新闻学与传播学图书出版数量前 10 国家的图书数量统计

国家	图书总数（本）	图书占比（%）
美国	360	22.2
英国	203	12.5
澳大利亚	100	6.2
中国	98	6.0
西班牙	86	5.3
德国	83	5.1
意大利	66	4.1
加拿大	65	4.0
瑞典	39	2.4
葡萄牙	35	2.2

图 7-41 展示了 2013—2017 年前 10 国家的新闻学与传播学图书数量分布，大部分每年出版的图书成果数量呈现随年份变化增多的趋势。其中美国新闻学与传播学图书 2017 年的出版量与排名靠后的澳大利亚和西班牙等国 5 年的数量相当，显示了美国在该学科图书成果出版的绝对优势地位，中国在 2016 年和 2017 年的图书数量较高，而 2013—2015 年的数量相对较少，总体是稳中有增的趋势，反映了该学科的良好发展势头。

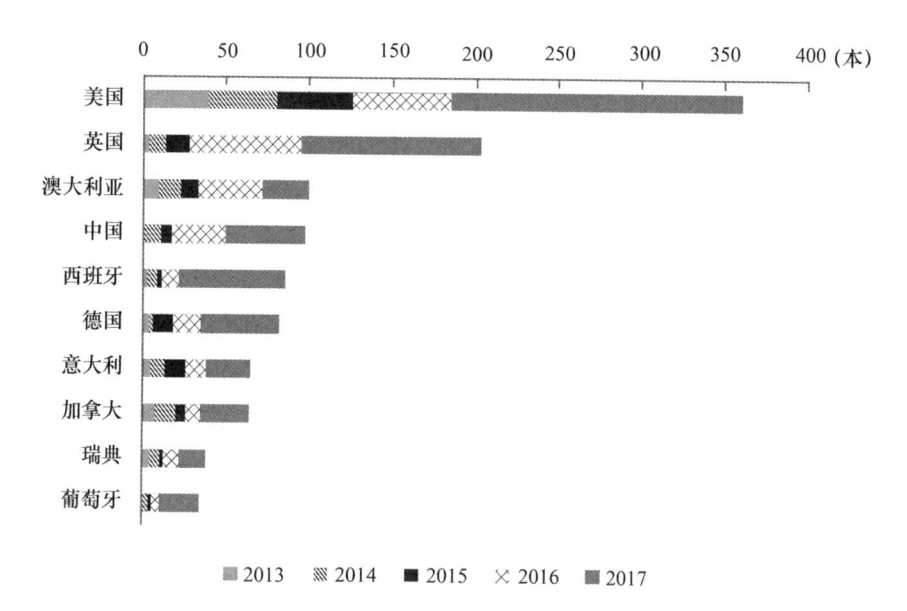

第七章 中国人文社科成果的国际影响力综合评价实证

图 7-41 2013—2017 年新闻学与传播学图书出版数量
前 10 国家的图书数量分布

（二）学术影响力

如图 7-42 和表 7-27 所示，各国的图书引文均值总体上呈现波动递减的变化趋势，反映学术引文的滞后性特点。各国每年的引文均值排名交替变化，意大利的总体图书引文均值表现最好，总引文均值为 0.879，排在第 1 位，最高被引次数为 8 次，排在第 4 位，从获引率上看，意大利有 42.4% 的图书成果获得了至少 1 次引用，在所有 10 个国家中名列前茅，其离散度排在第 4 位，意大利没有引用值特别高的"明星文献"，说明该学科图书引文值的差异相对较小，图书整体引用情况较好。新闻学与传播学图书年度引文均值最高点出现在 2014 年的加拿大，其总体引文均值排名第二，最高被引次数为 13 次，居第 3 位，但也呈现较高的引文离散度。引文离散程度最低的是瑞典，标准差是 0.307，最高被引次数仅有 1 次，排在末位，其离散程度低说明瑞典的新闻学与传播学图书被引次数均处于较低水平。中国的引文均值较低为 0.265，引文离散程度相对较低，最高被引为 6 次，说明中国在该学科出版的图书成果水平较低，仍有较大的进步空间。

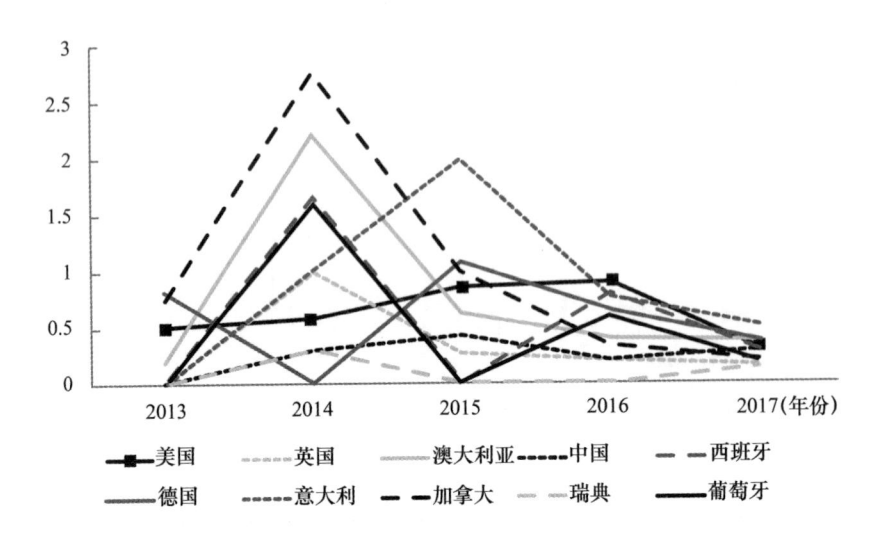

图 7-42 2013—2017 年新闻学与传播学图书出版数量前 10 国家的引文均值变化

表 7-27 2013—2017 年新闻学与传播学图书出版数量前 10 国家图书的引文表现

国家	引文均值	标准差	引文最大值	获引率（%）
美国	0.517	1.994	26	19.2
英国	0.217	0.840	6	8.9
澳大利亚	0.63	2.028	19	29.0
中国	0.265	0.914	6	12.2
西班牙	0.419	0.939	7	29.1
德国	0.542	1.140	5	25.3
意大利	0.879	1.544	8	42.4
加拿大	0.877	2.019	13	35.4
瑞典	0.103	0.307	1	10.3
葡萄牙	0.429	1.119	6	22.9

（三）社会影响力

如图 7-43 所示，4 个指标在 5 年中波动变化，没有表现出明显的时间窗口和滞后性，较为符合 Altmetrics 指标的及时性特征。在 3 个细分指标均值中，代表 Twitter 平台的 TW 指标均值是最高的，代表 Facebook 平台的 FB 指标表现最差，均值最低，且没有过明显的增长。MSM 指标均值略高于 FB 指标均值，并在 2016 年大幅增长，当年的 Altmetrics 指标均值位居第一，说明 2016 年新闻学与传播学图书在新闻媒体平台上传播较多。整体来说，新闻学与传播学图书在 Twitter 社交媒体平台的交流传播是较多的，而在新闻媒体平台的传播较少。

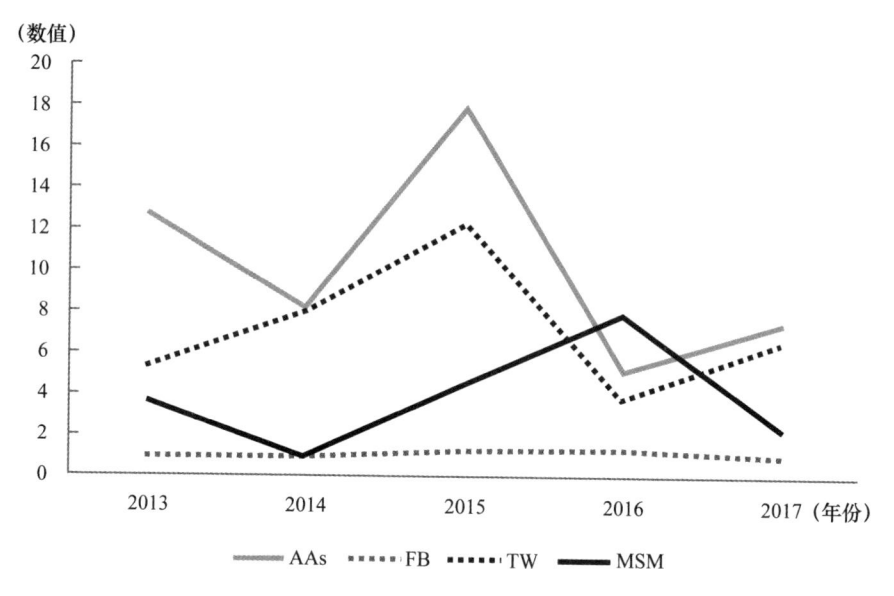

图 7-43 2013—2017 年新闻学与传播学图书 Altmetrics 指标均值

表 7-28 展示了前 10 国家中各国新闻学与传播学图书的社会影响力评价分指标均值及覆盖率，可以看到，各国在 Twitter 平台的指标表现更好，10 个国家在 Twitter 平台上的传播都比较广泛；仅有美国、中国和德国 3 个国家的新闻学与传播学图书在 FB 所代表的 Facebook 上有传播交流；仅有美国和意大利两个国家的新闻学与传播学图书在 MSM 代表的新闻媒体平台上有传播交流。从 AAs 的均值来看，意大利的 AAs 均值排在第 1 位，为 4.53。英国和加拿大的 AAs 均值接近，分列第 2 和第 3 位。其中中国的 AAs 均值位列第九，仅为 0.97，MSM 指标均值为 0，即中国

的该学科图书成果在国际新闻媒体平台上的传播较少。

图 7-44 是加权后各国的指标表现和社会影响力展示,可以看到,社会影响力最高的是意大利,在 MSM 指标加权值最高,远超其他国家。加拿大、英国和美国紧随其后,分列第 2、第 3 和第 4 位。中国的社会影响力评价位列第九,仅高于澳大利亚。在 MSM 指标没有有效值,TW 的指标均值也较低,该结果表明中国的新闻学与传播学图书成果在国外社交媒体和新闻媒体上的影响力不强。

表 7-28　2013—2017 年新闻学与传播学图书出版数量前 10 国家的 Altmetrics 指标均值及覆盖率

国家	AAs	FB	覆盖率(%)	TW	覆盖率(%)	MSM	覆盖率(%)
美国	2.56	1	20.8	3.71	87.5	1	4.2
英国	3.34	0	0	3.67	75	0	0
澳大利亚	0.56	0	0	1.25	100	0	0
中国	0.97	1	50	1.4	100	0	0
西班牙	2.79	0	0	1.67	75	0	0
德国	1.52	1	30	2.33	90	0	0
意大利	4.53	0	0	1.67	60	1	40
加拿大	3.09	0	0	5	85.7	0	0
瑞典	0	0	0	0	0	0	0
葡萄牙	0	0	0	0	0	0	0

(四)前 10 国家新闻学与传播学图书影响力总评

表 7-29 展示的是新闻学与传播学图书前 10 来源国家三维影响力评价结果。就产出影响力而言,排在第 1 位的美国远高于其他各国,为 0.387;英国排在第 2 位,之后其他国家间的差距不明显,产出影响力依次递减。从学术影响力评价来看,意大利和加拿大的学术影响力较高且比较接近,美国和德国的学术影响力差异较小,同属第 2 梯队,西班牙和葡萄牙两国的学术影响力接近,属于第 3 梯队,其余各国的学术影响力较低,且差距不明显。中国的学术影响力相对较低,为 0.085。从社

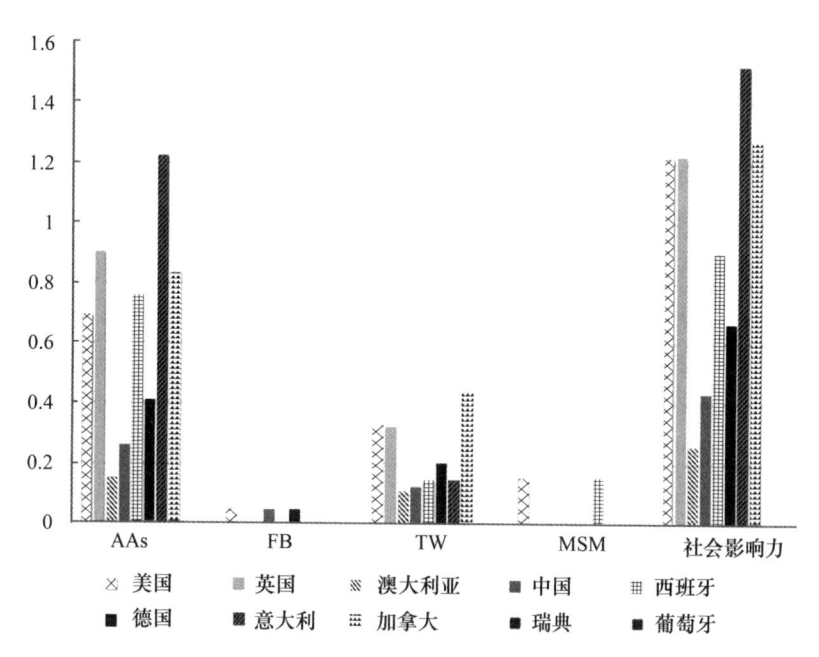

第七章 中国人文社科成果的国际影响力综合评价实证

图 7-44 2013—2017 年新闻学与传播学图书出版数量
前 10 国家的社会影响力评价指标加权均值

会影响力评价来看，各国的社会影响力评价与学术影响力评价相比，评价较高，其中意大利的影响力排在第 1 位，其后是美国、英国和加拿大，三国影响力较高且相近。中国的社会影响力为 0.434，在 10 个国家中排在第 8 位。

结合产出影响力、学术影响力和社会影响力 3 个维度对 10 个国家的新闻学与传播学图书国际影响力进行总评得到，意大利、美国、加拿大和英国的国际影响力比较高，与之相比，中国在该学科的图书成果国际影响力为 0.624，存在明显的差距，尽管在产出影响力维度表现较好，但是在其他两个维度表现不足，尤其是社会影响力表现存在较大进步空间。中国可以在鼓励优秀的新闻学与传播学的科研成果进行国际出版的同时，加强国际化成果交流和合作，在国际上展示研究成果和水平。

表 7-29　2013—2017 年新闻学与传播学图书出版数量前 10 国家影响力评价

国家	产出影响力	学术影响力	社会影响力	综合影响力
美国	0.387	0.165	1.216	1.768
英国	0.218	0.069	1.223	1.510
澳大利亚	0.107	0.201	0.261	0.570
中国	0.105	0.085	0.434	0.624
西班牙	0.092	0.134	0.900	1.126
德国	0.089	0.173	0.664	0.926
意大利	0.071	0.281	1.519	1.871
加拿大	0.070	0.280	1.271	1.621
瑞典	0.042	0.033	0	0.075
葡萄牙	0.038	0.137	0	0.175

图 7-45 展示的是各国新闻学与传播学图书的"产出—影响力"分布，如图所示，各国较均匀分布在第一、第三和第四象限中，其中美国和英国显示出"高产出、高影响力"的特点，位于第一象限。中国、澳大利亚和欧洲多国集中分布在"低产出、低影响力"的第三象限；意大

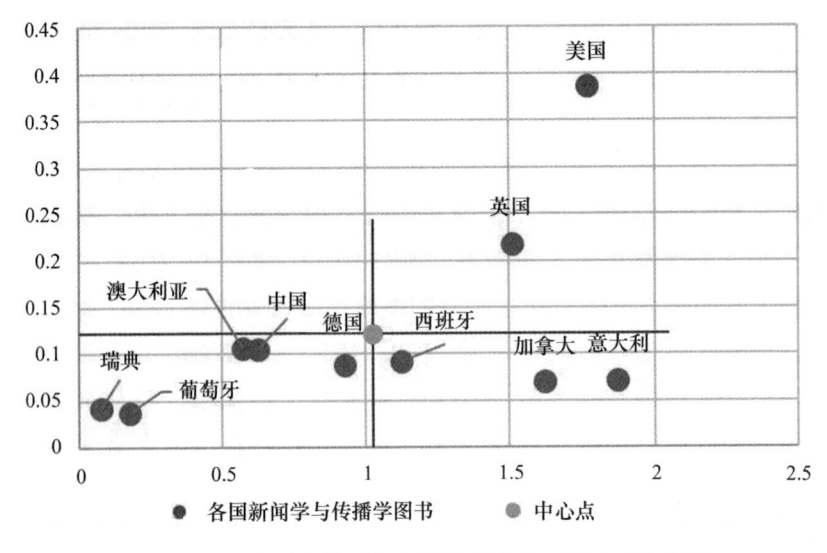

图 7-45　各国新闻学与传播学"产出—影响力"象限

利、加拿大和西班牙位于第四象限，表现出"高影响力、低产出"的特点。在产出层面，中国的新闻学与传播学图书与其他各国相比基本没有差距，但是在影响力层面，可以看出，中国的新闻学与传播学图书成果的国际化水平有待提高，在注重成果数量的同时，也要注重成果的质量，将更多高质量的新闻学与传播学图书推向国际，在国际的平台上传播和交流，提高我国社会科学研究的影响力。

三 管理学学术图书国际影响力

管理学图书数据是从所获取的总图书数据中，按照 WC 字段包含 Agricultural Economics & Polocy、Engineering, Industrial、Ergonomics、Health Policy & Services、Hospitality, Leisure, Sport & Tourism、Industrial Relations & Labor、Management、Operations Research & Management Science、Health Care Sciences & Services、Public Administration 的条件筛选得到的，共 10551 条；以及利用这些数据条目中的 DOI 获得相应的 Altmetrics 指标数据，共 1087 条。

（一）产出影响力

表 7-30 展示了管理学学术图书 2013—2017 年国际出版数量前 10 国家的统计情况，从总数看，美国以 2079 本的数量和约占该学科国际出版总数 23.4%的比例领先于其他国家，在前 10 个国家中排名第一；排在第 2 位的英国，出版数量为 760 本，占比约 8.6%，其后各国家的数量和占比依次小幅递减，中国以 358 本的数量居第 6 位，占比约 4.03%，总体来看，据上述统计数据和表格所示，在世界范围内欧洲和北美洲国家管理学图书成果国际出版数量排名靠前，中国是出版数量前 10 国家中的亚洲国家之一，另一个亚洲国家是排名第八的印度。

表 7-30　2013—2017 年管理学图书出版数量前 10 国家的图书数量统计

国家	图书总数（本）	图书占比（%）
美国	2079	23.40
英国	760	8.60
德国	556	6.30

◇◇ 应用篇 ◇◇

续表

国家	图书总数（本）	图书占比（%）
澳大利亚	486	5.50
意大利	451	5.10
中国	358	4.03
加拿大	308	3.50
印度	296	3.30
土耳其	257	2.90
荷兰	212	2.40

图 7-46 展示了 2013—2017 年前 10 国家的管理学图书数量分布，各国每年出版的图书成果数量呈现明显的随年份变化增多的趋势。其中美国管理学图书一年的出版量与排名靠后的土耳其和荷兰等国 5 年的数量相当，显示了美国在该学科图书成果出版的绝对优势地位，中国在 2016 年的图书数量较高，而 2013 年和 2015 年的数量相对较少，总体是稳中有增的趋势，反映了该学科的良好发展势头。

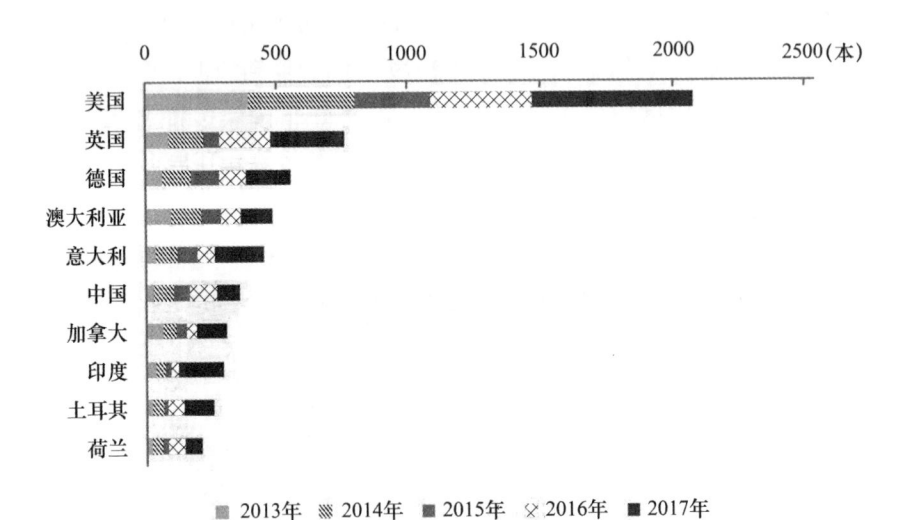

图 7-46 2013—2017 年管理学图书出版数量前 10 国家的图书数量分布

◇◇ 第七章 中国人文社科成果的国际影响力综合评价实证 ◇◇

（二）学术影响力

如图7-47和表7-31所示，各国的图书引文均值总体上呈现波动递减的变化趋势，反映了学术引文的滞后性特点，各国每年的引文均值排名交替变化，美国的总体图书引文均值表现最好，总引文均值为1.532，排在第2位，最高被引次数为120次，排在第3位，从获引率上看，美国有30.9%的图书成果获得了至少1次引用，在所有10个国家中名列前茅，但是高引文和高获引率使得引文离散程度较高，离散度排在第2位，该学科图书引文差异较大。管理学图书年度引文均值最高点出现在2013年的荷兰，其总体引文均值最高，最高被引次数为215次居第1位，但也呈现最高的引文离散度。引文离散程度最低的是印度，标准差是1.264，最高被引次数仅有15次，排在末位，其离散程度低说明印度的管理学图书被引次数均处于较低水平。中国的引文均值较低，为0.777，引文离散程度相对较高，最高被引为47次，说明中国在该学科发表的成果水平不均，一部分图书成果具备了较高水准，在国际上获得了较高的认可。

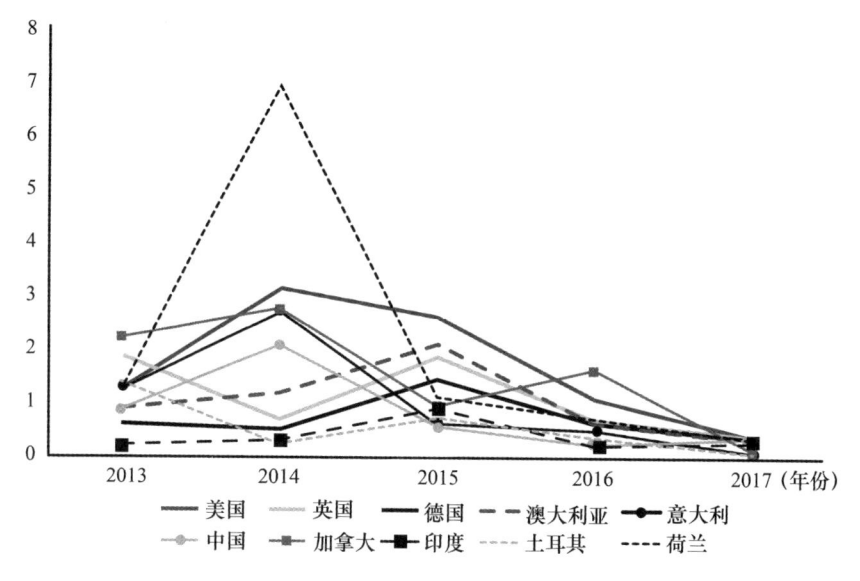

图7-47 2013—2017年管理学图书出版数量前10国家图书的引文均值变化

表7-31　2013—2017年管理学图书出版数量前10国家的引文表现

国家	引文均值	标准差	引文最大值	获引率（%）
美国	1.532	6.483	120	30.9
英国	0.807	2.815	58	28.3
德国	0.683	2.327	34	26.1
澳大利亚	1.045	6.251	127	29.8
意大利	0.820	4.230	83	26.2
中国	0.777	3.988	47	22.9
加拿大	1.282	3.863	44	33.4
印度	0.331	1.264	15	15.5
土耳其	0.366	1.383	16	17.1
荷兰	1.783	14.801	215	33.5

（三）社会影响力

如图7-48所示，4个指标在5年中波动变化，最后在2017年表现出上升的趋势，没有表现出明显的时间窗口和滞后性，较为符合Altmetrics指标的及时性特征。在3个细分指标均值中，代表Twitter平台的TW

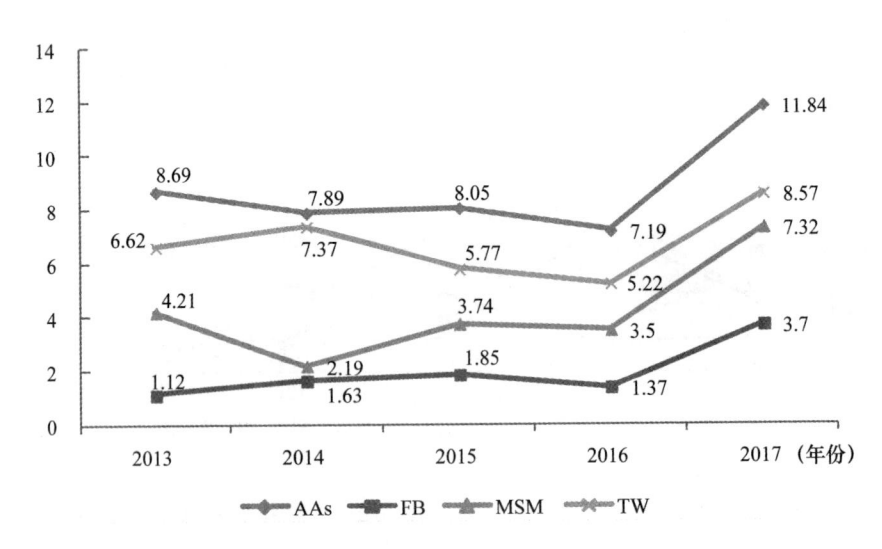

图7-48　2013—2017年管理学图书的Altmetrics指标均值

指标均值是最高的，代表 Facebook 平台的 FB 指标表现最差，均值最低，MSM 指标均值略高于 FB 指标均值，在一定程度上说明管理学图书在 Twitter 社交媒体平台的交流传播较为广泛，而在新闻媒体平台上传播度和影响在逐渐扩大，Facebook 平台对于该学科图书的网络传播的重要性也逐渐显现。

表 7-32 展示了前 10 国家中各国管理学图书的社会影响力评价分指标均值及覆盖率，可以看到，各国在 TW 指标表现更好，在 FB 和 MSM 指标的覆盖率相近，远低于 TW 平台，在均值方面 3 个指标差距不大。从 AAs 的均值来看，加拿大的 AAs 均值排在第 1 位，为 8.815，与其他国家拉开了较大差距。荷兰、美国和英国的 AAs 均值接近，分列第 2、第 3 和第 4 位。其他国家的 AAs 均值差距较小，其中中国的 AAs 均值最低，仅为 0.844，FB 和 MSM 指标均值都为 0，即中国的该学科图书成果在这两个指标所代表的平台上基本没有传播。

图 7-49 展示的是加权后各国的指标表现和社会影响力情况，可以看到，社会影响力最高的是加拿大，在 MSM 指标加权值最高，荷兰、美国和英国紧随其后，分列第 2、第 3 和第 4 位，三国在 MSM 新闻媒体平台和 TW 指标都表现较好，与其他国家拉开了较大差距。中国的社会影响力评价最低，在 FB 和 MSM 指标都没有有效值，Twitter 的值也较低，该结果表明中国的管理学图书成果在国外社交媒体和新闻媒体上的影响力不强。

表 7-32　　　　2013—2017 年管理学图书出版数量前 10
国家的 Altmetrics 指标均值及覆盖率

国家	AAs	FB	覆盖率（%）	MSM	覆盖率（%）	TW	覆盖率（%）
美国	5.340	1.091	11.5	2.45	10.5	3.560	88.0
英国	5.223	1.167	8.8	2	11.8	4.762	92.6
德国	1.656	1	5.6	1	5.6	1.882	94.4
澳大利亚	1.721	1	8.6	1	5.7	1.828	82.9
意大利	1.432	1	15.8	0	0.0	1.824	89.5
中国	0.844	0	0.0	0	0.0	1.444	100.0
加拿大	8.815	1.25	15.4	5	15.4	3.25	92.3

续表

国家	AAs	FB	覆盖率(%)	MSM	覆盖率(%)	TW	覆盖率(%)
印度	2.335	1	7.7	0	0.0	3.417	92.3
土耳其	1.391	0	0.0	0	0.0	1.8	90.9
荷兰	5.667	1	11.8	4	5.9	3.5	94.1

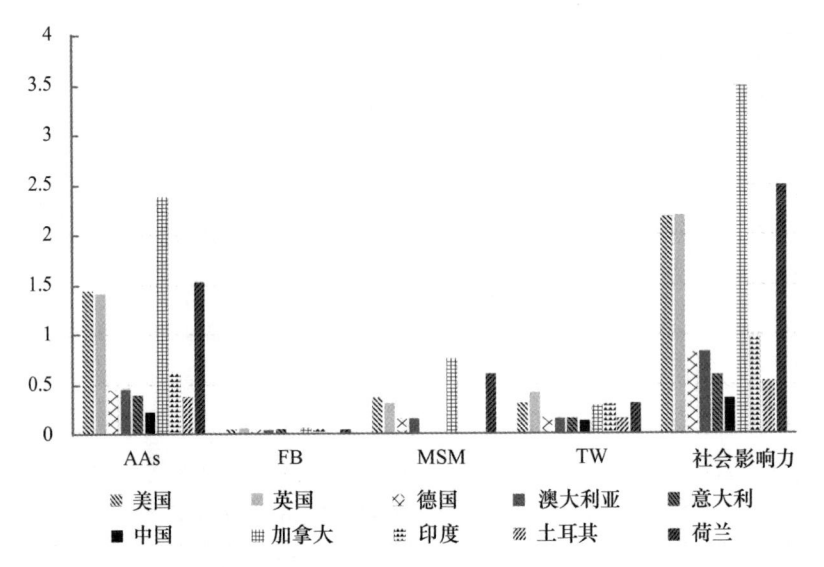

图 7-49 2013—2017 年管理学图书出版数量前 10
国家的社会影响力评价指标加权均值

（四）前 10 国家管理学图书影响力总评

表 7-33 展示了管理学图书前 10 来源国家三维影响力评价结果。就产出影响力而言，排在第 1 位的美国远高于其他各国，得分为 0.440；英国和德国分列第 2、3 位，其他国家之间的差距不明显。从学术影响力评价来看，荷兰的学术影响力最高，得分为 0.570；美国的学术影响力排名第 2 位，得分为 0.490，尽管加拿大的产出影响力排名较低，但学术影响力排在前 3 位；排在第 4 位的是澳大利亚，意大利、英国、中国和德国分列其后，四国之间的差距不明显。尽管中国的学术影响力排在靠后的位置，但相对的与西欧各国的差距并不大。从社会影响力评价来

看，加拿大以3.484的高影响力排在第1位，荷兰紧随其后，影响力为2.492，美英两国的社会影响力评价相近，剩余各国的社会影响力都较低且没有明显差距，其中中国以0.354的社会影响力排在末位。

结合产出影响力、学术影响力和社会影响力3个维度对10个国家的管理学图书国际影响力进行总评得到，加拿大的国际影响力最高，为3.959；美国的国际影响力为3.108，排在第2位；荷兰以3.107的影响力总评第3位，英国以2.606的影响力总评第4位；澳大利亚和德国的国际影响力相近，分列第5、6位；中国在该学科的图书成果国际影响力为0.678，与土耳其的影响力较为接近，与其他国家存在较大的差距，尽管在学术影响力维度表现良好，但是在其他两个维度表现不足，尤其是社会影响力表现存在较大进步空间。中国可以在鼓励优秀的管理学科研成果国际发表的同时，加强国际交流合作，在国际上充分展示研究成果和水平。

表7-33 2013—2017年管理学图书出版数量前10国家影响力总评

国家	产出影响力	学术影响力	社会影响力	影响力总评
美国	0.440	0.490	2.178	3.108
英国	0.161	0.258	2.187	2.606
德国	0.118	0.218	0.813	1.149
澳大利亚	0.103	0.334	0.826	1.263
意大利	0.095	0.262	0.595	0.953
中国	0.076	0.248	0.354	0.678
加拿大	0.065	0.410	3.484	3.959
印度	0.063	0.106	0.979	1.147
土耳其	0.054	0.117	0.533	0.704
荷兰	0.045	0.570	2.492	3.107

图7-50展示的是各国管理学图书的"产出—影响力"分布。如图所示，包括中国在内的半数国家集中分布在"低产出、低影响力"的第三象限；美国、英国显示出高产出、高影响力的特点，位于第一象限。

荷兰和加拿大位于第四象限，表现出高影响力、低产出的特点。中国的管理学图书的产出和影响力与其他各国的差距都较大，在未来的学科发展和成果发表过程中既要注重成果数量，也应注重成果的质量和在国际平台的传播和交流。

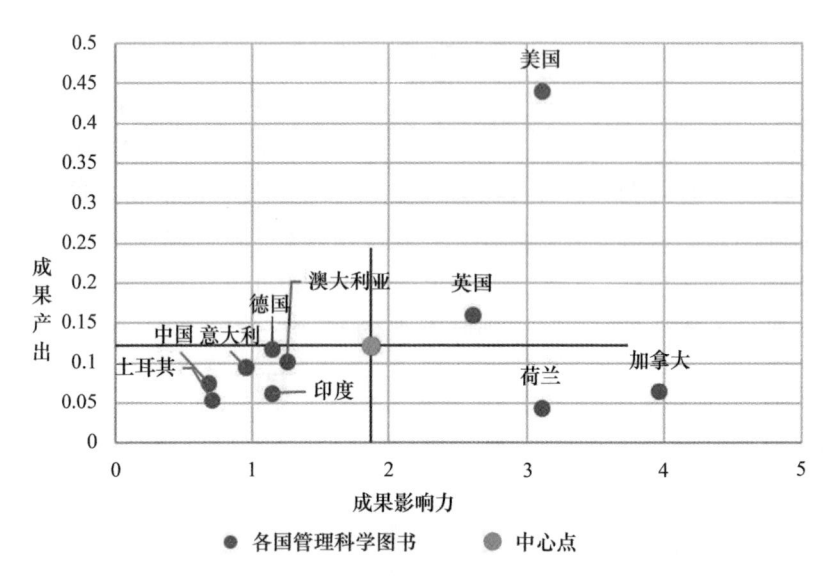

图 7-50 各国管理学图书"产出—影响力"分布

四 经济学学术图书国际影响力

从所获取的总图书数据中，按照 WC 字段包含 Business、Business, Finance、Economics 的条件筛选得到经济学图书数据，共 13712 条，以及利用这些数据条目中的 DOI 获得相应的 Altmetrics 指标数据，共 1457 条。

（一）产出影响力

表 7-34 展示了经济学学术图书成果 2013—2017 年国际出版数量前 10 国家的统计情况，从总数看，美国以 2518 本的数量和约占该学科国际出版总数 22.9% 的比例领先于其他国家，在前 10 个国家中排名第 1 位；其后各国家的数量和占比依次小幅递减，中国以 615 本的数量居第 4 位，占比约 5.6%，总体来看，据上述统计数据和表格所示，除美国外，在世界范围内西欧和亚洲多个国家的经济学图书成果国际出版数量排名靠前，中国是出版数量最多的亚洲国家。

第七章 中国人文社科成果的国际影响力综合评价实证

表7-34 2013—2017年经济学图书出版数量前10国家的图书数量统计

国家	图书总数（本）	图书占比（%）
美国	2518	22.9
英国	852	7.7
德国	751	6.8
中国	615	5.6
意大利	559	5.1
印度	512	4.7
澳大利亚	502	4.6
日本	470	4.3
土耳其	306	2.8
法国	263	2.4

图7-51展示了2013—2017年前10国家的经济学图书数量分布，各国每年出版的图书成果数量呈现随年份变化波动增长的趋势。其中美国经济学图书一年的出版量与排名靠后的几个国家5年的总数量相当，

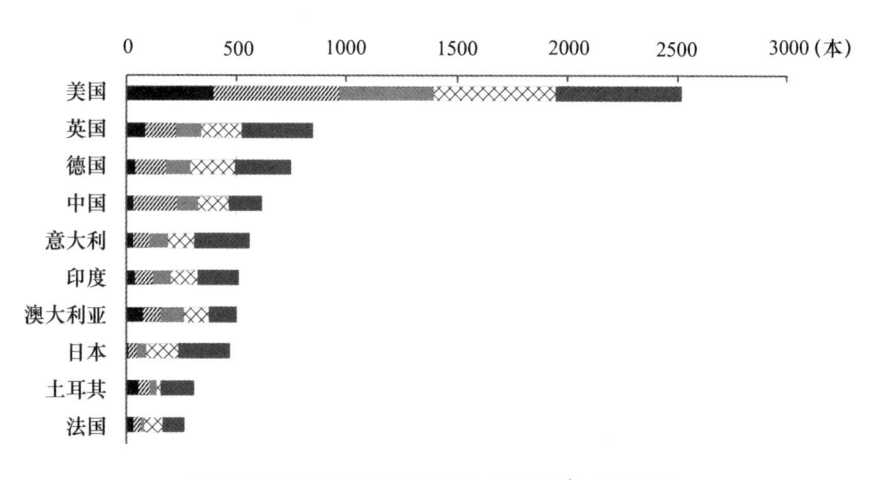

图7-51 2013—2017年经济学图书出版数量前10国家的图书数量分布

显示了美国在经济学图书成果出版和经济学研究的绝对优势地位,中国在 2014 年的图书出版数量较高,而 2013 年和 2015 年的数量相对较少,总体是稳中有升的趋势,反映了该学科的良好发展势头。

(二) 学术影响力

如图 7-52 和表 7-35 所示,美国和法国的图书引文均值呈现明显的年度递减趋势,其他国家呈现波动递减的变化趋势,总体上反映学术引文的滞后性特点。美国的总体引文均值表现最好,为 1.788,最高被引次数为 78 次,同样排在第 1 位,从获引率上看,美国有 33.8% 的图书成果获得了至少 1 次引用,在所有 10 个国家中高居首位,但是高引文和高获引率使得引文离散程度较高,离散度排在第 1 位,说明美国的经济学图书之间引文差异较大。其他国家的引文均值都较低,但引文离散程度相对较低,最高被引次数之间也没有较大差距。其中,中国的引文均值较低,为 0.397,引文离散程度相对较低,说明中国在该学科发表的图书成果在国际上获得的认可较为接近,最高被引为 27 次,与除美国之外的其他国家差距不大。

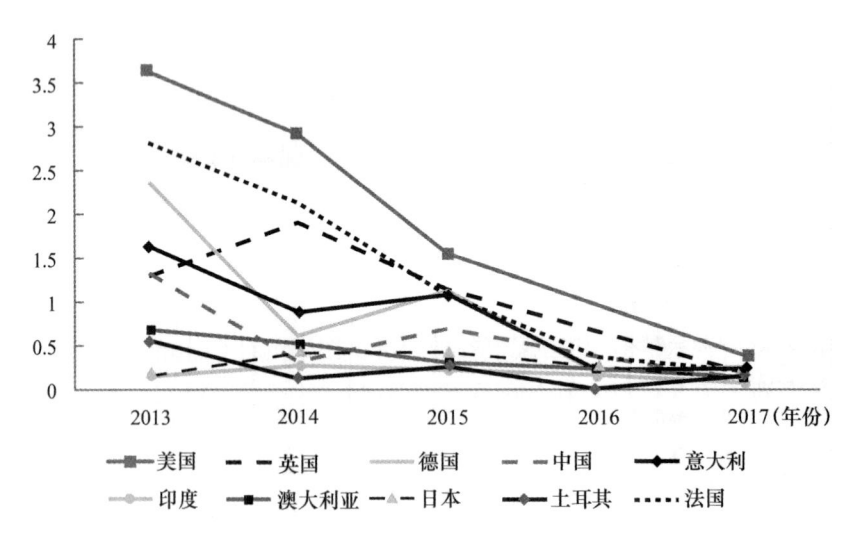

图 7-52　2013—2017 年经济学图书出版数量前 10 国家图书的引文均值变化

第七章 中国人文社科成果的国际影响力综合评价实证

表7-35 2013—2017年经济学图书出版数量前10国家图书的引文表现

国家	引文均值	标准差	引文最大值	获引率（%）
美国	1.788	5.844	78	33.8
英国	0.792	2.682	41	25.4
德国	0.554	2.340	34	20.2
中国	0.397	1.830	27	14.6
意大利	0.517	1.968	28	18.6
印度	0.154	0.557	6	10.2
澳大利亚	0.337	1.048	11	17.3
日本	0.177	0.8	13	10.2
土耳其	0.203	1.036	16	11.1
法国	0.859	3.045	33	26.2

（三）社会影响力

如图7-53所示，4个指标在5年中波动变化，除FB指标外，其他3个指标呈现先降后升的趋势，没有表现出明显的时间窗口和滞后性，在一定程度上反映出Altmetrics指标的及时性特征。在3个细分指标均值中，代表Twitter平台的TW指标均值是最高的，代表Facebook平台的FB指标表现最差，均值最低，MSM指标均值略高于FB指标均值，尤其在2017年MSM指标均值有明显的增长。总体说明经济学图书在不同网络平台获得的传播和关注逐渐增多，其中在Twitter社交媒体平台的交流传播是较多的，而在新闻媒体平台的传播要弱于社交媒体。

表7-36展示了前10国家中各国经济学图书的社会影响力评价分指标均值及覆盖率，可以看到各国在代表Twitter平台的TW指标覆盖率表现更好，在MSM指标的覆盖率最低，在代表Facebook平台的FB指标覆盖率也处在较低水平，在均值方面3个指标差距不大，相对来说TW指标的均值略高。从AAs的均值来看，美国的AAs均值排在第1位，为8.256。法国紧随其后，以7.960的AAs均值排第2位。日本、英国、意大利、德国的AAs均值较为接近，在2.5左右，其他国家的AAs均值差距较小。其中中国的AAs均值最低，仅为0.790，MSM指标均值和覆盖

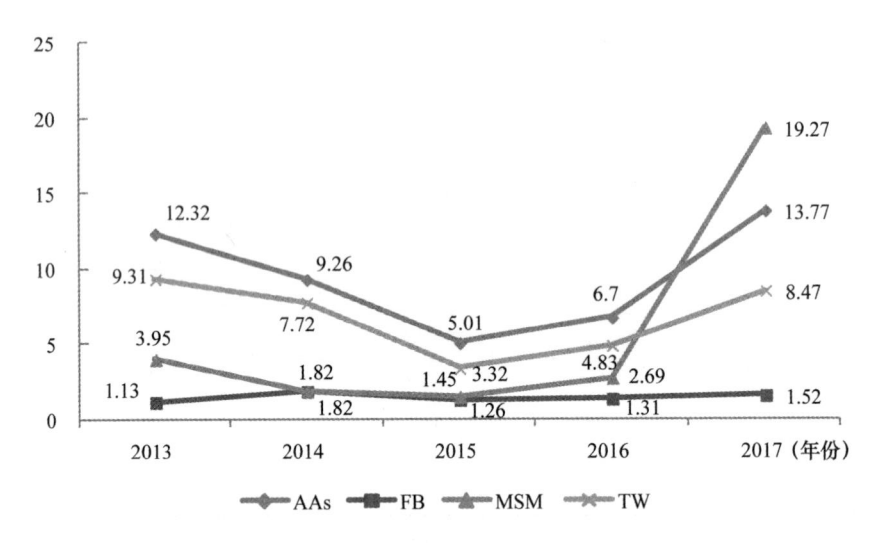

图 7-53 2013—2017 年经济学图书的 Altmetrics 指标均值

率都为 0，即中国的经济学图书成果在该指标所代表的平台上基本没有传播。

图 7-54 展示的是加权后各国的指标表现和社会影响力展示，可以看到，社会影响力最高的是美国，MSM 分指标加权值最高。法国紧随其后，排在第 2 位，TW 分指标加权值最高，与其他国家拉开了较大差距。之后各国之间没有显著差距。中国的社会影响力评价最低，在 MSM 指标没有有效值，FB 和 T 指标均值都较低，该结果表明中国的管理学图书成果在国外社交媒体和新闻媒体上的影响力都不强。

表 7-36　2013—2017 年经济学图书出版数量前 10 国家图书的 Altmetrics 指标均值及覆盖率

国家	AAs	FB	覆盖率（%）	TW	覆盖率（%）	MSM	覆盖率（%）
美国	8.256	1.108	14.7	3.743	80.5	3.778	10.8
英国	2.625	1.222	13.4	2.053	85.1	1	3.0
德国	2.165	1	16.7	1.870	76.7	1	3.3

续表

国家	AAs	FB	覆盖率（%）	TW	覆盖率（%）	MSM	覆盖率（%）
中国	0.790	1	13.3	1.462	86.7	0	0.0
意大利	2.250	0	0.0	1.643	82.4	2	5.9
印度	1.958	1	7.7	1.909	84.6	1	7.7
澳大利亚	1.810	1	12.0	1.684	76.0	1	4.0
日本	2.658	1	20.0	1	100.0	0	0.0
土耳其	2.269	1	12.5	2.857	87.5	0	0.0
法国	7.960	0	0.0	1.889	90.0	4	20.0

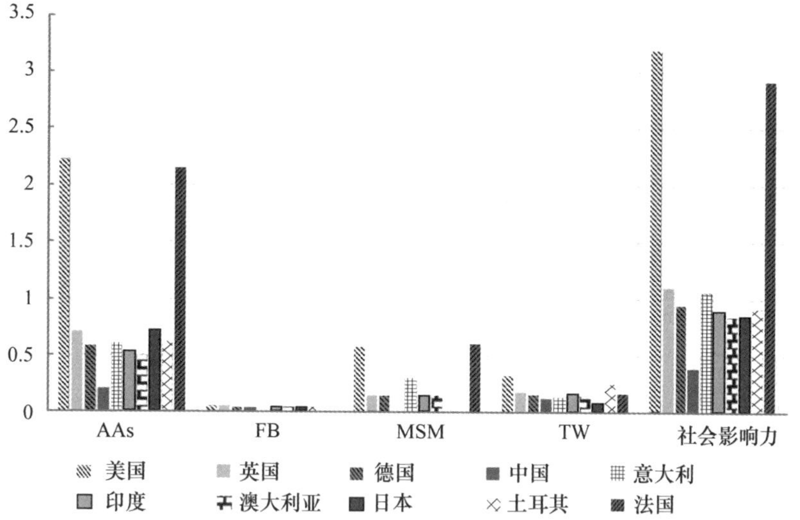

图 7-54 2013—2017 年经济学图书出版数量前 10 国家的社会影响力评价指标加权均值

（四）前 10 国家管理学图书影响力总评

表 7-37 展示的是管理学图书前 10 来源国家三维影响力评价结果。就产出影响力而言，排在第 1 位的美国远高于其他各国，为 0.418；之后各国依次递减，各国之间的差距不明显。从学术影响力评价来看，美国的学术影响力最高为 0.571；英国和法国的学术影响力相近，排在第 2 和第 3 位，尽管法国的产出影响力排名较低，但学术影响力排名较高；

中国以 0.127 的学术影响力分布在第 3 梯队，与西欧各国的差距较小。从社会影响力评价来看，美国以 3.183 的高影响力排在第 1 位，法国以 2.920 的影响力排在第 2 位，之后除中国外的其他国家社会影响力评价相近，没有明显差距。中国以 0.390 的社会影响力排名末位。

结合产出影响力、学术影响力和社会影响力 3 个维度对 10 个国家的管理学图书国际影响力进行总评得到，美国的国际影响力最高，为 4.172；法国的国际影响力为 3.239，排在第 2 位；英国以 1.495 的影响力总评第 3 位，意大利和德国的影响管理总评分列第 4 和第 5 位。之后各国的影响力基本在 1 左右。中国在该学科的图书成果国际影响力为 0.619，排在末位，与其他国家存在较大的差距，尽管在产出影响力维度评价较高，但是在其他两个维度表现不足，在学术影响力和社会影响力上仍需进一步发力，中国可以鼓励高质量经济学科研成果进行国际发表，同时加强国内外的学术成果交流，积极在国际上展示中国的经济学研究成果。

表 7-37　2013—2017 年经济学图书出版数量前 10 国家影响力总评

国家	产出影响力	学术影响力	社会影响力	综合影响力
美国	0.418	0.571	3.183	4.172
英国	0.141	0.253	1.100	1.495
德国	0.125	0.177	0.949	1.251
中国	0.102	0.127	0.390	0.619
意大利	0.093	0.165	1.054	1.313
印度	0.085	0.049	0.896	1.031
澳大利亚	0.083	0.108	0.837	1.028
日本	0.078	0.056	0.854	0.989
土耳其	0.051	0.065	0.912	1.027
法国	0.044	0.275	2.920	3.239

图 7-55 展示的是各国经济学图书的"产出—影响力"分布，图中以各国的产出影响力均值和成果影响力均值为中心点，将各个国家分布

◇◇ 第七章 中国人文社科成果的国际影响力综合评价实证 ◇◇

在4个象限中。如图所示，包括中国在内的大部分国家集中分布在"低产出、低影响力"的第三象限；仅有美国的经济学图书显示出高产出、高影响力的特点，位于第一象限。位于第二象限的英国则表现出高产出、低影响力的特点。法国是唯一位于第四象限的国家，表现出高影响力、低产出的特点。中国的经济学图书在产出层面处在中等水平，与其他国家差距不大，但总影响力层面与其他各国存在较大差距，在未来的学科发展和成果发表过程中应更加重视提升成果的质量，以高质量的学术成果获得国际学术界的认可，也应注重成果在国际平台的传播和交流，不断提高我国经济学图书成果的国际影响力。

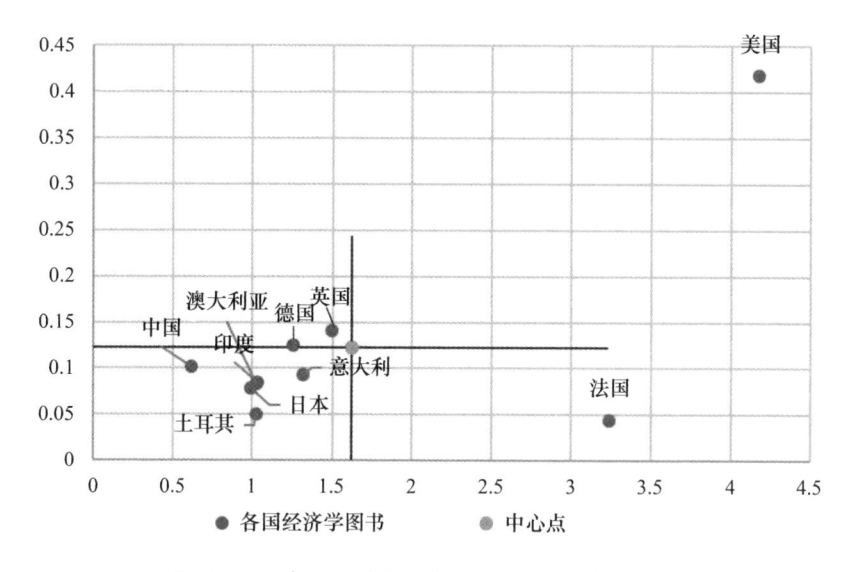

图 7-55 各国经济学图书"产出—影响力"分布

五 心理学学术图书国际影响力

从所获取的总图书数据中，按照 WC 字段包含 Behavioral Sciences、Psychology、Psychology, Applied、Psychology, Clinical、Psychology, Developmental、Psychology, Educational、Psychology, Experimental、Psychology, Mathematical、Psychology, Multidisciplinary、Psychology, Psychoanalysis、Psychology, Social 的条件筛选得到心理学图书数据，共5487条，以及利用这些数据条目中的 DOI 获得相应的 Altmetrics 指标数据，共

994条。

（一）产出影响力

表7-38显示了心理学学术图书成果2013—2017年国际出版数量前10国家的统计情况。从总数看，美国以2205本的数量和约占该学科国际出版总数46.2%的比例排名第1位；排在第2位的英国，出版数量为435，占比约9.1%，加拿大的出版数量为352，占比约7.4%，排在第3位，其后各国家的数量和占比都在5%以下，依次小幅递减，中国以46本的数量未能进入前10国家之列，占比仅约1.0%，数量和占比都极低。

表7-38　2013—2017年心理学图书出版数量前10国家的图书数量统计

国家	图书总数（本）	图书占比（%）
美国	2205	46.2
英国	435	9.1
加拿大	352	7.4
澳大利亚	234	4.9
德国	196	4.1
意大利	124	2.6
荷兰	121	2.5
丹麦	68	1.4
法国	67	1.4
瑞典	65	1.4
中国	46	1.0

图7-56展示了2013—2017年前10国家的心理学图书数量分布，美国、英国和加拿大每年出版的图书成果数量呈现明显的随年份变化增多的趋势，其他国家每年的图书数量较少，增减趋势变化不明显。美国心理学图书一年的出版量与其他各国5年的总数量相当，显示了美国的心理学学术研究在图书成果发表的较大优势，可能受学科起步较晚、在国内受重视较晚等诸多因素的影响，中国的心理学学术研究图书成果在国际平台上的发表较少。

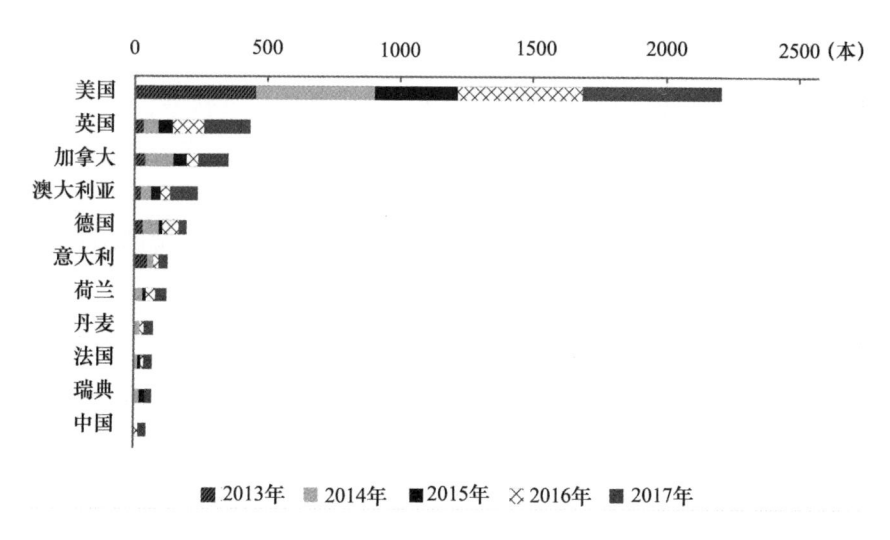

图 7-56 2013—2017 年心理学图书出版数量前 10 国家的图书数量分布

(二) 学术影响力

如图 7-57 和表 7-39 所示，各国的图书引文均值总体上呈现波动递减的变化趋势，2016 年和 2017 年两年的引文均值比较低，反映了文学学术图书具有 1—2 年的引文窗口期。加拿大的总体图书引文均值表现

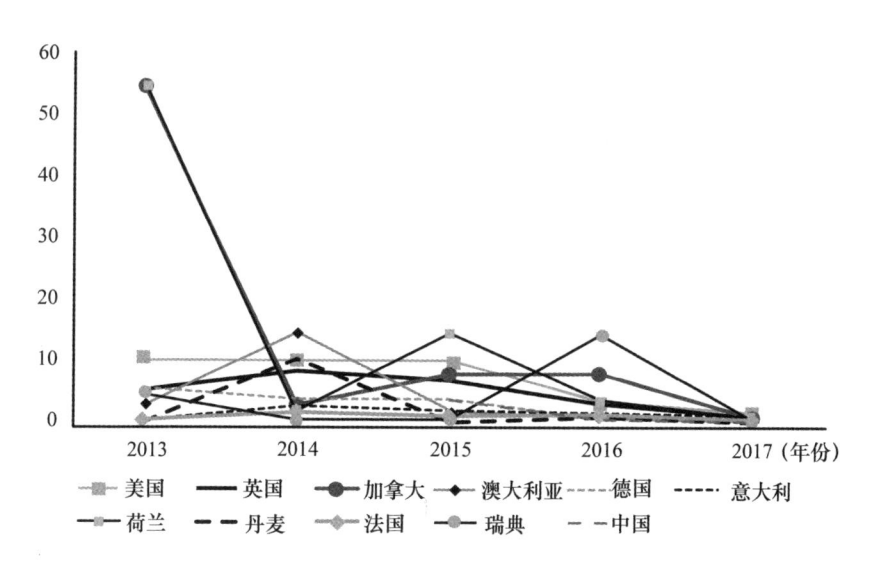

图 7-57 2013—2017 年心理学图书出版数量前 10 国家图书的引文均值变化

399

最好，总引文均值为 8.920，美国和荷兰的图书引文均值相差不大，分列第 2 和第 3 位；英国和澳大利亚的引文均值相似，分列第 4 和第 5 位；之后各国的引文均值都在 3 以下，中国的引文均值处在中等水平。从获引率来看，各国心理学图书的获引率都比较高，各国的获引率基本在 20% 以上，只有中国的获引率为 17.4%。高引文和高获引率的国家的引文离散程度较高，该学科图书引文差异较大，比较容易产生高被引和热门文献。

表 7-39　2013—2017 年心理学图书出版数量前 10 国家图书的引文表现

国家	引文均值	标准差	引文最大值	获引率（%）
美国	6.687	24.844	351	44.0
英国	3.572	19.312	248	32.0
加拿大	8.920	84.727	1569	44.0
澳大利亚	3.252	18.829	226	36.8
德国	2.704	13.020	135	32.7
意大利	0.734	1.790	10	23.4
荷兰	6.488	37.349	396	34.7
丹麦	2.515	16.954	140	23.5
法国	0.746	1.770	12	32.8
瑞典	1.769	9.334	74	23.1
中国	2.696	15.909	108	17.4

（三）社会影响力

如图 7-58 所示，4 个指标在 5 年中波动变化，总体上没有表现较为明显的上升或下降趋势。在 3 个细分指标均值中，代表 Twitter 平台的 TW 指标均值最高，MSM 指标均值次之，FB 指标所代表的 Facebook 平台表现最差，均值最低，MSM 指标均值略高于 FB 指标均值。总体上说明心理学图书在 Twitter 社交媒体平台的交流传播是较多的，在新闻媒体平台也有一定程度的传播，Facebook 平台对于心理学图书的传播和交流起到的作用比较小。

第七章 中国人文社科成果的国际影响力综合评价实证

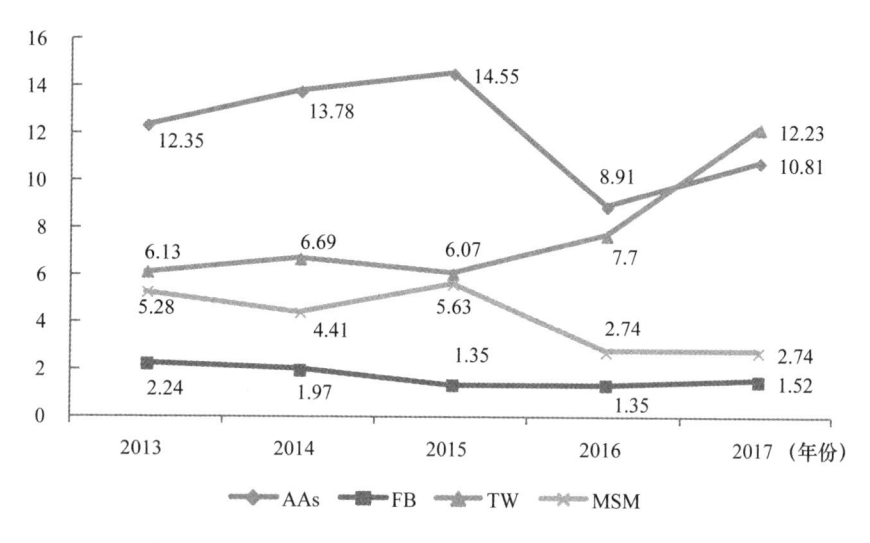

图 7-58 2013—2017 年心理学图书的 Altmetrics 指标均值

表 7-40 显示了前 10 国家中各国文学图书的社会影响力评价分指标均值及覆盖率，可以看到各国在 TW 指标均值和覆盖率表现更好，在 FB 和 MSM 指标覆盖率相近，远低于 TW 平台，在均值方面 TW 指标的均值较高，其他 2 个指标的均值较低。从 AAs 指标的均值来看，各国的 AAs 指标均值表现较好，其中美国的 AAs 均值排在第 1 位，为 17.061，丹麦以 16.6 的均值排在第 2 位，中国的 AAs 指标均值为 4.676，位于第 8 位，Twitter 指标均值较高，FB 指标均值较低，MSM 指标均值为 0。

表 7-40 2013—2017 年心理学图书出版数量前 10 国家的 Altmetrics 指标均值及覆盖率

国家	AAs	FB	覆盖率（%）	TW	覆盖率（%）	MSM	覆盖率（%）
美国	17.061	1.708	21.19	11.072	88.8	5.104	18.3
英国	13.51	1.5	16.95	10.830	89.8	4.556	15.3
加拿大	9.566	2.778	15.00	7.561	95	3	10.
澳大利亚	7.64	1	16.22	3.206	91.9	10.5	5.4
德国	4.093	1	11.11	2.313	88.9	3	5.6

续表

国家	AAs	FB	覆盖率(%)	TW	覆盖率(%)	MSM	覆盖率(%)
意大利	0.65	0	0.00	1	100	0	0
荷兰	5.52	1	4.76	3.111	85.7	1.333	14.3
丹麦	16.6	0	0.00	2.5	100	3	50
法国	1	1	20.00	1.8	100	0	0
瑞典	12.705	1	50.00	3	50	1	50
中国	4.676	1	14.29	4.167	85.7	0	0

图7-59是加权后各国的指标表现和社会影响力展示，可以看到，社会影响力最高的是美国，英国、丹麦紧随其后，分列第2、3位。尽管澳大利亚的社会影响力排在第4位，但其MSM指标加权值是所有国家中最高的，与其他国家拉开了较大差距。中国的社会影响力处在第3梯队，该结果表明中国的心理学图书成果在国外社交媒体和新闻媒体上的影响力一般。

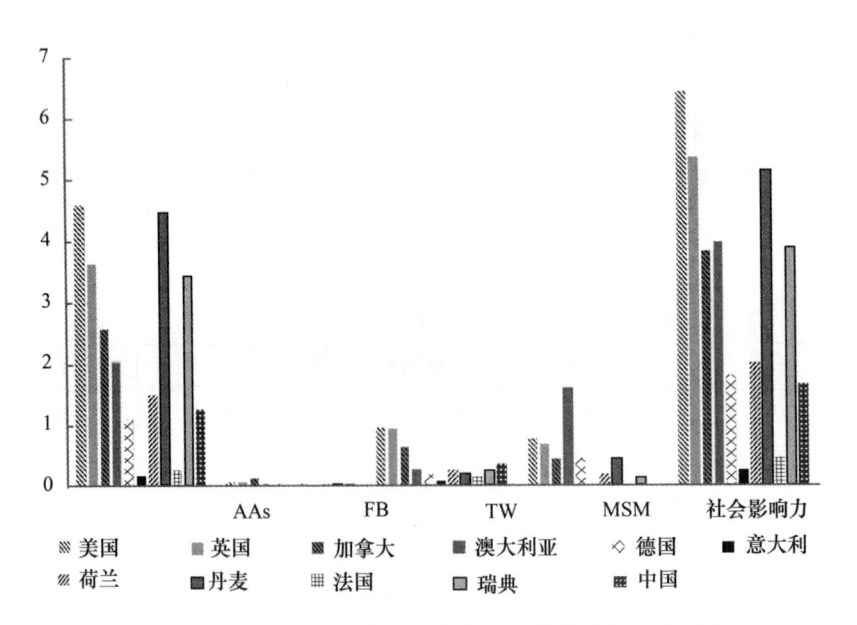

图7-59 2013—2017年心理学图书出版数量前10国家的社会影响力评价指标加权均值

第七章　中国人文社科成果的国际影响力综合评价实证

（四）前 10 国家心理学图书影响力总评

表 7-41 展示的是哲学图书前 10 来源国家三维影响力评价结果。就产出影响力而言，排在第 1 位的美国远高于其他各国，为 0.687；英国和加拿大分列第 2、3 位，其他国家产出影响力依次递减。从学术影响力评价来看，加拿大的学术影响力最高，为 2.851；美国的学术影响力排名第 2 位，为 2.137，荷兰以 2.074 的学术影响力排在第 3 位，两国之间的差距不明显。其他国家的学术影响力都较低且差距较小。从社会影响力评价来看，美国以 6.432 的高影响力排在第 1 位，英国和丹麦两国的社会影响力评价相近，加拿大和澳大利亚的社会影响力分列第 4 和第 5 位。中国的社会影响力为 1.676，基本排在后位。

表 7-41　2013—2017 年心理学图书出版数量前 10 国家影响力总评

国家	产出影响力	学术影响力	社会影响力	影响力总评
美国	0.687	2.137	6.432	9.257
英国	0.136	1.142	5.359	6.637
加拿大	0.110	2.851	3.836	6.797
澳大利亚	0.073	1.039	3.985	5.097
德国	0.061	0.864	1.812	2.737
意大利	0.039	0.235	0.263	0.536
荷兰	0.038	2.074	2.014	4.125
丹麦	0.021	0.804	5.153	5.978
法国	0.021	0.239	0.477	0.736
瑞典	0.020	0.565	3.892	4.478
中国	0.014	0.862	1.676	2.552

结合产出影响力、学术影响力和社会影响力 3 个维度对 10 个国家的哲学图书国际影响力进行总评，可以看到，其中社会影响力对于总影响力的结果影响较为显著，其中美国总影响力最高，加拿大和英国的总影响力分列第 2、3 位。中国在该学科的图书成果国际影响力为 2.552，与美国、加拿大和英国存在较大的差距，在产出影响力、学术影响力和社会影响力维

度都表现出较大差距，无论是数量还是质量都存在较大进步空间。中国可以倡导优秀的心理学的科研成果多到国际平台发表和交流，加强中国成果的国际化传播，在国际上展示中国的心理学研究成果和研究水平。

图7-60展示的是各国心理学图书的"产出—影响力"分布。如图中所示，除美国外，各国的成果产出之间没有明显差异，大部分国家集中分布在低产出的第三和第四象限，其中中国位于"低产出、低影响力"的第三象限；美国、英国和加拿大显示出"高产出、高影响力"的特点，位于第一象限。丹麦和澳大利亚是位于第四象限的国家，表现出"高影响力、低产出"的特点。中国的心理学图书的影响力在各国之间处在中下游水平，在研究形成图书成果进行发表时注重成果的质量，努力提升成果的国际影响力。

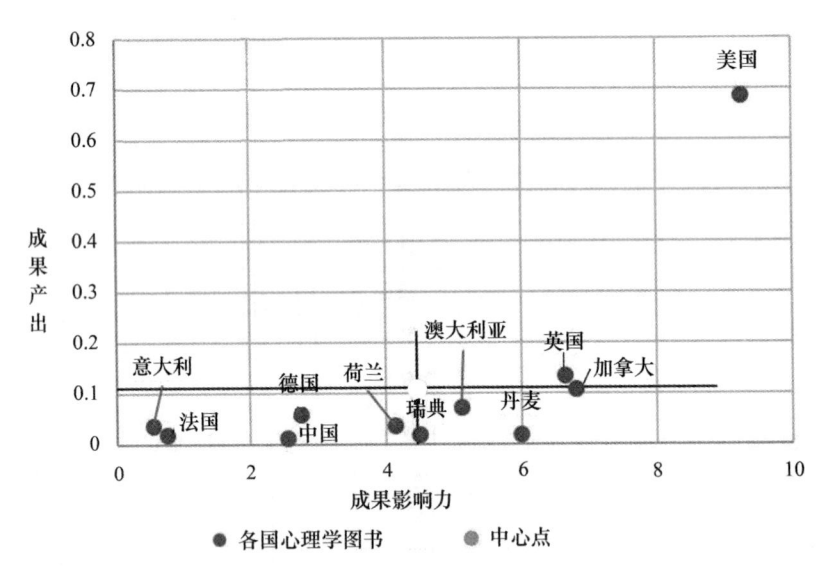

图7-60 各国心理学图书"产出—影响力"分布

第六节 人文社科会议论文分学科影响力分析

基于中国人文社科会议论文影响力总览，本节选取中国"高产出—相对较高影响力"的语言学、经济学，以及法学这一相对来说"低产出—极高影响力"学科的期刊论文分别进行国际影响力综合展示。

一 语言学会议论文国际影响力

从所获取的总会议论文数据集中，按照 WC 字段包含 Language & Linguistics、Linguistics 的条件筛选得到语言学会议论文，共 2592 条；利用这些数据条目的 DOI 获得相应的 Altmetrics 指标数据，共 278 条。

（一）产出影响力

表 7-42 展示了 2013—2017 年国际发表语言学会议论文数量前 10 名国家的统计情况，可见各国发文数量分布较为均衡。从总数看，美国以 337 篇的总数和约占该学科国际出版总数 13.2% 的比例排在第 1 位；中国排在第 2 位，发表 196 篇语言学会议论文，占比约 7.7%，中国亦是出版数量最多的亚洲国家。

表 7-42 2013—2017 年语言学会议论文发文量前 10 国家的论文数量统计

国家	论文总数（篇）	论文占比（%）
美国	337	13.2
中国	196	7.7
西班牙	167	6.5
英国	161	6.3
土耳其	156	6.1
印度	142	5.6
伊朗	138	5.4
俄罗斯	132	5.2
德国	113	4.4
法国	100	3.9

图 7-61 展示了 2013—2017 年发表量前 10 国家的语言学会议论文数量分布，各国每年出版数量变化较大，没有明显的一致增减趋势。其中，美国 2016 年发表的语言学会议论文数量超过其他国家和年份；中国在 2014 年、2015 年、2016 年的会议论文数量较高，在 2013 年和 2017 年的数量相对很少，总体来看会议论文数量的年份波动较大。

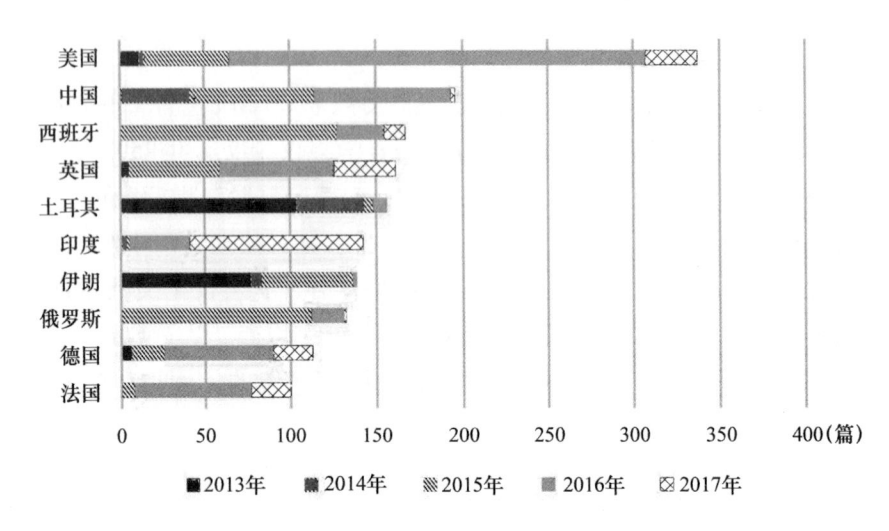

图 7-61 2013—2017 年语言学会议论文发文量前 10 国家的论文数量分布

（二）学术影响力

如图 7-62 和表 7-43 所示，各国的语言学会议论文引文均值总体上呈现波动递减的变化趋势，反映学术引文的滞后性特点。各国每年的

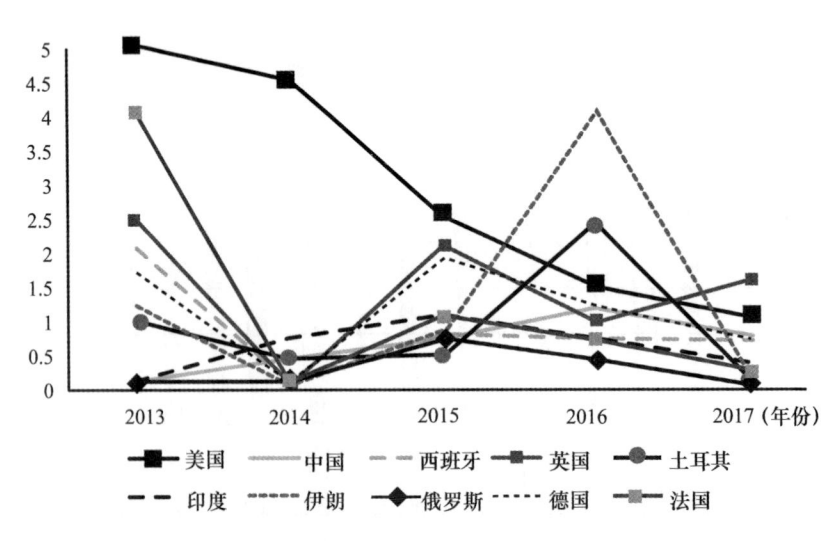

图 7-62 2013—2017 年语言学会议论文发文量
前 10 国家论文的引文均值变化

第七章 中国人文社科成果的国际影响力综合评价实证

引文均值排名交替变化，美国的总体引文均值表现最好，为 1.682；英国的引文均值为 1.453，排在第 2 位；德国的引文均值为 1.186，排在第 3 位；其他各国的引文均值差距不大，都小于 1，其中中国的引文均值为 0.755。从获引率上看，美国有 53.1% 的会议论文成果获得了至少 1 次引用，名列前茅，同时其最高被引频次（37 次）亦远超他国，但是引文离散程度较高。中国的引文均值较低且引文离散程度相对较高，引文最大值排在第 2 位，说明中国语言学会议论文水平不均，有小部分成果具备了较高水准，在国际上获得了认可。

表 7-43 2013—2017 年语言学会议论文发文量前 10 国家论文的引文表现

国家	引文均值	标准差	引文最大值	获引率（%）
美国	1.682	3.778	37	53.1
中国	0.755	1.854	15	30.6
西班牙	0.701	1.329	9	34.7
英国	1.453	2.831	25	49.7
土耳其	0.808	1.793	15	37.2
印度	0.401	0.674	3	31.7
伊朗	0.993	2.197	20	40.6
俄罗斯	0.621	1.395	11	28.8
德国	1.186	2.002	15	45.1
法国	0.58	0.945	5	37.0

（三）社会影响力

如图 7-63 所示，4 个指标的数值在 5 年中波动变化，其中 AAs 和 TW 指标在 2017 年表现出上升的趋势，没有明显的指标滞后性，反映了 Altmetrics 指标的及时性特征。在 3 个细分指标中，代表 Twitter 平台的 TW 指标均值最高，FB 和 MSM 指标均值基本相似，说明语言学会议论文在 Twitter 平台的交流和传播较多，而在 Facebook 和新闻媒体平台的传播较少。

表 7-44 展示了发表量前 10 国家语言学会议论文的 Altmetrics 指标

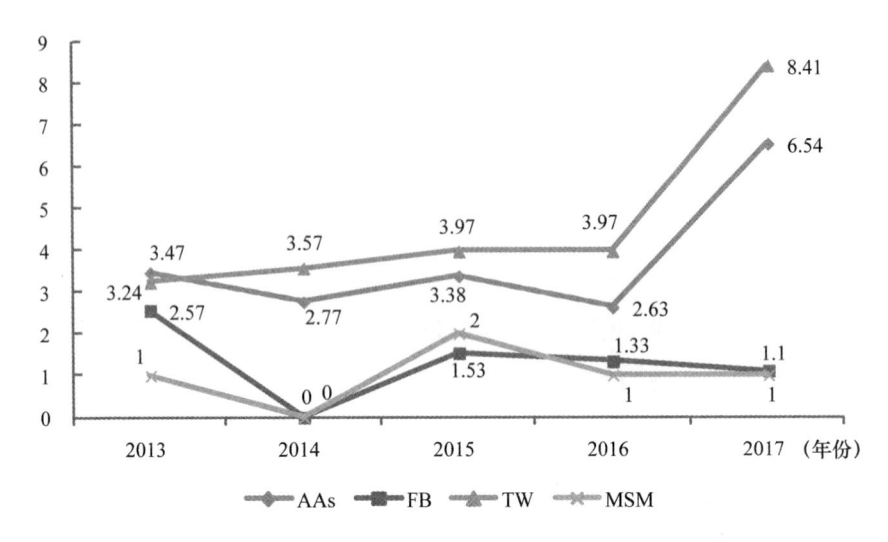

图 7-63 2013—2017 年语言学会议论文的 Altmetrics 指标均值

均值及覆盖率，可以看到，各国 TW 指标表现相对最好；FB 和 MSM 指标覆盖率相近，但远低于 TW 指标；不过均值方面 3 个指标差距不大。中国的 TW 指标表现最好，MSM 指标没有观测到有效值。从 AAs 的均值来看，英国的 AAs 均值排在第 1 位，为 7.219，与其他国家拉开了较大差距。德国和美国的 AAs 均值接近，分列第 2、3 位。中国的 AAs 均值基本处于第 3 梯队国家中，AAs 均值为 2.067。

表 7-44 2013—2017 年语言学会议论文发文量前 10 国家的 Altmetrics 指标均值及覆盖率

国家	AAs	FB	覆盖率（%）	TW	覆盖率（%）	MSM	覆盖率（%）
美国	5.052	1.5	18.2	5.111	81.8	0	0.0
中国	2.067	1	66.7	3	100.0	0	0.0
西班牙	1.502	1	10.0	1.483	96.7	2	3.3
英国	7.219	1.625	17.8	9.523	97.8	1	2.2
土耳其	2.471	0	0.0	2.9	83.3	0	0.0
印度	0.50	0	0.0	1	100.0	0	0.0

第七章 中国人文社科成果的国际影响力综合评价实证

续表

国家	AAs	FB	覆盖率(%)	TW	覆盖率(%)	MSM	覆盖率(%)
伊朗	2.450	11.5	22.2	2	100.0	0	0.0
俄罗斯	1.475	0	0.0	2	100.0	0	0.0
德国	5.980	1	16.7	6.625	66.7	0	0.0
法国	2.431	1	25.0	1.4	62.5	1	25.0

图 7-64 展示的是各国加权后指标表现和社会影响力情况,可以看到,社会影响力最高的是英国,德国、美国紧随其后。中国的社会影响力处在各国的中间位置,但是 MSM 指标没有观测到有效值,FB 指标数值也较低,TW 指标与其他国家相比也有较大差距,表明中国语言学会议论文在国际社交媒体和新闻媒体上的影响力不强。

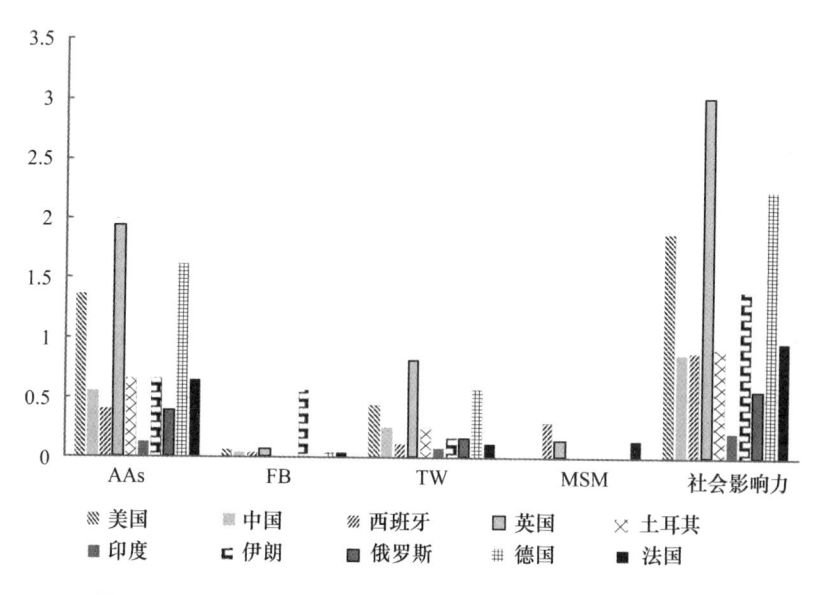

图 7-64 2013—2017 年语言学会议论文发文量前 10 国家的社会影响力评价指标加权均值

(四)前 10 国家语言学会议论文影响力总评

表 7-45 展示的是语言学会议论文前 10 来源国家的三维影响力评价

结果。就产出影响力而言,排在第 1 位的美国为 0.250;其他各国的产出影响力依次递减,相邻次序的国家之间的差距较小,其中中国的产出影响力排在第 2 位。从学术影响力评价来看,美国的学术影响力最高,为 0.656;中国的学术影响力排在第 2 位,为 0.382。从社会影响力评价来看,英国、德国、美国的社会影响力较高,与其他国家有较大差距,中国的社会影响力为 0.870,与其他国家相比社会影响力并不高。

表 7-45　2013—2017 年语言学会议论文发文量前 10 国家影响力总评

国家	产出影响力	学术影响力	社会影响力	影响力总评
美国	0.250	0.656	1.885	2.791
中国	0.146	0.382	0.870	1.397
西班牙	0.124	0.325	0.888	1.337
英国	0.120	0.313	3.014	3.447
土耳其	0.116	0.304	0.921	1.340
印度	0.105	0.276	0.223	0.604
伊朗	0.102	0.269	1.403	1.774
俄罗斯	0.098	0.257	0.573	0.928
德国	0.084	0.220	2.243	2.547
法国	0.074	0.195	0.980	1.249

结合产出影响力、学术影响力和社会影响力 3 个维度对 10 个国家的语言学会议论文国际影响力进行总评得到,英国的国际影响力最高,为 3.447;美国的国际影响力为 2.791,排在第 2 位;德国以 2.547 的影响力总评排在第 3 位。中国的影响力总评为 1.397,与前面 3 个国家的差距较大,与之外的其他国家的差异较小,尽管在产出影响力维度表现良好,但是在其他两个维度表现不足,存在较大提升空间。

图 7-65 展示的是各国语言学会议论文的"产出—影响力"分布,如图所示,各国的产出差异并不明显,但影响力差异明显;美国呈现"高产出、高影响力"的特点,位于第一象限。中国则表现出"高产出、低影响力"的特点。英国位于第一、第二象限的交界处,可以看作"高

产出、高影响力"国家。德国和伊朗位于第四象限,表现出高影响力、低产出的特点。其他国家位于"低产出、低影响力"的第三象限。中国的语言学会议论文的产出与其他各国的差距不大,但与美、英、德等国的影响力差距较大,在未来的学科发展和成果发表过程中既要注重成果数量,也要注重成果的质量和在国际平台的传播和交流。

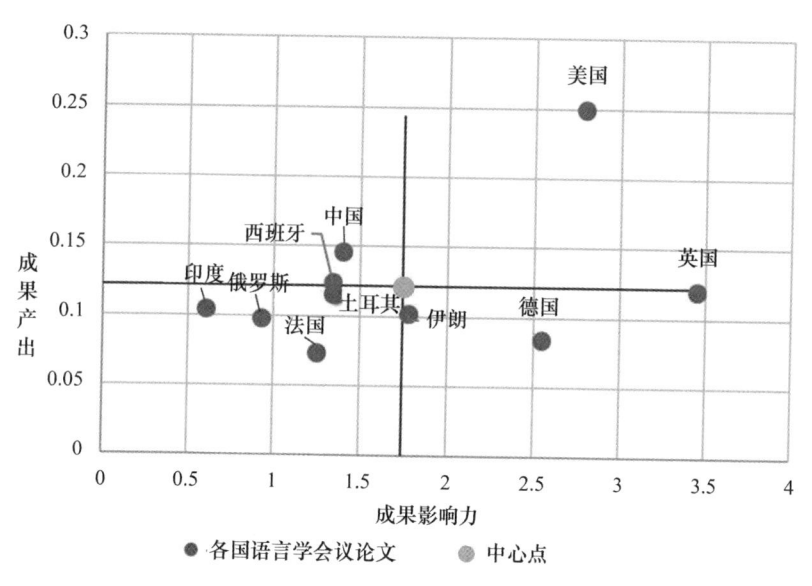

图 7-65 各国语言学会议论文"产出—影响力"分布

二 经济学会议论文国际影响力

从所获取的总会议论文数据中,按照 WC 字段中包含 "Business, Finance"、Economics、Business 的条件筛选得到经济学会议论文数据,共128514 条;利用这些数据条目中的 DOI 获得相应的 Altmetrics 指标数据,共 49814 条。

(一)产出影响力

表 7-46 展示了经济学 2013—2017 年会议论文前 10 来源国家的论文统计数量情况。从论文发表总数上来看,位居前 3 的罗马尼亚、美国和中国差距较小,其中罗马尼亚和美国发表数量都为 1189 篇,发表占比为 9.1%,中国的发表数量为 1181 篇,发表占比为 9.0%。位居第四和

第五的捷克和马来西亚间的差距也较小，论文发表数量分别为 780 和 778 篇，占比 6.0% 左右，英国、俄罗斯和波兰在前 10 国家中排名末位，发表数量为 450 篇左右，发表占比在 3.4% 左右。

表 7-46　2013—2017 年经济学会议论文发文量前 10 国家的论文数量统计

国家	论文总数（篇）	论文占比（%）
罗马尼亚	1189	9.1
美国	1189	9.1
中国	1181	9.0
捷克	780	6.0
马来西亚	778	5.9
土耳其	597	4.6
斯洛伐克	568	4.3
英国	466	3.6
俄罗斯	451	3.4
波兰	436	3.3

从图 7-66 展示的各国各年论文发表数量来看，多数国家在 2013 年论文发表数量较少，在 2014—2016 年发表论文数量较多。罗马尼亚、美国、土耳其和斯洛伐克等国家在 2014 年和 2015 年发文数量较多，其他年份发文数量较少。中国在 2013 年论文发表数量较少，2014—2017 年论文发表数量较为均衡。从经济学会议论文和期刊论文发表数量排名前 10 的国家来看，只有美国、中国和英国的经济学会议论文和期刊论文发表数量均排在前 10，且经济学期刊论文数量排名前 10 的国家中有一半为西欧国家，而会议论文数量排名前 10 的国家中有近一半为东欧国家。

（二）学术影响力

图 7-67 展示了经济学会议论文前 10 来源国家 2013—2017 年引文均值变化情况。总的来看，各国引文均值总体表现为随年份递减。其中变化幅度最大的为英国（均值 13.30—0.57，波动 12.73），其次为中国（均值 10.71—0.30，波动 10.41）和美国（均值 7.88—1.02，波动

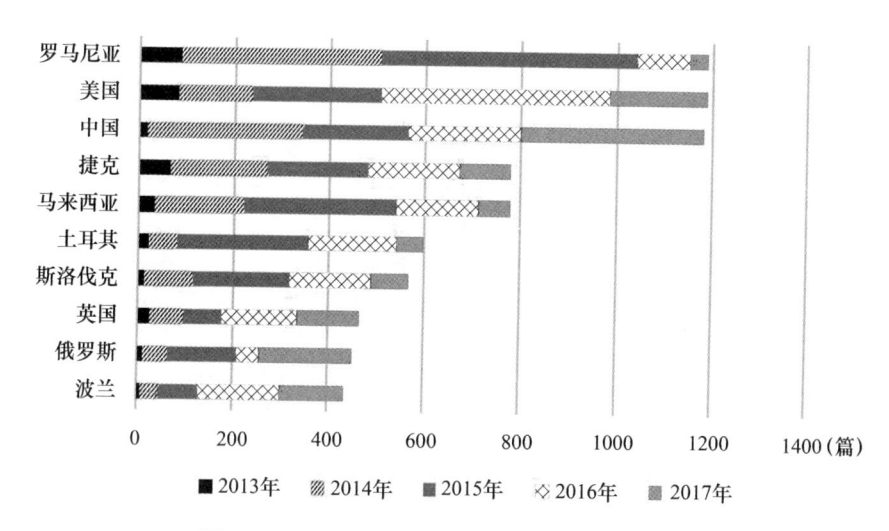

第七章 中国人文社科成果的国际影响力综合评价实证

图 7-66 2013—2017 年经济学会议论文发文量
前 10 国家的论文数量分布

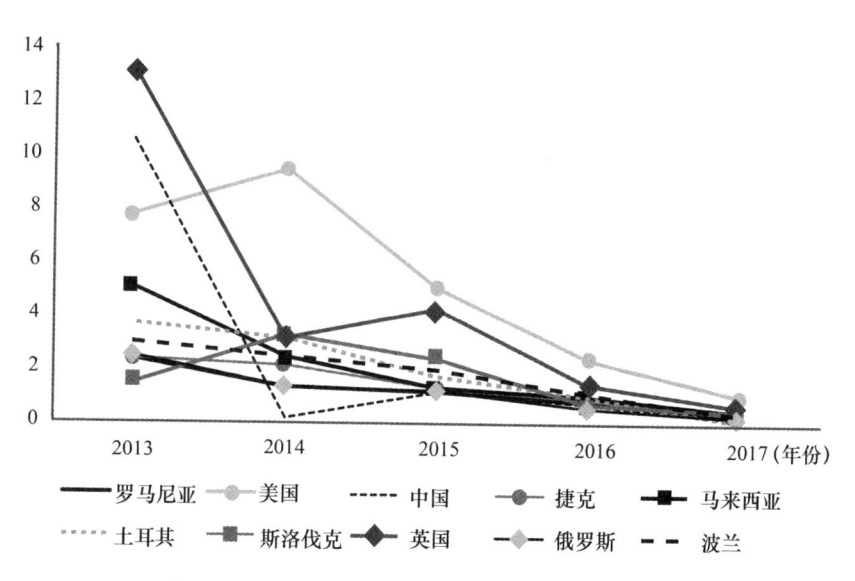

图 7-67 2013—2017 年经济学会议论文发文量
前 10 国家论文的引文均值变化

6.86)。其余国家的引文均值变化幅度相对较小,波动幅度都在 1—5。其中,斯洛伐克(均值 1.47—0.21,波动 1.26)的变化幅度最小,论文的被引情况相对稳定。相对来说,美国的论文引用均值一直较高,中国、英国于 2013 年发表的论文引用均值较高,但随后发表的论文引用明显下降。中国的经济学会议论文在一定程度上得到了国际学术界的认可,但论文质量的稳定性有待提高,高质量的经济学会议论文数量还有待增加。

表 7-47 从引文均值、标准差、最高被引和获引率 4 个方面综合描述了 2013—2017 年经济学会议论文发文量前 10 国家的引文表现。从引文均值和标准差来看,美国的引文均值在 10 个国家中排在第 1 位,但标准差也最大,说明美国经济学会议论文离散程度较高,论文质量不太稳定;英国的引文均值排名第二,但与美国存在较大差距;罗马尼亚、捷克、马来西亚、土耳其、斯洛伐克和波兰的引文均值之间的差距较小;中国引文均值和获引率在 10 个国家中排在最末。从最高被引论文来看,美国最高被引的经济学会议论文的引用次数达到了 211,在 10 个国家中排名第一,是排名第二的英国的最高被引论文的 3 倍多,体现出在经济学领域,美国的学术影响力十分显著,部分学术成果得到了高度认可。综上所述,中国的经济学会议论文在一定程度上受到了国际学术界的认可,但高质量的经济学会议论文较少,总体影响力还有待提升。

表 7-47　2013—2017 年经济学会议论文发文量前 10 国家的引文表现

国家	引文均值	标准差	最高被引	获引率(%)
罗马尼亚	1.179142	2.136118	20	47.1
美国	4.061396	9.898837	211	60.6
中国	0.691787	2.568025	36	18.7
捷克	1.305128	2.262997	18	49.1
马来西亚	1.625964	2.713747	33	56.3
土耳其	1.469012	2.350452	21	51.6
斯洛伐克	1.667254	2.618652	25	54.2
英国	2.555794	6.049447	64	49.1
俄罗斯	0.771619	1.700638	15	32.8
波兰	1.098624	2.187088	16	39.9

第七章 中国人文社科成果的国际影响力综合评价实证

(三) 社会影响力

如图 7-68 所示，AAs 指标均值随年份波动较大。TW 指标和 MSM 指标随年份略微上升，FB 指标稳定在 1 左右。在 3 个细分指标上，三者存在明显差距，但差距较小，尤其 TW 指标和 MSM 指标均值较为接近，说明不同网络平台上经济学会议论文的传播差异较小。

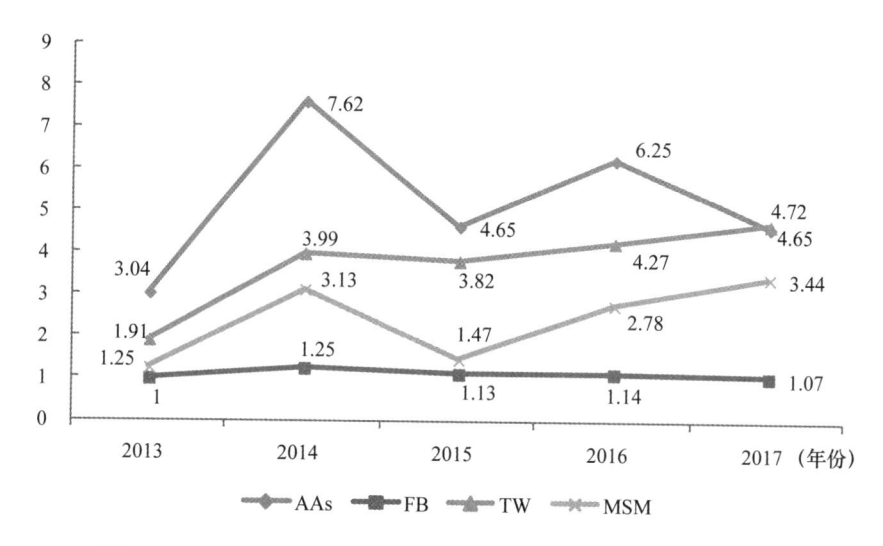

图 7-68　2013—2017 年经济学会议论文的 Altmetrics 指标均值变化

图 7-69 显示了各国经济学会议论文影响力评价指标加权均值，表 7-48 显示了各国的 Altmetrics 指标的均值和覆盖率。可以看出，美国的经济学会议论文社会影响力远远高于其他国家，美国的 AAs 和 TW 指标都明显高于其他国家；位居第二的国家是俄罗斯，俄罗斯的 AAs 指标虽然略低于美国，但与其他国家间依然存在较大的差距，MSM 指标略高于美国，与美国和马来西亚间的差距较小，同时远高于其他国家。中国的各项指标在前 10 国家中都不算突出，因此社会影响力总评在前 10 国家中处于中等水平，与位于之前的美国、俄罗斯、英国、土耳其和马来西亚间存在较大差距，同时与其他国家间的差距较小。

应用篇

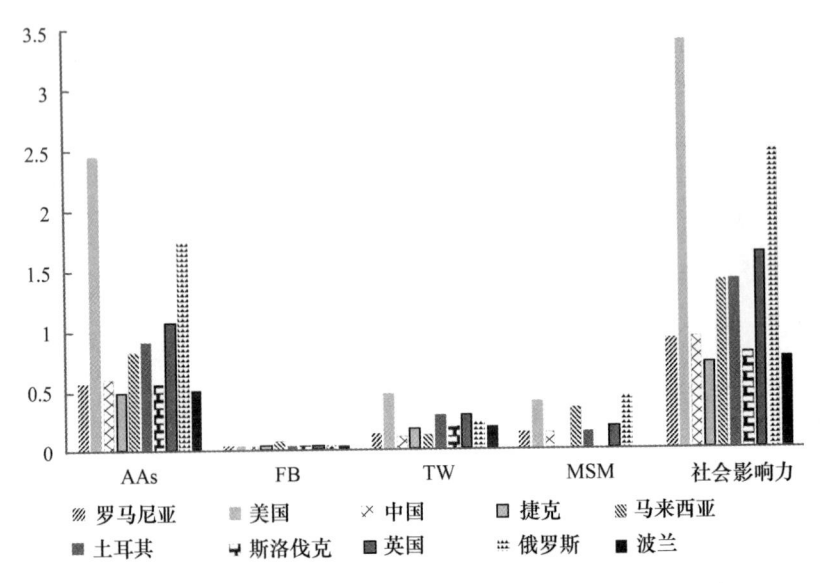

图 7-69 2013—2017 年经济学会议论文发文量前 10 国家的
社会影响力评价指标加权均值

表 7-48 2013—2017 年经济学会议论文发文量前 10 国家的
Altmetrics 指标均值及覆盖率

国家	AAs	FB	覆盖率(%)	TW	覆盖率(%)	MSM	覆盖率(%)
罗马尼亚	2.11	1	14.0	1.72	74.4	1	4.7
美国	9.09	1.12	10.8	5.4	76.6	2.67	12.3
中国	2.239	1	5.3	1.5	89.5	1	5.3
捷克	1.79	1	5.6	2.14	77.8	0	0.0
马来西亚	3.06	1.75	8.9	1.59	82.2	2.33	6.7
土耳其	3.37	1	3.8	3.43	80.8	1	11.5
斯洛伐克	2.07	1	10.0	2.3	100.0	0	0.0
英国	3.99	1.06	13.3	3.39	88.3	1.33	5.0
俄罗斯	6.44	1	18.2	2.75	72.7	3	18.2
波兰	1.90	1	13.3	2.31	86.7	0	0.0

（四）前 10 国家经济学会议论文影响力总评

表 7-49 为经济学会议论文前 10 来源国家影响力总评的结果。就产出影响力而言，罗马尼亚和美国以 0.190 并列第一；中国产出影响力为 0.189，紧随其后。就学术影响力而言，英国居于第一，为 0.817；位居第 2 名的斯洛伐克与其差距较大；中国的学术影响力排在最末，为 0.221。就社会影响力而言，美国的社会影响力为 3.386，远远超过其他国家；俄罗斯的社会影响力排在第 2 位，为 2.483；中国的社会影响力为中等水平，与之前的国家差距较大，但与之后的国家差距较小。

表 7-49　2013—2017 年经济学会议论文发文量前 10 国家影响力总评

国家	产出影响力	学术影响力	社会影响力	影响力总评
罗马尼亚	0.190	0.377	0.920	1.487
美国	0.190	1.298	3.386	4.874
中国	0.189	0.221	0.937	1.346
捷克	0.125	0.417	0.720	1.261
马来西亚	0.124	0.520	1.405	2.049
土耳其	0.095	0.470	1.410	1.975
斯洛伐克	0.091	0.533	0.808	1.432
英国	0.074	0.817	1.627	2.518
俄罗斯	0.072	0.247	2.483	2.801
波兰	0.070	0.351	0.765	1.186

结合产出影响力、学术影响力和社会影响力 3 个维度，可以得出各国经济学会议论文影响力总评。美国的影响力总评排名第一，为 4.874，远远高出其他国家；俄罗斯和英国分别位居第 2、3 名，影响力总评分别为 2.801 和 2.518，差距较小。中国的影响力总评为 1.346，在 10 个国家中排名第八，中国虽然产出影响力较高，但学术影响力和社会影响力较低，导致影响力总评较低。影响力总评最低的国家为波兰，为 1.186。

图 7-70 展示的是各国经济学会议论文的"产出—影响力"分布，如图所示，各国基本均匀分散在 4 个象限中，其中美国位于第一象限，

显示出"高产出、高影响力"的特点。中国和罗马尼亚、捷克位于第二象限，表现出"高产出、低影响力"的特点。马来西亚基本处在中心点位置，产出和影响力都处在中等水平。斯洛伐克、波兰和土耳其位于第三象限，显示出"低产出、低影响力"的特点。英国和俄罗斯位于第四象限的国家，表现出"高影响力、低产出"的特点。中国的经济学会议论文的产出数量与其他各国相比优势明显，但在影响力方面差距较大，在未来的学科发展和成果发表过程中既要注重成果数量，也要注重成果的质量和在国际平台的传播和交流，增强国际影响力。

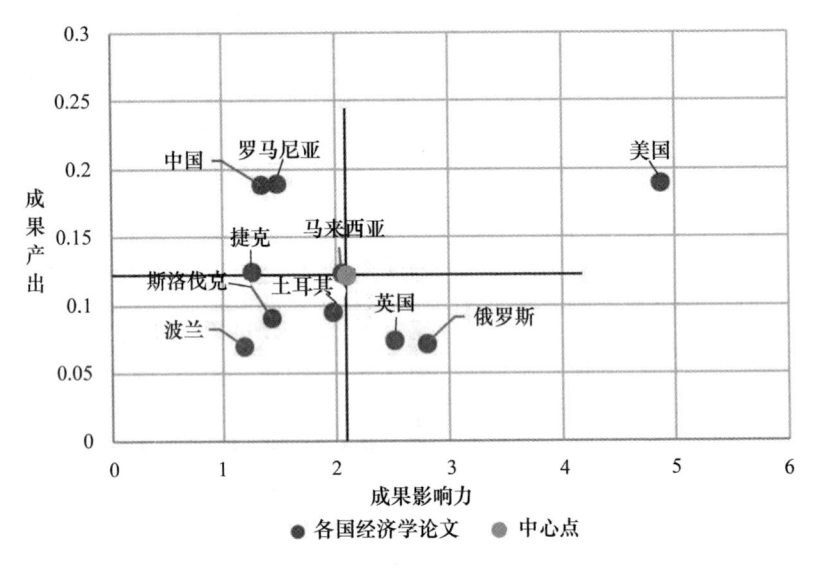

图7-70 各国经济学会议论文"产出—影响力"分布

三 法学会议论文国际影响力

从所获取的总会议论文数据中，按照WC字段中包含Anthropology、Asian Studies、Griminology & Penology、Cultural Studies、Demography、Ethnic Studies、Family Studies、Folklore、Law、"Medicine, Legal"的条件筛选得到法学会议论文数据，共1535条；利用这些数据条目中的DOI获得相应的Altmetrics指标数据，共199条。

（一）产出影响力

表7-50展示了法学学科2013—2017年期刊论文前10来源国家论

文数量统计情况,从论文的发表数量来看,排在前10的国家大致可以分为3个梯队。首先,美国以355篇的论文数量排在首位,占总数的比例达到23.7%,作为第1梯队遥遥领先于其他国家。其次,英国和德国分别以127篇和107篇的数量占据第2和第3位,组成第2梯队,其中英国发文数量的年均增长率最高,达到了85%,未来可能缩小与美国之间的差距。论文数量从法国开始出现了较大幅度的下降,排在第4位的法国与其后的荷兰、澳大利亚、加拿大、罗马尼亚、中国和瑞士同属于第3梯队。中国在前10国家中排名第九,年均增长率也相对较低。

表7-50 2013—2017年法学会议论文发文量前10国家的论文数量统计

国家	论文总数(篇)	论文占比(%)
美国	355	23.7
英国	127	8.5
德国	107	7.1
法国	73	4.9
荷兰	70	4.7
澳大利亚	62	4.1
加拿大	52	3.5
罗马尼亚	47	3.1
中国	42	2.8
瑞士	41	2.7

从图7-71展示的前10来源国家2013—2017年论文数量分布来看,各个国家法学学科会议论文的发展趋势不尽相同,美国、法国、澳大利亚等国家均呈现先上升后下降的趋势,并以2015年为最高点,英国和德国整体在逐年增加,中国在2014年上升后连续两年数量降低,2017年又有所提高。每年各国家之间的数量分布与总体数量分布大致相同,均呈现以美国为首的阶梯式分布。中国的法学学科会议论文在数量和增长速率上均不占优势,但会议论文整体样本数量较少,每一年的发展变化情况波动较大,排在前10的国家之间会议论文数量差距较小,该学科在会议论文上的发展有机会赶超其他国家使产出影响力排名上升。

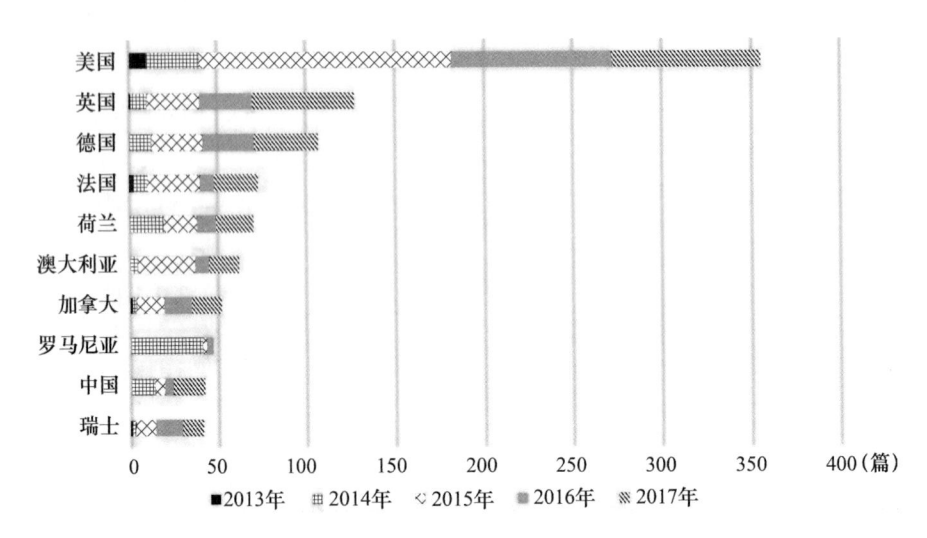

图 7-71 2013—2017 年法学会议论文发文量前 10 国家的论文数量分布

(二) 学术影响力

如图 7-72 所示，各国法学会议论文引文均值大体随发表年限的接近而下降。受引用滞后性以及论文质量变化的影响，英国（均值 6—0.39，波动 5.61）、瑞士（均值 3—0.08，波动 2.92）和美国（均值 3.7—0.82，波动 2.88）3 个国家的引文均值呈现较为明显的下降趋势。中国论文的引文均值（0.44—0.08）则一直处于较低水平，变化幅度相对较小。

表 7-51 展示了发表量前 10 国家 2013—2017 年论文的引文表现。美国在该领域的会议论文的引文均值、最大值和获引率均排名第一，说明美国的法学会议论文的学术影响力显著。罗马尼亚在引文均值、最大值和被引覆盖率方面的表现也较好，仅次于美国，排名第二，在该领域的学术影响力表现较好。其余国家的引文均值都在 0 到 1 之间，在该领域的学术影响力一般。中国的法学会议论文获引率为 21.4%，排在第 9 位，其余数据均排在末位，说明中国在该领域的会议论文的学术影响力比较小，还有很大的提升空间。

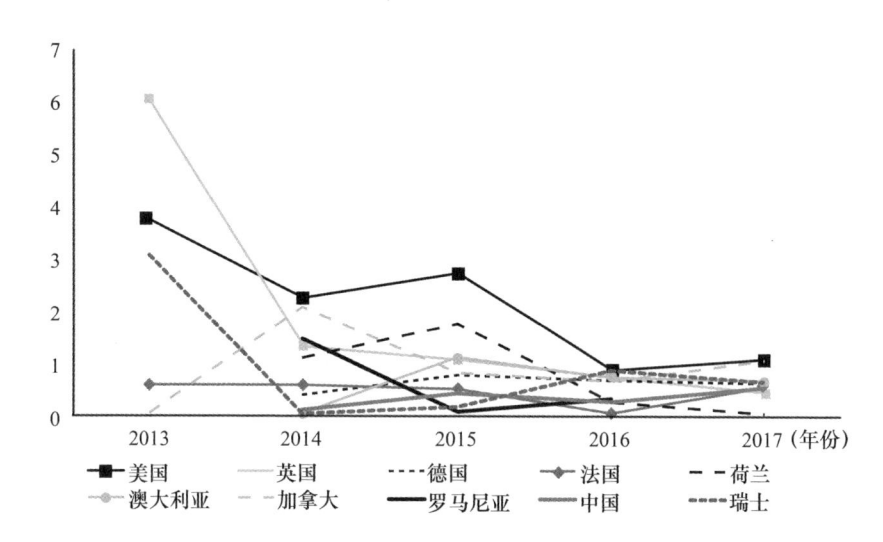

◇ 第七章 中国人文社科成果的国际影响力综合评价实证 ◇

图 7-72 2013—2017 年法学会议论文发文量
前 10 国家论文的引文均值变化

表 7-51 2013—2017 年法学会议论文发文量前 10 国家论文的引文表现

国家	引文均值	引文标准差	引文最大值	获引率（%）
美国	1.82	3.43	29	52.1
英国	0.70	1.44	8	31.5
德国	0.58	0.94	4	34.6
法国	0.42	1.10	6	19.2
荷兰	0.77	1.85	12	28.6
澳大利亚	0.82	1.59	7	29.0
加拿大	0.83	1.46	5	30.8
罗马尼亚	1.26	2.65	17	46.8
中国	0.29	0.59	2	21.4
瑞士	0.56	0.96	4	31.7

（三）社会影响力

图 7-73 展示了法学学科 2013—2017 年会议论文的各项 Altmetrics 指标均值变化，可以看出 TW 和 AAs 在 2013 年到 2016 年以缓慢的速度

421

上升，在 2017 年大幅度增加，FB 和 MSM 则变化范围较小，整体处在 0—3 的数值内波动，虽然整体上除了 2017 年各代替计量指标的数据都小而稳定，但 FB 和 MSM 指标数值更低，可以一定程度地说明交互性更强的社交媒体平台 Twitter 平台的学术成果交流和学术互动也相对更为频繁。

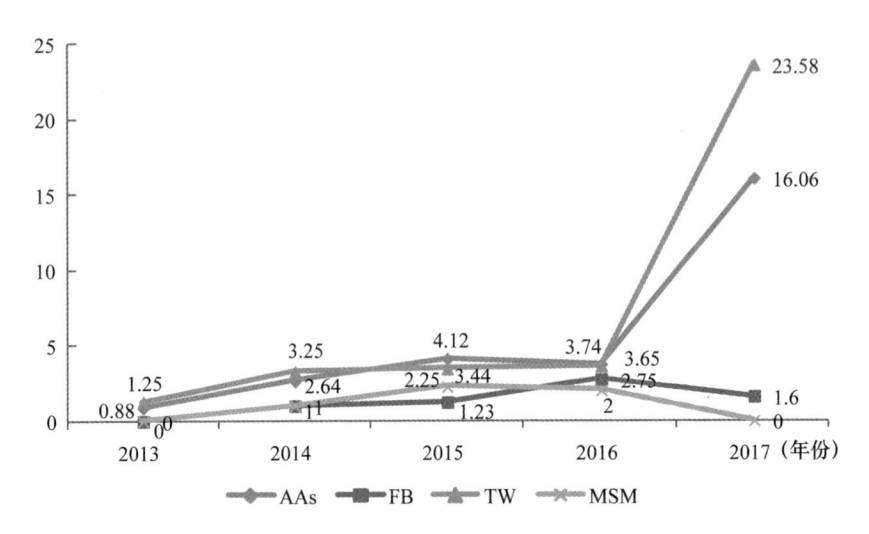

图 7-73 2013—2017 年法学会议论文的 Altmetrics 指标均值变化

结合表 7-52 和图 7-74，从各国法学学科会议论文社会影响力评价指标加权均值来看，FB 和 MSM 的 Altmetrics 指标普遍数值较小，难以发现明显的特征和对比，AAs 和 TW 的结果基本相同，加拿大的表现最好，两项数据均排名第一，大幅度优于其他国家，AAs 的均值达到 66.24，覆盖率为 42.9%，TW 的均值为 89.29，覆盖率达到 100.0%。中国排在第 2 位，在 AAs 和 TW 上的 Altmetrics 指标具有较大优势。德国、英国、法国、美国分别居于第 3 到第 6 位，荷兰、澳大利亚、罗马尼亚和瑞士的表现较差。总体来看，中国的 AAs 和 TW 的均值、TW 的覆盖率均较高，超过一众欧美国家排到了第 2 位，说明在法学学科会议论文上，中国的国际社会影响力取得了一定的成绩，中国的成果在社交媒体平台的影响力较好。但会议论文的整体数量成果有限，FB 和 MSM 的 Altmetrics 指标参考性不强，从而使得总体的社会影响力几乎忽略了两

第七章 中国人文社科成果的国际影响力综合评价实证

个测度项,从而比起大量样本的综合性评价结果而言,缺乏一定的客观性和全面性。

表 7-52　　2013—2017 年法学会议论文发文量前 10 国家的 Altmetrics 指标均值及覆盖率

国家	AAs	FB	覆盖率(%)	TW	覆盖率(%)	MSM	覆盖率(%)
美国	5.28	1.4	17.4	4.54	83.7	2.17	7.0
英国	11.50	1	13.0	16.95	87.0	1	4.3
德国	14.04	1	16.7	25	66.7	0	0.0
法国	8.31	3	25.0	8.67	75.0	0	0.0
荷兰	1.88	0	0.0	2.83	100.0	0	0.0
澳大利亚	4.69	1.67	26.1	7.89	82.6	0	0.0
加拿大	66.24	3	42.9	89.29	100.0	0	0.0
罗马尼亚	1.50	0	0.0	1	66.7	0	0.0
中国	19.20	0	0.0	36	100.0	0	0.0
瑞士	1.67	0	0.0	2.67	100.0	0	0.0

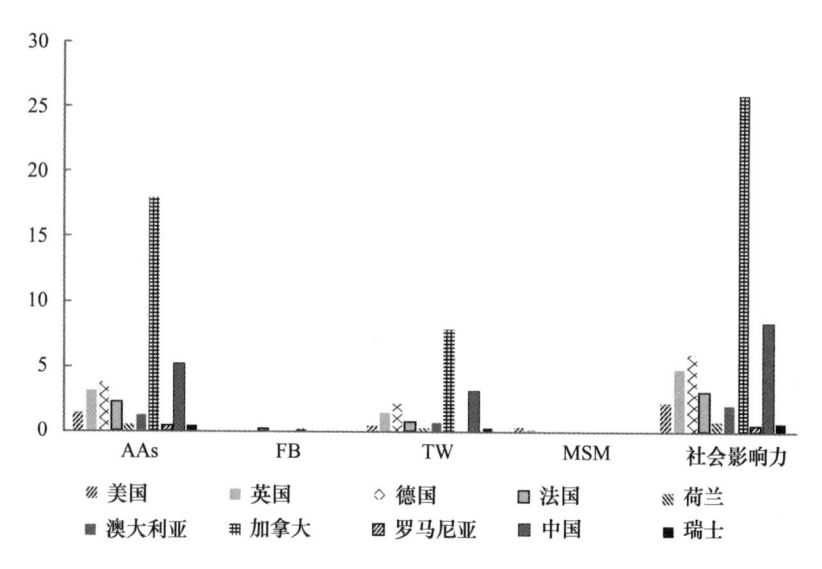

图 7-74　2013—2017 年法学会议论文发文量前 10 国家的社会影响力评价指标加权均值

(四) 前 10 国家法学会议论文影响力总评

表 7-53 展示的是法学学科会议论文来源前 10 国家综合性影响力评价指标结果。就产出影响力而言，美国的影响力远高于其他国家，英国和德国的影响力居于第 2 和第 3 位，其他国家之间的影响力差距不明显。就学术影响力而言，美国的学术影响力依然表现最好，以 0.580715 的学术影响力领先于其他国家，中国的学术影响力排名处在末位，有着很大的上升空间。就社会影响力而言，加拿大以 25.84155 的影响力得分排在首位，远远领先于其他国家，中国排名第二，得分 8.334355，罗马尼亚的社会影响力排在末位。

结合产出影响力、学术影响力和社会影响力 3 个维度对这 10 个国家的国际影响力进行总评，得到加拿大的国际影响力最高，为 26.17082，中国以 8.478156 的国际影响力得分排在第 2 位，德国以 6.347038 的得分处于第 3 位，瑞士的国际影响力在 10 个国家中为最低，总体排名受到社会影响力的权重较高，但由于会议论文样本的整体数量偏低，可能具有一定的局限性。在法学学科会议论文上，中国的产出影响力、学术影响力也不足，但在现有评价框架中社会影响力有很大的优势。

表 7-53　2013—2017 年法学会议论文发文量前 10 国家影响力总评

国家	产出影响力	学术影响力	社会影响力	影响力总评
美国	0.443594	0.580715	2.220496	3.244805
英国	0.158694	0.223984	4.787895	5.170574
德国	0.133703	0.185199	6.028135	6.347038
法国	0.091218	0.135728	3.149126	3.376072
荷兰	0.087469	0.246563	0.756379	1.090411
澳大利亚	0.077473	0.262912	2.038954	2.379338
加拿大	0.064977	0.2643	25.84155	26.17082
罗马尼亚	0.058729	0.401223	0.49234	0.952293
中国	0.052482	0.09132	8.334355	8.478156
瑞士	0.051232	0.179298	0.683317	0.913847

图 7-75 展示的是各国法学会议论文的"产出—影响力"分布，如图所示，半数国家集中分布在"低产出、低影响力"的第三象限；德国法学会议论文显示出"高产出、高影响力"的特点，位于第一象限。美国和英国则表现出"高产出、低影响力"的特点。中国和加拿大位于第四象限的国家，表现出低产出、高影响力的特点。中国的法学会议论文成果产出与其他各国的差距较大，但在成果影响力方面表现良好，在各国中位居前列，因此在之后的学科发展和成果发表过程中既要注重成果质量，也要积极倡导中国的法学研究成果在国际会议上展示、交流和讨论。

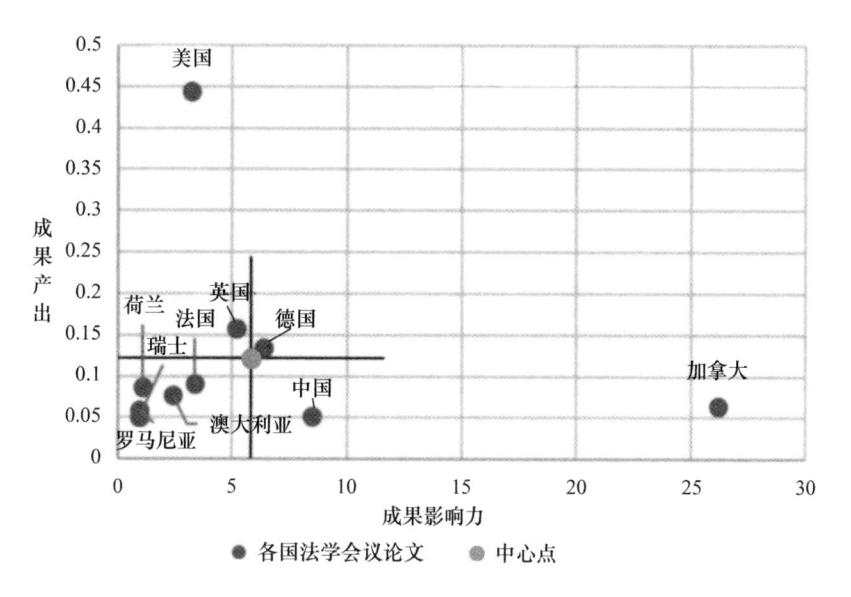

图 7-75 各国法学会议论文"产出—影响力"分布

第八章 中国人文社科成果国际影响力评价与提升对策

> 知识的力量不仅取决于其本身价值的大小,更取决于它是否被传播,以及传播的深度和广度。
> ——英国哲学家、思想家、作家和科学家弗兰西斯·培根[①]

目前,人文社科成果国际影响力总体呈现以下状态:相对自然科学而言,学术影响力指标偏低,但有部分成果社会影响力较高;影响力国家分布不均衡,偏向于英语以及欧美国家成果;社会科学和人文科学存在产出差距和影响力差距。中国人文社科成果中,期刊论文影响力高于图书和会议论文影响力,但放眼全球我国3种载体的成果影响力皆不足。基于本书理论和实证的研究结论,本章指出当前我国人文社科成果国际影响力评价的问题,提出人文社科成果国际影响力评价对策和国际影响力提升对策。

第一节 人文社科成果国际影响力的评价问题

人文社科成果的影响力评价一直是图书情报学科的重要研究内容和领域的关注热点。随着大数据技术的兴起、数字出版的流行、开放获取的普及,学术交流和知识创新的诸多方面深受影响,人文社科成果呈现

---

① 袁清林:《科普学概论》,中国科学技术出版社2002年版,第1页;李勇:《西方公民科学素质建设的文化语境研究》,《理论界》2006年第9期。

◇◇ 第八章 中国人文社科成果国际影响力评价与提升对策 ◇◇

新特点,成果结构和内容特殊、载体和受众多样,成果影响力更为复杂。因此,仅利用传统文献计量方法和引文索引库评价存在缺陷。

一 新时期评价导向的要求

改革开放以来,我国大力提高国际化和对外交流水平,例如持续开展的"中国图书对外推广计划"、"中国文化著作翻译出版工程"、"国家社科基金中华学术外译项目",以及各类留学和国际合作交流项目等。从借鉴学习到自主创新,从"引进来"到"走出去",从把论文写在世界科学高峰到把论文写在祖国的大地上,从跟随到主导,从英文到中文,从追求"量"到重视"质",我国人文社科研究不断发展与转变。

科研评价具有导向作用。自20世纪80年代末到2020年初,我国大部分高校实行SCI论文奖励。2019年12月,美国国家科学委员会(National Science Board,NSB)发布了《科学与工程指标2020》,我国国际论文量从2016年开始已超过美国,位居世界第一;根据我国科技部公布数据,我国国际科技论文发表量,自2009年起已稳居世界第2位。然而,SCI论文奖励可以鼓励自然科学领域的学者们发表国际论文,但在人文社科领域的效果不佳,也不利于人文社会成果国际影响力的提升。据本书统计,2013—2017年我国发表在SSCI和A&HCI上的论文总量位列全球第6位和第11位(分别占5.5%和1.2%),而篇均被引量以及社会影响力指标排名更靠后。此外,我国在人文社科领域的国际话语权不强,国际专业期刊和国际学术会议任职不多,主导相关事务的力量较弱。例如,截至2017年SSCI收录的期刊中,来自中国的仅有11种,而美国共有1372种。

过去10年,我国各类科研评价高度重视SCI论文的发表,学者研究迎合英语学术期刊编辑的逻辑和标准,实际上抑制了我国区域性、本土性的人文社科研究发展,不利于构建学术自信。与自然科学相比,人文社科更具意识形态性,其成果的国际影响力归根到底是道路和制度的辐射。中国特色社会主义已经进入新时代,而西方社会仍对中国存在误解和偏见,中国学者要将人文社科研究成果作为发力点,通过学术以及社会等层面的传播和交流,向各国政府、智库、公众等阐明中国道路。

放眼全球,人类发展面临一系列问题,包括全球变暖和疫情、健康与老龄化、能源危机与升级、移民与人才流动、城市化以及全球化对国家经济和政治稳定的影响等，而这些都是人文社科研究的重要领域，需要全球学者共同攻关。同时，国家之间的差异以及社会经济发展的不同阶段，使得这些问题更加复杂。但是全球科学格局发展呈现自然科学强势发展，人文社科、专业和研究机构被压缩，相关学者转型，综合性大学向理工大学发展。此现象不仅发生在美国和日本等发达国家，也有类似情况发生在我国，特别是在大学和学科排名等因素的驱动下、急功近利等氛围的影响下，人文社科研究更加困难，直接影响到我国的人文社科成果及其国际化[①]。科研评价是科研管理的核心环节，对于科研人才、机构、项目建设，促进基础创新、应用创新和成果转化，发挥着导向和支撑作用。当前我国的科研评价改革尚没有达到预期目标，存在包括价值导向、评价分类、评价规范上的主要问题，甚至产生评价引致的科研人员负面消极态度。为满足新时期国家创新需求，助力学科高质量发展，提高国际话语权，人文社科亟须构建一套科学权威、公开透明的新型评价体系。

二 人文社科成果特征的挑战

载体形态的多样性。文献是科研成果的载体，在整个科学研究和交流传播过程中，人文社科文献类型更具多样性，并且人文学科和社会科学的研究范式相差较大，社会科学内部也有管理学、经济学、法学等不同学科，相应的研究和成果类型侧重不同。成果价值也不相同，参著往往多人合作，合作者只是在某些方面做出贡献；英文参著则是国际化需要，系统总结合作展示；参编往往是教材或社会研究报告，实现社会应用；此外，还可以利用PPT、报纸、电视广播，以及博文、公众号、视频等诸多形式则可大范围发表成果和见解。据本书对WoS 5年（2013—2017年）的统计，各年学科分布情况基本稳定（见图8-1）。不同学科在不同类型中的比例有明显差异，总体上人文社科成果在期刊论文中占比不到10%，在会议论文中占比不到8%；但是在图书中人文社科占比

---

① Jack Spaapen and Gunnar Sivertsen, "Assessing Societal Impact of SSH in an Engaging World: Focus on Productive Interaction, Creative Pathways and Enhanced Visibility of SSH Research", *Research Evaluation*, Vol. 29, No. 1, January 2020.

第八章 中国人文社科成果国际影响力评价与提升对策

约 50%。这说明运用传统的论文量、被引量、影响因子等指标来评价人文社科成果存在较大的问题。

各载体的不同目的和阶段性。在整个科学研究和交流传播过程中，各种成果载体形式有明显阶段性。例如，学者有初步成果后，以海报形式提交会议参会交流，然后可能扩展成全文形式在会议中再次报告；经过修改完善，再以文章形式发表在专业期刊上；在此基础上，学者还可能进一步把发表的期刊论文内容整合到学术著作中。各人文社科成果形式有各自特色和不同作用，例如，会议论文满足参会交流需要，要求有新意；期刊论文则比较专深、系统；专著则代表在某领域长期系统性的工作。系列形式的成果内容可能交叉重合，那么这些成果如何统计和评价。

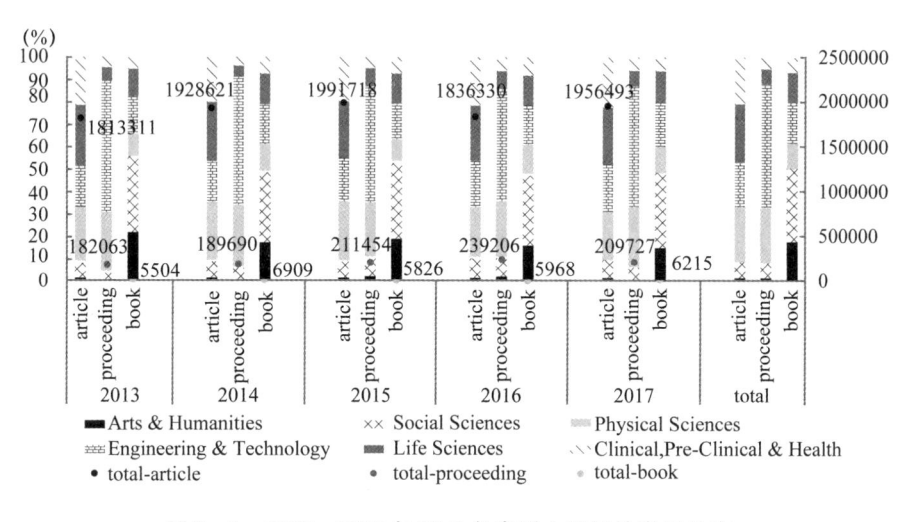

图 8-1 2013—2017 年 WoS 各类型文献量的学科分布

人文社科内部的较大差异性。人文学科和社会科学使用不同的研究范式，学科研究主题、研究目的、出版模式等也各有不同，各学科的成果表现形式和被利用情况各具特性。例如，不同人文社科领域，不同载体形态成果的比例存在不同。根据本书对 WoS 中连续 5 年（2013—2017 年）成果的统计显示，对于图书和期刊论文，人文艺术领域分别占整个人文社科的 23% 和 9%，而心理学领域则各占 10% 和 33%。内部差异的多样性，使得成果影响力评价需要考虑和兼顾的因

◇◇ 应用篇 ◇◇

素更多、更复杂。

人文社科成果影响力的复杂性。人文社科存在相似成果的共存性和价值取向的差异性，其成果影响力多样，涉及经济、文化、社会、教育、科学、环境等诸多影响力[1]，并且会随时间、客观环境、现实需求的变化而不断发展变化。除了典型的图书、期刊论文、会议论文，人文社科还有其他不同载体形态产生影响。由于人文社科研究的本土性、区域性和特殊性，相关成果影响力与社会许多部门和领域关系密切，在不同层面的教育教学、社会发展、政治制度设计、国际关系与外交、不同文化语言交流、文化生活、大众传播和交流、旅游与历史等领域发挥实质性的交互和作用，很多往往不是直接的交互或直接推动社会经济发展而产生影响，其影响力不易识别和测度。

人文社科成果的意识形态问题。科学无国界，科学成果可以全球无国界地分享和学习效仿，特别是网络环境下这种开放和共享更加普遍。但事实上科学家有国籍、科学组织有国界，科学研究离不开政治制度的支撑。2019 年中美贸易战中，IEEE 禁止华为员工及华为资助的个人作为旗下期刊的编辑和审稿人，虽然后来又修正错误，解除限制，但此事件引起了科学界的热议和反思。我国十大学会联合回应 IEEE 事件，对学术交流政治化的逆流坚决反对，对挑战自由平等学术交流准则的企图坚决反对，对破坏公平公正学术环境的行径坚决反对[2]。与自科相比，人文社科虽然可以自由平等交流，但更具意识形态性。2016 年 5 月 17 日，习近平在哲学社会科学工作座谈会上的讲话中明确提到"加强和改善党对哲学社会科学工作的领导，是繁荣发展我国哲学社会科学事业的根本保证"。例如，教育部高校科学研究优秀成果奖（人文社会科学）是国内人文社科领域最高层次科研成果奖励，在其申报通知的第一句："为深入学习贯彻习近平新时代中国特色社会主义思想，深入学习贯彻党的十九大和十九届二中、三中全会精神，深入贯彻落实习近平总书记关于教育的重要论述和全国教育大会精神，全面贯彻落实中共中央印发

---

[1] Emanuela Reale, Dragana Avramov, Kubra Canhial, et al., "A Review of Literature on Evaluating the Scientific, Social and Political Impact of Social Sciences and Humanities Research", *Research Evaluation*, Vol. 27, No. 4, October 2018.

[2] 王林：《中国学术界如何避免被"卡脖子"》，《中国青年报》2019 年 6 月 6 日第 5 版。

的《关于加快构建中国特色哲学社会科学的意见》精神。"而国家社科基金项目作为国内最高级别的人文社科课题,在其申报公告第一和第二段,也特别强调申报的指导思路和贯彻的精神。在当前资本主义意识形态占主流的国际社会中,我国的人文社科成果要得到国际认可、取得国际影响力,存在系列政治制度和文化形态问题。

三 传统计量评价的缺陷

文献计量分析具有较客观和公正、快捷与高效等优点,成为学术成果影响力评价的主要方法。同行评议等定性的评价中常常离不开定量数据的支撑,定量指标也有着定性的成分。从最初的发文量、被引量、影响因子等指标,到综合发文与被引的h指数和20余种h类衍生指数,再到网络分析评价方法迭出(SJR、特征因子等),相关研究在不断改进,但远未完善[1]。2019年5月,Paul Wouters等文献计量学者在 Nature 上撰文,提出应该对影响因子进行反思,需要有更全面、更透明的评价指标体系;指出评价指标的标准是有效、通俗易懂、透明、公平、有适应能力、可重复,而评价指标的应用标准包括恰当使用、语境差异(如学科差异)、充分告知、承担责任[2]。国内也认识到追求定量至上的简单、间接的"计件式"评价的危害;学界兴起对"以刊论文"、"以刊评文"异化现象的批判,呼吁回归学术本源。

传统的被引率、转摘率、影响因子等文献计量指标具有一定合理性和适应性,在自然科学领域得到广泛使用。由于人文社科的特性,通过传统计量指标来评价人文社科成果影响力存在更多问题;"人文社科评价应跳出'影响因子崇拜'的泥淖,把国外自然科学评价方式硬套到国内人文社科科学上危害极大"[3]。此外,人文社科研究成果的影响,往往

---

[1] Cassidy R. Sugimoto, Sam Work, Vincent Larivière, et al., "Scholarly Use of Social Media and Altmetrics: A Review of the Literature", *Journal of the Association for Information Science and Technology*, Vol. 68, No. 9, September 2017.

[2] Paul Wouters, Cassidy R. Sugimoto, VincentLarivière, et al., "Rethinking Impact Factors: Better Ways to Judge a Journal", *Nature*, Vol. 569, No. 7758, May 2019.

[3] 柯进:《人文社科评价应跳出"影响因子崇拜"》,《中国教育报》2017年12月2日第1版。

主要不是发生在突破性重大事件之中，这些影响通常是组织或个人之间日常正常交互的结果，这些组织或个人需要创建、交流和利用新知识来实现其目标；这些影响更难以通过文献计量指标来反映[①]。还有，一般情况下人文社科成果的生命周期和半衰期更长，相关引文指标在计量学术成果影响力时存在明显的滞后性；缺乏合理有效的计量指标和工具；传统的计量指标也无法全面衡量和操作人文社科成果的多种影响力。

四　国际文献数据库的不足

数字化网络环境下，科研成果广泛收录于数据库中。数据库的功能、组织、收录和质量等方面显著地影响人文社科成果影响力评价。习总书记在2016年讲话中特别提到"要运用互联网和大数据技术，加强哲学社会科学图书文献、网络、数据库等基础设施和信息化建设"；而近几年兴起的数字人文也与此相关。目前国际文献数据库存在系列不足，就国际公认的重要数据库 WoS 而言，据本书统计，该数据库在 2010—2019 年间收录的英文成果超过收录总数的 90%。根据著名的莱顿宣言十大原则之三[②]，WoS 是以美国和英文期刊为主，这一数据库覆盖期刊的偏差对于社会和人文学科造成了尤为严重的后果。例如，在 WoS 中被引率较高的西班牙社会学家往往专注于抽象模型或美国数据分析，西班牙语期刊的论文则通常更为关注本土问题，如本地劳动法、老年人家庭医疗、外来劳工等。同时，数据库覆盖的偏差使得大量高质量的中国人文社科成果无法纳入评价范畴。

人文社科成果结构和内容的特殊性、载体和受众的多样性，使得利用传统文献计量方法和引文数据库对其评价存在缺陷。根据 Gunnar S 的研究，WoS 中挪威期刊论文的覆盖率，医学健康领域超过 80%，自然科学和工程也占到了 70% 多；但社会科学不到 40%，而人文学科则只有 20% 多一点。而根据舒非等的调查，在人文、社科中，中国国内发文和

[①] Gunnar Sivertsen and Ingeborg Meijer, "Normal Versus Extraordinary Societal Impact: How to Understand, Evaluate, and Improve Research Activities in Their Relations to Society?", *Research Evaluation*, Vol. 29, No. 1, January 2020.

[②] Hicks Diana, Wouters Paul, Waltman Ludo, et al., "Bibliometrics: The Leiden Manifesto for research metrics", *Nature*, Vol. 520, No. 7548, April 2015.

国际发文高产作者重合率非常低,分别为 2.55% 和 6.1%;中国 99% 的人文社科论文都是发表在国内期刊上[①]。可见,国际文献数据库的代表性存在不足,尤其对中国而言更成问题。

五 相关政策与伦理问题

人文社科成果要产生国际影响力需要人文社科国际化发展。根据我国历史和国情,必然存在英文主导到中英文并行与中文主导等阶段过渡,也是从跟随到主导、从并跑到领跑、从量的积累迈向质的飞跃,从点的突破迈向全面提升的过程。20 世纪 80 年代末我国由南京大学最先将 SCI 引入科研评价体系,SCI 引入和流行有特殊的历史背景和积极意义。相应地,国内相关评价和奖励政策也加强了国内人文社科的国际化。此外,"中国文化著作翻译出版工程"和"国家社科基金中华学术外译项目"等的执行,大大促进了人文社科国际化进程。但是,科学研究的本土化问题也受到越来越多的关注,把人文社科论文"写在世界科学的高峰上,还是写在祖国建设的大地上",引起了学界重新思考。

2015 年,科协等五部门联合发文:"鼓励重要科研成果在我国科技期刊发表",而 2019 年七部委发布了"中国科技期刊卓越行动计划拟入选项目",则是进一步的落实。2019 年中国科学技术大学的光学工程博士点立新规:"发篇中文文章才能毕业"[②];更有学者提议:国家进步奖科研成果应首发国内期刊[③]。也有学者已注意到科学成果中的多种语言平衡,例如提倡中文和英文的双语出版,但这样存在一稿多投与一稿多发等学术论理问题。总之,既要国际化又要本土化中如何平衡协调,存在系列挑战。

[①] Fei Shu, Charles-Antoine Julien & Vincent Larivière, "Does the Web of Science Accurately Represent Chinese Scientific Performance?", *Journal of the Association for Information Science and Technology*, Vol. 70, No. 10, October 2019.
[②] 操秀英:《中科大一博士点立新规:发篇中文文章才能毕业》,2019 年 6 月,科学网(https://news.sciencenet.cn/htmlnews/2019/6/427635.shtm)。
[③] 贺光军:《郭启勇:国家进步奖科研成果应首发国内期刊》,《磁共振成像》2017 年第 3 期。

第二节　人文社科成果国际影响力的评价对策

人文社科成果国际影响力评价是一个系统工程，具有动态性和复杂性等特征。社交媒体环境下，随着大数据技术的兴起、数字出版的流行、开放获取的普及，学术交流和知识创新的诸多方面深受影响，人文社科成果的国际影响力更具复杂性、多样性和动态性。对人文社科成果国际影响力评价需要系统把握，首先从文献考察和实践调研两方面全面了解；然后，微观、中观和宏观分析，评价理论、方法和应用三方面结合；最后从历史现状、前沿趋势、社会环境和内部问题4个方面剖析，例如重点分析开放科学与社交环境、大数据技术与人工智能、云计算与物联网等背景，还有我国社会经济所处的阶段。结合前面章节对评价理论和实证分析的内容，基于人文社科成果国际影响力评价问题的总结，构建以下人文社科成果国际影响力评价对策模型，如图8-2所示。

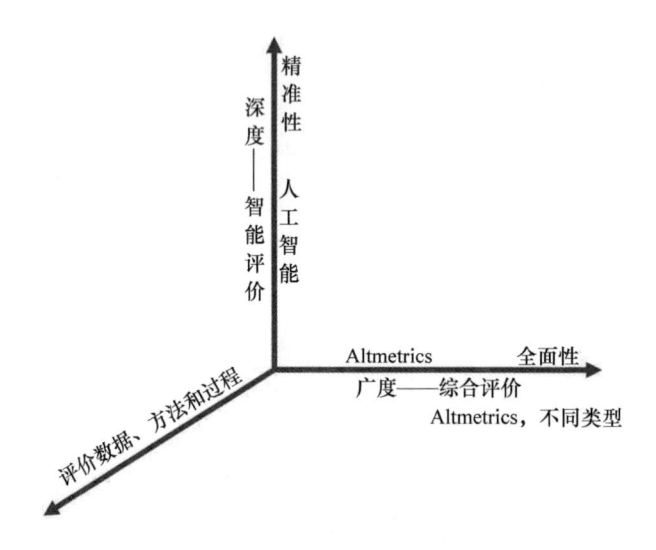

图8-2　我国人文社科成果国际影响力评价对策

一　提高智能精准评价

新的时代背景和技术发展对学术评价提出了更高的要求，评价也受到更多的重视，有更多的重要问题需要解决。对人文社科成果国际影响

第八章　中国人文社科成果国际影响力评价与提升对策

力评价的历时考察，大致可分为以下阶段：1.0 阶段（2000 年以前），以引文指标为主；因为引文数据库的存在，基于引文分析衍生出系列的影响力测度指标。2.0 阶段（2000—2010 年），主要结合网络计量学指标，特别是以链接类指标为主要特色；这是随着互联网的兴起，科学研究和交流模式变革的必然结果。3.0 阶段（2010—2020 年），结合 Altmetrics 指标更全面的影响力评价；基于互联网的社交媒体，成为势不可当的热潮，彻底改变了人类获取信息、相互沟通和互动的方式，加快世界的脚步，Altmetrics 正是为弥补传统计量学缺陷，基于在线工具和环境，对科研成果影响力全面测度的研究与使用。4.0 阶段（2020 年以后），结合认知计算与人工智能指标，向智能化计量、智慧化计量发展；人文社科成果国际影响力向粒度更加细化的微观层面和智能化程度更高的精准评价转变。从深度方面，简单的频次统计也将由结合语义的内生性指标所取代，人文社科成果评价将向自动化、综合化、智能化、精准化方向发展。这也是一种纵横结合的趋势，实现专家评议与文献计量、定性评价与定量评价、主观分析与客观统计、外在指标与内在指标、间接测度与直接测度相结合的智能化评价。

数据智能时代，人文社科成果国际影响力评价目标、评价主体和客体、数据来源、方法指标、环境制度等都将发生重大变化。在前期的探索中，主要有基于内容分析的下一代评价。在引文分析方面，"引文计数—引用次数—引用位置"研究策略演化，例如，对引用的位置、强度和语境进行分析；从内容上改进传统的单纯频次统计。国外有学者提出"宏观—中观—微观实体"的发展，深入成果全文中的知识单元和知识实体进行评价，例如，全文中的方法、数据、具体实体（特定基因、药物、疾病）等[1]。

未来的发展，需要充分抽取和挖掘各类人文社科大数据，识别和确认面向利用行为和传播网络的人文社科成果国际影响力形成过程。借助于机器学习、模式分类等智能信息处理算法，分析评价过程中所涉及的

---

[1] Ding Ying, Zhang Guo, Chambers Tamy, et al., "Content-based Citation Analysis: The next Generation of Citation Analysis", *Journal of the Association for Information Science and Technology*, Vol. 65, No. 9, September 2014.

方法、指标、技术、平台和工具等，构建人文社科成果国际影响力评价方法体系。利用人工智能、认知计算、数据挖掘、语义网等新技术，分析、设计和实现智能评价系统；通过有代表性的数据样本验证系统的效果和效率。智能评价系统主要包括智能人机接口、自然语言处理系统、知识库管理系统、知识库及推理机等关键部分；通过科学大数据的挖掘、计算机深度学习和知识图谱构建等途径，目标是实现人文社科成果国际影响力评价过程自动化、结果精准化、服务智能化。

二 改进综合全面评价

人文社科成果国际影响力的评价不能仅依赖于发表量和被引量，已成为学界的共识，多源、多维计量指标的综合评价是大势所趋。目前研究主要利用被引量等传统指标，社交媒体环境下的相关研究多停留于理论探索阶段，且多集中于学术生产与利用过程单一视角下的比较与融合，缺乏系统的理论研究和深入的应用实践。另外，已有研究主要通过传统文献计量指标和针对少量数据源的分析，集中在基于结果的单维度静态评价分析，缺乏更为全面系统的综合研究。

社交媒体环境下 Altmetrics 的兴起，为综合全面评价提供新思路，成为近年来的研究热点。但是其合理性和可行性受到了人们质疑，具体存在使用偏见、分析标准的缺失、数据的可信性存疑、学术行为的不确定性等不足。针对大数据技术、人工智能和云计算新环境，需要着重解决概念和定义的统一、行为动机和机理的明晰、理论框架的构建、数据来源的规范、指标体系的完善、方法体系的形成、工具体系的完善、应用研究的深化等问题[①]。综合全面评价未来可从以下几个方面重点把握。

（1）基于心理视角的学术成果利用动机全面分析，分析不同类型学术成果的国际用户浏览、下载、收藏、转发、链接、评论、引用等利用行为的动机及其相互关系。结合认知视角和结果视角考察国际利用的影响因素：通过用户感知调查，完成成果利用的影响因素路径分析；通过内容分析和文献计量识别成果利用的关键影响因素。（2）从微观、中观和宏观考察其形成机制。研究形成过程中各利用方式随时间变化及其相

---

① 杨思洛等：《替代计量学：理论、方法与应用》，科学出版社2019年版，第180—185页。

互作用，具体从特定利用方式、成果被利用过程、整个知识网络等层面全面分析国际影响力形成机制。(3) 多维评价指标。将国际影响力、计量学方法与定量评价指标之间形成映射，全面阐释和比较分析成果利用过程与知识演化持续发展的双重生命周期视角下多维评价指标体系。(4) 从背景、需求、环境等方面综合考量，结合基于元评价的评价进程与评价结果分析，研究决策支持和使能驱动双重导向、外在环境与内在个体需求协同驱动下的综合评价模型应用机制。(5) 多维度分类应用：对象维度，载体维度，学科维度等，全面评价不同类型成果国际影响力。

三 改善评价方法体系

科研评价的根本目的是促进科学技术的发展、提高人才队伍能力、提升创新能力水平以及促进经济的发展，然而不适当的评价方法体系恰恰会阻碍进步。因此，科技评价需要理性的、科学的评价方案。当前科技评价的复杂性在于创新主体维度存在层次性、科技领域维度存在特异性，以及科研类型存在多样性。"研究质量"和"科研表现"的影响因素是多维度的，要科学理性地认识各类评价指标的优势和问题[1]。哲学社会科学研究评价要求与时俱进的规划与设计，我国独特的历史、文化和国情，决定了中国特色学术评价体系。长久以来评价中"唯论文"的不良导向，以及简单的"以刊物评文章"、"以数量评人才"、"以榜单评发展"等评价方法受到学界、社会、政府的诟病[2]，这反映了评价指标的滥用现象和现有评价体系的不足。

定性指标和定量指标相结合可以在较大程度上揭示科学家的学术贡献，但关键是如何合理有效地利用指标对科学家进行评价。成果影响力是多维概念，当用论文量、引用、期刊影响因子、社交媒体指标等用来评价人文社科成果时，必须严格规范指标的使用，寻找有效的计量学证据，防止"虚假的精准性"。比如，论证 Altmetrics 指标用于评价的合理

---

[1] 陈云伟、张志强：《科技评价走出"破"与"立"困局的思考与建议》，《情报学报》2020年第8期。

[2] 国科发政：《科技部 教育部 人力资源社会保障部 中科院 工程院关于开展清理"唯论文、唯职称、唯学历、唯奖项"专项行动的通知》，2018年10月，中华人民共和国科学技术部（http://www.most.gov.cn/xxgk/xinxifenlei/fdzdgknr/fgzc/gfxwj/gfxwj2018/201902/t20190213_145084.html）。

性，需要衡量指标实际反映的概念、指标的变化是否与评价对象的惯性一致、指标的同质性以及指标的数据质量等，研究发现 F1000 推荐指标与学术影响力之间存在紧密联系，Twitter 等社交平台中衍生的指标则很难与传统学术影响力直接关联；而期刊影响因子的有效性尚缺乏足够的计量学证据；针对科研者个人（researcher-level）的评价指标已被证明存在"虚假的精准性"[1]。科学研究问题的综合性、复杂性和跨学科性日益突出，各学科之间不断交叉融合，科研合作已成为科学研究的主要趋势[2]。随着多作者、多机构合著论文的增多，合作成果的影响力评价与分配方法也需要与时俱进。

改善评价体系已成为当下实际的任务，达到这个目标要求一套合理改进的指标。具体而言，在评价任意对象时，所构建、使用的指标体系需支撑而不是取代定性的专家评审；基于机构、团队和个人的科研使命评价科研绩效；保护卓越的本土研究；数据采集和分析过程的公开、透明和简单；允许被评估者验证数据和分析；考虑发表和引用的学科差异；对个人研究的评价应基于其综合作品的质性评价；避免指标不当的具体性和虚假的精确性；识别认清评价指标对科研系统的深远影响；定期审查评价指标并对指标系统加以改进[3]。

科学评价是一个循序渐进的过程，在审视现有评价体系不足的同时，要认识到其在评价之中发挥的正向作用，不能从一个极端走向另一个极端，而是在现有评价体系基础上进行改进，发展出适应新时代的评价体系。建立公正合理的评价体系是提升我国学科学术影响力和社会影响力的重要基础，这一目标需要充分考虑各学科的特性，综合使用定量和定性的评价指标；重视评价过程中的透明度和公平性；而最重要的是，结合时代发展背景与迎合国家发展需求，坚持"评价"的目的是促进"发展"。

---

[1] Henk F. Moed, "Appropriate Use of Metrics in Research Assessment of Autonomous Academic Institutions", *Scholarly Assessment Reports*, Vol. 2, No. 1, January 2020.

[2] 丁敬达、王新明：《基于作者贡献声明的合著者贡献率测度方法》，《图书情报工作》2019 年第 16 期。

[3] Hicks Diana, Wouters Paul, Waltman Ludo, et al., "Bibliometrics: The Leiden Manifesto for research metrics", *Nature*, Vol. 520, No. 7548, April 2015.

第八章 中国人文社科成果国际影响力评价与提升对策

四 增加多维数据来源

评价数据显著地影响人文社科影响力评价的准确性和有效性。全面评价人文社科成果国际影响力，需通过多维数据源获取合理、有效的评价数据。人文社科成果的载体形式多样，影响力范畴广泛，然而目前人文社科的评价数据来源单一，科研评价数据倚重于国际文献数据库，缺乏评价数据多源性和评价角度全面性，与破除"唯论文"的指导思想相违背。未来可从以下方面进行改进。

人文社科成果不同类型影响力的评价数据源。（1）人文社科成果的产出影响力评价数据，结合产出（定量）和声誉（定性）确定数据来源。（2）人文社科成果的学术影响力评价数据，将其与定量指标（引文）和定性指标（同行评议）之间形成映射，对评价数据源进行全面的比较分析与系统选择。（3）人文社科成果的社会影响力评价数据，系统构建和实证社会影响力的评价指标体系，探究认知数据源含义与评价维度，综合考虑指标数据的有效性、可用性以及准确性从而达到应用。（4）人文社科成果的综合影响力评价数据，基于产出层、传播层、利用层系统选择人文社科成果影响力评价的数据来源，确定数据源结构与层次。人文社科成果不同载体的评价数据源，其分析角度包括载体类型（期刊论文、会议论文、图书等），载体语言（中、英文），学科类型（社会科学和人文科学），收录平台（国内、国际平台），适应指标（分布特征）。

加强影响力评价指标来源数据集成工具平台的建设。随着数字出版的流行、开放获取的普及，学术交流和知识创新的诸多方面深受影响，学术成果在社交网络的非正式交流中产生了很多的指标足迹。科研管理部门、学界等应加强数据集成工具平台的建设。一个整合的数据库平台应尽可能完备地收集学术成果的各种指标数据，不仅包括正式交流、非正式交流中产生了的指标足迹，还包括图书馆实体馆藏数据、同行评议数据（如评分机制）等。这些需要突破目前各文献数据库平台之间的界限，并尽可能高效地实现各类学术信息资源共享与智能化搜索。

五 公开透明评价过程

人文社科成果国际影响力评价必须把握评价过程的公开透明，以促进客观、真实、准确地反映不同评价对象的实际情况。目前，科学评价活动除公布最终的评价结果外，均会不同程度地公布评价指标含义、评价方法、指标权重等，但是基本不公开原始数据和评价过程，即公开性和透明度不足，导致评价对象以及社会难以考证、重现评价结果，对此类评价活动的监督力度也大打折扣。

大数据时代呼吁科学评价过程更加公开透明。（1）定性评价的公开透明。人文社科成果影响力的准确评价离不开同行评议，同行评议过程的公开透明，包括开放同行评议，公开作者或评审人信息，公布同行评议内容，允许公众对过程发表评论，进一步提高科学评价的公开性和开放性，保证评价活动的独立性和公正性。（2）定量评价的公开透明。定量指标含义与算法的公开透明，包括指标权重。指标原始数据的公开透明，包括数据来源、数据采集和聚合方法、数据更新频率、数据存取方法、数据质量监控、验证数据方法。

六　构建四位一体体系

完善同行评议。人文社科成果结构和内容特殊、载体和受众多样，人文社科成果评价具有复杂性，同行评议具有重要地位。但是随着同行评议的不断扩展和广泛运用，也暴露出诸多问题：如成本过高，评议专家负担过重、力不从心；评议结果因为非学术因素干扰引起"马太效应"而备受指责；在人情社会与基本诚信缺失环境下，评价错位，公平公正的同行评议存在困难。同行评议是定性评价、主观评价、小同行评价，要解决的关键问题是评议的民主性和负责任。实现同行评议回归评价主流，完善途径包括借鉴国外先进经验、建立国外专家同行评议库、建立专家评价信誉制度、探索开放同行评议和软同行评议等。

改进代表作制度。科研成果是科学研究的目的和产品，科研成果评价是学者、学科、期刊、机构、国家等其他层面评价的基础。人文社科成果的特性，决定了代表作制度的重要性。数量至上、"以刊评文"、追求定量至上的简单、间接的"计件式"评价，"严重扭曲了科学研究的价值导向，在一定程度上助长了浮夸浮躁、急功近利甚至弄虚作假的不良风气"。代表作制度是扭转这一局面的核心。代表作制度并非首次提出，在国外已普遍实行，近年来国内在职称评定、人才评价、课题申报等方面有所体现。但在具体运作过程有众多问题需要改进：如何突出原创质量和实际贡献；在机构、人才、课题等不同评估中如何差异性地对待代表作；代表作数量、时间、形式等如何具体规定；等等。

落实分类评价。我国人文社会科学评价受自然科学评价的影响较深，追崇科学界的GDP，造成了"价值追求扭曲、学风浮夸浮躁"等严重问题，人文社科评价应跳出"影响因子崇拜"。"分类评价，同类比较"是科研评价的基本原则。基础研究和应用研究、人文社科各学科主题等具有明显不同特点，人文社科成果载体形态的多样性、目的性和阶段性，决定了人文社科成果国际影响力需要分类评价。目前关键是如何落实分类评价，创新多元评价方式；需要配套的制度，需要规范的分类体系，需要唤起社会各界的认同。

结合定量与定性方法。破除"唯论文"、"SCI至上"，并不是全盘否定论文成果，也不是取消文献计量与定量指标。20世纪80年代末由南京大学最先将SCI引入我国科研评价体系，对于我国自然科学和人文社科的国际化都具有特殊的历史作用和积极意义。文献计量分析具有较客观、快捷与高效等优点，从最初的发文量、被引量、影响因子等指标，到综合发文与被引的h指数和20余种h类衍生指数，再到网络分析评价方法迭出，文献计量学者对相关定量评价指标和方法不断改进。事实上，定性的评价中常常离不开定量数据的支撑，定量指标也有着定性的成分。定量与定性结合依赖于制度和政策，也依赖于大数据和人工智能技术的发展、社会环境的开放共享，例如结合语义的定量指标的创建、基于计量指标的同行评议系统的开发等。

第三节 人文社科成果国际影响力的提升对策

国际影响力评价可以清晰地了解中国人文社科成果的发展现状与不足，有助于推动学科和研究的繁荣发展。当前，中国人文社科面临着"走出去"和"请进来"的新需求和新问题，存在倡导学科发展方向、指明学科发展道路、促进学科研究创新，实现我国人文社科在世界范围内的理论引领的新目标。近年来，中国人文社科成果的国际影响力规模逐渐扩大，国际认可度和接纳度不断提升。但中国人文社科发展不平衡，在不同学科、不同成果类型、不同语言表达等方面存在着较大的影响力差异,与国外发达国家相比也存在差距,进一步提升中国人文社科的国际影响力任重道远。对于我国人文社科成果国际影响力提升对策,不同角度和层面会有系列的不同;本书根据前文分析,形成简要的对策体系,如图8-3所示。

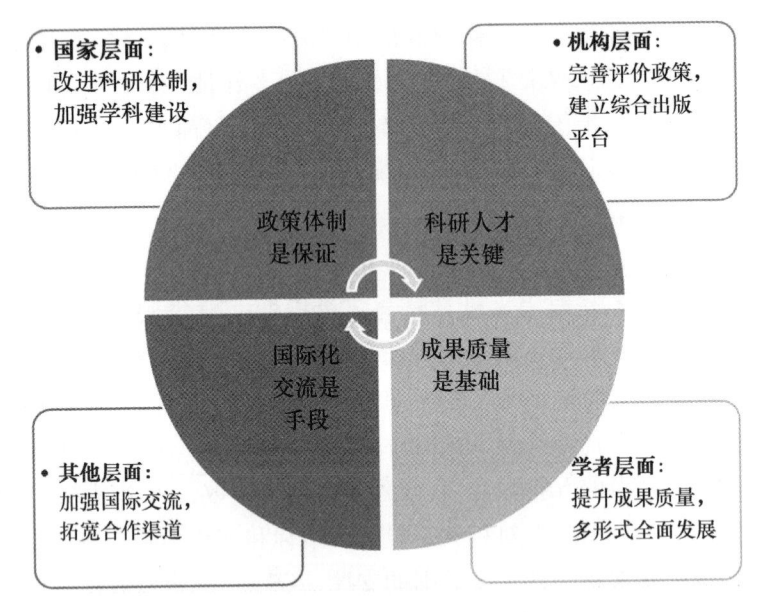

图8-3 我国人文社科成果国际影响力提升对策

一 国家层面:改进科研体制,加强学科建设

2020年9月11日,中共中央总书记、国家主席、中央军委主席习近平在京主持召开科学家座谈会并发表重要讲话,强调"我国经济社会发展和民生改善比过去任何时候都更加需要科学技术解决方案,都更加需要增强创新这个第一动力……要依靠改革激发科技创新活力,通过深化科技体制改革把巨大创新潜能有效释放出来"[①]。国家也出台了系列政策文件,改进我国的科研体制和科研评价体系,但是仍远未完善。与此

---

① 新华社:《习近平主持召开科学家座谈会并发表重要讲话》,2020年9月,求是网(http://www.qstheory.cn/yaowen/2020-09/11/c_1126483902.htm)。

同时，学科建设是科学研究的重要支撑，我国新一轮建设浪潮正在进行，包括近年来的"双一流学科"建设和为对应新时代哲学社会科学发展的新要求的"新文科"建设。

从学科层面看，对能够凸显中国人文社科学科特色、蕴含中华文化底蕴的学科，需要加大建设力度，减轻人文社科学科发展不平衡的现状。"越是民族的，就越是世界的"，我国将具有中国特色、中国文化的人文社科研究向各国展现出来，即能代表我国人文社科成果国际影响力的提升。我国要大力扶植历史学、文学、考古学、语言学等学科的发展，加大对这些学科的政策扶植以及基金资助力度。同时，积极组织国际间的学术交流，让世界听到中国的声音。加强学科宣传，从国外引进优秀的学者开展学术活动，鼓励我国的青年学者走出国门，去国外知名大学深造，有利于研究学者把握当前国际学科发展的态势，综合我国人文社科自身的特质，提高学科和学者的国际交流合作能力以及创新能力。

此外，科研成果的产出，离不开人、财、物的支持，这些根本上取决于优秀的科研体制。通过政策引导，出台系列人才计划，培养一支具备高素质、高水平的人才队伍，提高我国人文社科成果的学术质量以及国际影响力。我国人文社科发展离不开一批学术知识扎实和具有国际研究视野的研究队伍，加速培养造就我国的战略科技人才、科技领军人才和创新团队，大力扶持我国的青年学者队伍，学习国际上优秀的学术研究手段、研究思路，有利于提高对国际学术界现状的认识，有利于我国学者的国际交流和影响力。相关部门及单位要注重海外高端学者的引进，在坚持"走出去"的同时，也要注重国外优秀人才及成果的"引进来"，最终形成一支结构多元的高水平研究队伍。

二　机构层面：完善评价政策，建立综合出版平台

评价是为管理服务的，多年来政府一直在为改进科研评价而努力，例如2015年9月，由中共中央办公厅、国务院办公厅发布《深化科技体制改革实施方案》；2018年中共中央办公厅、国务院办公厅出台《关于深化项目评审、人才评价、机构评估改革的意见》；2020年教育部、科技部印发《关于规范高等学校SCI论文相关指标使用 树立正确评价导向的若干意见》，教育部印发《关于破除高校哲学社会科学研究评价中

"唯论文"不良导向的若干意见》等通知，受到社会各界广泛关注和热议。这些文件的执行和落实，需要机构层面的重视和完善相关配套政策。例如，如何协调人文社科论文"写在世界科学的高峰上，还是写在祖国建设的大地上"？如何平衡既要国际化又要本土化问题？如何解决中文和英文的双语出版或多语言出版问题？如何兼顾实际效益和社会影响问题？如何考虑发挥国际影响力与国内影响价值的问题？等等。

此外，纵观当前科研人员的科研成果产出情况，多数以英文文献的形式发表在国外的出版平台中，国内没有完善的、权威的、影响力较高的出版平台，导致大量高质量成果流向国外期刊和出版社的情况，不利于我国优秀本土成果的保护，也不利于我国自身影响力的提升，建立我国的学术话语权。我国许多机构重视学者在 WoS 各区的发文情况，但这些国外数据库平台存在一系列不容忽视的问题。尤其是一些意识形态上的问题，因为人文社科具有强烈的国家和社会导向性，研究更多地涉及地区和国家层面。归根结底来说，我国需要为学者提供优质的论文发表和收录平台，发展具有国际权威的中国期刊，中国各学科一流期刊应当达到世界一流水平，如此方有利于中国学者的本土研究和前沿研究，避免投稿过程中中西方意识形态不同而导致的阻碍，将中国各学科的研究成果、知识、经验介绍到全球领域，以提升我国学科的影响力。要做到这一点，需要国家政府对于权威期刊的政策和基金支持；学者对于论文质量和选题的把控，以及对于投稿方向的明确；学科专家对于期刊审稿的支持；期刊对于论文评审的综合、严谨、公正、透明等。

建立具有国际性、学术覆盖领域全面、索引内容高质量、鼓励开放获取的网络出版数据平台，助力于中国各学科学者的优秀成果传播。此类平台需要有快速访问、精确传递、快速更新等优点。若是中国搭建了综合全面的国际性出版数据平台，方便把我国学者的研究成果介绍给全球领域的研究学者，有利于成果对未来知识和科技进步的贡献，以及发挥对健康、经济、环境等方面的作用，有助于提升我国各学科在全球范围的影响力。建成这样的出版平台，需要我国各方机构的协同调配，在保护知识产权的基础上，降低我国文献的获取成本，增加我国各学科成果的信息传播、交流、利用的可能；需要网络运营商、专家学者的共同支持，包括索引准则、平台使用准则、评估过程、信息检索方式等的确立等。

三 学者层面：提升成果质量，多形式全面发展

（一）提升学术成果质量，多元化传播途径

学术成果的产出是我国人文社科国际影响力产生的基础，不同的扩散途径是国际影响力传播的媒介。我国发表在世界核心期刊上的人文社科论文日益增加，产出处于世界前列，成果利用达到中上水平；但成果的传播、获取行为上较欧美仍有较大差距，影响力不足。我国学者要在注重"量"的同时，注重学术成果的"质"。不仅如此，更要关注当前网络环境下成果的各类传播途径，科研人员应增强对学术成果的宣传意识，使得科研成果得到更广泛的传播和利用。

开放获取运动兴起和发展使得学者以及公众可以免费获取文献并进行自由的传播，由此产生了新的知识生产和传播模式。Altmetrics 涵盖了在社交网络中的科研交流，为科研成果影响力评价提供了新的维度，能够测度多样化的学术成果的影响力[1]。荷兰《标准评价框架 2009—2015》（Standard Evaluation Protocol，SEP）、《旧金山科研评价宣言》以及《莱顿宣言》的提出显示多个国家已经逐渐将 Altmetrics 指标融入学术成果评价，研究必须关注学术成果在新学术传播环境下的影响力。大数据环境下，学术交流的方式、交流的途径、交流的实效性已经发生了巨大变化。成果发表后可以制作视频、图片等物料对主要内容进行平易近人的讲解，以吸引更多的受众。各式社交平台给推广学术成果提供了无限可能，学者可以将学术成果汇总在个人博客或网站上引导潜在用户关注，以便新成果发表时可以针对性地快速推荐给这些潜在用户。科研人员要善于利用各样的社交媒体进行学术沟通与交流，在提升自己影响力的同时，有助于引导学术分享的良性氛围，让社交媒体上有更多的学术探讨声音。举例来说，出版商、作者可以将学术成果的亮点制作成精美短小的讲解视频发布到 YouTube 等视频网站上；也可以用简洁易懂的语言发布到 Twitter、Facebook、微博等社交平台上，让用户更容易检索到的同时，降低理解成本，扩大成果影响力范围；也可以联络媒体进行专门的报道。

---

[1] 付慧真、张琳、胡志刚等：《基础理论视角下的科研评价思考》，《情报资料工作》2020年第2期。

（二）多形式发展学术成果

学术成果的数量、质量乃至形式是评价学科发展水平的重要指标，基于本书理论篇构建的国际影响力产生模型和实践篇中划分的学术成果影响力表现的3种层次，即产出层、传播层和利用层，研究发现了我国人文社科成果影响力的不足。从整体上看，期刊论文数量最多，稳居世界前列，会议论文也处于不断增长中，有一定的竞争优势，而图书成果产出与前两者有一定的差距。此外，由于学科的特性，不同的学科在学术成果形式上表现不同。例如，哲学、文学、政治学、法学等学科在会议、图书两种成果形式上表现较弱，一是此类学科的成果侧重理论研究内容，二是相关学科成果产出时间较长。因此，多形式综合评价学科成果至关重要。

随着国际交流程度的加深，不同形式的成果载体都是展示我国人文社科成果的重要表现形式，应该促进学术成果形式的全面发展。针对不同学科的特性，增强其在国际上的影响力，如提升会议论文数量和质量，注重其在国际会议的展示和交流；注重提升学术成果的社会影响力，推动相关成果在社交媒体平台的传播；注重图书学术成果的质量，扩散其出版渠道，特别是国际出版机构。总体而言，从多个维度来全面提升学术成果的数量和质量，推动学术成果形式全面发展。

四 其他层面：加强国际交流，拓宽合作渠道

随着当前国际交流不断加深，为提升我国人文社科成果的国际影响力，必然要开展形式多样的国际学术交流与合作。一是鼓励相关机构和高校积极举办各类学术讲坛、高层次国际学术会议，邀请优秀的研究学者分享其学术经验，或向外争取一些海外学术资源项目，以增强我国学者对国外学术前沿、热点、动态的了解，进一步拓展我国人文社科研究的国际视野，为我国人文社科发展研究创造良好的外部资源。二是可以与国外研究机构或高等院校开展项目合作，围绕国际重大问题和前沿问题开展合作研究，向国际输出我国人文社科的优秀成果。鼓励学生、学者积极与海外高校或是海外机构加强联系，积极参加学习和交流，并设立出国留学专项项目或是海外交流基金项目，选拔、培养、资助我国人文社科优秀研究学者开展海外科研交流等活动，增加学者出国学习、交

流的机会。三是拓展国际化培养渠道，建设一批优秀的海外培养基地，可以建设一批与国外大学合作的联合培养并共同授予学位的联合培养项目，打造新型国际化人才，但同时要做到"请进来"，牢牢把握住我国"自主培养"这一人才基础。此外，相关机构也要积极推荐国内优秀学者到海外学术组织和机构中担任重要职务，积极开拓与国外的合作与交流。

语言也是科研成果国际化的重要因素。基于英文的国际流行现状，我国的人文社科国际成果发展将经历几个阶段，如图8-4所示。要产生国际影响力，首先主要是以英文形式发表成果，然后存在英文与中文并行的阶段，最后到中文成果占主体；这也是从跟随到主导、从并跑到领跑、从量的积累迈向质的飞跃、从点的突破迈向全面提升的必然步骤。

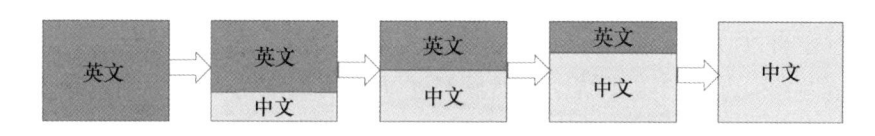

图 8-4 我国人文社科成果国际化的发展阶段

第九章 结论与展望

交流是科学的本质（Communication is the essence of science）。
——英国诺贝尔生物与医学奖获得者、DNA 之父 Francis Crick[①]

本章是全书的总结，首先阐述了人文社科成果国际影响力理论分析、国际影响力形成机理、评价综合模型（理论模型、应用模型）、评价实证结果 4 个方面的主要结论；然后简述研究的局限与不足之处；最后对进一步研究的方向与内容进行展望。

第一节 主要研究结论

人文社科的研究发展，反映一个国家、民族当前的思维能力、精神状态和文明素养；其国际影响力更是体现着国家的国际话语权。正确评价人文社科成果的国际影响力，对于倡导学科发展方向、指明学科发展道路、促进学科研究创新，从而提升我国的国际话语权有着至关重要的作用。在高速发展、瞬息万变的新技术环境下，我国原有评价体系已经无法满足现有的评价需求，存在片面、滞后等问题。构建与时俱进的我国人文社科成果国际影响力评价体系迫在眉睫。由于人文社科的本土化与区域化特征，评价其学术成果不能简单地移植自然科学或者发达国家的评价指标与方法，否则会"水土不服"而导致不准确的评价结果，产生深刻的负面影响。

[①] William D. Garvey, *Communication: The Essence of Science*, New York: Pergamon Press, 1979, pp. 1 – 13.

第九章 结论与展望

本书在人文社科成果影响力理论分析的基础上,对国际上中国人文社科成果的影响力形成机理与影响因素进行分析,构建中国人文社科成果国际影响力综合评价模型,并对该模型进行实证研究,最后提出完善人文社科成果国际影响力评价方法、提升国际影响力的对策建议。

(1)对人文社科成果国际影响力系统的理论分析。分析人文社科成果国际影响力综合评价的相关基础理论,并按照期刊论文、会议论文和学术图书3种类型进行国际影响力理论分析,发现:1)文献类型不同,学科领域成果比例也有差异;国际成果的学科、语种、机构、国家/地区分布不均衡。2)在期刊论文方面,就学科而言,引文指标相较人文社科更偏向于自然科学,Altmetrics指标更偏向于社会科学、临床、预临床与健康和生命科学;就国家而言,在人文社科成果中,引文指标和Altmetrics更偏向于英、美的成果;就指标而言,Altmetrics指标的覆盖率远低于引文指标,其影响力评价维度并非单一。3)在学术图书方面,引文指标偏向于自然科学成果,Altmetrics指标偏向于医学成果。引文指标和Altmetrics指标表现出不同的学科偏向性、时间累积性、分布集中度,但Altmetrics指标的覆盖率不高,这两类指标相互独立地反映学术图书不同方面的影响力,Altmetrics指标的融入有利于更全面地捕捉学术图书的影响力。4)在会议论文方面,引文指标偏向于自然科学成果,Altmetrics指标偏向于人文社科和医学成果。Altmetrics指标可以作为补充性指标来衡量论文学术之外的影响力。在3种人文社科成果载体中,引文和Altmetrics指标评价影响力的维度不同,Altmetrics指标相对来说虽然时滞性不强,但是指标的可用性受到覆盖率限制。

(2)提出人文社科成果国际影响力的形成机理。学术成果的国际影响力是在被国际利用和扩散过程中产生的,在不同阶段有着不同的特点,具有明显的生命周期特征。本书从利用生命周期理论视角系统把握和分析中国人文社科成果的国际影响力形成机理。基于知识演化生命周期过程分析学术成果的影响网络,识别和确认面向利用行为和传播网络的国际影响力形成过程;基于微观、中观和宏观的视角分析国际影响力形成路径;从主体、客体、环境、技术4个角度构建影响力形成因素模型;基于生命周期过程探讨成果国际影响力的形成机制和产生动力;利用中文学术图书进行影响因素实证。综上所述,本书提出从形成过程、影响因素、产生机制和产生动力 4 个方面构建影响力形成机理的 PFMD 模型。

（3）构建人文社科成果国际影响力的评价模型。宏观上，本书基于学术成果生命周期视角，在大数据基础上根据影响力产生过程进行分析，体系化构建中国人文社科成果国际影响力综合评价模型；微观上，在传统评价指标中融入 Altmetrics 指标，丰富模型指标体系。从"Why（为什么）"、"How（怎么办）"、"What（是什么）"3 个角度展开，阐述国际影响力的产生路径为产出、获取、传播、利用，根据受众交互程度与投入成本建立相应的影响力分层，从而构建 OACU 理论模型综合评价理论模型；阐述评价应用模型构建的思路与原则，要素体系与理论框架，在此基础上构建综合评价 PIDM 应用模型。最后，以心理学期刊论文为对象进行实证，验证所构建综合评价模型的有效性。

（4）我国人文社科成果国际影响力的综合评价。以本书构建的综合评价应用模型为基础，利用 WoS 和 Altmetric.com 平台数据，对我国人文社科 2013—2017 年国际发表的期刊论文、学术图书、会议论文 3 种类型成果的国际影响力进行实证评价，不同类型的学术成果各个方面存在较大差异。1）综合而言，国际产出影响力上，我国会议论文发表量很高，期刊论文的国际产出量也位于世界前列，两者都拥有较高增长率，但是学术图书的数量和增长率都不高；国际学术影响力上，我国期刊论文的学术影响力位于国际中上游，会议论文和学术图书则表现不佳；国际社会影响力上，结合评价指标的覆盖率和均值，我国人文社科期刊论文、会议论文和学术图书 3 种载体的社会影响力依次递减，但总体都较低。2）就期刊论文而言，中国的管理学、图书情报学、经济学和政治学期刊论文成果产出较高，在国际范围内也产生了广泛的影响力；人文艺术类学科的期刊论文成果产出不足，国际影响力也较小；心理学、新闻学与传播学、社会学等虽然有较高的国际影响力，但产出略显不足。3）就学术图书而言，中国的教育学、新闻学与传播学、经济学和管理学的图书产出较高，国际影响力相对较大；法学、图书情报学的产出和影响力都比较一般，政治学的影响力表现略差，其他诸多学科的图书产出不足，国际影响力也较小；心理学是中国众多人文社会学科中国际影响力表现最好的。4）就会议论文而言，中国人文社科会议论文的整体国际影响力较低。社会学、管理学、经济学的会议论文产出较高；教育学、图书情报学、新闻学与传播学的产出和影响力都比较一般，政治学的影响力表现略差，其他学科的会议论文表现更差；法学表现较为特殊，但相对产生了最高的国际影响力。最后，基于中国人文社科各成果的国际影响力总评情况，对各成果载体上影响力表现较突出、较有特色的学科进行了细分展示。

本书将中国人文社科3种类型成果的影响力进行比较发现，中国人文社科成果总体上呈现期刊论文影响力较高、图书和会议论文国际影响力不足的特征。期刊论文的影响力表现较好，与其他国家差距较小；会议论文的发表数量很高，但影响力表现较差，图书的学术影响力表现一般，社会影响力表现与发达国家差距较大；认为仅通过传统引文分析，低估了中国人文社科成果国际影响力差距。中国需要重视会议论文"量"与"质"平衡，在高发文量的同时，需要提高会议论文的质量，同时也应不断提升期刊论文和图书的成果质量，增加中国学术成果在国际上的曝光度，扩大国际学术成果传播和交流。

第二节 研究的局限与不足

对一个学科的整体把握分析需要有深厚的知识积累，要有面向长远发展的战略眼光，要有严密的科学思维。经过专家的指导和帮助，以及作者们的共同努力，本书对中国人文社科成果的国际影响力综合评价进行了较为全面深入的探索，并取得了一些成果。本书在研究过程中尽力做到结构清晰、论证合理、数据公平和结论有据，但由于团队研究能力、时间精力、指标数据源的限制，本书也存在一些问题和不足。这些问题也是未来研究需要重点关注和解决的方面。

本书涉及面广、使用指标多、使用数据来源多样且复杂，在数据获取及指标选取方面难免出现纰漏。例如，在分析期刊论文影响力的过程中，论文的Altmetrics指标数据来源不足，仅通过Altmetric.com获取，事实上，Altmetrics指标的获取办法还有通过数据源API获取、向多个Altmetrics指标数据聚合商获取等，此种方法更能保障数据质量与覆盖全面。在学术图书影响力评价中，虽然在传统引文指标的基础上融入了新的Altmetrics指标，但也只是在10个指标的基础上比较分析了不同学科学术图书的影响力，在评价指标设置上的细化程度有限。此外，学术图书学术影响力只考虑了引文这一个指标，缺乏来自编辑、出版社方面的评价指标数据。在会议论文影响力的评价中，会议论文的 Altmetrics 指标和 DOI 覆盖率不高，考虑到元数据获取可能造成的匹配误差，我们仅通过 DOI 获取 Altmetric 数据，相关性分析的结果在某种程度上也因此受限。此外，会议论文数据源还不够全面，WoS 作为一个优秀的引文索引数据库，其收录的会议论文有限，Altmetric.com 能够收录多种渠道的 Altmetrics 数据源，但其数据的稳定性、准确性和全面性也受到了质疑。

对国际影响力进行分析的过程中，本书以定量指标为主。一方面，虽然以数值呈现的指标更明确、易比较，但定性支撑不可缺少。此外，本书主要依靠数据值的统计分析来考察指标差异，缺乏对指标背后的文本内容、产生的内涵动机等进行更细粒度的深度挖掘，从而难以发现更多的价值倾向。在研究中国人文社科成果的国际影响力形成机理时，缺少对形成过程和机制的实证。

本书的研究重点是中国人文社科成果在国际上被利用的动机和关键影响因素识别，以及在此基础上的影响力形成过程与综合评价模型构建。其中，在复杂环境下形成具有普适性的综合评价模型是研究难点所在。需要依据各评价指标的计量属性，针对成果生产利用过程和知识演化持续发展两个视角进行指标的比较融合，并依据内核和外缘影响力的综合考量构建评价模型。评价模型作为价值判断系统的表现，因度量指标与技术的局限性，常常有各种形式的缺失与误差，因而系统运行的过程中需要对评价体系不断地进行优化。本书虽然在综合评价体系中融入了新的 Altmetrics 指标，但还是未能摆脱定量为主、定性不足、同行评议待完善的禁锢。在模型构建中，影响力度量更偏向于影响的范围度量，而影响程度很难衡量，是否将成果推广给了目标用户，目标用户在多大程度上采用了研究成果，目标用户是否提供反馈，是否为目标用户提高了效率与效用，这些都有待进一步的考虑。此外，学科的差异性没有受到足够关注。哪怕同属于人文社科这一大类学科，内部学科间仍会有差异存在，细分学科不能采用完全相同或是截然不同的评价方法和评价指标，评价的公平性受到挑战。整个评价活动是如何运行的，如何保证评价活动的公正性，如何做到更好的分类评价，也是一个需要考虑的问题[①]。

第三节 研究的未来展望

评价指标和数据源的改进。本书引入了 Altmetrics 指标作为学术成果的社会影响力评价指标，未来还应深入探究合理有效的评价指标，探索不同类型学术成果在指标上的表现差异；探索评价指标在不同类型成果、领域、语言、来源国家上的评价有效性；探索不同学科的不同成果载体的影响力差异。此外，学术成果及指标的数据源有待扩充。未来研究方向可提升指标的多样性、数据的多源性。在进行数据分析的时候，不要局限于学术成果的数量和被引，可以将机构、作者、国际合作等层面也纳入国际影响力分析的范围，以便更全面和深层次地评价中国人文社科的国际影响力。

评价的价值导向。虽然中国发文量排在世界前列，但论文数量多不等于成果质量高、创新能力强。在自然科学领域，我国仍然面临在核心技术领域被"卡脖子"的困境；而人文社科领域，其影响力具有多样性，不仅有学术影响力、社会影响力，还存在文化、经济、政治等各方面的影响力。人文社科研究的发展状况，反映出一个国家和民族的思维能力、精神状态和文明素质；学术研究的国际影响力，体现出国家的综合实力与国际话语权。学术成果评价对于繁荣人文社科、促进科学研究创新起着至关重要的作用。因此不同于自然科学评价不分国界和容易借鉴国外评价经验，西方社科理论往往无法解释我国社会发展中的情况和问题，人文社科成果评价具有明显的本土化和区域性特征，评价更应保护我国优秀的本土人文社科成果。

评价体系的与时俱进。一个优秀的评价体系能够引导科研人员在科技强国的时代责任中坚守初心、勇担使命、潜心研究、勇攀学术高峰，但是我国的学术评价体系目前存在问题。习近平总书记在 2018 年两院院

---

① 中国社会科学评价研究院课题组：《人文社科期刊评价 如何实现科学权威公开透明》，2018 年 5 月，中国高校人文社会科学信息网（https：//www.sinoss.net/c/2018-05-22/564400.shtml）。

◈◈ 应用篇 ◈◈

士大会上的重要讲话中强调"人才评价制度不合理,唯论文、唯职称、唯学历的现象仍然严重"。2018年10月23日,科技部、教育部、人力资源社会保障部、中科院和中国工程院联合发布《关于开展清理"唯论文、唯职称、唯学历、唯奖项"专项行动的通知》[1];2018年11月8日,教育部办公厅发布《关于开展清理"唯论文、唯帽子、唯职称、唯学历、唯奖项"专项行动的通知》[2],要求"深化高校体制改革,健全立德树人落实机制,扭转不科学的教育评价导向,推行代表作评价制度,注重标志性成果的质量、贡献、影响"。"除四唯"、"破五唯"成为评价领域重要的指向标。2020年2月17日,科技部印发《关于破除科技评价中"唯论文"不良导向的若干措施(试行)》[3],提出了3个方面共27项具体措施改进科技评价。2020年2月20日,教育部、科技部印发《关于规范高等学校SCI论文相关指标使用 树立正确评价导向的若干意见》[4],针对高校科技评价提出了10条意见。可见,我国的学术评价体系需要与时俱进、积极完善。

影响力评价与质量评价。科技评价未来应当深入研究分类评价,对不同类型的科研工作应建立各有侧重的评价路径。科技评价要破除"唯论文"的不良导向,未来应关注到更加广泛的学术成果形式,但不能从一个极端走向另一个极端。非正式的科研记录、学者的在线学术交流与科研活动、新的科研方法与工具可以作为新的评价对象补充进来。对于论文的评价研究,重点应当是论文的创新水平和科学价值,应当注重标

---

[1] 国科发政:《科技部 教育部 人力资源社会保障部 中科院 工程院关于开展清理"唯论文、唯职称、唯学历、唯奖项"专项行动的通知》,2018年10月,中华人民共和国科学技术部(http://www.most.gov.cn/xxgk/xinxifenlei/fdzdgknr/fgzc/gfxwj/gfxwj2018/201902/t20190213_145084.html)。

[2] 中华人民共和国教育部:《教育部办公厅关于开展清理"唯论文、唯帽子、唯职称、唯学历、唯奖项"专项行动的通知》,2018年11月,中华人民共和国教育部(http://www.moe.gov.cn/srcsite/A16/s7062/201811/t20181113_354444.html)。

[3] 国科发监:《科技部印发〈关于破除科技评价中"唯论文"不良导向的若干措施(试行)〉的通知》,2020年2月,中华人民共和国科学技术部(http://www.most.gov.cn/xxgk/xinxifenlei/fdzdgknr/fgzc/gfxwj/gfxwj2020/202002/t20200223_151781.html)。

[4] 中华人民共和国教育部:《教育部 科技部印发〈关于规范高等学校SCI论文相关指标使用 树立正确评价导向的若干意见〉的通知》,2020年2月,中华人民共和国教育部(http://www.moe.gov.cn/srcsite/A16/moe_784/202002/t20200223_423334.html)。

志性成果的质量、贡献和影响。要达到这一评价目的，应重视对同行评议等定性评价实施方式的研究，将定性评价和定量评价的长处加以结合，探索建立完善健全的综合评价体系。

另外，科学评价需要与技术发展紧密结合，以提高评价结果的精准性，以及减少评价所需的时间、人力成本。未来可见的趋势包括结合文本挖掘、自然语言处理的智能化评价，评价向精确化、细粒度的评价发展。例如，利用人工智能和大数据等新技术，分析、设计和实现既面向世界前沿又适合我国国情和中国特色的智能评价系统，可以包括三大关键技术：基于大数据的科研成果影响力评价信息智能处理技术框架、成果评价 RDF 知识图谱构建及应用技术、基于 SaaS 模式的成果评价云平台技术架构设计与实现。研发学术成果影响力智能评价系统，从而实现科研成果影响力评价过程自动化、指标智能化、结果精准化、服务智慧化。

参考文献

1. 中文专著

边春光:《编辑实用百科全书》,中国书籍出版社 1994 年版。

樊丽娜、王浩、高珊珊编著:《分类溯源》,知识产权出版社 2011 年版。

国家图书馆《中国图书馆分类法》编辑委员会:《〈中国图书馆分类法〉第五版使用手册》,国家图书馆出版社 2012 年版。

汉语大词典编纂处编著:《60000 词现代汉语词典》,四川辞书出版社 2021 年版。

黄长著等:《网络环境下图书情报学科与实践的发展趋势》,社会科学文献出版社 2010 年版。

孔丘:《论语》,广陵书社 2018 年版。

娄策群:《社会科学评价的文献计量理论与方法》,华中师范大学出版社 1999 年版。

邱均平、谭春辉、任全娥等:《人文社会科学评价理论与实践(上册)》,武汉大学出版社 2012 年版。

邱均平、文孝庭等:《评价学理论·方法·实践》,科学出版社 2010 年版。

曲庆彪主编:《社会科学基础》,高等教育出版社 2004 年版。

时立文:《SPSS 19.0 统计分析:从入门到精通》,清华大学出版社 2012 年版。

宋子然:《100 年汉语新词新语大辞典(1912 年—2011 年)上卷》,上海辞书出版社 2014 年版。

吴明隆:《结构方程模型——AMOS 的操作与应用》,重庆大学出版社

2009年版。

吴明隆：《问卷统计分析实务——SPSS操作与应用》，重庆大学出版社2010年版。

吴慰慈、邵巍：《图书馆学概论》，书目文献出版社1985年版。

《现代汉语大词典》编辑委员会：《现代汉语大词典（上）》，上海辞书出版社2009年版。

杨思洛等：《替代计量学：理论、方法与应用》，科学出版社2019年版。

姚乐野、王阿陶：《中国人文社会科学国际学术影响力发展报告2006—2010》，中国社会科学出版社2015年版。

姚乐野、王阿陶：《中国人文社会科学国际学术影响力发展报告2011—2015》，中国社会科学出版社2017年版。

尤西林：《人文科学导论》，高等教育出版社2002年版。

余厚强：《替代计量学概念、指标与应用》，科学技术文献出版社2019年版。

袁清林：《科普学概论》，中国科学技术出版社2002年版。

中国百科大辞典编委会：《中国百科大辞典》，华夏出版社1990年版。

2. 中文译著

华勒斯坦等：《开放社会科学》，刘锋译，生活·读书·新知三联书店1997年版。

［德］韦尔海姆·狄尔泰：《人文科学导论》，赵稀方译，华夏出版社2004年版。

3. 中文期刊

白波、王艳芳、肖小溪：《科技计划经济社会影响评价的回报模型：基本原理、发展动态及启示》，《中国科技论坛》2019年第6期。

查朱和：《论社科期刊的学术影响力及其实现路径》，《中国编辑》2017年第1期。

陈仕吉、喻浩、左文革：《高校重点学科学术影响力的计量评价研究》，《情报杂志》2013年第1期。

陈云伟、张志强：《科技评价走出"破"与"立"困局的思考与建议》，《情报学报》2020年第8期。

程瑞：《科学理论的评价标准问题——基于数学与物理学关系的新图

景》,《中国社会科学》2019 年第 2 期。

丁敬达、王新明:《基于作者贡献声明的合著者贡献率测度方法》,《图书情报工作》2019 年第 16 期。

董政娥、陈惠兰:《人文社会科学研究对世界的影响力分析——以 SSCI 和 A&HCI（1975—2009）收录东华大学学术论文被引用文献为案例》,《科技管理研究》2011 年第 3 期。

杜建、张玢、刘晓婷:《期刊影响因子、h 指数、相对 h 指数及特征因子的相关性分析》,《情报杂志》2011 年第 2 期。

杜学亮、韩冰:《高校国际学术影响力指标浅析——从中国政法大学社科统计年报看学校国际学术影响力》,《北京信息科技大学学报》（自然科学版）2010 年第 1 期。

范英杰、徐芳:《如何看待研究成果社会影响力评价？——英国高等教育机构科研水平评估框架概览》,《科学与社会》2019 年第 1 期。

方红玲:《我国科技期刊论文被引量和下载量峰值年代——多学科比较研究》,《中国科技期刊研究》2011 年第 5 期。

付慧真、张琳、胡志刚等:《基础理论视角下的科研评价思考》,《情报资料工作》2020 年第 2 期。

耿骞、景然、靳健等:《学术论文引用预测及影响因素分析》,《图书情报工作》2018 年第 14 期。

顾正萍:《基于 SSCI 的中国高水平大学社会科学学术论文发表状况分析》,《中国高教研究》2009 年第 12 期。

关鹏、王曰芬:《基于 LDA 主题模型和生命周期理论的科学文献主题挖掘》,《情报学报》2015 年第 3 期。

郭飞、游滨、薛婧媛:《Altmetrics 热点论文传播特性及影响力分析》,《图书情报工作》2016 年第 15 期。

韩瑞珍、杨思洛:《知识生命周期视角下智库产品影响力形成及提升路径》,《信息资源管理学报》2020 年第 3 期。

韩雨彤、周雨涵、杨伟超等:《面向学术图书的 Altmetrics 指标分析》,《图书情报工作》2018 年第 14 期。

何峻、蔡蓉华:《中文图书评价体系研究》,《大学图书馆学报》2016 年第 3 期。

参考文献

何峻：《我国图书评价现状分析》，《大学图书馆学报》2012 年第 3 期。

何小清：《建国以来大陆学术机构人文社会科学研究国际化学术产出定量分析——基于 SSCI、A&HCI（1956－2006）的定量分析》，《清华大学学报》（哲学社会科学版）2008 年第 4 期。

贺德方：《中国高影响力论文产出状况的国际比较研究》，《中国软科学》2011 年第 9 期。

贺光军：《郭启勇：国家进步奖科研成果应首发国内期刊》，《磁共振成像》2017 年第 3 期。

胡志刚、章成志：《悄然兴起的全文计量分析》，《图书馆论坛》2021 年第 3 期。

华薇娜、刘艳华：《中国高校人文社会科学走向世界的历史进程——基于 SSCI 和 A&HCI 的数据调研与分析》，《中国高教研究》2009 年第 12 期。

江晓丽：《人文社科青年学者国际发文的困难与应对策略》，《外国语文》2014 年第 2 期。

姜春林：《国外人文社会科学学术图书评价研究进展》，《西南民族大学学报》（人文社科版）2019 年第 2 期。

姜春林、魏庆肖：《融合补充计量指标的人文社科专著影响力评价指标体系研究》，《情报杂志》2018 年第 12 期。

金贞燕：《基于 Web of Science 的东亚国家（地区）图书馆学情报学学术水平比较研究》，《知识管理论坛》2015 年第 2 期。

孔德轩、吾买尔艾力·艾买提卡力：《系统论视域下的微博科学传播》，《科技传播》2013 年第 17 期。

匡登辉：《外文学术电子图书评价研究——基于 Bookmetrix 的实证分析》，《现代情报》2018 年第 5 期。

赖金良：《人文社会科学的概念基础》，《浙江社会科学》2004 年第 4 期。

雷淑义、吕先竞：《Altmetrics 视角下的学术图书影响力评价研究》，《西南民族大学学报》（人文社科版）2017 年第 6 期。

李昊青、兰月新、侯晓娜等：《网络舆情管理的理论基础研究》，《现代情报》2015 年第 5 期。

李华锋、袁勤俭:《社会科学学术成果国际影响力评价研究述评》,《情报杂志》2018 年第 3 期。

李明、陈铭:《学术图书 Altmetrics 评价指标分层框架探析》,《现代情报》2018 年第 5 期。

李明、李江、陈铭、石进:《中文学术图书引文量与 Altmetrics 指标探索性分析及其启示》,《情报学报》2019 年第 6 期。

李品、杨建林:《大数据时代哲学社会科学学术成果评价:问题、策略及指标体系》,《图书情报工作》2018 年第 16 期。

李沂濛、张乐、赵良英:《国际化背景下人文社科期刊论文评价指标体系研究》,《图书馆工作与研究》2018 年第 6 期。

李勇:《西方公民科学素质建设的文化语境研究》,《理论界》2006 年第 9 期。

梁永霞、刘则渊、杨中楷:《引文分析学形成与发展的可视化分析》,《图书情报工作》2010 年第 2 期。

刘春丽:《altmetrics 工具与机构知识库的整合与效果——以 PlumX 为例》,《图书情报工作》2015 年第 24 期。

刘春丽、何钦成:《开放同行评审的产生、发展、成效与可行性》,《中国科技期刊研究》2011 年第 1 期。

刘向、马费成:《科学知识网络的演化与动力——基于科学引证网络的分析》,《管理科学学报》2012 年第 1 期。

刘晓娟、马梁:《基于 BKCI 的学术著作引文分布研究》,《图书情报工作》2017 年第 24 期。

刘晓娟、宋婉姿:《基于 PLOS ALM 的 altmetrics 指标可用性分析》,《图书情报工作》2016 年第 4 期。

刘筱敏、孙嫒、和婧:《Scopus 与 SCI 来源期刊影响力差异化分析》,《中国科技期刊研究》2014 年第 9 期。

刘烜贞、湛乐:《替代计量指标评价科研成果社会影响的研究》,《情报探索》2017 年第 10 期。

刘艳华、华薇娜、袁顺波:《走向世界的中国高校人文社会科学研究中的高产作者分析》,《中国高教研究》2011 年第 4 期。

刘艳民:《Altmetrics 指标与传统文献计量指标相关性研究》,《情报杂志》2017年第9期。

刘意:《中国人文社科期刊论文国际被引影响因素研究》,《现代情报》2020年第4期。

陆宏弟:《中日高校人文社会科学研究现状比较——SSCI、A&HCI收录情况的定量分析》,《日本学刊》2007年第1期。

吕景胜:《论人文社科研究本土化与国际化的契合》,《科学决策》2014年第9期。

马费成、夏永红:《网络信息的生命周期实证研究》,《情报理论与实践》2009年第6期。

马婧:《媒介技术变革下学术传播体系的演变》,《出版发行研究》2019年第6期。

马宁、宋振世:《基于Bookmetrix的数学学科电子图书影响力评价研究》,《图书馆杂志》2019年第3期。

马万华:《全球化、全球参与和世界一流大学建设应关注的问题》,《华中师范大学学报》(人文社会科学版)2014年第2期。

梅新林、陈国营、陈明等:《中国大学智库评价的"三维模型"和指标体系研究》,《智库理论与实践》2017年第5期。

孟璀、吴培群、于发友:《论文学术影响力及其影响因素的实证分析——以CNKI平台的教育内容分析论文为例》,《科研管理》2017年第S1期。

诺贝尔:《名人名言》,《作文世界》2010年第11期。

齐东峰、陈文珏:《图书引文索引(BKCI)——新的图书评价及参考工具》,《图书馆杂志》2013年第4期。

邱均平、宋艳辉、杨思洛:《国内人文社会科学文献老化规律对比研究——基于Web新形势下的研究》,《中国图书馆学报》2011年第5期。

邱均平:《文献计量学的理论、方法和应用》,《图书情报知识》1984年第4期。

邱均平、余厚强:《基于影响力产生模型的替代计量指标分层研究》,《情报杂志》2015年第5期。

邱均平、余厚强:《论推动替代计量学发展的若干基本问题》,《中国图书馆学报》2015 年第 1 期。

任红娟：《我国图书评价方法研究述评》，《图书情报知识》2016 年第 5 期。

尚海茹、冯长根、孙良：《用学术影响力评价学术论文——兼论关于学术传承效应和长期引用的两个新指标》，《科学通报》2016 年第 26 期。

宋京京、潘云涛、苏成：《基于 PageRank 算法的图书影响力评价》，《中华医学图书情报杂志》2015 年第 12 期。

苏新宁等：《基于生命周期的应急情报体系理论模型构建》，《情报学报》2017 年第 10 期。

苏新宁：《文献计量学与科学评价中有关问题思考》，《图书与情报》2013 年第 1 期。

苏新宁：《我国人文社会科学图书被引概况分析——基于 CSSCI 数据库》，《东岳论丛》2009 年第 7 期。

苏新宁：《中国特色情报学学科体系、学术体系、话语体系论纲》，《中国图书馆学报》2021 年第 4 期。

孙奇、张晓梅：《国内外图书引文索引库发展探析》，《图书馆杂志》2017 年第 6 期。

孙玉伟：《数字环境下科学交流模型的分析与评述》，《大学图书馆学报》2010 年第 1 期。

唐继瑞、叶鹰：《单篇论著学术迹与影响矩比较研究》，《中国图书馆学报》2015 年第 2 期。

汪信砚：《人文学科与社会科学的统一性——答余金成教授》，《学术研究》2010 年第 9 期。

汪雅霜、杨晓江：《英国高等教育质量管理的核心要素——同行评议·学生参与·文化培育》，《黑龙江高教研究》2012 年第 5 期。

王兰敬、叶继元：《中文人文社会科学学术图书评价的瓶颈因素及对策研究》，《图书与情报》2014 年第 6 期。

王茜、谭宗颖、钱力：《科学研究社会影响力评价综述》，《图书情报工作》2015 年第 14 期。

王伟、杨建林：《人文社会科学外译图书评价指标体系研究》，《图书情报工作》2019 年第 4 期。

王艳、毕丽华：《知识管理与知识创新的研究综述与展望》，《图书情报工作》2011年第S2期。

卫垌圻、谭宗颖：《Altmetrics国内外研究中的问题与挑战》，《图书情报工作》2015年第2期。

魏雅慧、刘雪立、孟君：《我国SCI收录期刊国际合作出版情况及其影响力指标的变化》，《中国科技期刊研究》2018年第7期。

吴江江：《学术著作特征与出版政策研究》，《出版广角》1999年第12期。

吴忠民：《改革开放以来三十年自由和平等的演进及问题》，《清华大学学报》（哲学社会科学版）2011年第2期。

习近平：《在哲学社会科学工作座谈会上的讲话》，《党史文汇》2016年第6期。

肖宏、张义川、汤丽云等：《我国哲学社会科学国际影响力研究——基于国际文献大数据的分析（2011—2015年）》，《中国社会科学评价》2017年第4期。

肖建华、霍国庆、董帅等：《基于平衡计分卡的学术会议效果评价指标体系研究》，《科学学与科学技术管理》2009年第12期。

熊霞、高凡、郭丽君：《外文电子图书学术影响力评价方法探讨——基于BKCI、Scopus Article Metrics、Bookmetrix的实例比较》，《现代情报》2016年第10期。

徐佳宁、罗金增：《现代科学交流体系的重组与功能实现》，《图书情报工作》2007年第11期。

徐翔鹏：《特色数据库生命周期方法适用性及其模型构建研究》，《图书馆工作与研究》2015年第1期。

宣勇、张鹏：《组织生命周期视野中的大学学科组织发展》，《科学学研究》2006年第S2期。

薛福冰：《高校哲学社会科学国际竞争力培育研究》，《求索》2012年第5期。

杨红艳：《人文社科成果评价管控机制的理论思考——以创新和质量为导向》，《重庆大学学报》（社会科学版）2014年第6期。

杨金庆、陆伟、吴乐艳：《面向学科新兴主题探测的多源科技文献时滞计算及启示——以农业学科领域为例》,《情报学报》2021年第1期。

杨思洛、曹慧、李慧玲:《基于引文分析的档案学领域图书影响力研究》,《档案与建设》2014年第5期。

杨思洛、王皓、文庭孝:《基于引文分析的图书影响力研究——以图书情报领域为例》,《情报资料工作》2010年第1期。

杨思洛、王雨、祁凡:《系统视角下Altmetrics的发展趋势:融合、开放、深化》,《情报理论与实践》2020年第4期。

杨思洛:《新时期我国人文社科成果国际影响力评价:问题与趋势》,《情报资料工作》2020年第3期。

杨思洛、邢欣、郑梦雪:《基于Bookmetrix的G20国家图书影响力比较研究》,《现代情报》2019年第7期。

杨思洛:《引文分析存在的问题及其原因探究》,《中国图书馆学报》2011年第3期。

杨思洛、袁庆莉、韩雷:《中美发表的国际开放获取期刊论文影响比较研究》,《中国图书馆学报》2017年第1期。

叶继元:《"SCI至上"的要害、根源与破解之道》,《情报学报》2020年第8期。

叶继元:《国内外人文社会科学学科体系比较研究》,《学术界》2008年第5期。

叶继元:《学术"全评价"体系与中国特色哲学社会科学学术评价体系的构建与完善》,《社会科学文摘》2021年第7期。

叶继元:《学术图书、学术著作、学术专著概念辨析》,《中国图书馆学报》2016年第1期。

叶继元:《〈中文图书引文索引·人文社会科学〉示范数据库研制过程、意义及其启示》,《大学图书馆学报》2013年第1期。

于琦、张昕瑞、吴胜男等:《Mendeley与传统引用指标相关性的元分析》,《情报杂志》2020年第2期。

余厚强、Bradley M. Hemminger、肖婷婷等:《新浪微博替代计量指标特征分析》,《中国图书馆学报》2016年第4期。

余厚强、邱均平:《论替代计量学在图书馆文献服务中的应用》,《情报杂志》2014年第9期。

参考文献

余厚强、邱均平：《替代计量指标分层与聚合的理论研究》，《图书馆杂志》2014 年第 10 期。

余厚强、任全娥、张洋、刘春丽：《Altmetrics 的译名分歧：困扰、影响及其辨析》，《中国图书馆学报》2019 年第 1 期。

俞立平、姜春林：《学术期刊评价的视角、基本问题与发展展望》，《情报杂志》2013 年第 5 期。

俞立平、郑昆：《期刊评价中不同客观赋权法权重比较及其思考》，《现代情报》2021 年第 12 期。

庾光蓉：《自然科学与人文社会科学融合：科研创新的新途径》，《天府新论》2008 年第 3 期。

袁翀：《综合性人文社会科学学术期刊分类评价的必要性与可行性》，《南京大学学报》（哲学·人文科学·社会科学）2019 年第 4 期。

张国春：《社会科学科研成果的界定和分类》，《云梦学刊》2006 年第 6 期。

张军亮：《图书引文特征比较分析》，《图书情报工作》1997 年第 12 期。

张垒：《高被引论文的特征因素及其对影响因子贡献研究》，《中国科技期刊研究》2015 年第 8 期。

张丽华、田丹、曲建升：《中国学者发表会议论文的领域差异性与载体差异性研究》，《情报杂志》2018 年第 6 期。

张琳等：《科学计量与同行评议相结合的科研评价——国际经验与启示》，《情报学报》2020 年第 8 期。

张新志：《轨道交通文献检索策略研究》，《内蒙古科技与经济》2017 年第 10 期。

张艳丽：《学术图书质量评价方法与评价指标研究评述》，《出版发行研究》2015 年第 12 期。

张玉华、潘云涛：《科技论文影响力相关因素研究》，《编辑学报》2007 年第 2 期。

张玉、潘云涛、袁军鹏等：《论多维视角下中文科技图书学术影响力评价体系的构建》，《图书情报工作》2015 年第 7 期。

赵蓉英、郭凤娇、谭洁：《基于 Altmetrics 的学术论文影响力评价研究——以汉语言文学学科为例》，《中国图书馆学报》2016 年第 1 期。

赵蓉英、魏明坤：《中国学者国际学术论文影响力研究——以社会科学领域为例》，《情报理论与实践》2017年第7期。

赵蓉英、魏绪秋：《基于比较静态分析的国际合作与交流特征演化研究——以我国图书情报学为例》，《图书馆》2017年第8期。

赵秀丽：《影响因子对人文社科期刊评价的适应性研究》，《三峡大学学报》（人文社会科学版）2014年第3期。

赵宴群：《对我国人文社会科学工作者在SSCI、A&HCI期刊发表论文的分析与思考》，《复旦教育论坛》2010年第1期。

赵跃峰、孙守增、王佳：《学术期刊国际影响力的传播机理》，《长安大学学报》（社会科学版）2013年第3期。

郑文晖：《文献计量法与内容分析法的比较研究》，《情报杂志》2006年第5期。

中国科学院：《中国科学院科学技术研究成果管理办法》，《中国科学院院刊》1986年第3期。

周清清、章成志：《图书影响力评价研究进展与展望》，《大学图书馆学报》2020年第3期。

周宙、邱树华、文彦元、刘建军：《浅析当前世界语言学研究的特点和趋势——基于2006—2015年Web of Science的文献》，《西南石油大学学报》（社会科学版）2017年第2期。

朱红文：《社会科学与人文科学的关系论略》，《广东社会科学》2001年第3期。

4. 中文报纸

柯进：《人文社科评价应跳出"影响因子崇拜"》，《中国教育报》2017年12月2日第1版。

柯进：《中国国际科技论文向高质量转型》，《中国教育报》2019年11月20日第1版。

王林：《中国学术界如何避免被"卡脖子"》，《中国青年报》2019年6月6日第5版。

张贺：《加快构建中国特色哲学社会科学》，《人民日报》2017年5月31日第9版。

张蕾：《我国科技论文国际影响力持续上升》，《光明日报》2020年12

月30日第7版。

5. 中文网站

操秀英：《中科大一博士点立新规：发篇中文文章才能毕业》，2019年6月，科学网（https://news.sciencenet.cn/htmlnews/2019/6/427635.shtm）。

国科发监：《科技部印发〈关于破除科技评价中"唯论文"不良导向的若干措施（试行）〉的通知》，2020年2月，中华人民共和国科学技术部（http://www.most.gov.cn/xxgk/xinxifenlei/fdzdgknr/fgzc/gfxwj/gfxwj2020/202002/t20200223_151781.html）。

国科发政：《科技部 教育部 人力资源社会保障部 中科院 工程院关于开展清理"唯论文、唯职称、唯学历、唯奖项"专项行动的通知》，2018年10月，中华人民共和国科学技术部（http://www.most.gov.cn/xxgk/xinxifenlei/fdzdgknr/fgzc/gfxwj/gfxwj2018/201902/t20190213_145084.html）。

南京大学中国智库研究与评价中心：《智库网络影响力评价体系建构与实证》，2016年7月，中国网（http://www.china.com.cn/opinion/think/2016-07/13/content_38868798.htm）。

于健：《文献数据分析工具之WOS（Web of Science/SCI）数据库数据格式转换》，2013年3月，科学网（https://blog.sciencenet.cn/blog-260374-667402.html）。

中共中央：《关于进一步繁荣发展哲学社会科学的意见》，2004年3月，中国政府网（http://www.gov.cn/test/2005-07/06/content_12421.htm）。

中国科学文献计量评价研究中心：《中国图书学术影响力评价专家研讨会隆重召开暨〈中国高被引图书年报〉（2016版）正式发布》，2019年9月，中国知网（http://piccache.cnki.net/index/images2009/other/2017/zgtsxsyxlpj/test.html）。

中国社会科学评价研究院课题组：《人文社科期刊评价 如何实现科学权威公开透明》，2018年5月，中国高校人文社会科学信息网（https://www.sinoss.net/c/2018-05-22/564400.shtml）。

中国知网：《2019中国学术期刊国际引证报告》，2019年6月，中国知网（http://www.eval.cnki.net/News/ItemDetail?ID=56898d289c6d4d70817cd575f17dad48）。

中华人民共和国教育部：《关于印发〈学位授予和人才培养学科目录（2011年）〉的通知》，2011年3月，中华人民共和国教育部（http://www.moe.gov.cn/srcsite/A22/moe_833/201103/t20110308_116439.html）。

中华人民共和国教育部：《教育部办公厅关于开展清理"唯论文、唯帽子、唯职称、唯学历、唯奖项"专项行动的通知》，2018年11月，中华人民共和国教育部（http://www.moe.gov.cn/srcsite/A16/s7062/201811/t20181113_354444.html）。

中华人民共和国教育部：《教育部关于印发〈高等学校哲学社会科学"走出去"计划〉的通知》，2011年11月，中华人民共和国教育部（http://www.moe.gov.cn/srcsite/A13/s7061/201111/t20111107_126303.html）。

中华人民共和国教育部：《教育部 科技部印发〈关于规范高等学校SCI论文相关指标使用 树立正确评价导向的若干意见〉的通知》，2020年2月，中华人民共和国教育部（http://www.moe.gov.cn/srcsite/A16/moe_784/202002/t20200223_423334.html）。

中华人民共和国教育部、中华人民共和国财政部：《教育部 财政部关于印发〈高等学校哲学社会科学繁荣计划（2011—2020年）〉的通知》，2011年11月，中华人民共和国教育部（http://www.moe.gov.cn/srcsite/A13/s7061/201111/t20111107_126304.html）。

6. 外文专著

Andrea Bonaccorsi, *The Evaluation of Research in Social Sciences and Humanities: Lessons from the Italian Experience*, Cham, Switzerland: Springer, 2018.

Blaise Cronin and Cassidy R. Sugimoto, *Beyond Bibliometrics: Harnessing Multidimensional Indicators of Scholarly Impact*, Cambridge, MA: MIT Press, 2014.

Christoph Bartneck and Jun Hu, "Scientometric Analysis of the CHI Proceedings", *Proceedings of the SIGCHI Conference on Human Factors in Computing Systems*, Boston, 2009.

Danielle Lee and Peter Brusilovsky, *Recommendations Based on Social Links*, Cham, Switzerland: Springer, 2018.

Francis Houqiang Yu, Cathy Xueting Cao & Biegzat Murata, "Readership of International Publications as Measured by Mendeley Altmetrics: A Comparison Between China and USA", *Proceedings of the International Conference on Scientometrics and Informetrics* (*ISSI* 2019), Rome, 2019.

Gregory J. Feist, *The Psychology of Science and the Origins of the Scientific Mind*, New Haven: Yale University Press, 2008.

Kim Johan Holmberg, *Altmetrics for Information Professionals: Past, Present and Future*, Oxford: Chandos Publishing, 2015.

Lee J. Cronbach, *Essentials of Psychological Testing* (5thed.), New York: Happer Collins, 1990.

Martin Fenner, *Altmetrics and Other Novel Measures for Scientific Impact*, Cham, Switzerland: Springer, 2014.

Stefanie Haustein and Vincent Larivière, *The Use of Bibliometrics for Assessing Research: Possibilities, Limitations and Adverse Effects*, Cham, Switzerland: Springer, 2015.

StefanieHaustein, Timothy D. Bowman & Rodrigo Costas, "Interpreting 'Altmetrics': Viewing Acts on Social Media through the Lens of Citation and Social Theories", *Theories of Informetrics and Scholarly Communication: A Festschrift in Honor of Blaise Cronin*, Berlin: De Gruyter, 2016.

William D. Garvey, *Communication: The Essence of Science*, New York: Pergamon Press, 1979.

Ying Ding, Ronald Rousseau & Dietmar Wolfram, *Measuring Scholarly Impact: Methods and Practice*, Cham, Switzerland: Springer, 2014.

7. 外文期刊

Alesia A. Zuccala, Frederik T. Verleysen, Roberto Cornacchia, et al., "Altmetrics for the Humanities: Comparing Goodreads Reader Ratings with Citations to History Books", *Aslib Journal of Information Management*, Vol. 67, No. 3, May 2015.

A. Linmans, "Why with Bibliometrics the Humanities does not Need to be the Weakest Link Indicators for Research Evaluation Based on Citations, Library Holdings, and Productivity Measures", *Scientometrics*, Vol. 83, No. 2, May 2010.

Ana Paula dos Santos Rubem, Ariane Lima de Moura & Joao Carlos Correia

Baptista Soares de Mello, "Comparative Analysis of Some Individual Bibliometric Indices When Applied to Groups of Researchers", *Scientometrics*, Vol. 102, No. 1, January 2015.

[Anonymous], "Research Evaluation Must Change After the Pandemic", *Nature*, Vol. 591, No. 7848, March 2021.

Anton J. Nederhof, "Bibliometric Monitoring of Research Performance in the Social Sciences and the Humanities: A Review", *Scientometrics*, Vol. 66, No. 1, January 2020.

Bennett Van Houten, Jerry Phelps, Martha Barnes, et al., "Evaluating scientific impact", *Environmental Health Perspectives*, Vol. 108, No. 9, September 2000.

Björk B. C., "A model of Scientific Communication as a Global Distributed Information System", *Information Research-an International Electronic Journal*, Vol. 12, No. 2, January 2007.

Björn Hammarfelt, "Using Altmetrics for Assessing Research Impact in the Humanities", *Scientometrics*, Vol. 101, No. 2, November 2014.

Bornmann Lutz and Haunschild Robin, "Does Evaluative Scientometrics Lose Its Main Focus on Scientific Quality by the New Orientation towards Societal Impact?", *Scientometrics*, Vol. 110, No. 2, February 2017.

Brandon K. Peoples, Stephen R. Midway, Dana Sackett, et al., "Twitter Predicts Citation Rates of Ecological Research", *Plos One*, Vol. 11, No. 11, November 2016.

Cai Liwei, Tian Jiahao, Liu Jiaying, et al., "Scholarly Impact Assessment: a Survey of Citation Weighting Solutions", *Scientometrics*, Vol. 118, No. 2, February 2019.

Cassidy R. Sugimoto, Sam Work, Vincent Larivière, et al., "Scholarly Use of Social Media and Altmetrics: A Review of the Literature", *Journal of the Association for Information Science and Technology*, Vol. 68, No. 9, September 2017.

Claire Donovan, "The Governance of Social Science and Everyday Epistemology", *Public Administration*, Vol. 83, No. 3, August 2005.

参考文献

Claude Bertout and Peter Schneider, "Editorship and Peer-Review at A & A", *Astronomy and astrophysics*, Vol. 420, No. 3, June 2004.

Cynthia Lisée, Vincent Larivière & Eric Archambault, "Conference Proceedings as a Source of Scientific Information: A Bibliometric Analysis", *Journal of the American Society for Information Science and Technology*, Vol. 59, No. 11, September 2008.

Danielle H. Lee, "Predictive Power of Conference-related Factors on Citation Rates of Conference Papers", *Scientometrics*, Vol. 118, No. 1, January 2019.

Daniel Torres-Salinas, Alvaro Cabezas-Clavijo & Evaristo Jimenez-Contreras, "Altmetrics: New Indicators for Scientific Communication in Web 2.0", *Comunicar*, Vol. 21, No. 41, October 2013.

Daniel Torres-Salinas and Henk F. Moed, "Library Catalog Analysis as a Tool in Studies of Social Sciences and Humanities: An Exploratory Study of Published Book Titles in Economics", *Journal of Informetrics*, Vol. 3, No. 1, January 2009.

Daniel Torres-Salinas, JuanGorraiz & Nicolas Robinson-Garcia, "The Insoluble Problems of Books: What Does Altmetric. Com Have to Offer?", *Aslib Journal of Information Management*, Vol. 70, No. 6, November 2018.

Daniel Torres-Salinas, Nicolas Robinson-Garcia & JuanGorraiz, "Filling the Citation Gap: Measuring the Multidimensional Impact of the Academic Book at Institutional Level with PlumX", *Scientometrics*, Vol. 113, No. 3, December 2017.

Daniel Torres-Salinas, Nicolas Robinson-Garcia, Juan Miguel Campanario, et al., "Coverage, Field Specialisation and the Impact of Scientific Publishers Indexed in the Book Citation Index", *Online Information Review*, Vol. 38, No. 1, January 2014.

Daniel Torres-Salinas, Nicolas Robinson-Garcia, Juan Miguel Campanario, et al., "Coverage, Field Specialisation and the Impact of Scientific Publishers Indexed in the Book Citation Index", *Online Information Review*, Vol. 38, No. 1, September 2015.

Daniel Torres Salinas, Rosa Rodriguez-Sanchez, Nicolas Robinson-Garcia, et al., "Mapping Citation Patterns of Book Chapters in the Book Citation Index", *Journal of Informetrics*, Vol. 7, No. 2, April 2013.

Derek J. de Solla Price, "Networks of Scientific Papers", *Science*, Vol. 149, No. 3683, July 1965.

Ding Ying, Zhang Guo, Chambers Tamy, et al., "Content-based Citation Analysis: The Next Generation of Citation Analysis", *Journal of the Association for Information Science and Technology*, Vol. 65, No. 9, September 2014.

Donovan Claire and Hanney Stephen, "The 'payback framework' explained", *Research Evaluation*, Vol. 20, No. 3, September 2011.

Ehsan Mohammadi and MikeThelwall, "Mendeley Readership Altmetrics for the Social Sciences and Humanities: Research Evaluation and Knowledge Flows", *Journal of the Association for Information Science and Technology*, Vol. 65, No. 8, August 2014.

Ehsan Mohammadi, MikeThelwall, Stefanie Haustein, et al., "Who Reads Research Articles? An Altmetrics Analysis of Mendeley User Categories", *Journal of the Association for Information Science and Technology*, Vol. 66, No. 9, September 2015.

Elea Giménez Toledo, Carlos Tejada-Artigas & Jorge Mañana-Rodriguez, "Evaluation of Scientific Books' Publishers in Social Sciences and Humanities: Results of A Survey", *Research Evaluation*, Vol. 22, No. 1, March 2013.

Emanuela Reale, Dragana Avramov, Kubra Canhial, et al., "A Review of Literature on Evaluating the Scientific, Social and Political Impact of Social Sciences and Humanities Research", *Research Evaluation*, Vol. 27, No. 4, October 2018.

Erfanmanesh, Mohammadamin, Noorhidawati, A. & Abrizah, A., "What can Bookmetrix tell us about the impact of Springer Nature's books", *Scientometrics*, Vol. 121, No. 1, October 2019.

Faugère Christophe and Hany A. Shawky, "A valuation formula for firms in the early stage of their lifecycle", *Social Science Research Network*, April 2000.

Fei Shu, Charles-Antoine Julien & Vincent Larivière, "Does the Web of Science Accurately Represent Chinese Scientific Performance?", *Journal of the*

Association for Information Science and Technology, Vol. 70, No. 10, October 2019.

Gali Halevi, Barnaby Nicolas & Judit Bar-Ilan, "The Complexity of Measuring the Impact of Books", *Publishing Research Quarterly*, Vol. 32, No. 3, September 2016.

Galligan F. and Dyas-correia S., "Altmetrics: Rethinking the Way We Measure", *Serials Review*, Vol. 39, No. 1, March 2013.

Garfield Eugene, "Citation analysis as a tool in journal evaluation", *Science*, Vol. 178, No. 4060, December 1972.

George Vrettas and Mark Sanderson, "Conferences Versus Journals in Computer Science", *Journal of the Association for Information Science and Technology*, Vol. 66, No. 12, December 2015.

Giovanni Abramo, "Revisiting the Scientometric Conceptualization of Impact and Its Measurement", *Journal of Informetrics*, Vol. 12, No. 3, August 2018.

Goldman Alvin I., "Discrimination and perceptual knowledge", *The Journal of philosophy*, Vol. 73, No. 20, November 1976.

Gunnar Sivertsen and Ingeborg Meijer, "Normal Versus Extraordinary Societal Impact: How to Understand, Evaluate, and Improve Research Activities in Their Relations to Society?", *Research Evaluation*, Vol. 29, No. 1, January 2020.

Hadas Shema, Judit Bar-Ilan & Mike Thelwall, "Do Blog Citations Correlate With a Higher Number of Future Citations? Research Blogs as a Potential Source for Alternative Metrics", *Journal of the Association for Information Science and Technology*, Vol. 65, No. 5, May 2014.

Harry Torrance, "The Research Excellence Framework in the United Kingdom: Processes, Consequences, and Incentives to Engage", *Qualitative Inquiry*, Vol. 26, No. 7, Semptember 2020.

H. Benjamin Harvey and Susan T. Sotardi, "The pareto principle", *Journal of the American College of Radiology*, Vol. 15, No. 6, June 2018.

Heather Piwowar, "Value All Research Products", *Nature*, Vol. 493, No. 7431, January 2013.

Henk F. Moed and Gali Halevi, "A Bibliometric Approach to Tracking International Scientific Migration", *Scientometrics*, Vol. 101, No. 3, December 2014.

Henk F. Moed, "Appropriate Use of Metrics in Research Assessment of Autonomous Academic Institutions", *Scholarly Assessment Reports*, Vol. 2, No. 1, January 2020.

Henry F. Kaiser and John Rice, "Little Jiffy, Mark IV", *Educational and Psychological Measurement*, Vol. 34, No. 1, April 1974.

Hicks Diana, Wouters Paul, Waltman Ludo, et al., "Bibliometrics: The Leiden Manifesto for research metrics", *Nature*, Vol. 520, No. 7548, April 2015.

Howard D. White, Sebastian K. Boell, Hairong Yu, et al., "Libcitations: A Measure for Comparative Assessment of Book Publications in the Humanities and Social Sciences", *Journal of the American Society for Information Science and Technology*, Vol. 60, No. 6, June 2009.

Jack Spaapen and Gunnar Sivertsen, "Assessing Societal Impact of SSH in an Engaging World: Focus on Productive Interaction, Creative Pathways and Enhanced Visibility of SSH Research", *Research Evaluation*, Vol. 29, No. 1, January 2020.

Jason Priem and Bradely M. Hemminger, "Scientometrics 2.0: Toward New Metrics of Scholarly Impact on the Social Web", *First Monday*, Vol. 15, No. 7, July 2010.

J. C. F. de Winter, "The Relationship Between Tweets, Citations, and Article Views for PLOS ONE Articles", *Scientometrics*, Vol. 102, No. 2, February 2015.

Jeff Tollefson, "China Declared World's Largest Producer of Scientific Articles", *Nature*, Vol. 553, No. 7689, January 2018.

Jennifer Wolfe Thompson, "The Death of the Scholarly Monograph in the Humanities? Citation Patterns in Literary Scholarship", Libri, Vol. 52, No. 3, September 2002.

Jenny Wooldridge and Mike B. King, "Altmetric Scores: An Early Indicator of Research Impact", *Journal of the Association for Information Science and Technology*, Vol. 70, No. 3, March 2019.

参考文献

Jeppe Nicolaisen, " Citation Analysis", *Annual Review of Information Science and Technology*, Vol. 41, No. 1, January 2008.

Jesse Graham, Brain A. Nosek, Jonathan Haidt, et al., "Mapping the Moral Domain", *Journal of Personality and Social Psychology*, Vol. 101, No. 2, August 2011.

Jian Wang, "Unpacking the Matthew Effect in Citations", *Journal of Informetrics*, Vol. 8, No. 2, April 2014.

Jill Freyne, Lorcan Coyle, Barry Smyth, et al., "Relative Status of Journal and Conference Publications in Computer Science", *Communications of the ACM*, Vol. 53, No. 11, November 2010.

Joseph Henrich, Steven J. Heine & AraNorenzayan, "The Weirdest People in the World?", *Behavioral and Brain Sciences*, Vol. 33, No. 2 – 3, June 2010.

José Luis Ortega, "Blogs and News Sources Coverage in Altmetrics Data Providers: A Comparative by Country, Language, and Subject ", *Scientometrics*, Vol. 122, No. 1, January 2020.

José Luis Ortega, " The Life Cycle of Altmetric Impact: A Longitudinal Study of Six Metrics from PlumX", *Journal of Informetrics*, Vol. 12, No. 3, August 2018.

José Luis Ortega, "The Presence of Academic Journals on Twitter and Its Relationship with Dissemination (Tweets) and Research Impact (Citations)", *Aslib Journal of Information Management*, Vol. 69, No. 6, November 2017.

J. Scott Armstrong, "We Need to Rethink the Editorial Role of Peer Reviewers", *Chronicle of Higher Education*, Vol. 43, No. 9, October 1996.

Juana Paul Moiwo and Fulu Tao, "The Changing Dynamics in Citation Index Publication Position China in a Race with the USA for Global Leadership", *Scientometrics*, Vol. 95, No. 3, June 2013.

Juan Gorraiz, Henk Moed & Edgar Schiebel, "Introduction to A Special Issue on Performance Evaluation", *Research Education*, Vol. 18, No. 3, September 2009.

Juan Gorraiz, Philip J. Purnell & Wolfgang Glänzel, "Opportunities for and Limitations of the Book Citation Index", *Journal of the American Society for Information Science and Technology*, Vol. 64, No. 7, July 2013.

参考文献

Juan Pablo Alperin, "Ask not what Altmetrics can Do for You, but what Altmetrics can Do for Developing Countries", *Bulletin of the American Society for Information Science and Technology*, Vol. 39, No. 4, April 2013.

Juris Dilevko, Brian McMillan, Stacy Allison-Cassin, et al., "Investigating the Value of Scholarly Book Reviews for the Work of Academic Reference Librarians", *Journal of Academic Librarianship*, Vol. 32, No. 5, September 2006.

Kayvan Kousha and Mike Thelwall, "An Automatic Method for Assessing the Teaching Impact of Books from Online Academic Syllabi", *Journal of the Association for Information Science and Technology*, Vol. 67, No. 12, December 2016.

Kayvan Kousha and Mike Thelwall, "Can Amazon. com Reviews Help to Assess the Wider Impacts of Books?", *Journal of the Association for Information Science and Technology*, Vol. 67, No. 3, March 2016.

Kayvan Kousha and Mike Thelwall, "Can Microsoft Academic Help to Assess the Citation Impact of Academic Books?", *Journal of Informetrics*, Vol. 12, No. 3, August 2018.

Kayvan Kousha and Mike Thelwall, "Google Book Search: Citation Analysis for Social Science and the Humanities", *Journal of the American Society for Information Science and Technology*, Vol. 60, No. 8, August 2009.

Kayvan Kousha and Mike Thelwall, "Web Indicators for Research Evaluation. Part 3: Books and Non Standard Outputs", *Profesional De La Información*. Vol. 24, No. 6, November-December 2015.

Kayvan Kousha and Mike Thelwall, "Web Indicators for Research Evaluation. Part 3: Books and Non-Standard Outputs", *Profesional De La Informacion*, Vol. 24, No. 6, November-December 2015.

Kayvan Kousha, Mike Thelwall & Somayeh Rezaie, "Assessing the Citation Impact of Books: The Role of Google Books, Google Scholar, and Scopus", *Journal of the American Society for Information Science and Technology*, Vol. 62, No. 11, November 2011.

Ken G. Smith, Terence R. Mitchell & Charles E. Summer, "Top Level Management Priorities in Different Stages of the Organizational Life Cycle", *Academy *of Management Journal*, Vol. 28, No. 4, December 1985.

Kim Holmberg and Mike Thelwall, "Disciplinary Differences in Twitter Scholarly Communication", *Scientometrics*, Vol. 101, No. 2, November 2014.

K. M. Ganu, "Scholarly publishing in Ghana: the role of Ghana Universities Press", *Journal of Scholarly Publishing*, Vol. 30, No. 3, April 1999.

Kuang-hua Chen, Muh-chyun Tang, Chun-mei Wang, et al., Exploring Alternative Metrics of Scholarly Performance in the Social Sciences and humanities in Taiwan", *Scientometrics*, Vol. 102, No. 1, January 2015.

Kuku Joseph Aduku, Mike Thelwall & Kayvan Kousha, "Do Mendeley Reader Counts Reflect the Scholarly Impact of Conference Papers? An Investigation of Computer Science and Engineering", *Scientometrics*, Vol. 112, No. 1, July 2017.

Liwei Zhang and Jue Wang, "Why Highly Cited Articles Are Not Highly Tweeted? A Biology Case", *Scientometrics*, Vol. 117, No. 1, October 2018.

Loet Leydesdorff, Caroline S. Wagner & Lutz Bornmann, "The European Union, China, and the United States in the Top-1% and Top-10% Layers of Most-Frequently-Cited Publications: Competition and Collaborations", *Journal of Informetrics*, Vol. 8, No. 3, July 2014.

Ludo Waltman and Rodrigo Costas, "F1000 Recommendations as a Potential New Data Source for Research Evaluation: A Comparison With Citations", *Journal of the Association for Information Science and Technology*, Vol. 65, No. 3, March 2014.

Ludo Waltman, "A Review of the Literature on Citation Impact Indicators", *Journal of Informetrics*, Vol. 10, No. 2, May 2016.

Lutz Bornmann and Julian N. Marewski, "Heuristics as Conceptual Lens for Understanding and Studying the Usage of Bibliometrics in Research Evaluation", *Scientometrics*, Vol. 120, No. 2, August 2019.

Lutz Bornmann and Loet Leydesdorff, "Statistical Tests and Research Assessments: A Comment on Schneider (2012)", *Journal of the American Society for Information Science and Technology*, Vol. 64, No. 6, June 2013.

Lutz Bornmann and Richard Williams, "How to Calculate the Practical Significance of Citation Impact Differences? An Empirical Example from Evaluative Institutional Bibliometrics Using Adjusted Predictions and Marginal Effects", *Journal of Informetrics*, Vol. 7, No. 2, April 2013.

Lutz Bornmann and Robin Haunschild, "Do altmetrics correlate with the quality of papers? A large-scale empirical study based on F1000Prime data", *Plos One*, Vol. 13, No. 5, May 2018.

Lutz Bornmann and Robin Haunschild, "Does Evaluative Scientometrics Lose Its Main Focus on Scientific Quality by the New Orientation towards Societal Impact?", *Scientometrics*, Vol. 110, No. 2, February 2017.

Lutz Bornmann, "Do Altmetrics Point to the Broader Impact of Research? An Overview of Benefits and Disadvantages of Altmetrics", *Journal of Informetrics*, Vol. 8, No. 4, October 2014.

Lutz Bornmann, "Measuring Impact in Research Evaluations: A Thorough Discussion of Methods for, Effects of and Problems with Impact Measurements", *Higher Education*, Vol. 73, No. 5, May 2017.

Lutz Bornmann, "What Do Altmetrics Counts Mean? A Plea for Content Analyses", *Journal of the Association for Information Science and Technology*, Vol. 67, No. 4, April 2016.

Lutz Bornmann, "What is Societal Impact of Research and How Can It Be Assessed? A Literature Survey", *Journal of the American Society for Information Science and Technology*, Vol. 64, No. 2, February 2013.

Maite Taboada, Julian Brooke, Milan Tofiloski, et al., "Lexicon-Based Methods for Sentiment Analysis", *Computational Linguistics*, Vol. 37, No. 2, June 2011.

M. De Marchi and E. Lorenzetti, "Measuring the Impact of Journals, A Reprise", *Scientometrics*, Vol. 108, No. 2, August 2016.

Michael Eckmann, Anderson Rocha & Jacques Wainer, "Relationship between High-Quality Journals and Conferences in Computer Vision", *Scientometrics*, Vol. 90, No. 2, February 2012.

Michela Montesi and John Mackenzie Owen, "From Conference to Journal Publication: How Conference Papers in Software Engineering Are Extended for

Publication in Journals", *Journal of the American Society for Information Science and Technology*, Vol. 59, No. 5, March 2008.

Mike Taylor, "Exploring the Boundaries: How Altmetrics Can Expand Our Vision of Scholarly Communication and Social Impact", *Information Standards Quarterly*, Vol. 25, No. 2, Summer 2013.

Mike Thelwall and Kayvan Kousha, "Web Indicators For Research Evaluation. Part 2: Social Media Metrics", *Profesional De La Información*, Vol. 24, No. 5, September-October 2015.

Mike Thelwall and Pardeep Sud, "No Citation Advantage for Monograph-based Collaborations", *Journal of Informetrics*, Vol. 8, No. 1, January 2014.

Mike Thelwall and Paul Wilson, "Regression for Citation Data: An Evaluation of Different Methods", *Journal of Informetrics*, Vol. 8, No. 4, October 2014.

Mike Thelwall, Stefanie Haustein, Vincent Larivière, et al., "Do Altmetrics Work? Twitter and Ten Other Social Web Services", *Plos One*, Vol. 8, No. 5, May 2013.

Mingyang Wang, Guang Yu, Shuang An, et al., "Discovery of Factors Influencing Citation Impact Based on a Soft Fuzzy Rough Set Model", *Scientometrics*, Vol. 93, No. 3, December 2012.

Ming-yueh Tsay, Tung-mei Shen & Ming-hsin Liang, "A Comparison of Citation Distributions of Journals and Books on the Topic 'Information Society'", *Scientometrics*, Vol. 106, No. 2, Febuary 2016.

Mojisola Erdt, Htet Htet Aung, Ashley Sara Aw, et al. "Analysing Researchers' Outreach Efforts and the Association with Publication Metrics: A Case Study of Kudos", *Plos One*, Vol. 12, No. 8, August 2017.

Mostafa Mesgari, Chitu Okoli, Mohamad Mehdi, et al., "'The Sum of All Human Knowledge': A Systematic Review of Scholarly Research on the Content of Wikipedia", *Journal of the Association for Information Science and Technology*, Vol. 66, No. 2, February 2015.

Pardeep Sud and Mike Thelwall, "Evaluating Altmetrics", *Scientometrics*, Vol. 98, No. 2, February 2014.

Paul Wouters, Cassidy R. Sugimoto, Vincent Larivière, et al., "Rethinking Impact Factors: Better Ways to Judge a Journal", *Nature*, Vol. 569, No. 7758, May 2019.

Pei-Shan Chi, "Differing Disciplinary Citation Concentration Patterns of Book and Journal Literature?", *Journal of Informetrics*, Vol. 10, No. 3, August 2016.

Ping Zhou, Bart Thijs & Wolfgang Glänzel, "Is China also Becoming a Giant in Social Sciences?", *Scientometrics*, Vol. 79, No. 3, June 2009.

Ping Zhou, Bart Thijs & Wolfgang Glänzel, "Regional Analysis on Chinese Scientific Output", *Scientometrics*, Vol. 81, No. 3, December 2009.

Primož Južnič, Stojan Pečlin, Matjaž Žaucer, et al., "Scientometric Indicators: Peer-review, Bibliometric Methods and Conflict of Interests", *Scientometrics*, Vol. 85, No. 2, November 2010.

Reetta Muhonen, Paul Benneworth & Julia Olmos-Peñuela, "From Productive Interactions to Impact Pathways: Understanding the Key Dimensions in Developing SSH Research Societal Impact", *Research Evaluation*, Vol. 29, No. 1, January 2020.

Éric Archambault, Étienne Vignola-Gagné, Gregoire Côté, et al., "Benchmarking Scientific Output in the Social Sciences and Humanities: The Limits of Existing Databases", *Scientometrics*, Vol. 68, No. 3, December 2006.

Rodrigo Costas, Zohreh Zahedi & Paul Wouters, "Do 'Altmetrics' Correlate with Citations? Extensive Comparison of Altmetric Indicators with Citations From a Multidisciplinary Perspective", *Journal of the Association for Information Science and Technology*, Vol. 66, No. 19, October 2015.

Ronald Rousseau, Yuxian Liu & Raf Guns, "Mathematical Properties of Q-Measures", *Journal of Informetrics*, Vol. 7, No. 3, July 2013.

Ronald Snijder, "Revisiting an Open Access Monograph Experiment: Measuring Citations and Tweets 5 Years Later", *Scientometrics*, Vol. 109, No. 3, December 2016.

Rong Tang, "Citation Characteristics and Intellectual Acceptance of Scholarly Monographs", *College and Research Libraries*, Vol. 69, No. 4, July 2008.

Saeed-Ul Hassan, Mubashir Imran, Uzair Gillani, et al., "Measuring Social Media Activity of Scientific Literature: an Exhaustive Comparison of Scopus and Novel Altmetrics Big Data", *Scientometrics*, Vol. 113, No. 2, November 2017.

Santo Fortunato, Carl T. Bergstrom, Katy Börner, et al., "Science of Science", *Science*, Vol. 359, No. 6379, March 2018.

Shan L. Pan and L. G. Pee, "Usable, In-Use, and Useful Research: A 3U Framework for Demonstrating Practice Impact", *Information Systems Journal*, Vol. 30, No. 2, March 2020.

Shunbo Yuan and Weina Hua, "Scholarly Impact Measurements of LIS Open Access Journals: Based on Citations and Links", *The Electronic Library*, Vol. 29, No. 5, October 2011.

Siluo Yang, Mengxue Zheng, Yonghao Yu, et al., "Are Altmetric. com Scores Effective for Research Impact Evaluation in the Social Sciences and Humanities?", *Journal of Informetrics*, Vol. 15, No. 1, Febuary 2021.

Stefanie Haustein, "Grand Challenges in Altmetrics: Heterogeneity, Data Quality and Dependencies", *Scientometrics*, Vol. 108, No. 1, July 2016.

Stefanie Haustein, Isabella Peters, Judit Bar-Ilan, et al., "Coverage and Adoption of Altmetrics Sources in the Bibliometric Community", *Scientometrics*, Vol. 101, No. 2, November 2014.

StefanieHaustein, Rodrigo Costas & Vincent Larivière, "Characterizing Social Media Metrics of Scholarly Papers: The Effect of Document Properties and Collaboration Patterns", *Plos One*, Vol. 10, No. 3, March 2015.

Stephen RHanney, Miguel A Gonzalez-Block, Martin J Buxton, et al., "The Utilisation of Health Research in Policy-Making: Concepts, Examples and Methods of Assessment", *Health Research Policy and Systems*, Vol. 1, No. 2, January 2003.

Syavash Nobarany and Kellogg S. Booth, "Use of Politeness Strategies in Signed Open Peer Review", *Journal of the Association for Information Science and Technology*, Vol. 66, No. 5, May 2015.

Tim Kenyon, "Defining and Measuring Research Impact in the Humanities, Social Sciences and Creative Arts in the Digital Age", *Knowledge Organization*, Vol. 41, No. 3, February 2014.

◇◇ 参考文献 ◇◇

Trisha Greenhalgh, James Raftery, Steve Hanney, et al., "Research Impact: a Narrative Review", *BMC Medicine*, Vol. 14, No. 78, May 2016.

Vincent Larivière, Éric Archambault, Yves Gingras, et al., "The Place of Serials in Referencing Practices: Comparing Natural Sciences and Engineering with Social Sciences and Humanities", *Journal of the American Society for Information Science and Technology*, Vol. 57, No. 8, June 2006.

Vincent Larivière, Yves Gingras & Éric Archambault, "The Decline in the Concentration of Citations, 1900 – 2007", *Journal of the American Society for Information Science and Technology*, Vol. 60, No. 4, April 2009.

Vincenzo Verardi and Alice McCathie, "The S-Estimator of Multivariate Location and Scatter in Stata", *The Stata Journal*, Vol. 12, No. 2, June 2012.

Wei-Chao Lin, Chih-Fong Tsai & Shih-Wen Ke, "Correlation Analysis for Comparison of the Citation Impact of Journals, Magazines, And Conferences in Computer Science", *Online Information Review*, Vol. 39, No. 3, June 2015.

Wolfgang Glänzel and Juan Gorraiz, "Usage Metrics versus Altmetrics: Confusing Terminology?", *Scientometrics*, Vol. 102, No. 3, March 2015.

Wolfgang Glänzel, Balazs Schlemmer, Andras Schubert, et al., "Proceedings Literature as Additional Data Source for Bibliometric Analysis", *Scientometrics*, Vol. 68, No. 3, December 2006.

Wolfgang Glänzel, Balázs Schlemmer, András Schubert, et al., "Proceedings Literature as Additional Data Source for Bibliometric Analysis", *Scientometrics*, Vol. 68, No. 3, December 2006.

Wolfgang Glänzel, Bart Thijs & Koenraad Debackere, "Productivity, Performance, Efficiency, Impact—What Do We Measure Anyway?: Some Comments on the Paper 'A Farewell to the MNCS and Like Size-independent Indicators' by Abramo and D'Angelo", *Journal of Informetrics*, Vol. 10, No. 2, May 2016.

Wolfgang Glänzel, Bart Thijs & Pei-Shan Chi, "The Challenges to Expand Bibliometric Studies from Periodical Literature to Monographic Literature with A New Data Source: The Book Citation Index", *Scientometrics*, Vol. 109, No. 3, December 2016.

Xia Nan, Ming Li & Jin Shi, "Using Altmetrics for Assessing Impact of Highly-cited Books in Chinese Book Citation Index", *Scientometrics*, Vol. 122, No. 3, March 2020.

Xianwen Wang, Shenmeng Xu, Zhi Wang, et al., "International Scientific Collaboration of China: Collaborating Countries, Institutions and Individuals", *Scientometrics*, Vol. 95, No. 3, June 2013.

Xiaotian Chen, "Google Books and WorldCat: A Comparison of Their Content", *Online Information Review*, Vol. 36, No. 4, August 2012.

Xi Zhang, Xianhai Wang, Hongke Zhao, et al., "An Effectiveness Analysis of Altmetrics Indices for Different Levels of Artificial Intelligence Publications", *Scientometrics*, Vol. 119, No. 3, June 2019.

Xuan Zhen Liu and Hui Fang, "What We Can Learn from Tweets Linking to Research Papers", *Scientometrics*, Vol. 111, No. 1, April 2017.

8. 外文网站

Altmetric, "Altmetric for Books", January 2020, Altmetric (https://www.Altmetric.com/products/books/).

Clarivate, "Book Citation Index", March 2020, Clarivate (http://wokinfo.com/products_tools/multidisciplinary/bookcitationindex/).

Elsevier: "Value in Health", November 2020, Elsevier (https://www.journals.elsevier.com/value-in-health).

Jason Priem, Dario Taraborelli, Paul Groth, et al.: "A manifesto", October 2010, altmetrics (http://altmetrics.org/manifesto/).

Library Journal: "Library Journal", January 2020, Library Journal (https://www.libraryjournal.com/).

National Information Standards Organization: "NISO RP-25-2016 Outputs of the NISO Alternative Assessment Metrics Project", September 2016, NISO (https://www.niso.org/publications/rp-25-2016-altmetrics).

PLOS ONE: "PLOS ONE Journal Information", March 2020, PLOS ONE (https://journals.plos.org/plosone/s/journal-information/).

REF: "About the REF", December 2014, REF2021 (https://www.ref.ac.uk/2014/about/).

附表 I　WoS 学科分类与六大学科映射表

		GIPP				
	艺术与人文 (Arts & Humanities)	临床、前临床与健康 (Clinical, PreClinical & Health)	工程与技术 (Engineering & Technology)	生命科学 (Life Sciences)	自然科学 (Physical Sciences)	社会科学 (Social Sciences)
WoS 学科	历史学和哲学 (History & Philosophy of Science) 人文科学, 多学科 (Humanities, Multidisciplinary) 语言与语言学 (Language & Linguistics) 语言学 (Linguistics) 文学评论 (Literary Reviews) 文学理论与批评 (Literary Theory & Criticism)	敏感症 (Allergy) 麻醉学 (Anesthesiology) 心脏和心血管系统 (Cardiac & Cardiovascular Systems) 临床神经学 (Clinical Neurology) 危机护理医学 (Critical Care Medicine) 牙科、口腔外科和医学 (Dentistry, Oral Surgery & Medicine)	声学 (Acoustics) 自动化和控制系统 (Automation & Control Systems) 计算机科学, 人工智能 (Computer Science, Artificial Intelligence) 计算机科学, 控制论 (Computer Science, Cybernetics) 计算机科学, 硬件和体系架构 (Computer Science, Hardware & Architecture)	农业经济学和政策 (Agricultural Economics & Policy) 农业工程 (Agricultural Engineering) 农业, 制奶业和动物科学 (Agriculture, Dairy & Animal Science) 农业, 多学科 (Agriculture, Multidisciplinary) 农学 (Agronomy) 解剖学和形态学 (Anatomy & Morphology)	天文学和天体物理学 (Astronomy/Astrophysics) 化学, 分析化学 (Chemistry, Analytical) 化学, 应用化学 (Chemistry, Applied) 化学, 无机化学和核化学 (Chemistry, Inorganic & Nuclear) 化学, 医用化学 (Chemistry, Medicinal) 化学, 多学科化学 (Chemistry, Multidisciplinary)	人类学 (Anthropology) 考古学 (Archaeology) 区域研究 (Area Studies) 商学 (Business) 商学, 金融学 (Business, Finance) 通讯科学 (Communication) 犯罪学与刑罚学 (Criminology & Penology)

484

附表 I WoS 学科分类与六大学科映射表

续表

		GIPP				
	艺术与人文 (Arts & Humanities)	临床、预临床与健康 (Clinical, PreClinical & Health)	工程与技术 (Engineering & Technology)	生命科学 (Life Sciences)	自然科学 (Physical Sciences)	社会科学 (Social Sciences)
WoS 学科	文学 (Literature) 文学，非洲、澳大利亚和加拿大文学 (Literature, African, Australian, Canadian) 文学，美国文学 (Literature, American) 文学，不列颠群岛文学 (Literature, British Isles) 文学，德国、荷兰和斯堪的纳维亚文学 (Literature, German, Dutch, Scandinavian) 文学，浪漫文学 (Literature, Romance)	皮肤医学 (Dermatology) 急救医学 (Emergency Medicine) 内分泌学和新陈代谢 (Endocrinology & Metabolism) 胃肠病学和肝脏病学 (Gastroenterology & Hepatology) 老年病学和老年医学 (Geriatrics & Gerontology) 卫生保健科学和服务 (Health Care Sciences & Services)	计算机科学，信息系统 (Computer Science, Information Systems) 计算机科学们跨学科应用 (Computer Science, Interdisciplinary Applications) 计算机科学，软件工程 (Computer Science, Software Engineering) 能源和燃料 (Energy & Fuels)	男科学 (Andrology) 行为科学 (Behavioral Sciences) 生物化学研究方法 (Biochemical Research Methods) 生物化学和分子生物学 (Biochemistry & Molecular Biology) 生物多样性保护 (Biodiversity Conservation) 生物学 (Biology) 生物物理学 (Biophysics) 生物工艺学和应用微生物学	化学，有机化学 (Chemistry, Organic) 化学，物理化学 (Chemistry, Physical) 结晶学 (Crystallography) 电化学 (Electrochemistry) 地球化学和地球物理学 (Geochemistry & Geophysics)	人口统计学 (Demography) 经济学 (Economics) 教育学和教育研究 (Education & Educational Research) 教育学，科学学科 (Education, Scientific Disciplines) 特殊教育学 (Education, Special) 环境研究 (Environmental Studies) 伦理学 (Ethics) 民俗研究 (Ethnic Studies) 家庭研究 (Family Studies)

附表 I WoS 学科分类与六大学科映射表

续表

	艺术与人文 (Arts & Humanities)	临床、预临床与健康 (Clinical, PreClinical & Health)	工程与技术 (Engineering & Technology)	生命科学 (Life Sciences)	自然科学 (Physical Sciences)	社会科学 (Social Sciences)
WoS 学科	文学,斯拉夫文学 (Literature, Slavic) 中世纪和文艺复兴研究 (Medieval & Renaissance Studies) 音乐学 (Music) 哲学 (Philosophy) 诗歌学 (Poetry) 宗教学 (Religion) 戏剧学 (Theater)	血液学 (Hematology) 传染疾病 (Infectious Diseases) 结合和补充医学 (Integrative & Complementary Medicine) 医学伦理学 (Medical Ethics) 医学信息学 (Medical Informatics) 医学化验技术 (Medical Laboratory Technology) 医学,全科和内科 (Medicine, General & Internal) 医学,法医 (Medicine, Legal) 医学,研究和实验 (Medicine, Research & Experimental) 神经造影 (Neuroimaging) 护理学 (Nursing) 营养和饮食学 (Nutrition & Dietetics)	计算机科学,理论和方法 (Computer Science, Theory & Methods) 工程学,航天航空 (Engineering, Aerospace) 工程学,生物医学 (Engineering, Biomedical) 工程学,化学工程学 (Engineering, Chemical) 工程学,民用 (Engineering, Civil) 工程学,电气和电子 (Engineering, Electrical & Electronic) 工程学,环境工程学 (Engineering, Environmental) 工程学,地质工程学 (Engineering, Geological) 工程学,工业工程学 (Engineering, Industrial)	(Biotechnology & Applied Microbiology) 心脏和心血管系统 (Cardiac & Cardiovascular Systems) 细胞和组织工程学 (Cell & Tissue Engineering) 细胞生物学 (Cell Biology) 发育生物学 (Developmental Biology) 内分泌学和新陈代谢 (Endocrinology & Metabolism) 昆虫 (Entomology) 环境科学 (Environmental Sciences) 进化生物学 (Evolutionary Biology) 渔业学 (Fisheries) 食品科学和技术 (Food Science & Technology) 林业 (Forestry)	地理学,自然地理学 (Geography, Physical) 地质学 (Geology) 地球科学,多学科 (Geosciences, Multidisciplinary) 数学 (Mathematics) 数学,应用 (Mathematics, Applied) 数学,跨学科应用 (Mathematics, Interdisciplinary Applications) 矿物学 (Mineralogy) 多学科科学 (Multidisciplinary Sciences) 纳米科学和技术 (Nanoscience & Nanotechnology) 海洋学 (Oceanography) 光学 (Optics) 物理学,应用物理学 (Physics, Applied) 原子能、分子能、化学 (Physics, Atomic, Molecular & Chemical)	地理学 (Geography) 老年学 (Gerontology) 健康政策与服务 (Health Policy & Services) 社会科学历史 (History of Social Sciences) 休闲,运动和旅游 (Hospitality, Leisure, Sport & Tourism) 劳动与劳资关系 (Industrial Relations & Labor) 国际关系 (International Relations) 法学 (Law) 语言学 (Linguistics) 管理学 (Management) 规划与发展学 (Planning & Development) 政治学 (Political Science) 心理学 (Psychology) 心理学,应用心理学 (Psychology, Applied)

486

附表 I WoS 学科分类与六大学科映射表

续表

		GIPP				
	艺术与人文 (Arts & Humanities)	临床、预临床与健康 (Clinical, PreClinical & Health)	工程与技术 (Engineering & Technology)	生命科学 (Life Sciences)	自然科学 (Physical Sciences)	社会科学 (Social Sciences)
WoS 学科			冶金和冶金工程学 (Metallurgy & Metallurgical Engineering) 显微镜学 (Microscopy) 采矿和矿石处理 (Mining & Mineral Processing) 核科学与技术 (Nuclear Science & Technology) 运筹学和管理科学 (Operations Research & Management Science) 遥感 (Remote Sensing) 电信 (Telecommunication) 运输系统 (Transportation) 运输科学和技术 (Transportation Science & Technology)			

附表Ⅱ 中国人文社科学科与 WoS 学科分类映射表

序号	学科名称	对应 WoS 分类名称
1	哲学 Philosophy	Ethics
		Medical Ethics
		Philosophy
2	文学 Literature	Classics
		Folklore
		Literary Reviews
		Literary theory & Criticism
		Literature
		Literature, African, Australian, Canadian
		Literature, American
		Literature, British Isles
		Literature, German, Dutch, Scandianvian
		Literature, Romance
		Literature, Slavic
		Poetry
3	艺术学 Art	Art
		Dance
		Film, Radio, Television
		Music
		Theater

附表Ⅱ 中国人文社科学科与WoS学科分类映射表

续表

序号	学科名称	对应WoS分类名称
4	历史学 History	Archaeology
		History
		History of Social Sciences
		Medieval & Renaissance Studies
5	考古学 Archaeology	Archaeology
6	经济学 Economics	Business, Finance
		Economics
		Business
7	政治学 Polotical Science	International Relations Research
		Political Science
8	法学 Law	Anthropology
		Asian Studies
		Griminology & Penology
		Cultural Studies
		Demography
		Ethnic Studies
		Family Studies
		Folklore
		Law
		Medicine, Legal
9	社会学 Sociology	Anthropology
		Asian Studies
		Cultural Studies
		Demography
		Family Studies
		Folklore
		Social Issues
		Social Sciences, Interdisciplinary
		Social Work
		Sociology
		Women's Studies

附表 Ⅱ 中国人文社科学科与 WoS 学科分类映射表

续表

序号	学科名称	对应 WoS 分类名称
10	新闻学与传播学 Journalism and Communication	Communication
11	图书情报学 Information Science & Library Science	Information Science & Library Science
12	教育学 Pedagogy/Education	Education & Educational Research
		Education, Scientific Disciplines
		Education, Special
13	管理学 Management Science	Agricultural Economics & Policy
		Business
		Business, Finance
		Engineering, Industrial
		Ergonomics
		Health Policy & Services
		Hospitality, Leisure, Sport & Tourism
		Industrial Relations & Labor
		Management
		Operations Research & Management Science
		Health Care Sciences & Services
		Public Administration
14	心理学 Psychology	Behavioral Sciences
		Psychology
		Psychology, Applied
		Psychology, Biological
		Psychology, Clinical
		Psychology, Developmental
		Psychology, Educational
		Psychology, Experimental
		Psychology, Mathematical
		Psychology, Multidisciplinary
		Psychology, Psychoanalysis
		Psychology, Social
15	宗教学 Religion	Religion
16	语言学 Linguistics	Language & Linguisitics
		Linguistics

后　　记

本书是在国家社会科学基金重点项目（项目编号：17ATQ009）研究成果的基础上修改而成的，项目成果在结项鉴定时被评为"优秀"等级。在课题选题、立项和研究过程中，得到国家哲学社会科学规划办公室和图书馆、情报与文献学学科评审组的大力支持，感谢其为课题研究提供了经费资助和学术指导；感谢课题负责人所在单位给予的帮助，特别是人文社科院在项目的监管、财务处在经费的开支、图书馆在文献资料的保障等方面提供的便利，还有学校和学院为顺利开展课题研究而提供的工作条件和物质保障。

本书的出版得到教育部人文社会科学重点研究基地——武汉大学信息资源研究中心资助。本书是课题组所有成员共同努力的结果，也集成了课题组成员及合作者的系列研究成果。首先由杨思洛提出详细的撰著大纲和规划，然后于永浩进行具体组织，之后各位作者分头撰写初稿，最后由杨思洛、韩瑞珍、郑梦雪对书稿进行修改，并完成了统稿工作。各章的初稿撰稿人如下：第一章为杨思洛、祁凡；第二章为郑梦雪；第三章为邢欣；第四章为祁凡；第五章为杨依依；第六章为肖少云；第七章为于永浩、刁何煜、莫莹莹、程濛；第八章为郑梦雪、杨思洛；第九章为肖敖夏；王雨、陈志灵参与撰写本书中的国际发表格局与态势部分；刁何煜、莫莹莹、陈志灵、张钧惠等对脚注与参考文献进行校对。在本书写作过程中，我们参考和引用了大量国内外相关的研究成果，已有的成果是本书研究的起点，谨向被引用的学者表示最诚挚的谢意！尽管我们尽量列出全部参考文献，但因为各种原因，难免挂一漏万，恳请相关论著的作者和读者谅解。

科研成果影响力具有复杂性、差异性和变化性，中国人文社科成果

后　记

的国际影响力研究内容纷繁复杂、千头万绪，经过专家的指导和课题组成员的不懈努力，本书对中国人文社科成果国际影响力评价的理论和应用进行了探索，取得了一定进展，但由于时间、精力和知识结构的限制，本书还存在一些不足，敬请各位专家同行批评指正。

杨思洛

2021 年 11 月 1 日于珞珈山